U0536478

新闻出版重大科技工程项目管理及相关成果丛书

数字版权保护技术研发工程标准汇编（上）

Collection of Standards on the National DRM R&D Project（I）

魏玉山 主编 刘颖丽 副主编

中国书籍出版社
China Book Press

编 委 会

主　任：孙寿山

副主任：张毅君　谢俊旗　魏玉山

成　员：冯宏声　刘成勇　张　立　武远明　张树武

《数字版权保护技术研发工程标准汇编》

主　编：魏玉山

副主编：刘颖丽

统　稿：刘颖丽　吴治强　张倩影

序　言

版权保护，是新闻出版业得以繁荣发展的前提，新闻出版业是版权产业的重要组成部分。信息技术的飞速发展，在给人们带来内容消费便捷的同时，也使侵权盗版变得更加容易。如果任由侵权盗版恣意横行，版权产业链将难以正常运转，内容企业的创新积极性将会下降，经济效益将无法保障，社会效益也将无从实现。

党中央、国务院高度重视版权产业的发展，做出一系列重大部署。政府主管部门不断加强顶层设计，完善相关政策、法律，加大执法力度，并通过实施“项目带动战略”，加强相关技术研发与应用，全面应对信息技术给版权产业带来的冲击。

早在十年前，原新闻出版总署就提出四项新闻出版重大科技工程的建设目标，由国家数字复合出版系统工程提供数字化生产系统，由数字版权保护技术研发工程（简称“版权工程”）提供版权保护与运营的技术保障，由中华字库工程提供用字保障，由国家知识资源数据库工程提供出版业向知识服务转型升级的全面支撑。四大工程先后列入国家“十一五”与“十二五”时期文化发展规划纲要，在国家财政的支持下陆续启动。

版权工程2007年6月启动可行性论证，2010年1月获准立项，2011年7月正式启动，共18个分包、26项课题，建设内容涵盖标准研制、技术研究、系统开发、平台搭建、总体集成、应用示范等多个方面，参与工程研发、集成、管理任务的单位24家。工程总目标是：探索数字环境下的版权保护机制，为出版单位数字化转型提供政府主导的第三方公共服务平台，为数字出版产业发展提供一整套数字版权保护技术解决方案。

在总局新闻出版重大科技工程项目领导小组的直接领导下，重大科技工程项目领导小组办公室积极推进，总体组、工程管控、总集、标准、监理以及各技术研发单位、应用示范单位共同努力，圆满完成了版权工程预定任务，取得了多方面的成果。

一是完成了工程的总体目标，实现了多项技术突破。按照总体设计方案，版权工程研究制定了四类25项工程标准与接口规范，形成了一套数字版权保护技术标准体系，在此基础上，突破传统版权保护技术手段，研发并形成了内容分段控制技术、多硬件绑定技术、富媒体保护技术、数字水印嵌入技术、媒体指纹提取技术、可信交易计数技术等版权保护核心支撑技术；针对移动出版、互联网出版、出版单位自主发行等业务模式，开发了五类版权保护应用系统，完成了五类数字版权保护技术集成应用示范；搭建了数字内容注册与管理、版权保护可信交易数据管理、网络侵权追踪三个公共服务子平台；经过整理与集成，最终形成了综合性的数字版权保护技术管理与服务平台。

二是获得多项知识产权，形成一系列相关成果。在技术研发过程中，版权工程共申请发明专利41项（其中5项已授权），登记软件著作权62件，在国内外媒体上发表论文42

篇。同时，为了解全球范围内相关领域最新的科技创新成果、发展方向和发展趋势，版权工程管控包委托第三方知识产权机构开展了专利检索分析、知识产权规避设计、专利池建设建议方案编制等工作，形成了一系列知识产权相关成果。

三是积累了重大科技工程项目管理的经验。版权工程是原新闻出版总署组织开展的第一个国家重大工程。在此之前，我们对重大科技工程项目管理缺乏经验，在工程的实施过程中，我们一边探索工程的管理体制与管理机制，一边组织工程的研发。通过工程的实施，我们形成了一套比较可行的工程管理体系，形成了包括财务管理、进度管理、质量管理等一批工程管理制度，积累了重大科技工程项目管理的经验。

在版权工程全面完工之际，及时总结工程项目管理经验，认真梳理工程创新成果，并加以展现和传播，具有重要意义。为此，版权工程总体组在总局重大科技工程项目领导小组指导和支持下，对工程标准、已发表论文、专利检索分析成果物进行梳理，对工程过程管理内容与质量控制举措等进行总结，形成系列丛书并予以出版。

版权工程时间跨度较长，参与单位较多，人员变动较大，相关成果物本身专业性、技术性非常强，整理、汇编起来非常不易；再加上丛书编写人员时间、精力有限，该套丛书在材料选取、内容校正、综合分析等方面肯定会存在不足。但瑕不掩瑜，本套丛书的出版，无疑可以为新闻出版行业类似项目的开展以及数字版权保护技术领域相关研究提供重要的经验借鉴和资料参考。

期望新闻出版行业以及社会各界以本套丛书的出版为契机，更加关注数字版权保护技术的研发与应用，共同推动版权工程成果的落地转化，利用高新技术手段，破解版权保护难题，为创新发展保驾护航，促进社会主义先进文化的大发展、大繁荣！

孙寿山

2016 年 12 月 12 日

出版说明

数字版权保护技术研发工程（简称版权工程）是列入国家“十一五”与“十二五”时期文化发展规划纲要的重大科技专项，是国家新闻出版广电总局新闻出版重大科技项目之一，是推进新闻出版业转型升级、实现持续发展、构建新兴业态的重要保障。在总局重大科技工程项目领导小组的直接领导下，总局重大科技工程项目领导小组办公室积极推进，总体组、工程管控、总集、标准、监理以及各分包研发单位、应用示范单位通力协作，攻坚克难，共同完成各项既定任务，取得了丰硕成果。

2016 年 12 月 2 日，版权工程召开整体验收会并顺利通过专家验收，验收专家对工程成果及工程管理和工程研发各方给予高度评价，一致认为版权工程立项定位明确，管理思路清晰，工作过程扎实、成果效果显著。

作为总局率先完成的新闻出版重大科技项目，数字版权保护技术研发工程除向行业及社会提供一套技术成果外，还将研发过程中产生的研究论文、专利检索分析报告、工程标准以及过程管理文档等汇编成书，供业界参考。这本身也是工程取得的另一形式的成果。

本套丛书共四部、七册，基本情况如下：

1.《数字版权保护技术研发工程过程管理与质量控制》：在介绍工程基本情况基础上，重点介绍了工程过程管理、质量控制的主要内容与方法，以及知识产权管理、软件测评管理等专项管理的“软技能”。此外，还有工程项目管理各阶段文档编写的要求（附模板）以及工程研发成果简要情况；

2.《数字版权保护技术研发工程论文选辑》：在工程研发过程中，各分包在中外媒体上公开发表的相关论文 42 篇。综合考虑论文质量及作者意愿，总体组分为“安全技术研究”、“相关算法研究”、“其他相关研究”三辑，选编了 28 篇论文成果结集出版；

3.《数字版权保护技术研发工程专利检索与分析》：以第三方知识产权公司专利检索分析成果为基础，从工程 72 个技术检索主题中选取了 55 个技术检索主题进行重点介绍。这些技术主题涉及“多硬件环境相关技术”、“加密认证相关技术”、“数字水印相关技术”、“内容比对相关技术”、“内容访问控制相关技术”、“其他相关技术”等六大方面。由于篇幅较大，分为上、下两册出版；

4.《数字版权保护技术研发工程标准汇编》：以工程研究制定的标准成果为基础，系统介绍了工程管理类标准、基础类标准、数据类标准以及工程接口协议类标准等四类 26 项标准。由于篇幅较大，分为上、中、下三册出版。

丛书出版是工程成果转化的形式之一。版权工程既定的研究建设任务虽已基本结束，但后续推广应用工作才刚刚开始。只有工程成果得到广泛应用，众多工程参与者的付出才得到切实回报，工程成果的价值才能得以真正显现。此刻我们所要吹响的绝非船到码头车到站的“熄灯号”，而是动员各有关方面不忘初心、继续前进的“集结号”。

让我们继续努力，共同推动版权工程成果的落地转化，为新闻出版业数字化转型升级提供有力支撑，为传统出版与新兴出版融合发展提供有力支撑！

张毅君

2016 年 12 月 9 日

前　言

标准，通俗地说是人们认识和判断事物的规则或准则。GB/T 20000.1—2002《标准化工作指南第 1 部分：标准化和相关活动的通用词汇》对标准的定义是：为了在一定范围内获得最佳秩序，经协商一致制定并由公认机构批准，共同使用的和重复使用的一种规范性文件。

俗话说，没有规矩不成方圆。随着我国新闻出版业数字化转型升级，无论是媒体融合，还是出版业务技术融合，都需要以标准化为基础，信息化为手段，以科技创新指导为先，工程项目实施为后，推动新闻出版行业向产业化方向发展。自 2011 年陆续启动的新闻出版行业四大科技工程项目——数字版权保护技术研发工程、中华字库工程、国家数字复合出版系统工程以及国家知识资源数据库产生的一大批成果，极大地促进了新闻出版行业的技术进步，以及传统出版与新媒体的融合，标准则是这些成果中最重要的内容之一。

数字版权保护技术研发工程，形成了数字版权保护技术管理与服务平台，其核心是将工程所产生的标准、技术及系统等研发成果进行整理与集成，形成由国家掌控的集专利技术共享、数字版权保护监管控制、为出版机构服务、为广大公众服务、产品展示等功能于一体的综合性管理与服务平台，为新闻出版行业及社会公众提供一套版权保护整体解决方案。数字版权保护技术研发工程标准的制定和实施，不仅在指导工程技术研发、项目验收和成果应用等方面发挥了积极的支撑和推动作用，还培养和造就了一批懂管理、熟悉业务、掌握技术、了解标准化的复合型人才。他们根据新闻出版行业需求，结合工程建设，深入调研，反复验证，不断解决技术难题，探索和研发出了一整套我国数字版权保护技术标准和测试工具，为工程的建设顺利完成提供了保障。

为了更好地推动数字版权保护技术研发工程的应用实施，使其成果惠及社会，特将目前该工程已完成的 26 项标准汇编成册。第一部分是第一章工程标准的概述，除了整体介绍 26 项标准的主要内容外，还阐述了工程标准编制的组织和程序，可以使读者对数字版权保护技术研发工程标准有一个比较全面的认识，也有助于对标准体系、标准之间、标准与工程其他研发内容的相互支撑和约束关系的理解。第二部分包括第二章至第五章，分别汇集了 3 项工程管理类标准、5 项工程基础类标准、4 项工程数据类标准和 14 项工程接口协议类标准，共 26 项标准。其中，管理类标准中《数字版权保护技术研发工程标准体系表》的研制早于工程启动，是工程预研任务之一，旨在整体梳理数字版权保护技术研发工程的标准化需求，形成工程标准的体系框架，明确工程需要研制的具体标准。工程启动后研制并发布的 25 项标准就是由标准体系表确定的。

这些工程标准不但可以服务于工程研发和运维，也可以发挥行业应用的指导和参考借鉴作用，有些标准甚至具备了成为行业标准的所必需的通用性。如 GC/BQ 3—2015《数字版权保护技术研发工程术语》所列出的 281 条与数字版权保护技术相关的术语和定义，无异于一本版权保护技术的小词典；GC/BQ 5—2015《数字权利描述语言》所规定的数字内容使用权利的基本结构、语义结构和安全结构，对于数字出版涉及的数字权利描述提供了一种通用的解决思路。

本书中 26 项标准的主要承担单位是中国新闻出版研究院、北京方正阿帕比有限公司和中国科学院自动化研究所，但对版权保护工程标准研制工作的支持和付出需要感谢的单位和个人还有很多，无法一一列举。借此机会，向总局新闻出版重大科技工程项目领导小组办公室、版权工程总体组在标准研制工作中发挥的综合协调作用表示衷心地感谢！向版权工程标准各参与单位、全体参与人员的协同努力，以及安秀敏老师对标准研制组织管理工作给予的支持和帮助，表示衷心地感谢！

蔡京生

2016 年 11 月 28 日

总目录

分册目录

第一章

工程标准概述

数字版权保护技术以数字加密技术为基础，综合一系列软硬件技术，用以保证数字内容在整个生命周期内的合法使用，平衡数字内容价值链中各个角色的利益和需求。

数字版权保护技术是我国信息化建设的重要内容，也是出版业数字化转型和可持续发展的关键。数字版权保护技术研发工程的建设目标是突破数字版权保护技术的难点，为数字出版产业发展提供技术支持。本丛书中汇编的标准规范是整个工程的基础。

标准分类及研制内容

工程标准针对数字版权保护技术应用的共性需求，研制数字版权保护技术研发工程所涉及的支持互操作的、开放的数字版权保护相关标准。

一、工程标准分类

数字版权保护技术研发工程标准分成四类，其中工程管理类标准 3 项、工程基础类标准 5 项、工程数据类标准 3 项、工程接口协议类标准 15 项，共 26 项标准，如图 1–1 所示。

二、标准研制内容

（一）工程管理类标准

1. 标准体系表

数字版权保护技术研发工程标准体系表属于工程管理类标准，研究制定满足数字版权保护技术研发工程需求、标准模块划分科学、体系架构设计合理的标准架构和标准明细表。

标准体系表在工程启动前完成，属于工程开发前的预研究任务，是工程标准的研制计划。

2. 标准研制指南

标准研制指南属于工程管理类标准，研究任务是制定数字版权保护工程标准的研制原则和方法，为工程标准的研制提供指导。

3. 标准应用指南

标准应用指南属于工程管理类标准，研究任务是提出数字版权保护标准在项目研发过程中的应用方案，以及对工程标准应用效果的监督、改进、完善提供规范化指导和管理。

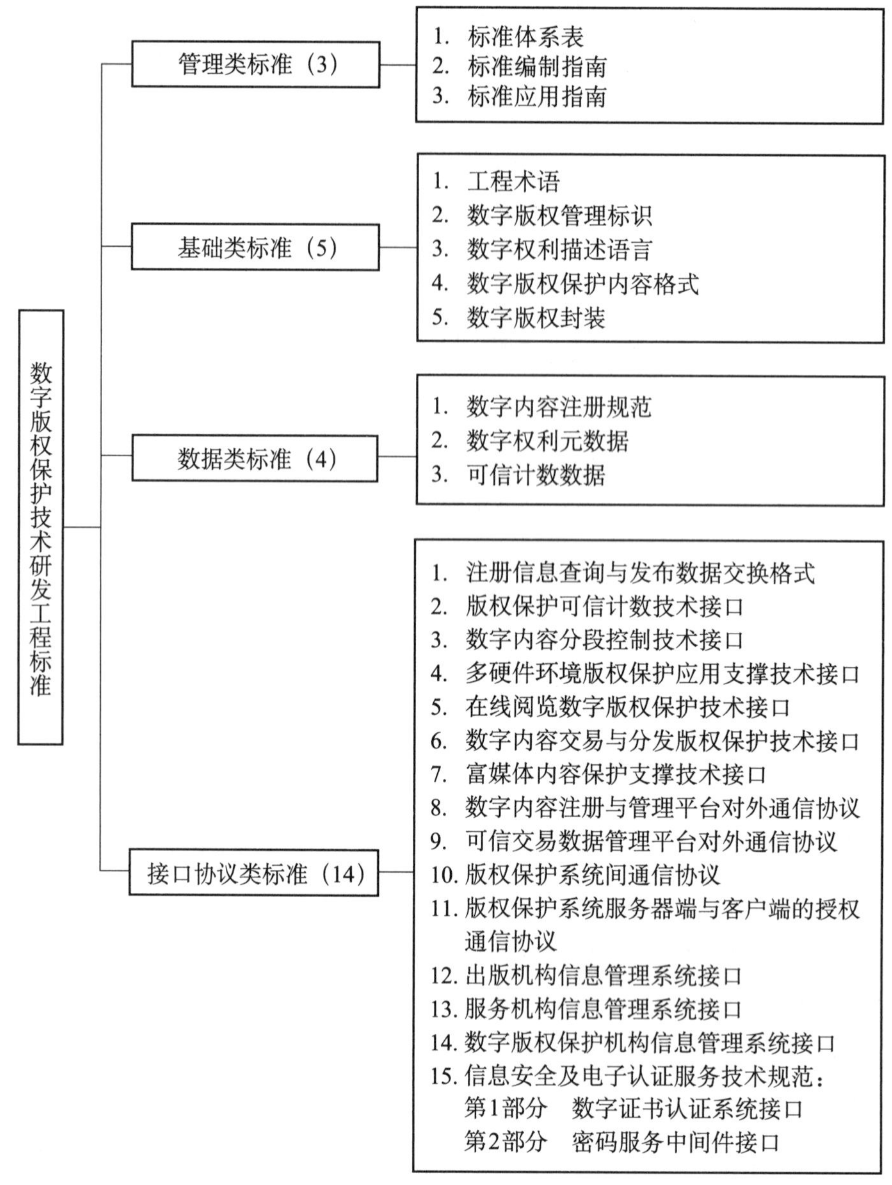

图 1–1　工程标准分类

（二）工程基础类标准

1. 数字版权保护技术研发工程术语

数字版权保护技术研发工程术语属于工程基础类标准，研究任务是提出数字版权保护技术研发工程中所涉及的各类专业术语和定义，确保工程范围内术语语义的一致性。

2. 数字版权标识

数字版权标识属于工程基础类标准，研究任务是提出符合数字版权保护技术研发工程需求的唯一、永久、可解析的数字版权标识，并对编码规范和分配原则进行了规定。

3. 数字权利描述语言

数字权利描述语言属于工程基础类标准，是在数字版权保护中用于表述关于数字内容使用权利的语言，规定了数字内容使用权利的基本结构、语义结构和安全结构。

4. 数字版权保护内容格式

数字版权保护内容格式属于工程基础类标准，规定了数字版权保护内容的基本技术架构和成像模型，给出了具体的容器层结构、组织层结构、内容数据结构以及安全性支持内容。

5. 数字版权封装

数字版权封装属于工程基础类标准，规定了数字版权封装的元数据，并给出了具体的数据定义和扩展性说明。

（三）工程数据类标准

1. 数字内容登记注册规范

数字内容登记注册规范属于工程数据类标准，研究任务是对数字内容登记注册过程中的数据和步骤进行规范。本标准的主要内容包括数字内容登记注册流程以及登记注册过程中各数据项的格式要求。

2. 数字权利元数据

数字权利元数据属于工程数据类标准，规定了数字内容使用权利描述所需的元数据，给出了元数据项集合、各元数据项语义定义和属性等，以及权利元数据的扩展原则。

3. 可信计数数据

可信计数数据属于工程数据类标准，规定了数字出版产品交易过程中用于可信计数的数据元集合与表示，以及可信性的说明。可计数性是数字版权保护技术研究需要解决的关键问题，它指的是：销售的数字内容必须可以计数，对销售商销售多少数字作品要可审核。

（四）工程接口协议类标准

1. 注册信息查询与发布数据交换格式

注册信息查询与发布数据交换格式属于工程数据类标准，提出了一种基于 XML 的标准数据格式，用于在不同计算机系统之间交互传递数字内容的注册信息，以实现该信息的查询与发布。

2. 版权保护可信计数技术接口

版权保护可信计数技术接口属于工程接口协议类标准，提出了数字版权保护技术研发工程版权保护可信计数技术应用开发包接口的功能、参数的规范性描述。

3. 数字内容分段控制技术接口

数字内容分段控制技术接口属于接口协议类标准，提出了数字版权保护技术研发工程数字内容分段控制技术应用开发包接口的功能、参数的规范性描述。

4. 多硬件环境版权保护应用支撑技术接口

多硬件环境版权保护应用支撑技术接口属于接口协议类标准，提出了数字版权保护技术研发工程多硬件环境版权保护应用支撑技术应用开发包接口的功能、参数的规范性描述。

5. 在线阅览数字版权保护技术接口

在线阅览数字版权保护技术研究数字内容的在线安全阅览技术，在线阅览数字版权保护技术接口属于接口协议类标准，提出了数字版权保护技术研发工程在线阅览版权保护技术应用开发包接口的功能、参数的规范性描述。

6. 数字内容交易与分发版权保护技术接口

数字内容交易与分发版权保护技术接口属于接口协议类标准，提出了数字版权保护技术研发工程数字内容交易与分发版权保护技术应用开发包接口的功能、参数的规范性描述。

7. 富媒体内容保护支撑技术接口

富媒体内容保护支撑技术接口属于接口协议类标准，提出了数字版权保护技术研发工程富媒体内容保护支撑技术应用开发包接口的功能、参数的规范性描述。

8. 数字内容注册与管理平台对外通信协议

数字内容注册与管理平台对外通信协议属于接口协议类标准，规定了数字内容注册与管理平台，以及数字版权保护管理与服务平台的数字内容注册管理部分的对外通信协议的规范性描述。

9. 可信交易数据管理平台对外通信协议

可信交易数据管理平台对外通信协议属于接口协议类标准，提出了数字版权保护技术研发工程中可信交易数据管理平台计数器分别与销售方计数器、授权方计数器之间的通信协议规范，协议涉及的传输数据包含权利许可请求数据、权利许可数据、销售方信用查询数据、测试连通性数据、配置计数器数据以及相关的返回数据。

10. 版权保护系统间通信协议

版权保护系统间通信协议属于接口协议类标准，提出了数字版权保护技术研发工程系统间授权通信协议的模型、消息体、协议映射和协议安全的说明。

11. 版权保护系统服务器端与客户端的授权通信协议

版权保护系统服务器端与客户端的授权通信协议属于接口协议类标准，给出了数字版权保护技术研发工程版权保护系统的服务器端与客户端之间授权通信协议的消息体、协议映射、绑定权利和协议安全的说明。

12. 出版机构信息管理系统接口

出版机构信息管理系统接口属于接口协议类标准，规定了数字内容注册与管理平台，以及数字版权保护管理与服务平台的数字内容注册管理部分，与出版机构信息管理系统进行对接并提供批量注册的接口功能、参数的规范性描述。

13. 服务机构信息管理系统接口

服务机构信息管理系统接口属于接口协议类标准，提出了服务机构信息管理系统查询数字内容基本元数据和数字内容著作权元数据接口的功能和参数的规范性描述。

14. 数字版权保护机构的信息管理系统接口

数字版权保护机构的信息管理系统接口属于接口协议类标准，数字版权保护机构信息管理系统查询数字内容基本元数据、数字内容著作权元数据和合同元数据接口的功能和参数的规范性描述。

15. 信息安全及电子认证服务技术规范

信息安全及电子认证服务技术规范属于接口协议类标准，分成两个部分，分别是第 1 部分数字证书认证系统接口和第 2 部分密码服务中间件接口。第 1 部分规定了电子认证服务技术接口的功能、参数的规范性描述；第 2 部分给出了密码服务中间件接口的功能、参数的规范性描述。

标准研制组织

一、组织架构

为保证工程标准研制工作的科学性、适用性和协调性，中国新闻出版研究院作为标准包承担单位，牵头成立了标准包项目管理办公室（以下简称“标准包 PMO”），标准包 PMO 是数字版权保护技术研发工程标准包项目管理和协调机构，负责对标准包 25 个标准课题目标的实现、沟通与管理，对进度、质量等实时有效监控。

标准包 PMO 直接接受标准包领导组领导，领导组包括项目负责人、技术负责人和测试负责人。同时标准包接受标准包专家委员会指导。

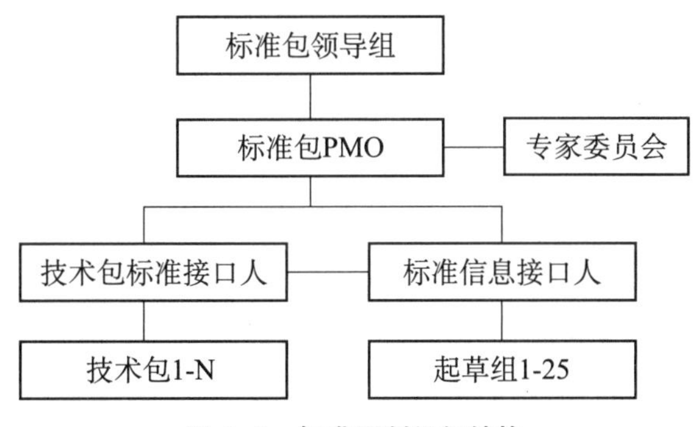

图 1-2　标准研制组织结构

标准包 PMO 内设主任、副主任、质量经理、技术经理、顾问、秘书等岗位。标准包 PMO 直接管理 25 个标准起草组，为保证各起草组与标准包 PMO 的信息通畅，各起草组设立标准信息接口人。

标准研制与技术开发密切相关，标准研制工作的进展时时影响着技术包的开发工作，反过来技术包的需求变化等情况也会影响到标准研制。因此，标准包 PMO 通过管控的统一协调，在各技术包设立了标准接口人，确保技术包和标准起草组之间的无障碍交流。

二、岗位职责

（一）标准包 PMO 职责

1. 项目领导

• 负责本项目的整体协调管理工作；

• 负责贯彻实施“数字版权保护研发工程”的各项管理规定；

• 负责领导并保证本项目所确定的各项目标如期完成；

• 负责对本项目中的重大事项的决策，并对实施过程进行监控；

• 负责落实标准包 PMO 各责任人的责任，全面负责本项目的质量、进度之间的关系，全面负责并处理项目管理过程中的重大问题；

• 负责本包各项上报管控材料、经费预算及支出文件、包内日常研发工作相关的管理及技术文件的审批；

• 为标准日常工作提供行政、领导支持；

• 负责对课题项目合同约定的处理等。

2. 主任

• 协助领导组负责人贯彻落实数字版权保护技术研发工程的各项管理规定；

• 负责建立健全本项目的工作管理制度并监督执行；

• 主持标准包PMO的具体工作，负责标准包PMO工作的整体计划安排，把握任务进度；

• 负责标准包 PMO 工作日常事务处理；

• 全面负责本项目的质量监管及进度控制工作，负责协调、解决项目执行过程中的相关事宜；

• 组织各标准起草小组按照进度计划要求实施，监督检查各标准起草组的进展情况；对项目实施过程中的重大问题及时通报上级，并提出解决方案；

• 负责对下列发生情况的警告、终止或撤销课题任务等上报：

◆ 执行不力，未开展实质性工作或阶段性检查不合格的；

◆ 未按要求上报任务执行情况、提交任务材料和文档；

◆ 无故不接受标准包 PMO 对任务的检查和监督等。

• 负责与工程内部其他项目的全面协调工作；

• 主持召开本项目的重大会议，负责组织项目验收等工作。

3. 副主任

• 维护项目管理制度，并负责向各课题组的宣传和贯彻；

• 协助组织协调标准研制工作的开展和管理；

• 协助组织协调标准工作任务的落实；

• 负责对实施过程中问题的收集，并协助沟通协调解决；

• 协助检查、督促和落实组内各项任务的相关配套条件，人员组建等，确保各项标准任务按质按量按计划完成；

• 协助组织工程标准的宣贯和推广；

• 完成包内领导交办的其他工作。

4. 顾问

• 协助建立健全标准工作管理制度及流程；

• 对本项目组织实施过程中的问题提出咨询意见和建议；

• 提出各项标准研制工作的指导性建议；

• 监督标准课题项目的工作执行，并向标准包 PMO 提出建议；

• 参与项目执行过程中的监督检查、年度评估及验收等工作。

5. 质量经理

• 负责项目的质量管理工作，监管标准课题项目与预期目标的符合性；

• 负责监督和检查标准课题按照 GB/T1.1 的要求起草各项标准，并上报课题质量执行情况，并及时处理出现的质量问题；

• 负责控制标准的质量，保证各项标准满足实际需求，并兼顾标准的先进性、兼容性等方面；

• 负责不定期检查各项工作的进展情况，并督促和检查各标准起草组组长做好质量控制关键点的控制工作。

6. 技术经理

• 负责本项目的技术管理工作，解答课题组的一般性技术咨询工作；

• 负责标准符合性测试的指导工作；

• 负责协助各标准起草组在标准研制过程中技术性问题的解决，统一沟通和协调与其他项目的技术沟通；对于无法解决的问题，负责向领导组汇报并请求领导组协助解决；

• 负责报告标准课题项目出现的技术性问题。

7. 秘书

• 负责标准课题各类文档管理、报送和存档等工作；

• 负责周报、月报、年报等的收集和整理，研制月度及年度计划执行情况和有关信息表；

• 负责标准验收的具体组织与联络工作等；

• 负责标准工作组日常的协调与沟通工作；

• 负责向总体组上报本课题总体执行情况，并负责向下传达总体组的相关工作的指示；

• 负责监督、上报课题组未经同意擅自变更课题成员等问题；

• 协助主任完成组织召开的各项标准评审会及验收会。

（二）起草组职责

1. 组长

• 严格执行工程与本项目的各项管理规定；

• 负责本项目各标准课题具体工作的组织实施；

• 负责并保证标准课题按照总体进度计划执行，按时完成各项任务；

• 对标准课题的进展进行日常管理；

• 负责与外部的沟通与协调工作。当标准研制过程中遇到问题和困难时，负责与起草组成员与外部人员的沟通协调；

• 负责及时了解需求变化，并向执笔人转达标准变动内容；

• 负责标准研制内容的把关，并定期检查标准研制情况，及时了解问题和难点，并及时解决；

• 负责组织召开标准研讨会以及各阶段的评审会；

• 及时向标准包 PMO 报告各课题组遇到的各种问题等，并对需要标准包 PMO 协助解决的，向其提出申请；

• 配合完成项目的验收工作；

• 负责课题经费的合理使用；

• 负责完成标准的宣贯与培训。

2. 执笔人

• 负责按计划要求起草标准各阶段成果物，包括标准各阶段稿、研制说明等相关材料，并按时提交；

• 负责采纳并处理各有关方面对标准提出的意见和建议；

• 配合组长组织召开标准课题各种研讨会、征求意见会及审查会，负责准备相关会议资料；以及向组长及时报告标准研制中出现的重大问题和困难；

• 协助组长开展标准征求意见、审查和报批等工作，以及配合进行标准宣贯和推广工作；

• 负责对工程标准的维护和修订工作。

3. 成员

• 协助完成标准课题的研制工作，协助执笔人完成标准课题的各阶段成果物；

• 协助整理标准的相关技术文档；

- 协助执笔人准备各项会议前的资料。

（三）标准信息接口人职责

1. 标准起草组接口人

- 负责所辖范围内的信息的沟通、采集、发布和反馈；
- 负责收集并整理本标准的周报、月报及年度执行情况，并按照要求上报相关材料；
- 负责标准课题组之间的沟通与联络；
- 负责与相关技术包的信息沟通；
- 负责与标准包 PMO 秘书及工程内其他项目的沟通联络。

2. 技术包标准接口人

- 负责与标准包的沟通联络，代表所辖技术包及时发布或反馈相关信息；
- 根据通知要求代表所辖技术包参加相关标准举办的会议等；
- 代表所辖技术包提交需求或反馈意见；
- 代表所辖技术包参与对相关标准的表决。

标准研制流程

数字版权保护技术研发工程标准研制流程是在遵循国家标准研制程序的基础上，结合工程开发的实际需要确定的。主要包括调研与大纲研制阶段、起草阶段、征求意见阶段、送审阶段、维护与发布阶段，如图 1–3 所示。

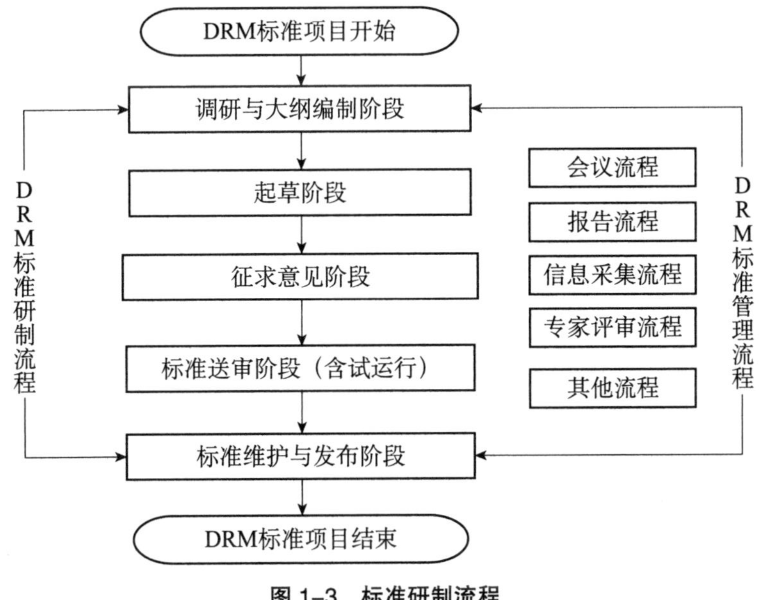

图 1–3　标准研制流程

调研与大纲研制阶段主要任务包括 2 项，一是调研工程技术包对标准的需求和已发布的相关国家标准、行业标准；二是完成标准大纲的编写。

起草阶段的主要任务是根据确定的大纲编写标准的工作组稿。

征求意见阶段的主要任务是完成标准征求意见稿，并发工程各技术包征求意见。

送审阶段的主要任务是根据征集的意见对标准文本进行修改，形成标准的送审稿，并由标准包 PMO 组织专家进行评审。

维护与发布阶段的主要任务是通过对专家评审的标准送审稿进行修改，形成标准报批稿后，由新闻出版重大科技工程管理办公室审核发布，随着工程开发各技术包对标准的实施应用，根据需要进行修改维护。

第二章

管理类标准

CY

新闻出版重大科技工程标准

数字版权保护技术研发工程标准体系表

新闻出版广电总局新闻出版重大科技工程项目领导小组发布

目　次

前　　言

本标准参照 GB/T 13016-2009《标准体系表编制原则和要求》和 GB/T 1.1-2009《标准化工作导则 第1部分：标准的结构和编写》编制。

本标准的附录 A 为规范性附录，附录 B 为资料性附录。

本标准由数字版权保护技术研发工程标准组提出。

本标准由数字版权保护技术研发工程总体组归口并负责解释。

本标准起草单位：数字版权保护技术研发工程总体组。

本标准主要起草人：汤帜、张立、张树武、高飞、俞银燕、佟玲、秦丽娇、刘丽、曾智、陈晰。

引　言

数字版权保护技术是我国信息化建设的重要内容，是出版业数字化转型和可持续发展的关键，是落实国家纲要的基本要求，是数字时代出版现代化的必然要求，是加强版权保护、改善国家形象、推进文化科技创新，以及提升国家软实力的紧迫要求。“数字版权保护技术研发工程”是在新闻出版总署的指导下组织实施的国家重大科技工程，其中标准规范的成功制定不但是工程的重要研发内容，也是保证工程顺利实施、催生有价值成果、形成大规模应用的必要条件。

本标准体系表的制定是“数字版权保护技术研发工程”中“工程技术标准研究”课题中的任务之一。本着“标准先行”的原则，在工程启动的同时，就组建标准工作组并开展相关调研、研讨，以及起草工作，并制定出本标准体系表。后续将按照“数字版权保护技术研发工程起草小组组成单位选择方案”成立工程标准起草小组，与工程总体组、总集成单位以及工程各包的承担单位协调，沟通，保证在本体系表的指导下制定出科学、合理、实用的工程技术标准。

本标准体系表的制定主要遵循以下原则：

——通用性

保证标准体系表中囊括的标准具备通用性，能够在不同厂商、体系中应用；充分考虑了数字版权保护技术的发展，并为其在标准中留有扩展余地；在力求最大限度地满足现有数字版权保护需求的同时，充分考虑工程对数据规范化、内部交互和外部通讯等方面的需求。

——先进性

以当前国际主流标准以及先进的企业标准为参考，尽量考虑未来的技术发展趋势、新的应用场景，使课题成果能够在较长时间内保持先进；充分吸收国内外同行业成熟和先进的经验，为制定具备先进性的工程标准提供指导。

——完备性

在本标准体系表中，根据工程所涉及范围内的标准需求，充分考虑到版权保护的制作、分发、流通和使用等流程，以及与外部环境（包括内容供应系统、内容零售系统、内容批发系统、内容呈现系统和内容管理系统等）的互用关系，按照管理、基础、数据、接口协议和安全等类别，制定工程顺利开展所必须遵循的标准；对于其他的已存在的，且在工程进行中可能会涉及的其它体系内的标准，本标准体系将其直接纳入到相关标准中，以供工程参与人员参考或引用。

——动态维护性

考虑到信息技术的不断发展，本标准体系采用动态维护机制，对于在工程的开展工程中无法规避的，且不在本标准体系涵盖范围之内的标准，将动态更新到本标准体系中，以满足工程建设的需要。

数字版权保护技术研发工程标准体系表

1　范围

本标准体系表提供了数字版权保护技术研发工程标准体系表的层次结构和标准明细表。

本标准体系表适用并指导数字版权保护技术研发工程建设。

2　规范性引用文件

下列文件对于本文件的应用是必不可少的。凡是注日期的引用文件，仅所注日期的版本适用于本文件。凡是不注日期的引用文件，其最新版本（包括所有的修改单）适用于本文件。

GB/T　13016-2009　标准体系表编制原则和要求

GB/T　13017-2008　企业标准体系表编制指南

GB/T　20000.1-2002　标准化工作指南　第1部分：标准化和相关活动的通用词汇（ISO/IEC指南2：1996，MOD）

3　术语和定义

下列术语和定义适用于本标准体系表。

3.1

基础标准　basic standard

具有广泛的适用范围或包含一个特定领域的通用条款的标准。

[GB/T 20000.1-2002，定义2.5.1]

3.2

数字版权保护　digital rights management

数字版权管理

对数字内容的版权进行保护的综合性技术。

3.3

标准体系表　diagram of standard system

一定范围的标准体系内的标准按其内在联系排列起来的图表。

[GB/T 13016-2009，定义3.4]

3.4

标准体系　standard system

由一定范围内的标准按其内在联系形成的科学的有机整体。

[GB/T 13016-2009，定义3.3]

4　数字版权保护技术研发工程标准体系表

4.1　技术参考模型

数字版权保护技术研发工程技术参考模型是一个开放的交互参考模型，如图1所示。

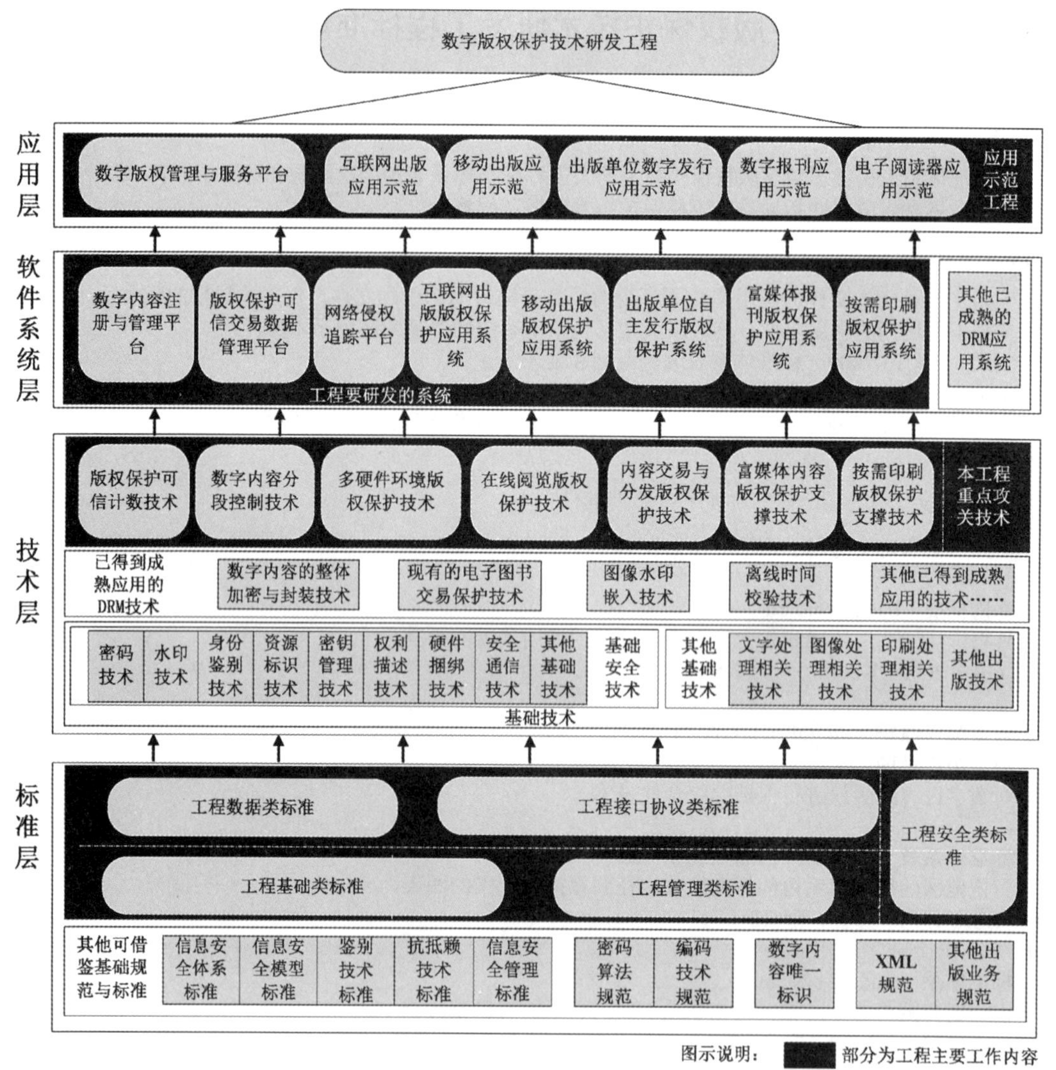

图1　数字版权保护技术研发工程技术参考模型

数字版权保护技术研发工程的框架是自底向上、逐层递进的体系关系，通过定义好的协议规范实现模块之间的交互和信息的传递，其中图1中的标准层应为本标准体系包括的标准，其总体框架见图2。

4.2　数字版权保护技术研发工程标准体系的组成

4.2.1　概述

数字版权保护技术研发工程标准体系表包括数字版权保护范围内的工程标准，主要内容如下：

a) 标准体系总体框架：以图形、图解方式描述数字版权保护技术研发工程标准体系的总体框架；

b) 标准体系分体系：以图形、图解方式描述数字版权保护技术研发工程标准体系的分支结构，以及彼此之间的关系；

c) 标准明细表：标准明细表由数字版权保护技术研发工程标准和相关标准两部分组成。数字版权保护技术研发工程标准包括已颁布、正制定和拟制定的标准。

4.2.2　总体框架

数字版权保护技术研发工程标准体系由工程管理类、工程基础类、工程数据类、工程接口协议类、工程安全类共五类标准构成，如图 2 所示。

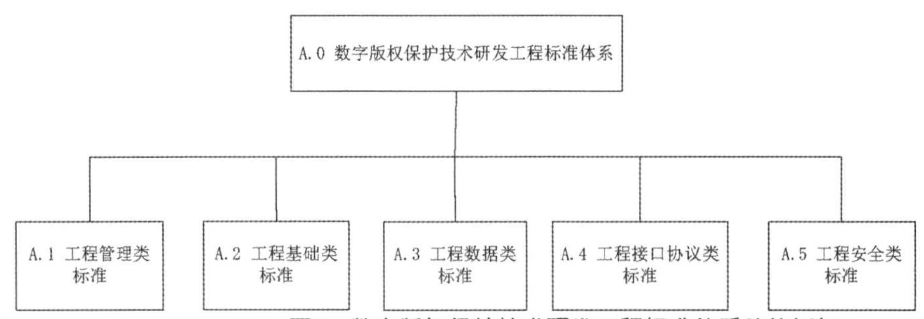

图2　数字版权保护技术研发工程标准体系总体框架

4.3　数字版权保护技术研发工程标准体系分体系

4.3.1　工程管理类标准

工程管理类标准是数字版权保护技术研发工程建设中所需的总体性和通用性标准，包括标准体系表，以及标准管理办法、标准编制指南、标准应用指南等技术性指导文件，如图3所示。

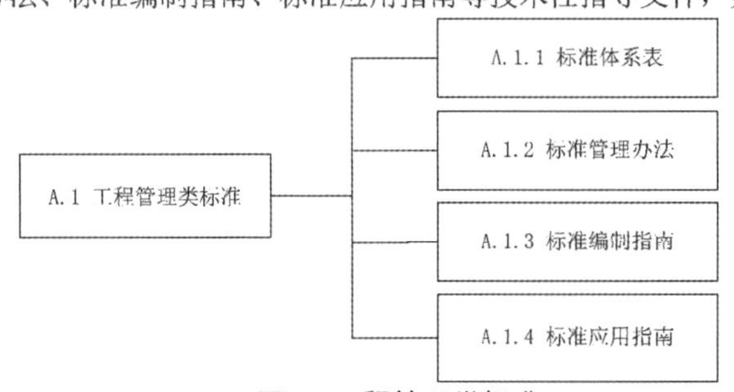

图3　工程管理类标准

4.3.2　工程基础类标准

工程基础类标准包括数字版权保护技术研发工程术语、数字版权标识、数字权利描述语言、数字版权保护内容格式、数字版权封装等标准，如图4所示。

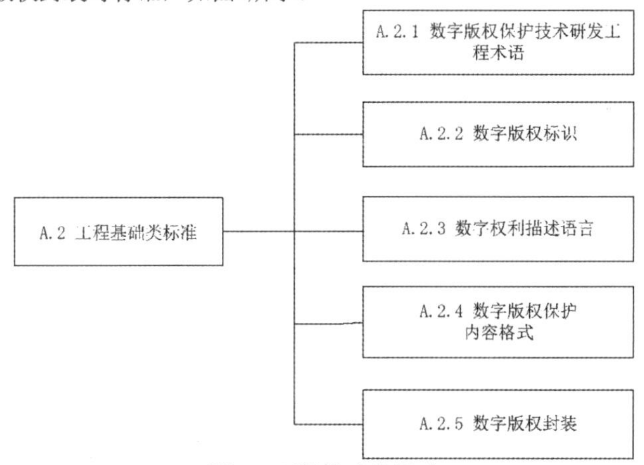

图4　工程基础类标准

4.3.3　工程数据类标准

工程数据类标准包括数字内容登记注册规范、数字权利元数据、可信计数数据等标准，如图5所示。

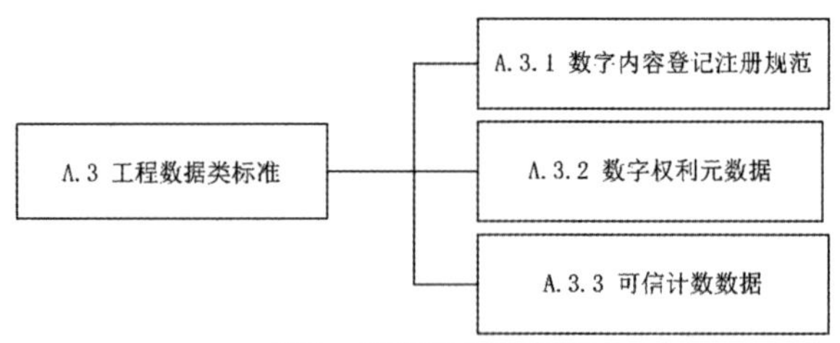

图5 工程数据类标准

4.3.4 工程接口协议类标准

工程接口协议类标准包括数字版权保护技术研发工程所涉及的接口协议类标准，如图6所示。

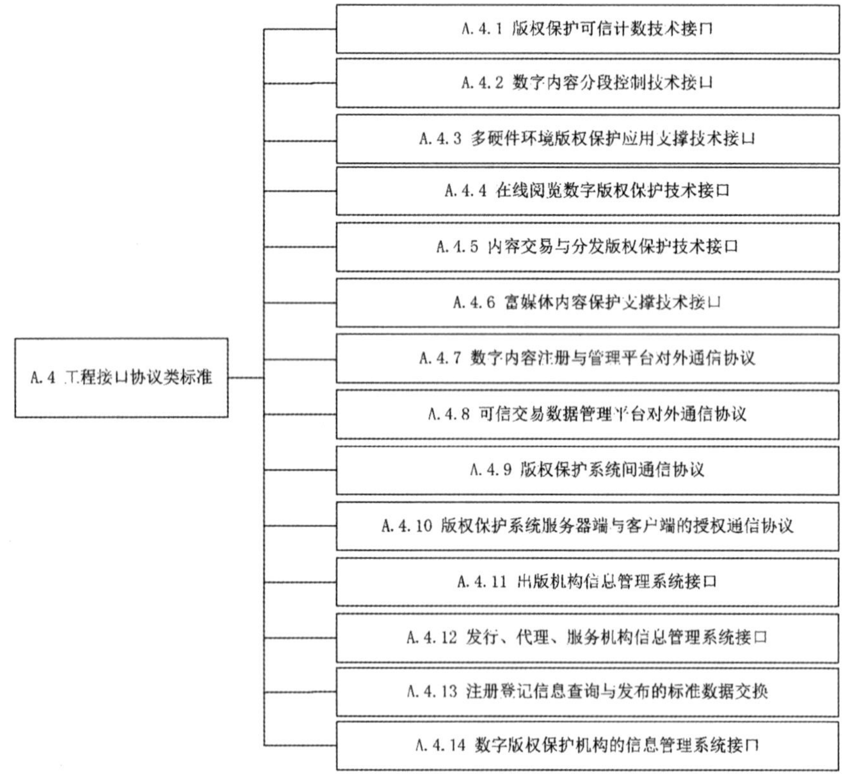

图6 工程接口协议类标准

4.3.5 工程安全类标准

工程安全类标准包括数字版权保护技术研发工程建设安全保障的技术和管理方面的标准，如图7所示。

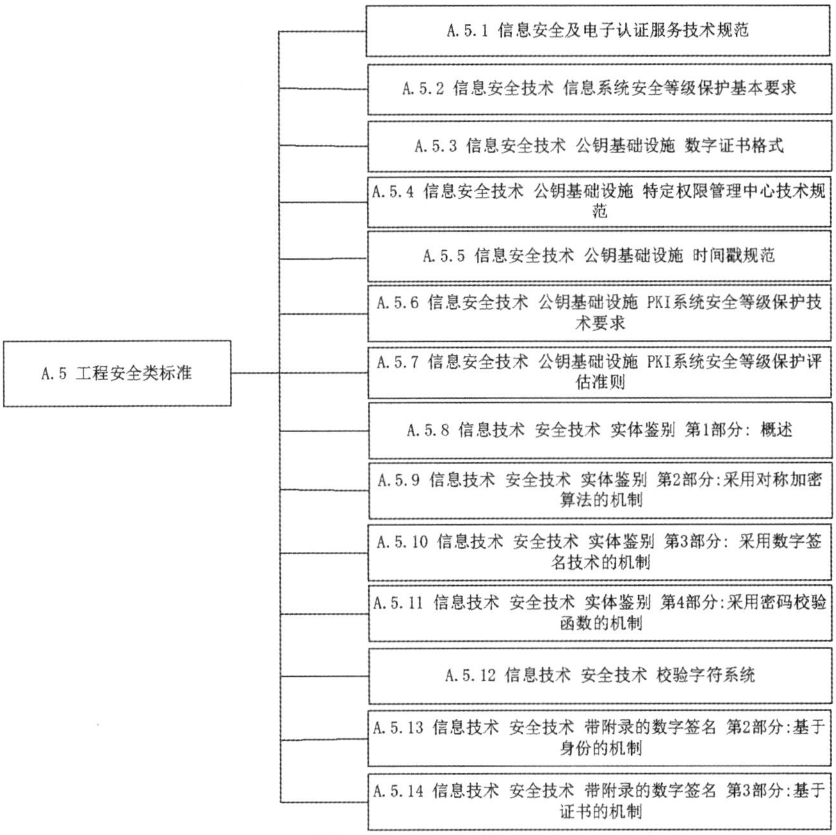

A.5 工程安全类标准

- A.5.1 信息安全及电子认证服务技术规范
- A.5.2 信息安全技术 信息系统安全等级保护基本要求
- A.5.3 信息安全技术 公钥基础设施 数字证书格式
- A.5.4 信息安全技术 公钥基础设施 特定权限管理中心技术规范
- A.5.5 信息安全技术 公钥基础设施 时间戳规范
- A.5.6 信息安全技术 公钥基础设施 PKI系统安全等级保护技术要求
- A.5.7 信息安全技术 公钥基础设施 PKI系统安全等级保护评估准则
- A.5.8 信息技术 安全技术 实体鉴别 第1部分：概述
- A.5.9 信息技术 安全技术 实体鉴别 第2部分:采用对称加密算法的机制
- A.5.10 信息技术 安全技术 实体鉴别 第3部分：采用数字签名技术的机制
- A.5.11 信息技术 安全技术 实体鉴别 第4部分:采用密码校验函数的机制
- A.5.12 信息技术 安全技术 校验字符系统
- A.5.13 信息技术 安全技术 带附录的数字签名 第2部分:基于身份的机制
- A.5.14 信息技术 安全技术 带附录的数字签名 第3部分:基于证书的机制

图7　工程安全类标准

4.4　数字版权保护标准明细表说明

按照数字版权保护标准体系框架，规划、采用或制定满足数字版权保护技术研发工程需要的各项标准，构成如附录A所示的标准明细表。

标准明细表的各项内容逐项说明如下：

a）序号：该标准在本标准明细表中的排列顺序号；

b）标准体系表编号：该标准在本标准明细表中的编号；

c）标准号：行业标准、国家标准或国际标准的编号；若未以标准形式发布，以其发布的文件号代替；对于无标准编号或文件号的不填写；

d）标准名称：标准的名称或拟制定标准的参考名称；

e）宜定级别：尚未制定的标准的所属标准类别（国家标准、行业标准、地方标准、企业标准）；

f）实施日期：标准开始实施的日期；

g）国际国外标准号及采用关系：对该标准是否采用的国际国外标准的情况及采用的国际标准号；

h）被代替标准号或作废：被代替或作废的标准号；

i）优先级：标准的紧急程度，分为“高”、“中”、“低”；

j）重要性：标准的重要程度，分为“★★★★★”、“★★★★”、“★★★”、“★★”、“★”；

k）标准状态：该标准目前所处状态，包括“已颁布”、“正制定”、“拟制定”；

l）备注：对该标准主要内容的简要介绍及对该标准其他说明性文字。

附 录 A
（规范性附录）
数字版权保护技术研发工程标准体系明细表

A.1 工程管理类标准

表 A.1.1 工程管理类标准

序号	标准体系表编号	标准号	标准名称	宜定级别	实施日期	国际国外标准号及采用关系	被替代标准号或作废	优先级	重要性	标准状态	备注
1	A.1.1		标准体系表					高	★★★★★	正制定	满足数字版权保护技术研发工程需求、标准模块划分、体系架构设计的标准体系表。
2	A.1.2		标准管理办法					高	★★★★★	正制定	数字版权保护技术研发工程标准的目标、组织、管理、验收、应用、发布和更新等内容管理措施。
3	A.1.3		标准编制指南					高	★★★★★	拟制定	数字版权保护技术研发工程标准的编制原则和方法，为工程标准的编制提供指导。
4	A.1.4		标准应用指南					高	★★★★★	拟制定	数字版权保护技术研发工程标准在项目研发过程中的应用方案，以及对工程标准应用效果的监督、改进、完善提供规范化指导和管理。

表 A.1.2 相关标准

序号	标准名称	标准编号	标准状态	备注
1	标准体系表编制原则和要求	GB/T 13016-1991	已颁布	

表 A.1.2（续）

序号	标准名称	标准编号	标准状态	备注
2	企业标准体系表编制指南	GB/T 13017-2008	已颁布	
3	企业标准体系 要求	GB/T 15496-2003	已颁布	
4	企业标准体系 技术标准体系	GB/T 15497-2003	已颁布	
5	企业标准体系 管理标准和工作标准体系	GB/T 15498-2003	已颁布	
6	企业标准体系 评价与改进	GB/T 19273-2003	已颁布	
7	标准编写规则 第1部分：术语	GB/T 20001.1-2001	已颁布	
8	国家数字复合出版系统工程标准体系表		正制定	国家数字复合出版系统工程
9	新闻出版标准体系表		正制定	新闻出版标准体系

A.2 工程基础类标准

表 A.2.1 工程基础类标准

序号	标准体系表编号	标准号	标准名称	宜定级别	实施日期	国际国外标准号及采用关系	被替代标准号或作废	优先级	重要性	标准状态	备注
1	A.2.1		数字版权保护技术研发工程术语					中	★★★★	拟制定	数字版权保护技术研发工程中所涉及到的各类专业术语。
2	A.2.2		数字版权标识					高	★★★★★	拟制定	唯一标识数字版权对象的命名法则及鉴别机制。
3	A.2.3		数字权利描述语言					高	★★★★★	拟制定	数字版权保护应用中用于表述数字内容、使用权利，以及主体之间关系的描述规范。
4	A.2.4		数字版权保护内容格式					高	★★★★★	拟制定	实现数字版权保护功能的数字内容格式。该数字内容格式能够表示、呈现数字内容，并支持数字内

表 A.2.1（续）

序号	标准体系表编号	标准号	标准名称	宜定级别	实施日期	国际国外标准号及采用关系	被替代标准号或作废	优先级	重要性	标准状态	备注
											容的版权保护，实现分段控制等数字版权保护功能。
5	A.2.5		数字版权封装					高	★★★★	拟制定	对数字版权信息在数字内容中的封装方式和方法。

表 A.2.2　相关标准

序号	标准名称	标准编号	标准状态	备注
1	中文新闻信息置标语言	GB/T 20092-2006	已颁布	
2	中国标准连续出版物号	GB/T 9999-2001	已颁布	
3	知识产权文献与信息 基本词汇	GB/T 21374-2008	已颁布	
4	中国标准文本编码	GB/T 23732-2009	已颁布	
5	中国标准书号	GB/T 5795-2006	已颁布	
6	信息与文献 术语	GB/T 4894-2009	已颁布	
7	信息技术 文件描述和处理语言 超文本置标语言(HTML)	GB/T 18792-2002	已颁布	
8	信息技术 可扩展置标语言(XML)1.0	GB/T 18793-2002	已颁布	
9	书目信息交换用希腊字母编码字符集	GB/T 13141-1991	已颁布	
10	书目信息交换用拉丁字母代码字符扩充集	GB/T 13142-1991	已颁布	
11	中国图书馆分类法(第五版)	文化部颁布	已颁布	
12	中国标准音乐作品编码	GB/T 23733-2009	已颁布	
13	中国标准视听作品号 第1部分：视听作品标识符	GB/T 23730.1-2009	已颁布	
14	中国标准视听作品号 第2部分：版本标识符	GB/T 23730.2-2009	已颁布	
15	中国标准录音制品编码	GB/T 13396-2009	已颁布	
16	知识产权文献与信息 分类及代码	GB/T 21373-2008	已颁布	

表 A.2.2（续）

序号	标准名称	标准编号	标准状态	备注
17	印刷技术 印前数据交换 用于图像技术的标签图像文件格式(TIFF/IT)	GB/T 22113-2008	已颁布	
18	信息技术 学习、教育和培训 基于规则的 XML 绑定技术	GB/T 21364-2008	已颁布	
19	信息技术 学习、教育和培训 参与者标识符	GB/T 21366-2008	已颁布	
20	信息技术 系统间远程通信和信息交换 局域网和城域网 公共规范 第 1 部分:媒体访问控制(MAC)服务定义	GB/T 18236.1-2000	已颁布	
21	信息技术 文本通信用控制功能	GB/T 18286-2000	已颁布	
22	信息技术 文本通信 标准页面描述语言(SPDL)	GB/T 16648-1996	已颁布	
23	信息技术 图片编码方法 第 2 部分:登记规程	GB/T 10022.2-1996	已颁布	
24	信息技术 数据管理参考模型	GB/Z 18219-2008	已颁布	
25	信息技术 词汇 第 1 部分：基本术语	GB/T 5271.1-2000	已颁布	
26	信息技术 词汇 第 4 部分：数据的组织	GB/T 5271.4-2000	已颁布	
27	信息技术 词汇 第 6 部分：数据的准备和处理	GB/T 5271.6-2000	已颁布	
28	信息技术 词汇 第 8 部分：安全	GB/T 5271.8-2001	已颁布	
29	信息技术 词汇 第 9 部分：数据通信	GB/T 5271.9-2001	已颁布	
30	信息技术 词汇 第 23 部分：文本处理	GB/T 5271.23-2000	已颁布	
31	信息分类和编码的基本原则与方法	GB/T 7027-2002	已颁布	
32	信息处理 SGML 支持设施 SGML 文件交换格式(SDIF)	GB/T 15536-1995	已颁布	
33	信息处理 SGML 支持设施 公用文本拥有者标识符登记规程	GB/T 15537-1995	已颁布	
34	图像复制用校对符号	GB/T 14707-1993	已颁布	
35	数据处理 词汇 第 5 部分：数据的表示法	GB/T 5271.5-2008	已颁布	
36	数据处理 词汇 第 10 部分：操作技术和设施	GB/T 5271.10-1986	已颁布	
37	数据处理 词汇 第 14 部分：可靠性、维修和可用性	GB/T 5271.14-2008	已颁布	
38	数据处理 词汇 第 16 部分：信息论	GB/T 5271.16-2008	已颁布	

表 A.2.2（续）

序号	标准名称	标准编号	标准状态	备注
39	数据处理 词汇 第18部分：分布式数据处理	GB/T 5271.18-2008	已颁布	
40	数据处理 词汇 第20部分：系统开发	GB/T 5271.20-1994	已颁布	
41	数据处理 词汇 第21部分：过程计算机系统和技术过程间的接口	GB/T 12118-1989	已颁布	
42	术语工作 原则与方法	GB/T 10112-1999	已颁布	
43	术语工作 辞书编纂基本术语	GB/T 15238-2000	已颁布	
44	商品条码符号印制质量的检验	GB/T 18348-2008	已颁布	
45	检索期刊条目著录规则	GB/T 3793-1983	已颁布	
46	检索期刊编辑总则	GB/T 3468-1983	已颁布	
47	基于XML的电子商务 第1部分:技术体系结构	GB/T 19256.1-2003	已颁布	
48	基于XML的电子商务 第4部分：注册系统信息模型规范	GB/T 19256.4-2006	已颁布	
49	基于XML的电子商务 第5部分：注册服务规范	GB/T 19256.5-2006	已颁布	
50	基于XML的电子商务 第6部分：业务过程规范模式	GB/T 19256.6-2006	已颁布	
51	基于XML的电子商务 第8部分：报文设计规则	GB/T 19256.8-2009	已颁布	
52	基于XML的电子商务 第9部分：核心构件与业务信息实体规范	GB/T 19256.9-2006	已颁布	
53	基于XML的电子商务业务数据和过程 第6部分：技术评审组织和程序	GB/T 20538.6-2006	已颁布	
54	汉语信息处理词汇 第02部分：汉语和汉字	GB/T 12200.2-1994	已颁布	
55	汉语信息处理词汇 第01部分：基本术语	GB/T 12200.1-1990	已颁布	
56	分类与编码通用术语	GB/T 10113-2003	已颁布	
57	电子图书阅读器通用规范	GB/T 18787-2002	已颁布	
58	电子商务基本术语	GB/T 18811-2002	已颁布	
59	档案分类标引规则	GB/T 15418-2009	已颁布	
60	单证标准编制规则	GB/T 17298-2009	已颁布	
61	标准编写规则 第3部分：信息分类编码	GB/T 20001.3-2001	已颁布	

表 A.2.2（续）

序号	标准名称	标准编号	标准状态	备注
62	出版术语	CY/T 50-2008		
63	工程术语规范		待制定	国家数字复合出版系统工程拟制标准
64	数字对象唯一标识标准		待制定	国家数字复合出版系统工程拟制标准
65	复合文档基础结构		待制定	国家数字复合出版系统工程拟制标准
66	出版物内容呈现规范		待制定	国家数字复合出版系统工程拟制标准
67	统一资源标识语法 URI Generic Syntax	RFC 2396	已颁布	
68	XML 模式 第 0 部分：入门（第二版） XML Schema Part 0: Primer (Second Edition)		已颁布	
69	XML 模式 第 1 部分：数据结构（第二版） XML Schema Part 1: Structures (Second Edition)		已颁布	
70	XML 模式 第 2 部分：数据类型（第二版） XML Schema Part 2: Datatypes (Second Edition)		已颁布	
71	XML 路径语言（XPath）1.0 版 XML Path Language (XPath) Version 1.0		已颁布	
72	信息与文献——索引的内容、组织和编排指南 Information and documentation -- Guidelines for the content, organization and presentation of indexes	ISO 999:1996	已颁布	
73	书目描述和参考——书目术语缩写规则 Information and documentation -- Bibliographic description and references -- Rules for the abbreviation of bibliographic terms	ISO 832:1994	已颁布	

表 A. 2. 2（续）

序号	标准名称	标准编号	标准状态	备注
74	书目参考——内容、形式和结构 Documentation -- Bibliographic references -- Content, form and structure	ISO 690:1987	已颁布	
75	Web 服务资源 Web Services Resource 1.2 (WS-Resource)		已颁布	
76	信息和文献- 书目参考 -第 2 部分：电子文件及相关 Information and documentation -- Bibliographic references -- Part 2: Electronic documents or parts thereof	ISO 690-2:1997	已颁布	
77	信息和文献-出版物标题缩写规则 Information and documentation — Rules for the abbreviation of title words and titles of publications	ISO 4:1997	已颁布	
78	OMA DRM V2_1_1		已颁布	
85	信息技术 - 开放办公文件格式 Information technology -- Open Document Format for Office Applications (OpenDocument) v1.0	ISO/IEC 26300:2006	已颁布	
86	开放打包格式 Open Packaging Format (OPF)		已颁布	
87	开放电子书出版结构规范 Open eBook Publication Structure Specification		已颁布	
88	开放电子书出版结构容器格式 Open eBook Publication Structure Container Format (OCF)		已颁布	
89	开放数字权利描述语言 Open Digital Rights Language (ODRL) V2.0		已颁布	
90	ONIX 关于如何描述图书信息套，系列和多本图书 ONIX for Books Product Information Message How to describe sets, series and multiple-item products in ONIX 3		已颁布	

表 A.2.2（续）

序号	标准名称	标准编号	标准状态	备注
91	OeBF 权利语法要求-电子书所需的权利 OeBF Rights Grammar Requirements—Required Rights Features for Digital Books		已颁布	
92	XML 命名空间 Namespaces in XML 1.0 (Third Edition)		已颁布	

A.3　工程数据类标准

表 A.3.1　工程数据类标准

序号	标准体系表编号	标准号	标准名称	宜定级别	实施日期	国际国外标准号及采用关系	被替代标准号或作废	优先级	重要性	标准状态	备注
1	A.3.1		数字内容登记注册规范					高	★★★★	拟制定	对数字内容登记注册过程中的数据和步骤进行规范。
2	A.3.2		数字权利元数据					高	★★★★	拟制定	对数字权利的元数据进行规范。
3	A.3.3		可信计数数据					高	★★★★	拟制定	对交易过程中的可信计数数据进行规范。

表 A.3.2　相关标准

序号	标准名称	标准编号	标准状态	备注
1	元数据的 XML Schema 置标规则	GB/T 24639-2009	已颁布	
2	政务信息资源目录体系 第 3 部分：核心元数据	GB/T 21063.3-2007	已颁布	
3	信息与文献 书目数据元目录 第一部分:互借应用	GB/T 19688.1-2005	已颁布	
4	信息与文献 书目数据元目录 第二部分:采访应用	GB/T 19688.2-2005	已颁布	
5	信息与文献 书目数据元目录 第三部分:情报检索	GB/T 19688.3-2005	已颁布	
6	信息与文献 书目数据元目录 第四部分:流通应用	GB/T 19688.4-2005	已颁布	

表 A.3.2（续）

序号	标准名称	标准编号	标准状态	备注
7	信息与文献 书目数据元目录 第五部分：编目和元数据交换用数据元	GB/T 19688.5-2009	已颁布	
8	信息技术 元数据注册系统(MDR)第1部分:框架	GB/T 18391.1-2009	已颁布	
9	信息技术 学习、教育和培训 学习对象元数据	GB/T 21365-2008	已颁布	
10	信息技术 信息交换用数据描述文卷规范	GB/T 16684-1996	已颁布	
11	信息技术 数据元素值格式记法	GB/T 18142-2000	已颁布	
12	信息技术 数据元的规范与标准化 第1部分：数据元规范和标准化框架	GB/T 18391.1-2009	已颁布	
13	信息技术 数据元的规范与标准化 第2部分：数据元分类	GB/T 18391.2-2009	已颁布	
14	信息技术 数据元的规范与标准化 第3部分：数据元的基本属性	GB/T 18391.3-2009	已颁布	
15	信息技术 数据元的规范与标准化 第4部分：数据定义格式的规则和指南	GB/T 18391.4-2009	已颁布	
16	信息技术 数据元的规范与标准化 第5部分：数据元命名和标识规则	GB/T 18391.5-2009	已颁布	
17	信息技术 数据元的规范与标准化 第6部分：数据元的注册	GB/T 18391.6-2009	已颁布	
18	数据元和交换格式 信息交换 日期和时间表示法	GB/T 7408-2005	已颁布	
19	电子政务数据元 第2部分：公共数据元目录	GB/T 19488.2-2008	已颁布	
20	电子商务 产品核心元数据	GB/T 24662-2009	已颁布	
21	图书流通信息交换规则	CY/T 39-2006	已颁布	
22	新闻出版信息分类代码集	CY/T 44-2008	已颁布	
23	新闻出版业务基础数据元	CY/T 45-2008	已颁布	
24	新闻出版业务主题词表	CY/T 46-2008	已颁布	
25	新闻出版信息交换格式	CY/T 47-2008	已颁布	
26	信息和文献 都柏林核心元数据元素集 Information and documentation — The Dublin Core metadata element set	ISO 15836-2009	已颁布	

A.4 工程接口协议类标准

A.4.1 工程接口协议类标准

序号	标准体系表编号	标准号	标准名称	宜定级别	实施日期	国际国外标准号及采用关系	被替代标准号或作废	优先级	重要性	标准状态	备注
1	A.4.1		版权保护可信计数技术接口					高	★★★★	拟制定	版权保护可信计数技术的SDK接口规范，包括计数信息的安全传递接口、计数信息的安全存储接口、交易信息的计数处理接口、可信计数器接口和应用开发包接口等。
2	A.4.2		数字内容分段控制技术接口					高	★★★★	拟制定	数字内容分段控制技术的SDK接口规范，包括服务器端组件接口和客户端组件接口，以及数字内容分段版权保护系统与其他相关系统的接口规范。
3	A.4.3		多硬件环境版权保护应用支撑技术接口					高	★★★★	拟制定	多硬件环境版权保护应用支撑技术的SDK接口规范，包括服务器端组件接口和客户端组件接口，以及多硬件环境版权保护系统与其他相关系统的接口规范。
4	A.4.4		在线阅览数字版权保护技术接口					高	★★★★	拟制定	在线阅览数字版权保护技术的SDK接口规范，包括在线内容服务器端接口、多重动态加密等服务器端接口、细粒度权限控制服务器端接口、反跟踪客户端接口、安全展现客户端接口、内容混淆、内容切分和重现等Web客户端接口、在线阅览的数字版权保护系统外部接口等。

表 A.4.1（续）

序号	标准体系表编号	标准号	标准名称	宜定级别	实施日期	国际国外标准号及采用关系	被替代标准号或作废	优先级	重要性	标准状态	备注
5	A.4.5		内容交易与分发版权保护技术接口					高	★★★★	拟制定	内容交易与分发版权保护系统与其他相关系统的接口规范和内容交易与分发版权保护应用开发包接口规范。
6	A.4.6		富媒体内容保护支撑技术接口					高	★★★★	拟制定	富媒体内容保护支撑技术的SDK接口规范。主要包括提供给富媒体报刊生产制作的接口规范、依赖于用户管理平台的接口规范、依赖于支付管理平台的接口规范、依赖于数字版权保护管理和服务中心的接口规范。
7	A.4.7		数字内容注册与管理平台对外通信协议					中	★★★★	拟制定	注册登记系统和认证监管系统的对外通信协议规范。
8	A.4.8		可信交易数据管理平台对外通信协议					中	★★★★	拟制定	可信交易数据管理平台与其他平台间的通信协议规范，包括交易数据接收系统对外通信协议、DRM可信计数器管理中心对外通信协议、交易数据查询认证系统对外通信协议、交易数据处理系统对外通信协议、交易数据统计分析系统对外通信协议、用户管理系统对外通信协议等的规范。
9	A.4.9		版权保护系统间通信协议					中	★★★★	拟制定	出版单位自主发行版权保护系统、互联网出版版权保护系统、移动出版应用版权保护系统、富媒体报刊版权保护应用系统和按需印刷版权保护系统之间的通信协议规范。

表 A.4.1（续）

序号	标准体系表编号	标准号	标准名称	宜定级别	实施日期	国际国外标准号及采用关系	被替代标准号或作废	优先级	重要性	标准状态	备注
10	A.4.10		版权保护系统服务器端与客户端的授权通信协议					中	★★★★★	拟制定	版权保护系统服务器端与客户端间的通信协议规范。包括出版单位自主发行版权保护系统、互联网出版版权保护系统、移动出版应用版权保护系统、富媒体报刊版权保护应用系统、按需印刷版权保护系统等系统的服务器端与客户端之间的授权通信协议规范。
11	A.4.11		出版机构信息管理系统接口					低	★★★	拟制定	出版机构在进行批量传输所需的各种注册登记信息的时候，需要遵循的接口规范，包括批量传输信息的格式和输入输出参数规范。
12	A.4.12		发行、代理、服务机构信息管理系统接口					低	★★★	拟制定	发行机构、代理机构和服务器机构之间在进行批量传输所需的各种注册登记信息的时候，需要遵循的接口规范，包括批量传输信息的格式和输入输出参数规范。
13	A.4.13		注册登记信息查询与发布数据交换					低	★★★	拟制定	通过互操作查询相关的注册登记信息，以及进行数据交换的规范，包括注册登记信息的格式规范和数据交换规范。
14	A.4.14		数字版权保护机构的信息管理系统接口					低	★★★	拟制定	数字版权保护机构进行批量传输所需的各种注册等级信息的接口规范，包括批量传输信息的格式和输入输出参数规范。

A.4.2 相关标准

序号	标准名称	标准编号	标准状态	备注
1	电子商务协议	GB/T 19252-2003	已颁布	
2	用于行政、商业和运输业电子数据交换的应用级语法规则	GB/T 14805-1993	已颁布	
3	移动数据库应用编程接口规范	GB/T 20531-2006	已颁布	
4	物理层互操作性要求	GB/T 15278-1994	已颁布	
5	电子数据交换报文实施指南	GB/T 19254-2003	已颁布	
6	电子名片信息交换规范	GB/T 19245-2003	已颁布	
7	PKI 证书管理协议 PKI Certificate Management Protocols	RFC 2510	已颁布	
8	Internet 安全协会与密钥管理协议 Internet Security Association and Key Management Protocol (ISAKMP)	RFC 2408	已颁布	
9	Internet X.509 证书请求消息格式 Internet X.509 Certificate Request Message Format	RFC 2511	已颁布	
10	Internet X.509 PKI 证书政策和证书实行框架 Internet X.509 Public Key Infrastructure Certificate Policy and Certification Practices Framework	RFC 2527	已颁布	
11	PKI 证书管理协议 PKI Certificate Management Protocols	RFC 2510	已颁布	

A.5 工程安全类

表 A.5.1 工程安全类标准

序号	标准体系表编号	标准号	标准名称	宜定级别	实施日期	国际国外标准号及采用关系	被替代标准号或作废	优先级	重要性	标准状态	备注
1	A.5.1		信息安全及电子认证服务技术规范					高	★★★★	拟制定	定义对第三方信息安全及电子认证相

表 A.5.1（续）

序号	标准体系表编号	标准号	标准名称	宜定级别	实施日期	国际国外标准号及采用关系	被替代标准号或作废	优先级	重要性	标准状态	备注
											关公共服务的接入要求，以及本工程相关技术、SDK、系统、平台接入第三方信息安全及电子认证服务的接口规范。
2	A.5.2	GB/T 22239-2008	信息安全技术 信息系统安全等级保护基本要求						★★★	已颁布	
3	A.5.3	GB/T 20518-2006	信息安全技术 公钥基础设施 数字证书格式						★★★★	已颁布	
4	A.5.4	GB/T 20519-2006	信息安全技术 公钥基础设施 特定权限管理中心技术规范						★★	已颁布	
5	A.5.5	GB/T 20520-2006	信息安全技术 公钥基础设施 时间戳规范						★★★	已颁布	
6	A.5.6	GB/T 21053-2007	信息安全技术 公钥基础设施 PKI 系统安全等级保护技术要求						★★	已颁布	
7	A.5.7	GB/T 21054-2007	信息安全技术 公钥基础设施 PKI 系统安全等级保护评估准则						★★	已颁布	
8	A.5.8	GB/T 15843.3-2008	信息技术 安全技术 实体鉴别 第 1 部分:						★	已颁布	

表 A.5.1（续）

序号	标准体系表编号	标准号	标准名称	宜定级别	实施日期	国际国外标准号及采用关系	被替代标准号或作废	优先级	重要性	标准状态	备注
			概述								
9	A.5.9	GB/T 15843.2-2008	信息技术 安全技术 实体鉴别 第2部分：采用对称加密算法的机制						★★★★	已颁布	
10	A.5.10	GB/T 15843.3-2008	信息技术 安全技术 实体鉴别 第3部分：用非对称签名技术的机制						★★★★	已颁布	
11	A.5.11	GB/T 15843.4-2008	信息技术 安全技术 实体鉴别 第4部分：采用密码校验函数的机制						★★★★	已颁布	
12	A.5.12	GB/T 17710-2008	信息技术 安全技术 校验字符系统						★★★★	已颁布	
13	A.5.13	GB/T 17902.2-2005	信息技术 安全技术 带附录的数字签名 第2部分:基于身份的机制						★★★★	已颁布	
14	A.5.14	GB/T 17902.3-2005	信息技术 安全技术 带附录的数字签名 第3部分:基于证书的机制						★★★★	已颁布	

表 A.5.2 相关标准

序号	标准名称	标准编号	标准状态	备注
1	信息安全技术 信息安全风险评估规范	GB/T 22080-2008	已颁布	
2	信息安全技术 数据库管理系统安全评估准则	GB/T 20009-2005	已颁布	
3	信息技术 安全技术 用块密码算法作密码校验函数的数据完整性机制	GB/T 15852.1-2008	已颁布	
4	信息技术 安全技术 n位块密码算法的操作方式	GB/T 17964-2008	已颁布	
5	信息技术 安全技术 信息安全事件管理指南	GB/Z 24364-2009	已颁布	
6	信息安全技术 信息安全风险管理指南	GB/T 15843.1-2008	已颁布	
7	信息安全技术 信息系统安全等级保护定级指南	GB 17859-1999	已颁布	
8	信息安全技术 信息系统通用安全技术要求	GB/T 20269-2006	已颁布	
9	信息安全技术 信息系统安全管理要求	GB/T 20270-2006	已颁布	
10	信息安全技术 数据库管理系统安全技术要求	GB/T 20272-2006	已颁布	
11	信息安全技术 网络基础安全技术要求	GB/T 20273-2006	已颁布	
12	信息安全技术 操作系统安全技术要求	GB/T 20984-2007	已颁布	
13	信息技术 安全技术 信息安全管理实用规则	GB/T 22081-2008	已颁布	
14	计算机信息系统 安全保护等级划分准则	GB/T 22186-2008	已颁布	
15	信息技术 安全技术 信息安全管理体系 要求	GB/T 22240-2008	已颁布	
16	信息安全技术 信息安全应急响应计划规范	GB/T 24363-2009	已颁布	
17	行政、商业和运输业电子数据交换(EDIFACT) 应用级语法规则(语法版本号4，语法发布号1) 第1部分：公用的语法规则	GBT 14805.1-2007	已颁布	
18	行政、商业和运输业电子数据交换（EDIFACT）应用级语法规则(语法版本号:4，语法发布号:1) 第4部分：批式电子数据交换语法和服务报告报文(报文类型为CONTRL)	GB/T 14805.4-2007	已颁布	
19	行政、商业和运输业电子数据交换(EDIFACT) 应用级语法规则(语法版本号:4,语法发布号:1) 第5部分:批式电子数据交换安全规则(真实性、完整性和源抗抵赖性)	GB/T 14805.5-2007	已颁布	

表 A.5.2（续）

序号	标准名称	标准编号	标准状态	备注
20	网络代理服务器的安全技术要求	GB/T 17900-1999	已颁布	
21	信息技术 安全技术 密钥管理 第1部分:框架	GB/T 17901.1-1999	已颁布	
22	信息技术 安全技术 带附录的数字签名 第1部分:概述	GB/T 17902.1-1999	已颁布	
23	信息技术 安全技术 抗抵赖 第1部分:概述	GB/T 17903.1-2008	已颁布	
24	信息技术 安全技术 抗抵赖 第2部分:使用对称技术的机制	GB/T 17903.2-2008	已颁布	
25	信息技术 安全技术 抗抵赖 第3部分:使用非对称技术的机制	GB/T 17903.3-2008	已颁布	
26	信息安全技术 基于互联网电子政务信息安全实施指南	GB/Z 20985-2007	已颁布	
27	信息安全技术 分组密码算法的工作模式	GB/Z 20986-2007	已颁布	
28	信息安全技术 信息安全事件分类分级指南	GB/Z 24294-2009	已颁布	
29	信息技术 安全技术 带消息恢复的数字签名方案	GB 15851-1995	已颁布	
30	用于行政、商业和运输业电子数据交换的应用级语法规则(语法版本号:4) 第6部分:安全鉴别和确认报文(报文类型为AUTACK)	GB/T 14805.6-2007	已颁布	
31	信息安全技术 路由器安全技术要求	GA/T 682-2007	已颁布	
32	信息安全技术 应用软件系统安全等级保护通用技术指	GA/T 711-2007	已颁布	
33	高级加密标准 Advanced Encryption Standard(AES)		已颁布	美国商务部和NIST
34	Internet 密钥交换 IKE The Internet Key Exchange (IKE)	RFC 2409	已颁布	
35	XML 签名要求 XML Signature Requirements	IETF RFC2807（2000）	已颁布	
36	MD5 消息摘要算法 The MD5 Message-Digest Algorithm	RFC 1321	已颁布	
37	Diffie-Hellman 密钥协议方法 Diffie-Hellman Key Agreement Method	RFC 2631	已颁布	

表 A.5.2（续）

序号	标准名称	标准编号	标准状态	备注
38	数字签名服务的 RSA 算法 Medical informatics-Algorithm for Digital Signature Services in Health Care	CEN ENV 12388	已颁布	
39	安全摘要标准 SECURE HASH STANDARD	FIPS PUB 180-2（August 2002）	已颁布	
40	第三方加密标准（EES） Escrowed Encryption Standard (EES)	FIPS PUB 185（1994）	已颁布	
41	数字签名标准（DSS） DIGITAL SIGNATURE STANDARD (DSS)	FIPS PUB 186-2（2000）	已颁布	
42	数据加密标准（DES） DATA ENCRYPTION STANDARD (DES)	FIPS PUB 46-3（1999）	已颁布	
43	EDIFACT 批量机密 EDI 安全规则 Electronic data interchange for administration, commerce and transport (EDIFACT) -- Application level syntax rules (Syntax version number: 4, Syntax release number: 1) -- Part 7: Security rules for batch EDI (confidentiality)	ISO 9735-7:2002	已颁布	
44	信息技术-安全技术-数字签名 第一部分：概述 Information technology -- Security techniques -- Digital signatures with appendix -- Part 1: General	ISO/IEC 10118	已颁布	
45	信息技术-安全技术-密钥管理-第一部分：架构 Information technology -- Security techniques -- Key management -- Part 1: Framework	ISO/IEC 11770-1:2010	已颁布	
46	信息技术-安全技术-密钥管理-第二部分：对称管理机制 Information technology -- Security techniques -- Key management -- Part 2: Mechanisms using symmetric techniques	ISO/IEC 11770-2:2008	已颁布	

表 A.5.2（续）

序号	标准名称	标准编号	标准状态	备注
47	信息技术-安全技术-数字签名-第一部分：概述 Information technology -- Security techniques -- Digital signatures with appendix — Part 1: General	ISO/IEC 14888-1:2008	已颁布	
48	信息技术-安全技术-数字签名-第二部分：整数分解机制 Information technology -- Security techniques -- Digital signatures with appendix — Part 2: Integer factorization based mechanisms	ISO/IEC 14888-2:2008	已颁布	
49	XML 签名语法与处理标准 XML-Signature Syntax and Processing	RFC 3275 （2002）	已颁布	
50	基于口令的密码标准 Password-Based Cryptography Standard V2.1	PKCS #5	已颁布	
51	私钥信息语法标准 Private-Key Information Syntax Standard v1.2	PKCS #8	已颁布	
52	MD5 消息摘要算法 The MD5 Message-Digest Algorithm	RFC 1321	已颁布	
53	三元加密模式操作标准 Triple Data Encryption Algorithm Modes of Operation	X9.52（1998）	已颁布	
54	IETF 的基于密钥管理的证书 Privacy Enhancement for Internet Electronic Mail, Part II:Certificate-Based Key Management	RFC 1422	已颁布	
55	Internet X.509 PKI 证书和证书废除列表（CRL）规范 Internet X.509 Public Key Infrastructure Certificate and CRL Profile	RFC 2459	已颁布	
56	Internet X.509 PKI 证书中 KEA 密钥表示 Internet X.509 Public Key Infrastructure Representation of Key Exchange Algorithm (KEA) Keys in Internet X.509 Public Key Infrastructure Certificates	RFC 2528	已颁布	

附　录　B
（资料性附录）
标准统计表

B.1　数字版权保护技术研发工程标准统计表

表 B.1　标准统计表

<table>
<tr><td rowspan="2">分体系名称</td><td colspan="3">数字版权保护技术研发工程标准</td><td rowspan="2">相关标准</td></tr>
<tr><td>拟制定</td><td>正制定</td><td>已颁布</td></tr>
<tr><td>工程管理类</td><td>2</td><td>2</td><td></td><td>9</td></tr>
<tr><td>工程基础类</td><td>5</td><td></td><td></td><td>92</td></tr>
<tr><td>工程数据类</td><td>3</td><td></td><td></td><td>26</td></tr>
<tr><td>工程协议类</td><td>14</td><td></td><td></td><td>11</td></tr>
<tr><td>工程安全类</td><td>1</td><td></td><td>13</td><td>56</td></tr>
<tr><td rowspan="2">总计</td><td>25</td><td>2</td><td>13</td><td rowspan="2">194</td></tr>
<tr><td colspan="3">40</td></tr>
</table>

GC

数字版权保护技术研发工程标准

GC/BQ 1—2015

标准编制指南

Standard guidelines for the drafting

2015 - 02 - 03 发布 2015 - 02 - 03 实施

新闻出版广电总局新闻出版重大科技工程项目领导小组发布

目　次

前　　言

本标准按照GB/T 1.1-2009给出的规则起草。

本标准由新闻出版广电总局新闻出版重大科技工程项目领导小组办公室提出并归口。

本标准主要起草单位：中国新闻出版研究院。

本标准主要起草人：李中、安秀敏、刘颖丽、黄肖俊、梁伟、张倩影、曾智、刘杰。

引　　言

数字版权保护技术研发工程需要研制的主要标准包括：数字版权管理标识、数字版权封装、数字内容分段控制技术接口等。这些标准既是工程项目的主要成果之一，也是引导工程建设和验证评价工程项目的依据。

本标准旨在解决（包括但不限于）以下问题：

——为各类工程标准的编制提出关于结构、要素、格式等方面的原则与规则；

——为工程标准中涉及专利的问题提出处置原则与建议；

——为规范“标准编制说明”的编写，提出内容、格式等方面的要求。

标准编制指南

1 范围

本标准规定了工程标准编写的结构、要素的表述要求和编排格式，还规定了专利问题的处置原则和建议以及“标准编制说明” 的编写要求。

本标准适用于工程标准的编制，不适用于编制国家标准或新闻出版行业标准。

2 规范性引用文件

下列文件对于本文件的应用是必不可少的。凡是注日期的引用文件，仅注日期的版本适用于本文件。凡是不注日期的引用文件，其最新版本（包括所有的修改单）适用于本文件。

GB/T 1.1-2009 标准化工作导则 第1部分：标准的结构和编写

GB/T 321 优先数和优先数系

GB 3101 有关量、单位和符号的一般原则

GB 3102 （所有部分）量和单位

GB/T 7714-2005 文后参考文献著录规则

GB/T 12366-2009 综合标准化工作指南

GB/T 15834-1995 标点符号用法

GB/T 20000.1-2002 标准化工作指南 第1部分：标准化和相关活动的通用词汇

GB/T 20000.2-2009 标准化工作指南 第2部分：采用国际标准

《简化字总表》国家语委1986年10月10日发布

3 术语和定义

下列术语和定义适用于本标准。

3.1

标准 standard

为了在一定的范围内获得最佳秩序，经协商一致制定并由公认机构批准，共同使用和重复使用的一种规范性文件。

[GB/T 20000.1-2002，定义2.3.2]

3.2

工程标准 project standards

为了在数字版权保护技术研发工程项目范围内获得最佳秩序，经工程参与各方协商一致制定并由该工程项目管理机构批准，共同使用和重复使用的一种规范性文件。

3.3

接口标准 interface standard

界面标准

规定产品或系统在其互连部位与兼容性有关的要求的标准。

[GB/T 20000.1-2002,定义 2.5.7]

3.4

最新技术水平　state of the art

根据相关科学、技术和经验的综合成果判定的一定时期内产品、过程或服务技术能力的发展程度。

[GB/T 20000.1-2002，定义 2.1.4]

3.5

单独标准 separate standards

将一个标准化对象的所有内容编制在一项标准中，并作为整体出版的标准。

3.6

部分 part

将一个标准化对象的不同方面，分成若干可分别起草、批准、发布和修订的单独成分，用同一个标准顺序号标识，从而形成一项标准内的组成成分和最高层次。

3.7

系列标准　series of standards

将一个标准化对象的不同方面，分成若干单独的标准；用不同的标准号标识，并围绕该标准化对象的功能实现，所形成的一个相互关联的标准族。

3.8

必要专利 essential patent

实施标准时，无法通过采用另一个商业上可行的不侵权的实施方式来避免该专利的某一权利要求被侵犯的专利。

3.9

合理无歧视许可 reasonable non-discriminatory licensing

专利权人或者专利申请人同意在公平、合理、无歧视基础上，收费许可任何组织或者个人在实施该标准时实施其必要专利的许可方式。

3.10

合理无歧视免费许可 reasonable non-discriminatory free license

专利权人或者专利申请人同意在公平、合理、无歧视基础上，免费许可任何组织或者个人在实施该标准时实施其必要专利的许可方式。

4　标准编写要求

4.1　总则

4.1.1　总体要求

标准应规定明确且无歧义的条款，以促进数字版权保护技术研发工程的实施，为此，工程标准应：

——在标准范围内各类要素按需要力求完整；

——按照 GB/T1.1-2009 及本标准的要求编写标准，应达到清楚准确；

——充分考虑数字版权保护的最新技术水平（见 3.4）；

——能被未参加标准编制的技术研发人员所理解。

4.1.2　统一性

工程各标准，以及标准的不同部分内，各标准的文体和术语应保持一致。各标准（及其部分）的结构、封面格式、章、条的编号应统一。标准应首先选用已定义的概念，并避免使用同义词。所选用的术语应只有唯一的含义。

4.1.3 协调性

为达到各标准整体协调的目的，工程标准应保持与 GB/T 1.1—2009 附录 A“部分基础标准清单”中相关基础标准的协调。

各标准间的协调包括但不限于：各类标准之间的协调；各标准与本领域标准体系表内各标准之间的协调。

各标准内容之间的协调包括但不限于：功能性能参数之间，技术要求以及管理要求与其相关内容之间，通信协议及其接口之间，术语、图形符号和代码之间的一致与衔接。

4.1.4 适用性

标准的适用性反映一个标准在特定条件下适合于规定用途的能力。为提高工程标准的适用性，编制过程中应考虑如下因素：

——标准内各部分、章、条、段的设置，应考虑便于实施，便于被其他标准引用。

——标准所体现的最新技术水平。一是与国内版权保护水平的适应性，二是与国际版权标准相比的先进性。

——与有关标准的协调性和配套性。

——结构和内容合理，标准级别适宜。

4.1.5 一致性

工程标准如采用国际标准应识别与国际标准的一致性程度，应符合 GB/T 20000.2—2009 的规定。

存在相互配套关系的工程标准，参照表 E.1～表 E.4 提出相应的一致性要求。

4.2 标准的结构

4.2.1 按内容划分

4.2.1.1 概述

标准中内容划分涉及以下类型：

——单独标准内容的划分

——标准中部分的划分

——系列标准内容的划分

4.2.1.2 单独标准内容的划分

单独标准的内容应按照 GB/T 1.1—2009 中 5.1.3 的要求，依据标准要素的性质、位置、状态和要素允许的表述方式等，对要素进行分类。

4.2.1.3 标准中部分的划分

部分的划分应按照 GB/T 1.1—2009 中 5.1.2 的要求，依据其标准化对象的不同方面对单独使用和单独修订的需要，划分成若干单独的部分。

4.2.1.4　系列标准内容的划分

系列标准中内容的划分，可参考GB/T 12366—2009，6.2.4的阶段和步骤，并围绕该标准化对象的功能实现，确定该系列标准的数量、内容划分，及相互间的关系。

4.2.2　按层次划分

4.2.2.1　标准内的层次概述

标准内的层次和表示：

——**部分**是标准中的最高层次，部分内部有章、条、段、列项以及附录等层次，可成为独立文件，但不应再分部分。部分应连续编号，其编号位于标准顺序号后，并以下脚点与顺序号隔开，例如：GB/T 20000.1、GB/T 20000.2 等。

——**章**是标准内容划分的基本单元。应以阿拉伯数字对章编号，应从“范围”一章开始，一直连续到附录之前。章标题在目次中出现。

——**条**是章的细分，条最多可包含 5 个层次。条的编号参见 GB/T 1.1—2009 附录 B，工程标准中条层次的标题要求见 4.2.2.2。第三层以下条的标题不在目次中出现。

——**段**是章或条的细分。段不编号，但不应设为“悬置段”，见 GB/T 1.1—2009 中 5.2.5。

——**列项**应由后跟冒号的一段文字引出。各列项前应使用统一的列项符号（“破折号”或“圆点”）。需要进一步识别列项中的分项时，应使用小写字母加半圆括号编号表示列项，使用阿拉伯数字加半圆括号编号表示其分项。列项的表示应符合 GB/T 1.1—2009 中 5.2.6 规定。

——**附录**是工程标准的特殊层次。附录内可设章、条、段、列项等层次，但附录与部分不同，不能成为独立的文件。每个附录的题名应以三行表示，第一行表示附录编号，第二行表示附录的性质，第三行表示附录的标题。附录的编号参见 GB/T 1.1—2009 附录 B。

4.2.2.2　标准各层次的内容划分依据和要求

各层次的内容划分依据和要求：

a)　**部分**层次的内容划分依据与要求：

　1)　考虑到以下因素，可将一项标准划分为几个部分：

　　——篇幅过长

　　——后续内容相互关联

　　——某些内容可能被法规引用

　　——某些内容拟用于符合性测试

　2)　划分要求：

　　——**部分**的内容应遵守 GB/T 1.1—2009 对单独标准内容编写的规则，也应遵守单独适用于编写。

　　——部分内容的规定及本标准关于部分内容的编写要求。

　　——部分的内容应能单独出版并单独修订。

　　——部分的内容应便于管理和便于应用。

b)　**章**层次的内容划分依据与要求：

　1)　规范性技术要素应按要素内容分类与内容特点划分为章。

　2)　章是标准中的第一层次，应设为章的内容包括规范性一般要素，如：范围与规范性引用文件；规范性技术要素，如：术语和定义以及符号、代号和缩略语。

c)　**条**层次的内容划分依据与要求：

1） 内容明显不同，有被引用的可能性，以及可分为两个或两个以上的条时，应设条。

2） 上下层次的条之间是包含与被包含关系。在编写标准时，应尽量减少层次。

3） 本标准第一至第三层次的条应设置标题，第三层次以下各层次条的标题为可选要素。每层并列各条标题设置应统一，无标题条不应进一步细分条。

4） 需强调无标题的条所涉及的主题时，句首关键术语或短语应设置为黑体字。

d) **段**层次的内容划分依据与要求：

条中内容的语义层次不同，逻辑关系不同，应分段表述。

e) **列项**层次的内容划分信据与要求：

1） 一个包含并列成分的长句，应划分为若干项，并用列项方法阐述。

2） 并列的句子应分为若干项，以列项形式表示。

3） 需突出并列的各项时，应以列项方法表示。

4） 需强调各项的先后顺序时，应以列项方法阐述。

5） 列项的引语及冒号不应省略，由引语引导的内容应与列项内容相符。

6） 条或段不应表述为列项形式。

f) 工程标准对附录内容划分的要求和建议：

1） 为合理安排标准的结构，使标准的内容结构整体平衡，应将占篇幅较大的内容编写在附录中。

2） 当需要对标准正文条款起到补充或细化作用时，应将有关内容列入资料性附录中。

3） 虽不是标准的主要技术内容，但又是必须涉及的内容，应按该内容的性质分别编写在规范性附录或资料性附录中。

4） 为满足使用者进一步理解标准中有关技术内容，宜在附录中给出简明的示例。

5） 对标准实施所做的解释或说明等资料性信息，宜编写在资料性附录中。

6） 工程标准修改采用了国际标准，对其技术性差异和文本结构变化较多的情况，宜在附录中给出说明。

4.3 标准的要素

4.3.1 概述

工程已确定的标准化对象，可以制定成一项标准（包括：整体出版的单独标准和分为几个部分出版的标准），也可以制定成系列标准，所有标准都应遵循 GB/T 1.1—2009 关于要素的分类，要素在标准中的位置、状态和要素所允许的表述形式的规则（参见附录 C）。

为使标准的编制者能先易后难、突出重点，尽快掌握要素的起草规范，本标准按以下顺序进行：

—— 资料性概述要素起草规范（包括封面、目次、前言、引言）。

—— 资料性补充要素起草规范（包括资料性附录、参考文献、索引）。

—— 规范性一般要素起草规范（包括名称、范围、规范性引用文件）。

—— 规范性技术要素起草规范（包括术语和定义、符号代号和缩略语、要求、规范性附录）。

4.3.2 资料性概述要素的起草

4.3.2.1 工程标准的封面

工程标准封面信息与要求：

a） 封面为必备要素，应给出以下 10 项信息：

1） 国际标准分类号（ICS 号）；

2） 中国标准文献分类号（CCS 号）；

3） 本标准的标志（GC 和“数字版权保护技术研发工程”）；
4） 工程标准号和被替代工程标准号；
5） 标准名称；
6） 标准名称的英文译名；
7） 标准阶段成果称谓；
8） 与采用国际标准的一致性程度标识；
9） 标准的发布和实施日期；
10）标准的发布者。

b） 封面标示信息的要求如下：
1） 标准的标志与类型代号为：“GC/BQ”。其中 GC 表示新闻出版业国家重大工程标准；BQ 表示带有强制性内容的工程标准。
2） 工程标准的编号规则见图 1。

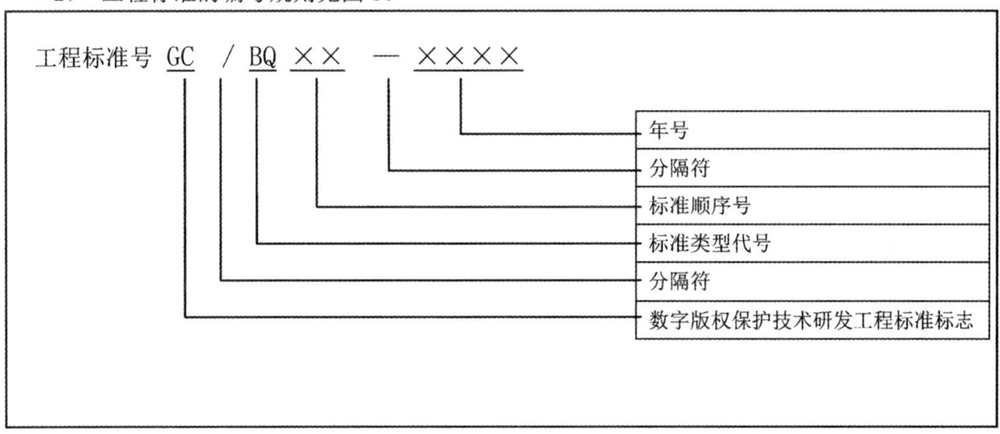

图 1　工程标准编号规则

3） 获取 ICS 号应根据国际标准分类的编号规则[19]；中国标准文献分类号 CCS 号的选择应符合《中国标准文献分类法》[14]的规定。
4） 标准的名称、译名中使用了“指南”，但要素的表述可以有要求型条款，也可以采用推荐和建议的形式表述。
5） 标准阶段成果的称谓（如：标准大纲、征求意见稿、送审稿、报批稿……），由数字版权保护技术研发工程总体组根据相应阶段确定。
6） 标准的发布和实施日期，由新闻出版广电总局新闻出版重大科技工程项目领导小组办公室在标准发布时确定。
7） 工程标准的分类及分类代号和工程标准的类型及代号，由数字版权保护技术研发工程标准包PMO确定。

4.3.2.2　标准目次的编写

目次内容及注意事项：

a） 目次是资料性概述要素中的可选要素，工程标准应按顺序列出以下内容：
1） 前言；
2） 引言；
3） 章的编号及其标题（如：1 范围；2 规范性引用文件；3 术语和定义；4 ××；……）；

4） 带标题的条及其编号（只列 2 级，如：5.1 ××；5.1.1 ××；5.1.2 ××；……）；

5） 附录；

6） 参考文献。

b） 目次编写应注意以下问题：

1） 目次中列出的编号、标题、页码等内容，应与正文中完全一致；

2） 在电子文件中的目次，应使用相应功能生成；

3）“术语和定义”中的术语不应在目次中列出。

4.3.2.3 标准前言的编写

标准的前言为必备要素，应按以下格式填写：

——本标准按照 GB/T1.1-2009 给出的规则起草。

——本标准由新闻出版广电总局新闻出版重大科技工程项目领导小组办公室提出并归口。

——本标准起草单位：×××××、×××××、……。

——本标准主要起草人：×××、××、……。

——本标准的某些内容可能涉及专利，按 GB/T 1.1—2009 附录 C 要求处置。

4.3.2.4 标准引言的编写

引言是可选的资料性概述要素，不应编号，不应给出要求，也不应包含“范围”的内容。引言的内容主要包括以下三个方面：

——引言应阐明标准编制的原因、目的、意义等。

——引言应对标准涉及的总体技术内容给出说明。

——对已识别出标准涉及专利时，按 GB/T 1.1—2009 附录 C 要求处置。

4.3.3 资料性补充要素的起草

4.3.3.1 资料性附录的编写

资料性附录是资料性补充要素中的可选要素，通常给出有助于理解或使用标准的附加信息：

——正确使用标准的示例或说明，应编入该资料性附录。

——标准中某些条文的资料性信息，应编入该资料性附录。

——采用国际标准的技术差异细节或文件本结构变化的情况应在资料性附录中给出。

——该附录不应包含要求。即使附录列入了一个包含要求的、可选择的实验方法时，在标准符合性测试中，无须符合该可选实验方法中所包含的要求。

——资料性附录应在前言或正文中提及，否则，无存在的必要。

——提及资料性附录应使用“参见附录×”的措辞方式。

4.3.3.2 参考文献的编写

参考文献是资料性补充要素中的可选要素，是用于列出“规范性引用文件”以外的，资料性引用文件、依据或参考文件清单的一章。

该章是与附录不同的独立要素，清单中的参考文献用方括号引出，清单中列入参考文献一章的原则及排列顺序，按 GB/T 1.1—2009 中 6.23 要求，非标准类文件的排列顺序及著录，按 GB/T 7714—2005 的规定。

参考文献一章用于列出以下文件：

a） 资料性引用的文件：

1）“术语和定义”中，在方括号中标出的术语出处的文件。
2）以摘抄形式引用时，在方括号中标出的摘抄内容出处的文件。
3）标准条文中提及的在方括号中标出的文件。
4）标准条文中的注、图注、表注中提及的文件。
5）标准中资料性附件录提及的文件。
6）标准中示例所使用或提及的文件。

b）工程标准起草过程中依据或参考的文件：
1）国际标准、国外先进标准，及其他标准化文件。
2）标准化框架、参考模型、标准化方法等文件。
3）专著、参数来源等及其他相关资料。
4）依据或参考的国际标准、国家标准、行业标准或其他标准在研制阶段的成果及其表示：
标准草案（征求意见稿）；
标准草案（送审稿）；
标准草案（报批稿）。

示例：参见新闻出版署、国家语言文字工作委员会《出版物汉字使用管理规定》，北京，1992 年 7 月 7 日联合发布。

4.3.3.3 索引的编写

工程标准中的索引作为可选要素，在电子文本中应使用相应功能生成。索引置于参考文献后。

4.3.4 规范性一般要素的起草

4.3.4.1 名称的编写

标准名称是规范性一般要素中的必备要素，名称的编写涉及以下方面：

a）名称编写的一般要求：
1）应准确地概括主题。
2）应简练，不涉及细节。
3）表示技术特征的用语，应从术语标准中选择规范化术语。

b）构成标准名称的要素：
1）引导要素为可选要素，表示标准所属领域。
2）主体要素为必备要素，表示标准所属领域内所要论述的主要对象。
3）补充要素在单独标准中是可选要素；在分成几个部分的标准中，则为必备要素，可用于表示标准对象某一部分的特定方面。

c）名称的结构形式：
1）一段式：只有主体要素。例如：GB/T 12366—2009 综合标准化工作指南。
2）两段式：引导要素+主体要素。例如：GB/T 19100—2003 术语工作 概念体系的建立。
3）三段式：引导要素+主体要素+补充要素。例如：GB/T 24040—2008 环境管理 生命周期评价 原则与框架。

d）名称要素的选择：
1）主体要素不应省略。例如：“概念体系的建立”，需要明确其所属的“术语工作”领域。
2）主体要素论述的对象需要引导要素加以明确时，应有引导要素，否则，可省略。例如：“综合标准化工作指南”，将 GB/T 12366（所有部分）进行综合提炼，无需引导要素和补充要素，既可明确主体要素论述的对象，因此，可省略引导要素和补充要素。
3）主体要素论述的对象需要进一步明确，应有补充要素，否则，可省略。例如：GB/T 24040

—2008，主体要素“生命周期评价”需补充要素进一步明确“原则与框架”是该标准的论述对象。

4）一项标准分成几个部分时，名称中应有引导要素、主体要素和补充要素。各部分的补充要素不同，以区分和识别各个部分，但引导要素和主体要素应相同。各补充要素应由“第×部分”引出。例如：GB/T 16656.1—2008 工业自动化系统与集成 产品数据表达与交换 第1部分：概述与基本原理；GB/T 16656.31—1997 工业自动化系统与集成 产品数据表达与交换 第31部分：一致性测试方法论与框架 基本概念。

e）起草名称需注意的方面：

1）名称应准确反映标准的范围，不应扩大和限制标准的范围。

2）名称中不应出现“……标准”、“……国家标准”等描述文件类型的表述。

3）名称各要素的用语在概念上不应重复，各要素的先后顺序，不应错位。

f）起草名称易出现的问题：

1）未采用分段式的形式。

2）未规范使用“第×部分”。

3）采用不规范用语分隔各要素。

4.3.4.2 范围的编写

范围是规范性一般要素中的必备要素，处于标准第一章的位置。标准中的条款只能在所界定的范围和特定领域内才具有适用性。范围的编写涉及以下方面：

a）范围内容的编写：

1）对标准的主要内容做提要式说明，并与“名称”和正文中的“规范性要素”前后照应。

2）名称引导要素中提及的领域，范围中应提及，对补充要素写不下的内容，范围中应补齐。

3）规范性要素的各章应按其顺序体现范围的主要内容。

b）范围的表述规则：

1）范围中不应给出要求。

2）以简洁的语言高度提炼所要表达的标准内容，体现其“提要”功能。

3）表述形式见GB/T 1.1—2009中6.2.2。

4.3.4.3 规范性引用文件的编写

规范性引用文件是规范性一般要素中的可选要素，该章的编写见GB/T 1.1—2009中6.2.3。本标准规范性引用文件的编写涉及以下方面：

a）引用的条件：

1）当适用于本标准的内容在现行标准中已经做了规定，应引用该现行标准的内容。

2）当本标准涉及的内容属于其他专业领域的标准化成果，应引用该标准化领域的成果。

3）当需要引用最新版本时，应采用不注日期的引用方式，以保证引用标准为最新版本。

4）为避免标准篇幅过大和抄录错误，应采用引用方法。

b）引用的类型：

1）标准，包括国家标准、行业标准、国家标准化指导性技术文件、国际标准或国外标准。

2）可被引用的文件，包括技术规范（TS）、可公开获得的规范（PAS）、技术报告（TR）、指南（Guide）。

3）不宜引用的文件，包括法律、行政法规、规章和其他政策性文件；只适宜在合同中引用的业务类文件；含有专利或版权限制的文件。

c) 引用的性质、方式和内容：

1) 经规范性引用的文件或其中的条款，即构成本标准整体不可分割的组成部分，与标准文本中规范性要素具有同等效力，这些引用的文件，应列入“规范性引用文件”一章。

2) 经资料性引用的文件，不构成本标准中的规范性内容，提及这些文件的目的，只是提供一些供参考的资料，这些资料性引用的文件，应列入“参考文献”一章。

3) 注日期引用意味着引用了指定版本。所引用的标准化文件应标明确切的年号或版本号。

4) 不注日期引用意味着所引的文件无论如何更新，只有最新版本才适用于引用它的标准。

5) 特定内容的引用，指并非引用文件全部内容都适用于引用它的标准，只有特定的内容才适用。当指明了所引文件内容的具体章、条、图、表等编号时，应与注日期引用文件的版本号对应。

6) 全文引用，指引用文件的全部内容都适用于引用它的标准。当确认并非引用文件内容全部适用时，采用特定内容的引用。

d) 引用的表述：

1) 规范性引用，应使用“……应符合……的规定”或“……应按照……的要求”的方式，提及规范性内容。

2) 资料性引用，应使用“参见……”的方式，提及资料性内容。

3) 规范性引用文件的清单，应使用导语引出，导语见 GB/T 1.1—2009 中 6.2.3。表述清单文件中注日期和不注日期的文件，应符合 4.3.4.3 c）的规定。

4) 提及标准本身，应使用“本标准……”或“本部分……”。

5) 注日期引用，只给出标准代号、顺序号和发布年号，不给出名称。当部分不是同一年发布时，则应给出各部分的编号和年号，如各部分同年发布，则不列出部分编号。

6) 不注日期引用，只给出标准代号和顺序号，不给出发布年号、名称和部分的编号。

7) 摘抄形式的引用，在摘抄内容之后用方括号标明出处。

8) 部分之间的引用，一是部分中特定内容的引用，应注日期；二是引用部分的全文并接受该部分内容未来的改变，可不注日期；三是引用部分的全文，且各部分之间相应改变能同步进行，可不注日期；四是指明引用内容的具体编号，且部分之间的改变能同步进行，可不注日期。

e) 编写注意的问题：

1) 规范性引用文件有规定的排列顺序（见表 1）。

表 1　规范性引用文件清单中不同文件的排列顺序

顺 序	引用文件类型
1	国家标准（含国家标准化指导性技术文件）
2	行业标准（含新闻出版行业或相关行业标准）
3	地方标准（仅适用于地方标准编写）
4	工程标准（数字版权保护技术研发工程制定的各类标准）
5	国内有关文件
6	国际标准（ISO, ISO/IEC, IEC，ITU）
7	ISO、IEC、ITU 有关文件
8	其他国外标准及其他国外有关文件（国家、地区或组织制定的先进标准及有关文件）

2) 编写规范性引用一章应做好资料收集检索工作，应跟踪所引文件的版本变化，尤其注意“注日期的规范性引用文件”的最新版本变化，所引用文件应为最新版本。

3) 规范性引用文件清单中，不应列入起草过程中的依据或参考的文件，不应列入资料性引用文件，不应列入不能公开获得的文件，不应列入尚未发布的标准或尚未出版的文件。

4.3.5 规范性技术要素的起草

4.3.5.1 术语和定义的编写

本标准所指术语和定义的编写，仅适用于非术语标准，属规范性技术要素中的可选要素。术语和定义的编写应涉及以下方面：

a）非术语标准中术语的选择：

1）对在不同语境中有不同理解的术语应通过定义加以明确，但由已定义术语组合而成的、且词义没变的组合术语，则不需再下定义。

2）在标准条文中没有提及的术语，不应列入“术语和定义”。

3）在标准条文中只用到一次的术语，可在出现该术语时进行解释，或在术语后加括号给出定义，而不应列入“术语和定义”。

4）标准条文所使用了属于本标准领域覆盖范围之外的术语，可在条文中说明含义，不应列入“术语和定义”。

b）非术语标准中术语的表述：

1）术语条目应符合 GB/T 1.1—2009 中 6.3.2 要求，由引导语引出。

2）术语条目的表述应包括：条目编号、术语、英文对应词、定义。

3）表述已标准化定义的术语，应按 GB/T 1.1—2009 中 6.3.2 要求，标明该定义出自的标准。

4）改写术语定义的表述，应按 GB/T 1.1—2009 中 6.3.2 规定，加“注：改写…”。

c）术语附加内容的表述：

1）术语中的符号，应置于术语后另起一行。量和单位符号应符合 GB 3101、GB 3102 的规定。

2）术语中的公式，应置于定义后另起一行，公式编排应符合 GB/T 1.1—2009 中 9.9.5 规定。

3）术语中的图，应置于定义后，图的表述应符合 GB/T 1.1—2009 中 9.9.6 的规定。

4）术语中的示例，应置于定义后，示例的表述应符合 GB/T1.1—2009 中 9.9.4 的规定。

5）术语中的注，应置于示例后另起一行，附加信息的表述应符合 GB/T 1.1—2009 中 9.9.3 的规定。

4.3.5.2 符号、代号和缩略语的编写

a）符号、代号和缩略语为规范性技术要素中的可选择要素，符号、代号和缩略语与术语的区别：

1）符号、代号和缩略语不编号，而术语都是有条目编号。

2）符号、代号和缩略语的含义置于其后，而术语的定义则置于其下一行。

3）符号、代号和缩略语的解释文字回行时，与上一行第一个字取齐，而术语的定义文字回行时则需顶格排。

b）标准中编写符号和代号一章时，涉及以下方面：

1）标准条文件中没有用到的符号和代号，不应在该章中出现。

2）符号和代号一章中的符号和代号不需编号，应按字母顺序编排。

3）符号和代号的字母顺序：大写拉丁字母位于小写之前；无角标字母位于有角标字母之前，希腊字母位于拉丁字母之后，然后是其他特殊符号和文字。

4.3.5.3 要求的编写

要求是规范性技术要素中的可选要素。 要求的表述形式为要求型条款。要求可作为章的标题，其

内容可表达结果或过程。编写要求应遵循的原则及涉及的方面：

a）性能原则

要求应由性能特性来表达，以便给技术发展留有最大的发展余地。见 GB/T 1.1—2009 的 6.3.1.2。

b）可实证性原则

不论标准的目的如何，标准中只列入那些能被证实的要求。见 GB/T1.1—2009 的 6.3.1.3。

编写中可实证性原是主要体现于以下方面：

1）不应列入没有实证方法的要求。

2）不必列入无须实证的要求。

3）标准中的要求应定量并以确定的数值形式表示。见 GB/T1.1-2009 的 8.9。

4）标准中的要求需测试验证时，应提及具体参数及测试验证报告。

d）要求的内容：

1）产品或服务标准中关于性能要求方面的内容。

例如：关于产品特性的要求，如速度、载重量、可靠性、安全性、数据一致性、兼容性等。

例如：关于服务特性的要求，如快递服务的“投递时限”、“投诉处理时限”、“索赔处理时限”等。

2）产品或服务标准中关于过程要求方面的内容。

例如：数字内容产品加工过程中对“版权信息嵌入”、“数字内容产品加密”等要求。

例如：数字内容服务过程中，对注册、登录、支付、交付等要求。

e）要求的形式：

1）表达标准中产品或服务结果的要求型条款，应符合可实证性原则，一般采用 4 个元素：“特性”、“证实方法”、“助动词‘应’”和“特性的量值”，当表达服务标准时，其证实方法应符合服务产品的特点。

2）表达标准中产品或服务过程的要求型条款，应符合可实证性原则，一般采用 3 个元素：“主体”、“助动词‘应’”、“操作”。例如：在限速路段，驾驶员应按限速标志规定的车速行驶；例如：投递时限以发件人签发时间到收件人签收时间为准应小于 24h。

3）要求型条款中，要求的表述方式应与实证方法保持一致。

4）特性的量值一般用极限值（最大值和/或最小值）和可选值（限定的取值范围）表示。在限定范围内的数值或数系中选取特性的量值时，应按照 GB/T 321 中给出的优先数和优先数系选择。

4.3.5.4　规范性附录的编写

规范性附录为规范性技术要素中的可选择要素。规范性附录给出标准的附加或补充条款，构成标准整体不可分割的组成部分。当使用者应遵守的条款不适宜放在正文中时，应按照 GB/T 1.1—2009 中 6.3.6 的要求，将这些内容编写在一个“规范性附录”中。

4.4　要素表述的规定

4.4.1　技术要素表述

4.4.1.1　概述

标准中不同类型的要素，由不同的条款类型组合构成，条款类型见 4.4.2。

不同技术类型的标准，其技术要素的要求程度不同，标准名称采用了表示要求程度的描述用语“规范”、“规程”和“指南”反映其要求程度的差异。

4.4.1.2　规范

该技术类型的标准见GB/T 1.1—2009中3.1，其中关于“要求”的内容应有需要实证的“要求型条款”，为检验“要求”是否已满足，还需要规定相应的实证方法。

4.4.1.3 规程

该技术类型的标准见GB/T 1.1—2009中3.2，以“推荐型条款”和“陈述型条款”为主，给出程序或惯例、规程所推荐的方法，应能体现最新技术水平。

4.4.1.4 指南

指南一般定义为：给出某主题的一般性、原则性、方向性的信息、指导或建议的文件[GB/T1.1-2009，3.3]。为强调不同技术类型的工程标准在编制方面的统一性。工程标准在使用这一定义时，应结合工程应用的实际需要，除了以“陈述型条款”为主外，可使用“要求型条款”。

4.4.2 条款类型

工程标准中使用的条款类型共三种：要求型条款、推荐型条款和陈述型条款。各类条款应遵循 GB/T 1.1—2009 中 7.1.1 的规定。

4.4.3 助动词的使用

工程标准中条款表述所用的助动词，按照 GB/T 1.1—2009 附录 F 的规定使用。

4.4.4 条文表述

标准中的要素由各种条款构成，条文是表述条款最常用的文字表述形式之一（见 GB/T 1.1—2009 的表 1 “要素所允许的表述形式”）。条文表述要素所使用规范汉字，应以国家语委 1986-10-10 发布的《简化字总表》为依据。

标准条文中使用的标点符号，应符合 GB/T15834 的规定。

注和示例给出条文的附加信息，有助于标准的理解和使用。条文的注和示例应符合 GB/T 1.1—2009 中 7.2 的规定，不应包含要求类信息。

4.4.5 图的表述

图是条款的一种特殊表述形式。图的表述应符合 GB/T 1.1—2009 中 7.3 的规定。

4.4.6 表的表述

在条文中提及的表不应有分表，也不应将表分为次级表。表的表述应符合 GB/T 1.1—2009 中 7.4 规定。

4.5 需要遵照的其他规则

4.5.1 全称、简称和缩略语

全称与简称反映中文之间的省略关系，缩略语反映外文全拼与缩写形式之间的对应关系。在反映上述关系时应注意以下方面：

——工程标准中使用组织机构名称时应使用全称。在第一次出现全称的后面用圆括号中给出简称，以后则应使用简称。

——工程标准其他内容使用简称时，应在条文中第一次出现该词语时，在其后的圆括号中给出简称，以后则应使用简称。

——工程标准中给出的简称应进行统一，一般由标准发布机构在标准审查时给出建议。

——缩略语由大写拉丁字母组成，工程标准中需多次使用某缩略语时，才应规定并使用缩略语。

——工程标准先在条文中给出完整的中文词语或术语，在其后的圆括号中给出缩略语，以后则使用缩略语。

4.5.2　数学公式

标准中的数学公式的表示，应按照 GB/T 1.1—2009 中 8.8 的规定。

5　标准编排格式

5.1　通则

标准出版的幅面尺寸应符合 GB/T 1.1—2009 中 9.1 的规定。

标准条文编排示例参见 GB/T 1.1—2009 的附录 H。

标准的目次、前言或引言、正文首页、附录、参考文献、索引，以及单数页、双数页和封底格式按照GB/T 1.1-2009中附录I的规定给出。

5.2　标准封面的格式

工程标准对封面样式的规定见附录A。

6　工程标准涉及专利问题的处置

6.1　工程标准涉及专利问题的处置要求

6.1.1　专利信息披露

6.1.1.1　专利信息的披露与报送

参照《国家标准涉及专利的管理规定（暂行）》[15]，数字版权保护技术研发工程总体组或归口单位应鼓励所有参与和没有参与标准制修订的单位或个人，在标准制修订的任何阶段，披露其拥有和知悉的涉及标准的必要专利。

数字版权保护技术研发工程总体组或归口单位应当将其获得的专利信息尽早报送新闻出版广电总局新闻出版重大科技工程项目领导小组。

6.1.1.2　专利证明材料的提交

披露专利信息应填写“专利信息披露表”（见表 B.1），并将该表与相关证明材料一起提交至数字版权保护技术研发工程总体组或归口单位。

应提交的专利信息相关证明资料：

——专利证书或扉页复印件（已授权专利的证明材料）。

——专利申请公告（已公开但尚未授权的专利申请的证明材料）。

——专利申请号和申请日期（未公开的专利申请的相关证明材料）。

6.1.2　专利实施许可

6.1.2.1　专利实施许可方式的选择

专利权人或者专利申请人在填写专利实施许可声明表时，应在以下三种方式中进行选择：

a）同意在公平、合理、无歧视基础上，免费许可任何组织或者个人在实施该标准时实施其专利；

b）同意在公平、合理、无歧视基础上，收费许可任何组织或者个人在实施该标准时实施其专利；

c）不同意按照以上两种方式进行专利实施许可。

6.1.2.2 专利实施许可声明的有效性

在进行专利实施许可时，专利权人或者专利申请人应填写“专利实施许可声明表”（见表B.3）。

选择的专利实施许可方式一经提交就不可撤销，直到该标准被废止或标准的相关部分由于修订导致被许可的专利不再是该标准的必要专利。

当后提交的专利实施许可声明对标准实施者而言更宽松、更优惠时，才可取代在先的专利实施许可声明。

在专利权转移的情况下，该专利权人或者专利申请人已经对某一标准做出的专利实施许可对于专利权受让人依然有效。

6.1.3 处置要求

6.1.3.1 持续采集与处理记录

专利问题的处置需持续采集专利信息并记录处理结果，主要涉及以下方面：

——在标准制修订过程中的每次会议期间，会议主持人都应询问标准草案是否涉及新的专利。

——审查专利信息披露表中是否存在必要专利，是否附有必须获得的该专利许可声明，会议纪要应记录上述处理的结果。

6.1.3.2 披露专利信息的文档与要求

a）应在以下阶段文档的封面上给出征集专利的信息：

1）标准大纲。

2）工作组讨论稿(各次讨论稿)。

3）征求意见稿。

4）送审稿。

5）报批稿。

b）**专利信息披露要求如下：**

1）在标准制修订过程中的任何阶段（见6.2.2），一旦识别出标准的技术内容涉及了专利并进行了相应的处置（见6.2.3），应在该阶段及其以后的所有阶段直至正式出版的工程标准引言中，给出相应的说明。

2）如果标准的制修订过程中没有识别出标准的技术内容涉及专利，应在工程标准报批稿和正式出版的工程标准的前言中给出相应的说明。

3）封面、引言和前言中与专利有关的内容应与GB/T 1.1—2009附录C中给出的表述相符合。

6.2 工程标准涉及专利问题的处置方法

6.2.1 信息公布

数字版权保护技术研发工程总体组或归口单位，应通过行业标准化行政主管部门网站、有关专业标准化技术委员会网站或国家级期刊公布标准中涉及专利的信息。

公布的相关信息应包括涉及了专利的标准草案、已知悉专利的“专利清单”（见表B.2）和数字版权保护技术研发工程总体组或归口单位的联系方式。

6.2.2 专利处置的阶段与内容

工程标准涉及专利问题的处置，应按标准制定程序分阶段进行，并应在各阶段的会议与会议文档中做出相应处理，涉及的会议与文档见表2第3栏。

表2　工程标准中涉及专利问题的处置阶段、会议与文档

序号	阶段名称	会议与文档
1	调研与大纲编制阶段	大纲阶段评审会，大纲草案，会议纪要
2	起草阶段	草案初稿评审会，草案初稿、征求意见稿，会议纪要
3	征求意见阶段	征求意见阶段评审会，送审稿，会议纪要
4	送审阶段	送审阶段审查会，报批稿，会议纪要
5.	标准维护与发布阶段	批准审查会，发布稿；复审会，复审报告

6.2.3　处置方法和要求

工程标准涉及专利问题的处置，应依据不同要求，在不同阶段，以不同方法进行处置（见表3）。

表3　工程标准中涉及专利问题的处置

序号	阶段名称	处置方法和要求
1	调研与大纲编制阶段	1）询问标准草案是否涉及新的专利； 2）查收“专利信息披露表”、“专利清单”及“专利实施许可声明表”，如专利实施许可方式选择6.1.2.1中c)，则该标准不得包括基于该专利的条款； 3）专利问题处理结果列入会议纪要
2	起草阶段	1）询问标准草案是否涉及新的专利； 2）查收新的“专利信息披露表”、“专利清单”及“专利许可声明表”，如专利实施许可方式选择6.1.2.1中c)，则该标准不得包括基于该专利的条款； 3）封面上应给出征集专利的信息； 4）引言和前言给出与专利有关的内容； 5）专利问题处理结果列入会议纪要
3	征求意见阶段	1）询问标准草案是否涉及新的专利； 2）查收新的“专利信息披露表”、“专利清单”及“专利实施许可声明表”，如专利实施许可方式选择6.1.2.1中c)，则该标准不得包括基于该专利的条款； 3）封面上应给出征集专利的信息； 4）引言和前言给出与专利有关的内容； 5）专利问题处理结果列入会议纪要
4	送审阶段	1）询问标准草案是否涉及新的专利； 2）查收新的“专利信息披露表”、“专利清单”及“专利实施许可声明表”，如专利实施许可方式选择6.1.2.1中c)，则该标准不得包括基于该专利的条款； 3）封面上应给出征集专利的信息； 4）引言和前言给出与专利有关的内容； 5）专利问题处理结果列入会议纪要
5	标准维护与发布阶段	1）以会议审查方式，审核“专利信息披露表”、“专利清单”及“专利实施许可声明表”的内容； 2）审核对处置程序的符合性； 3）给出审查意见（批准或解决问题后重新报批）； 4）如在标准批准前，总体组或归口单位发现有新的必要专利，应终止批准程序，并对新涉及的专利按上述程序进行处置后报批。如专利实施许可方式选择6.1.2.1中c)，则该

		标准不得包括基于该专利的条款； 5）标准被批准发布，如未发现涉及专利问题，应在出版稿的前言中给出相应的说明； 6）工程标准各稿在封面、前言、引言中给出的与专利有关的内容，应符合GB/T 1.1—2009附录C中的表述要求； 7）工程标准的维护超过2年，总体组和归口单位应对专利进行复审，复审过程中专利处置的结果应记录在复审报告中； 8）工程标准一旦废止，与该标准有关的专利实施许可声明失效； 9）工程标准发布后，发现标准涉及专利但没有专利实施许可声明的，参照《国家标准涉及专利的管理规定（暂行）》[15]有关条款处置

7 工程标准编制说明

7.1 标准编制说明的内容要素

7.1.1 封面信息

编制说明的封面样式见附录D，应提供以下信息：

——编制说明的名称，由标准名称+阶段成果名+编制说明构成。

——本稿完成日期，与编制过程的阶段日期相吻合。

——封面样式，见附录D（图D.1）。

7.1.2 目次与编号

目次与编号所列内容与要求：

a） 按章列出章标题及其编号。

b） 应注意以下问题：

  1） 目次中列出的编号、标题和页码应与“编制说明”的正文一致。

  2） 在电子文件中，目次应自动生成。

  3） 目次中出现“标准中的章标题”，应使用引号。

7.1.3 内容表述要求

编制说明以陈述句为主，对过程、原因的说明应简明、准确。

编制说明对标准中的图或表进行说明时，应附上标准中的图或表。

参考资料清单的表述见4.3.3.2。

7.2 各章应说明的内容

7.2.1 项目来源

应提及任务的内容和目标、任务下达方、项目编号、任务下达时间及要求完成时限等信息。

7.2.2 目的和意义

具体给出标准制定的意义，应表达必要性、目的性和标准作用等信息。

7.2.3 编制的原则和依据

针对标准化对象的特征，列出编制本标准所要坚持的若干原则：

1）统一性原则，见 GB/T 1.1—2009 中 4.2。

2）协调性原则，见 GB/T 1.1—2009 中 4.3。

3）适用性原则，反映一个标准在特定条件下适合于规定用途的能力。包括：工程标准内各部分、章、条、段的设置，便于实施，便于被其他工程标准引用；工程标准应反映最新技术水平；与相关标准的协调性和配套性；结构和内容合理，标准级别适宜。

4）其他需要坚持的重要原则。

下达本标准研制任务的文件，以及按照本标准研制思路，选取对本标准设计影响最大的主要参考资料，作为依据并列出清单。

7.2.4　编制过程

主要说明研制过程中的重要事件、意见与建议的讨论和处理，各阶段成果物的形态、名称，以及各阶段起始与完成的主要日期：

1）　成立起草组的日期。

2）　信息资料的收集和掌握阶段的起始与结束日期。

3）　标准大纲稿编制完成的日期。

4）　标准草案初稿编制完成的日期。

5）　征求意见稿编制完成的日期。

6）　送审稿编制完成的日期。

7）　报批稿编制完成的日期。

8）　其他重要进展的日期。

7.2.5　主要技术内容的说明

对标准主要章的设置、意图及主要内容给出说明：

1）　关于范围内涵和外延的说明。

2）　关于术语和定义的说明。

3）　关于技术要求的说明。

4）　主要技术变更的说明。

5）　与相关标准的关系及处理情况的说明。

6）　其他需要说明的事项。

8　标准编写中一致性要求的处置

与某标准配套，并满足了某标准一致性要求的工程标准，需发布一致性声明：声称本标准与某标准的某款、某条一致，符合该标准一致性要求。

附　录　A
（规范性附录）
工程标准的封面

A.1　工程标准封面的样式

图A.1给出了工程标准封面的样式，该图适用于数字版权保护技术研发工程标准包的各类标准，由于工程标准工其应用范围内具有强制性属性，标准代号中不含表示推荐属性的“T”。

如工程标准等同或修改采用国际标准，则将“标准阶段成果物名称”替换成“与国际标准一致性程度的标识”，并按GB/T 20000.2的规定给出封面的有关信息。

A.2　工程标准封面的尺寸

工程标准封面的尺寸应遵循GB/T 1.1—2009中附录I标注的封面尺寸。

ICS

点击此处添加中国标准文献分类号

数字版权保护技术研发工程标准

GC/BQ XX—XXXX

标准名称

英文名称

（与采用国际标准的一致性程度标识）

［标准阶段成果称谓］　　（ XXXX 稿）

［在提交反馈意见时，请将您知道的相关专利连同支持性文件一并附上］

［该版本提交日期］　　XXXX-XX-XX

XXXX - XX - XX 发布　　XXXX - XX - XX 实施

新闻出版广电总局新闻出版重大科技工程项目领导小组发布

图 A.1　　标准封面样式

附 录 B
（规范性附录）
工程标准涉及专利问题的处置表

B.1 概述

表B.1～表B.3给出了工程标准编制过程中，对处置工程标准涉及专利问题所用的表单样式，各表单可根据工程标准的需要扩展行或列。表B.1用于专利信息的披露，表B.2是专利信息公布时所用的专利清单，表B.3用于专利实施许可。

B.2 专利信息披露表

表B.1 专利信息披露表

<table>
<tr><td colspan="6">标准信息</td></tr>
<tr><td colspan="2">工程项目编号/
标准包号</td><td colspan="2"></td><td>工程标准名称</td><td></td></tr>
<tr><td colspan="6">专利披露者信息</td></tr>
<tr><td>个　人</td><td>姓名</td><td></td><td colspan="2">工作单位</td><td></td></tr>
<tr><td>单　位</td><td>单位名称</td><td colspan="2"></td><td>联系人</td><td></td></tr>
<tr><td>联系地址</td><td colspan="5"></td></tr>
<tr><td>邮政编码</td><td></td><td>电话</td><td></td><td>电子邮箱</td><td></td></tr>
<tr><td colspan="6">标准中涉及的专利信息</td></tr>
<tr><td>序号</td><td>专利号/
专利申请号</td><td>专利名称</td><td>专利权人/
专利申请人</td><td>涉及专利的
标准条款
（章、条编号）</td><td>专利主要技术内容介绍，
及其与标准内容相关性的
说明（可另附页）</td></tr>
<tr><td></td><td></td><td></td><td></td><td></td><td></td></tr>
<tr><td></td><td></td><td></td><td></td><td></td><td></td></tr>
<tr><td></td><td></td><td></td><td></td><td></td><td></td></tr>
<tr><td></td><td></td><td></td><td></td><td></td><td></td></tr>
<tr><td colspan="6">专利披露者（签字/盖章）

年　　月　　日</td></tr>
<tr><td colspan="6">填表说明：专利信息的披露者可以是个人或单位，请在表中选择填写。</td></tr>
</table>

B.3 专利清单

表B.2 工程标准专利清单

<table>
<tr><td colspan="7">标准信息</td></tr>
<tr><td colspan="2">工程项目编号/
标准包号</td><td colspan="2"></td><td>工程标准名称</td><td colspan="2"></td></tr>
<tr><td colspan="2">标准所处阶段</td><td colspan="5">□调研与大纲编制阶段
□起草阶段
□征求意见阶段
□送审阶段
□维护与发布阶段</td></tr>
<tr><td colspan="7">标准中涉及的必要专利</td></tr>
<tr><td>序号</td><td>专利号/
专利申请号</td><td>专利名称</td><td>专利权人/
专利申请人</td><td>涉及专利的标准条款
（章、条编号）</td><td>是否获得
许可</td><td>获得许可
日期</td></tr>
<tr><td></td><td></td><td></td><td></td><td></td><td></td><td></td></tr>
<tr><td></td><td></td><td></td><td></td><td></td><td></td><td></td></tr>
<tr><td></td><td></td><td></td><td></td><td></td><td></td><td></td></tr>
<tr><td></td><td></td><td></td><td></td><td></td><td></td><td></td></tr>
<tr><td></td><td></td><td></td><td></td><td></td><td></td><td></td></tr>
<tr><td colspan="7">标准制定工作组组长（签字）

年　　月　　日</td></tr>
<tr><td colspan="7">数字版权保护技术研发工程总体组或归口单位（盖章）

年　　月　　日</td></tr>
</table>

B.4 专利实施许可声明

表B.3 专利实施许可声明表

<table>
<tr><td colspan="4">标准信息</td></tr>
<tr><td>工程项目编号
/标准包号</td><td></td><td>工程标准名称</td><td></td></tr>
<tr><td colspan="4">专利权人/专利申请人信息</td></tr>
<tr><td>专利权人/专利申请人
姓名或名称</td><td colspan="3"></td></tr>
<tr><td>联系人姓名</td><td></td><td>电话</td><td></td></tr>
<tr><td>邮政编码</td><td></td><td>电子邮箱</td><td></td></tr>
<tr><td>联系地址</td><td colspan="3"></td></tr>
<tr><td colspan="4">必要专利许可声明</td></tr>
<tr><td colspan="4">当下表中的本专利权人/专利申请人的专利可能或已成为该工程标准的必要专利时，本专利权人/专利申请人应做出如下专利实施许可声明（将a、b或c填在下表中的“专利实施许可方式”一栏中）：
a）同意在公平、合理、无歧视基础上，免费许可任何组织或者个人在实施该标准时实施其专利；
b）同意在公平、合理、无歧视基础上，收费许可任何组织或者个人在实施该标准时实施其专利；
c）不同意按照以上两种方式进行专利实施许可。</td></tr>
<tr><td>序号</td><td>专利号/专利申请号</td><td>专利名称</td><td>专利实施许可方式</td></tr>
<tr><td></td><td></td><td></td><td></td></tr>
<tr><td></td><td></td><td></td><td></td></tr>
<tr><td></td><td></td><td></td><td></td></tr>
<tr><td colspan="4">专利权人/专利申请人（签字/盖章）
年　　月　　日</td></tr>
</table>

附　录　C
（资料性附录）
工程标准的要素及状态

C.1　工程标准要素概述

C.1.1　工程标准要素分类

工程标准的要素分类见GB/T 1.1—2009中5.1.3。

C.1.2　工程标准允许的要素表述形式

工程标准允许的要素表述形式见GB/T 1.1—2009中表1。

C.2　工程标准要素的性质、位置及状态

工程标准要素类型、所在位置以及必备和可选规定与GB/T 1.1—2009一致（见表C.1）。

表C.1 工程标准要素的性质、位置及状态

<table>
<tr><th colspan="4">要素的性质和在标准中的位置</th><th>必备要素和可选要素状态</th></tr>
<tr><td rowspan="16">标准的要素</td><td rowspan="7">资料性要素</td><td rowspan="4">资料性概述要素</td><td>封面</td><td>必备要素</td></tr>
<tr><td>目次</td><td>可选要素</td></tr>
<tr><td>前言</td><td>必备要素</td></tr>
<tr><td>引言</td><td>可选要素</td></tr>
<tr><td rowspan="3">资料性补充要素</td><td>资料性附录</td><td>可选要素</td></tr>
<tr><td>参考文献</td><td>可选要素</td></tr>
<tr><td>索引</td><td>可选要素</td></tr>
<tr><td rowspan="9">规范性要素</td><td rowspan="3">规范性一般要素</td><td>名称</td><td>必备要素</td></tr>
<tr><td>范围</td><td>必备要素</td></tr>
<tr><td>规范性引用文件</td><td>可选要素</td></tr>
<tr><td rowspan="5">规范性技术要素</td><td>术语和定义</td><td>可选要素</td></tr>
<tr><td>符号、代号和缩略语</td><td>可选要素</td></tr>
<tr><td>要求</td><td>可选要素</td></tr>
<tr><td>……</td><td>可选要素</td></tr>
<tr><td>规范性附录</td><td>可选要素</td></tr>
</table>

附　录　D
（资料性附录）
工程标准编制说明封面样式

工程标准编制说明封面见图D.1，封面尺寸参考附录A给出。

数字版权保护技术研发工程标准

GC/BQ　XX—XXXX

《XXXXXXXXXX》

编制说明

（ XXXX 稿）

XXXX-XX-XX

《XXXXXXXX》工程标准工作组

图D.1　编制说明封面

附 录 E
（资料性附录）
各类工程标准的主要内容及一致性实现选择

E.1 概述

工程标准共分4类，按类列出各标准的主要内容编号和一致性建议。其中主要内容参考《数字版权保护技术研发工程标准体系表》（报批稿）列出。根据第8章，给出了各标准在实现标准包整体目标时的一致性建议和指南。

E.2 各类标准主要内容及一致性要求

E.2.1 标准编号结构

标准编号唯一标识本工程研制的各类标准，编号规则见图 1，其示例参见表 E.1～表 E.4。

示例：标准号GC/BQ 13-2014唯一标识了“多硬件环境版权保护应用支撑技术接口”工程标准。

E.2.2 一致性实现的选择

工程标准存在相互配套关系，也存在同时需要互操作性与扩展性的情况，在工程标准制定过程中，宜将一致性实现分为“一致性”实现和“严格一致”实现，并给出相应的规定。

当需要促进互操作性的情况下宜选择“严格一致”实现，并给出具体规定。

当需要支持扩展性时宜选择“一致性”实现，并明确扩展范围和约束条件。

表 E.1 工程管理类标准主要内容及一致性实现选择

序号	标准代号/标准名称	主要内容	一致性实现选择
01	标准体系表	满足数字版权保护技术研发工程需求、标准模块划分、体系架构设计的标准体系表	无
02	标准管理办法	工程标准研制的指导性文件。共计九章四十三个条款，对工程标准的组织管理机构、工作计划与立项、需求调研与编制内容、报批、发布、实施、日程管理等做出了详尽的规定	无
03	GC/BQ 1-2014 标准编制指南	该标准旨在解决（包括但不限于）以下问题： 为数字版权保护技术研发工程各类标准的编制提出关于结构、要素、格式等方面的原则与规则； 为如何解决工程标准中涉及专利的问题提出处置原则与建议； 为如何编写“标准编制说明”等相关文件提出内容、格式等方面的要求	无

04	GC/BQ 2-2014 标准应用指南	数字版权保护技术研发工程标准在项目研发过程中的应用方案，以及对工程标准应用效果的监督、改进、完善提供规范化指导和管理	无

表 E.2 工程基础类标准主要内容及一致性建议

序号	标准代号/标准名称	主要内容	一致性实现选择
05	GC/BQ 3-2014 数字版权保护技术研发工程术语	提供了适用于本工程的概念体系及表示概念体系的术语集，列出了汉语拼音索引和英文对应词索引	一致性
06	GC/BQ 4-2014 数字版权管理标识	规定了数字版权标识的编码结构及分配原则	严格一致
07	GC/BQ 5-2014 数字权利描述语言	规定了数字内容使用权利的基本结构、语义结构和安全结构。是一种基于 XML（Extensible Markup Language，可扩展标记语言）的描述性语言，用于描述数字许可证的构成	一致性
08	GC/BQ 6-2014 数字版权保护内容格式	规定了数字版权保护内容格式的基本技术架构和成像模型，并给出了其具体的容器层结构、组织层结构、内容数据结构以及安全性支持	一致性
09	GC/BQ 7-2014 数字版权封装	规定了数字版权封装的元数据，并给出了具体的数据定义和扩展性说明。 规定了版权封装元数据的结构，给出了基础元数据、权利元数据的具体元素和属性	一致性

表E.3 工程数据类标准主要内容及一致性建议

序号	标准代号/标准名称	主要内容	一致性实现选择
10	GC/BQ 8-2014 数字内容注册规范	提出了数字版权保护技术研发工程范围内，数字内容登记注册流程和注册数据格式要求。 给出了数字内容注册基本元数据、数字内容著作权元数据、数字内容著作权合同元数据和数字内容注册管理元数据的具体元素、属性，并给出了限定元素取值范围的代码表	严格一致
11	GC/BQ 9-2014 数字权利元数据	规定了数字内容使用权利描述所需的元数据，给出了数字权利元数据字典、各元数据项语义定义及其属性，以及权利元数据的扩展原则和方法	一致性
12	GC/BQ 10-2014 可信计数数据	规定了数字出版产品交易过程中用于可信计数的数据元集合与表示，以及可信性的说明。 给出了涉及的可信计数数据的数据元，包括：基础性数据元、计数性数据元和可信性数据元	严格一致

表E.4 工程接口协议类标准主要内容及一致性建议

序号	标准代号/标准名称	主要内容	一致性实现选择
13	GC/BQ 11-2014 版权保护可信计数技术接口	提出了本工程版权保护可信计数与可信交易数据管理平台接口的功能、参数的规范性描述。 规范的接口有：与授权系统的接口，与销售系统的接口	严格一致
14	GC/BQ 12-2014 数字内容分段控制技术接口	提出了本工程数字内容分段控制技术接口的功能、参数的规范性描述。 规范的接口有：服务器端接口和客户端接口两大类及其子接口	严格一致
15	GC/BQ 13-2014 多硬件环境版权保护应用支撑技术接口	提出了数字版权保护技术研发工程多硬件环境版权保护应用接口的功能、参数的规范性描述。 规范的接口有：服务器端接口和客户端接口，及其与其他相关系统的接口规范	严格一致
16	GC/BQ 14-2014 在线阅览版权保护技术接口	提出了在线阅览版权保护技术接口的功能、参数的规范性描述。 规范的接口有：文件管理类接口、元数据管理类接口、目录管理类接口、权限管理类接口、组管理类接口、阅读端接口及其子接口	严格一致
17	GC/BQ 15-2014 数字内容交易与分发版权保护技术接口	提出了内容交易与分发版权保护技术接口功能、参数的规范性描述。 规范的接口有：服务器端接口和客户端接口，以及内容交易与分发版权保护系统与其他相关系统的接口规范	严格一致
18	GC/BQ 16-2014 富媒体内容保护支撑技术接口	提出了内容交易与分发版权保护技术接口功能、参数的规范性描述。 规范的接口有：富媒体内容加密封装类接口、数字许可证生成类接口、数字许可证解析类接口、版权信息嵌入与提取类接口，以及与其他相关系统的接口规范	严格一致
19	GC/BQ 17-2014 数字内容注册与管理平台对外通信协议	提出了工程最终集成形成的数字版权保护管理与服务平台的数字内容注册管理部分，以及对外通信协议的规范性描述。 规范的主要内容有：协议请求及响应信息、请求方法、响应状态、回调机制、通信安全，以及对外通信协议的规范性描述	严格一致
20	GC/BQ 18-2014 可信交易数据管理平台对外通信协议	提出了可信交易数据管理平台计数器分别与销售方计数器、授权方计数器之间的通信协议规范。 规范的主要协议有：销售方与可信交易数据管理平台通信协议和授权方与可信交易数据管理平台通信协议，以及其他通信协议。并提供了销售方协议消息数据表和授权方协议消息数据表	严格一致

21	GC/BQ 19-2014 版权保护系统间通信协议	给出了数字版权保护技术研发工程系统间授权通信协议的模型、消息体、协议映射和协议安全的说明。 主要内容包括：版权保护系统间通信协议模型、协议消息体、协议映射、协议安全等，并提供了版权保护系统间通信协议 Schema	严格一致
22	GC/BQ 20-2014 版权保护系统服务器端与客户端的授权通信协议	给出了数字版权保护技术研发工程版权保护系统的服务器端与客户端之间授权通信协议的消息体、协议映射、绑定权利和协议安全的说明。 主要内容包括：协议消息体、绑定权利、协议映射、协议安全等，并提供了服务器端与客户端的授权通信协议 Schema	严格一致
23	GC/BQ 21-2014 出版机构信息管理系统接口	规范了数字版权保护管理及服务平台及数字内容注册及管理平台与出版机构信息管理系统的接口。 提供了数字内容注册接口、基于数字版权管理标识的查询接口、基于部分注册信息的查询接口的功能、参数等规范性描述。并对出版机构信息管理系统提出了需预留数字内容注册回调接口的要求	一致性
24	GC/BQ 22-2014 服务机构信息管理系统接口	提出了服务机构信息管理系统查询数字内容基本元数据和数字内容著作权元数据接口的功能和参数的规范性描述。 规范的接口有：基于数字版权管理标识的查询接口、基于部分注册登记信息的查询接口	严格一致
25	GC/BQ 23-2014 注册信息查询与发布数据交换格式	提出了一种基于 XML 的标准数据格式，用于在不同计算机系统之间交互传递数字内容的注册信息，以实现该信息的查询与发布。 该标准规定的注册信息查询与发布数据交换格式，虽然支持对其进行扩展，但须通过对该标准的修订程序来实现，扩展后应给出一个新的版本号	严格一致
26	GC/BQ 24-2014 数字版权保护机构的信息管理系统接口	提出了数字版权保护机构信息管理系统查询数字内容基本元数据、数字内容著作权元数据和合同元数据接口的功能和参数的规范性描述。 规范的接口有：基于数字版权管理标识的查询接口、基于部分注册信息的查询接口	严格一致
27	GC/BQ 25.1-2014 信息安全及电子认证服务技术规范　第1部分：数字证书认证系统接口	规定了电子认证服务技术接口的功能、参数的规范性描述。 规范的服务接口有：证书申请服务接口、证书状态变更服务接口、证书更新服务接口、加密秘钥恢复服务接口、证书查询服务接口。 为保证工程信息安全，在规范性附录中规定了消息格式、接口错误代码定义、数字证书认证服务描述	严格一致
	GC/BQ 25.2-2014 信息安全及电子认证服务技术规范　第	给出了密码服务中间件接口的功能、参数的规范性描述。	严格一致

	2 部分：密码服务中间件接口	规范的密码服务中间件接口有：环境类函数接口、证书类函数接口、密码运算类函数接口、消息类函数接口。 为保证工程信息安全，在规范性附录中规定了错误代码定义、证书解析标识项类型定义、算法标识定义	

注：表E.1～表E.4 中“主要内容”一栏，依据各标准报批稿成果填写。

参 考 文 献

[1] GB/T 10113-2003 分类编码通用术语
[2] GB/T 15835-1995 出版物上数字用法的规定
[3] GB/T 16499-2008 安全出版物的编写及基础安全出版物和多专业共用安全出版物的应用
[4] GB/T 16682.1-1996 信息技术 国际标准化轮廓的框架和分类方法 第1部分：OSI轮廓用框架
[5] GB/T 20000.3-2003 标准化工作指南 第3部分：引用文件
[6] GB/T 20001.1-2001 标准编写规则 第1部分：术语
[7] GB/T 20001.2-2001 标准编写规则 第2部分：符号
[8] GB/T 20001.3-2001 标准编写规则 第3部分：信息分类编码
[9] GB/T 20000.4-2003 标准化工作指南 第4部分：标准中涉及安全的内容
[10] GB/T 20000.5-2004 标准化工作指南 第5部分：产品标准中涉及环境的内容
[11] GB/T 20000.6-2006 标准化工作指南 第6部分：标准化良好行为规范
[12] GB/T 20000.7-2006 标准化工作指南 第7部分：管理体系标准的论证和制定
[13] 白殿一等，标准的编写，中国标准出版社出版，北京，2009-9。
[14] 国家标准局，中国标准文献分类法(中标分类CCS)，1984-7发布。
[15] 国家标准化管理委员会、国家知识产权局，国家标准涉及专利的管理规定(暂行)，北京，2013年12月19日发布，2014年1月1日起施行。
[16] 新闻出版署、国家语言文字工作委员会《出版物汉字使用管理规定》，北京，1992年7月7日联合发布。
[17] IEC ISO ITU ，《ITU-T/ITU-R/ISO/IEC共同专利政策》，网址为：http://www.itu.int/ITU-T/dbase/patent/patent-policy.html
[18] IEC ISO ITU，《IEC ISO ITU共同专利政策指南》(Guidelines for Implementation of the Common Patent Policy for) ITU-T/ITU-R/ISO/IEC 23/04/2012
[19] ISO，《International Classification for Standards(ICS)》(国际标准分类),1991发布，网址为：http://www.sac.gov.cn/

数字版权保护技术研发工程标准

GC/BQ 2—2015

标准应用指南

Standard application guide

2015-02-03发布 2015-02-03实施

新闻出版广电总局新闻出版重大科技工程项目领导小组 发布

目　次

前 言

本标准按照 GB/T1.1—2009 给出的规则起草。

本标准由新闻出版广电总局新闻出版重大科技工程项目领导小组办公室提出并归口。

本标准主要起草单位：中国新闻出版研究院。

本标准主要起草人：李中、安秀敏、 刘颖丽、黄肖俊、梁伟、张倩影、曾智、刘杰。

引　言

在数字版权保护技术研发工程范围内各工程标准以实现工程整体功能为目标，相互配套，共同支持工程的建设。

相互配套是指标准之间所具有的支撑关系。如：“可信计数数据”、“版权保护可信计数技术接口”、“可信交易数据管理平台对外通信协议”三个标准相互配合，共同支持可信计数功能的实现。

由于工程标准的不同应用主体，在应用标准时，往往从各自的角度去理解和应用标准，忽略了工程标准是一个具有内在联系的相互配套的科学有机整体，其结果形成了对标准在理解和应用方面的差异。这些差异的存在，给系统间的数据交换带来困难，不利于工程总体目标和系统集成的实现。

因此，克服差异性，使用户形成对标准应用的统一认识和理解，成为编制本标准的主要原因。

通过本标准的编制，为工程标准的不同用户把握各标准的应用场景，了解各标准之间，标准与工程项目分包之间的关系，从而为克服差异性提供支持。

标准应用指南

1 范围

本标准给出了各项工程标准的简要介绍和应用场景。

本标准给出了工程标准与工程所研发的技术、系统、平台等成果间的应用关系。

本标准适用于新闻出版数字版权保护技术研发工程标准的应用。

2 术语和定义

下列术语和定义适用于本文件。

2.1

指南 guideline

给出某主题的一般性、原则性、方向性的信息、指导或建议的文件。

[GB/T 1.1—2009，定义3.3]

2.2

应用场景 scenario of application

由标准和与该标准相匹配的背景（background）所构成的应用环境。

2.3

接口标准 interface standard

界面标准

规定产品或系统在其互连部位与兼容性有关的要求的标准。

[GB/T 20000.1—2002，定义2.5.7]

3 目标与原则

3.1 主要目标

通过本标准的制定与实施，使不同应用主体对数字版权保护技术研发工程标准的应用有一个整体的认识和一致的理解，并采用一致的方法，使该工程标准化工作实现整体最佳效益。

3.2 基本原则

3.2.1 恰当应用原则

每个标准与对应的工程项目分包之间都存在支持关系，并有确定的应用场景。在数字版权保护技术研发工程标准实施过程中，只有坚持恰当应用相应标准的原则才能发挥标准的作用。

3.2.2 动态维护原则

面对版权保护技术的不断发展，数字版权保护技术研发工程标准在应用的过程中只有坚持动态维护原则，才能满足标准对新技术的需求并及时调整标准的内容，保持标准的持续有效性。

3.2.3　配套应用原则

数字版权保护技术研发工程各类标准是一个有机整体，配套是标准之间所具有的支撑关系。在标准的应用过程中，只有坚持配套应用的原则，才能达到整体效益最佳的目标。

4　工程标准的构成

4.1　工程标准分类

数字版权保护技术研发工程标准由管理、基础、数据和接口协议 4 大类共计 27 项标准构成。工程标准分类框架（见图 1）。

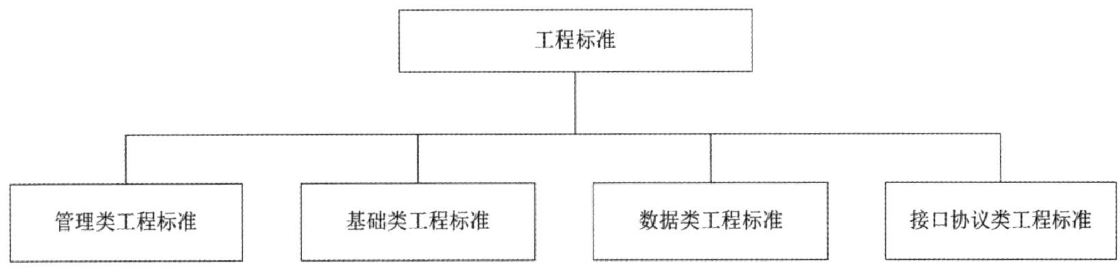

图 1　工程标准分类框架

4.2　工程标准组成

数字版权保护技术研发工程标准由27项标准组成，其中《信息安全及电子认证服务技术规范》由两部分构成（见表1）。

表1　工程标准的组成

序号	标准分类	标准号	标准名称
01	管理类工程标准	—	标准体系表
02		—	标准管理办法
03		GC/BQ 1—2014	标准编制指南
04		GC/BQ 2—2014	标准应用指南
05	基础类工程标准	GC/BQ 3—2014	数字版权保护技术研发工程术语
06		GC/BQ 4—2014	数字版权管理标识
07		GC/BQ 5—2014	数字权利描述语言
08		GC/BQ 6—2014	数字版权保护内容格式
09		GC/BQ 7—2014	数字版权封装
10	数据类工程标准	GC/BQ 8—2014	数字内容注册规范
11		GC/BQ 9—2014	数字权利元数据
12		GC/BQ 10—2014	可信计数数据

13	接口协议类工程标准	GC/BQ 11—2014	版权保护可信计数技术接口
14		GC/BQ 12—2014	数字内容分段控制技术接口
15		GC/BQ 13—2014	多硬件环境版权保护应用支撑技术接口
16		GC/BQ 14—2014	在线阅览版权保护技术接口
17		GC/BQ 15—2014	数字内容交易与分发版权保护技术接口
18		GC/BQ 16—2014	富媒体内容保护支撑技术接口
19		GC/BQ 17—2014	数字内容注册与管理平台对外通信协议
20		GC/BQ 18—2014	可信交易数据管理平台对外通信协议
21		GC/BQ 19—2014	版权保护系统间通信协议
22		GC/BQ 20—2014	版权保护系统服务器端与客户端的授权通信协议
23		GC/BQ 21—2014	出版机构信息管理系统接口
24		GC/BQ 22—2014	服务机构信息管理系统接口
25		GC/BQ 23—2014	注册信息查询与发布数据交换格式
26		GC/BQ 24—2014	数字版权保护机构信息管理系统接口
27		GC/BQ 25.1—2014	信息安全及电子认证服务技术规范 第1部分：数字证书认证系统接口
		GC/BQ 25.2—2014	信息安全及电子认证服务技术规范 第2部分：密码服务中间件接口

4.3 工程标准应用

工程标准主要用于数字版权保护技术研发工程的组织和管理，用于规范工程各分包技术研发工作，以及数字版权保护技术研发工程的系统开发和平台建设等。工程项目分包名称参见附录A；各工程标准与各工程项目分包的对应关系，以及工程项目分包与工程标准的对应关系见参附录B。

5 管理类工程标准应用

5.1 《数字版权保护技术研发工程标准体系表》的应用

5.1.1 《数字版权保护技术研发工程标准体系表》概述

《数字版权保护技术研发工程标准体系表》包括拟制定的标准、已制定的标准和相关标准。其中，提出了数字版权保护技术研发工程拟制定的25项标准名称和总体要求，该标准体系表已在本工程项目启动前完成。

5.1.2 《数字版权保护技术研发工程标准体系表》的应用场景

《数字版权保护技术研发工程标准体系表》是反映数字版权保护技术研发工程范围内，具有内在联系的标准有机整体的概念体系，是表达工程标准体系概念、构思、设想、整体规划的模型，用于指导工程标准的建设。

5.2 《数字版权保护技术研发工程标准管理办法》的应用

5.2.1 《数字版权保护技术研发工程标准管理办法》概述

《数字版权保护技术研发工程标准管理办法》是研制工程标准的指导性文件。该文件共计9章43个条款，对工程标准的组织管理机构、工作计划与日程管理、立项、需求调研与标准草案的编制、报批、发布，及标准的实施等做出了详尽的规定。

5.2.2 《数字版权保护技术研发工程标准管理办法》应用场景

《数字版权保护技术研发工程标准管理办法》适用于本工程各类标准的研制、管理、发布和实施等整个过程。

5.3　《标准编制指南》的应用

5.3.1　《标准编制指南》概述

《标准编制指南》（GC/BQ 1—2014）根据 GB/T1.1—2009《标准的编写》基本要求起草，提出了适用于数字版权保护技术研发工程标准研制的具体要求。

该标准规定了工程标准编写的结构、要素的表述要求和编排格式；规定了专利问题的处置原则和建议；统一规定了工程标准的代号；给出了“标准编制说明”编写的具体要求等。

5.3.2　《标准编制指南》应用场景

《标准编制指南》应用于数字版权保护技术研发工程标准的编制。

6　基础类工程标准应用

6.1　《数字版权保护技术研发工程术语》的应用

6.1.1　《数字版权保护技术研发工程术语》概述

《数字版权保护技术研发工程术语》（GC/BQ 3—2014）提供了适用于本工程的概念体系及表示概念体系的术语集。

工程术语体系由权利术语、技术保护术语和安全管理术语 3 部分构成，其中，权利术语下设了基本权利术语、作品权利术语和权利人术语类目；技术保护术语作为本标准的重点，细分为保护原则术语、保护对象术语、保护手段术语（保护方式、授权处理、版权支付）、技术方法术语和保护权限术语，并编制了以汉语拼音为序的中文术语词条索引，以英文字母为序的术语对应词（英文词条）索引。该标准共计包括 293 条术语和 34 条缩略语。

6.1.2　《数字版权保护技术研发工程术语》应用场景

《数字版权保护技术研发工程术语》适用于工程标准研制和工程技术文档编制，应用于本工程建设术语概念的一致性与统一性。

6.2　《数字版权管理标识》的应用

6.2.1　《数字版权管理标识》概述

《数字版权管理标识》（GC/BQ 4—2014）规定了数字版权标识的编码结构及分配原则。数字版权标识符（DRMI），由“类型标识符”、“数字内容标识代码”、“权利转移编号”、“校验码”四部分构成，采用 22 位字符串表示。该标准附录 A 给出了 DRMI 示例，该标准附录 B 给出了 DRMI 校验码的计算方法。

通过该标准的规定，统一了数字版权管理标识的编码规范，为数字版权保护工程建设提供支持。

6.2.2　《数字版权管理标识》应用场景

6.2.2.1　应用场景图示

《数字版权管理标识》的应用场景见图2。

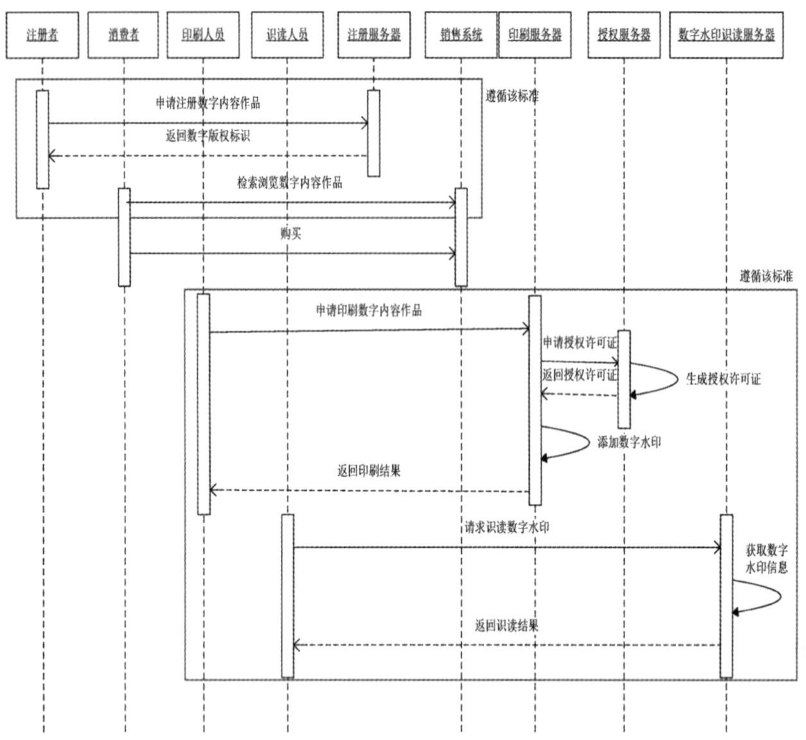

图 2 数字版权管理标识综合应用场景

6.2.2.2 应用场景描述

注册者向注册服务器提出注册申请，注册服务器依据该标准规定分配数字版权管理标识，返回给注册者。消费者可根据数字版权管理标识符检索数字内容作品得到数字内容作品列表。消费者在销售系统上购买数字内容作品。印刷人员向印刷服务器申请印刷数字内容作品，印刷服务器向授权服务器申请授权许可证，授权服务器生成授权许可证后返回给印刷服务器，印刷服务器根据数字版权管理标识形成数字水印，印刷服务器将数字水印添加到数字内容作品，印刷后返回结果。识读人员向数字水印识读服务器申请识读数字水印信息，数字水印识读服务器获取到数字水印信息后，返回给识读人员。

6.3 《数字权利描述语言》的应用

6.3.1 《数字权利描述语言》概述

《数字权利描述语言》(GC/BQ 5—2014) 是表述数字内容作品权利，及其约束条件、方式的标准。规定了数字内容使用权利的基本结构、语义结构和安全结构。用于描述数字版权保护系统中许可证的语义，以及对许可证使用者权利和权利约束的描述。当用户购买或借阅数字内容作品时，需首先获取遵循该标准规定生成的数字许可证。该标准的附录 A 给出了 XML Schema 定义，附录 B 给出数字权利描述语言实例。

通过该标准为数字版权保护工程提供一套良好无异议的，可适用于多种商业模式和多种硬件环境的，可扩展的数字出版物版权保护权利描述语言。以提高数字版权管理技术及产品的互操作性。

6.3.2 《数字权利描述语言》应用场景

6.3.2.1 应用场景图示

《数字权利描述语言》的应用场景见图 3。

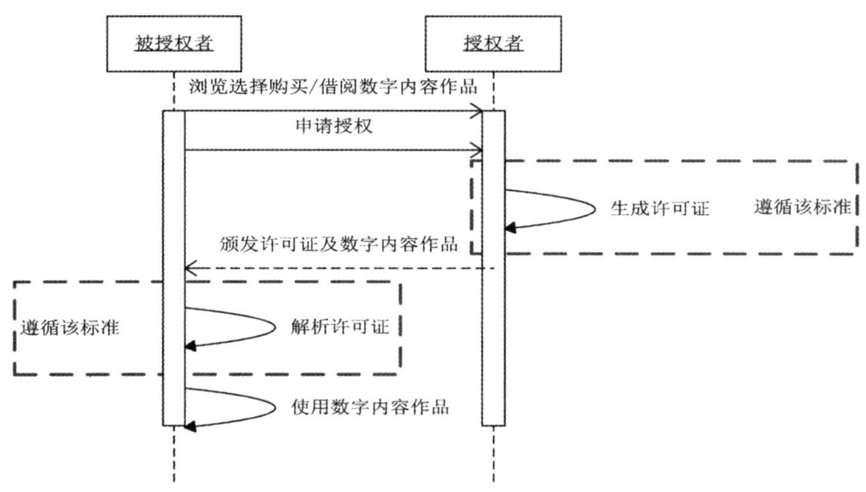

图 3 数字权利描述语言综合应用场景

6.3.2.2 应用场景描述

当用户购买或借阅数字内容作品时，需先向授权者获取授权后才可以使用数字内容作品。授权者依据用户购买或借阅信息并遵循《数字权利描述语言》标准生成授权许可证。授权许可证包括用户对数字内容作品所具有的权利及约束等。

授权者颁发许可证并发送数字内容作品给用户，用户得到许可证和数字内容作品后，遵循《数字权利描述语言》标准解析许可证，依据所拥有的权利和约束使用数字内容作品。

6.4 《数字版权保护内容格式》的应用

6.4.1 《数字版权保护内容格式》概述

《数字版权保护内容格式》(GC/BQ 6—2014) 规定了数字版权保护内容格式的基本技术架构和成像模型，给出了容器层结构、组织层结构、内容数据结构以及安全性支持的要求。该标准的附录 A 给出了内嵌字体数据包，附录 B 给出了图像数据包，附录 C 给出了圆弧绘制算法，附录 D 给出了注释数据说明，附录 E 给出了文档安全实现的说明。

通过该标准规定了用于数字版权保护技术研发工程的数字版权保护内容格式规范。提升数字内容作品对分段控制等版权保护功能的支持程度，建立一种可靠、便易、开放的数字内容文档格式规范。

该标准在专利说明中声明：对符合本标准的产品实施专利免费，包括用于软件开发、使用、销售、许诺销售。相关专利持有人的声明已在本标准的发布机构备案。

6.4.2 《数字版权保护内容格式》应用场景

6.4.2.1 应用场景图示

《数字版权保护内容格式》的应用场景见图 4。

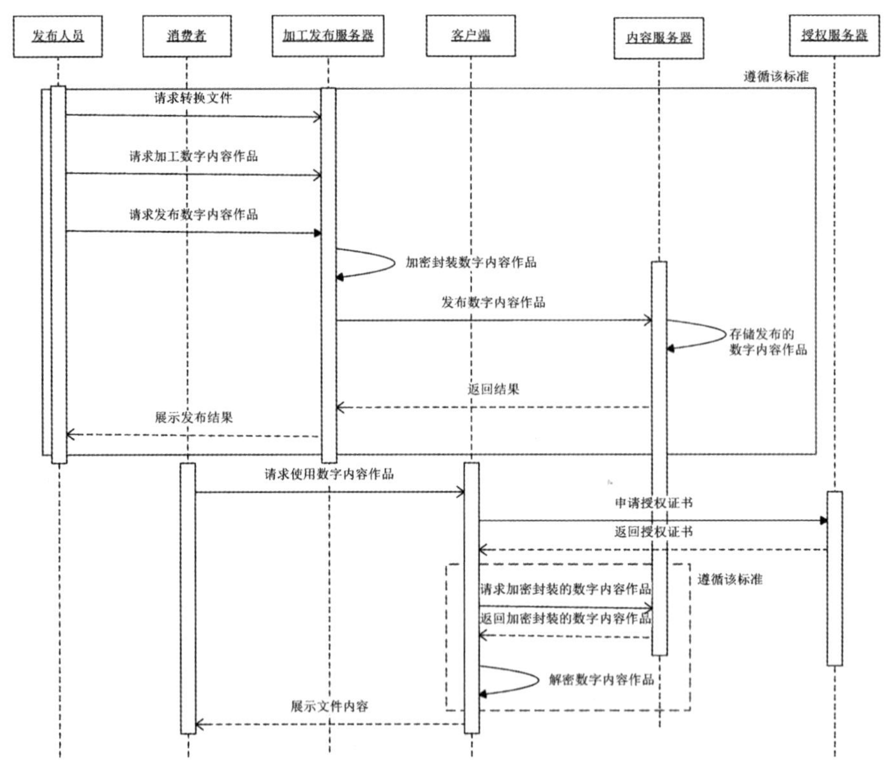

图 4 数字版权保护内容格式综合应用场景

6.4.2.2 应用场景描述

发布人员将其他格式的数字内容作品文件转换为符合该标准的文件，进行深度加工后发布到加工发布服务器，发布的数字内容作品应符合该标准规定。加工发布服务器对数字内容作品进行加密封装，发布到内容服务器，由内容服务器进行存储。消费者打开客户端请求使用数字内容作品，客户端向授权服务器申请得到授权证书，向内容服务器申请得到加密封装的数字内容作品后，客户端解密得到符合《数字版权保护内容格式》的数字内容作品后，向消费者展示文件内容。

6.5 《数字版权封装》的应用

6.5.1 《数字版权封装》概述

《数字版权封装》（GC/BQ 7—2014）规定了数字版权封装的元数据，并给出了具体的数据定义和扩展性说明。该标准规定了版权封装元数据的结构和类型，给出了基础元数据、权利元数据和应用类元数据具体元素、定义和属性等。

该标准的附录 A 给出了封装的 XML Schema，附录 B 给出一个封装实例，附录 C 给出了该标准与《数字版权保护内容格式》的关联关系及在其中的应用。

通过该标准统一了数字版权保护工程对封装信息的处理，为数字版权保护工程建设提供了支持。

6.5.2 《数字版权封装》应用场景

6.5.2.1 应用场景图示

《数字版权封装》的应用场景见图5。

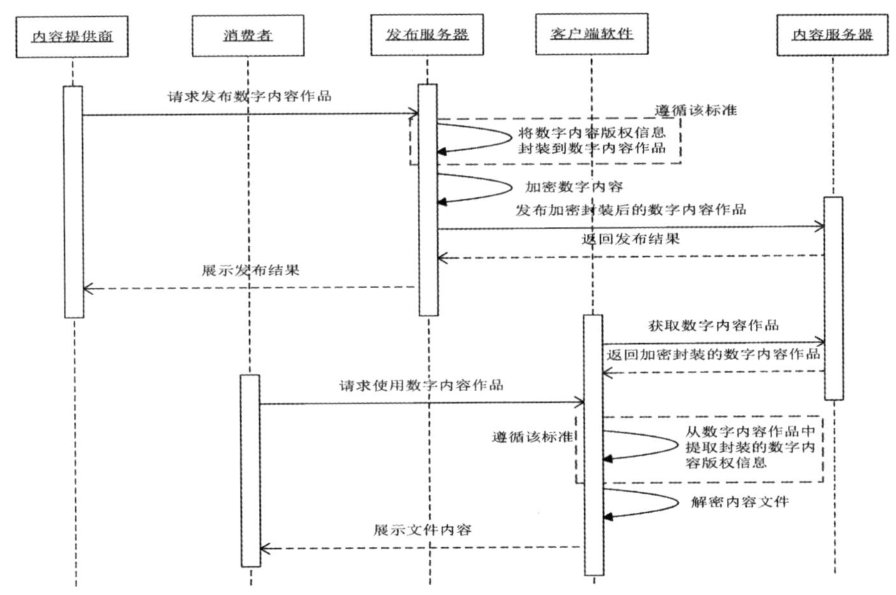

图5 数字版权封装综合应用场景

6.5.2.2　应用场景描述

内容提供商请求发布数字内容作品，发布服务器收到请求后，依据该标准将数字内容版权信息封装到数字内容作品中，加密数字内容后，将数字内容作品发布到内容服务器，内容服务器返回发布结果，发布服务器得到发布结果后返回内容提供商。客户端软件向内容服务器申请获取数字内容作品，得到加密封装的数字内容作品。消费者向客户端软件请求使用数字内容作品，客户端软件依据该标准从数字内容作品中提取封装的数字内容版权信息，解密内容文件后，为消费者展示文件内容。

7　数据类工程标准应用

7.1　《数字内容注册规范》的应用

7.1.1　《数字内容注册规范》概述

《数字内容注册规范》（GC/BQ 8—2014）提出了数字版权保护技术研发工程范围内，数字内容登记注册流程和注册数据格式要求，给出了数字内容注册基本元数据、数字内容著作权元数据、数字内容著作权合同元数据的具体元素、属性和定义。该标准的附录A规定了权利类型，附录B给出了数字内容注册元数据Schema定义，附录C给出了数字内容登记注册元数据实例。当数字内容的注册者对数字内容进行登记注册时，应首先按照该标准加工注册数据，并按照该标准规定的注册流程，提出注册申请、提交注册数据，获得注册结果。

该标准主要用于本工程第6包“数字内容注册与管理平台开发”的研发，同时支持本工程各包与第6包中的交互、注册数据的提交和利用 。

7.1.2　《数字内容注册规范》应用场景

7.1.2.1 应用场景图示

《数字内容注册规范》的应用场景见图6。

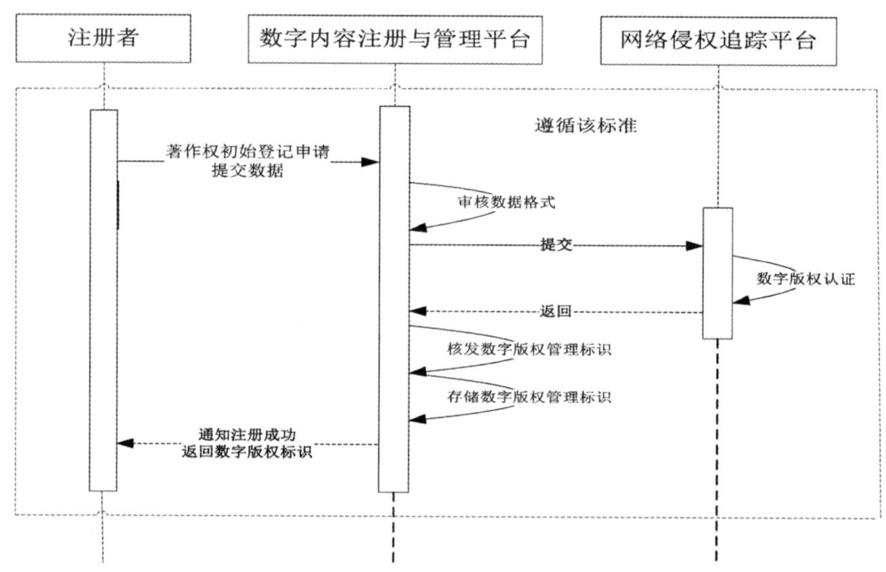

图6 数字内容注册规范综合应用场景

7.1.2.2 应用场景描述

在工程内部，注册者应按照该标准规定的流程，对数字内容进行登记注册，并遵循该标准选用相应的注册元数据，按标准要求的注册数据格式加工和提交注册数据。数字内容注册与管理平台开发（包6）应遵循该标准开发数字内容注册系统，相关工程分包应遵循该标准与该平台注册系统功能模块进行交互、提交注册数据、获取注册结果等。

7.2 《数字权利元数据》的应用

7.2.1.1 《数字权利元数据》概述

《数字权利元数据》（GC/BQ 9—2014）规定了数字内容使用权利描述所需元数据属性的约定、元数据的构成和扩展原则和方法。该标准的附录A详细地给出了元数据字典，附录B给出了数字权利元数据—XML Schema定义。在数字版权保护系统中，许可证解析的数据详细描述应遵循该标准。

该标准是描述数字内容使用权利信息、约束信息等元数据项的集合，是对数字权利元数据表达和记录的规定。

7.2.1.2 《数字权利元数据》应用场景

在数字版权保护系统中，GC/BQ 5—2014《数字权利描述语言》用于描述数字许可证的构成，而GC/BQ 9《数字权利元数据》则是对表示数字内容使用权利及数字许可证权利信息所需元数据进行规范。两个标准分别从两个不同角度对许可证的构成，以及许可证的权利信息描述进行规范。由此，GC/BQ 9—2014在本工程的应用场景与GC/BQ 5—2014相同。

7.3 《可信计数数据》的应用

7.3.1 《可信计数数据》概述

《可信计数数据》(GC/BQ 10—2014) 规定了数字出版产品交易过程中用于可信计数的数据元集合，以及表示可信性的说明，是描述和定义交易数据计数性和可信性的数据的标准。

可信计数数据包括由销售系统（通过可信计数器应用开发包）产生、发送并在版权保护可信交易数据管理平台进行备案的权利许可请求数据，以及由授权系统（通过可信计数器应用开发包）产生、发送并在版权保护可信交易数据管理平台进行备案的权利许可数据。该标准的附录 A 给出了标准应用场景和交易流程。

7.3.2 《可信计数数据》应用场景

7.3.2.1 应用场景图示

《可信计数数据》的综合应用场景见图 7。

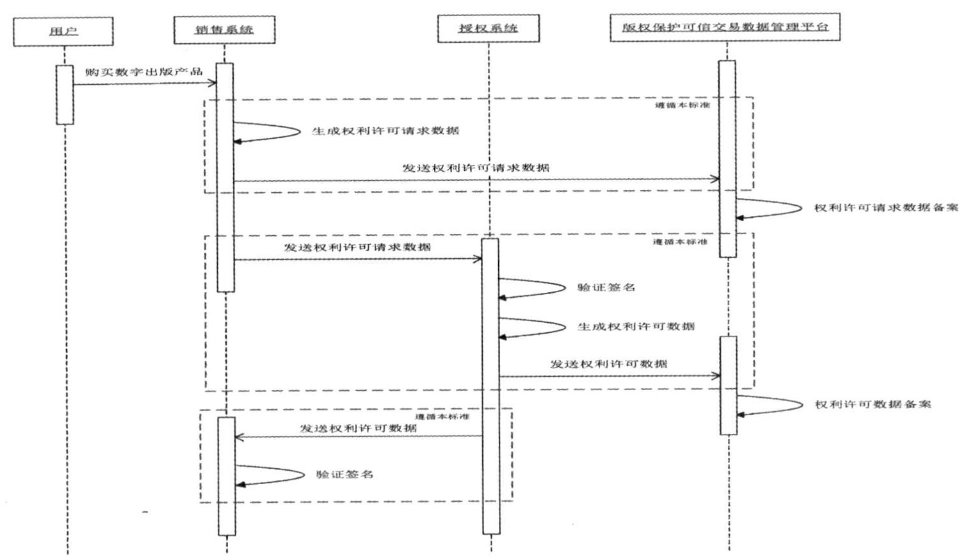

图 7 可信计数数据应用场景

7.3.2.2 应用场景描述

用户通过销售系统购买数字出版产品，销售系统生成权利许可请求数据。销售系统发送权利许可请求数据给版权保护可信交易数据管理平台，版权保护可信交易数据管理平台完成权利许可请求数据的备案。销售系统还将权利许可请求数据发送给授权系统，授权系统验证权利许可请求数据签名，并生成权利许可数据。授权系统将权利许可数据发送给版权保护可信交易数据管理平台，版权保护可信交易数据管理平台完成权利许可数据的备案。授权系统还将权利许可数据发送给销售系统，销售系统验证权利许可数据签名。

8 接口协议类工程标准应用

8.1 《版权保护可信计数技术接口》的应用

8.1.1 《版权保护可信计数技术接口》概述

《版权保护可信技术接口》(GC/BQ 11—2014) 提出了本工程版权保护可信计数与可信交易数据管

理平台接口的功能、参数的规范性描述。该标准适用于：版权保护可信计数与可信交易数据管理平台研发（包 5）、网络侵权追踪平台开发(包 7)、互联网出版版权保护应用系统开发(包 8)、按需印刷版权保护应用系统开发(包 9)、移动出版版权保护应用系统开发及应用示范(包 11)、出版单位自主发行版权保护系统开发及数字发行应用示范(包 12)、富媒体报刊版权保护技术与系统及应用示范(包 13)。该标准的附录 A 给出了认证结果和连通性结果代码表，附录 B 给出了应用开发包调用流程。

通过该标准以及第三方交易数据管理平台，以解决数字内容作品在交易过程中的“可信”问题，实现交易数据的可查询、可追溯、可信赖、可监控。

8.1.2 《版权保护可信计数技术接口》应用场景

8.1.2.1 应用场景图示

《版权保护可信技术接口》的应用场景见图8。

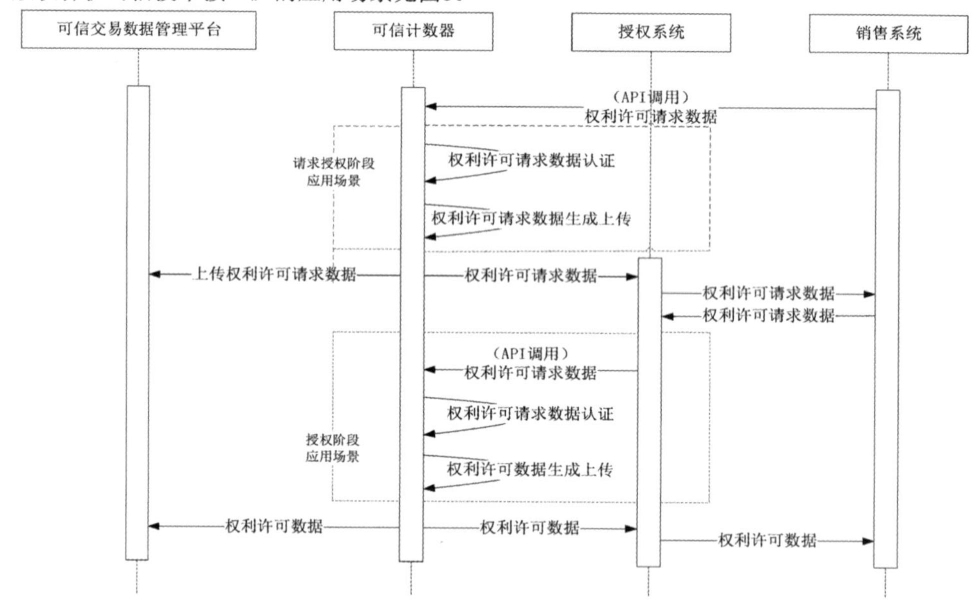

图 8 版权保护可信计数技术接口应用场景

8.1.2.2 应用场景描述

销售系统（部署在内容销售商处）调用销售系统端接口生成权利许可请求数据并上传至可信交易数据管理平台，收到授权系统发送的权利许可数据后对该数据进行认证。当初次配置版权保护可信计数技术应用开发包（又称为“计数器”）或更改其配置参数时，调用计数器配置接口完成相应功能后，可调用测试连通性接口，测试与可信交易数据管理平台的连通性。

授权系统（部署在内容提供商处）调用授权系统端接口，对销售系统发送的权利许可请求数据进行认证，生成权利许可数据并上传至可信交易数据管理平台（在生成权利许可数据之前可调用相应接口查询销售商信用以决定是否授权）。当初次配置版权保护可信计数技术应用开发包（又称为“计数器”）或更改其配置参数时，调用计数器配置接口完成相应功能后，可调用测试连通性接口测试与可信交易数据管理平台的连通性。

8.2 《数字内容分段控制技术接口》的应用

8.2.1 《数字内容分段控制技术接口》概述

《数字内容分段控制技术接口》（GC/BQ 12—2014）提出了本工程数字内容分段控制技术接口的功能、参数的规范性描述，适用于：数字内容分段控制技术研发（包 1）、内容交易与分发版权保护技术研发（包 3）、富媒体报刊版权保护技术与系统及应用示范（包 13）、互联网出版版权保护应用系统开发（包 8）、按需印刷版权保护应用系统开发（包 9）、移动出版版权保护应用系统开发及应用示范（包 11）、出版单位自主发行版权保护系统开发及数字发行应用示范（包 12）的开发和应用。

该标准附录 A 给出了分段策略（A. 1）、绑定模式代码表（A. 2）；附录 B 给出了分段信息描述；附录 C 给出了接口函数原型示例；附录 D 给出了通用数据类型定义示例（D. 1）、复合数据类型定义（D.2）；附录 E 给出了应用开发包的调用流程。

通过该标准为数字内容分段加密、防复制动态分段授权和动态使用控制的方式，为数字内容的版权保护提供了更细粒度的授权控制方法

8. 2. 2　《数字内容分段控制技术接口》应用场景

8. 2. 2. 1　应用场景图示

《数字内容分段控制技术接口》的应用场景见图9。

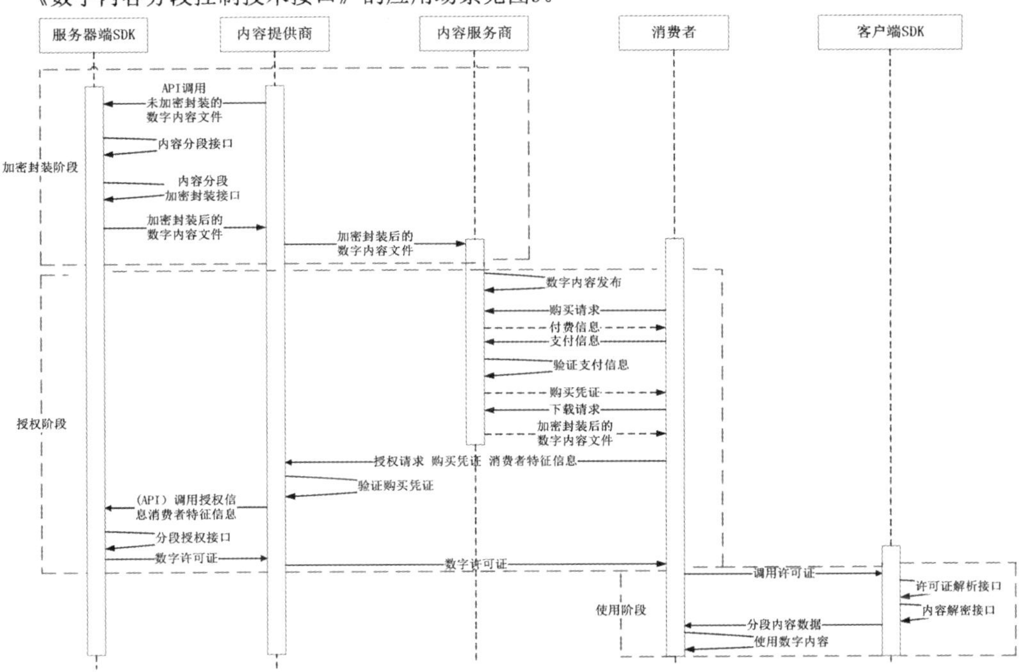

图 9　数字内容分段控制技术接口应用场景

8. 2. 2. 2　应用场景描述

版权保护应用系统（部署在内容提供商处）调用数字内容分段控制技术应用开发包的服务器端接口完成对数字内容的分段、加密封装和授权（即创建数字许可证）的功能。

客户端软件（运行在用户阅读设备上）调用数字内容分段控制技术应用开发包的客户端接口完成数字许可证解析和内容解密的功能。

8. 3　《多硬件环境版权保护应用支撑技术接口》的应用

8. 3. 1　《多硬件环境版权保护应用支撑技术接口》概述

《多硬件环境版权保护应用支撑技术接口》(GC/BQ 13—2014)提出了本工程多硬件环境版权保护技术接口的功能、参数的规范性描述。该标准适用于:多硬件环境版权保护技术研发(包 2)、数字内容分段控制技术研发(包 1)、内容交易与分发版权保护技术研发(包 3)、富媒体报刊版权保护技术与系统及应用示范(包 13)、互联网出版版权保护应用系统开发(包 8)、按需印刷版权保护应用系统开发(包 9)、移动出版版权保护应用系统开发及应用示范(包 11)、出版单位自主发行版权保护系统开发及数字发行应用示范(包 12)的开发和应用。

该标准的附录 A 给出了绑定模式代码表,附录 B 给出了接口函数原型示例,附录 C 给出了参数数据类型定义示例,附录 D 给出了应用开发包调用流程。

通过该标准使多硬件环境版权保护技术产品及各应用系统能够顺利接入本工程相关应用系统。

8.3.2 《多硬件环境版权保护应用支撑技术接口》应用场景

8.3.2.1 应用场景图示

《多硬件环境版权保护应用支撑技术接口》的应用包括 3 个应用场景:

一是授权阶段多硬件环境版权保护应用支撑技术接口应用场景(见图 10)。

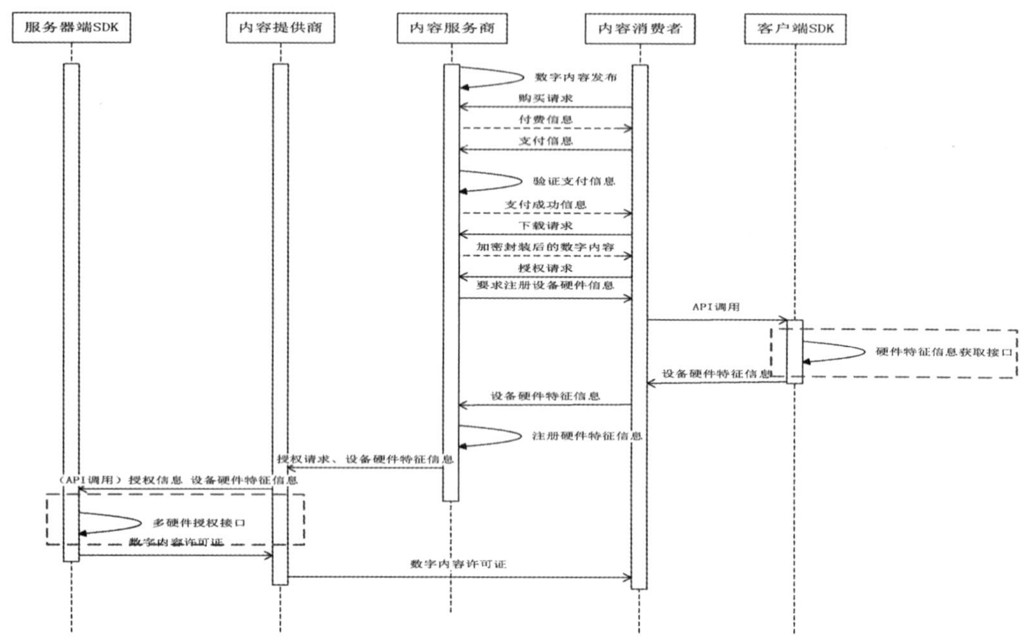

图 10 授权阶段多硬件环境版权保护应用支撑技术接口的应用场景

二是基于域授权阶段多硬件环境版权保护应用支撑技术接口应用场景(见图 11)。

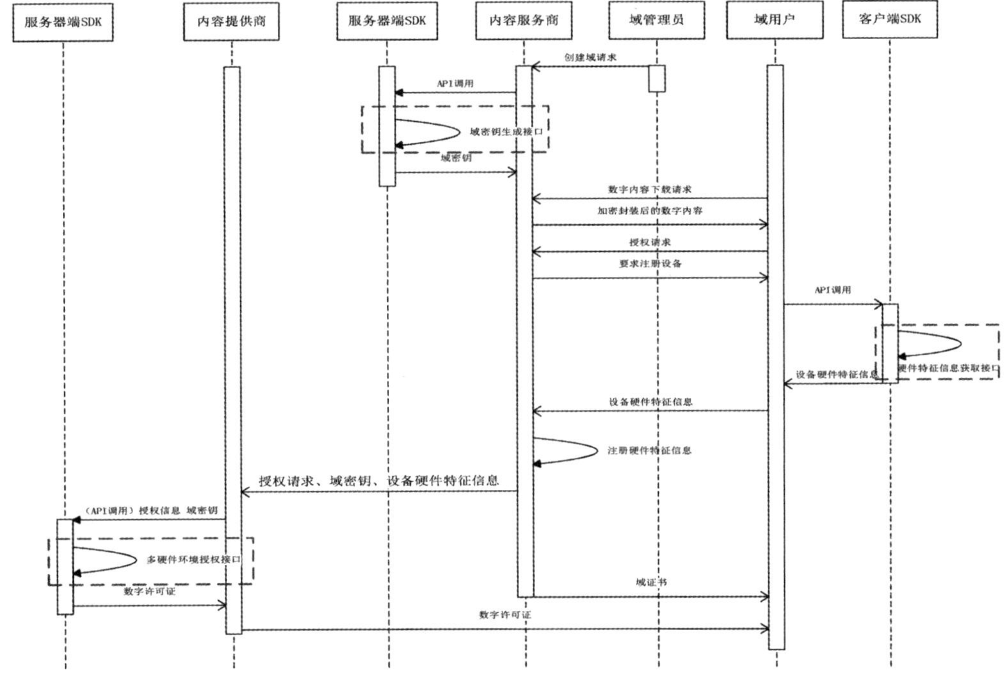

图 11 基于域授权阶段多硬件环境版权保护应用支撑技术接口的应用场景

域是一组实体对象的集合。GC/BQ 13—2014 标准规范的数字版权管理（DRM）设备域是一组用户数字设备和一个域管理控制器所构成的一组实体集合。

在共享域中，授权内容能且仅能在指定的共享域范围内进行使用，主要有以下共享方式：

一个用户对多台设备一次性授权的多设备授权共享方式。

对多用户的一次性授权，使一份数字内容在多个授权用户间共享的多用户共享方式。

三是数字内容使用阶段多硬件环境版权保护应用支撑技术接口应用场景（见图 12）。

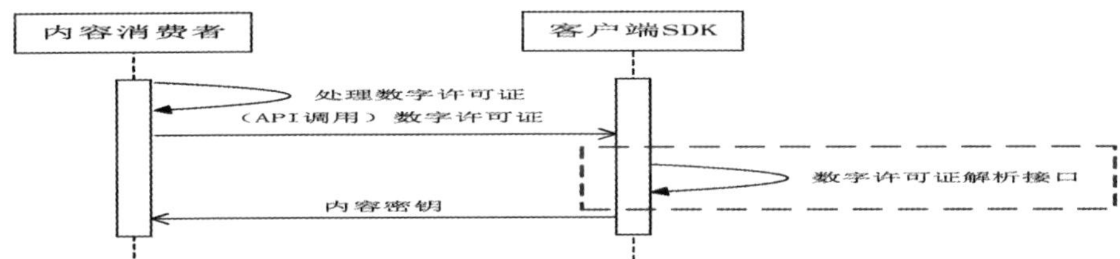

图 12 数字内容使用阶段多硬件环境版权保护应用支撑技术接口的应用场景

8.3.2.2 应用场景描述

版权保护应用系统（部署在内容提供商处）调用多硬件环境版权保护应用支撑技术应用开发包的服务器端接口完成对域密钥生成、域密钥更新和多硬件环境授权（即创建数字许可证）的功能。

客户端软件（运行在用户阅读设备上）调用多硬件环境版权保护应用支撑技术应用开发包的客户端接口完成数字许可证解析和硬件特征信息获取的功能。

8.4 《在线阅览版权保护技术接口》的应用

8.4.1 《在线阅览版权保护技术接口》概述

《在线阅览版权保护技术接口》(GC/BQ 14—2014)提出了在线阅览版权保护技术接口的功能、参数的规范性描述。该标准适用于:在线阅览版权保护技术研发(包4)、移动出版版权保护应用系统开发及应用示范(包11)的开发和应用。该标准的附录A给出了应用开发包各接口的web服务描述,附录B给出了应用开发包的应用场景说明。

通过该标准使在线阅览版权保护技术产品及各应用系统能够顺利接入本工程相关应用系统。

8.4.2 《在线阅览版权保护技术接口》应用场景

8.4.2.1 应用场景图示

《在线阅览版权保护技术接口》的应用场景见图13。

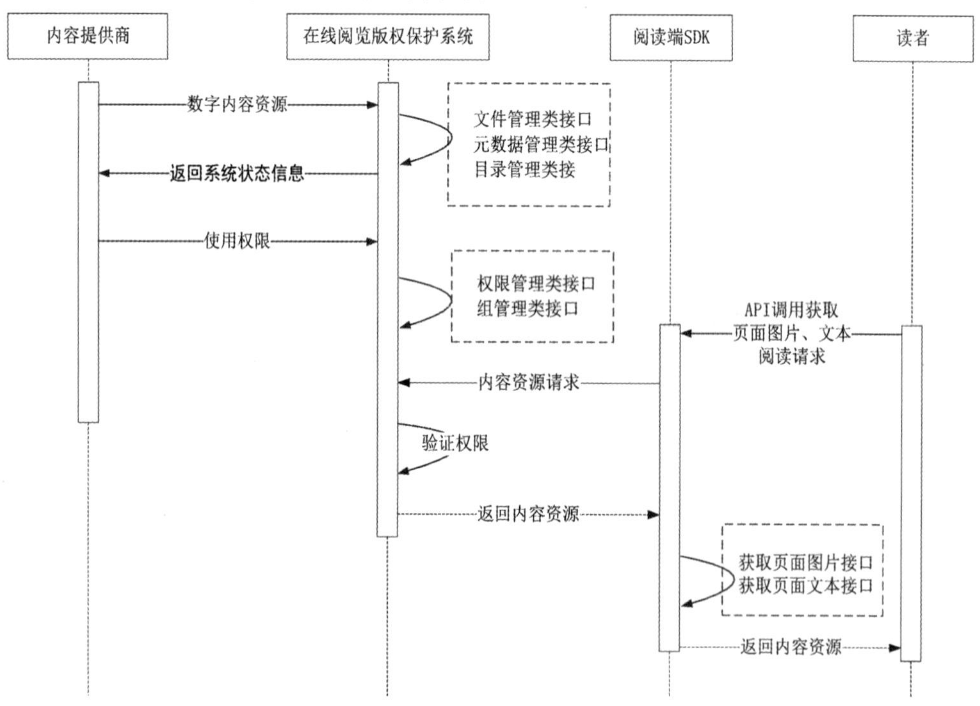

图13 在线阅览版权保护技术接口的应用场景

8.4.2.2 应用场景描述

内容提供商将数字内容以及数字内容使用的权限导入到在线阅览版权保护系统中,该系统以Web service的方式提供文件管理、目录管理、元数据管理、权限管理、(用户)组管理的功能。

在线阅览版权保护专用客户端或浏览器调用阅读端应用开发包的接口获取数字内容当前阅读页面的图片或文本,呈现给用户,并约束用户按照内容提供商指定的权限使用当前数字内容。

8.5 《数字内容交易与分发版权保护技术接口》的应用

8.5.1 《数字内容交易与分发版权保护技术接口》概述

《数字内容交易与分发版权保护技术接口》(GC/BQ 15—2014),提出了内容交易与分发版权保护技术接口功能、参数的规范性描述。该标准适用于:内容交易与分发版权保护技术研发(包3)、互联网出版版权保护应用系统开发（包 8）、按需印刷版权保护应用系统开发（包 9）、移动出版版权保护应用系统开发及应用示范（包 11）、出版单位自主发行版权保护系统开发及数字发行应用示范（包 12）、富媒体报刊版权保护技术与系统及应用示范（包 13）的开发和应用。

该标准的附录 A 为规范性附录，附录 B、C、D、E 为资料性附录。附录 A 给出两个代码表：分段策略代码表（A.1）和绑定模式代码表（A.2）；附录 B 给出了分段信息描述；附录 C 给出了接口函数原型示例；附录 D 给出了参数数据类型定义示例；　附录 E 给出了应用开发包调用流程。

通过该标准使数字内容交易与分发版权保护技术产品及各应用系统能够顺利接入本工程相关应用系统。

8.5.2　《数字内容交易与分发版权保护技术接口》应用场景

8.5.2.1　应用场景图示

《数字内容交易与分发版权保护技术接口》的应用包括5个应用场景：

一是加密封装阶段数字内容交易与分发版权保护技术接口应用场景（见图14）。

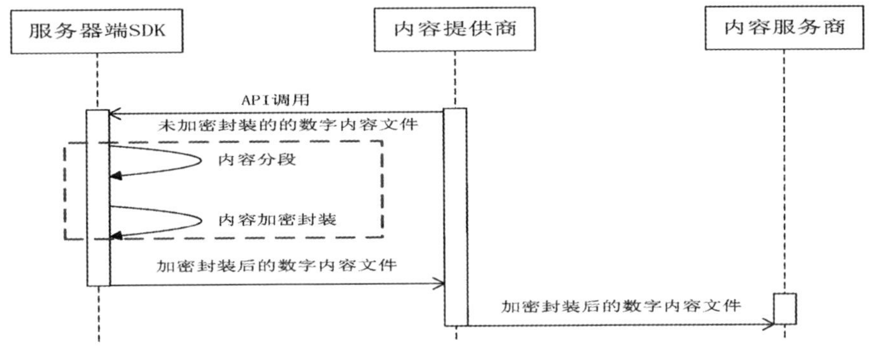

图14 加密封装阶段数字内容交易与分发版权保护技术接口的应用场景

二是超级分发授权阶段内容交易与分发版权保护技术接口应用场景（见图15）。

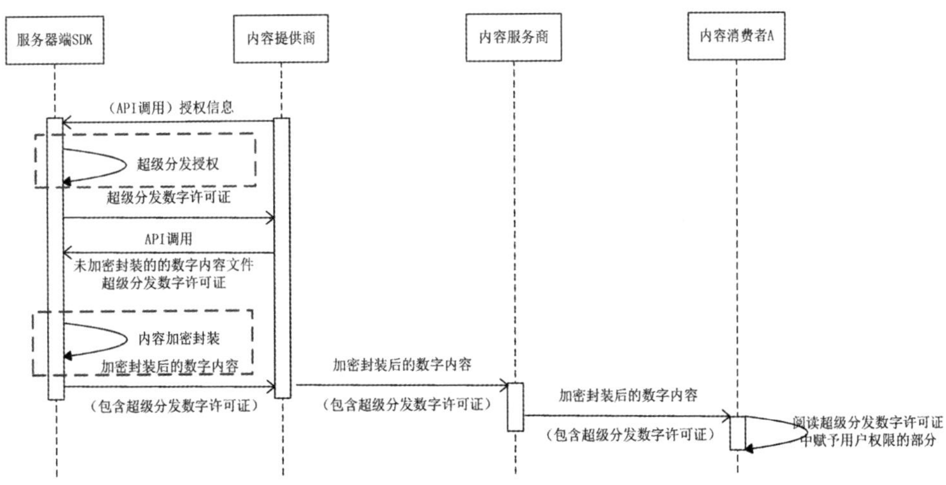

图15 超级分发授权阶段内容交易与分发版权保护技术接口的应用场景

三是批量分发授权阶段内容交易与分发版权保护技术接口应用场景（见图16）。

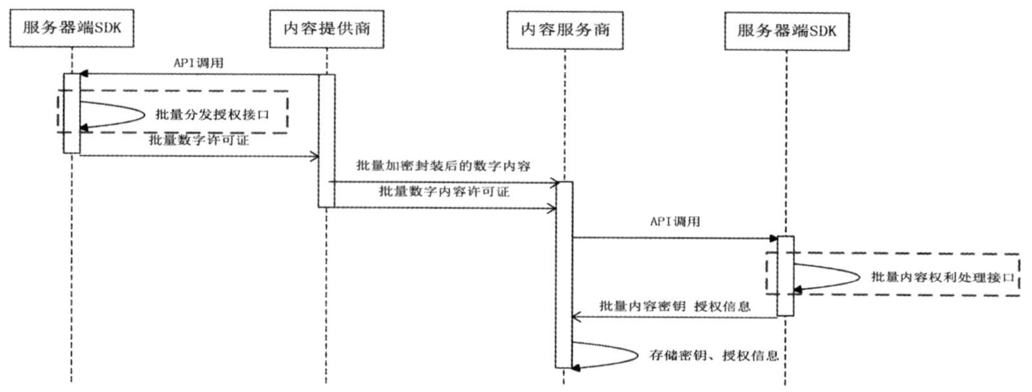

图16 批量分发授权阶段内容交易与分发版权保护技术接口的应用场景

四是二次分发授权阶段内容交易与分发版权保护技术接口应用场景（见图17）。

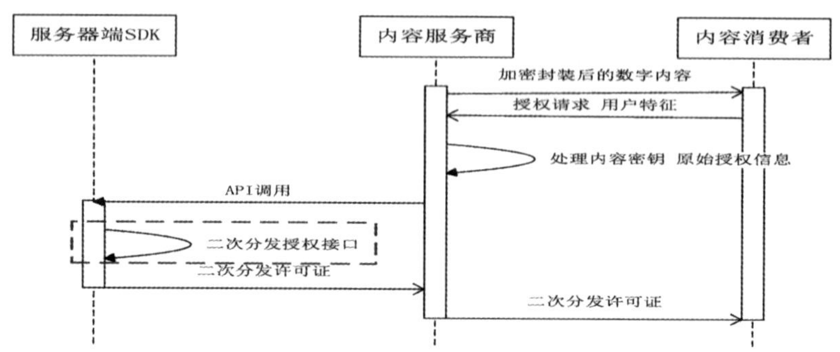

图17 二次分发授权阶段内容交易与分发版权保护技术接口的应用场景

五是数字内容使用阶段内容交易与分发版权保护技术接口应用场景（见图18）。

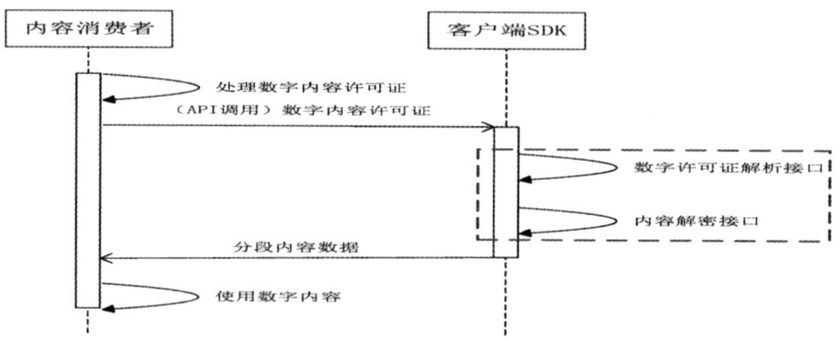

图18 数字内容使用阶段内容交易与分发版权保护技术接口的应用场景

8.5.2.2 应用场景描述

版权保护应用系统（部署在内容提供商处）可通过调用服务器端接口完成内容分段、超级分发授权和内容加密封装的功能，可将（分段后的）已加密的数字内容与超级分发数字许可证一起封装，分发给用户，用户将按照超级分发数字许可证中规定的权限使用数字内容。

版权保护应用系统调用服务器端接口完成批量分发授权的功能，将生成的批量分发数字许可证和批量的加密封装的数字内容发送到集成分发系统（部署在内容服务商处），内容服务系统通过调用服务器端接口，完成批量内容的权利及内容密钥的解析处理，并完成入库工作。然后可通过调用接口完成二次分发授权，为从内容提供商那里批发的数字内容生成二次分发数字许可证并发送到客户端，用户将按照二次分发数字许可证中规定的权限使用数字内容。

客户端软件（运行在用户的阅读设备上）调用客户端接口实现数字许可证解析和内容解密的功能，按照数字许可证中规定的权限使用数字内容。

8.6 《富媒体内容保护支撑技术接口》的应用

8.6.1 《富媒体内容保护支撑技术接口》概述

《富媒体内容保护支撑技术接口》(GC/BQ 16—2014) 提出了富媒体内容保护支撑技术接口的功能、参数的规范性描述。该标准适用于：富媒体报刊版权保护技术与系统及应用示范（包 13）的开发和应用。

该标准的附录 A 给出了绑定模式代码表；附录 B 给出了接口函数原型示例；附录 C 给出了参数数据类型定义示例；附录 D 给出了富媒体内容加密封装阶段、授权阶段以及内容使用阶段的应用开发包调用流程。

通过该标准使富媒体内容版权保护技术产品及各应用系统能够顺利接入本工程相关应用系统。

8.6.2 《富媒体内容保护支撑技术接口》应用场景

8.6.2.1 应用场景图示

《富媒体内容保护支撑技术接口》的应用场景包括对3个阶段中各接口的规范，见GC/BQ 16：

一是加密封装与阶段各接口的应用场景见图 19。

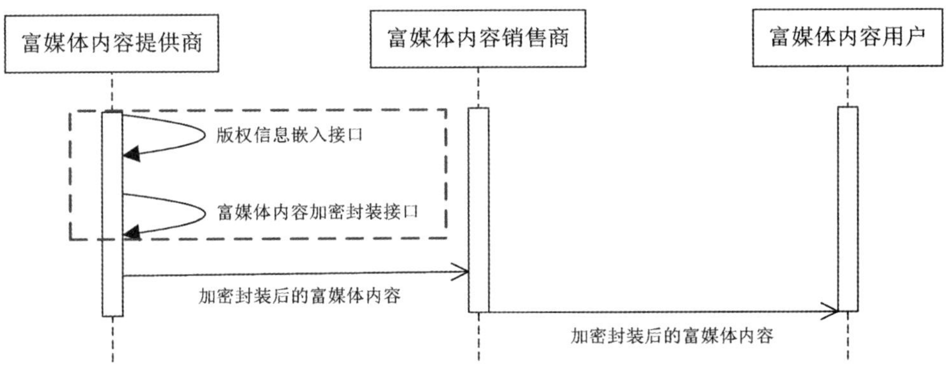

图 19 加密封装阶段富媒体内容保护支撑技术接口的应用场景

二是授权阶段各接口的应用场景见图 20。

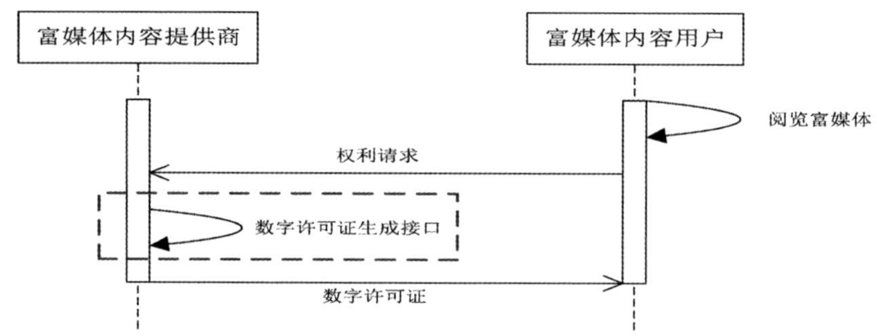

图20 授权阶段富媒体内容保护支撑技术接口的应用场景

三是使用阶段各接口的应用场景见图 21。

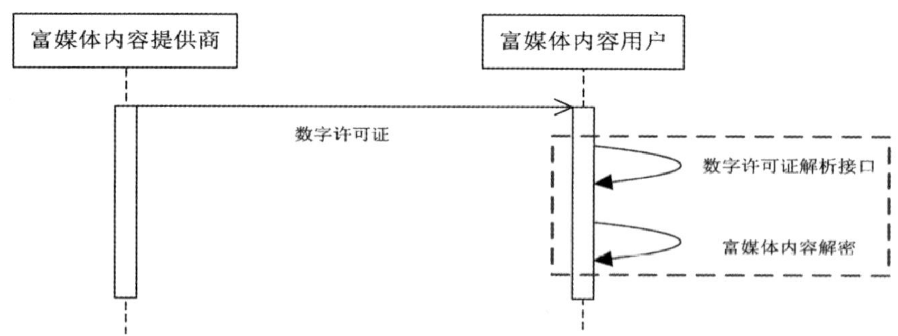

图 21 使用阶段富媒体内容保护支撑技术接口的应用场景

8.6.2.2 应用场景描述

版权保护应用系统（部署在内容提供商处）可调用服务器端接口对富媒体内容进行版权信息的嵌入和提取，对内容加密封装，为用户生成相应的数字许可证。

客户端软件（运行在用户的阅读设备上）可调用客户端接口对数字许可证解析，并按照数字许可证中规定的权限，约束用户使用数字内容。

8.7 《数字内容注册与管理平台对外通信协议》的应用

8.7.1 《数字内容注册与管理平台对外通信协议》概述

《数字内容注册与管理平台对外通信协议》（GC/BQ 17—2014）提出了数字内容注册及管理平台对外通信协议的规范性描述。该标准适用于：工程最终集成形成的数字版权保护管理与服务平台与数字内容注册与管理平台开发（包 6）、出版单位自主发行版权保护系统开发及数字发行应用示范（包 12）、互联网出版版权保护应用系统开发（包 8）等工程分包所研发的应用系统之间的通信。

8.7.2 《数字内容注册与管理平台对外通信协议》应用场景

8.7.2.1 应用场景图示

《数字内容注册与管理平台对外通信协议》的应用场景见图22。

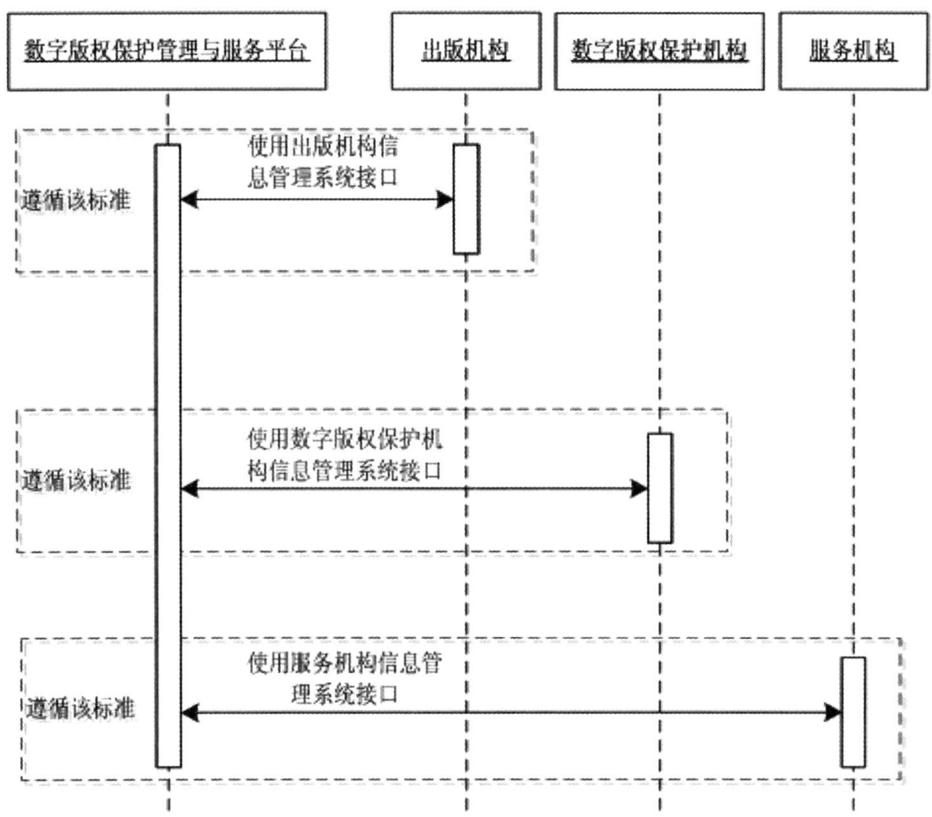

图 22 数字内容注册与管理平台对外通信协议应用场景

8.7.2.2　应用场景描述

数字内容注册与管理平台是本工程所研发的一套实现数字内容注册登记、数字版权认证服务、数字内容注册登记信息查询、数字版权标识嵌入、数字内容注册登记数据库、用户管理、接口服务等系统功能的软件平台。

数字内容注册与管理平台将提供互联网访问接口，实现与出版机构的信息管理系统、服务机构的信息管理系统，以及数字版权保护机构的信息管理系统的对接，将该平台的各项功能集成融入到上述相关机构自有信息管理系统中。

通过该标准，给出了数字内容注册与管理平台的对外通信的协议规范，使外部机构用户的管理信息系统按照该标准，即可与管理平台对接，并调用数字内容注册与管理平台提供的对外服务接口功能。

8.8　《可信交易数据管理平台对外通信协议》的应用

8.8.1　《可信交易数据管理平台对外通信协议》概述

《可信交易数据管理平台对外通信协议》（GC/BQ 18—2014）提出了数字版权保护技术研发工程中可信交易数据管理平台计数器分别与销售方计数器、授权方计数器之间的通信协议规范。该标准用于：

销售方和授权方与可信交易数据管理平台之间的通信，实现销售方计数器和授权方计数器向可信交易数据管理平台计数器上传交易数据和授权数据，达到交易数据可信计数的目的。

通过该标准规范可信交易数据管理平台对外的通信，以实现可信交易数据的安全可靠传输。

8.8.2 《可信交易数据管理平台对外通信协议》应用场景

8.8.2.1 应用场景示意图

《可信交易数据管理平台对外通信协议》的应用场景见图23。

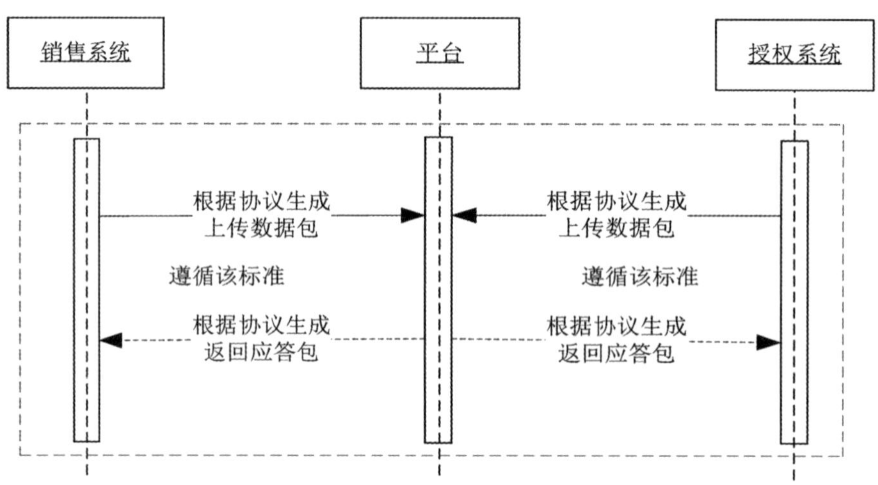

图23 可信交易数据管理平台对外通信协议应用场景

8.8.2.2 应用场景描述

销售系统遵循该标准生成数据包发送给可信交易数据管理平台。可信交易数据管理平台根据协议生成应答包返回给销售系统。

授权系统遵循该标准生成数据包发送给可信交易数据管理平台。可信交易数据管理平台根据协议生成应答包返回给授权系统。

授权方和销售方是具有利益冲突的个体。版权保护可信交易数据管理平台收集授权系统的授权记录和销售系统的交易数据，再通过可信计数技术支撑，保证交易数据的可信性和可计数性。

8.9 《版权保护系统间通信协议》的应用

8.9.1 《版权保护系统间通信协议》概述

《版权保护系统间通信协议》（GC/BQ 19—2014）是关于自主发行数字版权保护系统、互联网版权保护系统等系统之间的通信协议的规范，用于规范不同系统之间的版权传输。

遵循该标准可保证不同版权保护系统之间进行协调、高效的版权传输。

8.9.2 《版权保护系统间通信协议》应用场景

8.9.2.1 应用场景示意图

《版权保护系统间通信协议》的应用场景见图 24。

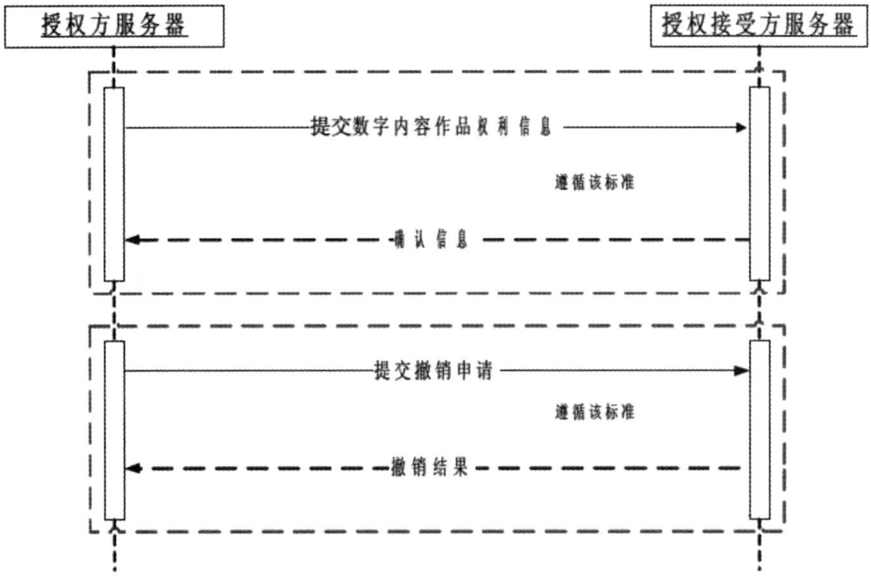

授权方服务器
授权接受方服务器
提交数字内容作品权利信息
遵循该标准
确认信息
提交撤销申请
遵循该标准
撤销结果

图 24 版权保护系统间协议应用场景

8.9.2.2　应用场景描述

内容提供商遵循该标准将数字内容作品相关信息发送给内容集成商。内容集成商接收到数字内容作品相关信息后，并遵循该标准返回内容提供商结果信息。内容提供商遵循该标准将数字内容作品权利信息发送给内容集成商。内容集成商接收到数字内容作品权利信息后，遵循该标准返回内容提供商确认信息。

当内容提供商不再许可内容集成商进行数字内容作品分发时，内容提供商遵循该标准提交撤销申请，内容集成商返回撤销的结果。

8.10　《版权保护系统服务器端与客户端的授权通信协议》的应用

8.10.1　《版权保护系统服务器端与客户端的授权通信协议》概述

《版权保护系统服务器端与客户端的授权通信协议》(GC/BQ 20—2014) 是对数字版权保护系统中客户端与授权服务器端之间的安全通信协议信息进行的规定。在数字版权保护系统中，当用户想要获取使用数字内容作品时，须遵循该标准获取授权并进行许可证的申请。当用户想要提前归还数字内容作品时，则需遵循该标准申请注销许可证。

依据该标准可为数字版权保护管理系统与客户端之间建立的必要的协议机制。

8.10.2　《版权保护系统服务器端与客户端的授权通信协议》应用场景

8.10.2.1　应用场景图示

《版权保护系统服务器端与客户端的授权通信协议》的应用场景见图 25。

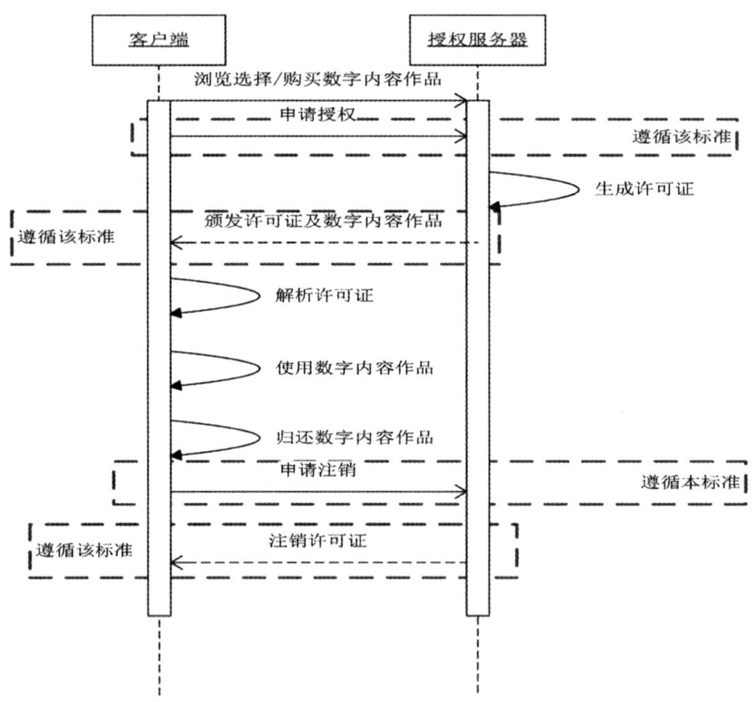

图 25 版权保护系统服务器端与客户端通信协议应用场景

8.10.2.2 应用场景描述

用户浏览并选择购买数字内容作品。用户在完成支付操作后，客户端遵循该标准向授权服务器申请授权，授权服务器根据用户请求信息生成许可证，并将许可证和数字内容作品一起传输给用户设备，并激活客户端。客户端解析许可证，并使用数字内容作品。

当用户想归还数字内容作品时，其客户端遵循该标准向授权服务器申请注销，授权服务器遵循该标准注销许可证。

8.11 《出版机构信息管理系统接口》的应用

8.11.1 《出版机构信息管理系统接口》概述

《出版机构信息管理系统接口》(GC/BQ 21—2014)提出了出版机构信息管理系统对外接口的功能、参数的规范性描述。

该标准适用于：本工程所研发的数字内容注册与管理平台，以及本工程最终集成形成的数字版权保护管理与服务平台，与出版机构信息管理系统进行对接并提供批量注册等功能接口的开发和应用。

遵循该标准，可使数字内容注册与管理平台、数字版权保护管理与服务平台能够顺利接入出版机构信息管理系统。

8.11.2《出版机构信息管理系统接口》应用场景

8.11.2.1 应用场景图示

《出版机构信息管理系统接口》的应用场景见图26。

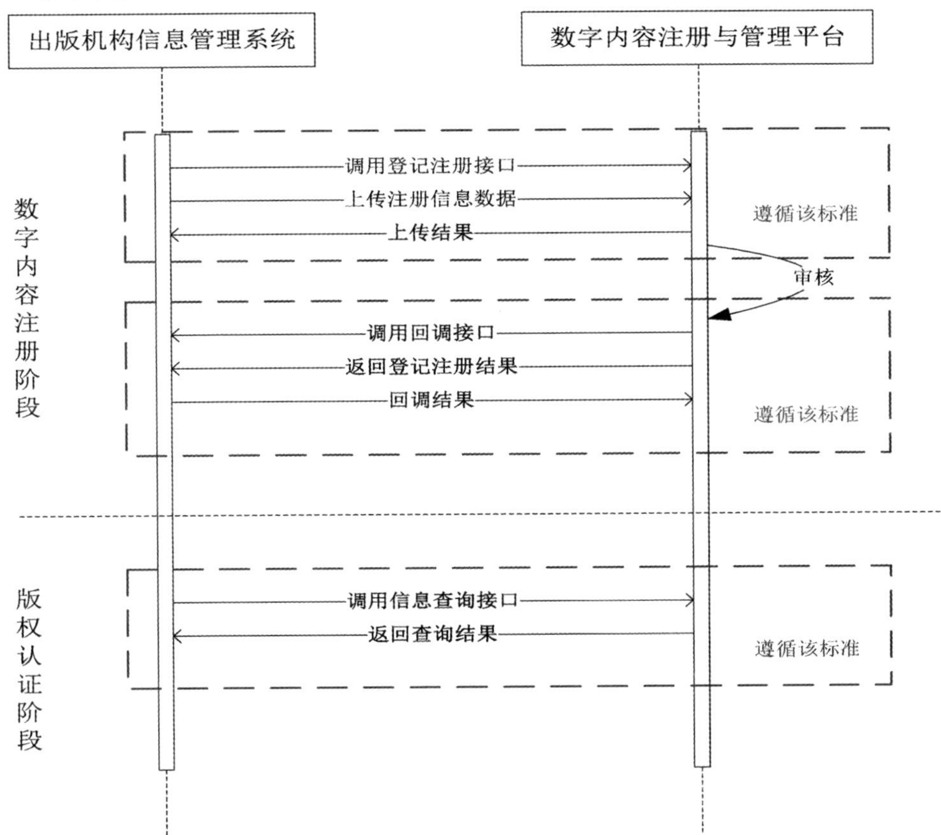

图 26 出版机构信息管理系统接口应用场景

8.11.1.2 应用场景描述

按照工程总体设计要求，为数字内容注册与管理平台提供所需接口，以实现与出版机构的自有信息管理系统对接。通过该标准接口，数字内容注册与管理平台将以在线的方式为出版机构提供数字内容注册、版权认证等服务功能。

该标准规范了数字内容注册与管理平台针对出版机构信息管理系统，所提供的数字内容登记注册、数字内容登记结果获取、数字内容版权信息查询 3 套接口的功能、参数等规范性描述。

8.12 《服务机构信息管理系统接口》的应用

8.12.1 《服务机构信息管理系统接口》概述

《服务机构信息管理系统接口》（GC/BQ 22—2014）提出了服务机构信息管理系统接口功能、参数的规范性描述。

该标准适用于：本工程所研发的数字内容注册与管理平台，以及本工程最终集成形成的数字版权保护管理与服务平台，与服务机构信息管理系统进行对接并提供注册登记信息批量查询接口的开发和应用。

遵循该标准，可使服务机构信息管理系统能够顺利接入数字内容注册与管理平台。

8.12.2 《服务机构信息管理系统接口》应用场景

8.12.2.1　应用场景图示

《服务机构信息管理系统接口》的应用场景见图27。

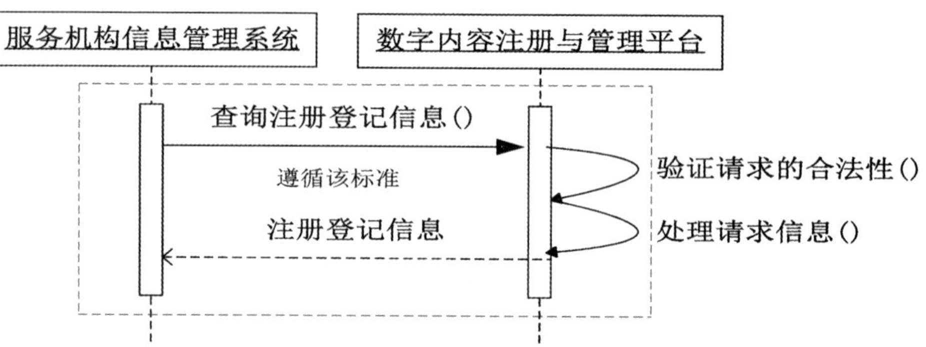

图27 服务机构信息管理系统接口应用场景

8.12.2.2　应用场景描述

按照工程总体设计要求，数字版权保护技术研发工程所需研发的数字内容注册与管理平台需提供接口，以实现与服务机构的自有信息管理系统对接。通过该标准接口，数字内容注册与管理平台将以在线的方式为服务机构提供注册登记信息查询等服务功能。

该标准规范了数字内容注册与管理平台针对服务机构信息管理系统，并提供数字内容注册登记信息查询接口的功能、参数及规范性表述。

8.13　《注册信息查询与发布数据交换格式》的应用

8.13.1　《注册信息查询与发布数据交换格式》概述

《注册信息查询与发布数据交换格式》（GC/BQ 23—2014）提出了一种基于XML的标准数据格式，用于在不同计算机系统之间交互传递数字内容的注册登记信息，以实现该信息的查询与发布。

数字内容的注册登记信息涵盖了数字内容所附带的各种版权信息。该标准适用于:数字内容注册与管理平台开发（包6），该工程最终集成形成的数字版权保护管理与服务平台，以及工程内外其他需要进行注册登记信息查询与发布的计算机系统的开发和应用。

该标准在GC/BQ 21—2014、GC/BQ 22—2014、GC/BQ 24—2014所定义的服务接口之外，提供了一种与外部系统更加灵活、规范化的数据交换方式。

8.13.2　《注册信息查询与发布数据交换格式》应用场景

8.13.2.1　应用场景图示

《注册信息查询与发布数据交换格式》的应用场景见图28。

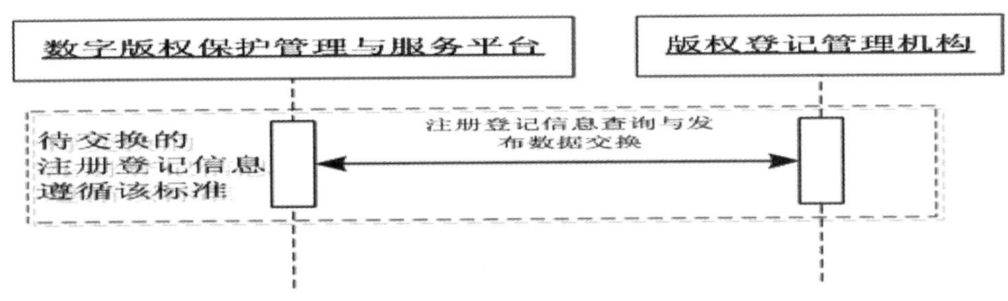

图 28 注册信息查询与发布数据交换格式

8.13.2.2 应用场景描述

该标准提出了一种基于 XML 的标准数据格式，用于在不同计算机系统之间交互传递数字内容的注册登记信息，以实现该信息的查询与发布。

由数字内容注册与管理平台，以及该工程最终集成形成的数字版权保护管理与服务平台中的数字内容注册管理部分所采用的标准数据格式，在数字内容注册登记中描述了各种版权信息。

8.14 《数字版权保护机构信息管理系统接口》的应用

8.14.1 《数字版权保护机构信息管理系统接口》概述

《数字版权保护机构信息管理系统接口》(GC/BQ 24—2014) 标准提出了本工程所需研发的数字内容注册与管理平台，以及工程最终集成形成的数字版权保护管理与服务平台的数字内容注册管理部分，与数字版权保护机构信息管理系统进行对接并提供注册登记信息批量查询的接口的功能、参数的规范性描述。该标准适用于：数字内容注册与管理平台开发（包 6）、网络侵权追踪平台开发（包 7），互联网出版版权保护应用系统开发（包 8），以及工程最终集成形成的数字版权保护管理与服务平台的开发和应用。

通过该标准，可使数字内容注册与管理平台与数字版权保护机构信息管理系统顺利对接。

8.14.2 《数字版权保护机构信息管理系统接口》应用场景

8.14.2.1 应用场景图示

《数字版权保护机构信息管理系统接口》的应用场景见图29。

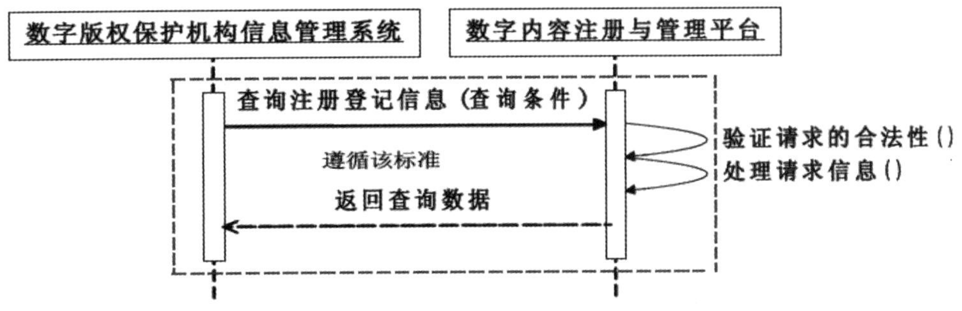

图 29 数字版权保护机构信息管理系统接口应用场景

8.14.2.2 应用场景描述

按照工程总体设计要求，研发数字内容注册与管理平台需提供标准接口，以实现与数字版权保护机构的自有信息管理系统对接。通过该标准接口，数字内容注册与管理平台（包 6）将以在线的方式为数字版权保护机构提供注册登记信息查询等服务功能。

该标准提供了数字内容注册与管理平台信息查询接口的功能、参数等规范性描述。

8.15 《信息安全及电子认证服务技术规范 第 1 部分：数字证书认证系统接口》的应用

8.15.1 《信息安全及电子认证服务技术规范 第 1 部分：数字证书认证系统接口》概述

《信息安全及电子认证服务技术规范 第1部分：数字证书认证系统接口》（GC/BQ 25.1—2014）通过规范数字证书认证系统各类电子认证服务的消息格式及电子认证服务技术接口和参数，形成基于数字证书的电子认证服务体系，以保证工程信息安全。该部分包括：证书申请服务、证书下载服务、证书状态变更服务、证书更新服务、加密密钥恢复服务、证书查询服务等服务接口。

该标准采用数字证书体制来有效的保障数字内容的安全分发，以及数据和信息的机密性、真实性、完整性和不可抵赖性。

8.15.2 《信息安全及电子认证服务技术规范 第 1 部分：数字证书认证系统接口》应用场景

该标准的所有部分是数字版权保护技术研发工程的安全类接口规范，工程中凡涉及使用数字证书及密码服务的各工程分包(参见附录 A)，均应遵循该标准。

该标准第 1 部分给出了 5 类电子认证服务的 10 个请求/应答消息格式，以增强工程研发成果的可扩展性和开放性。该部分参照简单对象访问协议 (SOAP)，规范描述了数字证书认证系统服务接口和支持消息格式的规范参数，其典型应用场景（见表 2）。

表2 GC/BQ 25.1《第 1 部分：数字证书认证系统接口》典型应用场景

接口类型	安全接口名称	应用场景
证书申请服务类	证书申请服务接口	用户申请证书时调用此接口。
证书状态变更服务类	证书状态变更服务接口	用户将证书挂起或吊销时调用此接口。
证书更新服务类	证书更新服务接口	需要更新证书时调用此接口。
加密密钥恢复服务类	加密秘钥恢复服务接口	当需要申请恢复以前的加密密钥时调用此接口
证书查询服务类	证书查询服务接口	需要查询数字证书时调用此接口。

8.16 《信息安全及电子认证服务技术规范 第 2 部分：密码服务中间件接口》的应用

8.16.1 《信息安全及电子认证服务技术规范 第 2 部分：密码服务中间件接口》概述

《信息安全及电子认证服务技术规范 第 2 部分：密码服务中间件接口》（GC/BQ 25.2—2014）通过规范密码服务中间件，为数字版权保护技术研发工程各技术研发包提供信息安全界面。

该标准为本工程各应用系统准确理解和使用密码中间件提供了接口功能与参数。

8.16.2 《信息安全及电子认证服务技术规范 第 2 部分：密码服务中间件接口》应用场景

该标准的所有部分是数字版权保护技术研发工程的安全类接口规范，工程中凡涉及使用数字证书及密码服务的各技术研发包(参见附录 A)，均应遵循该标准。

该标准第 2 部分规范描述了 4 类函数接口共 30 种密码服务中间件接口的典型应用场景：

a） 4 类函数接口

1）　环境类函数接口

用于创建和管理安全程序空间及其所需的各种资源、信号的安全界面。通过该接口确保安全程序空间在应用程序运行期间不会被非法访问，造成信息泄漏。

2）　证书类函数接口

用于手机密码安全设备中数字证书管理，如：证书的导入、获取、解析、枚举等操作的安全界面。通过该接口可实现基于数字证书的身份认证，从证书中获取有关信息，实现授权管理、访问控制等安全功能。

3）　密码运算类函数接口

密码运算类函数与密码设备交互的界面。密码运算后的结果，如：随机数生成、摘要以及各种对称和非对称密码生成等，通过该接口返回给应用程序，并销毁相应的密码运算对象。该接口支持数据保密性、完整性和不可抵赖性等基础性安全功能的实现。

4）　消息类函数接口

将数据按照 PKCS7 格式进行封装，实现数据封装格式与应用系统无关性，实现应用系统互联互通和信息共享的安全界面。通过该接口实现 PKCS7 格式的数据编解码、签名数据编解码和数字信封编解码，支持身份认证、保密性、完整性和不可否认性等安全功能的实现。

b）　30 种密码服务中间件接口的典型应用场景（见表 3）

表3　密码服务中间件接口典型应用场景

接口类型	接口名称	典型应用场景
环境类函数接口	中间件初始化接口	主要用于初始化安全引擎，并根据配置信息确定要使用的密钥方式。如：软证书模式或者硬件模式
	中间件反初始化接口	主要用于程序退出时，回收资源，释放设备
	设备登录接口	主要用于身份认证，通过身份认证才能使用私钥相关的操作。且管理员或普通用户不能同时进入登录状态
	设备登出接口	主要用于程序退出时防止造成内存泄露。如：私钥、私密数据等
	设备解锁接口	主要用于管理员使用口令解锁用户口令。如剩余可尝试次数达到 0，则管理员也被锁定，必须返厂
	修改设备口令接口	主要用于修改管理员口令、用户口令。若剩余可尝试次数达到 0，则对应口令被锁定
证书类函数接口	通过 P10 方式申请证书接口	由本地生成密钥对。按 PKCS#10 规范用户输入的公钥、证书申请信息等数据，向 CA 申请证书，CA 返回申请证书并写入到设备中
	证书更新接口	需要对证书进行更新时调用此接口
	通过P12方式申请证书接口	由平台侧生成密钥。证书申请时，输入唯一标识用户的 ID 号等信息，由 CA 侧返回 P12 格式的证书
	证书解析接口	需要对证书数据进行解析时调用此接口
	通过CRL进行验证接口	需要通过 CRL 对证书进行离线验证时调用此接口
	通过OCSP进行查询接口	需要通过 OCSP 方式对证书进行在线查询时调用此接口
	通过证书链进行验证接口	需要通过证书链方式对证书进行验证时调用此接口
	从p12文件中获取证书接口	需要从 P12 证书文件中获取 base64 格式的 X509 证书时调用此接口

	从p12文件中获取公钥接口	需要从 P12 证书中获取 base64 编码格式的公钥或 DER 编码格式的公钥时调用此接口
	从p12文件中获取私钥接口	需要从 P12 证书中获取 base64 编码格式的私钥或 DER 编码格式的私钥时调用此接口
密码运算类函数接口	随机数生成接口	需要产生指定长度的随机数时调用此接口
	摘要计算接口	需要对指定的数据计算摘要时调用此接口
	对称密码加密接口	需要对指定的数据进行对称加密时调用此接口
	对称密码解密接口	需要对指定的数据进行对称解密时调用此接口
	生成非对称密钥对接口	需要生成非对称密钥对时调用此接口
	公钥加密接口	需要进行非对称公钥加密时调用此接口
	私钥解密接口	需要非对称私钥解密时调用此接口
	外部私钥解密接口	需要进行外部密钥解密时，调用此接口，但不支持 UNSYM_ALG_SM2_X 类型
	对指定数据进行签名接口	需要对指定数据签名时调用此接口，遵循 PKCS1.5 规范
	使用外部密钥进行签名接口	需要使用外部密钥进行签名时调用此接口，遵循 PKCS1.5 规范
	对指定的签名数据进行验签接口	需要对指定的签名数据进行验签时调用此接口
消息类函数接口	制作数字信封接口	需要使用对方的证书时调用此接口。制作数字信封遵循 PKCS7 规范
	解密数字信封接口	需要解密数字信封时调用此接口。按照 PKCS7 规范制作数字信封，签名带加密格式
	外部私钥方式解数字信封接口	需要使用外部密钥方式解数字信封时，调用此接口。按照 PKCS7 规范解密数字信封，签名带加密格式

附　录　A
（资料性附录）
工程项目分包的构成

数字版权保护技术研发工程由15个工程项目分包构成，其名称与代码见表A.1。

表A.1　工程项目分包的名称与代码

工程项目分包代码	工程项目分包名称
包1	数字内容分段控制技术研发
包2	多硬件环境版权保护技术研发
包3	内容交易与分发版权保护技术研发
包4	在线阅览版权保护技术研发
包5	版权保护可信计数与可信交易数据管理平台研发
包6	数字内容注册与管理平台开发
包7	网络侵权追踪平台开发
包8	互联网出版版权保护应用系统开发
包9	按需印刷版权保护应用系统开发
包10	互联网出版应用示范
包11	移动出版版权保护应用系统开发及应用示范
包12	出版单位自主发行版权保护系统开发及数字发行应用示范
包13	富媒体报刊版权保护技术与系统及应用示范
包14	电子阅读器应用示范
包15	数字版权保护创新技术研发

附 录 B
（规范性附录）
工程标准与工程项目分包的对应关系

B.1 工程标准与工程项目分包的对应关系

1个标准可支持多个项目分包见表B.1。

表 B.1 工程标准与工程项目分包的对应关系

序号	分类	标准名称	对应的工程项目分包（1~15）
01	工程管理类标准	标准体系表	全部
02		标准管理办法	全部
03		GC/BQ 1—2014 标准编制指南	全部
04		GC/BQ 2—2014 标准应用指南	全部
05	工程基础类标准	GC/BQ 3—2014 数字版权保护技术研发工程术语	全部
06		GC/BQ 4—2014 数字版权管理标识	包3、4、6、8、9、10、11、12、13、14、15
07		GC/BQ 5—2014 数字权利描述语言	包1、2、8、9、11、12、13、14
08		GC/BQ 6—2014 数字版权保护内容格式	包1、8、9、12、13
09		GC/BQ 7—2014 数字版权封装	包1、8、9、11、12、13、14
10	工程数据类标准	GC/BQ 8—2014 数字内容注册规范	包6
11		GC/BQ 9—2014 数字权利元数据	包1、2、8、9、11、12、13、14
12		GC/BQ 10—2014 可信计数数据	包5、8、9、10、11、12
13	工程接口协议类标准	GC/BQ 11—2014 版权保护可信计数技术接口	包5
14		GC/BQ 12—2014 数字内容分段控制技术接口	包1
15		GC/BQ 13—2014 多硬件环境版权保护应用支撑技术接口	包2
16		GC/BQ 14—2014 在线阅览版权保护技术接口	包4
17		GC/BQ 15—2014 数字内容交易与分发版权保护技术接口	包3
18		GC/BQ 16—2014 富媒体内容保护支撑技术接口	包13
19		GC/BQ 17—2014 数字内容注册与管理平台对外通信协议	包6
20		GC/BQ 18—2014 可信交易数据管理平台对外通信协议	包5
21		GC/BQ 19—2014 版权保护系统间通信协议	包8、10、12
22		GC/BQ 20—2014 版权保护系统服务器端与客户端的授权通信协议	包8、9、11、12、13、14
23		GC/BQ 21—2014 出版机构信息管理系统接口	包6
24		GC/BQ 22—2014 服务机构信息管理系统接口	包6
25		GC/BQ 23—2014 注册信息查询与发布数据交换格式	包6
26		GC/BQ 24—2014 数字版权保护机构信息管理系统接口	包6、7、8
27		GC/BQ 25.1—2014 信息安全及电子认证服务技术规范 第1部分：数字证书认证系统接口	包4、5、6、7、8、9、10、11、12 13、14
		GC/BQ 25.2—2014 信息安全及电子认证服务技术规范 第2部分：密码服务中间件接口	全部

B.2　工程项目分包与工程标准的对应关系

1个项目分包需要多个标准支持 ，见表B.2。

表 B.2　工程项目分包与工程标准的对应关系

工程标准号	工程项目分包														
	包1	包2	包3	包4	包5	包6	包7	包8	包9	包10	包11	包12	包13	包14	包15
GC/BQ 1—2014	√	√	√	√	√	√	√	√	√	√	√	√	√	√	√
GC/BQ 2—2014	√	√	√	√	√	√	√	√	√	√	√	√	√	√	√
GC/BQ 3—2014	√	√	√	√	√	√	√	√	√	√	√	√	√	√	√
GC/BQ 4—2014			√	√		√		√	√	√	√	√	√	√	√
GC/BQ 5—2014	√	√						√	√		√	√	√	√	
GC/BQ 6—2014	√							√	√			√	√		
GC/BQ 7—2014	√							√	√		√	√	√	√	
GC/BQ 8—2014						√									
GC/BQ 9—2014	√	√						√	√		√	√	√	√	
GC/BQ 10—2014					√			√	√	√	√	√			
GC/BQ 11—2014					√										
GC/BQ 12—2014	√														
GC/BQ 13—2014		√													
GC/BQ 14—2014				√											
GC/BQ 15—2014			√												
GC/BQ 16—2014													√		
GC/BQ 17—2014						√									
GC/BQ 18—2014					√										
GC/BQ 19—2014								√		√		√			
GC/BQ 20—2014								√	√		√	√	√	√	
GC/BQ 21—2014						√									
GC/BQ 22—2014						√									
GC/BQ 24—2014						√	√	√							
GC/BQ 23—2014						√									
GC/BQ 25.1—2014				√	√	√	√	√	√	√	√	√	√	√	
GC/BQ 25.2—2014	√	√	√	√	√	√	√	√	√	√	√	√	√	√	√
注：‘√’表示工程分包与工程标准的对应关系。															

参 考 文 献

[1] GB/T 1.1—2009 标准化工作导则 第1部分：标准的结构和编写
[2] GB/T 20000.1—2002 标准化工作指南 第1部分：标准化和相关活动的通用词汇
[3] 数字版权保护技术研发工程标准体系表
[4] 数字版权保护技术研发工程标准管理办
[5] GC/BQ 1—2014 标准编制指南
[6] GC/BQ 3—2014 数字版权保护技术研发工程术语
[7] GC/BQ 4—2014 数字版权管理标识
[8] GC/BQ 5—2014 数字权利描述语言
[9] GC/BQ 6—2014 数字版权保护内容格式
[10] GC/BQ 7—2014 数字版权封装
[11] GC/BQ 8—2014 数字内容注册规范
[12] GC/BQ 9—2014 数字权利元数据
[13] GC/BQ 10—2014 可信计数数据
[14] GC/BQ 11—2014 版权保护可信计数技术接口
[15] GC/BQ 12—2014 数字内容分段控制技术接口
[16] GC/BQ 13—2014 多硬件环境版权保护应用支撑技术接口
[17] GC/BQ 14—2014 在线阅览版权保护技术接口
[18] GC/BQ 15—2014 数字内容交易与分发版权保护技术接口
[19] GC/BQ 16—2014 富媒体内容保护支撑技术接口
[20] GC/BQ 17—2014 数字内容注册与管理平台对外通信协议
[21] GC/BQ 18—2014 可信交易数据管理平台对外通信协议
[22] GC/BQ 19—2014 版权保护系统间通信协议
[23] GC/BQ 20—2014 版权保护系统服务器端与客户端的授权通信协议
[24] GC/BQ 21—2014 出版机构信息管理系统接口
[25] GC/BQ 22—2014 服务机构信息管理系统接口
[26] GC/BQ 23—2014 注册信息查询与发布数据交换格式
[27] GC/BQ 24—2014 数字版权保护机构信息管理系统接口
[28] GC/BQ 25.1—2014 信息安全及电子认证服务技术规范 第1部分：数字证书认证系统接口
[29] GC/BQ 25.2—2014 信息安全及电子认证服务技术规范 第2部分：密码服务中间件接口

第三章
基础类标准

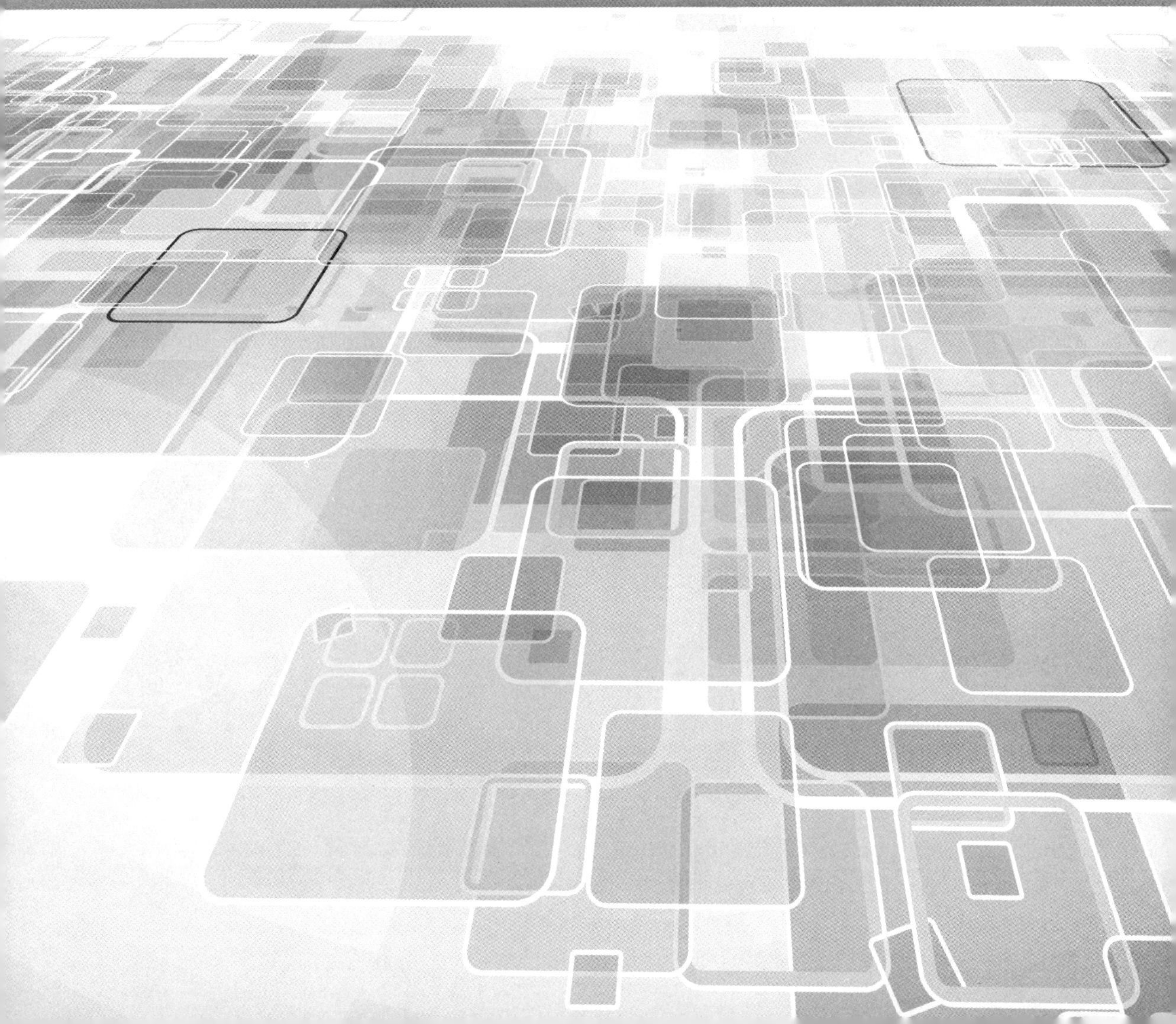

数字版权保护技术研发工程标准

GC/BQ 3—2015

数字版权保护技术研发工程术语

Glossary of digital rights management research and development project

2015－02－03发布　　　　2015－02－03实施

新闻出版广电总局新闻出版重大科技工程项目领导小组 发布

目 次

前　言

本标准按照 GB/T 1.1—2009 给出的规则起草。

本标准由新闻出版广电总局新闻出版重大科技工程项目领导小组办公室提出并归口。

本标准主要起草单位：中国新闻出版研究院。

本标准主要起草人：安秀敏、刘颖丽、黄肖俊、凌峰、刘杰。

数字版权保护技术研发工程术语

1 范围

本标准规定了数字版权保护权利术语、保护技术术语和安全管理术语词条与定义。

本标准适用于数字版权保护技术研发工程。

2 数字版权保护术语体系结构

2.1 体系框架

数字版权保护技术研发工程的术语体系结构由权利、技术保护和安全管理三部分构成，如图1所示。

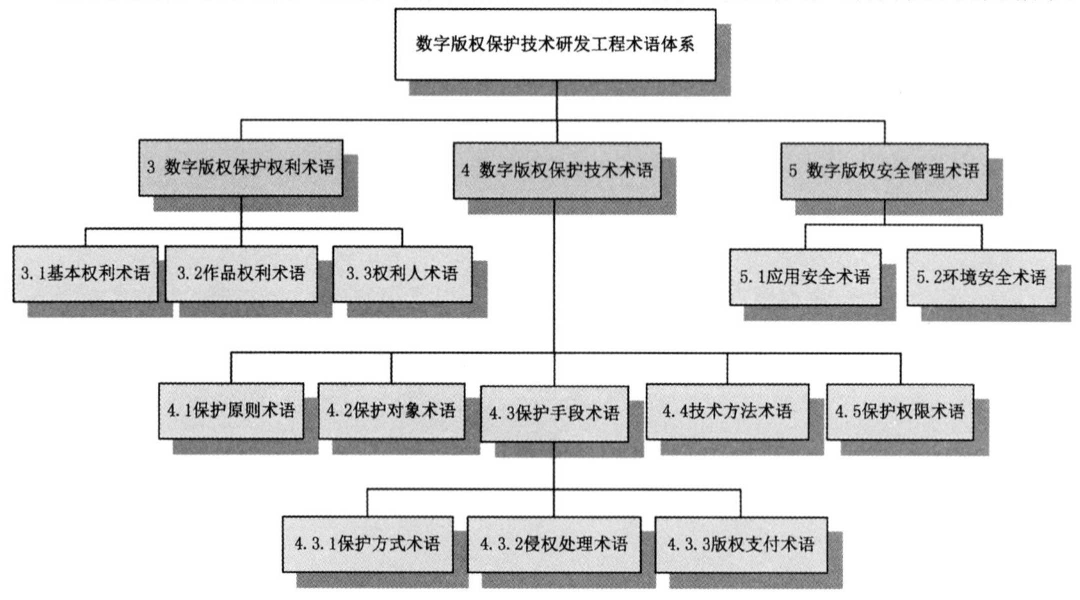

图1 数字版权保护技术研发工程术语体系结构

注：图1表示各部分术语的构成，编号对应各部分术语的章、条编号。第3章 数字版权保护权利术语包括：3.1基本权利术语、3.2作品权利术语和3.3权利人术语；第4章 数字版权保护技术术语包括：4.1保护原则术语、4.2保护对象术语、4.3保护手段术语（4.3.1保护方式术语、4.3.2侵权处理术语、4.4.3版权支付术语）、4.4技术方法术语和4.5保护权限术语；第5章 数字版权安全管理术语包括5.1应用安全术语和5.2环境安全术语。

2.2 条目组成

术语条目由编号、术语、同义词、定义或注释组成。

3 数字版权保护权利术语

3.1　基本权利术语

3.1.1

知识产权　intellectual property

自然人或法人对自然人通过智力劳动所创造的成果，依法确认并享有的权利。

3.1.2

著作权　copyright

版权

作者对其创作的文学、科学和艺术作品依法享有的专有权利。

3.1.3

数字版权　digital copyright

作者或版权拥有者享有的以数字化方式保存、复制、传播作品的权利。

3.1.4

著作权主体　subject of copyright

依法享有权利并承担义务的公民、法人或者其他组织。

3.1.5

原始著作权主体　original subject of copyright

直接参与创作的作者。

3.1.6

继受著作权主体　derivative subject of copyright

通过继承、转让等方式取得著作权的人。一般只享有财产权，而不能享有人身权。

3.1.7

版权客体　object of copyright

受著作权法保护的作品。

3.1.8

人身权　personal rights

精神权利

著作权权利中与人身不可分割的非财产性质的权利，主要包括发表权、署名权、修改权和保护作品完整权等权利。

3.1.9

发表权　right of publication

决定作品是否公之于众的权利。

3.1.10

署名权 right of authorship

表明作者身份，在作品上署名的权利

3.1.11

修改权 right of revision

修改或者授权他人修改作品的权利。

3.1.12

保护作品完整权 right of integrity

保护作品不受歪曲、篡改的权利。

3.1.13

复制权 right of reproduction

以印刷、复印、拓印、录音、录像、翻录、翻拍等方式将作品制作一份或者多份的权利。

3.1.14

发行权 right of distribution

以出售或者赠与方式向公众提供作品的原件或者复制件的权利。

3.1.15

出租权 right of rental

有偿许可他人临时使用电影作品和以类似摄制电影的方法创作的作品、计算机软件的权利，计算机软件不是出租的主要标的的除外。

3.1.16

展览权 right of exhibition

公开陈列美术作品、摄影作品的原件或者复制件的权利

3.1.17

表演权 right of performance

公开表演作品，以及用各种手段公开播送作品的表演的权利。

3.1.18

放映权 right of presentation

通过放映机、幻灯机等技术设备公开再现美术、摄影、电影和以类似摄制电影的方法创作的作品等的权利。

3.1.19

广播权 right of broadcasting

以无线方式公开广播或者传播作品，以有线传播或者转播的方式向公众传播广播的作品，以及通过扩声器或者其他传送符号、声音、图像的类似工具向公众传播广播的作品的权利。

3.1.20

信息网络传播权　right of communication through network

以有线或者无线方式向公众提供作品，使公众可以在其个人选定的时间和地点获得作品的权利。

3.1.21

摄制权　right of cinematography

以摄制电影或者以类似摄制电影的方法将作品固定在载体上的权利。

3.1.22

改编权　right of adaptation

改变作品，创作出具有独创性的新作品的权利。

3.1.23

翻译权　right of translation

将作品从一种语言文字转换成另一种语言文字的权利。

3.1.24

汇编权　right of compilation

将作品或者作品的片段通过选择或者编排，汇集成新作品的权利。

3.1.25

使用权　right of use

用复制、表演、播放、展览、发行、摄制电影电视、录像，或以改编、翻译、注释、编辑等方式使用作品的权利。

3.1.26

专有使用权　exclusive right of use

在一定期限和地域内独家使用作品的权利。

3.1.27

非专有使用权　non-exclusive right of use

公众依法均可使用作品的权利。

3.1.28

获得报酬权　right to remuneration

著作权所有者因许可他人使用其著作权而获得经济报酬的权利。

3.1.29

公开传播权　right of public dissemination

依法公开扩散作品的权利。

3.1.30

出版权 right of publishing
著作权所有者以出版的方式复制和传播作品的权利。

3.1.31

专有出版权 exclusive right of publishing
独家出版权
出版者对著作权人交付出版的作品，在合同约定期间享有的独家出版权利。

3.1.32

转载权 right of reprinting
将已发表的作品在其他连续性资源上再刊载的权利。

3.1.33

连载权 right of serialization
一部作品在连续出版物上连续刊载的权利。

3.1.34

重编权 right of readaptation
将已经改编摄制过影片的作品重新改编摄制影片的权利。

3.1.35

播放权 right of transmission
以广播或播放的形式使用音乐作品的权利。

3.1.36

转播权 right of relay
利用传播媒介将作品从表演现场向公众转播的权利。

3.1.37

附属权 subsidiary right
从属权
以原本以外的形式出版作品的权利。

3.1.38

著作权法 copyright law
版权法
确认和保护作者和其他权利人对其作品享有专有权利的法律。

3.1.39

著作权转让 transfer of copyright
版权转让
将著作权中的全部或部分经济权利，在著作权有效期或其中一段时间内，有偿或无偿地转让给他人的行为。

3.2　作品权利术语

3.2.1

作品　works
文学、艺术和科学领域内具有独创性并能以某种有形形式复制的智力成果

3.2.2

独创性　originality
作品创作行为独立，内容具有与其他作品不同的特征。

3.2.3

可感形式　sensible form
可以为人的视觉、听觉或触觉所感知的形式。

3.2.4

物质固定形式　tangible form
作品具有某种固定物质形式的载体。

3.2.5

文学作品　literary works
以语言文字为工具，形象化地反映客观现实的作品，包括戏剧、诗歌、小说、散文等。

3.2.6

艺术作品　artistic works
泛指一切可以通过视觉和听觉等感官直接引起人的审美感受的作品。

3.2.7

科学作品　scientific works
反映自然、社会、思维等客观规律知识内容的作品。

3.2.8

文字作品　written works
小说、诗歌、散文、论文等以文字形式表现的作品。

3.2.9

合作作品　works of joint authorship
共同作品
由两个或两个以上的作者共同创作的作品。

3.2.10

集体作品 collective works
以自然人集体名义创作、发表的作品。
注：自然人集体包括创作组、编写组和研究室等。

3.2.11

职务作品 works created in the course of employment
公民为完成法人或其他组织的工作任务所创作的作品。

3.2.12

雇佣作品 works made for hire
根据雇佣合同受雇作者在其受雇范围内所创作的作品。

3.2.13

委托作品 commissioned works
根据与自然人、法人或其他组织签订的委托合同作者所创作的作品。

3.2.14

政府作品 governmental works
具有司法或行政性质的官方文件及其正式译本。一般不受版权保护。

3.2.15

署名作品 autonym works
署有作者姓名的作品。

3.2.16

无署名作品 unsigned works
没有作者署名的作品，包括匿名作品和佚名作品。

3.2.17

匿名作品 anonymous works
隐名作品
不署名作品
作者由于某种原因，故意不署任何名称而发表的作品。

3.2.18

佚名作品 works of an unidentified author
作者不明作品
无署名作品的一种。为客观条件（如年代久远、辗转传抄、遗落部分章节等）所限，对作者已难考证确定，只得不署任何作者名称而发表的作品。

3.2.19

假名作品 pseudonymous works

作者不愿披露自己的真实姓名，以笔名或化名等虚构的名字发表的作品。

3.2.20

已发表作品 published works

已经通过出版、上演、展览、宣讲或散发等方式公诸于众的作品。

3.2.21

未发表作品 unpublished works

未经任何方式公诸于众的作品。

3.2.22

遗作 posthumous works

作者生前未发表的作品。

3.2.23

丧失著作权作品 works forfeitted copyright

超过法定期限而不再受著作权保护的作品。

3.2.24

无著作权作品 works without copyright

法律规定不给予著作权保护的作品。

3.2.25

改编作品 adaptation works

在原有作品的基础上,通过改变作品的表现形式或者用途,创作出具有独创性的新作品。

3.2.26

演绎作品 derivative works

作者在已有作品的基础上经过创造性的劳动而派生出来的作品。

3.2.27

翻译作品 translation works

将已有的一种语言文字作品，翻译成另一种语言文字作品。

3.2.28

汇编作品 compilation works

围绕某一特定的主题，汇集已有的作品而产生的新作品。

注：汇编作品包括文集、选集、资料汇等。

3.3 权利人术语

3.3.1

著作权人 copyright owner
版权人
版权所有者
作者和其他依照享有著作权的公民、法人或者其他组织。

3.3.2

原始著作权所有者 original copyright owner
作品著作权的最初所有者。

3.3.3

继受著作权所有者 derivative copyright owner
通过继承、受让、互易、受赠等法律行为获得著作权的人。

3.3.4

著作权受让人 copyright alienee
依法通过购买、互易或受赠而取得著作权所有权的人。

3.3.5

著作权代理 copyright agency
受著作权人委托，以著作权人名义进行具有著作权法律意义的活动，其后果由著作权人承担。

3.3.6

著作权代理人 copyright agent
受著作权人委托，进行具有著作权法律意义活动的自然人或组织。

4 数字版权保护技术术语

4.1 保护原则术语

4.1.1

著作权保护 protection of copyright
保护著作权人在法律许可范围内行使著作人身权和著作财产权的法律制度。

4.1.2

著作权登记 copyright registration
为获得著作权保护，依照相关条例，由申请者向著作权管理机构对作品进行登记的一种手续。

4.1.3

著作权标记 copyright mark
表明作品受著作权保护的相应符号。

4.1.4

著作权转移　transfer of copyright

著作权的经济权利通过继承、转让、赠与或授权独家使用等形式，程度不同地脱离原著作权所有者，而由他人享有或使用。

4.1.5

卖断著作权　buy-out copyright

将著作权中的经济权利在整个著作权保护期内全部或者分项有偿转让给他人。

4.1.6

国际著作权保护　international protection of copyright

国与国之间相互提供的著作权保护。

4.1.7

独立保护原则　independent protection principle

《伯尔尼公约》规定的，缔约各国给予其他缔约国作品的保护，与作品产生国是否有著作权保护无关的原则。

4.1.8

最低限度保护原则　minimum protection principle

《世界版权公约》缔约国为本国或其他缔约国国民作品提供著作权保护的水平，不能低于公约规定水平的原则。

4.1.9

自动保护原则　automatic protection principle

自动生效原则

著作权随作品的完成而自动产生并受法律保护，无须履行任何手续。

4.1.10

著作权开放　copyleft

一种与传统著作权相左的理念，主张一切由原著作权法加以保护的智力成果的传播与共享摆脱现行版权制度的过度保护，对作者的部分权利加以限制，而用户原被限制的权利得以自由行使，以促进智力创造和学术交流。

4.1.11

数字版权管理　digital rights management; DRM

为保护数字内容在全生命周期中的合法使用和传播而实施的一系列计划、组织、协调、控制和决策等活动。

4.1.12

数字版权保护技术　digital rights protection technology

为使数字内容免受非法的复制、使用、篡改和传播等而采用的技术保护手段。

4.1.13

物理保护 physical protection
使用物理手段保护密码模块、关键安全参数和公开安全参数等。
[GB/T 25069-2010，2.2.1.114]

4.1.14

文件保护 file protection
为了防止对文件未经授权地访问、修改或删除，而采取的管理、技术或物理手段。
[GB/T 25069-2010，2.2.1.110]

4.2 保护对象术语

4.2.1

对象 object
系统中可供访问的实体，包括数据、资源、进程等。
[GB/T 25069-2010，2.1.16]

4.2.2

多媒体 multimedia
综合表现图形、图像、动画、文本和声音的信息组合。
[CY/T 50-2008，6.49]

4.2.3

富媒体 rich media
将文字、图像、音频、视频融合为一体，具有交互性的媒体形式。

4.2.4

数字出版产品 digital publish product
以知识信息为内容，经过编辑加工，以一定形态呈现，面向公众传播的数字文化产品。
注：数字出版产品包括经过编辑加工的数字作品和电子书等。

4.2.5

电子书 ebooks
可通过相关设备直接呈现文字、图像、音频或视频等内容的数字出版产品。
注：电子书包括电子图书、电子期刊和电子报等。

4.2.6

数字内容编辑 digital content editing
对数字内容等进行整理加工的活动。

4.2.7

数字内容重组 digital content reorganization

将数字内容合并成一个新的整体的过程。

4.2.8

批注　annotate
对数字内容的评论或注释。

4.2.9

内容提供者　content provider
提供数字内容的机构、个人。

4.2.10

内容集成商　content integrators
具有法人资质，对数字内容提供者提供的内容进行整合，以原有或新形式提供服务的机构。

4.2.11

内容销售商　content seller
具有法人资质，从事数字内容销售服务的机构。

4.2.12

按需印刷　print on demand; POD
即时印刷
按照用户要求的内容和数量，在指定地点和时间，利用数码及超高速印刷技术设备进行数字印刷并装订成册的出版行为。

4.2.13

代印点　print for another the spot
印刷客户端获取印刷系统授权和数字内容文件开展印刷活动的场所。

4.2.14

涉众　stakeholder
版权保护系统范畴内所涉及的(利益)相关者。

4.2.15

受众　audiences
数字内容的接收者。

4.2.16

权利对象　rights object
授权许可或操作及内容加密密钥等消息的数据实体。

4.3　保护手段术语

4.3.1　保护方式术语

4.3.1.1

注册 registration

登记

对数字出版产品进行登记的行为。

4.3.1.2

注册者 register

登记者

登记数字出版产品的组织、个人。

4.3.1.3

登记机构 registration authority

负责数字出版产品登记的组织。

4.3.1.4

著作权集体管理组织 copyrights collective administration organization; CCAO

根据权利人授权对其著作权或与著作权有关的权利进行集体管理依法设立的社会团体。

4.3.1.5

数字版权管理标识 digital rights management identifier; DRMI

以DRMI为标识，由1位类型标识码、17位数字内容标识码、3位版权版本号和1位校验码四部分，共计22位字符组成的用于数字版权保护技术研发系统的标识符。

4.3.1.6

存储备份 storage backup

将数字内容和相应的权利对象发送到其他地方保存，使其数据对象能够重传回最初设备的行为。

4.3.1.7

绑定 binding

利用指定对象将被绑定的明文对象转换为密文的操作。

4.3.1.8

安全便携存储 secure and portable storage

具有唯一设备标识、用以存储和解析许可的一种终端，通常可与被认证的终端交换许可权限、许可消费状态、内容解密密钥等信息和消费内容。

注：安全便携存储和终端之间可以互相交换许可，即将绑定自身设备标识的许可转换为对方可以自由使用的许可，也可借助能力较强的终端为自身申请许可。

4.3.1.9

授权系统 licensing system

以颁发许可证的方式在线授予用户使用数字内容权限的系统。

4.3.1.10

销售系统 selling system

允许客户端用户在线访问和购买数字内容的系统。

4.3.1.11

技术控制 technical controls

信息系统通过该系统内包含在硬件、软件或固件等部件中的机制来实现和执行的安全控制措施（防御措施和对抗措施）。

[GB/T 25069-2010，2.2.1.69]

4.3.1.12

超级分发 super distribution

对加密的数字内容进行先分发后获取授权的分发手段。

4.3.1.13

二次分发 secondary distribution

对数字内容及其许可再次转移的一种分发手段。

4.3.1.14

批量分发 batch distribution

对数字内容及其许可成批转移的一种分发手段。

4.3.1.15

著作权合同 copyright contract

著作权人与欲获得著作权使用、转让、质押等权利之人达成的以著作权使用、转让、质押等为内容的合意。

4.3.1.16

法定许可 legal licensing

法律规定在某些情况下使用已经发表的作品可不经著作权所有者同意，但应支付报酬并注明出处。

4.3.1.17

强制许可 coercive licensing

法律规定在某些情况下或为某种目的使用已经发表的作品，若无法得到著作权人的许可，主管部门有权批准对其实行强制使用。

4.3.1.18

出版许可 imprimatur

出版行政部门依法准许出版单位从事出版活动。

[CY/T 50-2008，2.9]

4.3.1.19

许可合同 licensing contract
许可证协议
著作权人与他人签订的有关使用作品的书面约定。

4.3.1.20

授权 authorization
赋予某一主体可实施某些动作的权利过程。
[GB/T 25069-2010，2.1.33]

4.3.1.21

授权许可证 authorization license
许可证
数字权利描述语言基本单位，即某一个权利发布者对另一个权利接受者的权利声明。

4.3.1.22

分段授权 segment authorization
将数字内容按需要（如章节、页数等）授权给特定群体，用以控制某群体对其数字内容的处理权限。

4.3.1.23

合理使用 fair use
在特定条件下使用他人的作品可以不经著作权人许可、不向著作权人支付报酬，但应标明作者姓名、作品名称等信息，并且不得侵犯著作权人依照著作权法享有的权利的行为。

4.3.1.24

商业性使用 commercial use
为赢利而以复制、出版、录制、上演、广播、展览、改编等方式对受著作权保护作品的利用。

4.3.1.25

约稿合同 contract of inviting to write
出版者与作者签订的相约提供稿件的合同。

4.3.1.26

出版合同 contract of publishing
著作权人与出版者就作品出版权的许可使用或转让而签订的合同。

4.3.1.27

租赁 tenancy
描述了一种以一定费用借贷物品的行为。出租人将自己所拥有的某种物品交与承租人使用，承租人由此获得在一段时期内使用该物品的权利，但物品的所有权仍保留在出租人手中。承租人为其所获得的使用权需向出租人支付一定的费用或租金。

4.3.1.28

认证 authentication

对一个对象或实体的正确身份建立必要的鉴别保证的一种安全机制。

4.3.1.29

电子认证 electronic authentication

一种共性服务，为电子签名相关各方提供真实性和可靠性验证的公众服务活动。

4.3.1.30

认证机构 authentication authority

提供认证管理的组织。

4.3.1.31

证书 certificate

数字证书 digital certificate

关于实体的一种数据。该数据由认证机构的私钥或秘密密钥签发，并无法伪造。

[修改 GB/T 25069-2010，2.2.2.218]

4.3.1.32

证书确认 certificate validation

证书验证

确定证书在给定时间内有效的过程，包含一个证书路径的构造和处理，确保所有证书在给定时间内在路径上的有效性（也就是说没有废除或者期满）。

[GB/T 25069-2010，2.2.2.222]

4.3.1.33

证书认证机构 certificate authority; CA

负责产生、签发和管理证书的、受用户信任的权威机构。用户可以选择该机构为其创建特定密钥。

[GB/T 25069-2010，2.2.2.223]

4.3.2 侵权处理术语

4.3.2.1

侵权 tort

侵犯或损害他人的受到法律保护的各种权益。

4.3.2.2

著作权侵权行为 infringement of copyright

违反著作权法律规定，对著作权人所享有的著作权构成损害的行为。

4.3.2.3

盗版 pirated edition

海盗版

未经著作权人授权，擅自出版他人受著作权保护作品的版本。

4.3.2.4

剽窃 plagiarism
将他人作品的全部或一部分，原样或改头换面充作自己的创作成果发表的行为。

4.3.2.5

抄袭 slavish imitation
将他人作品的全部或一部分基本按照原样抄录下来，充作自己的创作成果发表的行为。

4.3.2.6

著作权纠纷 copyright dispute
有关当事人之间因涉及著作权的享有或行使而发生的争端。

4.3.2.7

著作权诉讼 copyright litigation
由于著作权纠纷而向法院提起的法律诉讼。

4.3.3 版权支付术语

4.3.3.1

基本稿酬 basic remuneration
以作品的体裁和篇幅为依据计算的报酬。
注：通常以千字（如文字稿）、若干行数（如诗歌）或幅（如图画稿）为单位计算。

4.3.3.2

一次性稿酬 remuneration paid once
按作品的质量、篇幅、经济价值等出版者一次性向著作权人支付的报酬。

4.3.3.3

稿酬字数 number of words for remuneration
计算作品报酬所依据的作品字数。
注：通常稿酬字数按照出版物页面进行计算，与作品的实际字符数不同

4.3.3.4

作品报酬 remuneration
稿酬
稿费
因使用作品而向著作权人支付的报酬。

4.3.3.5

版权使用费 royalty

版税
著作权人因他人使用其作品而获得的一定货币份额。

4.3.3.6

计费 charging
数字版权保护业务管理系统中计算数字内容使用费用的一种功能。

4.3.3.7

支付系统 payment system
可支持不同类型的支付方式，可执行各个功能性组件所构成的软硬件系统。

4.3.3.8

本地支付 local payment
在卖方所在地的付费方式。

4.3.3.9

远程支付 remote payment
在异地的付费方式。

4.3.3.10

离线收费 off-line charging
所提供的服务不受收费信息实时影响的收费方式。

4.3.3.11

在线收费 on-Line charging
收费信息可实时影响所提供的服务、可与会话或服务控制直接交互的一种收费方式。

4.4 技术方法术语

4.4.1

业务规则 business rules
系统设计及实现过程中对业务执行方式、特定情况处理方法以及对测试和设计者提供的一系列技术要求。

4.4.2

最小功能性描述 minimum functionality description
保证执行技术发布版本中的最低强制要求部分的特征和功能集合的描述。

4.4.3

版式技术 fixed layout technique
将文字、图形、图像等多种数字内容按照排版规则进行版面固化呈现的技术。

4.4.4

密码 cipher

一种用于保护数据保密性的密码学技术，由加密算法、解密算法和密钥生成及相应运行过程组成。

[GB/T 25069-2010，2.2.2.92]

4.4.5

加密 encipherment；encryption

对数据进行密码变换以产生密文的过程。一般包含一个变换集合，该变换使用一套算法和一套输入参量。输入参量通常被称为密钥。

[GB/T 25069-2010，2.2.2.60]

4.4.6

密钥 key

一种用于控制密码变换操作（例如加密、解密、密码校验函数计算、签名生成或签名验证）的复合序列。

[GB/T 25069-2010，2.2.2.106]

4.4.7

加密密钥 cipher key

结合安全算法，用于编码和解码用户或信号数据的代码。

4.4.8

段密钥 segmentation key

将逻辑段的明文转换为密文或将密文转换为明文的算法中需要输入的参数。

4.4.9

公开加密密钥 public encipherment key

用于定义公开的加密变换的公开密钥。

[GB/T 25069-2010，2.2.2.42]

4.4.10

公开密钥 public key

公钥

在某一实体的非对称密钥对中，能够公开的密钥。

[GB/T 25069-2010，2.2.2.43]

4.4.11

加密鉴别机制 authenticated encryption mechanism

一种用于保护数据的保密性并保证数据的原发地和数据完整性的秘密学技术，由加密算法、解密算法和生成密钥方法三个分过程组成。

[GB/T 25069-2010，2.2.2.61]

4.4.12

加密选项　encryption option
一种可传递给非对称密码的或密钥封装机制的加密算法的选项，以控制输出密文的格式。
[GB/T 25069-2010，2.2.2.62]

4.4.13

分段加密　segment encryption
根据需求（如章节、页数、时间点、各个用户组级别等）将数字内容进行不同方式的加密处理，以实现对其数字内容进行不同程度的版权保护。

4.4.14

点对点密钥建立　Point-to-Point key establishment
在两个实体之间，不涉及第三方直接建立密钥。
[GB/T 25069-2010，2.2.2.23]

4.4.15

电子密钥传输　electronic key transpot
采用计算机网络等电子手段，通常以加密形式传送密钥的操作。
[GB/T 25069-2010，2.2.2.24]

4.4.16

电子密钥注入　electronic key entry
采用智能卡或密钥装入器等电子方法把密钥注入到密码模块的操作。
[GB/T 25069-2010，2.2.2.25]

4.4.17

对称密码　symmetric cipher
一种在加密和解密算法中都使用相同的秘密密钥的秘密技术。
[GB/T 25069-2010，2.2.2.26]

4.4.18

对称密码技术　symmetric cipher technique
原发方的变换和接收方的变换均采用同一秘密密钥的密码技术。
[GB/T 25069-2010，2.2.2.27]

4.4.19

公开加密变换　public encipherment transformation
由非对称加密系统和非对称密钥对的公开密钥确定的加密变换。
[GB/T 25069-2010，2.2.2.41]

4.4.20

公开验证密钥　public verification key
一种数据项，在数学上与私有签名密钥相对应，可为所有实体所知，并由验证方在签名验证过程中使用。

[GB/T 25069-2010，2.2.2.44]

4.4.21

公钥导出函数　public key derivation function

一个域参数，它的功能是将比特串映射成正整数。

注1：这个函数用于将实体标识数据转换成实体验证密钥，并符合下列两个性质：

要找出任何一对映射成同一输出的两个不同的输入数据，在计算机上是不可行的。随机选取数值 Y，Y 在函数值域范围内的概率小到可以忽略；或者对给定的输出数据，找出可映射成该输出的输入，在计算机上是不可行的。

注2：可忽略性与计算机上的不可行性依赖于具体的安全要求和环境。

[GB/T 25069-2010，2.2.2.45]

4.4.22

公钥体系（用于数字签名）　public key system (for digital signature)

由以下三种功能组成的密码体制：

密钥产生，即一种用于生成密钥对（由一个私有签名密钥和一个公开验证密钥构成）的方法。

签名产生，即一种用于从消息代表 F 和私有签名密钥生成签名 Σ 的方法。

签名打开，即一种用于从签名 Σ 和公开验证密钥来恢复消息代表 F*的方法。这一功能的输出还包含关于签名打开规程成败的指示。

[GB/T 25069-2010，2.2.2.46]

4.4.23

公钥信息　public key information

至少包含实体可区分标识符和公钥的信息。该信息被限制为关于一个实体的数据和该实体的公钥。该信息还可包括认证机构、实体、公钥、密钥应用限定、有效期或相关算法等相关内容。

[GB/T 25069-2010，2.2.2.47]

4.4.24

公钥证书　public key certificate

由证书权威机构对一个实体签发并不可伪造的有关其公钥信息的数据结构。

[GB/T 25069-2010，2.2.2.48]

4.4.25

混合密码　hybrid cipher

将非对称密码技术和对称密码技术结合起来的非对称密码机制。

[GB/T 25069-2010，2.2.2.56]

4.4.26

验证密钥　verification key

与实体的签名密钥有关，在验证过程中由验证方使用的一个数据项。

[GB/T 25069-2010，2.2.2.213]

4.4.27

密钥传送　key transport

在适当保护下，从一个实体到另一个实体传送密钥的过程。

[GB/T 25069-2010，2.2.2.110]

4.4.28

密钥管理　key management

根据安全策略，实施并运用对密钥材料进行产生、登记、认证、注销、分发、安装、存储、衍生、销毁和恢复的服务。

[GB/T 25069-2010，2.2.2.114]

4.4.29

水印载体　watermarking carrier

嵌入水印的数字对象。

4.4.30

数字水印　digital watermarking

在受保护的数字内容中嵌入版权归属等不易探知和修改等信息的一种技术。

4.4.31

水印隐蔽性　watermarking Imperceptibility

水印透明性

嵌入水印之后不易感知效果。

4.4.32

水印鲁棒性　watermarking rubustness

水印在各种攻击之下可被正确提取的性能。

4.4.33

水印负载容量　watermarking load capability

可嵌入的水印信息量的大小。

4.4.34

水印安全性　watermarking security

数字水印抵抗恶意攻击的能力。

4.4.35

媒体指纹　mediaprint

从文本、音频、图像、视频等媒体内容中提取的、能够唯一识别该媒体内容的不变性表征。

4.4.36

媒体指纹健壮性 mediaprinting robustness

按照同一方法从同一个媒体内容的多种变形（如不同压缩编码格式、模数转换、尺寸变化等）中提取得到的媒体指纹基本不变的特性。

4.4.37

媒体指纹独特性 mediaprinting uniqueness

按照同一方法从不同媒体内容中提取得到的媒体指纹各不相同的特性。

4.4.38

策略 policy

由管理层正式表述的总体意图和指向。

[GB/T 25069-2010，2.3.27]

4.4.39

策略管理 policy management

建立、描述、更新、删除、配置和浏览策略的动作。

4.4.40

散列 hash function

杂凑函数

将比特串映射为固定长度的比特串的函数，该函数满足下列两特性：

——对于给定输出，找出映射为该输出的输入，在计算上是不可行的；

——对于给定输入，找出映射为同一输出的第二个输入，在计算上是不可行的。

注：计算上的可行性取决于特定安全要求和环境。

[GB/T 25069-2010，2.2.2.166]

4.4.41

应用协议 application protocol

应用所需要的一组规则集。

4.4.42

签名 sign

签名生成过程产生的一个或多个数据元素。用实体的私钥对相关数据进行密钥变换。

[GB/T 25069-2010，2.2.2.140]

4.4.43

签名方 signer

生成某一数字签名的实体。

[GB/T 25069-2010，2.2.2.141]

4.4.44

签名方参数 signer parameter

在一个特定域内，针对给定的签名方所提供的公开数据项、数或比特串。

[GB/T 25069-2010，2.2.2.142]

4.4.45

数字签名　digital sign

附加在数据单元上的一些数据,或是对数据单元所作的密码变换,这种数据或变换允许数据单元的接收者用以确认数据单元的来源和完整性，并保护数据防止被人(例如接收者)伪造或抵赖。

[GB/T 25069-2010，2.2.2.176]

4.4.46

签名过程　signature process

输入消息、签名密钥和域参数，输出签名的过程。

[GB/T 25069-2010，2.2.2.144]

4.4.47

签名系统　signature system

一种基于非对称密码技术，其私有密钥用于签署变换，其公开密钥用于验证变换的系统。

[GB/T 25069-2010，2.2.2.149]

4.4.48

点对点　peer to peer

对等技术

通过系统间的直接交换达成计算机资源与信息共享的系统。

4.4.49

域　domain

一组实体对象的集合，其中每一个对象通过一个定性关系与控制对象相关联。设备域是一组用户数字设备和一个域管理控制器所构成的一组实体集合。

4.4.50

域标识　domain identifier

域密钥相关的一个唯一的字符串标识符。

4.4.51

共享域　shared domain

授权用户和授权设备组成一个或多个域，授权内容只能在指定的共享范围内使用。

4.4.52

域上下文　domain context

包括对设备域中权利对象所必需的信息，如域密钥、域标识符和域的上下文到期时间。

4.4.53

域密钥 domain key
满足域安全需求的一个特定位数的对称密钥。

4.4.54

域上下文到期时间 domain context expiry time
在一个绝对时间后不允许设备安装该域的权利对象，到期时间之前安装的权利对象的使用不受其影响。

4.4.55

域取消 domain revocation
表述域密钥不再被信任，用以保护域权利对象的权利发布的过程。

4.4.56

域权利对象 domain rights object
一个基于域密钥的方法，专用于特定域内所属设备的权利对象实体。

4.4.57

加入域 join domain
添加一个用户设备进入特定域的权利发布过程。

4.4.58

离开域 leave (De-Join) domain
删除一个特定域中非撤销设备的权利发布过程。

4.4.59

解密 decipherment; decryption
将密文转换为明文的处理，即加密对应的逆过程。
[GB/T 25069-2010，2.2.2.69]

4.5 保护权限术语

4.5.1

著作权保护期 term of protection for the copyright
著作权期限
法律对作品著作权所规定的有效保护期限。

4.5.2

著作权限制 limitation on copyright
法律对著作权权利的限制性规定，以及为著作权一般原则例外情况的规定。

4.5.3

用户 user

应用服务的实体并使用数字版权保护系统的人或机构。

4.5.4

客户　client

在公钥密码体制中，使用PKI来获得证书并且去验证证书和签名的功能的人或终端实体。

[GB/T 25069-2010，2.2.2.74]

4.5.5

角色　role

在过程或组织的语境中所执行的功能。

[GB/T 25069-2010，2.1.15]

4.5.6

权限　rights

依法授予的处理一定范围的事务的能力。

4.5.7

内容发布者　content issuer

将数字内容提供给设备使用的实体。

4.5.8

授权服务器　licence server

管理客户端许可证的获取和撤销的设备。

4.5.9

禁止转发（向前锁）　forward lock

一个特殊的组合发送方法，在DRM消息中仅包含媒体内容权利对象。在这种情况下，媒体对象采用一套缺省设置的使用权利。

4.5.10

许可操作　permission operation

授予许可用户对数字内容可实施的操作（如浏览、播放、打印、拷贝、转让等）。

4.5.11

许可限制　permission constraint

对特定许可操作所施加的约束、前提条件和上下文环境等的要求。

4.5.12

时间段限制　time constraint

一段连续的、被明确规定的时间才能使用许可的规定。

4.5.13

口令 password

用于身份鉴别的秘密的字、短语、数或字符序列，通常是被默记的弱秘密。

[GB/T 25069-2010，2.2.2.76]

4.5.14

用户绑定 users binding

用户向许可服务器申请一个与用户身份绑定的许可。绑定身份的许可隐式绑定到一个或一组终端上，即只有适当的用户在适当的终端上才能使用此许可。

5 数字版权保护安全管理术语

5.1 应用安全术语

5.1.1

安全服务 security service

根据安全策略，为用户提供的某种安全功能及相关的保障。

[GB/T 25069-2010，2.1.47]

5.1.2

安全许可 service clearance

允许个体访问某一特定安全级别或低于该级别的数据和信息。

[GB/T 25069-2010，2.2.16]

5.1.3

服务接入点 service access point

在一个协议层上为其上层应用提供服务访问的接口。

5.1.4

服务质量概要 QoS profile

服务质量相关的一组参数，主要用于定义预期性能。

5.1.5

移动网关白名单 mobile gateway white list

移动网关记录的移动服务提供商服务器信息的名单列表。

5.1.6

Web 服务 web service

用以支持网络间不同设备互动操作的软件系统。通常由多个应用程序接口组成，通过网络执行客户提交的服务请求。

5.1.7

数据 data

用适用于通信、解释和处理的形式表示的信息的形式化表现形式。

[GB/T 17532-2005，3.2]

5.1.8

标识数据 identification data

一种分配给某一实体，用于对其进行标识的数据项序列，该序列包括实体的可区分标识符。

[GB/T 25069-2010，2.2.2.6]

5.1.9

元数据 metadata

定义和描述其他数据的数据。

[GB/T 18391.1-2009，3.2.16]

5.1.10

数据元 data element; DE

由一组属性规定其含义、标识、表示和允许值的数据单元。

[GB/T 18391.1-2009，3.3.8]

5.1.11

数据转换 data conversion

将数据从一种表示形式变换成另一种表示形式。

[GB/T 25069-2010，4.1.1.4.5]

5.1.12

数据处理 data processing

对数据进行的系统化操作。

示例：对数据进行算术运算和逻辑运算，数据的归并或排序，程序的汇编或编译，以及对文本的操作，如文本编辑、分类、归并、存储、检索、显示、打印等。

注：本术语不能作为信息处理的同一术语。

[GB/T 17532-2005，3.3]

5.1.13

数据保护 data protection

采取管理或技术措施，防范未经授权访问数据。

[GB/T 25069-2010，2.1.34]

5.1.14

数据损坏 data corruption

偶然或故意破坏数据的完整性。

[GB/T 25069-2010，2.1.35]

5.1.15

数据完整性 data integrity

数据没有遭受以未授权方式所作的更改或破坏的特性。

[GB/T 25069-2010，2.1.36]

5.1.16

访问权 access right

允许主体以某一类型的操作访问某一客体。

[GB/T 25069-2010，2.2.1.46]

5.1.17

访问类型（用于计算机安全） access type (in computer security)

由访问权所规定的操作类型。例如：读、写、执行、添加、修改、删除与创建。

[GB/T 25069-2010，2.2.1.44]

5.1.18

访问期 access period

访问权的有效期限。

[GB/T 25069-2010，2.2.1.45]

5.1.19

访问受控系统 controlled access system

使物理访问控制达到自动化的手段。例如：使用磁卡、智能卡、生物测定（生物特征）阅读器等进行自动化物理访问控制系统。

[GB/T 25069-2010，2.2.1.47]

5.1.20

访问许可 access permission

主体针对某一客体所拥有的访问权。

[GB/T 25069-2010，2.2.1.48]

5.1.21

推送代理网关 push proxy gateway

为推送发起者充当推送代理的网关，给推送客户提供空中通信推送信息服务。

5.1.22

拉模式 pull

一种服务提供方法，客户端通过请求服务器而最先发起请求内容的消息。

5.1.23

借入 borrow

从出借方借来数字内容并承诺在固定期限内归还的活动。

5.1.24

预览　preview

购买数字内容之前用户可预先观看部分内容的活动。

5.1.25

在线阅览　online reading

在网络环境下用户通过终端设备或通用浏览器直接阅读数字内容的活动。

5.1.26

多媒体服务　multimedia service

可处理多种媒体类型的服务（如同步方式的音频和视频服务），可涉及多方、多个连接以及在一个通信会话中涉及资源和用户的增加或删除。

5.2　环境安全术语

5.2.1

信息安全管理体系　information security management system

基于业务风险方法，建立、实施、运行、监视、评审、保持和改进信息安全的体系，是一个组织整个管理体系的一部分。

注：该管理体系包括组织结构、方针策略、规划活动、职责、实践、规程、过程和资源。

[GB/T 25069-2010，2.3.101]

5.2.2

安全性　security

保护信息的保密性、完整性、可用性以及防止用户被欺诈的特性。

5.2.3

本地安全性　local security

一种用于保护离线文档内容不被拷贝或篡改的安全加密机制。

5.2.4

封闭安全环境　closed-security environment

一种环境，其中通过授权、安全许可、配置控制等形式，进行数据和资源的保护，免受偶然的或恶性的动作。

[GB/T 25069-2010，2.1.5]

5.2.5

开放的安全环境　open-security environment

一种环境，通过普通的操作过程即可获得对数据及资源的保护，使之免受偶然的或恶性的动作。

[GB/T 25069-2010，2.1.16]

5.2.6

保密性 confidentiality
使信息不泄露给未授权的个人、实体、进程，或不被其利用的特性。
[GB/T 25069-2010，2.1.1]

5.2.7

完整性 integrity
数据没有被非授权的方式所改变或破坏的特性。

5.2.8

可靠性 reliability
预期行为和结果保持一致的特性。
[GB/T 25069-2010，2.1.19]

5.2.9

可用性 availability
已授权实体一旦需要就可访问和使用的数据和资源的特性。
[GB/T 25069-2010，2.1.19]

5.2.10

可信性 trusted
交易各方都认可和信任的特性。
注：可信性在交易各方利益发生冲突时，保证各方对交易数据和信息相互不可抵赖。

5.2.11

可计数性 countability
数字内容的交易数量可被统计的特性。

5.2.12

环境失效保护 environmental failure protection
使用一些特定功能来保护由于环境条件或环境波动超出模块政策操作范围所造成的模块泄露。
[GB/T 25069-2010，2.2.2.54]

5.2.13

环境失效测试 environmental failure testing
使用特定方法提供合理保障，当环境条件或环境波动超出某一密码模块的正常运行范围时该模块不会泄露。
[GB/T 25069-2010，2.2.2.55]

5.2.14

软件质量保证 software quality assurance; SQA
验证软件开发过程中的计划、步骤等是否正确地被所有项目所采用的系统方法。

5.2.15

软件开发工具包 software development kit; SDK

用于为特定的软件包、软件框架、硬件平台、操作系统等建立应用软件的开发工具的集合。

5.2.16

应用程序编程接口 application programming interface; API

软件系统不同组成部分之间衔接的约定。

5.2.17

网络运营商 network operator

提供网络连接和服务的实体机构。

5.2.18

接入条件 access conditions

与一个数据源相关的一组安全属性。

5.2.19

接入协议 access protocol

网络接口与业务节点接口之间实现传送承载功能的协议。

5.2.20

协议封装 protocol encapsulation

通过传输包裹在另一协议内的协议数据单元，将一个数据流封装在另一数据流中。

[GB/T 25069-2010，2.2.1.117]

5.2.21

数字版权封装 digital rights management encapsulation

将数字内容版权相关信息打包到数字内容作品中的过程。

5.2.22

漫游 roaming

对于用户而言，表示在与本地网络不同的其他网络中也能访问服务的能力。

5.2.23

多设备授权共享 multi-device license sharing

实现用户的多台设备的一次性授权。

5.2.24

多用户共享 multi-user sharing

通过对多用户的一次性授权，数字内容在多个授权用户之间的共享使用。

5.2.25

硬件绑定 hardware binding
将许可与设备的硬件特征信息进行关联，使用户只能在该设备上进行使用许可的行为。

5.2.26

硬件特征信息 hardware feature information
能够表示一台设备身份的信息。

5.2.27

硬件适应性 hardware adaptation
在阈值范围内的硬件部件变更不影响数字内容的使用的特性。

5.2.28

硬件部件 hardware component
组成一台设备的零件，如CPU、硬盘和网卡等。

6 缩略语

AAP：美国出版协会（The Association of American Publishers）
API：应用程序接口/应用编程接口（Application Programming Interface）
AVS：数字音视频编码技术标准工作组（Audio Video Standard）
BT：比特洪流（Bit Torrent）
CCAO：著作权集体管理组织（Copyrights Collective Administration Organization）
CMS：内容管理系统（Content Management System）
CNRI：美国国家研究促进组织（Corporation for National Research Initiatives）
CP：证书策略（Certificate Policy）
DAS：数据采集站（Data Acquisition Station）
DMCA：数字千年版权法（Digital Millennium copyright Act）
DOI：数字对象唯一标识符（Digital Object Identifier）
ETRI：电子通信研究院（Electronics and Telecommunications Research Institute）
GHR：全局名称登记系统（Global Handle Registry）
GSM：全球移动通讯系统（Global System for Mobile Communications）
ISAN：国际标准视听号码（International Standard Audiovisual Number）
ISRC：国际标准录音制品编码（International Standard Recording Code）
ISTC：国际标准文本编码（International Standard Text Code）
LHS：本地名称服务系统（Local Handle Service）
MMS：多媒体信息服务（简称彩信）（Multimedia Messaging Service）
MMTA：移动多媒体技术联盟（Mobile Multimedia Technology Alliance）
OMA：开放移动体系结构（Open Mobile Architecture）
P2P：点对点（Peer-to-Peer）
PDA：掌上电脑（Personal Digital Assistant）
PDF：可移植文档格式文件 （Portable Document Format）
PKI：公钥基础设施 （Public Key Infrastructure）

POD：按需印刷 （Print-On-Demand）
RO：权利对象（Rights Object）
SCVP：简单证书认证协议（Simple Certificate Validation Protocol）
SDK：软件开发工具包（Software Development Kit）
SSL：加密套接字协议层（Security Socket Layer）
URI：统一资源标识符（Uniform Resource Identifier）
URL：统一资源定位符（Uniform Resource Locator）
WAP：无线应用协议 （Wireless Application Protocol）

参 考 文 献

[1] GB/T 17532 术语工作 计算机应用 词汇
[2] GB/T 25069-2010 信息安全技术 术语
[3] CY/T 50-2008 出版术语
[4] GB/T 4894-2009 信息与文献 术语
[5] 王亮，等编著.数字版权管理导论[M].北京：经济管理出版社，2011.
[6] 张茹，等编著.数字版权管理[M].北京：人民邮电出版社，2008.
[7] 冯明，等编著.数字版权管理技术原理与应用[M].北京：人民邮电出版社，2009.
[8] 中华人民共和国著作权法，2010.
[9] 中华人民共和国著作权法实施条例，2013.
[10] OMA-Download-DRM-v2_0. Digital Rights Management
[11] OMA-Download_DRMARCH_v2_0. DRM Architecture Specification
[12] OMA-Download-DRMCF-v2_0. DRM Content Format

索　引

汉语拼音索引

A

B

C

D

E

F

J

K

L

M

T

W

X

Y

Z

英文对应词索引

A

B

C

D

E

F

G

H

I

J

K

L

M

N

O

P

Q

R

S

数字版权保护技术研发工程标准

GC/BQ 4—2015

数字版权管理标识

Digital rights management identifier

2015-02-03发布　　2015-02-03实施

新闻出版广电总局新闻出版重大科技工程项目领导小组　发布

目 次

前　言

本标准按照 GB/T 1.1—2009 给出的规则起草。

本标准由新闻出版广电总局新闻出版重大科技工程项目领导小组办公室提出并归口。

本标准主要起草单位：北京方正阿帕比技术有限公司。

本标准主要起草人：黄肖俊、孙卫、安秀敏、刘颖丽、曾智、李颖、李想、郭晓峰。

数字版权管理标识

1　范围

本标准规定了数字版权管理标识的编码结构及分配原则。
本标准适用于数字版权保护技术研发工程。

2　规范性引用文件

下列文件对于本文件的应用是必不可少的。凡是注日期的引用文件，仅注日期的版本适用于本文件。凡是不注日期的引用文件，其最新版本（包括所有的修改单）适用于本文件。

GB/T 5795-2002　中国标准书号
GB/T 17710-2008　信息技术　安全技术　检验字符系统
CY/T 50　出版术语
GC/BQ 3　数字版权保护技术研发工程术语

3　术语和定义

GC/BQ 3 界定的以及下列术语和定义适用于本文件。

3.1
校验码　check code
通过编码数字之间的数学关系来保证数字准确的附加码。

3.2
内容提供者　content provider
提供数字内容的机构、个人。

3.3
国内统一连续出版物号　CN serial number
国内统一刊号
由国家新闻出版管理部门负责分配给中国连续出版物的唯一代码。以CN为标识符，由2位地区代码和4位地区序号共6位数字以及分类号组成。
[CY/T 50—2008，定义2.26]

3.4
中国标准录音制品编码　China standard recording code
由中国出版单位分配给一种中国录音制品的唯一代码。以ISRC标识符标识，由国家码、出版者码、录制年码、记录码、记录项码五个部分组成。
注：修改CY/T 50—2008，定义2.27。

3.5
中国标准连续出版物号　China standard serial number
一种中国连续出版物的唯一识别代码。由国际标准连续出版物号（ISSN）和国内统一连续出版物号两部分组成。
[CY/T 50—2008，定义2.25]

3.6
数字版权管理标识　digital rights management identifier；　DRMI
以DRMI为标识，由1个类型标识码、17个数字内容标识码、3个版权版本号和1个校验码四部分，共计22个字符组成的用于数字版权保护技术研发系统的标识符。

3.7

国际标准书号 international standard book number; ISBN

图书、数字出版产品每一版本的唯一识别代码，是冠以ISBN作为标识符的一组13位数字，依次为产品标志编码、组区号、出版者号、出版序号和校验码。 1

注：修改CY/T 50—2008，定义2.21。

3.8

国际标准连续出版物号 international standard serial number; ISSN

一种连续性资源的唯一识别代码。以ISSN为标识符，包含一位校验码在内的8位数字。

[CY/T 50—2008，定义2.22]

3.9

注册平台 registration system

工程中开发建立的、提供数字内容的登记注册与管理功能的技术系统。

3.10

部分号 part number

表示数字内容的不同部分，可顺序编号，无特殊含义。

3.11

权利转移编号 right shift number

表示数字内容权利转移变化的编号，3个字符。权利转移编号由“001”开始，其后根据版权变化次数依次增加。

4 数字版权管理标识的组成

4.1 数字版权管理标识的结构

数字版权管理标识由类型标识符、数字内容标识代码、权利转移编号和校验码四部分组成。见图1、图2。

数字版权管理标识由22个字符表示，其中，前21个字符的取值为数字0～9，大写字母A～Z。

第22个字符为校验码，取值为数字0～9，大写字母A～Z及符号“*”。

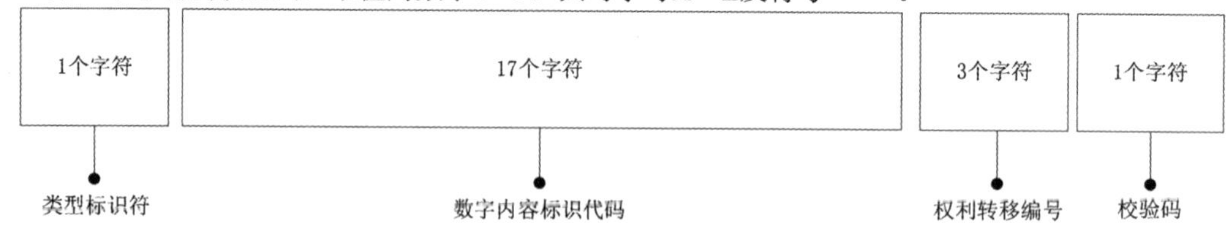

图1 数字版权管理标识的结构

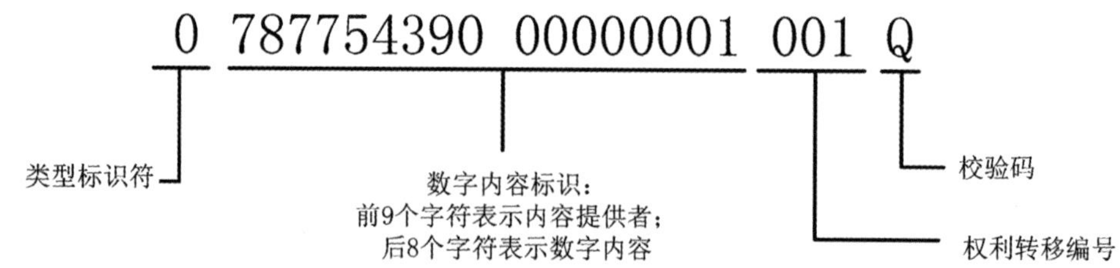

图2 数字版权管理标识的示例

数字版权管理标识的结构说明如下：

——类型标识符（1个字符）：表示数字内容标识类型；

——数字内容标识代码（17个字符）：标识数字内容；

——权利转移编号（3个字符）：表示数字内容权利转移变化；

——校验码（1个字符）：用于校验，以防止数字版权管理标识的错误传递导致的错误。

为了将数字版权管理标识精确转换为人工可读的格式（由人来识读或者书写的格式，如标签、物理载体、技术文档，而非由数据处理器识读或书写），标识前应当标明“DRMI”字样。

书写或印刷版权标识时，标识符“DRMI”使用大写英文字母，标识的各组成部分依次排列，格式为：

DRMI <类型标识符><数字内容标识代码><权利转移编号><校验码>

示例：

类型标识符为“0”的DRMI示例见图3。

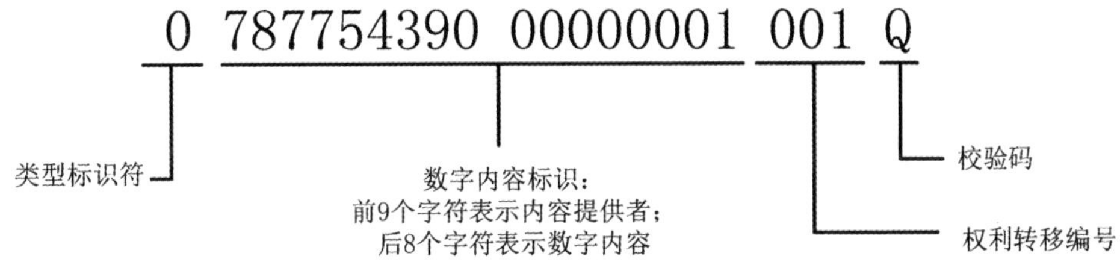

图3 类型标识符为“0”的DRMI示例

表示：类型标识符为内容提供商自定义，内容提供商为“北京方正阿帕比技术有限公司”，数字内容编号为“78775439000000001”，权利转移编号为001，校验码为Q。

4.2 类型标识符

类型标识符表示数字内容标识代码所表示内容的类型，各取值含义如下：

“0”——内容提供者标识（全国组织机构代码）+（系统分配的）数字内容标识；

“1”——国际标准书号（ISBN）；

“2”——国际标准连续出版物号（ISSN）；

“3”——国内统一连续出版物号（CN）；

“4”——中国标准录音制品编码（ISRC）；

“X”——内容提供者标识（全国组织机构代码）+（自定义的）数字内容标识；

“Y”——（系统分配）内容提供者标识+（自定义的）数字内容标识。

4.3 数字内容标识代码

数字内容标识代码表示不同类型的数字内容标识，定长17个字符串。

a）当类型标识符为“0”时，表示数字内容标识代码由内容提供者标识（全国组织机构代码）+（系统分配的）数字内容标识两部分组成，如图4所示。

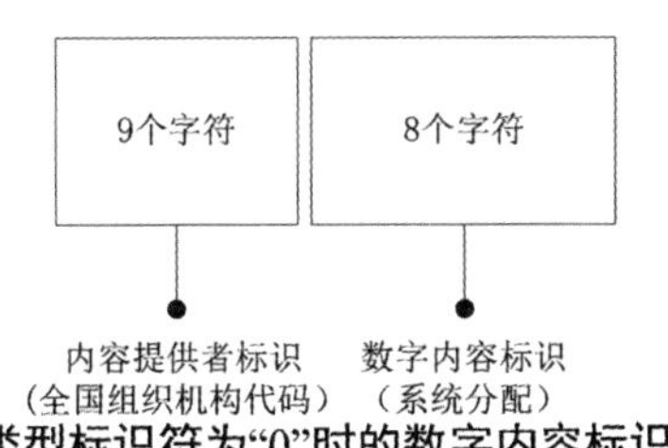

图4 类型标识符为“0”时的数字内容标识代码

具体说明如下：

内容提供者标识(如: 787754390)”遵循《全国组织机构代码》标准号，“数字内容标识”(如: 00000001)由注册系统分配，并由注册系统确保标识符的唯一性。

类型标识符为“0”的DRMI见附录B。

b）当类型标识符为“1”时，表示以ISBN号标记数字内容，其组成如图5所示。

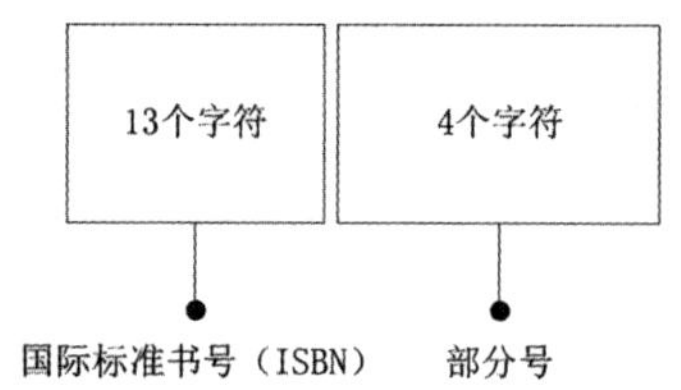

图5 类型标识符为“1”时的数字内容标识代码

具体说明如下：

“国际标准书号”：本标准支持13个字符（GB/T 5795-2006）（如：ISBN 978-7-302-12260-9）和10个字符（GB/T 5795-2002）的ISBN号。当ISBN号为10个字符时，前三个字符补“0”（如：ISBN 000-7-301-04815-7）。

“部分号”：表示数字内容的不同部分，可顺序编号，无特殊含义（如：1234，表示数字内容作品的第1234号）。

c）当类型标识符为“2”时，表示以ISSN号标记数字内容，其组成如图6所示。

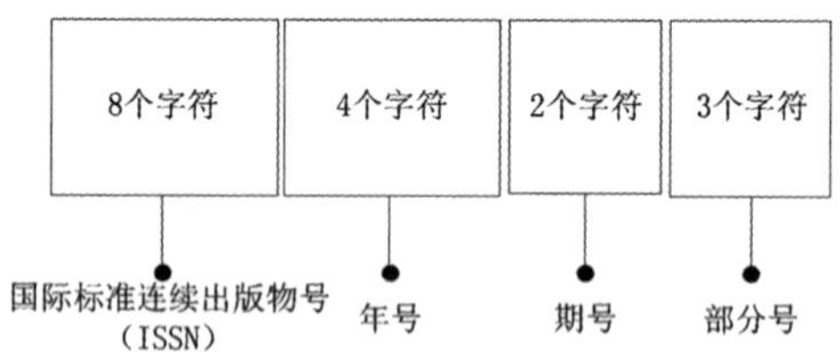

图6 类型标识符为“2”时的数字内容标识代码

具体说明如下：

“国际标准连续出版物号”：8个字符的ISSN号（如：ISSN 0036-8075）。

“年号”：表示数字内容的出版年，取值为数字0～9。（如：2013，表示数字内容作品在2013年出版）。

“期号”：表示同一数字内容下的不同期号，为单纯序号，无任何特殊含义（如：13，表示13期）。

“部分号”：表示数字内容的不同部分，可顺序编号，无特殊含义（如：123，表示该数字内容作品的第123号）。

d）当类型标识符为“3”时，表示以CN号标记数字内容，其组成如图7所示：

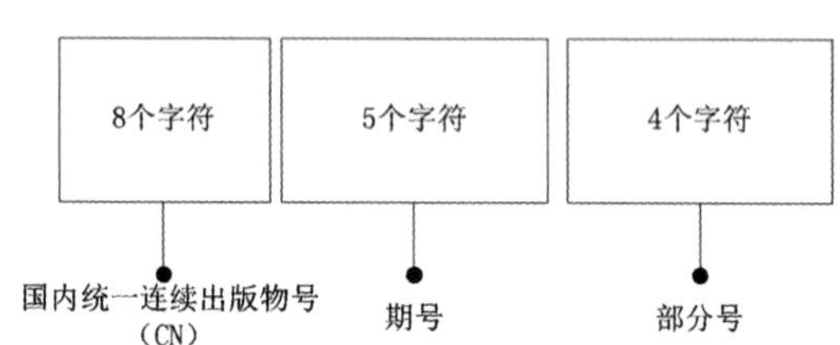

图7 类型标识符为“3”时的数字内容标识代码

具体说明如下：

“国内统一连续出版物号”：8个字符的CN号（如CN号为CN13-0010记为CN130010）。

“期号”：表示同一数字内容下的不同期号，为单纯序号，无任何特殊含义(如：13245，表示第13245期)。

“部分号”：表示数字内容的不同部分，可顺序编号，无特殊含义（如：1234，表示该数字内容作品的第1234号）。

e）当类型标识符为“4”时，表示数字内容由12个字符的ISRC号标记，后五个字符补“0”（如：ISRCCNF00000）。

f）当类型标识符为“X”时，表示数字内容标识代码由内容提供者标识（全国组织机构代码）+（自定义的）数字内容标识两部分组成，如图8所示。

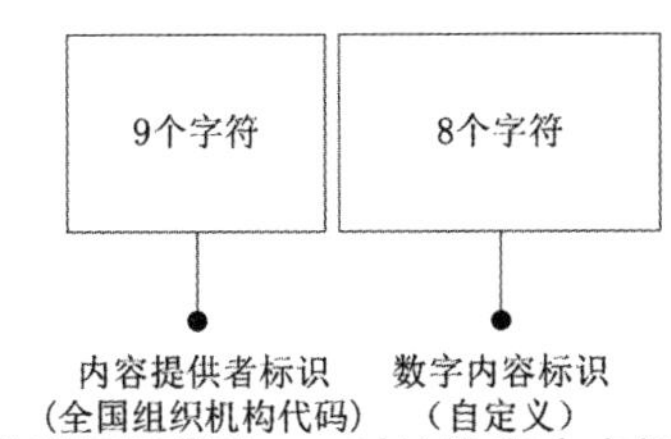

图8 类型标识符为“X”时的数字内容标识代码

具体说明如下：

“内容提供者标识”：全国组织机构代码(如: 787754390)。

“数字内容标识”：由内容提供者提供，并确保标识的唯一性(如：00000002)。

g）当类型标识符为“Y”时，表示数字内容标识代码由内容提供者标识（系统分配）+（自定义的）数字内容标识两部分组成，如图9所示。

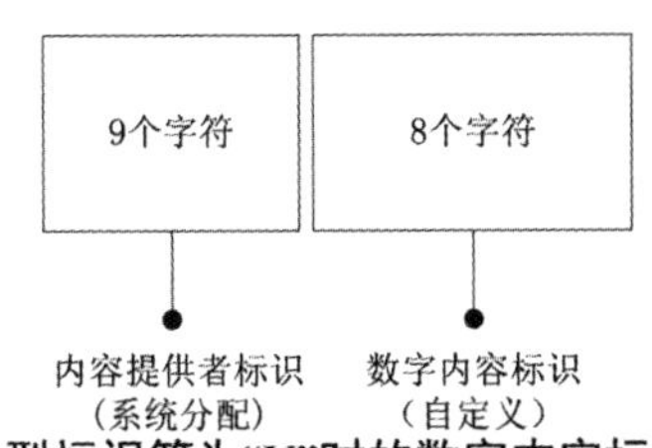

图9 类型标识符为“Y”时的数字内容标识代码

具体说明如下：

“内容提供者标识”：由注册系统分配，并由注册系统确保标识符的唯一性。

“数字内容标识”：由内容提供者提供，并确保标识的唯一性。

4.4 权利转移编号

权利转移编号表示数字内容权利转移变化的编号，3个字符。

权利转移编号由“001”开始，其后根据版权变化次数依次增加，每位的取值顺序依次为0～9、A～Z。

4.5 校验码

校验码为1个字符。所校验的数值位于第1个字符（包含）至第21个字符（包含）之间。

数字版权管理标识的校验码的生成方式采用GB/T 17710-2008中规定的ISO/IEC 7064，MOD37-2的串。

DRMI校验码的计算方法，具体参见附录C。

5 数字版权管理标识的分配

数字版权管理标识的分配由注册平台依据本标准规定版权标识规则生成，并保证版权标识的唯一性。

注册者在注册时需确定采用何种类型，不同的类型向注册平台提供数字内容的相关信息也不同。每种类型需要提供的信息规定如下：

a）采用“0”类型，提供注册者的全国组织机构代码。

b）采用“1”类型，提供数字内容作品的中国标准书号以及部分号。部分号不能为空，表示全部作品的时候，部分号取值为“0000”。

c）采用“2”类型，提供数字内容作品的中国标准连续出版物号、期号以及部分号。部分号不能为空，表示全部作品的时候，部分号取值为“0000”。期号不能为空，表示全部作品的时候，期号取值为“0000”。

d）采用“3”类型，提供数字内容作品的国内统一连续出版物号、期号以及部分号。部分号不能为空，表示全部作品的时候，部分号取值为“0000”。期号不能为空，表示全部作品的时候，期号取值为“0000”。

e）采用“4”类型，提供数字内容作品的中国标准录音制品编码。

f）采用“X”类型，提供注册者的全国组织机构代码和自定义的数字内容作品号。

g）采用“Y”类型，提供自定义的数字内容作品号。

数字版权管理标识的核心元数据见附录A。

6 数字版权管理标识使用中的扩展

在某些特定的情况下，如在水印中嵌入版权信息时，使用者可在已有的22位数字版权管理标识后增加其他信息，增加信息的结构可由使用者自行扩展并定义。

附 录 A
（规范性附录）
数字版权管理标识核心元数据

数字版权管理标识核心元数据如表A.1所示。

表 A.1 数字版权管理标识核心元数据

元素	出现频次	说明
题名	1	数字内容的名称
责任者	1-*n*	数字内容的作者
发表日期	0-1	数字内容发表的日期

附　录　B
（规范性附录）
类型标识符为“0”的 DRMI 示例

类型标识符为“0”的DRMI示例见图B.1。

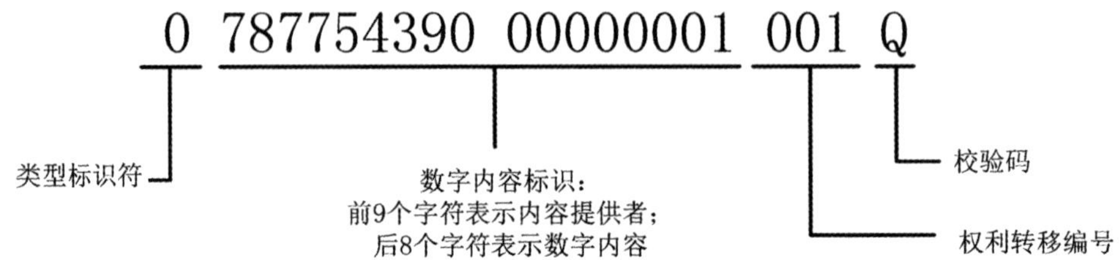

图B.1 类型标识符为“0”的DRMI示例

其意义为：类型标识符为内容提供商自定义，内容提供商为“北京方正阿帕比技术有限公司”，数字内容编号为“78775439000000001”，权利转移编号为“001”，校验码为“Q”。

附　录　C
（资料性附录）
DRMI 校验码的计算方法示例

以附录B中的数字版权管理标识“078775439000000001001”为例，校验字符计算过程见表C.1。

表C.1 DRMI校验码的计算方法示例

序号	计算方法	示例
1	取DRMI前21个字符的值	0 7 8 7 7 5 4 3 9 0 0 0 0 0 0 0 0 1 0 0 1
2	取各字符的值所对应的加权值	29 33 35 36 18 9 23 30 15 26 13 25 31 34 17 27 32 16 8 4 2
3	将各字符的值与其相对应的加权值依次相乘	0 231 280 252 126 45 92 90 135 0 0 0 0 0 0 0 0 16 0 0 2
4	将乘积相加，得出和数	1269
5	用和除以模数37，得出余数	11
6	（余数+校验字符值）与0（mod 37）是同余的，故校验码的值（校验字符取值为0～36）	26
7	将所得校验码的值对应的字符放在DRMI末端	078775439000000000101Q

字符的值对应的加权值的计算方法见GB/T 17710-2008中7.2。

用这种方法来校验串，需要与字符位置相关的权乘以字符的值（包括校验字符在内），结果相加，总和被37除，如果余数是0，则通过验证。

以数字版权管理标识“078775439000000000101Q”为例，校验方法见表C.2。

表C.2 DRMI校验码的验证方法示例

序号	计算方法	示例
1	取DRMI的22个字符的值	0 7 8 7 7 5 4 3 9 0 0 0 0 0 0 0 0 1 0 0 1 26
2	取各字符的值所对应的加权值	21 29 33 35 36 18 9 23 30 15 26 13 25 31 34 17 27 32 16 8 4 2
3	将各字符的值与其相对应的加权值依次相乘	0 203 264 245 252 90 36 69 270 0 0 0 0 0 0 0 0 32 0 0 4 52
4	将乘积相加，得出和数	1517
5	用和除以模数37，得出余数	0（表示通过验证）

字符的值取值为0～36，其中，值0～9对应数字0～9，值10～35对应大写字母A～Z，值36对应符号“*”，具体如表C.3所示。

表C.3 字符与字符的值的对应关系

字符	0	1	2	3	4	5	6	7	8	9	A	B	C	D	E	F
字符的值	0	1	2	3	4	5	6	7	8	9	10	11	12	13	14	15
字符	G	H	I	J	K	L	M	N	O	P	Q	R	S	T	U	V
字符的值	16	17	18	19	20	21	22	23	24	25	26	27	28	29	30	31
字符	W	X	Y	Z	*											
字符的值	32	33	34	35	36											

GC

数字版权保护技术研发工程标准

GC/BQ 5—2015

数字权利描述语言

Digital rights expression language

2015-02-03 发布　　2015-02-03 实施

新闻出版广电总局新闻出版重大科技工程项目领导小组　发布

目　次

前　言

本标准按照 GB/T 1.1—2009 给出的规则起草。

本标准由新闻出版广电总局新闻出版重大科技工程项目领导小组办公室提出并归口。

本标准主要起草单位：北京方正阿帕比技术有限公司。

本标准主要起草人：俞银燕、秦丽娇、黄肖俊、张茹、冯晓。

数字权利描述语言

1　范围

本标准规定了数字内容使用权利的基本结构、语义结构和安全结构。

本标准适用于数字版权保护技术研发工程。

2　规范性引用文件

下列文件对于本文件的应用是必不可少的。凡是注日期的引用文件，仅注日期的版本适用于本文件。凡是不注日期的引用文件，其最新版本（包括所有的修改单）适用于本文件。

GB/T 25069—2010　信息安全技术　术语

GC/BQ 3　数字版权保护技术研发工程术语

GC/BQ 9　数字权利元数据

3　术语和定义、符号

3.1　术语和定义

GC/BQ 3 界定的以及下列术语和定义适用于本文件。

3.1.1

保密性　confidentiality

使信息不泄露给未授权的个人、实体、进程，或不被其利用的特性。

[GB/T 25069—2010，定义2.1.1]

3.1.2

数字签名　digital sign

附加在数据单元上的一些数据，或是对数据单元所作的密码变换，这种数据或变换允许数据单元的接收者用以确认数据单元的来源和完整性，并保护数据防止被人（例如接收者）伪造或抵赖。

[GB/T 25069—2010，定义2.2.2.176]

3.1.3

完整性　integrity

数据没有被非授权的方式所改变或破坏的特性。

3.1.4

密钥　key

一种用于控制密码变换操作（例如加密、解密、密码校验函数计算、签名生成或签名验证）的复合序列。

[GB/T 25069—2010，定义2.2.2.106]

3.1.5

权利描述语言 rights expression language

表述数字内容作品的权利及其约束条件的方式。

3.1.6

安全性 security

保护信息的保密性、完整性、可用性以及防止用户被欺诈的特性。

3.1.7

统一资源标识符 uniform resource identifier; URI
用于定位远程或本地可用资源的标识。

3.2 符号

下列符号适用于本文件。

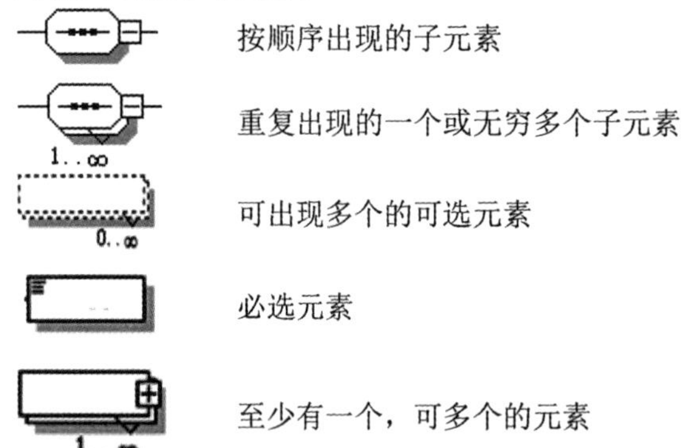

4 数字权利描述语言结构

4.1 基本结构

数字权利描述语言是一种基于XML（Extensible Markup Language，可扩展标记语言）的描述性语言，用于描述数字许可证的构成。数字权利描述语言信息模型定义的许可证基本结构如图1所示。

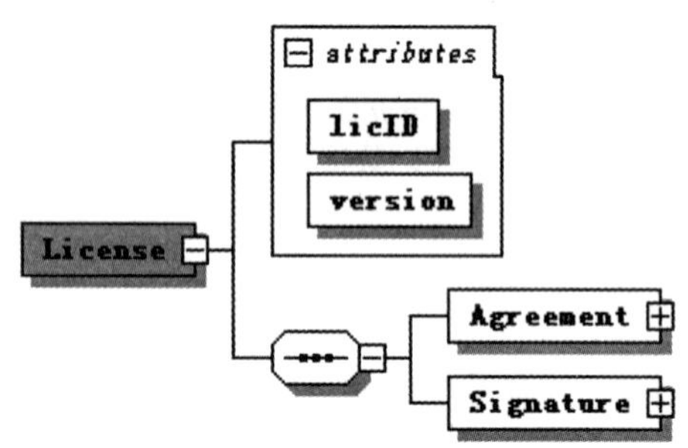

图1 基本结构

许可证（License）包括：

a) 属性

许可证中每个元素都具有共同的特征，这些共同的特征组成了许可证的基本属性，包括：

1) 许可证唯一标识（licID）：由许可证发放者指定的字符串，是许可证的唯一身份标记。

2) 版本（version）：描述许可证所使用的描述语言的版本号。

b) 许可信息

描述权利发布者向权利获得者进行权利许可的相关信息，应包括资源、主体、权利、约束等内容。

c) 数字签名

对许可证中的数据（即许可证属性和许可信息）进行签名，数字签名可用来验证许可证的内容，以保证其不被篡改。

数字权利数据项的描述见附录A，数字权利描述语言的XML Schema见附录B，示例参见附录C。

4.2 语义描述

4.2.1 语义结构

在数字权利描述语言中包括以下三个核心实体：

a) 主体：主要包括权利发布者和权利获得者。

b) 资源：被主体限定权利的数字内容作品。

c) 许可：代表一种动作，在语义上与资源相关联，使主体在授权认证的环境下，对特定资源行使特定的操作，许可可包含多种权利元素，如观看、打印等。

数字权利描述语言的语义结构如图2所示。

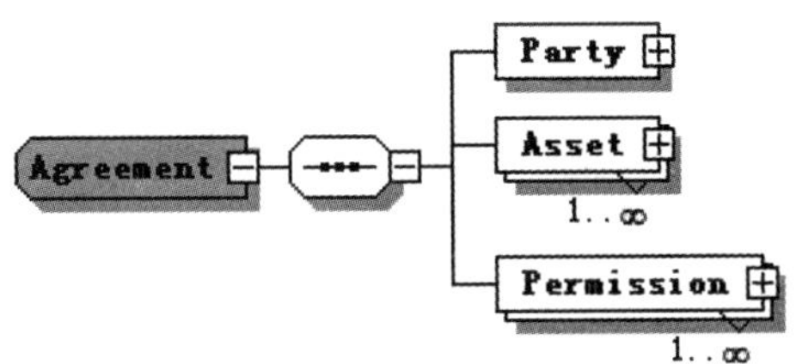

图2 语义结构

4.2.2 主体

主体包括权利发布者（Assignor）实体和权利获得者（Assignee）实体，可为具体的人、组织、机器设备、应用程序、网络终端或其他类别等角色。主体的基本结构如图3所示。

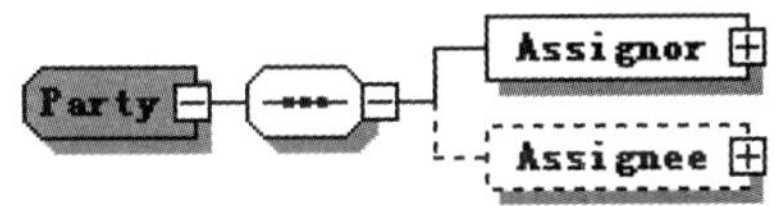

图3 主体结构

主体包括以下元素，元素的详细描述遵循GC/BQ 9 ：

a) 权利发布者

权利发布者是在资源的创作、生产、分发时可以向权利获得者发布权利的实体，包括权利拥有者、中间商、数字内容服务商等。权利发布者应具有发布许可证、分配和使用资源的权利，可以是许可证的签发者。权利发布者的结构如图4所示。

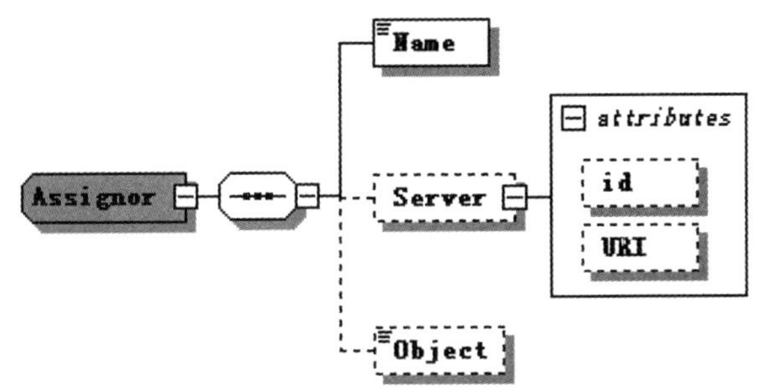

图4 权利发布者

权利发布者包括以下元素，元素的详细描述遵循GC/BQ 9 ：

1) 名称（Name）：权利发布者的名称；
2) 授权服务器（Server）：描述发布授权的服务器信息，通常使用授权服务器的标识（id）和服务地址（URI）来进行标识，可利用这些信息进行权利更新等操作；
3) 扩展项（Object）：供扩展使用的对象。

b) 权利获得者

权利获得者是资源的消费者，为价值传递链中的中间环节或终端用户，对应各种身份和性质的人、组织或机器设备等。权利获得者应具有行使资源使用权限的权利，是许可证的接收者。权利获得者的结构如图5所示。

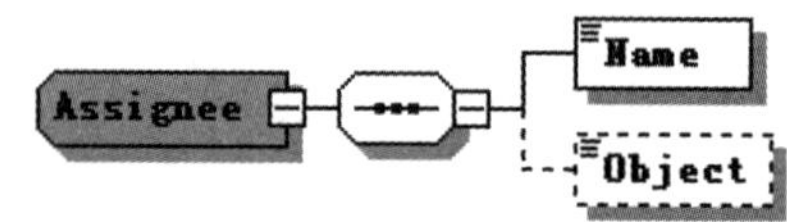

图5 权利获得者结构

权利获得者包括以下元素，元素的详细描述遵循GC/BQ 9 ：

1) 名称（Name）：权利获得者一般使用其具体名称进行标识；
2) 扩展项（Object）：供扩展使用的对象。

4.2.3 资源

资源是权利发布者向权利获得者授予使用权利的数字内容作品，资源的结构如图6所示。

资源包括以下元素，元素的详细描述遵循GC/BQ 9：

a) 数字版权管理标识（DRMI）：数字版权的唯一标识。
b) 资源编号（AssetID）：资源的唯一编号。
c) 题名（Title）：描述资源的名称。
d) 主要责任者（Creator）：描述资源的主要责任者。主要责任者的类型（type）可为：作者（Author）、译者（Translator）、编者（Editor）等。
e) 资源文件格式（FileFormat）：描述资源的文件格式。
f) 授权服务地址（RightsIssuerURI）：描述获取资源文件相关授权信息的网络地址，该地址可用于对该资源详细信息进行访问、获取其他权限等操作。授权服务的类型（type）可为购买（Buy）、借阅（Borrow）、归还（Return）、续借（Renew）、按需印刷（POD）、超级分发（SuperDistribution）等。
g) 内容文件地址（ContentURI）：描述资源文件所在的网络地址。
h) 复本数（CopyCount）：描述资源的复本数量。
i) 描述（Description）：资源的详细说明。
j) 密钥信息（KeyInfo）：描述资源的密钥信息。
k) 扩展项（Object）：供扩展使用的对象。

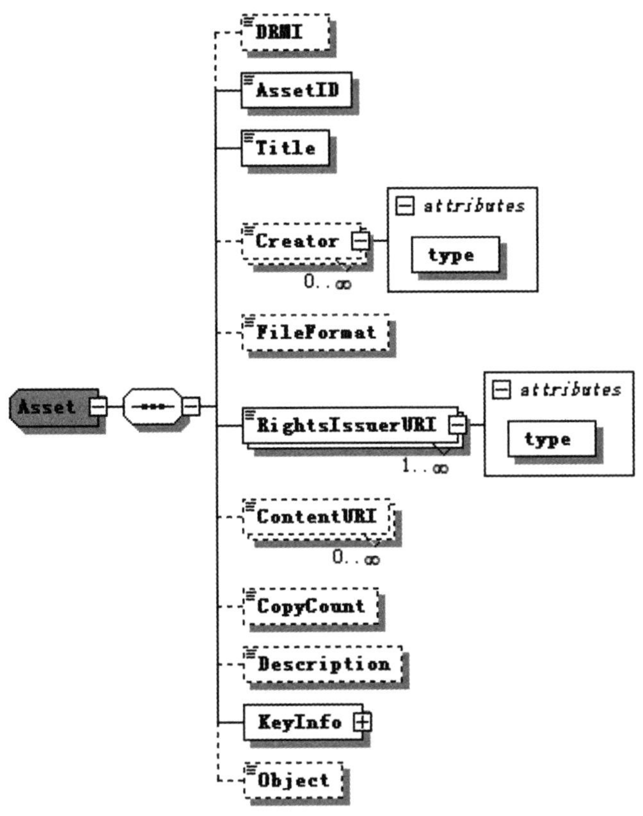

图6　资源结构

4.2.4　许可

许可代表对资源或权利的处置方式，使权利获得者在授权认证的环境下，对某种资源或权利本身行使相关的操作，在语义上应与某种资源相关联。

许可实体在许可证中至少出现一次。当许可证中出现多个许可时，表示权利获得者拥有所有许可中描述的相关联权利。

许可实体的结构如图7所示。

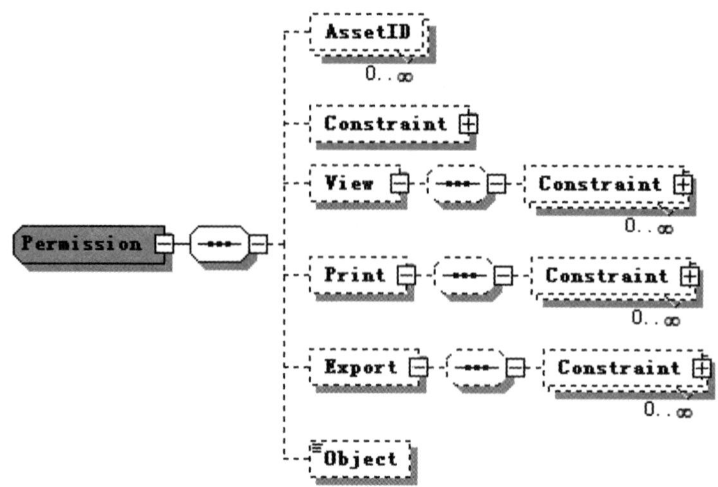

图7　许可实体结构

许可包括以下元素，且元素中权利项至少出现一个。以下元素的详细描述遵循GC/BQ 9 ：

a)　资源编号（AssetID）：资源的唯一编号。

b)　约束（Constraint）：描述对权利项的约束。其中许可节点下约束为公共约束，各权利项节点下的约束为其自身约束。约束实体的结构如图 8 所示。

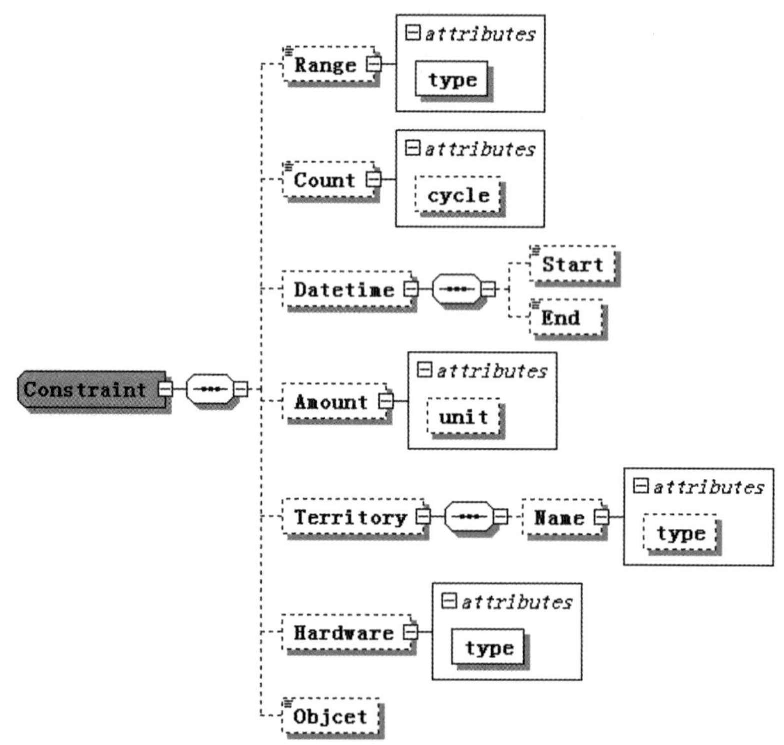

图8　约束实体结构

约束定义了主体对资源使用相应权利时应满足的以下条件：

1)　范围(Range):约束权利的有效使用范围,类型(type)可为页范围(Page)、段范围(Segment)或媒体类型（MediaType)。当类型为页范围或段范围时，范围值可使用正则表达式描述。若类型为媒介类型，范围值可为文字(Text)、图像(Image)、多媒体(Media)、表格(Table)、附件（Attachment）、表单（Form）等任意一个或多个值，使用“;”串联。

2) 次数（Count）：约束权利的使用次数，其值应为正整数，表示权利能够使用的总次数。也可采用规定有效周期（cycle）的方式对权利进行约束，即限定使用次数的周期，则次数（Count）值表示每个周期内权限能够使用的次数。周期（cycle）可采用时间段的方式进行描述。
3) 日期时间（Datetime）：约束权利和使用的日期时间范围，通过开始时间（Start）和结束时间（End）进行具体描述。
4) 累计数量（Amount）：对总体累计影响的数字内容数量的限制，unit 属性表明了数量的度量单位。
5) 地域（Territory）：约束权利的有效使用的地区范围，其类型（type）可以是包括（Include）、不包括（Exclude）。
6) 硬件（Hardware）：限制硬件的特征值，采用正则表达式来表明硬件特征值的范围。硬件的类型（type）一般有 CPU、Harddisk 等。
7) 扩展项（Object）：供扩展使用的对象。

c) 观看（View）：针对数字内容的呈现。
d) 打印（Print）：通过打印或印刷呈现数字内容。
e) 导出（Export）：针对数字内容的摘录。
f) 扩展项（Object）：供扩展使用的对象。

4.3 安全结构

4.3.1 概述

数字权利描述语言的安全结构包括敏感信息的保密性以及权利描述的完整性和合法性，应支持数字签名。

4.3.2 保密性

数字版权保护系统应实现数字内容本身的保密性，防止对数字内容的非授权使用。数字内容保密可基于对称加密方法来实现，内容密钥信息通过数字许可证传递给授权用户或设备。为防止非授权使用，数字许可证中的内容密钥等敏感信息须具备保密性，可通过加密的方式，将敏感信息与特定对象绑定。

数字许可证中密钥信息（KeyInfo）为描述资源加密情况的信息，其结构如图9所示。

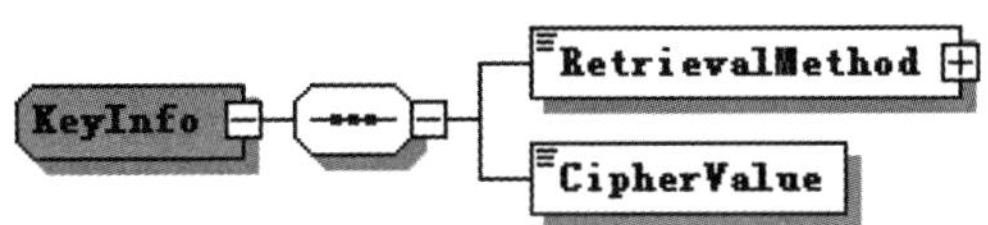

图9　密钥信息

密钥信息包括：

a) 密钥获取方法（RetrievalMethod）：描述解密获取内容密钥的方式，其值可以是获取方法所需的相关信息。密钥获取可通过域绑定、多设备共享、硬件自适应等方法获取。
b) 加密数据（CipherValue）：用于获取内容密钥的相关数据，可采用 Base64 编码格式。

4.3.3 完整性

数字许可证的完整性可通过消息摘要等密码技术来保证。摘要信息结构如图10所示。

图10　摘要信息

摘要信息包括：

a)　摘要方法（DigestMethod）：计算摘要信息所使用的算法（algorithm）。

b)　摘要值（DigestValue）：通过摘要算法计算出来的数据摘要值。

4.3.4　合法性

数字许可证的合法性应通过数字签名来保证，数字签名结构如图11所示。

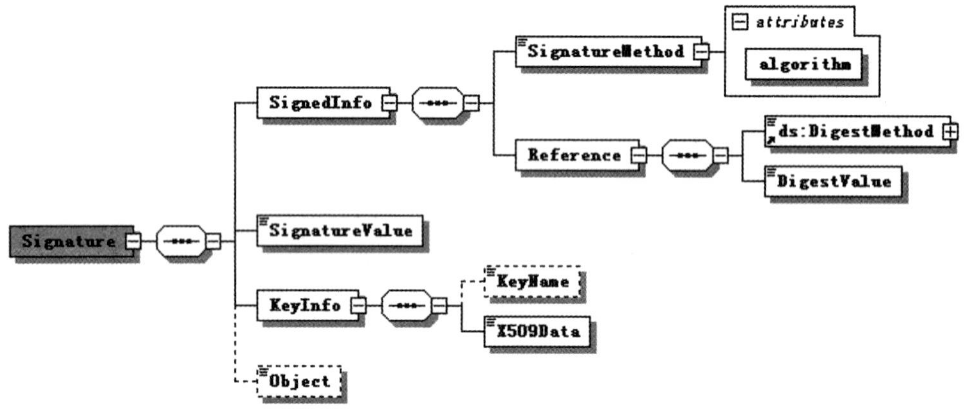

图11　数字签名

数字签名（Signature）包括：

a)　签名信息（SignedInfo）：包括签名算法（SignatureMethod）以及引用信息（Reference）。

　　1)　签名算法（SignatureMethod）：描述用来产生签名的算法。

　　2)　引用信息（Reference）：包括摘要算法（DigestMethod）和摘要值（DigestValue）。

b)　签名值（SignatureValue）：通过SignedInfo中描述的算法，对Signature之前的所有元素及其子元素进行数字签名计算得到的值。

c)　验签信息（KeyInfo）：包括密钥名（KeyName）和X509数据（X509Data）。

d)　扩展项（Object）：供扩展使用的对象。

附 录 A
（规范性附录）
数字权利数据项描述

数字权利数据项的描述见表A.1。

表 A.1 数字权利描述数据项

序号	中文名称	英文标签	类型	长度	取值	选择性	说明	示例
1	权利发布者名称	AssignorName	字符串	不定长	不定	必选	权利发布者的名称	
2	权利获得者名称	AssigneeName	字符串	不定长	不定	可选	权利获得者的名称	
3	数字版权管理标识	DRMI	字符串	定长，22 位字符	遵循《数字版权管理标识》标准	可选	数字版权的唯一标识	
4	资源编号	AssetID	字符串	不定长	不定	必选：在资源中 可选：在许可中	资源的唯一编号	
5	题名	Title	字符串	不定长	不定	必选	资源的名称	
6	主要责任者	Creator	字符串	不定长	不定	可选	描述资源的主要责任者	
7	资源文件格式	FileFormat	字符串	不定长	不定	可选	描述资源的文件格式	
8	授权服务地址	RightsIssuerURI	字符串	不定长	不定	必选	描述获取资源文件相关授权信息的网络地址，该地址可用于对该资源详细信息进行访问、获取其他权限等操作	
9	内容文件地址	ContentURI	字符串	不定长	不定	可选	描述资源文件所在的网络地址	
10	复本数	CopyCount	整型	不定长	不定	可选	用以描述资源的复本数量	

表 A.1 数字权利描述数据项（续）

序号	中文名称	英文标签	类型	长度	取值	选择性	说明	示例
11	描述	Description	字符串	不定长	不定	可选	资源的详细说明	
12	观看	View	字符串	不定长	不定	可选	针对数字内容的呈现	
13	打印	Print	字符串	不定长	不定	可选	通过打印或印刷呈现数字内容	
14	导出	Export	字符串	不定长	不定	可选	针对数字内容的摘录	
15	内容范围	Range	字符串	不定长	不定	可选	指出内容可使用的范围	
16	次数	Count	整型	不定长	不定	可选	约束权利的使用次数	
17	累计数量	Amount	整型	不定长	不定	可选	对总体累计影响的数字内容数量的限制	
18	日期时间	Datetime	字符串	不定长	不定	可选	约束权利和使用的日期时间范围	
19	开始时间	Start	字符串	不定长	不定	可选	约束权利和使用的开始时间	
20	结束时间	End	字符串	不定长	不定	可选	约束权利和使用的结束时间	
21	地域	Territory	字符串	不定长	不定	可选	约束权利的使用地区范围	
22	硬件	Hardware	字符串	不定长	不定	可选	限制硬件的特征值，采用正则表达式来表明硬件特征值的范围	
23	密钥获取方法	RetrievalMethod	字符串	不定长	不定	必选	描述解密获取内容密钥的方式，其值可以是获取方法所需的相关信息	
24	加密数据	CipherValue	字符串	不定长	不定	必选	描述用于获取内容密钥的相关数据	
25	摘要方法	DigestMethod	字符串	不定长	不定	必选	计算摘要信息所使用的算法	
26	摘要值	DigestValue	字符串	不定长	不定	必选	通过摘要算法计算出来	
27	签名信息	SignedInfo	字符串	不定长	不定	必选	包括签名算法以及引用信息	
28	签名值	SignatureValue	字符串	不定长	不定	必选	通过 SignedInfo 中描述的算法，对 Signature 之前的所有元素及其子元素进行数字签名计算得到的值	
29	验签信息	KeyInfo	字符串	不定长	不定	必选	包括密钥名和 X509 数据	

附 录 B
（规范性附录）
数字权利描述语言 XML Schema 定义

本附录给出了数字权利描述语言的XML Schema定义。

```
<schema xmlns:ds="http://www.w3.org/2000/09/xmldsig#" xmlns="http://www.w3.org/2001/XMLSchema"
xmlns:rel="http://219.141.187.20/DRMGC/rel" targetNamespace="http://219.141.187.20/DRMGC/rel"
elementFormDefault="unqualified" attributeFormDefault="unqualified">
    <import namespace="http://www.w3.org/2000/09/xmldsig#"
schemaLocation="xmldsig-core-schema.xsd"/>
    <element name="License">
        <complexType>
            <sequence>
                <element name="Agreement" type="rel:Agreement"/>
                <element name="Signature"/>
            </sequence>
            <attribute name="licID" type="ID" use="required"/>
            <attribute name="version" type="rel:Version" use="required"/>
        </complexType>
    </element>
    <simpleType name="Version">
        <restriction base="string">
            <pattern value="\d{1,2}\.\d{1,3}"/>
        </restriction>
    </simpleType>
    <complexType name="Agreement">
        <sequence>
            <element name="Party" type="rel:Party"/>
            <element name="Asset" type="rel:Asset" maxOccurs="unbounded"/>
            <element name="Permission" type="rel:Permission" maxOccurs="unbounded"/>
        </sequence>
    </complexType>
    <complexType name="SignedInfo">
        <sequence>
            <element name="SignatureMethodAlgorithm"/>
            <element name="Reference"/>
        </sequence>
    </complexType>
    <complexType name="Assignor">
        <sequence>
            <element name="Name" type="string"/>
            <element name="Server" minOccurs="0">
```

```
            <complexType>
                <attribute name="id" type="ID"/>
                <attribute name="URI" type="anyURI"/>
            </complexType>
        </element>
        <element name="Object" minOccurs="0"/>
    </sequence>
</complexType>
<complexType name="Party">
    <sequence>
        <element name="Assignor" type="rel:Assignor"/>
        <element name="Assignee" type="rel:Assignee" minOccurs="0"/>
    </sequence>
</complexType>
<complexType name="Asset">
    <sequence>
        <element name="DRMI" type="string" minOccurs="0"/>
        <element name="AssetID" type="ID"/>
        <element name="Title" type="string"/>
        <element name="Creator" minOccurs="0" maxOccurs="unbounded">
            <complexType>
                <simpleContent>
                    <extension base="string">
                        <attribute name="type" use="required"/>
                    </extension>
                </simpleContent>
            </complexType>
        </element>
        <element name="FileFormat" type="string" minOccurs="0"/>
        <element name="RightsIssuerURI" maxOccurs="unbounded">
            <complexType>
                <simpleContent>
                    <extension base="anyURI">
                        <attribute name="type" type="string" use="required"/>
                    </extension>
                </simpleContent>
            </complexType>
        </element>
        <element name="ContentURI" type="anyURI" minOccurs="0" maxOccurs="unbounded"/>
        <element name="CopyCount" type="positiveInteger" default="1" minOccurs="0"/>
        <element name="Description" type="string" minOccurs="0"/>
        <element name="KeyInfo" type="rel:KeyInfo"/>
        <element name="Object" minOccurs="0"/>
```

```
        </sequence>
    </complexType>
    <complexType name="Permission">
        <sequence>
            <element name="AssetID" minOccurs="0" maxOccurs="unbounded">
                <complexType/>
            </element>
            <element name="Constraint" type="rel:Constraint" minOccurs="0"/>
            <element name="View" minOccurs="0">
                <complexType>
                    <sequence minOccurs="0">
                        <element name="Constraint" type="rel:Constraint" minOccurs="0"
maxOccurs="unbounded"/>
                    </sequence>
                </complexType>
            </element>
            <element name="Print" minOccurs="0">
                <complexType>
                    <sequence minOccurs="0">
                        <element name="Constraint" type="rel:Constraint" minOccurs="0"
maxOccurs="unbounded"/>
                    </sequence>
                </complexType>
            </element>
            <element name="Export" minOccurs="0">
                <complexType>
                    <sequence minOccurs="0">
                        <element name="Constraint" type="rel:Constraint" minOccurs="0"
maxOccurs="unbounded"/>
                    </sequence>
                </complexType>
            </element>
            <element name="Object" minOccurs="0"/>
        </sequence>
    </complexType>
    <complexType name="Assignee">
        <sequence>
            <element name="Name" type="string"/>
            <element name="Object" minOccurs="0"/>
        </sequence>
    </complexType>
    <complexType name="Digest">
        <sequence>
```

```
        <element name="DigestMethod">
            <complexType>
                <attribute name="algorithm" type="string" use="required"/>
            </complexType>
        </element>
        <element name="DigestValue" type="base64Binary"/>
    </sequence>
</complexType>
<complexType name="KeyInfo">
    <sequence>
        <element name="RetrievalMethod">
            <complexType>
                <simpleContent>
                    <extension base="string">
                        <attribute name="type" type="string" use="required"/>
                    </extension>
                </simpleContent>
            </complexType>
        </element>
        <element name="CipherValue" type="base64Binary"/>
    </sequence>
</complexType>
<complexType name="Constraint">
    <sequence>
        <element name="Range" minOccurs="0">
            <complexType>
                <simpleContent>
                    <extension base="string">
                        <attribute name="type" use="required">
                            <simpleType>
                                <restriction base="string">
                                    <enumeration value="Page"/>
                                    <enumeration value="Segment"/>
                                </restriction>
                            </simpleType>
                        </attribute>
                    </extension>
                </simpleContent>
            </complexType>
        </element>
        <element name="Count" minOccurs="0">
            <complexType>
                <simpleContent>
```

```
                    <extension base="positiveInteger">
                        <attribute name="cycle" type="string"/>
                    </extension>
                </simpleContent>
            </complexType>
        </element>
        <element name="Datetime" minOccurs="0">
            <complexType>
                <sequence>
                    <element name="Start" type="dateTime" minOccurs="0"/>
                    <element name="End" type="dateTime" minOccurs="0"/>
                </sequence>
            </complexType>
        </element>
        <element name="Amount" minOccurs="0">
            <complexType>
                <attribute name="unit"/>
            </complexType>
        </element>
        <element name="Territory" minOccurs="0">
            <complexType>
                <sequence>
                    <element name="Name" minOccurs="0">
                        <complexType>
                            <attribute name="type"/>
                        </complexType>
                    </element>
                </sequence>
            </complexType>
        </element>
        <element name="Hardware" minOccurs="0">
            <complexType>
                <attribute name="type" use="required"/>
            </complexType>
        </element>
        <element name="Objcet" minOccurs="0"/>
    </sequence>
</complexType>
<element name="Signature">
    <complexType>
        <sequence>
            <element name="SignedInfo">
                <complexType>
```

```
                        <sequence>
                            <element name="SignatureMethod">
                                <complexType>
                                    <simpleContent>
                                        <extension base="string">
                                            <attribute name="algorithm" use="required"/>
                                        </extension>
                                    </simpleContent>
                                </complexType>
                            </element>
                            <element name="Reference">
                                <complexType>
                                    <sequence>
                                        <element ref="ds:DigestMethod"/>
                                        <element name="DigestValue" type="string"/>
                                    </sequence>
                                </complexType>
                            </element>
                        </sequence>
                    </complexType>
                </element>
                <element name="SignatureValue" type="string"/>
                <element name="KeyInfo">
                    <complexType>
                        <sequence>
                            <element name="KeyName" type="string" minOccurs="0"/>
                            <element name="X509Data" type="string"/>
                        </sequence>
                    </complexType>
                </element>
                <element name="Object" minOccurs="0"/>
            </sequence>
        </complexType>
    </element>
</schema>
```

附　录　C

（资料性附录）

数字权利描述语言示例

本附录给出了数字权利描述语言的示例。


```xml
<?xml version="1.0"?>
<License licID="e179001c-c5ab-485f-8dd4-9518154981bf " version="1.0">
<Agreement>
    <Party>
        <Assignor><Name>DRMS</Name></Assignor>
    </Party>
    <Asset>
        <DRMI>DRMI0787754390000000001001Q </DRMI>
        <AssetID>027f5dcd-8903-4bd3-8c64-37f6db546629</AssetID >
        <Title>大女当嫁</Title >
        <RightsIssuerURI type="Borrow">http://www.apabi.com/Service.aspx</RightsIssuerURI>
        <KeyInfo>
            <RetrievalMethod type="TraversingKey"/>
            <CipherValue>Mi1QMjZYNU9MYkM4UjZ0ZGNZb3pRWFAyL3hMZUVWdHNGbi1r
        M0dZcTZublc0MGZjTEx2NTIvNHRjRmVNZDQ9LTVNTU5abGJ0QUNKNWx2QjZ1NVFF
        GMG4zaTJVPQ==</CipherValue>
        </KeyInfo>
    </Asset>
    <Permission>
        <View>
            <Constraint>
                <Datetime>
                    <Start>2012-07-26T02:11:11</Start>
                    <End>2012-08-02T02:11:11</End>
                </Datetime>
            </Constraint>
        </View>
        <Export>
            <Constraint>
                <Range type="MediaType">Image</Range>
                <Count cycle="P0Y0M7DT0H0M0S">50</Count>
```

```xml
            </Constraint>
            <Constraint>
                <Range type="MediaType">Text</Range>
                <Count cycle="P0Y0M7DT0H0M0S">150</Count>
            </Constraint>
        </Export>
    </Permission>
</Agreement>
<Signature>
    <SignedInfo>
        <SignatureMethod algorithm="ECDSA-256"/>
        <Reference>
            <DigestMethod algorithm="SHA-256"/>
            <DigestValue>tieriCxh51HH5kSwg1m+n4FrLXk9+JlKZPQ=</DigestValue>
        </Reference>
    </SignedInfo>
    <SignatureValue>bCQjIH6hX6qUI60gEnO+2rkm2zhQ9/UrySqPg6QNRZ1kY0ReJ3DWZ1GZFAj
    xWfdm3hxqqF4oIct+SLPnVqAgJ5Y/AbQ553Ou+8WK</SignatureValue>
    <KeyInfo>
        <X509Data>BKO0/7eWKWHCoEMKLk6J4fzHdVIbAt3LqvGb+1F6f2A=</X509Data>
    </KeyInfo>
</Signature>
</License>
```

GC

数字版权保护技术研发工程标准

GC/BQ 6—2015

数字版权保护内容格式

Digital rights management content format

2015 - 02 - 03 发布　　2015 - 02 - 03 实施

新闻出版广电总局新闻出版重大科技工程项目领导小组　发布

目　次

前　言

本标准按照 GB/T 1.1—2009 给出的规则起草。

本标准由新闻出版广电总局新闻出版重大科技工程项目领导小组办公室提出并归口。

本标准主要起草单位：北京方正阿帕比技术有限公司。

本标准主要起草人：黄肖俊、安秀敏、刘丽、陈立峰。

引 言

0.1 主要目标

本标准旨在满足数字版权保护技术研发工程对内容格式的需求，提升数字内容作品对分段控制等版权保护功能的支持程度，建立一种可靠、便易、开放的数字内容文档格式规范。

0.2 技术概述

本标准采用XML技术，以版式描述信息为基础，辅以版面结构化信息，对数据进行压缩和加密，实现数字内容作品的版面内容精准展现和自适应重排。

本标准支持多种格式自由转换，支持多平台全功能数字阅读客户端，支持流式、版式间任意切换，支持生僻字、特殊字符、公式等专业出版内容的呈现要求。

0.3 专利说明

本标准的发布机构提请注意，本标准中包含有若干北大方正集团有限公司及其相关企业、北京大学的专利和专利申请，专利信息披露如下：

a) ZL 200710177931.9 一种字体文件的嵌入方法及装置；
b) ZL 200810114437.2 基于版式文件的文档流式信息处理方法及装置；
c) 200910202918.3 一种文件打包、提取的方法和装置；
d) 200910084623.0 一种内嵌字体数据处理方法及装置；
e) 200910151902.4 电子文档的图像数据处理方法及其装置；
f) 200910090817.1 一种字体数据的处理方法及系统；
g) 200910091577.7 电子文档中文字信息处理、输出和字符检索的方法及装置；
h) 200910091814.X 一种电子文档的历史版本数据处理方法及装置；
i) 200910092853.1 文件描述信息存储以及文件数据读取的方法、装置；
j) 201010141585.0 一种 XML 数据压缩和解压缩方法及系统。

本标准参照"不主张承诺"条款原则对以上所涉及的专利进行许可，对符合本标准的产品实施专利免费，包括用于软件开发、使用、销售、许诺销售。相关专利持有人的声明已在本标准的发布机构备案。

本标准的发布机构对于所涉及的相关专利的真实性、有效性和范围无任何立场。

请注意除上述已经识别出的专利外，本标准的某些内容仍有可能涉及其他专利。本标准的发布机构不承担识别这些专利的责任。

数字版权保护内容格式

1 范围

本标准规定了数字版权保护内容格式的基本技术架构和成像模型，并给出了其具体的容器层结构、组织层结构、内容数据结构以及安全性支持。

本标准适用于数字版权保护技术研发工程。

2 规范性引用文件

下列文件对于本文件的应用是必不可少的。凡是注日期的引用文件，仅注日期的版本适用于本文件。凡是不注日期的引用文件，其最新版本（包括所有的修改单）适用于本文件。

GB 13000.1 信息技术 通用多八位编码字符集（UCS）第一部分

GC/BQ 3 数字版权保护技术研发工程术语

GC/BQ7 数字版权封装

3 术语和定义、符号

3.1 术语和定义

GC/BQ 3 界定的以及下列术语和定义适用于本文件。

3.1.1

字送 char-distance

从当前字符绘制位置到下一个字符绘制位置的距离，主要用于等宽字体。

3.1.2

裁剪区 clip region

指定绘制的有效区域，通常由一组路径构成。

3.1.3

字符集 character set

一组无歧义的规则，用于建立一个字符和该字符集中的字符及其编码表示之间的一一对应关系。

3.1.4

颜色空间 color space

在颜色模型和一个特定的参照空间之间加入一个特定映射函数所形成的一个明确色域。

3.1.5

坐标空间 coordinate space

由一定坐标系描述的空间，包括坐标原点、轴方向、坐标单位实际长度三个要素。

3.1.6

绘制参数 draw param

为图元对象指定的一组用以绘制的参数集合。

3.1.7

数字版权保护技术 digital rights protection technology

为使数字内容免受非法的复制、使用、篡改和传播等而采用的技术保护手段。

3.1.8

数字签名 digital sign

附加在数据单元上的一些数据,或是对数据单元所作的密码变换,这种数据或变换允许数据单元的接收者用以确认数据单元的来源和完整性，并保护数据防止被人(例如接收者)伪造或抵赖。

[GB/T 25069—2010，定义 2.2.2.176]

3.1.9

版式文件 fixed layout file

排版后生成的文件，包含版面呈现所需要的所有数据。

3.1.10

版式技术 fixed layout technique

将文字、图形、图像等多种数字内容按照排版规则进行版面固化呈现的技术。

3.1.11

字形 glyph

一个可辨认的抽象图形符号，不依赖于任何特定设计，通常用字体内的点阵或曲线轮廓描述。

3.1.12

图元 graphic unit

页面绘制元素的基本单元。页面上任何对象均属于某种图元或某些图元的组合。

3.1.13

成像模型 imaging model

与设备无关的页面元素显示结果的描述方法。

3.1.14

版式信息 layout information

文档中关于版式呈现的信息。版式信息可包含多个页面，页面由位置和大小固定的文字、图形、图像等元素组成。

3.1.15

线性化 linearization

按照自然阅读顺序排列的文件物理存储顺序。

3.1.16

本地安全性　local security

一种用于保护离线文档内容不被拷贝或篡改的安全加密机制。

3.1.17

对象　object

系统中可供访问的实体，例如：数据、资源、进程等。

[GB/25069—2010，定义 2.1.16]

3.1.18

口令　password

用于身份鉴别的秘密的字、短语、数或字符序列，通常是被默记的弱秘密。

[GB/T 25069—2010，定义 2.1.76]

3.1.19

路径　path

既可开放亦可封闭的一系列点、线和曲线的集合。

3.1.20

底纹　pattern

一种图元，用于描述由一个底纹单元按位置周期性填充的区域。底纹单元是一个绘制了各种图元的区域，最简单的情况下底纹单元是一个图像。

3.1.21

物理页码　physical page number

文档中各页的顺序位置，从 1 开始计算，每页递增 1，不受页码分段影响。

3.1.22

页树　page tree

将页按“树”状结构组织在一起，描述了各页之间相互关联的关系。

3.1.23

资源　resource

一组图元或其他数据描述的集合，包括公共资源、页资源、对象资源等。

3.1.24

渐变　shading

一种图元，用于描述颜色随位置发生有规律变化的区域。此规律可由数学公式描述。

3.1.25

结构化信息　structured information

文档中关于文档的逻辑结构以及流式呈现的信息，包括章、节、段等逻辑结构及显示样式信息。流式信息可用于实现版面内容的重排（Reflow），以适应不同屏幕尺寸的设备特别是移动设备的需求。

3.1.26

Z轴　Z axis

与坐标空间中的 X 轴和 Y 轴相垂直的坐标轴，可表示各层在垂直方向上的位置关系。

3.2　符号

下列符号适用于本文件。

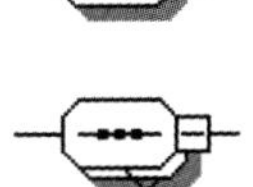
按顺序出现的子元素

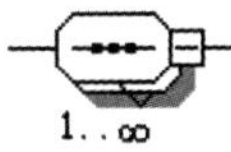

重复出现的一个或无穷多个子元素

重复出现的多个可选元素

在多个元素中只可选择一个出现

4　基本技术架构和成像模型

4.1　基本技术架构

符合本标准格式的文档的数据应包括版式信息和结构化信息,其描述应采用 XML 技术。版式信息用于支持固定版面文档（Fixed Layout Document）的呈现，固定版面文档可包含多个页面，页面由位置和大小固定的文字、图形、图像等元素组成。结构化信息则用于实现版面内容的重排（Reflow），以适应不同屏幕尺寸的设备需求。

本标准的基本技术架构如图 1 所示。

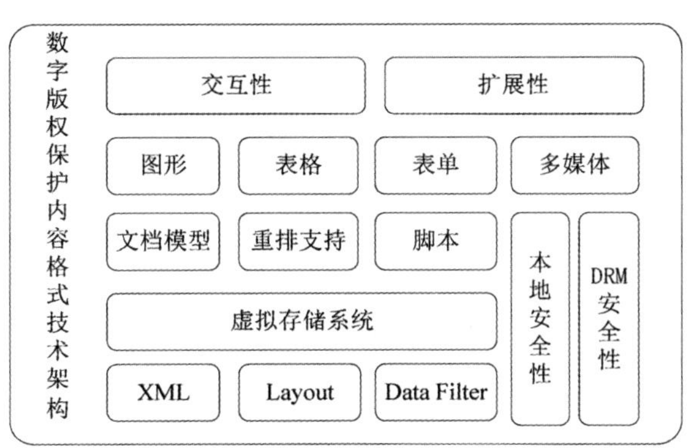

图1　基本技术架构

4.2　成像模型

成像模型建立在标准二维空间上，应能描述页面中出现的包括文字、图形、图像等所有元素，并可以高效和精确地描述任何经过精密排版的文件，它应是设备无关的，可以满足打印、显示等各种输出需求。

成像模型提供了一种描述页面元素显示结果的语言。首先，从页面描述生成一个设备无关的输出结果描述，然后，渲染引擎可以将它展示到任何的输出设备上。

绘制操作可以发生在页面指定区域，并存在以下几种情况：

- 绘制区域可以是文字轮廓、用直线和曲线定义的区域或光栅化图像等。
- 可以使用任何颜色绘制，也支持使用渐变和底纹的绘制。
- 所有图元的绘制区域均可被其他文字和路径裁剪。

页面内容包含一系列的对象引用，每个对象引用代表一个图元绘制操作。在输出页面时，应以空白页开始绘制，依次执行页面内容的图元绘制操作。页面绘制遵循透明成像模型的规范，图元拥有自己的透明度，新绘制的图元和页面上已存在的绘制结果根据各自的透明度进行混合，从而得到最终的绘制结果。

图元引用由一个指定的可绘制图元和一个绘制参数对象构成。页面中三种最主要的可绘制图元如下：

- 路径，由一系列的子路径组成，最终形成一个区域。路径对象可以被填充或者勾边。
- 文字，由一系列的字形组成。每个字符的字形由其指定的字体所确定。文字对象也可以被填充或者描边。
- 图像，由一个矩形区域的像素值组成，每个像素值确定矩形区域一个指定点的颜色值。

绘制参数对象包含图元绘制所需要的大部分绘制参数，包括填充颜色、描边颜色、颜色空间、宽度、线型参数等。

图元绘制时除了需要绘制参数对象所包含的参数外，有时还需要一些其他参数：

- 图元引用包含一个可选的坐标变换参数。坐标变换将影响图元引用所包含的图元的最终绘制结果。

图元引用包含一个可选的裁剪区对象。裁剪区确定了图元的哪些部分将被绘制到页面上。图元落在裁剪区内的部分将被绘制到页面上，而落在裁剪区以外的部分将不影响页面的绘制结果。

5　容器层结构

5.1　容器组成结构

容器由容器头（Header)、文件目录区（Entry）和文件数据区（BitStream）构成，如图2所示。

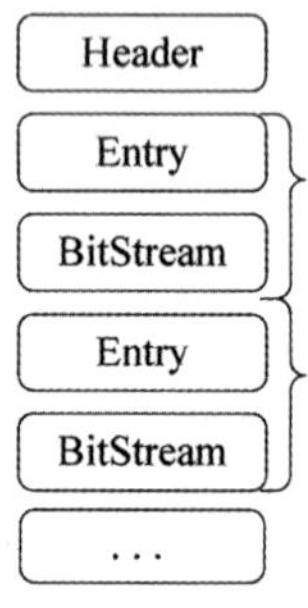

图2　容器组成结构

其中：

a) Header: 容器头，描述版权、版本、历史版本数量等基本信息；
b) Entry: 文件目录区，表示容器内文件的列表，包括文件名及其内容数据的位置；
c) BitStream: 文件数据区，表示容器内文件的内容数据。

文件目录区和文件数据区在一个容器中可出现多个，形成一组修改的历史记录。

5.2　容器的组成

5.2.1 容器头

容器头（Header）的结构说明见表1。

表1　Header 结构说明

英文标签	格式	说明
RightsInfo	14	版权信息，文件遵循的容器结构规范，版权信息采用固定的字符串"@XDA"，不足部分补零
MajorVersion	1	包结构主版本号，取值为0x01
MinorVersion	1	包结构次版本号，取值为0x00
EntryCount	4	Entry部分的数目
EntryNameTableType	1	Entry中NameTable类型，取值如下： 0x00——保留
BitsParam	1	位参数，用以确定包结构中所有文件偏移量以及BitStream部分文件长度等数据占用的字节数，当BitsParam为0的时候表示缺省值为4字节，有效值为0x02、0x04、0x08
FirstEntryOffset	由　BitsParam决定	第一个Entry相对于文件头部的偏移位置，以字节为单位

5.2.2 文件目录区

文件目录区（Entry）的结构说明见表2。

表2　文件目录区结构说明

英文标签	格式	说明
ClassType	4	Entry块类型标识，固定值为"C.En"
EntryLength	4	此Entry块的长度，以字节为单位
BSOffset	由BitsParam决定	BitStream部分的偏移位置，以Header头部为起始位置
Next	由BitsParam决定	下个Entry的偏移位置，当没有则须为0
Compress	1	此Entry块的压缩方法，从低位1开始每一标记位定义如下： 1——当为1时，表示NameTable采用Deflate算法压缩； 2——当为1时，表示ItemList采用Deflate算法压缩。 其余未定义位须取值为0
CheckSum	16	此Entry块内NameTable和ItemList部分的校验码，采用MD5摘要算法
NameTableLength	4	路径名映射表长度，以字节为单位，表示NameTable部分数据的总长度，当该部分数据使用压缩模式，则为压缩后的长度
NameTable		路径名映射表，须包括此Entry块全部项所使用的项路径映射，见表3
ItemList		容器层内项入口描述列表，见表4

路径名映射表（NameTable）结构如图 3 所示。

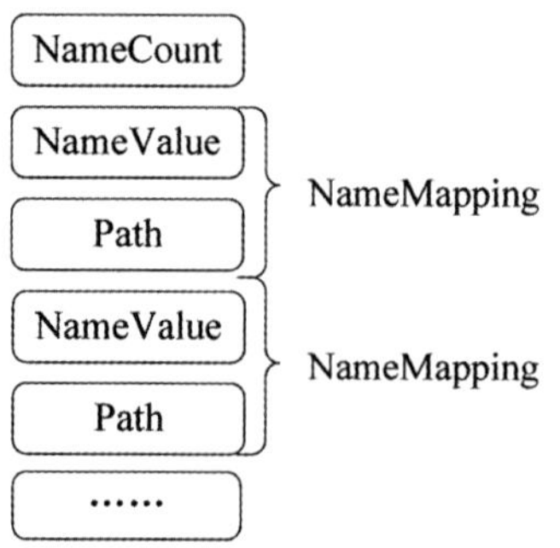

图3　路径名映射表

路径名映射表结构说明见表3。

表3　路径名映射表结构说明

英文标签	格式	说明
NameCount	4	路径名个数
NameMapping		路径名映射对，每个映射对表示一个路径名到映射值之间的对应关系
NameValue	16	映射值
Path	不定长	项路径，以0结尾，统一采用UTF-8编码

容器层内项入口描述列表（ItemList）结构如图4所示。

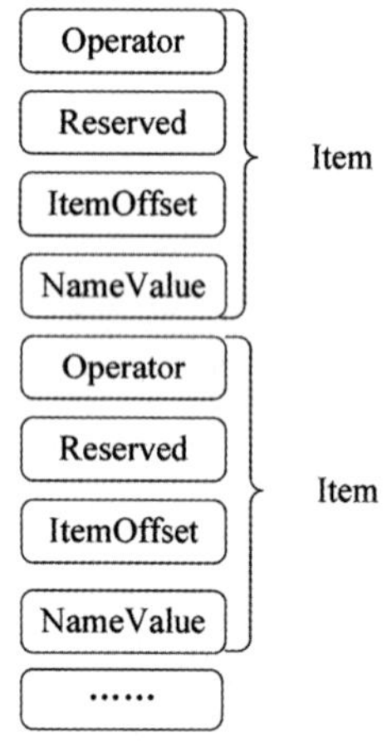

图4　容器层内项入口描述列表

容器层内项入口描述列表结构说明见表4。

表4　容器层内项入口结构说明

英文标签	格式	说明
Item		容器层内项入口描述，需按照 NameValue 升序排序
Operator	0.5	项操作符，占低 4 位，其含义如下： ——0001 New Operator：根据 NameValue 新建文件，当创建时文件已经存在则报错； ——0010 Append Operator ：根据 NameValue 追加文件，当操作时文件无效则报错； ——0011 Replace Operator ：根据 NameValue 替换文件，当操作时文件无效则报错； ——0100 Delete Operator ：根据 NameValue 删除文件，当操作时文件无效则报错； ——1111 End Operator ：当前 Entry 的文件操作结束，以后的操作均无效。参数 ItemOffset 和 NameValue 部分以 0 补齐。每个 Entry 须有一个 End 操作符，否则报错
Reserved	0.5	保留，用于以后扩展
ItemOffset	由 BitsParam 决定	项偏移位置，以该 Entry 的 BitStream 为起始位置，仅新建、追加或替换文件时有效，根据 Operator 和 Type 进行判断
NameValue	16	项路径映射值

5.2.3 文件数据区

文件数据区由多个数据流（BitStream）按顺序组合。数据流由一个块类型标识（ClassType）和若干个文件流（FileStream）构成，每个文件流包含CheckSum、Length、ECS和FileData四个元素构成，其结构如图5所示。

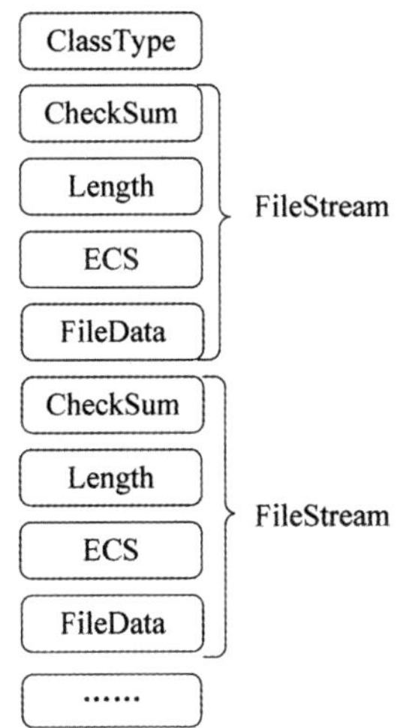

图5　文件数据区组成结构

文件数据区结构说明见表5。

表5　文件数据区结构说明

英文标签	格式	说明
ClassType	4	BitStream块的类型标识，固定值为“C.BS”
CheckSum	1	每个文件流压缩加密后二进制数据内容的简单校验码，采用逐字节异或的算法

Length	由BitsParam决定	文件流长度

表5（续）

英文标签	格式	说明
ECS	可变长	说明每个文件流生成时采用的压缩和加密流程，每个算法占一个字节，有先后顺序，最后以FF结尾，当不压缩也不加密时，仅保留FF。各字节含义如下： 0x01－0x0F：预定义的压缩算法，其中0x02 表示采用Deflate算法压缩； 0x10－0x6F：保留区间； 0x70－0x7F：自定义压缩算法的保留区间； 0x80：加密，见第8章 文件数据只允许采用Deflate算法压缩或者不压缩，其本身也可是以其他方式压缩过的，如JPEG图像文件。 [例外处理1]ECS序列不允许出现0x00，若出现则报错。 [例外处理2]ECS序列最大长度为8，包括结束符0xFF，若超出则报错
FileData		文件数据

5.3 增量修改

文件修改内容应写入文件尾部，如图6所示。

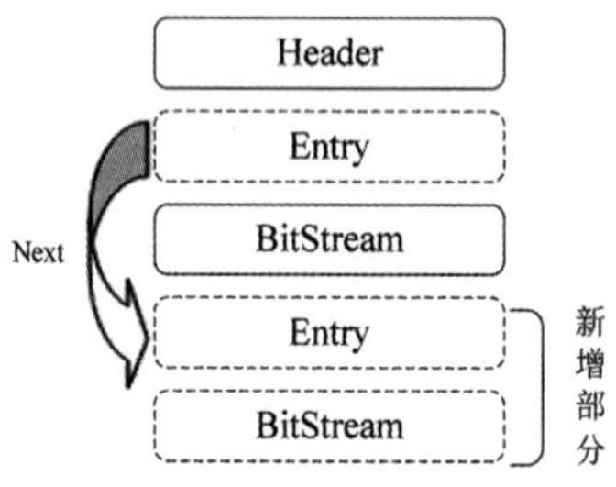

图6 增量修改过程示意图

增量修改过程如下：

a) 在原来的包尾增加新的Entry块和BitStream块；
b) 将原来最后一个Entry块的Next指针指向这个Entry块的起始位置；
c) 最后修改Header中的EntryCount值。

5.4 线性化

本标准支持对文件内部的数据块做线性化处理：

a) 当不存在可跳过数据时，线性化过程如图 7 所示。

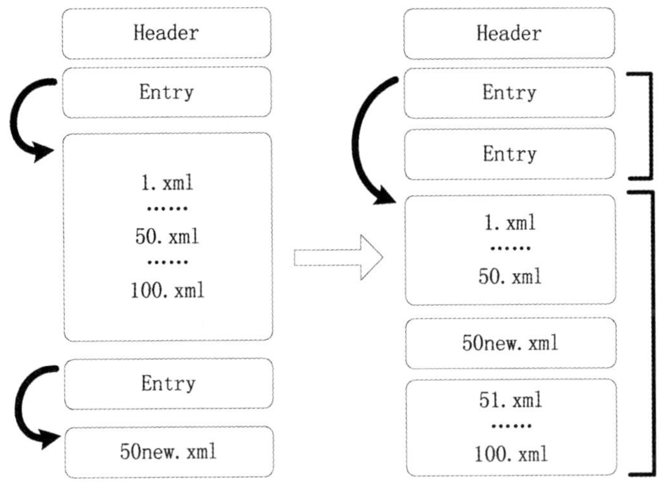

图7　线性化过程示例 1

在图 7 中，线性化过程如下：

1) 将所有的文件目录区（Entry）合并后放在的容器头（Header）之后；
2) 将所有的 BitStream 按顺序组织成一个；
3) 修改 BSOffset 以及 ItemOffset 等指针，使其指向正确的位置。

b) 当存在可跳过数据时，线性化过程如图 8 所示。

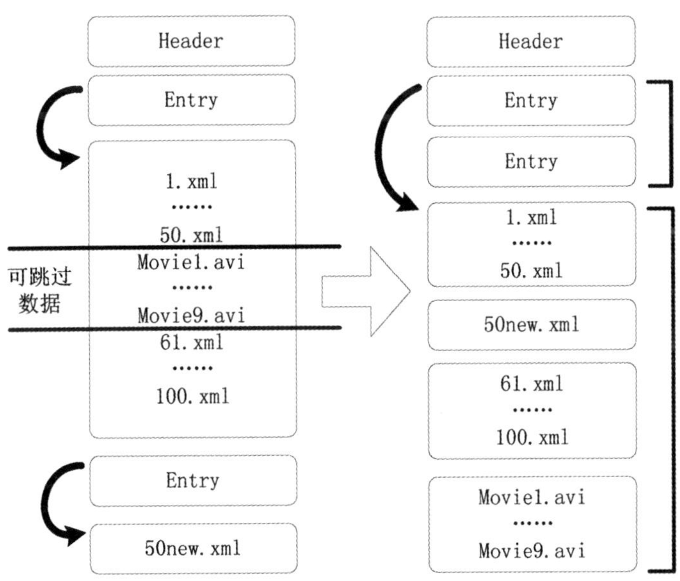

图8　线性化过程示例 2

在图 8 中，线性化过程如下：

1) 将文本数据按照线性化顺序进行保存；
2) 可跳过数据（通常为大数据量的音视频文件）应当连续存储，且应位于文本数据之后。

注：缺失部分或全部可跳过数据的 XDA 文件仍是合法的，当缺失可跳过数据时应用系统应可以正常工作。

5.5 加密与压缩

容器层结构可为每个容器层内文件单独指定压缩算法或加密算法，压缩加密与解密解压的处理方法和顺序在加密压缩序列（ECS）中规定。压缩加密流程与解密解压流程如下：

a) 压缩加密流程，如图 9 所示。

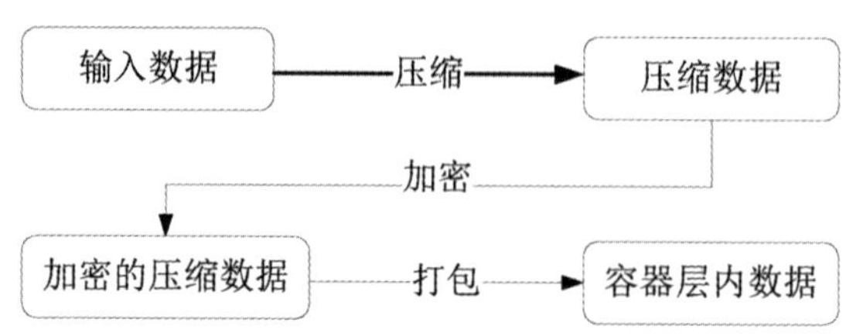

图9 压缩加密流程

在图9中，压缩加密流程如下：

1) 提供向容器层内添加（或替换）的文件数据；
2) 提供加密压缩序列（ECS）；
3) 根据 ECS 将目标文件进行压缩和加密，并将数据存储在 BitStream 中。

b) 解密解压流程，如图 10 所示。

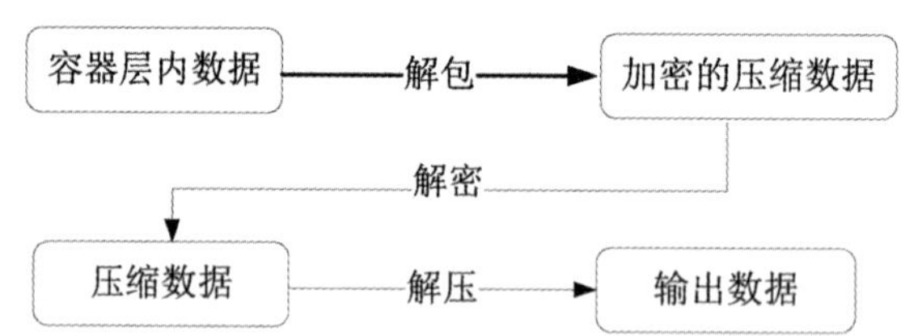

图10 解密解压缩流程

在图10中，解密解压流程如下：

1) 根据容器层内路径找到该文件对应的文件流（FileStream）；
2) 读取文件数据（FileData）及其对应的加密压缩序列（ECS）；
3) 按照 ECS 序列的逆序完成解密、解压缩等操作，得到文件的原始数据。

注：加密与Entry和BitStream 的顺序无关。

6 组织层结构

6.1 基础数据类型

本标准中定义了以下 15 种基本数据类型，具体说明见表 6。

表6 基础数据类型

英文标签	说明	示例
ST_ID	标识，采用 xs:unsignedInt 定义。 在一个文档内的标识须保证其唯一性。 如果 ID 为 0 则认为是无效标识	“511”
ST_RefID	标识引用，采用 xs:unsignedInt 定义，须已在标识中使用了该数值	“512”
ST_Bool	布尔值，采用 xs:boolean 定义，可取 true 或 false	“true”
ST_Integer	整数，采用 xs:int 定义，在描述时可能会加上数值范围限定	“10000”
ST_Float	浮点数，采用 xs:double 定义，在描述时可能会加上数值范围限定	“100.1”
ST_HexData	16 进制形式表示的整数。其格式由前缀“#”加上整数的 16 进制字符串构成，高位在左边	“#FFFFFFFF”
ST_String	字符串，采用 xs:string 定义，在描述时可能会加上可选字符串限制。字符串的编码选择与当前 XML 文件编码一致	“abc”
ST_Loc	文件路径。包内路径不使用前缀，“.”表示当前路径，“..”表示父路径。包外路径的表示方法有两种：一种是用前缀@表示外部文件相对于包的路径，“.”表示 CEBX 文件所在路径，“..”表示 CEBX 文件所在文件的父路径；另一种是用前缀 file://表示本机文件的绝对路径。对“file://”路径的解释遵循 RFC3986	“/Pages/P1/Content.xml” “./Res/Book1.jpg” “../Pages/P1/Res.xml” “file:///D:/Docs/Readme.txt” “@./Appendix.txt”
ST_Array	数组，以方括号来分割数组、空格来分割元素。元素可以是 ST_ID、ST_RefID、ST_Bool、ST_Integer、ST_Float、ST_HexData 等数据类型。数组可嵌套，在描述时可能会有元素数量和范围的限定	“[1 2.0 [#FFFFFFFF 2]]”
ST_Pos	点坐标，以空格分割，前者为 x 值，后者为 y 值，可以是整数或者浮点数。具体使用方式见 7.1.3	“0 0”
ST_Box	矩形区域，以空格分割，前两个值代表了该矩形的左上点，后两个值依次表示该矩形的宽和高，可以是整数或者浮点数，后两个值须大于 0。具体使用方式见 7.1.3	“10 10 50 50”
ST_Date	日期，采用 xs:date 定义	“2008-08-08”
ST_DateTime	日期时间，采用 xs:dateTime 定义	“2008-08-08T08:08:08” “2009-09-09T11:00:00Z”
ST_ClockTime	时间轴的计时时间	“10s” “indefinite”
ST_Number	数字，一般用于表示重复周期数等信息	“5” “2.5” “indefinite”

6.2　文档组织方式

6.2.1　文档模型

文档由一系列的文件组成，图 11 为一种层次组织结构的展示。

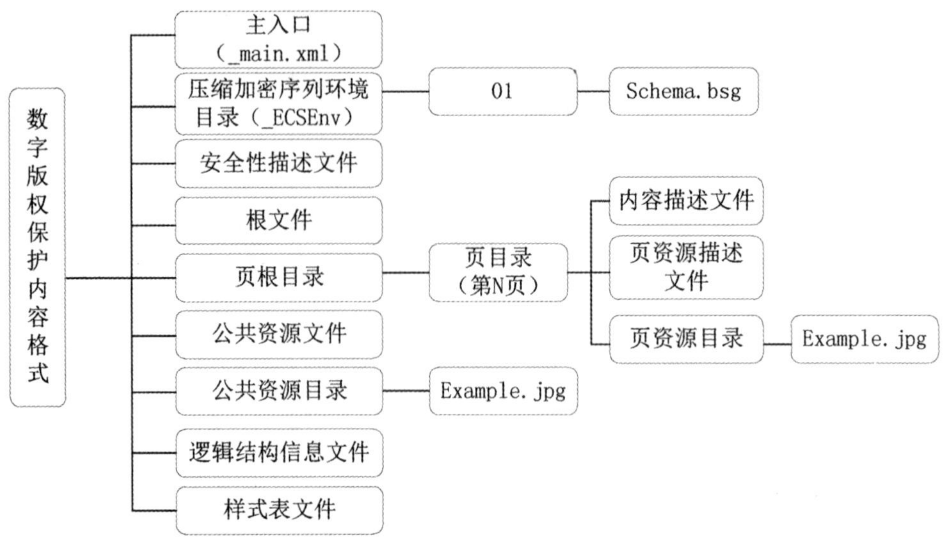

图11　文档模型

其中：

a) 压缩加密序列环境目录的名称为"__ECSEnv"，用于存放容器结构中压缩和加密算法所需要的数据文件或字典文件，该目录名不可修改；
b) 当一个容器内文件不属于任何文档对象时，则视其为"垃圾文件"。

6.2.2　主入口

主入口（__main）的结构定义见表7。

表7　主入口的结构定义

元素类型	英文标签	数据类型	选择性	说明
属性	Version	ST_String	必选	文档模型的版本号
	PhysicalModel	ST_String	必选	物理包模型，取值为"XDA"
	SubsetType	ST_String	必选	文档子集类型
子元素	RevisionTrack	CT_Revision Track	可选	历史映射表，用于描述物理包历史版本和文档历史版本之间的对应关系。物理包的历史版本应由包结构中的 Entry 个数决定，而文档历史版本则应由数字签名的次数决定。CT_RevisionTrack 应由一个或多个 DocRevision 顺序构成，DocRevision 表示文档历史版本映射记录，其结构包括以下两个属性： ——PhysicalSeqNumber：物理包的历史版本序号，从 1 开始。其类型为 ST_Integer； ——RevisionNumber：文档历史版本序号，从 1 开始。其类型为 ST_Integer
	DocBody		必选	文档对象，其结构顺序如下： a） SecDescription：为可选，指向安全性描述文件，有关文档安全详细描述见第 8 章；

				b）DocRoot：为必选，指向根文件，有关文档根节点详细描述见 6.2.3； c）DocInfo：为必选，文档信息描述，具体见表 8

文档信息（CT_DocInfo）结构定义见表 8。

表8　文档信息结构定义

元素类型	英文标签	数据类型	选择性	说明
子元素	DocID	ST_String	必选	根据文档内容计算出的唯一性标识。 每个 DocID 在文档生成的时候进行分配，取值全球唯一。DocID 为 16 字节的 UUID，用其 16 进制字符串编码表示，共 32 个字符
	Title	ST_String	可选	文档标题
	Author	ST_String	可选	文档作者
	Subject	ST_String	可选	文档主题
	Keywords	ST_String	可选	和文档相关的关键词
	CreatorInfo	CT_CreatorInfo	可选	文档创建者相关信息，应包含以下 4 个子元素： a) Creator：创建者，类型为 String； b) CreationDate：创建时间，类型为 Date； c) Version：创建者的版本信息，类型为 String； d)CreatorID：为可选项，创建者写入的附加信息，类型为 String
	ModifierInfo	CT_ModifierInfo	可选	文档修改者相关信息，应包含以下 4 个子元素： a) Modifier：修改者，类型为 String； b) ModDate：修改日期，类型为 Date； c) Version：修改者的版本信息，类型为 String； d) ModifierID：为可选项，修改者写入的附加信息
	DocType	ST_String	可选	文档类型，包括以下 5 种： a) Normal：普通文档； b) Book：图书； c) NewsPaper：报纸； d) Magzine：杂志； e) Comic：漫画； f) Journal：期刊
	Cover	ST_Loc	可选	文档封面
	CustomInfo	CT_CustomInfo	可选	自定义信息，应由以下两个必选属性构成： a) ItemName：自定义项的名字，类型为 String； b) ItemValue：自定义项的取值，类型为 String
	Metadata	ST_Loc	可选	文档元数据信息，指向一个元数据描述文件

6.2.3　根文件

根文件（Document）在容器中的存储位置由主入口（__main.xml）中的 DocRoot 元素指定，其结构定义见表 9。

表9　根文件结构定义

元素类型	英文标签	数据类型	选择性	说明
子元素	CommonData	CT_CommonData	必选	文档公共数据，定义了默认页面单位、页面区域定义、公共资源等数据。具体说明见表 10
	Pages	CT_Pages	必选	页树，见 7.1.1
	Outlines	CT_Outlines	可选	大纲树，见 7.5.1
	Actions	CT_Actions	可选	打开文档时执行的动作，关于动作见 7.5.2，不出现时则没有相应的动作
	StructureRoot	ST_Loc	可选	指向结构化信息描述文件，有关结构化信息的具体描述见 7.2.2
	CustomTags	ST_Loc	可选	指向自定义标引文件，见 7.2.3
	Extension	CT_Extension	可选	自定义数据，有关自定义数据见 6.2.6

文档公共数据（CT_CommonData）的结构定义见表 10。

表10　文档公共数据结构定义

元素类型	英文标签	数据类型	选择性	说明
子　元　素	DefaultUnit	ST_Float	可选	本文档的一个坐标空间单位的实际数值，度量单位为 mm。该节点不出现时，默认值为 0.1mm。坐标空间的描述见 7.1.3
	MaxUnitID	ST_ID	必选	当前文档中所有对象使用的最大标识。 MaxUnitID 用于文档编辑，在向文档中新增加一个对象时，需要分配一个新的标识，新标识取值应为 MaxUnitID + 1，同时需要修改此 MaxUnitID 值
	PageArea	CT_PageArea	必选	以DefaultUnit为单位，指定多个页面区域的大小和位置,其结构顺序如下： a) PhysicalBox：页面物理区域，左上点的坐标为页面空间坐标系的原点，类型为ST_Box； b) ApplicationBox：显示区域，页面内容实际显示或打印输出的区域，应位于页面物理区域内，包括页眉、页脚、版心等。当显示区域不完全位于页面物理区域内时，页面物理区域外的部分被忽略；当显示区域完全位于页面物理区域外时，该页为空白页，类型为ST_Box； c) ContentBox：版心区域，即文档的正文区域，应位于显示区域内。左上点的坐标决定了其在显示区域内的位置。当版心区域不完全位于显示区域内时，显示区域外的部分被忽略；当版心区域完全位于显示区域外时，版心内容不被绘制，类型为 ST_Box；

				d) BleedBox：（可选）出血框，应位于页面物理区域外。当出血框不存在时默认为页面物理区域；当出血框不完全位于页面物理区域外时，页面物理区域内的部分被忽略；当出血框完全位于页面物理区域内时，出血框无效，类型为ST_Box
	PublicRes	ST_Loc	可选	公共资源序列，每个资源指向包内部的一个 XML 文件
	TemplatePage	CT_TemplatePage	可选	模板页序列，为一系列模板页的集合，其结构定义见表 19
	DefaultCS	ST_RefID	可选	文档定义的缺省颜色空间。如果此项不存在，采用 32 位 ARGB 作为缺省颜色空间
	PreferredReadingMode	CT_PreferredReadingMode	可选	首选阅读模式，可用于定义不同屏幕大小的设备上采用不同的默认阅读模式，见 6.2.5

6.2.4　资源

文字、图形、图像等各类型资源应保存在资源文件中，一个文档可包含一个或多个资源文件，资源(Res)的结构定义见表 11。

表11　资源结构定义

元素类型	英文标签	数据类型	选择性	说明
属性	BaseLoc	ST_Loc	必选	定义此资源描述文件的通用数据存储路径
子元素 0..∞	ColorSpaces		可选	颜色空间，见 7.1.6
	DrawParams		可选	绘制参数，见 7.1.7
	Fonts		可选	字体，包含了一组内嵌字体数据包以及文档所用字体的描述，其结构见表 12
	Texts		可选	文字，包含了一组文字图元的描述，具体内容见 7.3
	Paths		可选	路径，包含了一组路径图元的描述，具体内容见 7.4.1
	Images		可选	图像包含了一组小图像存储区以及图像的描述，结构见表 14
	Shadings		可选	渐变，包含了一组渐变图元的描述，渐变包含以下三类： ——轴向渐变：AxialShd； ——径向渐变：RadialShd； ——三角渐变：TriShd
	Patterns		可选	底纹，包含了一组底纹图元的描述，具体内容见 7.4.3
	Media		可选	多媒体，包含了一组多媒体图元的描述，具体内容见 7.5.3。 本标准支持的多媒体包含以下两类： ——音频：Audio； ——视频：Video
	CompositeGraphicUnits		可选	复合图元，包含了一组复合图元的描述，具体内容见 7.4.6

字体结构定义见表 12。

表12 字体结构定义

元素类型	英文标签	数据类型	选择性	说明
子元素	EmbeddedFontCluster		可选	内嵌字体数据信息，由 ID 和 BaseLoc 两个必选属性构成，其中，BaseLoc 记录了内嵌字体数据包的路径，在字体中会直接根据 ID 对数据包进行引用
	Font	CT_Font	可选	字体，见 7.3.1

图像结构定义见表 13。

表13 图像结构定义

元素类型	英文标签	数据类型	选择性	说明
子元素	ImageFileCluster		可选	图像数据包的信息，由 ID 和 BaseLoc 两个必选属性构成，其中，BaseLoc 记录了图像数据包的路径，在图像图元中会直接根据 ID 对数据包进行引用
	Image	CT_Image	可选	图像，见 7.4.5

6.2.5 阅读模式

本标准格式内部存在多种阅读展现方式，例如固定页面方式、重排方式等，可根据不同屏幕大小的设备选择最适合的展现方式，其结构定义见表 14。

表14 阅读模式结构定义

元素类型	英文标签	数据类型	选择性	说明
属性	DefaultType	ST_String	必选	默认阅读模式，可取值定义如下： ——Fixed：固定页面呈现方式； ——Reflow：重排方式
子元素	ReadingMode	CT_ReadingMode	可选	阅读模式。包括两个必选属性： ——ScreenSize：阅读设备屏幕尺寸，可取范围如下：Small 表示 5in 以下； ——Medium：表示 5in 到 10in；类型为 String； ——Type：对应的阅读模式，可取值和 DefaultType 相同，类型为 String

6.2.6 自定义数据

本标准允许插入自定义数据（Extension），Extension 由若干个自定义数据段（ExtPart）组成，其结构定义见表 15。

表15 自定义数据段结构定义

元素类型	英文标签	数据类型	选择性	说明
属性	PartID	ST_String	必选	扩展插件唯一标识，不区分大小写
	Name	ST_String	必选	扩展插件的名字
	Version	ST_String	必选	扩展插件的版本号
	Author	ST_String	可选	扩展插件作者名字
	Company	ST_String	可选	扩展插件公司名字
子元素	Data	ST_Loc	必选	插件数据文件的路径

7 内容数据结构

7.1 文档的版式信息

7.1.1 页树

页树（CT_Pages）的结构定义见表16。

表16 页树结构定义

元素类型	英文标签	数据类型	选择性	说明
子元素	PageSections	CT_PageSections	可选	页码分段信息，记录了文档页码分段的信息，应由至少一个 PageSection 结构顺序构成
	PageSet	CT_PageSet	必选	页集，层层嵌套，形成树状结构，见表17

页集（CT_PageSet）的结构定义见表17。

表17 页集结构定义

元素类型	英文标签	数据类型	选择性	说明
属性	Count	ST_Integer	必选	该 PageSet 节点下所有页节点（即所有 Page 元素）的数目。对于某一具体 PageSet 节点来说，Count 等于子 Page 节点数，或者等于所有子 PageSet 节点的 Count 总和。 [例外处理]对于只包含 Page 节点的 PageSet 节点来说，如果子节点数不等于 Count 时，不足的部分用空白页补足，超出时则自该节点开始向上重新计算 Count 值。对于只包含 PageSet 节点的 PageSet 节点来说，如果 Count 数出错，则从该节点开始向上重新计算 Count 值
	Template	ST_Array	可选	模板页标识，在页树中若存在嵌套的 PageSet 模板页，遵循子节点覆盖父节点的原则，其结构定义见表19
子元素 0..∞	Page	CT_Base	必选	页节点，应由以下两个必选属性构成： ——ID:声明该页的标识，不能与已有标识重复，类型为 ST_ID; ——BaseLoc:定义页结构描述文件的存储路径，类型为 ST_Loc。 文档中包含的页数可不固定，每页对应的页描述文件由 Page 节点的 BaseLoc 属性来指明。页顺序是对页树进行前序遍历时叶节点（Page）

				的访问顺序
	PageSet	CT_PageSet	必选	可嵌套的子页集
注：文档中可以只包含一页，也可以包含多页，也可以不包含任何页。每页对应的页描述文件由Page节点的BaseLoc属性来指明。页顺序是根据页树进行前序遍历时，叶节点的访问顺序				

页码分段是指将文档分为若干部分，如前言、正文、后记等，每部分均可以指定单独的页码编排方式。页码分段信息（PageSections）节点记录文档页码分段的信息，页码分段信息（PageSections）由 PageSection 组成，其结构定义见表 18。

表18　页码分段信息结构定义

元素类型	英文标签	数据类型	选择性	说明
属性	Title	ST_String	必选	页码段文字描述
	PageSeqBegin	ST_Integer	必选	页码段起始位置的物理页码
	PageSeqEnd	ST_Integer	必选	页码段结束位置的物理页码
	PageNumBegin	ST_Integer	可选	页码段起始页的页码编号，默认值为 1
	NumberStyle	ST_String	可选	页码数字样式，可取值包括以下几种： ——DecimalArabicNumeral：十进制阿拉伯数字； ——UppercaseChineseNumeral：大写中文数字，壹、贰、叁……； ——LowercaseChineseNumeral：小写中文数字，一、二、三……； ——UppercaseRomanNumeral：大写罗马数字，Ⅰ、Ⅱ、Ⅲ……； ——LowercaseRomanNumeral：小写罗马数字，i、ii、iii……； ——UppercaseLetter：大写字母，A…Z，AA…ZZ，以此类推； ——LowercaseLetter：小写字母，a…z，aa…zz，以此类推。 默认值为DecimalArabicNumeral
	Prefix	ST_String	可选	页码数字的前缀，如“A－”、“B－”等
	Suffix	ST_String	可选	页码数字的后缀，如“页”

模板页的结构定义见表 19。

表19　模板页结构

元素类型	英文标签	数据类型	选择性	说明
属性	ID	ST_ID	必选	声明该模板页的标识，不能与已有标识重复
	BaseLoc	ST_Loc	必选	定义模板页结构描述文件的存储路径。模板页结构描述文件和普通页结构描述文件的形式完全相同
	Name	ST_String	可选	模板页名字，便于引用
	ZOrderType	ST_String	可选	模板页在 Z 轴上的位置类型，可取值为“Foreground”和“Background”，默认值为 “Background”，表示模板页内容放于最底层

7.1.2　页结构

页结构应支持模板页描述。模板页表示每一页经常需要重复显示的内容，用户可以定义多个模板页，通过使用模板页可以使重复显示的内容不必出现在描述每一页的页结构中，每一页可通过Template节点指定需要使用的模板页。

页（Page）的结构定义见表 20。

表20　页结构定义

元素类型	英文标签	数据类型	选择性	说明
属性	Template	ST_Array	可选	该页所使用的模板页名称，模板页的结构和页结构相同。当该页结构作为模板页的描述时，此属性无效
子元素	Area	CT_PageArea	可选	定义该页页面区域的大小和位置，仅对该页有效。该节点不出现时则先看模板页中的定义，当模板页不存在或模板页没有定义页面区域时，使用文档根节点中的页面区域定义
	PageRes	ST_Loc	可选	页资源序列。为 Loc 类型，指向该页将会使用的资源文件
	Content	CT_Content	可选	版面内容描述，用于描述版面正文等内容。该节点应是一个内容流序列，此部分内容是在版心区域（ContentBox）内进行绘制的。该节点不存在时代表空白页
	Actions	CT_Actions	可选	该页所具有的动作序列。不出现时，该页没有自己的动作序列

7.1.3　坐标空间

7.1.3.1　基本坐标空间

页面中的所有呈现元素均位于坐标空间内。一个坐标空间包括坐标原点、轴方向、坐标单位实际长度三个要素。坐标空间根据用途不同可分为以下三类：

a) 设备空间：设备本身的坐标空间，在其绘制区域内可绘制每个像素，因不同设备的坐标空间三要素存在差异，不宜在设备空间上直接描述页面内容；

b) 页面空间：页面空间强制规定其左上点为原点，文档根节点中CommonData节点下的DefaultUnit指定坐标单位的实际长度，PageArea节点中的PhysicalBox确定整个页面空间的大小；

c) 对象空间：根据其用途有两种指定方式，一是变换矩阵指定，二是通过图元的起始绘制点指定。

7.1.3.2　坐标空间变换矩阵

不同的坐标空间之间的变换可通过一个3×3的变换矩阵来指定。通过变换矩阵应能实现平移、缩放、旋转、歪斜等变换效果，这些效果可以相互叠加，叠加的方式可通过矩阵乘法实现，且要求须按照变换的顺序进行叠加。本标准规定除设备空间外，所有空间的x轴向右增长，y轴向下增长。

整个坐标变换包含以下过程：

a) 对象空间通过变化矩阵，变换到外部的对象空间或者页面空间；

b) 对象空间通过绘制起始点，变换到外部的对象空间或者页面空间；

c) 页面空间根据页面区域的大小、坐标单位的实际长度、设备信息变换到设备空间。

7.1.4　图元

图元是页面上呈现内容的最基本元素，所有页面显示内容，包括文字、图形、图像、渐变、底纹等，都是属于某种图元，或者是某些图元的组合。

图元见表 21。

表21　图元

英文标签	说明
Text	文字，见 7.3
Path	路径，见 7.4.1
Shading	渐变，见 7.4.2
Pattern	底纹，见 7.4.3
Image	图像，见 7.4.5
CompositeGraphicUnit	复合图元，见 7.4.6

7.1.4 所定义的图元是表 22 中所有类型图元共性的集合。图元（CT_GraphicUnit）的结构定义见表 22。

表22　图元结构定义

元素类型	英文标签	数据类型	选择性	说明
属性	ID	ST_ID	必选	声明该图元的标识，不能与已有标识重复
	Name	ST_String	可选	图元对象的名字
	Invisible	ST_Bool	可选	值为 true 的时候，该图元并不立刻绘制出去。当通过脚本或者动作显示该图元时，再绘制该图元。值为 false 时，该图元正常绘制。该属性不出现时，按照 false 的情况处理。打印时，该属性的处理方式由程序决定
	Alpha	ST_Float	可选	取值区间为[0.0, 1.0]，表示图元的透明度。0.0 表示全透明，1.0 表示完全不透明。该属性不出现时，按照完全不透明的情况处理
元素	Actions	CT_Actions	可选	该图元附带的动作序列，见 7.5.2。不出现时，该图元没有动作序列
	Annot	CT_Annotation	可选	当该节点存在，表明该图元是一个注释图元，当该节点不出现时，表明该图元是一个普通页面
	CustomObject	CT_CustomObject	可选	该图元附带的自定义图元数据，应用层可以根据不同的应用需求赋予图元相应的语义、编辑等信息，详细描述见 7.1.10
注：由于同一个图元可以在页面中存在不同的坐标变换，图元并不指定本身绘制的具体坐标，而应在图元引用中去指定				

7.1.5　注释

图元都可以作为一个注释对象来定义，通过鼠标或者键盘等方式与其进行交互。在图元中注释（CT_Annotation）的结构定义见表 23。

表23　注释结构定义

元素类型	英文标签	数据类型	选择性	说明
属性	Type	ST_String	必选	注释类型，具体取值包括以下 8 种： ——Text　文本注释； ——Note　批注注释； ——Link　链接注释；

				——Path　路径注释，此对象为图形对象； ——Highlight　高亮注释； ——Stamp 签章注释，此对象为图像对象，由Galleries域中的Signature节点指明其引用的数字签名； ——Attachment　附件注释，由由Galleries域中的Attachment节点指明该附件的路径; ——Watermark　水印注释
	Creator	ST_String	必选	注释创建者
	Flag	ST_Integer	必选	用于设定注释对象的一些特征标记，为 32 位的无符号整数，即从低位 1 到高位 32，没有定义的标记位须设为 0，已定义的标记位包括以下几种： ——Invisible：当该位为1时，表示对象不显示，根据Print标记位决定是否可以被打印。 ——Print：当该位为1时，表示对象将随页面一起打印。 ——NoZoom：当该位为1时，表示对象将不随页面放缩而同步放缩，其左上角位置将保持为一个固定值。 ——NoRotate：当该位为1时，表示对象将不随页面旋转而同步旋转，其左上角位置将保持为一个固定值。 ——ReadOnly：当该位为1时，表示对象的内容和属性不能被用户更改。 对于 NoZoom 和 NoRotate，左上角的位置由 Boundary 属性决定，其他三个角的值均会在放缩或旋转过程中发生变化，这个变化由阅读器自动实现，不应去更改 Boundary 的内容
	LastModDate	ST_Date	必选	最近一次修改的时间
子元素	Remark	ST_String	可选	注释说明内容
	Associate	ST_String	可选	和此注释对象关联的内容，一般采用锚点名字
	CustomInformation	ST_String	可选	用户自定义信息
	Galleries		可选	扩展项，应由以下两个子元素构成： a)　Attachment：当Type为Attachment时有效，表示附件的路径；当Type为其他值时无效，类型为ST_Loc； b)　Signature：当Type为Stamp时有效，表示数字签名的引用；当Type为其他值时无效，类型为ST_RefID
注：当NoZoom标记设置为1，无论页面如何放缩，对象将始终显示为没有放缩时的大小，其左上角位置保持不变。当NoRotate标记设置为1，无论页面如何旋转，对象将始终保持原有方向显示，其左上角位置保持不变。左上角的位置由图元引用中的Boundary属性决定，若该属性不出现，则由解析器根据实际绘制结果的左上角点确定				

7.1.6　颜色空间

7.1.6.1　基本颜色空间

本标准格式应支持 Gray、sRGB、sRGB with Alpha、scRGB、CMYK、CMYK with Alpha 等颜色空间。可以指定各颜色空间中每个颜色通道所使用的位数，指定相应的颜色配置文件，还可以为每个颜色空间设置各自的调色板。颜色空间的结构定义见表 24。

表24　颜色空间结构定义

元素类型	英文标签	数据类型	选择性	说明
属性	ID	ST_ID	必选	声明该颜色空间的标识，不能与已有标识重复
	Type	ST_String	必选	使用的颜色空间的类型，可取值见表 25
	BitsPerComponent	ST_Integer	可选	每个颜色通道所使用的位数，有效值为 1、2、4、8、16。当 Type 取值为 GRAY、RGB、ARGB 时有效，且一定要出现。当 Type 取值为 SCRGB、CMYK、ACMYK 时则无效。Type、BitsPerComponent 与颜色值之间的关系见表 26
	Profile	ST_Loc	可选	指定颜色配置文件，不出现时，不使用颜色配置文件。建议采用 ICC Color Profile 格式
子元素	Palette		必选	调色板描述。由属性Count和至少一个子元素CV按顺序构成： Count：调色板中颜色个数，为必选项，类型为ST_Integer； CV：定义调色板中颜色，通过索引使用这些颜色。调色板中颜色的编号从 0 开始按照各颜色的出现顺序进行编号，类型为 ST_Array

7.1.6.2　**颜色**

颜色定义了各颜色空间下各颜色通道的值，颜色（color）的结构定义见表 25。

表25　颜色结构定义

元素类型	英文标签	数据类型	选择性	说明
属性	Value	ST_Array	可选	颜色值，指定了当前颜色空间下各通道的取值。Value 的取值符合[*类型 通道1 通道2 通道3* ...]格式。不出现时，表明使用的是调色板中的颜色，将采用 Index 的值。二者都不出现时，该颜色各通道的值全部为 0
	Index	ST_Integer	可选	调色板中颜色的编号，将从当前颜色空间的调色板中取出相应编号的颜色用来绘制。不出现时，表明直接定义了各通道的颜色，将采用 Value 的值。二者都不出现时，该颜色各通道的值全部为 0

颜色空间的名称、类型、颜色值的描述格式的详细说明见表 26。

表26　颜色空间的描述格式

类型	BitsPerComponent	示例	说明
RGB	有效	[R #11 #22 #33]	RGB 颜色空间，包含三个通道，依次是红、绿、蓝
ARGB	有效	[AR #11 #22 #33 #44]	RGB with Alpha 颜色空间，包含四个通道， 依次是

			Alpha、红、绿、 蓝
SCRGB	无效	[SC 0.5 0.5 0.5]	scRGB 颜色空间，包含三个通道，依次是红、绿、蓝
GRAY	有效	[G #FF]	Gray 颜色空间，只包含一个通道来表明灰度值
CMYK	无效	[C 0.1 0.2 0.3 0.4]	CMYK 颜色空间，包含四个通道，依次是青、品红、黄、黑
ACMYK	无效	[AC 0.1 0.2 0.3 0.4 0.5]	CMYK with Alpha 颜色空间，包含五个通道，依次是 Alpha、青、品红、黄、黑

关于颜色空间类型说明如下：

RGB：符合 sRGB 标准（IEC 61966-2-1:1999），设备无关，不使用 Profile。

ARGB：在 RGB 的基础上增加透明度（A）通道，设备无关，不使用 Profile。

SCRGB：符合 scRGB 标准（IEC 61966-2-2），设备无关，不使用 Profile。

GRAY：从 sRGB 颜色空间衍生，GRAY 空间中颜色 N 等效于 sRGB 空间中每个通道都等于 N 的颜色，设备无关，不使用 Profile。

CMYK：CMYK 颜色空间无相关标准，设备相关，可以使用 ICC Profile，无 Profile 时不能保证一致的效果。

ACMYK：在CMYK的基础上增加透明度（A）通道，设备相关，可以使用ICC Profile，无Profile时不能保证一致的效果。

7.1.7 绘制参数

绘制参数在资源文件中定义，见表 27。

表27 绘制参数结构定义

元素类型	英文标签	数据类型	选择性	说明
属性	ID	ST_ID	必选	声明该绘制参数的标识，不能与已有标识重复
	Relative	ST_RefID	可选	指明当前绘制参数的基础绘制参数。不出现时，无基础绘制参数
子元素	ColorSpace	ST_RefID	可选	颜色空间，其定义见 7.1.6，缺省颜色空间为 32 位 ARGB
	FillColor	CT_Color	可选	填充颜色，用以填充路径形成的区域以及文字轮廓内的区域。不出现时则不进行填充
	StrokeColor	CT_Color	可选	勾边颜色，指定路径绘制的颜色以及文字轮廓的颜色。不出现时则不进行勾边
	Width	ST_Float	可选	线宽，非负浮点数，指定了路径绘制时一条线的宽度，线宽的单位是页面空间的一个坐标单位。由于某些设备不能输出一个像素宽度的线，因此强制规定当线宽大于 0 时，无论多小都最少要绘制两个像素的宽度；当线宽为 0 时，绘制一个像素的宽度。由于线宽 0 的定义与设备相关，所以不推荐使用线宽 0，默认值为 0
	Join	ST_Integer	可选	结合点，指定了两个线的端点结合时采用的形式，具体内容见 7.4.1.4，默认值为 0
	Dash	ST_Array	可选	虚线，指定了一条线的虚线样式，具体内容见 7.4.1.4，默认为实线

	Cap	ST_Integer	可选	端点，指定了一条线的端点样式，具体内容见 7.4.1.4，默认值为 0
	MiterLimit	ST_Float	可选	斜接限制，这个值限制了两条线相交时尖状结合点的长度，具体内容见 7.4.1.4，默认值为 10.0

7.1.8 图元引用

在资源中定义图元后，应在内容流描述中通过引用的方式来使用这些图元，图元引用（CT_GraphicREF）的结构定义见表 28。

表28 图元引用结构定义

元素类型	英文标签	数据类型	选择性	说明
属性	ID	ST_ID	必选	声明该图元引用的标识，不能与已有标识重复
	BaseRef	ST_RefID	必选	声明被引用图元的标识
	CTM	ST_Array	可选	坐标变换矩阵，用于表示从当前空间坐标系到对象空间坐标系的变换见 7.1.3.2。CTM 不出现时，表示该图元采用当前坐标系
	Boundary	ST_Box	可选	被引用图元的外接矩形，采用当前空间坐标系，当图元绘制超出此矩形区域时不做裁剪 [例外处理]当所引用图元为注释时，该属性应出现
	DrawParam	ST_RefID	可选	通过提供的标识，指明该图元使用的绘制参数。相应的绘制参数的内容在当前可见的资源中查找
	AnchorName	ST_String	可选	锚点名字，主要用于逻辑定位
子元素	Clips	CT_Clip	可选	被引用图元的裁剪区域，采用当前空间坐标系，裁剪区定义见 7.4.4，当存在多个 Clip 对象时，最终裁剪区为所有 Clip 区域的交集
注：BaseRef表示被引用的图元的标识，CTM和Boundary则是在此处使用该图元时，对对象空间坐标系的重定义。CTM不出现时，表示该图元采用当前坐标系 注：Boundary和Clips均采用当前空间坐标系，并不受CTM的影响				

7.1.9 内容流

内容流由一系列图元引用构成，可包含多个层，每层由多个页面块组成，每个页面块内部的图元引用顺序和流式输出顺序保持一致，内容流（CT_Content）的结构定义见表 29。

表29 内容流结构定义

元素类型	英文标签	数据类型	选择性	说明
子元素 0..∞	CustomTag	CT_TagPoint	可选	用户自定义标引点， TagPoint 结构见下图： attributes CT_TagPoint 标引点 ID type ST_ID use required 其中 ID 为用户自定义标引的标识，须对整个文档唯一

	Layer	CT_Layer	可选	层。其结构定义见表 30

层结构定义见表 30。

表30 层结构定义

元素类型	英文标签	数据类型	选择性	说明
属性	Type	ST_String	可选	层类型描述，预定义的类型包括以下 5 种： ——Body：正文层； ——Annotation：注释层。注释对象既可以放在单独的注释层中，也可以放入各个页面块中，根据应用系统的需求来决定； ——Form：表单层； ——Foreground：前景层； ——Background：背景层。 该节点的缺省为 Body，也可以自定义。 Body、Annotation、Background、Foreground、Form 形成了多层内容，这些层按照出现的先后顺序依次进行渲染，每一层的默认色采用全透明白。虽然渲染顺序不依赖于 Layer Type，但是通常来讲，建议这些层的顺序如下图所示。 Annotation Form Foreground Body Background 最上层 最下层
	DrawParam	ST_RefID	可选	内容流的默认绘制参数
	Layout	ST_String	可选	该层下页面块的布局方式，其定义包括以下 4 种： ——CanvasLayout：所有子元素按照绝对坐标位置排列； ——HorizonLayout：所有子元素沿从左至右水平方向排列； ——VerticalLayout：所有子元素沿从上至下垂直方向排列； ——WrapLayout：所有子元素沿从左至右水平方向排列，当子元素右边界超出容器边界时自动换到下一行。 该节点的默认值为 VerticalLayout
子元素	CustomTag	CT_TagPonit	可选	自定义标引，见 7.2.3.6
0..∞	PageBlock	CT_PageBlock	可选	页面块，具体描述见表 31，页面块可以嵌套

页面块（CT_PageBlock）的结构定义见表 31。

表31 页面块结构定义

元素类型	英文标签	类型	选择性	说明
属性	ID	ST_ID	必选	声明该页面块的标识，不能与已有标识重复
	Boundary	ST_Box	可选	该页面块的外接矩形，采用当前空间坐标

	Flag	ST_String	可选	用于指定该内容流和重排相关的一些参数，取值包括以下3种： ——Reflow：表明该页面块将参与重排； ——ReflowAsBlock：表明该页面块将参与重排，但是只能作为一个整体进行放缩； ——NotReflow：表明该页面块不参与重排。 该节点的缺省值为 Reflow
	Layout	ST_String	可选	该页面块子元素的布局方式，布局方式包括 CanvasLayout、HorizonLayout、VerticalLayout 和 WrapLayout。默认值为 VerticalLayout
	AnchorName	ST_String	可选	锚点名字
子元素 0..∞	CustomTag	CT_TagPoint	可选	用户自定义标签，关于标引结构的详细描述见 7.2.3.6
	PageObject	CT_GraphicREF	可选	页面引用对象
	PageBlock	CT_PageBlock	可选	子页面块

7.1.10 自定义对象

应用层宜根据不同的应用逻辑赋予图元相应的语义、编辑等信息。自定义对象（CustomObject）的结构定义见表 32。

表32 自定义对象结构定义

元素类型	英文标签	数据类型	选择性	说明
属性	AppName	ST_String	必选	用于生成或解释该自定义图元数据的应用程序名称
	AppVersion	ST_String	必选	应用程序的版本号
子元素	Property		必选	自定义数据项内容，应由以下两个必选属性构成： ——Type：自定义数据项类型，为ST_String类型； ——Data：自定义数据项数据，为ST_String类型。 在 CustomObject 结构中应至少出现一个 Property 子元素

7.2 文档的结构化信息

7.2.1 概述

本标准格式包括文档的结构化信息，用于文档内容的重排，其要求为：

a） 文档可以根据屏幕大小等参数自动重排，同时保留自然的段落顺序和插图位置；

b） 文档重排后链接等元素跳转到正确的位置；

c） 含有文档逻辑部件，如标题、段、表格、图像、图注、注释及链接等。

7.2.2 文档结构化信息

7.2.2.1 文档逻辑结构信息

在文档根节点中定义了文档逻辑结构信息根节点（StructureRoot），其结构定义见表 33。

表33　文档逻辑结构信息结构定义

元素类型	英文标签	数据类型	选择性	说明
子元素	Styles	ST_Loc	可选	指向样式表文件，具体描述见 7.2.3.1
	Story	CT_Story	可选	文章。每个 StructureRoot 可包含零个或多个文章

7.2.2.2　文章

文章（Story）可覆盖多页的内容，也可若干文章在同一页上共存；可包含整个文档内容或独立的一段内容，其结构定义见表 34。

表34　文章结构定义

元素类型	英文标签	数据类型	选择性	说明
属性	Name	ST_String	必选	文章名字
子元素	Section	CT_Section	可选	节，每个文章可包含零到无穷个节

7.2.2.3　节

节（Section）可覆盖多页的内容，可嵌套形成树状结构，或用于表示某些较高层次的文档结构类型，其结构定义见表 35。

表35　节结构定义

元素类型	英文标签	数据类型	选择性	说明
属性	Name	ST_String	必选	节的名字
	Type	ST_String	可选	节的类型，可取值包括以下几种： ——Body：正文内容； ——Heading：标题，由于节可以嵌套，因此标题也可根据节的嵌套关系进行分级； ——List：列表； ——Table：表格； ——Reference：参考，或者尾注，这里指单个条目的参考文献； ——Acknowledgements：致谢； ——Bibliography：参考书目； ——Colophon：末页； ——CopyrightPage：版权页； ——Cover：封面； ——Dedication：鸣谢； ——Epigraph：题词； ——Foreword：序； ——Glossary：术语表；

				——Index：书后索引； ——ListOfIllustrations：插图清单； ——ListOfTables：目录表； ——Notes：注释； ——Preface：前言； ——TableOfContents：目录； ——TitlePage：标题页，可能包含标题、作者、发行者等信息。 该节点的缺省值为Body
子元素 0..∞	Paragraph	CT_Paragraph	可选	段落，每个节可包含零到无穷个段落
	SubSection	CT_Section	可选	子节，每个节可嵌套零到无穷个子节

7.2.2.4 段落

段落（CT_Paragraph）作为节的子元素，代表了一个自然段，可以覆盖多页的内容，其结构定义见表36。

表36 CT_Paragraph 结构定义

元素类型	英文标签	数据类型	选择性	说明
属性	Name	ST_String	可选	段落名字
	StyleID	ST_RefID	可选	段落样式标识
子元素	Fragment	CT_Fragment	可选	片段，每个段落可包含零到无穷个片段

7.2.2.5 片段

片段(CT_Fragment)作为段落的子元素，只能表示同一页面内的内容，其结构定义见表 37。

表37 片段结构定义

元素类型	英文标签	数据类型	选择性	说明
属性	Name	ST_String	可选	片段名字
	PageID	ST_RefID	必选	所在页的标识
子元素 0..∞	Piec	CT_Piece	可选	块，每个片段可包含零到无穷个块
	Marker	CT_Marker	可选	控制符，每个片段可包含零到无穷个控制符
	RubyGroup	CT_RubyGroup	可选	拼注音组，每个片段可包含零到无穷个拼注音组

7.2.2.6 块

块（CT_Piece）是最基础的逻辑单元之一。块在片段中的出现顺序代表文档实际的阅读顺序。块的结构定义见表 38。

表38 CT_Piece 结构定义

元素类型	英文标签	数据类型	选择性	说明
属性	Name	ST_String	可选	块的名称
	Type	ST_String	可选	该Piece的简单语义类型。 可取值包括Text（文本）、Graph（图形）、Image（图像）、Table（表格）、List(列表)、Heading（节标题）、Header（页眉）、Footer（页脚）、FootNote（脚注）、TableNote（表注）、FigureNote（图注）、Formula（公式）、Quote（引用）、Link（链接）、Superscript （上标）、Subscript （下标）、SubParagraph（子段，被其它结构类型打断的段落的片段）、Ruby（拼注音）。 该节点的缺省值为 Text
	StyleID	ST_RefID	可选	样式标识，可用于样式表中样式的精确引用，当不出现时按照 Type 值使用预定义样式
	Visible	ST_Bool	可选	如果为 true，表示该块可见；如果为 false，则表示不可见，缺省值为 true
	Align	ST_String	可选	块对齐方式，可取值为 Left、Right、Center，缺省值为 Left
	Alternative	ST_RefID	可选	替代性描述，一般为 Piece 的缩略图，指向一个图像对象
	AlternativeText	ST_String	可选	替代性描述文字，一般用于图像类型的块
子元素	AdvAttr	CT_AdvTypography	可选	高级排版属性，如分行缩排、纵中横等，其结构见表 39
	ReferenceObjList	CT_ReferenceObjList	必选	图元引用序列，其结构描述可参见表 40
	ReferenceBlockList	ST_Array	必选	页面块引用标识序列，例如文字块对象序列[8011 8012]，表示该 Piece 内容为页面块 8011 和 8012 的全部内容。有关页面块的详细描述见 7.1.9

高级排版结构定义见表 39。

表39 高级排版结构定义

元素类型	英文标签	数据类型	选择性	说明
属性	Wrapping	ST_String	可选	文字绕排方式，可取值为 Around（文字环绕）、Alone（独占）、Follow（随文图），缺省值为 Alone
	Ascent	ST_Integer	可选	如果 Piece 作为一个盒子参与重排，则该属性定义了当前行基线之上的高度，单位为盒子高度的千分之一，缺省值为 1000
子元素 0..∞	CombineLines		可选	分行缩排，表示文字可根据当前行高排成多行。包括必选属性 LineCount，表示分行缩排中的文字行数，只可取 2 或 3。类型为 ST_Integer
	HorizontalInVert		可选	纵中横，包括属性 FitLine：为必选项，如果为 true，表示

	ical			旋转后的文字要压缩到适合行高。类型为 ST_Bool

图元引用序列（CT_ReferenceObjList）的结构定义见表 40。

表40　图元引用序列结构定义

元素类型	英文标签	选择性	说明
子　元　素	ReferenceObj	必选	页面图元引用。其结构包含两个属性： a) StyleID：样式标识，为可选项，用于 RefIDList 中包含的内容的显示样式，当出现时，块的 StyleID 属性无效。类型为 ST_RefID； b) RefIDList: 图元引用标识序列,为必选项。类型为 ST_Array

7.2.2.7　控制符

控制符（Marker）并不显示，是一种特殊逻辑单元，其作用在于控制流式渲染过程的输出行为，其结构定义见表 41。

表41　控制符结构定义

元素类型	英文标签	数据类型	选择性	说明
属性	Type	String	必选	控制符类型，可支持的控制符包括以下几种： ——Space：表示空格，Value值代表空格个数； ——Tab：表示制表符，Value值表示每个制表符代表多少个字符的宽度； ——NewLine：Value为1，表示后面的内容强制换行缩进显示；如果为0，则表示换行不缩进； ——NewParagraph：Value为1，表示后面的内容强制换段缩进显示；Value为0，则表示换段不缩进； ——NewPage：Value为1，表示后面的内容强制换页缩进显示；Value为0，则表示换页不缩进
	Value	Integer	必选	控制符的值

7.2.2.8　拼注音

拼注音（RubyGroup）也是本标准格式中基础的逻辑单元之一，主要用于描述东亚语言中的拼音和注音等逻辑结构信息，拼注音的结构定义见表 42。

表42　拼注音结构定义

元素类型	英文标签	数据类型	选择性	说明
属性	Align	ST_String	可选	拼注音对齐方式，可取值见表 43，缺省值为 Center
	Position	ST_String	可选	拼注音位置，可取值见表 44，缺省值为 Before
子　元　素	Ruby	CT_Ruby		单个拼注音结构。包括两个子元素： GuideText: 音标文字的图元引用序列，为必选项，类型为 CT_ReferenceObjList； Base：音标对应的正文图元引用序列，为必选项，类型为 CT_ReferenceObjList

Align 属性可取的对齐方式见表 43。

表43　拼注音对齐方式

对齐方式	说明
Center	音标居中显示，如果正文文字宽度小于音标，则正文文字需要居中
Left	音标居左显示
Right	音标居右显示
DistributeLetter	音标两端对齐，如果正文文字宽度小于音标，则正文文字需要按照音标宽度两端对齐
DistributeSpace	音标文字的首尾字符外侧有空位，空位宽度为音标文字字符间距的一半，如果正文文字宽度小于音标，则正文文字需要按上述规则排列

Position 属性的可取值见表 44。

表44　拼注音位置

位置	说明
Before	音标文字位于正文文字之前
After	音标文字位于正文文字之后

7.2.3　流式渲染

7.2.3.1　样式表

样式表（StyleTable）保存在一个 xml 文件中，描述文档在流式状态下的显示格式，由一个或无穷个样式描述（PieceStyle）构成。每个样式描述均有唯一的 ID，并且可以继承已有的样式。样式描述的结构定义见表 45。

表45　样式结构定义

元素类型	英文标签	数据类型	选择性	说明
属性	ID	ST_ID	必选	声明该样式的标识，不能与已有标识重复
	Name	ST_String	可选	样式的名称
	Type	ST_String	可选	样式的语义类型，和 Piece 一致
	Base	ST_RefID	可选	基准样式
子元素	Text	CT_TextClass	可选	文字样式，其结构见表 46
	Font	CT_FontClass	可选	字体样式，其结构见表 47

	Background	CT_BackgroundClass	可选	背景样式，其结构见表48
	Margin	CT_MarginClass	可选	外边距样式，其结构见表 49。外边距用于设置一个块所占空间的边缘到相邻块之间的距离

7.2.3.2 文字样式

文字样式（CT_TextClass）的结构定义见表46。

表46 文字样式结构定义

元素类型	英文标签	数据类型	选择性	说明
子元素	Color	CT_Color	可选	文本颜色，不允许使用索引色，只能使用颜色值，固定为8 BPC，缺省值是黑色即[R 0 0 0]
	Align	ST_String	可选	文本对齐方式，可取值为 Left、Right、Center、Justify，缺省值为 Left
	Indent	ST_Float	可选	文本首行缩进距离，其单位采用字符个数，缺省值为 2
	LineGap	ST_Float	可选	行间距，即行基线之间的距离，其单位为行高的倍数，缺省值为 1
	ParaSpacing	ST_Float	可选	段间距，其单位为行高的倍数，缺省值为 0

7.2.3.3 字体样式

字体样式（CT_FontClass）的结构定义见表 47。

表47 字体样式结构定义

元素类型	英文标签	数据类型	选择性	说明
子元素	Name	ST_String	必选	字体名字，如 Arial, Tahoma, Courier 等
	Size	ST_Float	必选	字体大小，单位和文字对象一致
	Encoding	ST_String	可选	字符编码，取值见表 51 中的 Encoding 属性
	Style	ST_String	可选	字体风格，可取值为 Normal 和 Italic，缺省值为 Normal
	Weight	ST_String	可选	字体浓淡，可取值是 Normal 和 Bold，缺省值为 Normal

7.2.3.4 背景样式

背景样式（CT_ BackgroundClass）的结构定义见表 48。

表48 背景样式结构定义

元素类型	英文标签	数据类型	选择性	说明
子元素	BgColor	CT_Color	可选	背景颜色，不允许使用索引色，只能使用颜色值，固定为 8 BPC，缺省值是白色即[R 255 255 255]
	BgImage	ST_Loc	可选	背景图像，缺省值是空

7.2.3.5 外边距样式

外边距样式（CT_MarginClass）的结构定义见表 49。

表49 外边距样式结构定义

元素类型	英文标签	数据类型	选择性	说明
子元素	Left	ST_Float	可选	左边距，其值采用页面空间坐标单位，缺省值为 0
	Right	ST_Float	可选	右边距，其值采用页面空间坐标单位，缺省值为 0
	Top	ST_Float	可选	上边距，其值采用页面空间坐标单位，缺省值为 0
	Bottom	ST_Float	可选	下边距，其值采用页面空间坐标单位，缺省值为 0

7.2.3.6 自定义标引

本标准格式支持外部系统或用户添加自定义的标记信息，并可进行应用扩展。

自定义标引结构的入口点在 6.2.4 中定义，CustomTags 节点的结构定义见表 50。

表50 CustomTags 结构定义

元素类型	英文标签	数据类型	选择性	说明
属性	CustomSchema	ST_Loc	必选	自定义 Schema，用于指定标签中的 SchemaElementName
子元素	TagRoot	CT_CustomTag	必选	根节点。包括以下 4 个元素： a) Start：起始标签，为必选项，类型为 CT_StartTag。其结构如下： 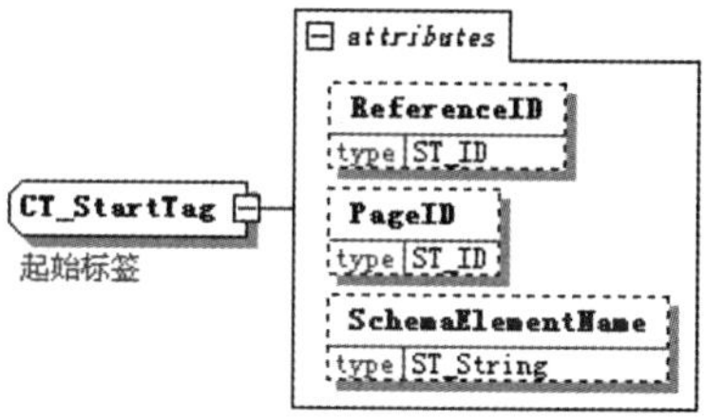 ReferenceID 对应于在内容流中 CustomTag 的标识，PageID 为页标识，用于加速查询效率，SchemaElementName 则由外部输入的 Schema 指定。 b) SimpleTag：简单标签，为可选项，类型为 CT_SimpleTag。其结构如下： 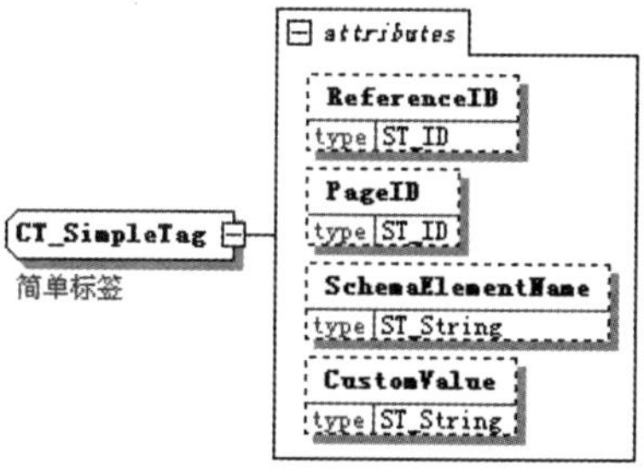 ReferenceID 对应于在内容流中 CustomTag 的标识，PageID 为页标识，用于加速查询效率，SchemaElementName 则由外部输入的 Schema 指定，CustomValue 表示属性值，可用

				于外部系统填写自己需要的值。 c) CustomTag：可嵌套的子节点，为可选项，类型为 CT_CustomTag。 d) End：结束标签，为必选项，类型为 CT_EndTag，其结构如下： 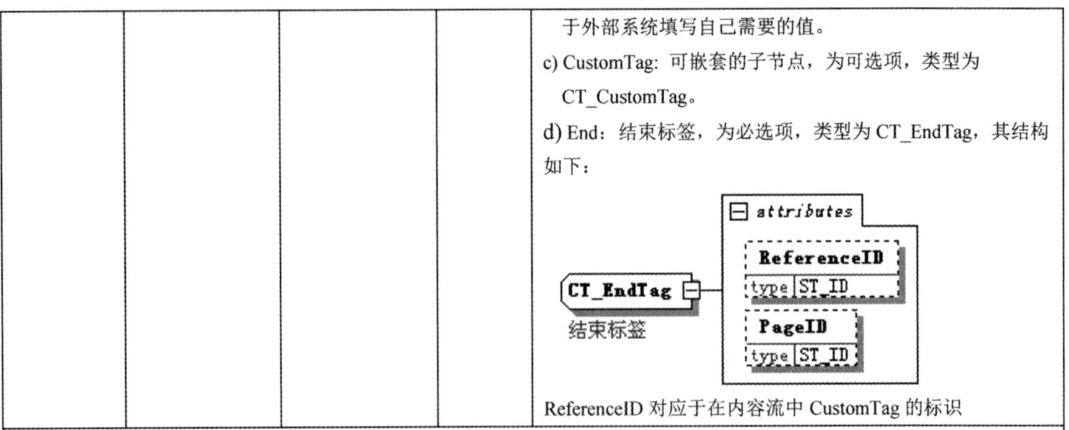 ReferenceID 对应于在内容流中 CustomTag 的标识
注：StartTag和EndTag用来表示一段标记内容，引用的是在内容流中创建的标记点。SimpleTag用来表示单一对象引用、属性或者其他独立的情况				

7.3 文字

7.3.1 字体描述

7.3.1.1 字体结构定义

本标准只支持 OpenType 字体，允许进行字体嵌入。字体（Font）的结构定义见表 51。

表51 字体结构定义

元素类型	属性	数据类型	选择性	说明
属性	ID	ST_ID	必选	声明该字体的标识，不能与已有标识重复
	FontName	ST_String	必选	字体名，这个名字可以是字体的 Postscript Name， 也可以是 Full ame，其 Encoding 方式 和 XML 文件一致。 如果在字体的 Postscript Name 和 Full Name 表中没有这个名字，则可采用操作系统 API 接口所定义的名字， 比如 Windows 平台中 LOGFONT 结构体中的 lfFaceName 成员
	FamilyName	ST_String	可选	字体族名
	Italic	ST_Integer	可选	字体的倾斜度，具体见 7.3.3。不出现时按照不倾斜处理
	Weight	ST_Integer	可选	字体笔画的浓淡度，具体见 7.3.3。不出现时按照正常处理
	UnicodeText	ST_Bool	可选	表明使用此字体的 Text 对象中的 TextCode 值是否为 Unicode 编码，默认值为 true
	Encoding	ST_String	可选	字体编码方式，目前可取值包括 Symbol（符号编码）、UCS-2（Unicode BMP）、ShiftJIS（日文编码）、 Johab（韩文编码）、PRC（简体中文编码）、Big5（繁体中文编码），默认值为 UCS-2
子元素	EmbeddedFont	CT_EmbeddedFont	可选	内嵌字体描述信息，有关内嵌字体的详细描述，见表 52
	WidthTable	CT_WidthTable	可选	字宽表，其结构见表 53。如果出现则须使用该字宽表定

				义的字宽数据，如果不出现则使用字体内部的字宽数据
	FontDescriptor	CT_FontDescriptor	可选	字体描述。须包括属性 FixedPitch 和属性 Serif。其中 FixedPitch 为 ST_Bool 型变量，表示该字体是否为等宽字体；Serif 也为 ST_Bool 型变量，表示该字体是否有衬线

7.3.1.2 内嵌字体

内嵌字体（CT_EmbeddedFont）的结构定义见表 52。

表52 内嵌字体结构定义

元素类型		英文标签	数据类型	选择性	说明
子元素		Base		必选	保存内嵌字体的原始信息
	子元素	FontFile	ST_Loc	必选	指向内嵌字体文件，只支持 OpenType 字体，用于内嵌字体文件较大的情况
		FontFileEx		必选	内嵌字体数据包引用信息描述。应由以下两个必选属性构成： ——BaseRef：声明引用的内嵌字体数据包的标识，其所指向的内嵌字体数据包须存在，其类型为 ST_RefID，有关内嵌字体数据包的描述见附录A 内嵌字体数据包。 ——Index：表示所使用的字体在内嵌字体数据包中的编号，用于在内嵌字体数据包中定位字体数据的位置，其类型为 ST_Int，有关内嵌字体数据包的描述见附录 A

7.3.1.3 字宽表

字宽表（CT_WidthTable）的结构定义见表 53。

表53 字宽表结构定义

元素类型	英文标签	数据类型	选择性	说明
属性	DefaultWidth	ST_Integer	可选	默认字符宽度，默认值为 1000，单位为字号的千分之一
	DefaultVMetrics	ST_Array	可选	定义竖排文字时使用的字宽信息，其取值符合[元素1 元素2]： “元素1”的值为注3中Origin0到Origin1在y轴方向的位移（x 轴的位移为由下面W属性中取得的字符宽度的1/2）； “元素 2”的值为字符的高度，即注 2 中的 W1，默认值为[-880 1000]，表示向量 W1 为(0，1000)，V 为（$\frac{W_0}{2}$,-880）
子元素	Widths	ST_Array	可选	字符宽度表。 当数组中有嵌套的子数组时，其前一个元素为正整数，代表字符编码，子数组的元素表示从该字符编码开始的连续的字符的宽度，如：[10 [400 325 500]]表示字符编码10、11、

				12对应的字符宽度为400、325、500； 当数组中有三个连续正整数，前两个数表示一段字符编号的开始值和结束值，第三个数表示这段字符编号所对应的字符的宽度,如[70 80 1000]，表示字符编码 70 到 80 之间的字符宽度为 1000
	VMetrics	ST_Array	可选	字宽信息表，竖排文字时使用。 当数组中有嵌套的子数组时，其前一个元素为正整数，代表字符编码，该数组中的元素以相连的三个数为一组，表示从该字符编码开始的连续的字符的宽度，第一个数表示W1，第二个数表示 Origin0 到 Origin1 在 x 轴方向的位移，第三个数表示 Origin0 到 Origin1 在 y 轴方向的位移；当数组中有五个连续正整数时，前两个数表示一段字符编码的开始值和结束值，第三个数表示 W1，第四个数表示 Origin0 到 Origin1 在 x 轴方向的位移，第五个数表示 Origin0 到 Origin1 在 y 轴方向的位移。例如：[10 [1000 250 -772] 70 80 1000 500 -900]，表示编码为 10 的字符的 W1 为(0,1000)，V 为(250,-772)，字符编码 70 到 80 之间的字符的 W1 为(0,1000)，V 为(500,-900)

注1：

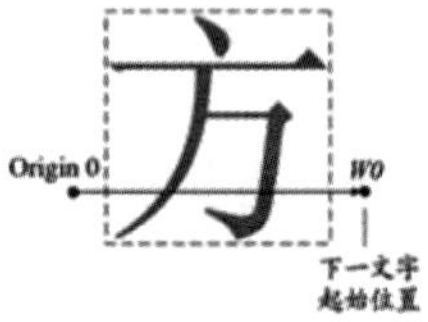

Origin 0
W0
下一文字起始位置

横排模式

注2：

Origin 0
W1
下一文字起始位置

竖排模式

注3：

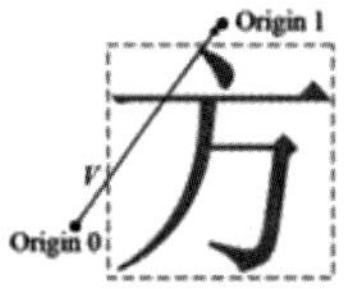

Origin 1
V
Origin 0

横排与竖排文字起始位置对照

7.3.2 文字描述

7.3.2.1　文字结构定义

文字的输出结果由字体、内容以及基础渲染属性决定。文字（Text）为图元的一种，其结构定义以图元为基础，特有的属性和子元素定义见表 54。

表54　文字结构定义

元素类型	英文标签	数据类型	选择性	说明
属性	Font	ST_RefID	必选	字体标识。当无有效字体时，使用默认替换字体
	Size	ST_Float	必选	字号，以磅为单位
	Stroke	ST_Bool	可选	勾边属性。当取值为true时表示勾边，当取值为false时表示不勾边，当不出现时表示不勾边。勾边时采用的颜色使用绘制参数中定义的颜色。 [例外处理]当文字对象被裁剪区引用时此属性被忽略
	Fill	ST_Bool	可选	填充，true代表填充，false代表不填充。不出现时认为进行填充。填充时采用的颜色使用绘制参数中定义的颜色。 [例外处理]当文字对象被裁剪区引用时此属性被忽略
	HScale	ST_Float	可选	字形在字符方向的放缩比，默认值为 1.0。例如当 HScale 值为 0.5 时表示实际显示的字宽为原来字宽的一半
	ReadDirection	ST_Integer	可选	阅读方向，指定了文字排列的方向，例如横排、竖排，默认值为 0。具体内容见 7.3.3
	CharDirection	ST_Integer	可选	字符方向，指定了文字放置的方式，例如正常放置，旋转 90 度放置，默认值为 0。具体内容见 7.3.3
子元素	CGTransform	ST_Array	可选	指定字符编码到字形索引之间的变换关系，具体描述见 7.3.4
1..∞	TextCode	ST_String	必选	文字内容。当字符编码不在 XML 标准允许的字符范围之内时，须采用“\”加四位十六进制数的格式转义；文字内容中出现的“\”字符须转义为“\\”；其他字符是否做转义为可选。如，Unicode 字符 U+001A 需要写为“\001A”，“A\B”可以写为“A\\B”或“\0041\\B”等。其结构定义见表 55

7.3.2.2　文字内容

文字内容（TextCode）的结构定义见表 55。

表55　文字内容结构定义

元素类型	英文标签	数据类型	选择性	说明
属性	x	ST_Float	可选	文字的 x 坐标，是 TextCode 内包含文字的第一个字符在当前坐标系统下的坐标。当 x 不出现，y 出现时，则采用上一个 TextCode 的 x 值
	y	ST_Float	可选	文字的 y 坐标，是 TextCode 内包含文字的第一个字符在当前坐标系统下的坐标。当 y 不出现，x 出现时，则采用上一个 TextCode 的 y 值
	CharDistance	ST_Float	可选	字送，即从当前字符的绘制位置到下一个字符的绘制位置的距离，采用当前坐标空间单位，见附录 B 文字绘制规则。此属性主要用于等宽字体，当没有指定时，采用字体中的字宽数据和

				CharSpace 来决定下个字符的绘制位置
	CharSpace	ST_Float	可选	字间距，默认值为 0，主要用于非等宽字体。当 CharDistance 属性出现时无效，此时下一个字符的绘制位置完全由 CharDistance 决定
	WordSpace	ST_Float	可选	词间距，默认值为 0，主要用于指定英文空格的宽度。当 CharDistance 属性出现时无效，此时下一个字符的绘制位置完全由 CharDistance 决定
	UnderLine	ST_Bool	可选	下划线，当为 true 时表示绘制下划线，当为 false 时表示不绘制下划线，当不出现时表示未使用下划线。该属性只是用以标识，主要用于重新排版、信息抽取，而不用于版式或者其他形式的版面还原行为
	DeleteLine	ST_Bool	可选	删除线，当为 true 时表示绘制删除线，当为 false 时表示不绘制删除线，当不出现时未使用删除线。该属性只是用以标识，主要用于重新排版、信息抽取，而不用于版式或者其他形式的版面还原行为
子元素	Kerning	ST_Integer	可选	字符间距调整，数值以当前字号的千分之一为单位。当 CharDistance 属性出现时无效。正值表示间距加大，负值表示间距缩小 [例外处理]Kerning 如果出现于 TextCode 所有字符之前，或者出现于 TextCode 所有字符之后，均被视为无效。 [例外处理]当 CGTransform 中存在多对一或者多对多变换时，TextCode 中的同一变换组字符间的 Kerning 无效

注：TextCode中的x和y值确定其第一个字符的绘制位置。若TextCode内包含多于一个字符，则后续字符的绘制位置与属性中的CharDirection和ReadDirection密切相关。关于字符绘制位置、CharDirection和ReadDirection的描述见7.3.3。每个TextCode节点的x和y应至少出现一个，而Text中的第一个TextCode节点须指定其x和y值

7.3.3 基础渲染属性

文字的输出应明确字体倾斜度、笔画浓淡度、字符方向和阅读方向等信息：

a) Italic 为字体的倾斜度，Weight 为字体的笔画浓淡度，当使用 Italic 和 Weight 时需要指定字体支持该特性，其取值说明见表 56。

表56 字体倾斜度和笔画浓淡度取值说明

元素	值	定义
Italic 值	正整数	倾斜角度，表示文字垂直向上方向沿顺时针旋转的度数
	0	不倾斜
	-1	使用默认值进行倾斜
	其他值	未定义，按照 0 处理
Weight 值	正整数	笔画浓度值，可取值为 100/200/300/400/500/600/700/800/900，400 为默认标准字符，700 等同于标准 Bold 效果
	0	不加粗，相当于浓度值为 400 的情况
	-1	使用默认值加粗，相当于浓度值为 700 的情况
	-2	比默认值更粗，相当于浓度值为 900 时的情况

	其他值	未定义，按照 0 处理
注：使用Italic、Weight时应指定字体支持这样的特性，否则这两个值将被忽略		

b） CharDirection 与 ReadDirection 规定文字显示时的排列方向。其中，CharDirection 指定单个文字绘制方向，即文字的基线方向，用从 *x* 轴正方向顺时针到字形基线的角度表示；ReadDirection 指定阅读方向，用从 *x* 轴正方向顺时针到文字排列方向的角度表示，其数值规定见表 57。

表57　字符方向和阅读方向的定义

元素	值	定义
CharDirection	0	默认值，以“A”为例，显示效果为A
	90	字形顺时针旋转 90 度，以“A”为例，显示效果为A（旋转90度）
	180	字形顺时针旋转 180 度，以“A”为例，显示效果为∀
	270	字形顺时针旋转 270 度，以“A”为例，显示效果为A（旋转270度）
	其他值	未定义，按照 0 处理
ReadDirection	0	默认值，从左往右阅读，以字符串“ABC”为例，CharDirection 为 0，显示效果为 ABC
	90	从上往下阅读，以字符串“ABC”为例，CharDirection 为 0，显示效果为 A B C
	180	从右往左阅读，以字符串“ABC”为例，CharDirection 为 0，显示效果为 CBA
	270	从下往上阅读，以字符串“ABC”为例，CharDirection 为 0，显示效果为 C B A
	其他值	未定义，按照 0 处理

7.3.4　字形变换

文字内容通常以字符编码UTF-16的形式在TextCode中表示，字符编码到字形之间的变换关系可分为一对一、多对一、一对多和多对多四种。

a）　一对一

当一个字符编码对应一个字形时：

1) 若文字使用非内嵌字体，则根据文字使用的字体，使用字体的内置 CMap 表计算并取得相应的字形；
2) 若文字使用内嵌字体，则使用内嵌字体数据中的编码-字形映射表来取得字形索引，具体见附录 A；
3) 若一些字符编码需要对应特别的字符索引，该对应关系与内嵌字体数据中的 CharMap 中对应关系不同，则应使用字形变换。

图12是一个一对一的编码-字形变换示例图，图中字符a、b、c分别映射为1、2、3。

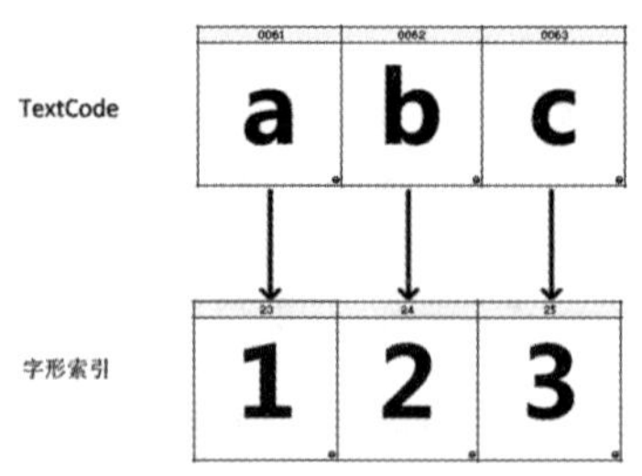

图12　一对一示例

b)　多对一

多个字符编码对应一个字形的情况如图 13 所示，图中的 f 和 l 字符在显示时被一个 fl 连字符代替。

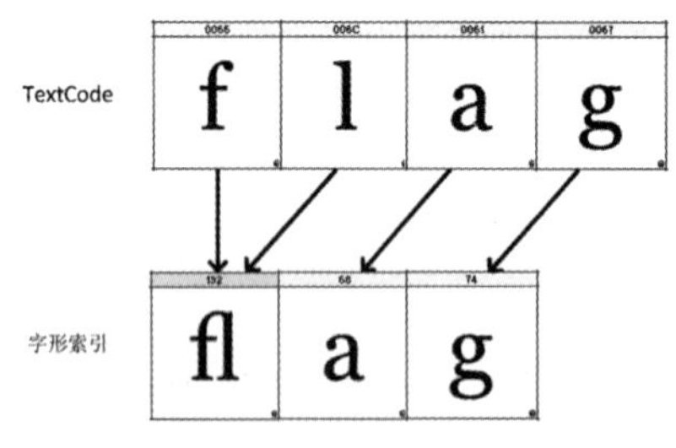

图13　多对一示例

c)　一对多

一个字符编码对应多个字形的情况描述如图 14，图中所示的泰国文字中许多字体会将圆圈和钩子分开描述，再加上一些渲染位置的说明。

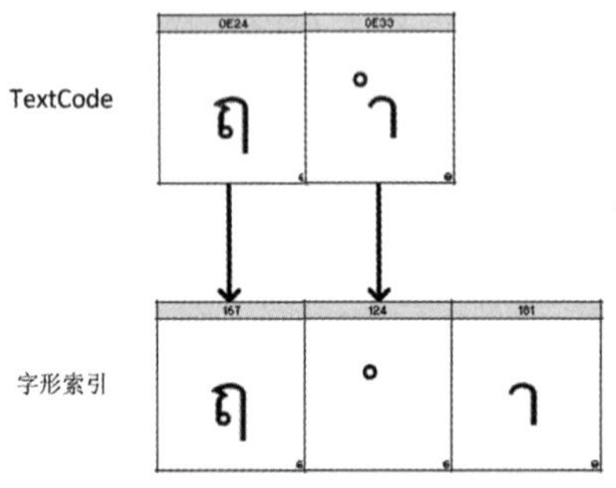

图14　一对多示例

d)　多对多

在泰米尔语文字中就会存在多个字符编码对应多个字形的情况，图15中所示两个泰米尔语文字在有些字体中对应三个字形。

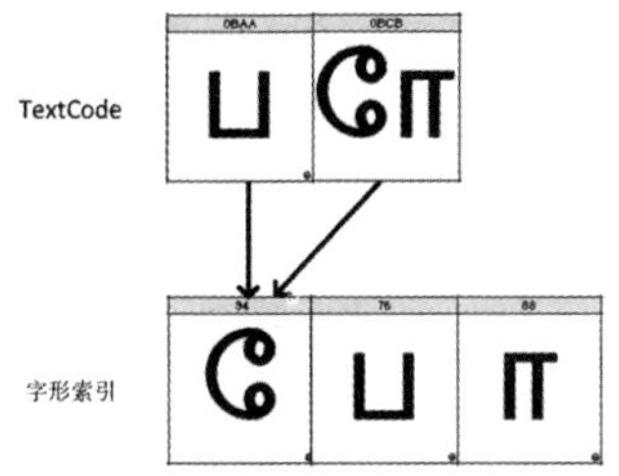

图15　多对多示例

对 TextCode 中的每一个字符进行精确定位应使用字形变换来详细描述字符编码和字形索引之间的变换关系，字形变换（CGTransform）的结构定义见表 58。

表58　字形变换结构定义

元素类型	英文标签	数据类型	选择性	说明
属性	CodePosition	ST_Integer	必选	TextCode 中字符编码的起始位置，从 0 开始
	CodeCount	ST_Integer	可选	变换关系中字符编码的个数，该数值须大于或等于 1，否则属于错误描述，缺省为 1
	GlyphCount	ST_Integer	可选	变换关系中字形索引的个数，该数值须大于或等于 1，否则属于错误描述，缺省为 1
子元素	Glyphs	ST_Array	可选	变换关系中字形索引列表
	AdvancedPosition	ST_Array	可选	精确定位信息。用于对特定字符进行微调以达到更准确的输出效果，它是一个包含四个元素的数组，即：[GlyphPosition PlacementAdjusting XOffset YOffset]，其中每个元素的含义如下： ——GlyphPosition：编码-字形变换中的字形位置，从0开始，在不做编码-字形变换时，等同于一对一的情况，代表的是TextCode中的字符索引，类型为Integer。 ———PlacementAdjusting：当前字形起始位置到下一个字形起始位置的距离修正，对本TextCode后续所有字形有效，采用当前字号的千分之一为基本单位，当不出现时默认值为0，类型为Float。 ——XOffset：调整字形在x方向的位移，以字符阅读方向为正，数值以当前字号的千分之一为基本单位。如，当值为500时位移为当前字号的一半；当不出现时默认值为0，类型为Float。 ———YOffset：调整字形在 y 方向的位移，以字符阅读方向逆时针旋转 90 度为正，不受字符方向影响。数值以当前字号的千分之一为基本单位，当不出现时默认值为 0，类型为 Float。

7.4　图形

7.4.1　路径

7.4.1.1　路径元素描述方式

路径（Path）的描述方法分为两种，采用紧缩命令方式和采用路径元素方式。

路径由一系列子路径（SubPath）组成，每条子路径从Start节点指定的起始点坐标逐步构建最终的路径，路径元素包括起始点、当前点、线段、Bezier曲线和圆弧等。

路径为图元的一种，其结构定义以图元为基础，特有的属性和子元素定义见表 59。

表59　路径结构定义

元素类型		英文标签	数据类型	选择性	说明
属性		Stroke	ST_Bool	可选	描述 Path 是否被勾边，默认值为 true
		Fill	ST_Bool	可选	描述 Path 是否被填充，默认值为 false
		Rule	ST_String	可选	描述 Path 的填充规则。当 Fill 属性存在时出现。可选值为 NonZero 和 Even-Odd，默认值为 NonZero
子元素		AbbreviatedData	ST_String	必选	一种路径元素描述序列，由一系列紧缩的操作符和操作数构成，操作符和操作数都需要区分大小写。详细说明见表 60
	子元素 1..∞	Start	ST_Pos	必选	定义 SubPath 的起始点坐标
		Current	ST_Pos	必选	将当前点移动到指定点
		Line	ST_Pos	必选	从当前点连接一条到指定点的线段，并将当前点移动到指定点
		QuadraticBezier	CT_QuadraticBezier	必选	从当前点连接一条到 Point2 点的二次贝塞尔曲线，并将当前点移动到 Point2 点，此贝塞尔曲线使用 Point1 点作为其控制点。二次贝塞尔曲线的结构及其描述见 7.4.1.5
		CubicBezier	CT_Bezier	必选	从当前点连接一条到 Point3 点的三次贝塞尔曲线，并将当前点移动到 Point3 点，此贝塞尔曲线使用 Point1 点和 Point2 点作为其控制点。三次贝塞尔曲线的结构及其描述见 7.4.1.5
		Arc	CT_Arc	必选	从当前点连接一条到 EndPoint 点的圆弧，并将当前点移动到 EndPoint 点。圆弧的结构及其描述见 7.4.1.6
		Close	ST_Bool	必选	SubPath 是否自动闭合。如果为 true，则表示将当前点和 SubPath 的起始点用线段直接连接；如果为 false，则直接结束 SubPath
		Rect	ST_Box	必选	结束上一个 SubPath，开始一个闭合矩形的 SubPath。该矩形是以点(x, y)为起始点，按顺时针方向的一段闭合图形
		Ellipse	CT_Ellipse	必选	结束上一个 SubPath，开始一个闭合椭圆的 SubPath。该椭圆是以其长轴在 x 轴上正方向的端点为起点，按顺时针方向的一段闭合图形
注：若在Start节点前不是Close节点，则表明开始一段新的SubPath，并且Start节点前的SubPath不闭合。如果在Close节点之后没有Start节点，而直接紧跟Current、Line、Bezier等路径元素，则后续第一个路径元素表示开始一段新的SubPath，并且该SubPath的起始点是当前点					

7.4.1.2　紧缩路径描述方式

紧缩路径描述方式说明见表 60。

表60　紧缩路径说明

操作符	操作数	说明
S	x y	定义 SubPath 的起始点坐标(x, y)
M	x y	将当前点移动到指定点(x, y)
L	x y	从当前点连接一条到指定点(x, y)的线段，并将当前点移动到指定点
Q	x_1 y_1 x_2 y_2	从当前点连接一条到点(x_2, y_2)的二次贝塞尔曲线，并将当前点移动到点(x_2, y_2)，此贝塞尔曲线使用点(x_1, y_1)作为其控制点
B	x_1 y_1 x_2 y_2 x_3 y_3	从当前点连接一条到点(x_3, y_3)的三次贝塞尔曲线，并将当前点移动到点(x_3, y_3)，此贝塞尔曲线使用点(x_1, y_1)和点(x_2, y_2)作为其控制点
A	r_x r_y angle large sweep x y	从当前点连接一条到点(x, y)的圆弧，并将当前点移动到点(x,y)。 r_x表示椭圆的长轴长度，r_y表示椭圆的短轴长度。angle 表示椭圆在当前坐标系下旋转的角度，正值为顺时针，负值为逆时针，large 为 1 时表示对应为度数大于 180 度的弧，0 表示对应度数小于 180 度的弧。sweep 为 1 时表示由圆弧起点到终点是顺时针旋转，0 表示由圆弧起点到终点是逆时针旋转
C		SubPath 自动闭合，表示将当前点和 SubPath 的起始点用线段直接连接
R	x y w h	结束上一 SubPath，增加以(x, y)为左上角点，w 为宽，h 为高的矩形，w 和 h 的取值须大于 0。该矩形是以点(x, y)为起始点，按顺时针方向的一段闭合图形
E	x y r ecc angle	结束上一 SubPath，增加以(x, y)为中心的椭圆，ecc 为离心率， r 为半长轴，angle 为椭圆长轴与 x 轴正向的夹角。该椭圆是以其长轴在 x 轴上正方向的端点为起始点，按顺时针方向的一段闭合图形

闭合椭圆的结构定义见表 61。

表61　闭合椭圆结构定义

元素类型	英文标签	数据类型	选择性	说明
属性	Center	ST_Pos	必选	椭圆的中心点坐标
	Radius	ST_Float	必选	椭圆的半长轴长度，如果离心率为 0，则为对应的圆半径
	Eccentricity	ST_Float	可选	椭圆的离心率，即椭圆焦距与长轴的比值，取值范围是[0, 1]， 默认值为 0，在这种情况下椭圆退化为圆
	Angle	ST_Float	可选	椭圆的倾斜角度，椭圆长轴与 x 轴正向的夹角，默认值为 0，单位为度

7.4.1.3　路径填充规则

路径填充规则如下：

a)　当值为 NonZero 时， Fill 应遵循从所需判断的点处向任意方向无穷远处引一条射线，同时引入一个初始值为 0 的计数。射线每经过一条由左至右方向的线型时计数加 1，射线每经过一条由右至左方向的线型时则计数减 1。若每条射线总计数均为 0，则判断该点在 Path 外部，反之则在 Path 内部；

b) 当值为 Even-Odd 时，Fill 应遵循从所需判断的点处向任意方向无穷远处引一条射线，同时引入一个初始值为 0 的计数，射线每经过任意线型时计数加 1。若每条射线总计数均为奇数，则判断该点在 Path 内部；反之则在 Path 外部。在 Path 内部的点作为填充时的有效区域，或作为裁剪区时的有效范围。

7.4.1.4 图形绘制参数

在图元引用(GraphicREF)的属性中，有绘制参数 DrawParam。对于路径对象，若绘制参数中的 FillColor 和 StrokeColor 不存在，则路径对象默认使用当前页绘制参数中定义的 FillColor 和 StrokeColor 的值。此外，绘制参数还包含一些可供设置的属性，见表 62。

表62 图形绘制参数

英文标签	数据类型	选择性	说明
Join	ST_Integer	可选	结合点，指定了两个线的端点结合时采用的形式，取值范围见表 63
Dash	ST_Array	可选	虚线，定义了一条虚线的样式，形如[*X* [*a b c* ...]]。 其中 *X* 表示循环的起始偏移位置，[*a b c* ...]的数字依次表示一个循环内的实线或空白的长度， 每段长度值不能为负数。*X* 可以不出现，在不出现时 默认 为 0
Cap	ST_Integer	可选	端点，指定了一个线的端点样式，可选值 0，1，2
MiterLimit	ST_Float	可选	斜接限制值。当结合点样式为尖状结合时有效，主要用于当两条角度很小的线端结合时，结合点长度可能远大于路径勾边的厚度的情况

Join 值对应的线条结合点样式见表 63。

表63 结合点样式

取值	样式	描述
0		尖状结合
1		圆角结合
2		平角结合

对于尖状结合，结合点长度的计算见式（1）：

$$\frac{W}{L}=\sin(\frac{\alpha}{2}) \qquad \text{...(1)}$$

式中：

W —线宽；

L —结合点长度。如图 16 所示。

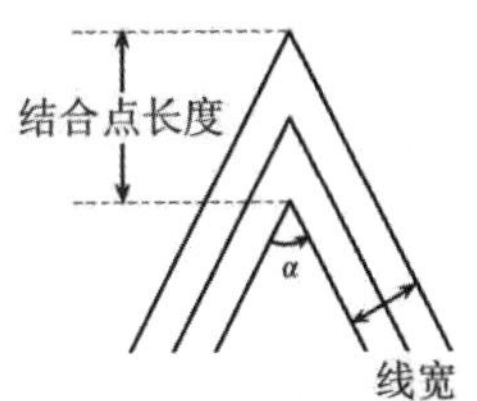

图16　结合点

若结合点长度超过了 MiterLimit 所规定的值，结合点样式须在 MiterLimit 处转为平角结合。

Dash 定义的虚线样例见表 64。

表64　虚线样式

Dash 数组	展现形式
[]	
[30 30]	
[10 [30 30]]	
[30 15]	
[25 [15 30]]	
[50 [30 15]]	

Cap 值对应的线条端点样式见表 65。

表65　端点样式

取值	样式
0	
1	
2	

7.4.1.5　贝塞尔曲线

本标准格式支持二次贝塞尔曲线和三次贝塞尔曲线：

a）二次贝塞尔曲线（CT_QuadraticBezier）的结构定义见表66。

b）三次贝塞尔曲线（CT_CubicBezier）的结构定义见表67。

表66　二次贝塞尔曲线结构定义

元素类型	英文标签	数据类型	选择性	说明
属性	Point1	ST_Pos	必选	二次贝塞尔曲线的控制点坐标
	Point2	ST_Pos	必选	二次贝塞尔曲线的终点，下一路径的起点

表67　三次贝塞尔曲线结构定义

元素类型	英文标签	数据类型	选择性	说明
属性	Point1	ST_Pos	可选	三次贝塞尔曲线的第一个控制点坐标
	Point2	ST_Pos	可选	三次贝塞尔曲线的第二个控制点坐标
	Point3	ST_Pos	必选	三次贝塞尔曲线的终点，下一路径的起点
注：当Point1不存在时，第一控制点取当前点的值，当Point2不存在时，第二控制点取Point3的值				

7.4.1.6　圆弧

圆弧（CT_Arc）描述了椭圆曲线的一部分，其结构定义见表 68。具体的圆弧绘制算法见附录 D。

表68　圆弧结构定义

元素类型	英文标签	数据类型	选择性	说明
属性	EndPoint	ST_Pos	必选	圆弧的终点，也是下个路径的起点。 [例外处理]如果终点和当前点位置重合，则忽略该圆弧
	EllipseSize	ST_Array	必选	形如[200，　100]的数组，2 个正浮点数值依次对应椭圆的长短轴长度，较大的一个为长轴。 [例外处理]如果数组长度超过二，则只取前两个数值。 [例外处理]如果数组长度为一，则认为这是一个圆，该数值为圆半径。 [例外处理]如果数组前两个数值中有一个为 0，或者数组为空，则圆弧退化为一条从当前点到 EndPoint 的线段。 [例外处理]如果数组数值为负值，则取其绝对值
	RotationAngle	ST_Float	必选	表示按 EllipseSize 绘制的椭圆在当前坐标系下旋转的角度。正值为顺时针，负值为逆时针。 [例外处理]如果角度大于 360°，则以 360 为模数取模
	LargeArc	ST_Bool	必选	对于一个给定长短轴的椭圆以及起点和终点，有一大一小两条圆弧。true 表示此线型对应的为度数大于 180° 的弧，false 表示对应度数小于 180° 的弧。如果所描述线型恰好为 180°的弧，则此属性的值不被参考，可由 SweepDirection 属性确定圆弧的形状
	SweepDirection	ST_Bool	必选	对于经过坐标系上指定两点，给定旋转角度和长短轴长度的椭圆，满足条件的可能有 2 个，由起点和终点所构成的对应圆弧共有 4 条。通过 LargeArc 属性可以排除 2 条，由此属性从余下的 2 条圆弧中确定一条。true 表示由圆弧起点到终点是顺时针旋转，false 表示由圆弧起点到终点是逆时针旋转

7.4.2　渐变

7.4.2.1 渐变基本结构

渐变（CT_Shading）提供了一种预定义的渲染模式和在指定区域内的颜色过渡过程，一个渐变区间为由起点颜色到终点颜色的一次渐变。渐变分为轴向渐变、径向简便和三角渐变。渐变为图元的一种，其结构定义以图元为基础，特有子元素定义见表69。

表69 渐变结构定义

元素类型	英文标签	数据类型	选择性	说明
子元素	ColorSpace	ST_RefID	必选	渐变内所使用的颜色空间，不受使用时绘制参数指定的颜色空间的约束，关于颜色空间的描述见 7.1.6

7.4.2.2 轴向渐变

在轴向渐变（CT_AxialShd）中，颜色沿着一条指定的轴线方向进行渐变，与这条轴线垂直的直线上的点颜色相同。轴线由一个起点和一个终点决定。轴向渐变的结构定义见表 70。

表70 轴向渐变结构定义

元素类型	英文标签	数据类型	选择性	说明
属性	MapType	ST_String	可选	渐变绘制的方式，可选值为 Direct，Repeat，Reflect，默认值为 Direct
	MapUnit	ST_Float	可选	当 MapType 的值不为 Direct 时出现。表示轴线上一个渐变区间所绘制的长度，默认值为轴线长度。 [例外处理]如果数值不符合数据类型，则取默认值
	Extend	ST_Integer	可选	当轴线至少有一端点位于Clip裁剪区域对象内部时，轴线延长线方向是否继续绘制渐变。可选值为0、1、2、3，默认值为0。对各取值的说明如下： ——0：不向两端点以外的延长线方向绘制渐变； ——1：在终点至起点延长线方向绘制渐变； ——2：在起点至终点延长线方向绘制渐变； ——3：向两端点以外的延长线方向绘制渐变。 当轴向渐变某个方向设定为延伸时（Extend 属性值大于0），渐变应沿轴在该方向的延长线延伸到超出渲染该渐变时所使用的裁剪区在该轴线上的投影区域为止。延伸的区域的渲染颜色使用该方向轴点的颜色
	StartPoint	ST_Pos	必选	轴线的起始点
	EndPoint	ST_Pos	必选	轴线的结束点
子　元　素	StartColor	CT_Color	必选	起始点的颜色
	EndColor	CT_Color	必选	结束点的颜色

7.4.2.3 径向渐变

径向渐变（RadialShd）定义两个离心率和倾斜角度均相同的椭圆，并在其中心点连线上进行渐变绘制。

径向渐变的结构以渐变为基础，特有属性和子元素定义见表 71。

表71　径向渐变结构定义

元素类型	英文标签	数据类型	选择性	说明
属性	MapType	ST_String	可选	渐变绘制的方式，可选值为 Direct，Repeat，Reflect，默认值为 Direct
	MapUnit	ST_Float	可选	当 MapType 的值不为 Direct 时出现，表示中心点连线上一个渐变区间所绘制的长度，默认值为中心点连线长度。 [例外处理]如果数值不符合数据类型，则取默认值
	Eccentricity	ST_Float	可选	两个椭圆的离心率，即椭圆焦距与长轴的比值，取值范围是[0，1]。默认值为 0，在这种情况下椭圆退化为圆。 [例外处理]取值范围不满足要求的情况，值按 0 处理
	Angle	ST_Float	可选	两个椭圆的倾斜角度，椭圆长轴与 x 轴正向的夹角，默认值为 0，单位为角度。
子　元　素	Ellipse		必选	两个椭圆的数据，此标签出现且仅出现两个。先出现的为起始圆，后出现的为终点圆。其结构定义见表 72

椭圆数据结构定义见表 72。

表72　椭圆数据结构定义

元素类型	英文标签	数据类型	选择性	说明
属性	Center	ST_Pos	必选	椭圆的中心点坐标
	Radius	ST_Float	必选	椭圆的半长轴长度，如果离心率为 0，则为对应的圆半径
	Extend	ST_Bool	可选	表示在中心点延长线靠近此圆的方向上是否继续绘制，默认为 false。 当径向渐变某个方向设定为延伸时（该方向的椭圆节点的 Extend 属性为 true），这时分两种情况： a) 当延伸方向的椭圆比另一个方向的椭圆小时，渐变应沿两个椭圆的中心点的连线在该方向的延长线上继续渲染，直到椭圆的半长轴变为 0 为止。延伸的区域的渲染颜色使用该方向的椭圆的绘制颜色。 b) 当延伸方向的椭圆比另一个方向的椭圆大或者与另一个方向的椭圆大小相同时，渐变应沿两个椭圆的中心点的连线在该方向的延长线上继续渲染，直到椭圆中心点超出了渲染该渐变时所使用的裁剪区在上述两个椭圆中心点连线上的投影区域为止。延伸的区域的渲染颜色使用该方向的椭圆的绘制颜色
子元素	Color	CT_Color	必选	此椭圆的颜色

7.4.2.4　三角渐变

三角渐变（TriShd）指定三个带有可选颜色的顶点，在其构成的三角形区域内绘制渐变图形。三角渐变的结构以渐变为基础，特有属性和子元素定义见表 73。

表73 三角渐变结构定义

元素类型	英文标签	选择性	说明
子元素	Point	必选	三角形三个点的坐标以及颜色信息，一定出现三个。 Point应由必选属性Pos和顺序出现的子元素Color构成。 ——Pos：此顶点的坐标，类型为ST_Pos； ——Color：此顶点对应的颜色，三角渐变的内部着色应采用；类型为ST_Color。 [例外处理]当三个点中出现两个点重合或三个点都重合时，该三角形不能被显示

7.4.3 底纹

底纹（Pattern）为图元的一种，其结构定义以图元（GraphicUnit）为基础，特有属性和子元素定义见表 74。

表74 底纹结构定义

元素类型	英文标签	数据类型	选择性	说明
属性	Width	ST_Float	必选	底纹绘制区域的宽度
	Height	ST_Float	必选	底纹绘制区域的高度
	ViewportOrg	ST_Pos	可选	坐标原点所在底纹单元的左上角坐标，采用当前空间坐标系，用于确定底纹单元放置的初始位置。如果不出现则默认底纹单元的左上角坐标和坐标原点重合
	XStep	ST_Float	可选	*x* 方向底纹单元间距，如果不出现，则默认为底纹单元的宽度
	YStep	ST_Float	可选	*y* 方向底纹单元间距，如果不出现，则默认为底纹单元的高度
	ReflectMethod	ST_String	可选	描述底纹的映射翻转方式，可选值为Normal，Row，Column，RowAndColumn： ——Row：偶数行的单元在绘制时做水平方向翻转操作； ——Column：偶数列的单元在绘制时做竖直方向翻转操作； ——RowAndColumn：同时进行上述2种操作。 默认值为 Normal
子元素	CellContent	CT_CellContent	必选	底纹单元。绘制时从底纹绘制区域的（0，0）点开始放置第一个CellContent对象，按照ReflectMethod规定的方式依次展开，直至底纹区域右侧和下方边界。 CellContent为一个Content对象，其特有参数应包括以下两个属性： ——CellWidth：表示底纹单元的宽度，类型为Float; ——CellHeight：表示底纹单元的高度，类型为Float。 CellContent 应使用一种和外界没有任何关联的独立坐标空

				间，当 CellContent 的长宽超过了底纹目标区域的长宽时，只绘制底纹区域范围内的相应 CellContent 内容

7.4.4 裁剪区

裁剪区由一组路径或文字构成，可指定页面上的一个范围为绘制的有效区域。裁剪区由一个或者多个裁剪区域组成，其有效区域为每个裁剪区域的并集。在生成文档时应尽量控制裁剪区数量。

当图元引用包含一个或多个裁剪区时，其最终裁剪区域为所有裁剪区的交集；当图元引用不包含裁剪区时以整个页面作为其最终裁剪区域。裁剪区（Clip）的结构定义见表75。

表75 裁剪区结构定义

元素类型	英文标签	选择性	说明
子元素	Area	必选	裁剪区域，以一个路径对象或文字对象来描述裁剪区的一个组成部分，多个Area表示裁剪区为这些区域的并集。Area的结构定义应包含以下三个属性： ——CTM：坐标变换矩阵，通过坐标变换矩阵，裁剪区确定对其附着的对象引用的裁剪效果，坐标相关描述使用其附着的图元引用的父坐标空间。数据类型为Array，为可选属性； ——DrawParam：绘制参数，定义裁剪路径的线宽、结合点和端点样式等，当不出现时，采用该裁剪区前一个Area的绘制参数或该裁剪区所在的图元引用使用的绘制参数。数据类型为RefID，为可选属性； ——PageObject：被引用对象的标识。数据类型为 RefID，为必选属性

裁剪区由一个或者多个裁剪区域组成。其有效区域为每个裁剪区域的并集。裁剪区域由其坐标变换矩阵、绘制参数和引用图元最终确定。其有效区域和以上述参数进行绘制时的区域相同。

图元引用可以包含一个或多个裁剪区。其最终裁剪区域为所有裁剪区的交集。如果图元引用不包含裁剪区，则以整个页面作为其最终裁剪区域。

7.4.5 图像

图像（Image）为图元的一种，其结构定义以图元为基础，特有属性和子元素定义见表76。

表76 图像结构定义

元素类型	英文标签	数据类型	选择性	说明
属性	Width	ST_Integer	可选	图像原始宽度，以像素为单位，如果不存在则直接取图像文件中的数据
	Height	ST_Integer	可选	图像原始高度，以像素为单位，如果不存在则直接取图像文件中的数据
	UnitWidth	ST_Float	可选	图像空间在 x 方向的映射宽度，缺省值为 1.0
	UnitHeight	ST_Float	可选	图像空间在 y 方向的映射宽度，缺省值为 1.0
子元素	Substitution	ST_Loc	可选	指定可替换图像，用于某些情况如高分辨率输出时进行图像替换
	Data		必选	图像数据，应由以下两个子元素构成：

				a) ImageFile：图像文件位置。可能是本标准容器内文件或者某个外部链接地址（URI格式）。图像文件格式目前支持BMP、TIFF、JPG或者PNG；类型为ST_Loc； b) ImageFileEx：指向图像数据包位置。在使用图像数据包中的图像数据时，附录C给出了图像数据包的存储结构和相应的图像数据，可根据宽、高以及颜色空间等信息还原图像。ImageFileEx应由以下三个必选属性构成： 1) BaseRef：声明引用的图像数据包的标识，其所指向的图像数据包须存在。类型为ST_RefID。 2) Index：表示所使用的图像数据在图像数据包中的编号，用于在图像数据包中定位图像数据的位置，类型为ST_Integer。 有关图像数据包的详细描述见附录C。 3) ColorSpace：指定所对应的图像数据包中的图像数据使用的颜色空间。类型为ST_RefID
注：图像中的UnitWidth和UnitHeight定义了从原始像素坐标系到其对象空间的映射关系，然后通过图元引用中的坐标变换映射到用户空间坐标系				

7.4.6　复合图元

复合图元（CT_CompositeGraphicUnit）为图元的一种，其结构定义以图元为基础，特有属性和子元素定义见表 77。

表77　复合图元结构定义

元素类型	英文标签	数据类型	选择性	说明
属性	Width	ST_Float	必选	复合图元宽度，采用页面空间单位，须大于 0
	Height	ST_Float	必选	复合图元高度，采用页面空间单位，须大于 0
子　元　素	Res	ST_Loc	可选	复合图元自身资源文件地址
	Thumbnail	ST_Loc	可选	该复合图元的缩略图，在某些场合下用于加快显示系统输出速度
	Substitution	ST_Loc	可选	指定可替换图像，用于某些情况如高分辨率输出时进行图像替换
	Function	ST_RefID	可选	指定 Alpha 混合时使用的函数。当 Mask 出现时须出现： a) 当 Mask 节点包含 AlphaArray 节点时，Function 指向的应为一个两个输入参数、一个返回值的函数。 b) 当 Mask 节点包含 Image 节点时，Function 指向的应为一个 *N* 个输入参数、*N* 个返回值的函数。 当 Mask 节点不存在时，Function 指向的应为一个 2N 个输入参数、*N* 个返回值的函数。 其中 N 为复合图元的 Content 节点的 DrawParam 所指定的颜色空间的维数，如果该参数不存在则按 ARGB 颜色空间处理
	Mask	CT_Mask	可选	掩模，其结构定义见表 78
	Content	CT_Content	必选	复合图元的实际内容流

掩膜结构定义见78。

表78　掩模结构定义

元素类型	英文标签	数据类型	选择性	说明
子元素	Image	ST_RefID	必选	以一个 Image 对象或者复合图元作为掩模图像，通过对应点颜色来计算 Alpha 值。建议作为掩模图像的图像尺寸和被掩模图像一致，不同时需把掩模图像拉伸到被掩模图像的尺寸。 此项与 AlphaArray 二者选一
	AlphaArray		必选	此项与 Image 二者选一，应由以下几个属性构成： a)　Width：掩模宽度，当不出现时，采用复合对象宽度的上取整值，为可选项，其类型为 Integer； b)　Height：掩模高度，当不出现时，采用复合对象高度的上取整值，为可选项，其类型为 Integer； c)　BitsPerChannel：每个通道描述占用的位数，为必选项，其类型为 Integer； d)　Data：Alpha 值矩阵数据包路径，为必选项，其类型为 Loc。 AlphaArray 是影响复合对象最终渲染结果的一个重要绘制参数，它由 Width×Height 个 Alpha 值组成，每个 Alpha 值占据 BitsPerChannel 位。AlphaArray 数组元素取值范围为[0，$2^{BitsPerChannel}$-1]，处理过程如下： 1）　颜色空间的 Alpha 扩展：对不存在 Alpha 通道的复合图元颜色空间进行扩展，增加 Alpha 分量，初始值 1.0，其余分量不变；原 Image 颜色空间已存在 Alpha 通道时可跳过此步： 以 RGB（颜色用$\mathbf{C_{RGB}}$表示）为例，扩展为 ARGB（颜色用$\mathbf{C_{ARGB}}$表示）后，各颜色分量为： $C_{ARGB}.R = C_{RGB}.R$ $C_{ARGB}.G = C_{RGB}.G$ $C_{ARGB}.B = C_{RGB}.B$ $C_{ARGB}.A = 1.0$ 2）　根据 AlphaArray 数组元素值确定复合对象各点 Alpha 通道的值（即透明度），其余分量保持不变。 以 ARGB 颜色空间为例，设复合对象点（*x*，*y*）映射到掩模上的（*x*'，*y*'），其颜色分别为$C_{Unmasked}$、C_{Masked}，对应的 AlphaArray 数组中第 *y*'×Width+*x*'个元素为 AlphaA： $C_{Masked}.R = C_{Unmasked}.R$ $C_{Masked}.G = C_{Unmasked}.G$ $C_{Masked}.B = C_{Unmasked}.B$ $C_{Masked}.A = \frac{AlphaA}{2^{BitsPerChannel} - 1}$

7.5　交互和导航特性

7.5.1 大纲

大纲（CT_Outlines）按照树状结构组织，至少由一个CT_OutlineElem顺序构成，CT_OutlineElem的结构定义见表79。

表79 CT_OutlineElem 结构定义

元素类型	英文标签	数据类型	选择性	说明
属性	Title	ST_String	必选	大纲节点标题文字
	Count	ST_Integer	可选	该节点下所有叶节点的数目
	Expanded	ST_Bool	可选	在Count属性存在时有效，当为true时表示该大纲集在初始状态下展开子节点；当为false时表示不展开。缺省值为true
子元素	Actions	CT_Actions	可选	当此大纲节点被激活时将执行的动作见7.5.2
	OutlineElem	CT_OutlineElem	可选	大纲节点，层层嵌套，形成树状结构

7.5.2 动作

7.5.2.1 动作类型定义

动作（Action）包含Goto、GotoR、Launch、URI、Sound和Movie等若干子动作，每个动作由事件（Event）触发，并指定一个区域（Region）作为该动作的激活区域，动作类型（CT_Action）的结构定义见表80。

表80 动作结构定义

元素类型	英文标签	数据类型	选择性	说明
属性	Event	ST_String	必选	事件类型，支持事件类型包括以下几种： ——ME：鼠标进入区域的时候触发； ——MX：鼠标离开区域的时候触发； ——LMD：鼠标左键按下的时候触发； ——LMU：鼠标左键松开的时候触发； ——RMD：鼠标右键按下的时候触发； ——RMU：鼠标右键松开的时候触发； ——FO：获得输入焦点的时候触发； ——FL：失去输入焦点的时候触发； ——DO：在文档打开后触发； ——WC：在文档即将关闭前触发； ——WS：在文档即将保存前触发； ——DS：在文档保存后触发； ——WP：在文档即将打印前触发； ——DP：在文档打印后触发； ——FWC：在表单域值即将发生变化的时候触发，比如在文本框中敲入了一个字符，在列表框中做了新的选择等； ——FDC：在表单域值发生变化之后触发
子元素	Region	CT_Region	可选	指定多个复杂区域为该链接对象的激活区域，用以取代Boundary。Region 定义一个复杂区域，由一系列的 Area 组成，每个 Area 是一

				个封闭的路径。Area 由属性 Start（类型为 Pos）和至少一个 Line、QuadratcBezier、CubicBezier 或 Arc 路径构成。在流式重排情况下，该区域被忽略。 当 Region 节点不存在时默认采用绘制区域的外接矩形作为该动作的激活区域
			必选	Goto、GotoR、Launch、URI、Sound、Movie、Submit、Reset 和 RunScript 等子动作，可以出现多次

7.5.2.2　Goto 动作

Goto动作表明的是一个文档内的跳转，由目标区域描述（Dest）按顺序构成，其中的Left、Right、Top、Bottom均采用页面空间坐标，CT_Dest结构定义见表81。

表81　目标区域结构定义

元素类型	英文标签	数据类型	选择性	说明
属性	Type	ST_String	必选	声明目标区域的描述方法，可取值列举如下： a)XYZ——目标区域由左上角位置（Left，Top）以及页面缩放比例（Zoom）确定； b)Fit——适合页面； c)FitH——适合宽度，目标区域位置仅由 Top 坐标确定； d)FitV——适合高度，目标区域位置仅由 Left 坐标确定； e)FitR——适合窗口，目标区域为（Left，Top，Right，Bottom）所确定的矩形区域
	AnchorName	ST_String	可选	锚点名字，用于确保文档在重排后指向正确的跳转位置，任何锚点名字在整个文档中应是唯一的
	PageID	ST_RefID	可选	目标页标识，用于对跳转目标进行快速定位，重排时目标区域在快速定位后由 AnchorName 确定
	PageNum	ST_Integer	可选	目标页码，重排时目标区域由 AnchorName 确定，但也需要通过页码进行快速定位。在定义 Goto 动作的时候建议采用 PageID 属性，避免使用 PageNum 属性
	Left	ST_Float	可选	目标区域左上角 x 坐标，如果不出现则保持当前值不变
	Right	ST_Float	可选	目标区域右下角 x 坐标，如果不出现则保持当前值不变
	Top	ST_Float	可选	目标区域左上角 y 坐标，如果不出现则保持当前值不变
	Bottom	ST_Float	可选	目标区域右下角 y 坐标，如果不出现则保持当前值不变
	Zoom	ST_Float	可选	目标区域页面缩放比例，如果为 0 或者不出现则按照当前缩放比例进行跳转

7.5.2.3　GotoR 动作

GotoR动作表示一个文档间的跳转，其结构类型为CT_GotoR，GotoR的动作结构定义见表82。

表82　GotoR 动作结构定义

元素类型	英文标签	数据类型	选择性	说明

属性	NewWindow	ST_Bool	可选	当取值为 false 时目标文档将和当前文档在同一个窗口中打开；当取值为 true 时目标文档将在新窗口中打开。缺省值为 true
子元素	File	ST_Loc	必选	指向目标文档的位置，须为 CEBX 文档类型
	Dest	CT_Dest	必选	目标区域描述，见表 81，在定义 GotoR 动作时，Dest 中的 PageID 属性无效，应采用 PageNum 属性

7.5.2.4 Launch 动作

Launch动作表示执行一个应用程序或打开一份文档（通常指非本标准类型的文档），其结构定义见表83。

表83 Launch 结构定义

元素类型	英文标签	数据类型	选择性	说明
属性	OSType	ST_String	可选	操作系统类型，可取值为 Win、Mac、Unix，缺省值为 Win
子元素	File	ST_Loc	必选	指向目标文件的位置，可以是一个可执行程序，也可以是一个非本标准文档类型的文件
	Parameters	ST_String	可选	传给可执行程序的参数

7.5.2.5 URI 动作

URI动作表示指向一个URI位置，URI（Uniform Resource Identifier）描述可参考RFC 2396，其结构定义见表84。

表84 URI 结构定义

元素类型	英文标签	数据类型	选择性	说明
属性	URI	ST_String	必选	目标 URI 的位置
	Base	ST_String	可选	Base URI，用于相对地址引用

7.5.2.6 Sound 动作

Sound动作表示播放一段音频，其结构定义见表85。

表85 Sound 动作结构定义

元素类型	英文标签	数据类型	选择性	说明
属性	Volume	ST_Integer	可选	音量范围，可取范围为 0-100，缺省值为 100
	Synchronous	ST_Bool	可选	如果为 true，表示后续动作须等待此音频播放结束后才能开始，如果为 false，则表示立刻返回并开始下一个动作，缺省为 false
	Repeat	ST_Bool	可选	表示此音频是否需要循环播放，缺省为 false，如果此属性为 true，则 Synchronous 值无效
子元素	Sound	ST_RefID	必选	指向音频的标识

7.5.2.7 Movie 动作

Movie动作表示播放一段视频，其结构定义见表86。

表86 Movie 结构定义

元素类型	英文标签	数据类型	选择性	说明
子元素	Movie	ST_RefID	必选	指向视频对象的标识
	Operator	ST_String	可选	视频操作动作，可取值为 Play、Stop、Pause、Resume，缺省为 Play

7.5.2.8 动作序列

动作序列（CT_Actions）是一系列动作的集合，可以定义对象中各种Event事件中的行为，动作序列的结构见表87。

表87 动作序列结构定义

元素类型	英文标签	数据类型	选择性	说明
子元素	HighlightMode	ST_String	可选	高亮显示模式，可取值如下： None——缺省值，什么也不做； InvertContent——反显内容区域； InvertBorder——反显边框
	Action	CT_Action	必选	动作描述

7.5.3 多媒体

7.5.3.1 音频

音频（CT_Audio）是一种图元类型，其结构定义以图元为基础，特有属性和子元素结构定义见表88。

表88 音频结构定义

元素类型	英文标签	数据类型	选择性	说明
属性	Type	ST_String	必选	音频文件的媒体类型，须为一个正确的 MIME 类型描述，格式遵循“String1[; String2]”规范，其中 String1 表示 MIME 类型（RFC 2046），比如“audio/mp4”， String2 表示编码参数（RFC 4281），比如 “codecs =bogus”
	IconType	ST_String	必选	预定义的音频图标，目前暂时定义 2 种：Speaker、Song
	Title	ST_String	可选	该音频图元的标题
	CustomFace	ST_Loc	可选	用户自定义的音频图标。如果该属性定义的音频图标有效则优先采用，这时 IconType 属性定义的音频图标无效
	UnitWidth	ST_Float	可选	音频对象空间在 x 方向的映射宽度，缺省值为 1.0
	UnitHeight	ST_Float	可选	音频对象空间在 y 方向的映射宽度，缺省值为 1.0
子元素	File	ST_Loc	必选	指向音频文件的位置

7.5.3.2　视频

视频（CT_Video）是一种图元类型，其结构定义以图元为基础，特有属性和子元素见表 89。

表89　视频结构定义

元素类型	英文标签	数据类型	选择性	说明
属性	Type	ST_String	必选	视频文件的媒体类型，须为一个正确的 MIME 类型描述，格式遵循“String1[;String2]”规范，其中 String1 表示 MIME 类型（RFC2046），比如“video/mp4”， String2 表示编码参数（RFC4281），如“codecs=bogus”
	Title	ST_String	可选	该视频对象的标题
	Width	ST_Integer	可选	视频宽度，以像素为单位
	Height	ST_Integer	可选	视频高度，以像素为单位
	UnitWidth	ST_Float	可选	视频对象空间在 x 方向的映射宽度，缺省值为 1.0
	UnitHeight	ST_Float	可选	视频对象空间在 y 方向的映射宽度，缺省值为 1.0
	Rotate	ST_Integer	可选	视频以顺时针方向相对页面旋转的角度，须为 90 的整数倍，缺省值为 0
子元素	File	ST_Loc	必选	指向视频文件的位置
	Poster		可选	用于指定视频没有播放时的展示方式，可从Image和Local两种中选择一个。Image和Local的定义如下： ——Image：指定用图像对象来展示该视频对象，其类型为 ST_RefID。 ——Local：当为 true 时，表明将从视频对象本身抽取图片用于展示，比如第一帧内容；当为 false 时，则不显示任何内容。其类型为 ST_Bool
	Border	CT_Border	可选	边框样式，其结构（CT_Border）见表 90

边框样式（CT_Border）结构定义见表90。

表90　边框样式结构定义

元素类型	英文标签	数据类型	选择性	说明
子元素	BS	ST_Array	可选	边框样式，数组形如[HCR VCR width [a b ...]]，其中 HCR 表示水平角半径，VCR 表示垂直角半径，当这两个值取 0 时，表示边框为标准矩形而非圆角矩形。width 为线宽，当为 0 时，表示边框不进行绘制。[*a b* ...]是一个虚线线型描述，初始偏移位置始终为 0，边框的起始点位置为左上角，绕行方向为顺时针，有关虚线线型的描述见 7.4.1.4。当边框有圆角时，视频在圆角外的区域应被裁减
	BCS	ST_RefID	可选	边框线采用的颜色空间
	BC	CT_Color	可选	边框线所采用的颜色，采用 BCS 所定义的颜色空间

8　安全性支持

8.1 概述

本标准应支持对文档内容进行加密，并通过权限控制来保护内容，使之受到合理利用。保护方案包括本地安全、第三方DRM和数字签名。文档安全描述文件的根元素是Security，其结构定义见表91。

表91 Security 结构定义

元素类型	英文标签	数据类型	选择性	说明
属性	ID	ST_ID	必选	该安全性描述的唯一标识
子元素	DigestMethod	ST_String	必选	文档默认使用的摘要算法，推荐算法为 SHA-1
	EncryptMethod	ST_String	必选	具体内容加密算法，推荐算法 AES-128-CTR
	EncryptMode	ST_Integer	必选	加密模式，表明需加密的数据内容，目前保留，暂定取 0。 推荐算法为 AES-128-CTR，即 NIST 定义的对称加密算法，128 位密钥长度，CTR 模式，128 位的初始计数值附于密文之前，每加密一个块，计数值增一（以 2 的 128 次方为模），明文按照 RFC 2630 填充。当采用其他算法或模式，若存在初始向量 IV，则附于密文之前。若需填充，填充模式按照 RFC 2630 所述执行
	SegmentDescription		可选	段描述。应由以下两个子元素顺序构成： ——SegmentMethod：段密钥推导算法，用“Standard”标识，类型为 ST_String。可根据全文密钥推导出段密钥，利用段密钥按照 EncryptMethod 所述算法对具体内容进行加密运算后保存在文档中，段密钥默认推导算法见加密部分算法 6。 ——SegmentTable：段表，用以描述文档的分段情况，类型为 CT_SegmentTable。在段表中可以通过页码区间的方式划分一个段，也可以通过资源序列的方式声明页中的某几个对象为一个段。段表（CT_SegmentTable）的结构定义见表 92
	LocalSecurity	CT_LocalSecurity	可选	描述文档本地安全属性，见 8.2
	DRMSecurity	CT_DRMSecurity	可选	描述 DRM 方案属性，见 8.5
	Signature	CT_Signature	可选	文档数字签名，见 8.3

段表结构定义见表92。

表92 段表结构定义

元素类型	英文标签	数据类型	选择性	说明
属性	SegID	ST_ID	必选	表明此分段的唯一标识
	PageRange	ST_Array	必选	页码分段序列，形如[Seg1 Seg2 ...]，每一个 Seg 可以表示单页，例如“10”，也可以表示一个页码区间，例如“7-15”，页码从 1 开始。当 Component 存在时，PageRange 只能表示为单页

	EncryptMethod	ST_String	可选	自定义段加密方法，如果此项存在，则 Security 中的 EncryptMethod 项被忽略
	Object		可选	自定义，供扩展使用
子元素	Component	ST_Loc	可选	资源序列，指向此分段包含的资源描述文件。 段表中各个分段之间不能有交集，否则无法确定其加密方式。段表中未出现的部分被认为是一个预定义的分段，其固定段号为 0，一般称之为零段。如果 Component 不出现时，则该段内 PageRange 下所有页相关独有资源均使用段密钥加密，Component 出现时，则只使用段密钥加密出现的这些资源，其他相关资源使用全文密钥加密

8.2　本地安全

本标准文档拥有基本的用户权限控制功能，即通过两类用户口令和相应的权限来实现对文档的访问控制，每类用户的权限说明如下：

a)管理员（Administrator）：默认拥有本地所有权利，以及对普通用户权限的指派、对普通用户和管理员密码的修改权利；

b)普通用户（User）：拥有管理员指派的相应权限。

当文档创建者对文档安全性进行控制时，他需要通过应用程序为文档设定相应的口令和指派相应的权限。应用程序将文档加密，并将权限和用于验证口令的信息存储在文档中。

若对某文档设定了普通用户口令，当用户欲打开该文档时，应用程序应提示输入口令。此时，用户输入管理员口令或普通用户口令均可获得相应权限来访问该文档。若对该文档设定的普通用户口令为空，则应用程序不提示输入口令，用户可直接获取普通用户权限对该文档进行访问。文档安全的具体实现见附录F。

本地安全（CT_LocalSecurity）的结构见表93。

表93　本地安全结构定义

元素类型	英文标签	数据类型	选择性	说明
子元素	PwdMethod	ST_String	必选	相应的口令处理流程及验证方法，支持第三方扩展，用“Standard”标识
	AdminPassword	ST_String	必选	使用口令处理算法处理后的管理员口令，用于验证用户输入的管理员口令是否正确
	UserPassword	ST_String	必选	使用口令处理算法处理后的普通用户口令，用于验证用户输入的普通用户口令是否正确
	RightsObject		必选	权利对象，描述使用普通用户口令打开文档后所具备的相应操作权限。普通用户对应权利的描述，见 8.2.1
	CKEncryptMethod	ST_String	必选	对全文密钥 CK 进行加密的加密算法，使用“Standard”标识；当该值为“External”时表示全文密钥以其他方式提供（如通过 DRM 系统），此时 ECK 不出现
	ECK	ST_String	可选	对全文密钥进行加密处理后的相关信息。当文档被其他方案（如 DRM）保护时，CKEncryptMethod 为 External，此时 ECK 不出现

8.2.1 权利

本标准支持的权利包括观看、打印、导出等，每个权利可对应零个或多个约束。当某权利项不存在时，表明该权利不被允许；当权利中不包含约束子项时，表明该项权利不受约束。

权利项定义见表94。

表94 权利项定义

元素类型	英文标签	选择性	说明
子元素	View	可选	观看，对于数字内容的翻阅
	Print	可选	打印，允许打印文档
	Export	可选	导出，允许将数字资源中的部分内容输出成为一份拷贝，此份拷贝的使用将不受原始数字资源相关权限约束的制约。例如，在一份文档中，允许将其中部分文字、图像、音视频内容分别拷贝存储成为txt、jpg、avi 等文件。此类文件的使用将不受原文档使用权利的制约
	Edit	可选	编辑，允许改变页面对象内容
	Assemble	可选	组装，允许插入、旋转、删除页以及新建导航元素等
	ExportForAccessibility	可选	允许为视觉障碍者导出辅助性的数据

约束（CT_Constraint）和权利相对应，用于指定该权利受到约束的文档内容，其结构定义见表95。

表95 约束结构定义

元素类型	英文标签	数据类型	选择性	说明
属性	Type	ST_Array	可选	用于指定受到约束的对象类型，包括：BodyContent（正文）和 FormData（表单数据）
	Segment	ST_Array	必选	为段 ID，用于指明权利受到约束的段。对于在 Segment 范围外的内容，用户没有此约束的外层元素指定的权利

详细的权利-约束类型见表96。

表96 权利-约束类型表

权利/约束类型	BodyContent	Annotation	FormData
View	允许显示正文，即允许显示除注释和表单数据外的所有页面内容（包括表单控件）	允许显示注释	允许显示表单数据
Print	允许打印正文，即允许打印除注释和表单数据外的所有页面内容（包括表单控件）	允许打印注释	允许打印表单数据
Edit	允许编辑正文，即允许编辑除注释和表单数据外的所有页面内容（包括表单控件），同时允许对页面进行裁剪操作（改变页面大小、可见区域等）	允许编辑注释，即允许添加、修改、删除注释	允许编辑表单数据，即允许填写、修改、删除表单数据

Assemble	忽略	忽略	忽略
Export	允许导出正文，即允许导出除注释和表单数据外的所有页面内容（包括表单控件）至该文档以外的其他存储介质（例如：文件、剪贴板等），导出后的内容不受原文档安全性的限制	允许导出注释	允许导出表单数据
ExportForAccessibility	允许为视觉障碍者导出辅助性的正文内容	允许为视觉障碍者导出辅助性的注释内容	允许为视觉障碍者导出辅助性的表单数据

8.3 数字签名

数字签名验证用户身份及文档内容，保存签名者的信息以及被签名内容当前的状态，其结构定义见表97。

表97 数字签名结构定义

元素类型	英文标签	数据类型	选择性	说明
属性	ID	ST_ID	必选	数字签名唯一标识，不得重复
	Type	ST_String	必选	数字签名类型，取值包括以下两种： ——Binary（二进制签名）：基于包内文件二进制数据的签名方法，其结构定义及计算方法见E.1； ——Standard（标准签名）：基于 W3C XML Signature 规范的签名方法，其结构定义及计算方法见 E.2
	RevisionNumber	ST_Integer	必选	文档历史版本序号，从 1 开始，每新进行一次数字签名，文档历史版本序号加 1
	TimeStamp	ST_DateTime	必选	时间戳，用于记录签名时间
子元素	SignatureFile	ST_Loc	必选	签名数据文件

8.4 加密

加密方案包括全文加密和分段加密两种：

a) 全文加密采用全文密钥进行二进制数据加密，加密内容包括文档根节点描述、页面内容流描述、资源描述以及相应的资源数据等；

b) 分段加密根据段表信息对每一分段内容采用相应的段密钥加密，其计算方法见 F.3。

8.5 DRM 安全

按照GCBQ B05要求。

附　录　A
（规范性附录）
内嵌字体数据包

可直接将内嵌字体作为单独的字体文件（ttf等）保存在容器中。可使用内嵌字体数据包存储内嵌字体和编码-字形映射数据。内嵌字体文件efc（Embedded Font Cluster）格式如图A.1所示。

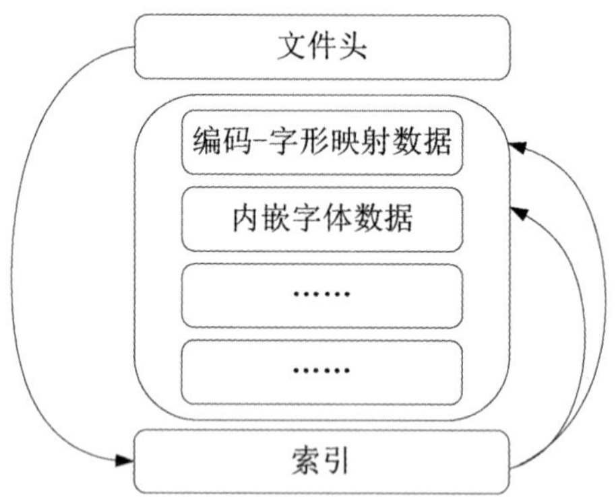

图A.1 内嵌字体数据包结构

a)　文件头信息（见表A.1）

表A.1　文件头信息

项	格式	说明
文件类型	4	为"!EFC"四个字符
版本	4	文件版本号为0x00000001
压缩单位	1	0表示不压缩 1表示各内嵌字体、编码-字形映射分别进行压缩 其他值保留
压缩方法	1	0表示不压缩 1表示采用Flate编码进行压缩 其他值保留
索引入口	4	记录了索引在内嵌字体数据包中的偏移位置

其中，数据压缩方式由压缩单位、压缩方法指定：

1)　当压缩单位值为1时，采用指定压缩方法对各内嵌字体、编码-字形映射分别进行压缩；整个内嵌字体数据包无需再进行压缩；

2)　当压缩单位和压缩方法的值都为0时，将整个文字数据包存储到本标准文件中时，应采用Flate等方法对整个包进行压缩。

在加密时：

1)　当压缩单位值为1，则需要采用密码对压缩后的各内嵌字体、编码-字形映射数据进行加密，存储在数据格式中；

2)　当压缩单位值为0，则按照正常的加密流程进行处理。

b)　索引

索引位于 efc 文件的结尾部分。索引的前 4 个字节记录内嵌字体数据的数量，之后是相应数据的索引项，依次包含了编码-字形映射数据偏移（4 字节）、字体数据偏移量（4 字节）、字体数据大小（4 字节）等。

c)　编码字形映射数据

编码字形映射是在字体中缺失相应描述时一种补充字体信息的手段。通常会存在一个 Unicode 码对应多个字形的映射，这与相应的语种相关，文字中的字形映射是在出现多个可选字形时，用以确定最终显示结果的方法，其描述方法见 7.3.4。编码-字形映射数据的存储结构如图 A.2 所示：

序列对数量（4字节）	
编码类型（1字节）	
字形索引长度（1字节）	
编码	字形索引
编码	字形索引
编码	字形索引
……	……

图 A.2 编码字形映射数据存储结构

其中：编码-字形映射数据头主要存储该编码-字形映射的数量，用 4 个字节表示；编码类型用 1 字节表示，编码类型值为 0 时表示采用 Unicode-16 编码，为 1 时表示采用 Unicode-32 编码，为 2 时表示采用 UTF-8 编码；字形索引长度用 1 字节表示。

d)　内嵌字体数据

内嵌字体数据包中，各内嵌字体数据拥有唯一编号，编号从 1 开始，按照索引顺序访问，后续的内嵌字体编号依次加 1。

注：本标准格式并不限制以上所述文件头信息、编码-字形映射数据、内嵌字体数据、索引之间的实际物理顺序，而是采用偏移值进行数据块定位。应用程序可以根据具体需要决定它们之间的实际物理顺序。但无论采用哪种顺序，文件头部信息须位于文件开头。

附　录　B
（规范性附录）
文字绘制规则

TextCode 中，文字的绘制过程应按照以下步骤顺序进行：

a)　使用 TextCode 的 x 属性和 y 属性值作为当前绘制起点，其第一个字符作为当前字符；

b)　根据文字方向和阅读方向的关系，确定当前字符绘制起点的具体含义，并根据当前绘制起点坐标输出字符；

c)　由“字送”或“字宽加字间距”确定绘制起点偏移距离，沿阅读方向偏移当前绘制起点。 如果当前字符前定义了 Kerning，且绘制起点由字宽加字间距确定，则还需根据 Kerning 数值进行间距调整；

d)　如果 TextCode 中没有后续字符则结束绘制，否则将 TextCode 中的下一个字符作为当前字符，回到步骤 b 继续处理。

在步骤 b）中，文字方向和阅读方向有4类组合方式，影响了字符绘制起点的具体含义。以阅读方向和文字方向的差值为分类依据，将共16种组合方式分为4类，见表 B.1。

表 B.1　文字方向和阅读方向的组合方式

	CharDirection 0	CharDirection 90	CharDirection 180	CharDirection 270
ReadDirection 0	0	270	180	90
ReadDirection 90	90	0	270	180
ReadDirection 180	180	90	0	270
ReadDirection 270	270	180	90	0

对文字方向和阅读方向的 4 种组合方式，字符绘制起点的含义见表 B.2。此处的图示都以 CharDirection 0 为例，对其他的 CharDirection 值，绘制起点确定规则都是一致的。

表 B.2　绘制起点确定规则

阅读方向和文字方向差值	示意图	绘制起点确定规则
0		等同于字符的基线原点

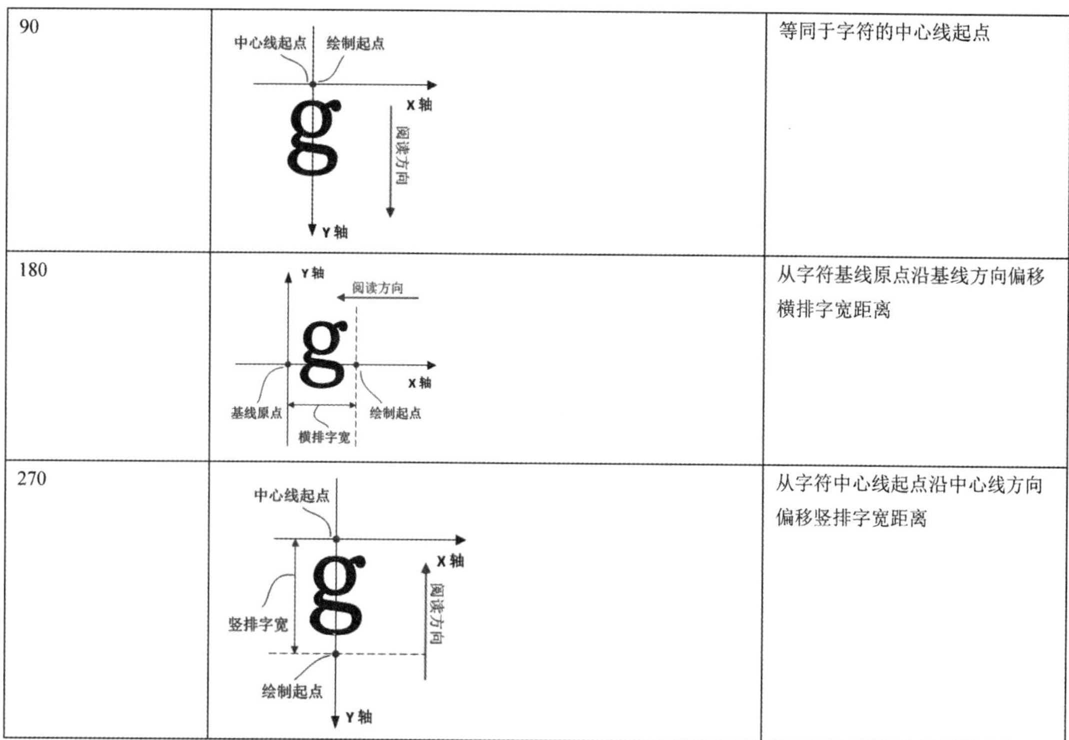

90	中心线起点 绘制起点 X轴 阅读方向 Y轴	等同于字符的中心线起点
180	Y轴 阅读方向 X轴 基线原点 绘制起点 横排字宽	从字符基线原点沿基线方向偏移横排字宽距离
270	中心线起点 X轴 阅读方向 竖排字宽 绘制起点 Y轴	从字符中心线起点沿中心线方向偏移竖排字宽距离

其他文字方向可以通过旋转坐标系的方法转化为表 B.2 中阅读方向和文字方向差值为 0 的情况，具体对应关系见表 58，坐标系的旋转角度和字符方向值相同。图 B.1 展示了 CharDirection 90、ReadDirection 270 时的绘制起点计算，相当于把表 B.2 中差值为 180 的坐标系顺时针旋转 90 度。

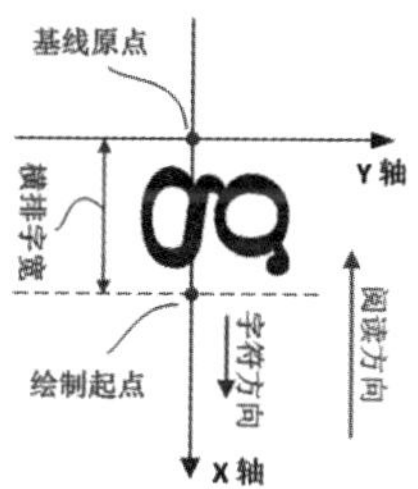

图 B.1 CharDirection 90、ReadDirection 270 时的绘制起点

在步骤 c)中，当前绘制起点的偏移距离的计算方法是：如果存在 CharDistance，则直接使用 CharDistance 作为偏移距离；否则获取当前字符的字宽，再加上 CharSpace 以及 Kerning，如果当前字符是英文空格（U+0020），再加上 WordSpace，计算出绘制起点的偏移距离。绘制起点的偏移方向和阅读方向相同。

上述计算步骤中的字宽，根据阅读方向和文字方向差值的不同，分为两种情况：当差值为 0 或 180 时，使用字体的横排字宽；当差值为 90 或 270 时，使用字体的竖排字宽。

图 B.2、图 B.3 和图 B.4 展示了三种不同的文字方向和阅读方向组合方式下，绘制起点偏移计算的示意图。

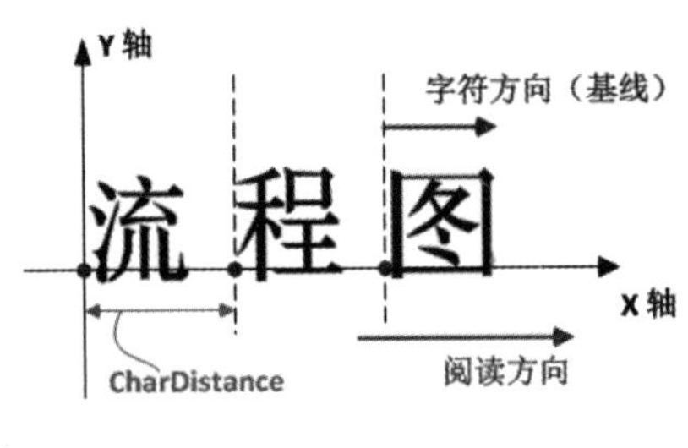

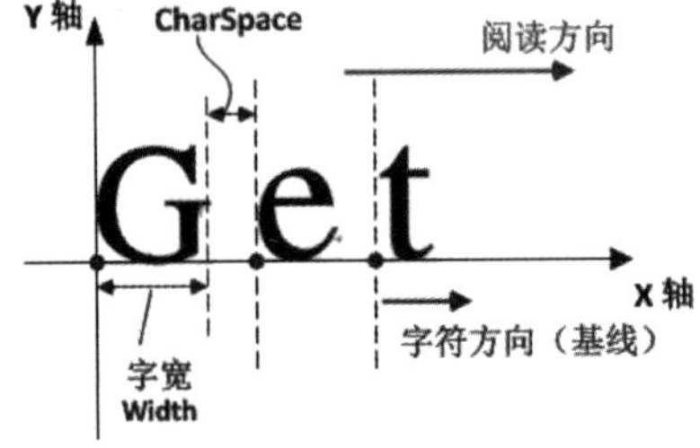

CharDirection 0，ReadDirection 0

图 B.2 绘制起点偏移示例 1

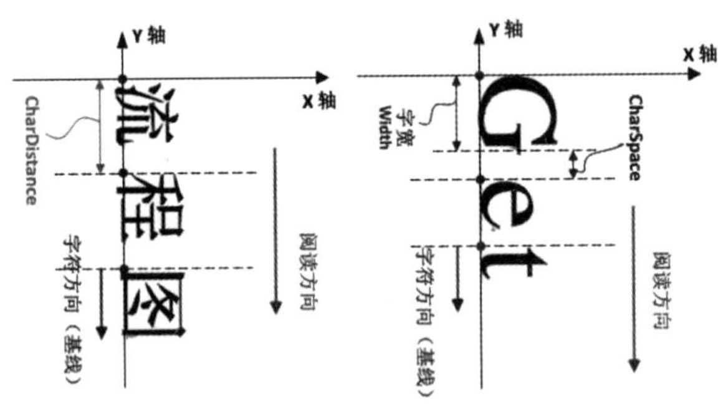

CharDirection 90，ReadDirection 90

图 B.3 绘制起点偏移示例 2

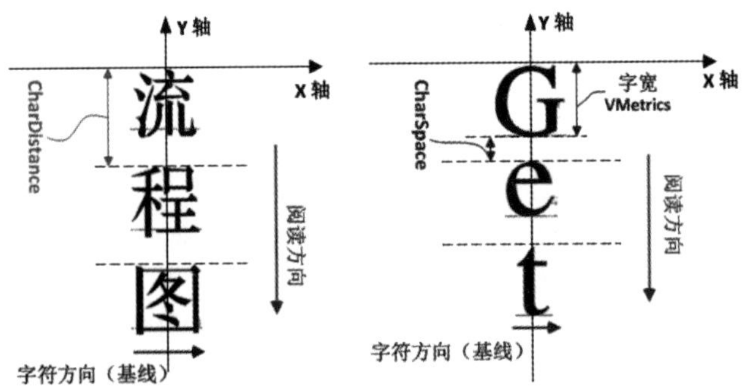

CharDirection 0，ReadDirection 90

图 B.4 绘制起点偏移示例 3

附　录　C
（规范性附录）
图像数据包

C.1 概述

通常情况下，可将图像数据作为单独的图片文件保存在容器中；但是，当存在大量小体积图像时，如图像数据长度不超过 4k 且同时图像宽度和高度有一项小于 4，若以单独文件方式存储会引起文件目录区（Entry）部分急速膨胀，故推荐使用图像数据包存储图像数据。图像数据包中的图像数据未压缩时都是逐像素描述的位图数据，可用于宽和高小于 65536，且数据总长度小于 65536 字节的图像。

C.2 基本结构

图像数据包文件 IFC（Image File Cluster）的基本结构描述见图 C.1 及表 C.1。

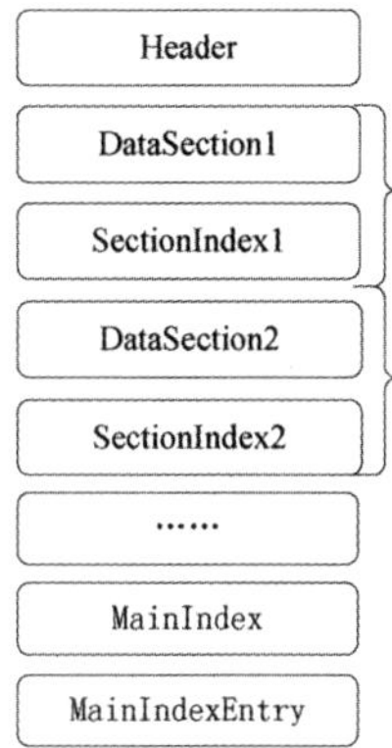

图 C.1 图像数据包基本结构

表 C.1 图像数据包结构说明

项	说明
Header	文件头部信息，用以自我标识，并指向主索引（Main Index）
DataSection	图像数据段，存储了该段所包含的图像数据
SectionIndex	段索引，对应段图像数据的索引，并指向对应的图像数据段
MainIndex	主索引，包含了全局的索引信息，并指向段索引
MainIndexEntry	主索引入口，4 个字节长，记录了主索引在图像数据包中的偏移位置，一定位于文件的末尾

C.3 文件头信息

文件头部信息的数据结构依次见表 C.2。

表 C.2 文件头部信息的数据结构

项	格式	说明

文件类型	4	固定为四个字符，为“!IFC”
版本	4	文件版本号，为0x00000001
压缩单位	1	0表示不压缩，1表示以数据段为单位进行压缩，2表示以图像数据为单位进行压缩
压缩方法	1	0表示不压缩，1表示采用ZLIB数据压缩格式，其他值保留

C.4 索引

C.4.1 主索引

主索引由多项索引描述组成，其结构说明见表C.3。

表C.3 主索引

项	格式	说明
IndexCount	4	索引数量，记录了包含的索引描述的数量
SectionMaxCount	2	段最大粒度，表示每段中所能包含的图像数据项的最大数量。取值范围是0~65535
Normative	1	规范化标记，用以标识索引与图像数据的映射关系是否规范： ——0x00表示未规范，即前*n*-1个数据段包含的数据数量是不定的，只满足不大于段最大粒度的条件； ——0x01：表示是规范的，即前*n*-1数据段包含的数据数量等于段最大粒度，第*n*数据段包含了剩下的所有数据，并且其数量不大于段最大粒度； ——其他值保留，按未规范的进行处理
IndexDescription		段索引的描述信息，可顺序出现多个，其结构应包含以下子元素： ——SectionIndexPosition：段索引位置，指向了段索引在图像数据包中的偏移，长度为4字节； ——SectionLength：本条索引对应的图像数据在数据段中的数据长度，长度为4字节； ——ColorSpace：此段图像数据使用的颜色空间，目前只能取值为0，表示采用RGB颜色空间，其他值保留，长度为1字节； ——BitMode：:图像数据每像素的存储格式，长度为1字节。在采用RGB颜色空间时，可取值范围如下： a) 0：表示以BGR顺序，每颜色通道占8位，不使用颜色表； b) 1：表示每像素占8位，使用相关颜色空间颜色表； c) 2：表示每像素占1位，使用相关颜色空间颜色表。 请注意图像数据以行为单位4字节补齐。 ——ImageCount：图像数据数量，表示该段中所能包含的图像数据项的数量。取值范围是0~65535，长度为2字节

C.4.2 段索引

段索引中包含对应的数据段位置，以及各图像数据的描述信息，其结构说明见表C.4。

表C.4 段索引

项	格式	说明

数据段位置（DataSectionPosition）	4	该段索引对应的数据段在图像数据包中的偏移
图像描述信息（ImageDescription）		各图像数据的描述信息，可存在多个，应由以下元素构成： ——数据偏移位置：表示本条索引对应的图像数据在数据段中的偏移量，即从数据段开始处算起的偏移，长度为 4 字节； ——数据长度：表示本条索引对应的图像数据在数据段中的数据长度，长度为 2 字节； ——宽度：表示本条索引对应图像的宽度，单位为像素；长度为 2 字节； ——高度：表示本条索引对应图像的高度，单位为像素，长度为 2 字节

C.4.3 索引号映射

图像数据包中，各图像数据具有唯一索引号，每个图像数据所分配的索引号为：$(n-1)*$ maxcount$+m$，其中，n 表示该图像属于第 n 段，maxcount 表示段最大粒度，m 表示该图像是该段内的第 m 个。

数据压缩方式由压缩单位、压缩方法指定：

a) 当压缩单位为数据段时，采用指定的压缩方法来对各数据段分别进行压缩；整个图像数据包、各图像数据无需再进行压缩；

b) 当压缩单位为图像数据时，采用指定的压缩方法对每个图像数据进行压缩；整个图像数据包、各数据段无需再进行压缩；

c) 当压缩单位和压缩方法都为不压缩时，整个图像数据包存储到容器中时，需要采用 Flate 等方法对整个包进行压缩。

为平衡压缩率和读写效率，推荐使用压缩单位为数据段的处理方式。

在加密时的处理方法为：

a) 当压缩单位值不为 0 时，采用指定压缩方法和密码，对压缩后的数据段或者各图像数据进行加密，存储在容器中；

b) 当压缩单位值为 0 时，按照正常的加密流程进行处理

C.5 存储顺序

本标准并不限制以上所述的文件头部信息、数据段、段索引、主索引之间的实际物理顺序，而是采用了偏移值进行数据块定位。应用程序可根据具体需要来决定它们之间的实际物理存储顺序。但无论采用那种顺序，文件头部信息须位于文件开头。

注：这里的数据存储遵循Little-Endian（低位地址优先）字节序。

附 录 D
（规范性附录）
圆弧绘制算法

椭圆弧是一种比较特殊的图形。为保证路径描述的连续性，本标准中采用以终止点坐标为参数的描述方法，其参数描述见表 D.1。

表 D.1 椭圆弧参数说明

参数	说明
(x_1, y_1)	路径描述中的当前点坐标，也是圆弧的起始点
(x_2, y_2)	路径描述中圆弧的终止点坐标
r_x, r_y	椭圆的半长轴和半短轴
φ	当前坐标系 x 轴和椭圆半长轴之间的夹角
f_A	大小弧标记，如果为 0 表示小于或等于 180° 的圆弧，为 1 表示大于 180° 的圆弧
f_S	扫描角度标记，0 表示由圆弧起点到终点是逆时针旋转，1 表示由圆弧起点到终点是顺时针旋转

a) 参数方程

椭圆弧上任意一点的参数方程为：

$$\begin{pmatrix} x \\ y \end{pmatrix} = \begin{pmatrix} \cos\varphi & -\sin\varphi \\ \sin\varphi & \cos\varphi \end{pmatrix} \times \begin{pmatrix} r_x \cos\theta \\ r_y \sin\theta \end{pmatrix} + \begin{pmatrix} C_x \\ C_y \end{pmatrix}$$

圆弧起始点和终止点满足如下方程：

$$\begin{pmatrix} x_1 \\ y_1 \end{pmatrix} = \begin{pmatrix} \cos\varphi & -\sin\varphi \\ \sin\varphi & \cos\varphi \end{pmatrix} \times \begin{pmatrix} r_x \cos\theta_1 \\ r_y \sin\theta_1 \end{pmatrix} + \begin{pmatrix} C_x \\ C_y \end{pmatrix}$$

$$\begin{pmatrix} x_2 \\ y_2 \end{pmatrix} = \begin{pmatrix} \cos\varphi & -\sin\varphi \\ \sin\varphi & \cos\varphi \end{pmatrix} \times \begin{pmatrix} r_x \cos(\theta_1 + \Delta\theta) \\ r_y \sin(\theta_1 + \Delta\theta) \end{pmatrix} + \begin{pmatrix} C_x \\ C_y \end{pmatrix}$$

$$f_A = \begin{cases} 1\ if\,|\Delta\theta| > 180^\circ \\ 0\ if\,|\Delta\theta| \le 180^\circ \end{cases}$$

$$f_S = \begin{cases} 1\ if\,|\Delta\theta| > 0^\circ \\ 0\ if\,|\Delta\theta| < 0^\circ \end{cases}$$

现在要计算出椭圆的中心点坐标 (C_x, C_y)、圆弧起始角度 θ_1 以及扫描角度 $\Delta\theta$。

b) 中心点计算

第一步，将坐标系原点平移到 $P_1(x_1, y_1)$ 和 $P_2(x_2, y_2)$ 的中点，并将其 x 轴旋转至和椭圆长轴平行，即旋转角度 φ，计算在新坐标系中 P_1 的坐标位置 (x_1', y_1')：

$$\begin{pmatrix} x_1' \\ y_1' \end{pmatrix} = \begin{pmatrix} \cos\varphi & \sin\varphi \\ -\sin\varphi & \cos\varphi \end{pmatrix} \times \begin{pmatrix} \dfrac{x_1 - x_2}{2} \\ \dfrac{y_1 - y_2}{2} \end{pmatrix}$$

第二步，计算在新坐标系下的圆心位置 (C_x', C_y')：

$$\begin{pmatrix} C'_x \\ C'_y \end{pmatrix} = \pm\sqrt{\frac{r_x^2 r_y^2 - r_x^2 y_1'^2 - r_y^2 x_1'^2}{r_x^2 y_1'^2 + r_y^2 x_1'^2}} \begin{pmatrix} \frac{r_x y'_1}{r_y} \\ -\frac{r_y x'_1}{r_x} \end{pmatrix}$$

注意当 $f_A \neq f_S$ 时取 + 号，当 $f_A = f_S$ 时取 − 号。

第三步，从 (C'_x, C'_y) 计算在原坐标系下的圆心位置 (C_x, C_y)：

$$\begin{pmatrix} C_x \\ C_y \end{pmatrix} = \begin{pmatrix} \cos\varphi & -\sin\varphi \\ \sin\varphi & \cos\varphi \end{pmatrix} \times \begin{pmatrix} C'_x \\ C'_y \end{pmatrix} + \begin{pmatrix} \frac{x_1 + x_2}{2} \\ \frac{y_1 + y_2}{2} \end{pmatrix}$$

第四步，计算出 θ_1 以及 $\Delta\theta$：

一般的，向量 (u_x, u_y) 以及 (v_x, v_y) 之间的夹角公式为：

$$\angle(\vec{u}, \vec{v}) = \pm\cos^{-1}\frac{\vec{u} \times \vec{v}}{\|\vec{u}\|\|\vec{v}\|}$$

这里的 ± 号由 $u_x v_y - u_y v_x$ 的值确定。

$$\theta_1 = \angle\left(\begin{pmatrix} 1 \\ 0 \end{pmatrix}, \begin{pmatrix} \frac{x'_1 - C'_x}{r_x} \\ \frac{y'_1 - C'_y}{r_y} \end{pmatrix}\right)$$

$$\Delta\theta = \angle\left(\begin{pmatrix} \frac{x'_1 - C'_x}{r_x} \\ \frac{y'_1 - C'_y}{r_y} \end{pmatrix}, \begin{pmatrix} \frac{-x'_1 - C'_x}{r_x} \\ \frac{-y'_1 - C'_y}{r_y} \end{pmatrix}\right) mod 360°$$

θ_1 位于$(-360°, 360°)$ 区间，当 $f_S = 0$ 则 $\Delta\theta < 0$，当 $f_S = 1$ 则 $\Delta\theta > 0$。

c) 半径调整方法

当起始点和终止点超过一定距离时可能导致上述算法无解，这时需要调整 r_x 和 r_y 的值，具体算法如下：

利用 (x'_1, y'_1) 计算：

$$\delta = \frac{x_1'^2}{r_x^2} + \frac{y_1'^2}{r_y^2}$$

当 $\delta > 1$，则进行如下变换：

$$r_x \to \sqrt{\delta} r_x, r_y \to \sqrt{\delta} r_y$$

直到 $\delta \leq 1$ 为止。

附　录　E
（规范性附录）
注释数据说明

可在自定义对象数据中定义一些路径类注释的语义以及编辑控制等信息，当注释类型取值 Path 时，自定义对象数据的 Property Type 的定义见表 E.1。

表 E.1 Type 值说明

Type 值	说明
AnnType	Path 类注释类型，具体的取值含义见表 D.2
ControlPoints	控制点序列，形如"控制点 X 坐标 控制点 Y 坐标 控制点 X 坐标 控制点 Y 坐标 ……"，由一系列空格间隔的数字组成。例如"45.567 89.983 58.34 98.76"表示两个控制点，坐标分别是（45.567, 89.983）、（58.34, 98.76）
EndStyle	端点样式描述，形如"起始端点样式 参数 1 参数 2 …… 终止端点样式 参数 1 参数 2 ……"，起始端点样式和终止端点样式取值及其参数定义见表 D.3。例如"OpenArrow 20.0 30 CloseArrow 20.0 60"表示起始端点为开放三角形，箭头长度和线宽的比值为 20.0，箭头边与中心线夹角为 30°，终止端点为闭合三角形，箭头长度和线宽的比值为 20.0，箭头边与中心线夹角 60°
FillColor	端点填充色描述，形如"端点名 端点填充色 ……"，端点名可取"Start"或者"End"，端点颜色采用 ARGB 描述，例如"128 255 255 0"。若无填充颜色指定，则端点填充样式使用 Path 默认填充色填充
LineStyle	自定义线型描述，形如"线型名称 参数 1 参数 2 参数 3 ……"，线型名称及其参数定义见表 E.4。例如"SingleWave 2.5 2.5 5.0 1.0"表示一单波浪线，其一个周期线型的上升区域宽度为 2.5，下降区域宽度为 2.5，周期高度为 5.0，初始相位为 1.0

Path 类的注释类型取值见表 E.2。

表 E.2 Path 类注释类型

AnnType 值	说明
Line	直线
Freeline	自由划线
Ellipse	椭圆
Rectangle	矩形
Deleteline	删除线
Underline	下划线
Highlight	加亮
Polygon	多边形

端点样式以及参数说明见表 E.3。

表 E.3 端点样式及参数说明

端点样式	说明	标准样式图示
Null	无样式	无
OpenArrow	开放三角形，共 2 个参数，参数 1 表示箭头长度和线宽的比值$\frac{L}{W}$，参数 2 表示箭头边与中心线的夹角$\boldsymbol{\theta}$	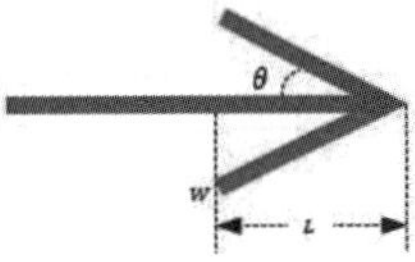
CloseArrow	闭合三角形，共 2 个参数，参数 1 表示箭头长度和线宽的比值$\frac{L}{W}$，参数 2 表示箭头边与中心线的夹角$\boldsymbol{\theta}$	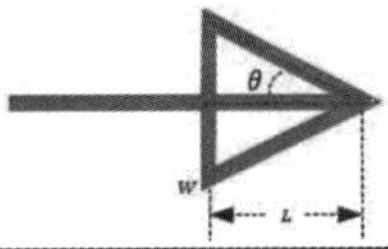
RevOpenArrow	逆向开放三角形，共 2 个参数，参数 1 表示箭头长度和线宽的比值$\frac{L}{W}$，参数 2 表示箭头边与中心线延长线的夹角$\boldsymbol{\theta}$	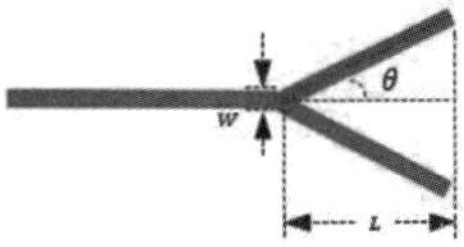
RevCloseArrow	逆向闭合三角形，共 2 个参数，参数 1 表示箭头长度和线宽的比值$\frac{L}{W}$，参数 2 表示箭头边与中心线延长线的夹角$\boldsymbol{\theta}$	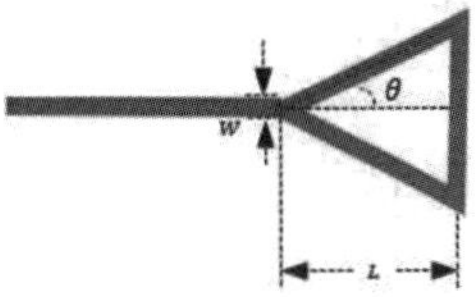
Diamond	菱形，共 2 个参数，参数 1 表示菱形端点长度和线宽的比值$\frac{L}{W}$，参数 2 表示菱形边与中心线的夹角$\boldsymbol{\theta}$	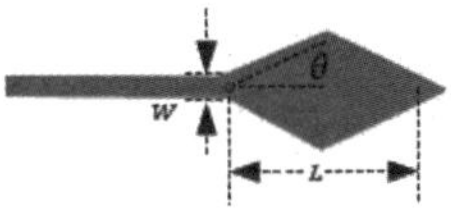
Circle	圆形，共 1 个参数，参数 1 表示圆半径和线宽的比值$\frac{R}{W}$	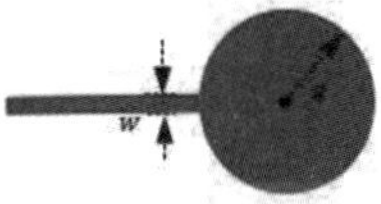
Square	正方形，共 1 个参数，参数 1 表示 1/2 边长和线宽的比值$\frac{L}{W}$	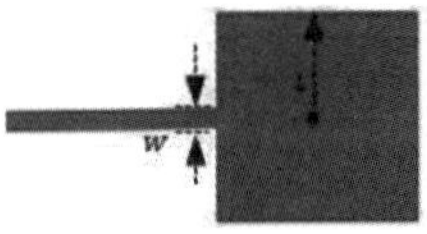
Slash	斜线，共 2 个参数，参数 1 表示斜线长度和线宽的比值$\frac{L}{W}$，参数 2 表示斜线与中心线的夹角$\boldsymbol{\theta}$	

自定义线型以及参数说明见表 E.4。

表 E.4　自定义线型及参数说明

线型	说明

SingleWave	单波浪线，仅限适用于文字下划线，共 4 个参数，参数 1 表示波浪线在一个周期内上升区域的宽度 L_1，参数 2 表示波浪线在一个周期内下降区域的宽度 L_2，参数 3 表示波浪线的高度 H，参数 4 表示初始相位在一个周期内的偏移量 P
DoubleWave	双波浪线，仅限适用于文字下划线，共 5 个参数，参数 1 表示波浪线在一个周期内上升区域的宽度 L_1，参数 2 表示波浪线在一个周期内下降区域的宽度 L_2，参数 3 表示波浪线的高度 H，参数 4 表示初始相位在一个周期内的偏移量 P，参数 5 表示双线之间的垂直距离

附 录 F
（规范性附录）
文档安全的实现

F.1 二进制签名

二进制签名的结构定义见表 F.1。

表 F.1 BinarySignature 结构定义

元素类型	英文标签	数据类型	选择性	说明
属性	ID	ID	必选	数字签名唯一标识，不得重复
子元素	DigestMethod	String	必选	对全文档进行摘要运算所采用的摘要算法。此处默认摘要算法为 MD5 算法，也可采用其他公开的摘要算法，如 SHA-1、SHA-256 等，或也可使用应用层自定义的公开算法
	DigestValue	String	必选	采用 Base64 编码的对文档摘要所得的摘要值。摘要流程为：对文档包内文档根节点下所有文件按照文件名排序（排序方法为按照 Unicode 编码，忽略大小写，升序排序），然后对每个文件分别计算 MD5 摘要，按已排好的顺序进行拼接，最后把时间戳记录的时间数据按 UTF-8 编码放在拼接后的摘要值前面，对整个二进制数据再进行一次摘要运算，获得文档的摘要值
	SignatureMethod	String	必选	对全文档签名使用的签名算法。此处默认签名算法为 RSA 算法，也可采用其他公开的签名算法，或也可使用应用层自定义的公开算法
	SignatureValue	String	必选	采用 Base64 编码的对文档签名所得的签名值。签名流程为：对文档的摘要值应用 SignatureMethod 所述签名运算进行签名，获得签名值
	CertificationType	String	必选	证书类型，取值为"X509"
	CertificationData	String	必选	采用 Base64 编码的证书信息
	RelatedList		可选	和签名关联的文档内容，应由以下两个子元素构成： 1..∞ ——RelatedPage：关联页面标识，为必选项，其类型为 RefID； ——RelatedAnchor：关联锚点，为必选项，其类型为 String
	ExtData	String	可选	用户自定义扩展数据
注：在签章注释对象中可通过数字签名的ID对其进行引用，也可通过RelatedList中记录的关联数据定位签章注释对象				

F.2 标准签名

标准签名应采用基于 W3C XML Signature 的签名结构。

F.3 加密算法

加密算法包括以下 6 种，其中“+”表示字符串的串联。当计算出的密钥与加密算法要求的密钥长度不匹配时，采用截取或者循环补齐的方法对齐。

算法 1：

将输入字符串按 UTF-16 转换为二进制数据，并补充或截取为 64 个字节，对其进行 MD5 摘要运算得值 p 。若输入的字符串数据大于 64 个字节，则只保留前 64 个字节，若少于 64 个字节，则就用该文档的 ID 标识循环填充补上所缺少的字节数。若输入字符串为空，直接使用该文档的 ID 标识进行循环填充字符串至 64 字节。

算法 2（XML 节点序列化）：

将输入的 XML 节点按以下规则序列化为固定格式的字符串，再按 UTF-16 编码取得二进制数据。

a） 写出左尖括号和节点名（NodeName）；

b） 当节点存在属性时，依次写出属性名（AttrName）和未转义的属性值（AttrValue），格式为 AttrName="AttrValue"，属性之间、属性和节点名之间没有空格；

c） 写出右尖括号；

d） 当有文本数据时，写出未转义的文本值；当有子节点时，写出按本规则序列化的子节点数据；

e） 写出结束标签，格式为 </NodeName>

算法 3（口令处理算法）：

a） 将口令按照算法 1 所述方法获得值 p ；

b） 若待处理口令为管理员口令，则使用 SHA-256 摘要算法计算 p 的摘要，得值 $p_a = SHA256(p)$；若待处理口令为普通用户口令，则将 RightsObject 节点按照算法 2 所述方法获得值 RO，使用 SHA-256 摘要算法计算 p 和 RO 的摘要，得值 $p_u = SHA256(p+RO)$；

c） 使用 Base64 编码算法处理 p_a 或 p_u，得到 pa_Base64 或 pu_Base64，这即是处理后用于存储在 AdminPassword 和 UserPassword 处的管理员口令或普通用户口令。

算法 4（判断口令类型算法）：

a） 假设输入口令为管理员口令，按照算法 3 所述方法获得值 m；

b） 判断该值 m 是否与 AdminPassword 内容数据相同。若相同，则该口令为管理员口令，算法结束；

c） 假设该口令为普通用户口令，按照算法 3 所述方法获得值 n；

d） 判断其值 n 是否与 UserPassword 内容数据相同。若相同，则该口令为普通用户口令；否则，口令错误。

算法 5（全文密钥处理算法）：

生成全文密钥：

a） 将管理员口令 按照算法 1 所示方法获得值 P_a；

b） 将普通用户口令按照算法 1 所示方法获得值 P_u；

c） 将 RightsObject 节点按照算法 2 所示方法获得值 RO；

d） 产生长度为 32 字节的随机数据 R；

e） 以 P_a 为密钥，采用 AES 算法加密 R 得值 $E(P_a,R)$；

f） 以 P_u 为密钥，采用 AES 算法加密 R 得值 $E(P_u,R)$；

g) 令 $c = E(P_a, R)$，$d = E(P_u, R)$。将 c、d 的值保存在 ECK 部分；使用 MD5 摘要算法计算由算法 3 得到的 AdminPassword 内容数据（pa_Base64）、UserPassword 内容数据（pu_Base64）和 RO 摘要值 Kr：

$$K_r = hash(pa\_Base64 + pu\_Base64 + RO)$$

h) 将 Kr 与随机数 R 进行 MD5 摘要运算得到全文密钥：$CK = hash(K_r + R)$。

ECK 存储方法：

a) 以 Base64 编码算法处理 c 和 d，得到 c_Base64、d_Base64；

b) $ECK = c\_Base64$+"|"+d_Base64（此处使用不属于 Base64 范围的"|"作为分隔符）。

使用口令恢复全文密钥：

a) 将口令按照算法 1 所述方法获得值 p；

b) 使用算法 4 判断口令类型，若口令错误则本算法结束；

c) 若口令为管理员口令，则取出 ECK 部分的 c，令 $E(R) = c$，否则取出 ECK 部分的 d，令 $E(R) = d$；

d) 以 p 为密钥，采用 AES 算法解密 $E(R)$ 得到 R；

e) 将 RightsObject 节点按照算法 2 所示方法获得值 RO；

f) 使用 MD5 摘要算法计算由算法 3 得到的 AdminPassword 内容数据（pa_Base64）、UserPassword 内容数据（pu_Base64）和 RO 摘要值 Kr：

$$K_r = hash(pa\_Base64 + pu\_Base64 + RO);$$

g) 将 Kr 与随机数 R 进行 MD5 摘要运算得到全文密钥：$CK = hash(Kr + R)$。

算法 6（段密钥推导算法）：

a) 将段 ID 进行字符串化处理得到 s_ID。

b) 将全文密钥 CK 进行 Base64 编码后与 s_ID 进行字符串合并，此结果作为参数传入 DigestMethod 所示 hash 算法中。

c) 计算获得段密钥 K_s。

注：此处的数据均采用Little-Endian字节序。

索　引

A

B

C

D

E

F

G

H

I

J

K

L

M

N

O

P

Q

R

S

T

U

V

参 考 文 献

[1] GB/T 18793—2002 信息技术 可扩展置标语言（XML）1.0（GB/T 18793-2002，neq W3C RFC-xml-19980210：1998）

[2] FIPS PUB 186-2 Digital Signature Standard. （http://www.itl.nist.gov/fipspubs/fip186.htm)

[3] IEC 61966-2-1:1999 Multimedia systems and equipment - Colour measurement and management - Part 2-1: Colour management - Default RGB colour space – sRGB

[4] IEC 61966-2-2 Multimedia systems and equipment - Colour measurement and management - Part 2-2: Colour management - Extended RGB colour space – scRGB

[5] ISO/IEC 14496-22:2007 Information technology -- Coding of audio-visual objects -- Part 22: Open Font Format

[6] ISO/IEC 10646:2003 Information technology -- Universal Multiple-Octet Coded Character Set（UCS）

[7] ISO/IEC 15948:2003 (E) Information technology —— Computer graphics and image processing —— Portable Network Graphics (PNG): Functional specification.（W3C Recommendation 10 November 2003）

[8] Recommendation X.509 (1997): Information Technology——Open Systems Interconnection ——The Directory: Authentication Framework

[9] RFC 1321 The MD5 Message Digest Algorithm

[10] FIPS 197 Advanced Encryption Standard (AES), November 26, 2001

[11] RFC 1950 ZLIB Compressed Data Format Specification, Version 3.3

[12] RFC 1951 DEFLATE Compressed Data Format Specification, Version 1.3

[13] RFC 2046 Multipurpose Internet Mail Extensions (MIME) Part Two: Media Types. N. Freed, N. Borenstein. November 1996.

[14] RFC 3986 Uniform Resource Identifier (URI): Generic Syntax, January 2005

[15] RFC 4122 A Universally Unique IDentifier (UUID) URN Namespace

[16] RFC 4281 The Codecs Parameter for "Bucket" Media Types, November 2005

[17] W3C Scalable Vector Graphics (SVG) 1.1 Specification （http://www.w3.org/TR/SVG11/）

[18] W3C Synchronized Multimedia Integration Language（SMIL 3.0）（http://www.w3.org/TR/2008/REC-SMIL3-20081201/）

[19] W3C XML Signature Syntax and Processing （http://www.w3.org/TR/xmldsig-core/）

[20] JavaScript ECMA-262 ECMAScript Language Specification 5th edition (December 2009)

[21] XPath 1.0 规范：http://www.w3.org/TR/xpath/

[22] XPath 2.0 规范：http://www.w3.org/TR/xpath20/

[23] Gouraud Shading算法：H. Gouraud, "Continuous shading of curved surfaces," IEEE Transactions on Computers, C-20(6):623–629, 1971

GC

数字版权保护技术研发工程标准

GC/BQ 7—2015

数字版权封装

Digital rights management encapsulation

2015－02－03 发布　　2015－02－03 实施

新闻出版广电总局新闻出版重大科技工程项目领导小组　发布

目　次

前 言

本标准按照 GB/T 1.1—2009 给出的规则起草。

本标准由新闻出版广电总局新闻出版重大科技工程项目领导小组办公室提出并归口。

本标准主要起草单位：北京方正阿帕比技术有限公司。

本标准主要起草人：崔晓瑜、李想、王勤、曾智、凌峰。

数字版权封装

1 范围

本标准规定了数字版权封装的元数据，并给出了具体的数据定义和扩展性说明。

本标准适用于数字版权保护技术研发工程。

2 规范性引用文件

下列文件对于本文件的应用是必不可少的。凡是注日期的引用文件，仅注日期的版本适用于本文件。凡是不注日期的引用文件，其最新版本（包括所有的修改单）适用于本文件。

GC/BQ 3 数字版权保护技术研发工程术语

GC/BQ 4 数字版权管理标识

GC/BQ 6 数字版权保护内容格式

3 术语和定义

GC/BQ 3 界定的以及下列术语和定义适用于本文件。

3.1

数字版权封装元数据 DRM encapsulation metadata

记录数字内容作品中的数字内容版权信息。

3.2

数字版权管理标识 digital rights management identifier; DRMI

以DRMI为标识，由1位类型标识码、17位数字内容标识码、3位版权版本号和1位校验码四部分，共计22位字符组成的用于数字版权保护技术研发系统的标识符。

4 元数据的表达

本标准的元数据表达包括：中文名称、英文标签、数据类型、选择性以及说明，其中数据类型包括字符串和文件路径两种，相关说明见表1。

表 1 数据类型

数据类型	说明
ST_String	字符串，采用xs:string定义，在描述时可能会加上可选字符串限制。字符串的编码选择与当前XML文件编码一致，如“abc”
ST_Loc	文件路径。包内路径不使用前缀，“.”表示当前路径，“..”表示父路径。包外路径的表示方法有两种：一种是用前缀@表示外部文件相对于包的路径，“.”表示文件所在路径，“..”表示文件所在的父路径；另一种是用前缀file://表示本机文件的绝对路径。对“file://”路径的解释遵循RFC3986。如：

	“/Pages/P1/Content.xml” “./Res/Book1.jpg” “../Pages/P1/Res.xml” “file:///D:/Docs/Readme.txt” “@./Appendix.txt”

5　封装元数据

5.1　元数据的结构

本标准涉及的封装元数据，分为基础类元数据和权利类元数据两类，如图1所示。

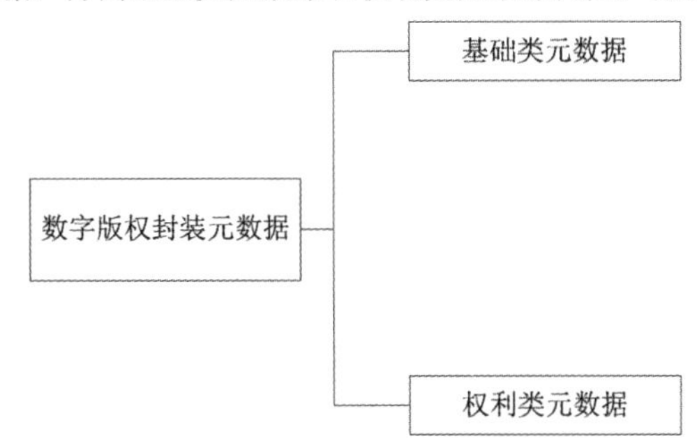

图1 数字版权封装元数据的结构

5.2　基础类元数据

基础类元数据用来描述数字内容的基本属性信息，包括系统代号、加密方案、数字版权管理标识、扩展项，具体内容见表2。

表 2 基础类元数据

序号	中文名称	英文标签	类型	长度	取值	选择性	说明	示例
1	系统代号	ManufacturerID	ST_String	不定长	不定	必选	DRM 系统代号，用以对 DRM 系统提供商进行区分。在本工程中可约定使用统一的值“DRMS”	
2	加密方案	EncryptMethod	ST_String	不定长	不定	必选	DRM 加密方案，在工程中填写为一个默认值“Standard”	
3	数字版权管理标识	ContentID	ST_String	22 个字符	定长	可选	数字内容在 DRM 系统中的唯一标记，取值遵循 GC/BQ 4 标准	
4	扩展项	Object		不定长	不定	可选	供扩展使用	

5.3　权利类元数据

权利类元数据用来描述数字内容的相关权利属性信息，包括权利引导地址、权利对象、扩展项，具体内容见表3。

表 3 权利类元数据

序号	中文名称	英文标签	类型	长度	取值	选择性	说明	示例
1	权利引导地址	RightsIssuerURL	ST_String	不定长	不定	可选	权利引导地址，即在文档未授权时，可通过该地址获取相关信息	
2	权利对象	RightsObject	ST_Loc	不定长	不定	可选	指向权利描述信息存储位置，表明对此 DRM 数字内容的授权信息,即支持 DRM 内容和使用证书合一的方案。用户在获得授权文件后将其保存在对应路径下，使用时可根据该权利对象授权进行相应的权限操作。在应用于诸如移动设备时，将权利对象打包于文档中，可使用户易用性得以增强	
3	扩展项	Object		不定长	不定	可选	供扩展使用	

6 扩展性说明

若实际使用中需定义更多的封装支持项时，本标准支持扩展，可在扩展项中进行自定义。封装的 XML Schema 见附录 A，示例参见附录 B，本标准在其他标准的应用参见附录 C。

附 录 A
（规范性附录）
封装的 XML Schema

本附录给出封装的 XML Schema。

```
<?xml version="1.0" encoding="UTF-8"?>
<xs:schema xmlns:xs="http://www.w3.org/2001/XMLSchema"
xmlns:ds="http://www.w3.org/2000/09/xmldsig#"    xmlns:dmml=" http://219.141.187.20/DRMGC "
elementFormDefault="qualified" attributeFormDefault="qualified">
        <xs:simpleType name="ST_String">
            <xs:annotation>
                <xs:documentation>字符串</xs:documentation>
            </xs:annotation>
            <xs:restriction base="xs:string"/>
        </xs:simpleType>
        <xs:simpleType name="ST_Loc">
            <xs:annotation>
                <xs:documentation>文件路径</xs:documentation>
            </xs:annotation>
            <xs:restriction base="xs:anyURI"/>
        </xs:simpleType>
        <xs:complexType name="DRMSecurity">
            <xs:sequence>
                <xs:element name="ManufacturerID" type="ST_String"/>
                <xs:element name="EncryptMethod" type="ST_String"/>
                <xs:element name="ContentID" type="ST_String" minOccurs="0"/>
                <xs:element name="RightsIssuerURL" type="ST_String" minOccurs="0"/>
                <xs:element name="RightsObject" type="ST_Loc" minOccurs="0"/>
                <xs:element name="Objects" type="xs:anyType" minOccurs="0"/>
    </xs:sequence>
        </xs:complexType>
    </xs:schema>
```

附 录 B
（资料性附录）
封装的示例

本附录给出一个封装示例，并给出一个最小必选示例。

B.1 示例

本示例描述封装元数据。

```
<DRMSecurity>
    <ManufacturerID>DRMS</ManufacturerID>
    <EncryptionMethod>Standard</EncryptionMethod>
    <ContentID>DRMI078775439000000001001Q</ContentID>
    <RightsIssuerURL>http://www.apabi.com/GetRights?ci=A4543DFAE</RightsIssuerURL>
    <RightsObject>/Doc_1/RightsObject.xml</RightsObject>
</DRMSecurity>
```

B.2 最小必选示例

本示例描述最小封装元数据。

```
<DRMSecurity>
    <ManufacturerID>DRMS</ManufacturerID>
    <EncryptionMethod>Standard</EncryptionMethod>
</DRMSecurity>
```

附　录　C
（资料性附录）
本标准在其他标准中的应用

本标准与GC/BQ 6 中的Sec.xml相关联，具体的应用情况如图C.1所示。

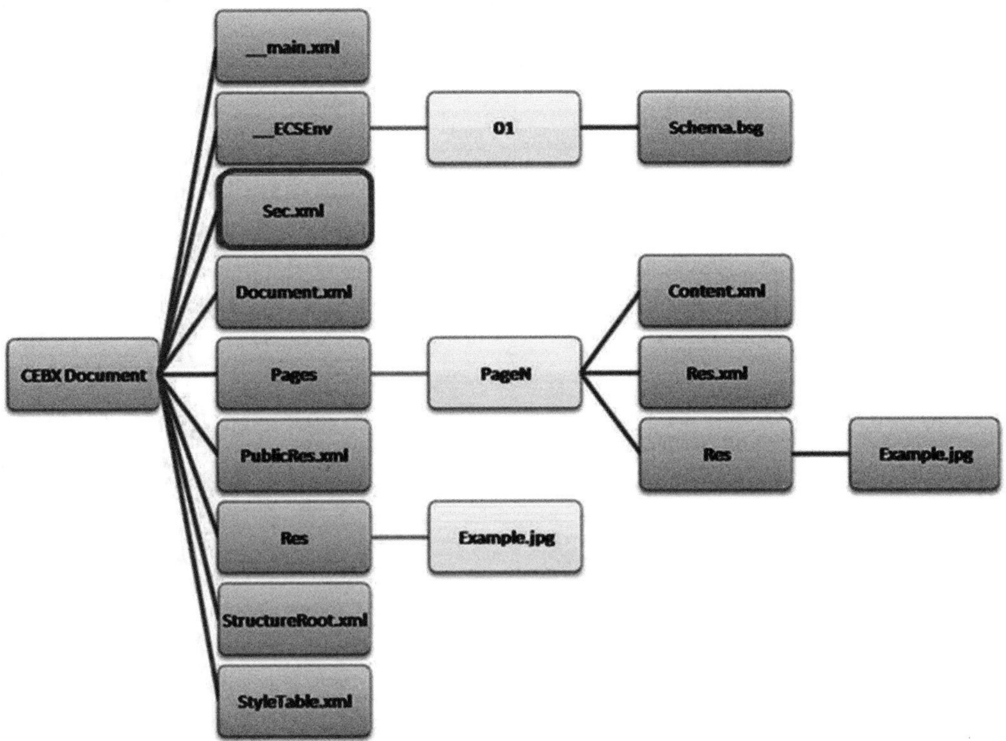

图 C.1 数字版权封装与数字版权保护内容格式关联关系

封装数据在Sec.xml中的结构如下：

```
<?xml version="1.0" encoding="UTF-8"?>
<Security ID="91358">
    <DigestMethod>SHA-1</DigestMethod>
    <EncryptMethod>AES-128-CTR</EncryptMethod>
    <EncryptMode>0</EncryptMode>
    <DRMSecurity>
        <ManufacturerID>DRMS</ManufacturerID>
        <EncryptMethod>Standard</EncryptMethod>
        <ContentID>DRMI078775439000000001001Q</ContentID>
        <RightsIssuerURL>http://www.apabi.com/GetRights?ci=A4543DFAE</RightsIssuerURL>
    </DRMSecurity>
</Security>
```

索　引

汉语拼音索引

J

K

Q

S

X

英文对应词索引

C

E

M

O

R

第四章

数据类标准

GC

数字版权保护技术研发工程标准

GC/BQ 8—2015

数字内容注册规范

Specification for digital content registration

2015－02－03 发布　　2015－02－03 实施

新闻出版广电总局新闻出版重大科技工程项目领导小组　发布

目　次

前　言

本标准按照 GB/T 1.1—2009 给出的规则起草。
本标准由新闻出版广电总局新闻出版重大科技工程项目领导小组办公室提出并归口。
本标准主要起草单位：中国新闻出版研究院。
本标准主要起草人：郭晓峰、刘颖丽、凌锋。

数字内容注册规范

1 范围

本标准提出了数字版权保护技术研发工程范围内数字内容登记注册流程以及注册数据格式要求。

本标准适用于数字版权保护技术研发工程。

2 规范性引用文件

下列文件对于本文件的应用是必不可少的。凡是注日期的引用文件，仅注日期的版本适用于本文件。凡是不注日期的引用文件，其最新版本（包括所有的修改单）适用于本文件。

GB/T 4880 语种名称代码

GB/T 7408—2005 数据元和交换格式 信息交换 日期和时间表示法

GC/BQ 3 数字版权保护技术研发工程术语

GC/BQ 4 数字版权管理标识

3 术语和定义

GC/BQ 3 界定的以及下列术语和定义适用于本文件。

3.1

注册 registration

登记

在工程的相关技术系统中对数字内容的基本信息以及著作权信息进行规范化记录的行为。

3.2

注册与管理平台 registration system

注册平台

工程中开发建立的、提供数字内容的登记注册与管理功能的技术系统。

3.3

数字版权管理标识 digital rights management identifier; DRMI

以DRMI为标识，由1位类型标识码、17位数字内容标识码、3位版权版本号和1位校验码四部分，共计22位字符组成的用于数字版权保护技术研发系统的标识符。

[GC/BQ 4，定义3.1.2]

3.4

注册者 registrant

登记者

登记数字出版产品的组织、个人。

[GC/BQ 3，定义4.3.1.2]

4　数字内容注册流程

数字内容注册流程如图1所示，主要由申请、提交数据、审核、核发数字版权管理标识、通知、嵌入数字版权管理标识六个步骤组成，具体规范如下：

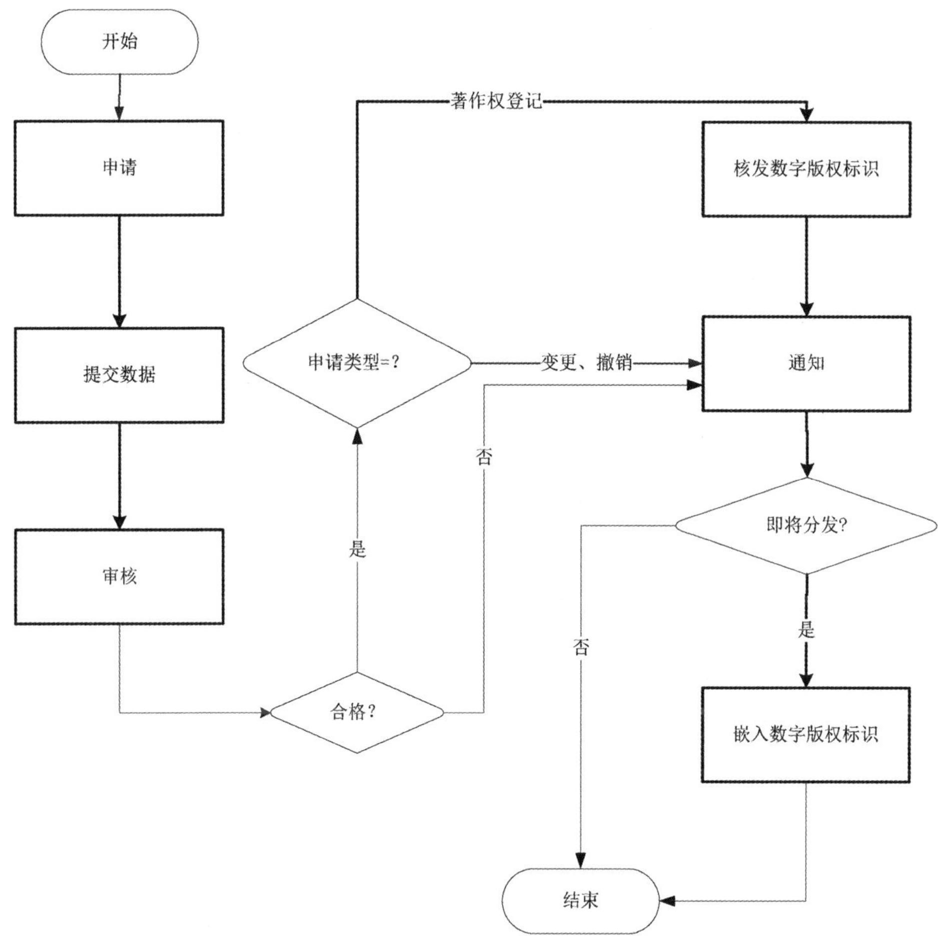

图1 数字内容注册流程示意

a）申请

注册者在注册平台中提出数字内容注册申请。注册申请包括以下种类：

1）著作权登记：

- 著作权初始登记：数字内容的基本信息和著作权信息在注册平台中的初次登记；
- 著作权转让登记：当数字内容的著作权发生转让时，在注册平台中对转让后的数字内容著作权信息和著作权转让合同主体信息进行登记；
- 著作权许可登记：当数字内容的著作权发生许可授权时，在注册平台中对数字内容著作权许可合同主体信息进行登记。

2）著作权登记变更：对在注册平台中已登记的数字内容著作权相关信息进行变更。

3）著作权登记撤销：对在注册平台中已登记的数字内容著作权登记结果进行撤销。

b）提交数据

注册者在注册平台中填写或传送与申请类型相符的数字内容注册元数据，并提交给注册平台。

c）审核

注册平台对注册者提交的注册元数据的格式和内容进行相应的审核。

d）核发数字版权管理标识

1）对于审核合格的数字内容著作权登记，注册平台生成相应的数字版权管理标识，并纳入注册元数据，存储在注册平台中，表明注册成功。

2）审核不合格的数字内容著作权登记，不核发数字版权管理标识，表明注册不成功。

3）著作权登记变更和著作权登记撤销不核发数字版权管理标识。

e）通知

注册平台向注册者通知注册的结果，并将相关的注册元数据返回给注册者。

f）嵌入数字版权管理标识

对于注册后即进行分发/销售的数字内容，注册者可将数字版权管理标识嵌入数字内容中，并对数字内容提取内容特征值，提交到注册平台中，与相应的注册元数据关联、保存。

5 数字内容注册元数据

5.1 数字内容基本元数据

数字内容基本元数据对数字内容的基本属性进行描述，元数据元素详见表1 数字内容基本元数据。

表1 数字内容基本元数据

序号	中文名称	英文标签	类型	长度	取值	选择性	最大出现次数	说明
DCR_C 1	数字内容	digital_content	复合	不定长	不定	必选	1	描述一项数字内容的基本特征
DCR_C 1.1	数字版权管理标识信息	drmi_info	复合	不定长	不定	必选	1	与工程中赋予的数字版权管理标识（drmi）相关的信息。格式按照GC/BQ 4要求。
DCR_C 1.1.1	类型标识符	drmi_type_code	字符	1	按照GC/BQ 4要求	必选	1	GC/BQ 4 中规定的数字内容标识代码所表示内容的类型。
DCR_C 1.1.2	数字内容编号	drmi_content_code	字符	8	不定	有则必选	1	按照 GC/BQ 4 中规定，当1.1.1 类型标识符为“X”或“Y”时，需要由注册者提供数字内容编号，该字段必选。格式按照GC/BQ 4要求。
DCR_C 1.1.3	数字版权管理标识	drmi	字符	22	不定	有则必选	1	工程中赋予的、唯一识别数字内容版权状态的标识符，由注册平台生成后返回给注册者。格式按照GC/BQ 4要求

DCR_C 1.2	题名	titles	字符	不定长	不定	必选	n	数字内容的名称，包含主题名、副题名。 必选属性： language（语种），按照 GB/T 4880 要求
DCR_C 1.2.1	主题名	title	字符	255	不定	必选	1	数字内容的主题名
DCR_C 1.2.2	副题名	subtitle	字符	255	不定	可选	1	数字内容的副题名
DCR_C 1.2.3	其他题名	other-title	字符	255	不定	可选	n	数字内容的其他题名，如报纸内容的引题等
DCR_C 1.3	语言	language	字符	2		必选	1	数字内容使用的语言代码，格式按照 GB/T 4880 要求
DCR_C 1.4	产品类型	type	字符	不定长 不定长	见 A.2	必选	1	数字内容的产品类型
DCR_C 1.5	存储格式	format	字符	不定长	见 A.3	可选	1	数字内容的存储格式
DCR_C 1.6	摘要	abstract	字符	不定长	不定	可选	1	数字内容的概述
DCR_C 1.7	版本	version	字符	不定长	不定	可选	1	数字内容的版本
DCR_C 1.8	创作日期	creation_date	日期	不定长	不定	可选	1	数字内容创作完成日期。格式按照 GB/T 7408-2005 要求，采用 YYYY-MM-DD 方式表示，至少包含 YYYY 表示年份
DCR_C 1.9	创作地点	creation_location	字符	不定长	不定	可选	1	数字内容创作完成的地点，包括国家、省市名等
DCR_C 1.10	发表状态	publish_status	复合	不定长	不定	可选	1	数字内容的发表情况。必选属性：published(已发表)，取值 Y（已发表）或 N（未发表）
DCR_C 1.10.1	发表日期	publish_date	日期	不定长	不定	可选	1	数字内容首次发表的日期，要求同本表中的 DCR_C 1.8
DCR_C 1.10.2	发表地点	publish_location	字符	不定长	不定	可选	1	数字内容首次发表的地点，包括国家、省市名称等
DCR_C 1.11	派生属性	derivative_attribute	复合	不定长	不定	可选	n	非原创数字内容与原创内容的关联信息

DCR_C 1.11.1	原创内容	original_content	字符	不定长	不定	可选	1	原创内容的名称、标识符等
DCR_C 1.11.2	改编前内容	pre_edit_content	字符	不定长	不定	有则必选	1	当前数字内容直接改编于哪个内容，包括名称、标识符等
DCR_C 1.11.3	改编方式	edit_mode	字符	不定长 不定长	见 A.4	有则必选	1	当前派生的数字内容以何种方式对改编前数字内容进行改编
DCR_C 1.12	其他标识符	referent_identifier	字符	不定长	不定	可选	n	数字内容的其他标准标识符，如 ISSN、ISBN、DOI 等。需要描述内容标识标准的命名空间和标识符的值。 必选属性：name_space（名称空间），取值 ISSN、ISBN、DOI 等
DCR_C 1.13	内容特征值文件	content_character_value_file	字符	不定长	不定	可选	n	数字内容的内容特征值文件的存储路径
DCR_C 1.14	数字内容样例文件	content_sample	字符	不定长	不定	可选	n	包含数字内容的全部或片段的文件的存储路径
DCR_C 1.15	著作权登记	copyright_registration	复合	不定长	不定	可选	n	数字内容进行著作权登记的情况
DCR_C 1.15.1	核发机构	approval_agency	字符	不定长	不定	有则必选	1	核发著作权登记证书的机构
DCR_C 1.15.2	证书号码	certificate_number	字符	不定长	不定	有则必选	1	著作权登记证书的编号
DCR_C 1.15.3	证书日期	cerficate_date	日期	不定长	不定	有则必选	1	著作权登记证书的核发日期，要求同本表中的 DCR_C 1.8
DCR_C 1.16	创作性质	create_mode	字符	不定长 不定长	见 A.5	必选	1	数字内容的创作属性
DCR_C 1.17	备注	annotation	字符	不定长	不定	可选	1	描述数字内容其他信息
DCR_C 2	创作者	creator	复合	不定长	不定	必选	n	描述数字内容的主要创作者信息，如作者、译者等

DCR_C 2.1	个人	individual	复合	不定长	不定	有则必选	1	描述个人创作者的信息
DCR_C 2.1.1	姓名	name	字符	不定长	不定	必选	*n*	个人创作者的姓名。 必选属性：language（语言），值可取 chi（中文名），eng（英文名）
DCR_C 2.1.2	所属机构	affiliate	字符	不定长	不定	可选	*n*	个人创作者所属的机构名称
DCR_C 2.1.3	其他标识符	referent_identifier	复合	不定长	不定	可选	*n*	用以标识创作者身份的标准标识符，如 ISNI 等。包括标准标识符的名称空间和具体的标识符。 必选属性：name_space（名称空间），取值 ISNI 等
DCR_C 2.2	机构	organization	字符	不定长	不定	有则必选	1	描述机构创作者的信息
DCR_C 2.3	备注	annotation	字符	不定长	不定	可选	1	描述创作者其他信息

5.2 数字内容著作权元数据

数字内容著作权元数据主要描述著作权人享有的相关财产权。元数据元素详见表2。

表2 数字内容著作权元数据

序号	中文名称	英文标签	类型	长度	取值	选择性	最大出现次数	说明
DCR_R 1	著作权	copyright	复合	不定长	不定	必选	*n*	描述数字内容的著作权归属情况
DCR_R 1.1	权利类型	copyright_type	字符	不定长	见 A.1	必选	1	数字内容的某一项著作权的类型。 必选属性：all（所有权利），取值 Y（所有权利）、N（非所有权利）；obtained_mode（权利获取方式），取值：原始、继承、承受、其他
DCR_R 1.2	著作权人	copyright_holder	复合	不定长	不定	必选	*n*	权利的归属人
DCR_R 1.2.1	个人	individual	复合	不定长	不定	有则必选	1	描述个人的信息。同表 1 中 DCR_C 2.1
DCR_R 1.2.2	机构	organization	字符	不定长	不定	有则必选	1	描述机构的信息，同表 1 中 DCR_C 2.2。

DCR_R 1.2.3	联系信息	contact	字符	不定长	不定	可选	*n*	著作权人的联系方式，如电话号码、传真号码、邮箱等
DCR_R 1.2.4	所属地	location	字符	不定长	不定	可选	1	著作权人归属的国家、省市名等
DCR_R 1.2.5	证件	certificate	字符	不定长	不定	可选	*n*	著作权人的身份证件号码。必选属性：type(证件类型)取值： 01：居民身份证； 02：护照； 03：军官证； 04：组织机构代码； 05：其他
DCR_R 1.3	备注	annotation	字符	不定长	不定	可选	1	描述著作权的其他信息

5.3 数字内容著作权合同元数据

数字内容著作权合同元数据描述的是数字内容分发过程中不同参与方之间签订的合同的条款。包括著作权转让合同元数据、著作权许可合同元数据和著作权条件元数据。元数据元素详见表3。

表3 数字内容著作权合同元数据

序号	中文名称	英文标签	类型	长度	取值	选择性	最大重复次数	说明
DCR_T 1	转让合同	assignment_contract	复合	不定长	不定	有则必选	*n*	描述数字内容著作权转让合同的主体内容
DCR_T 1.1	合同号码	contract_id	字符	不定长	不定	必选	1	在工程内部唯一能识别转让合同的号码
DCR_T 1.2	数字内容	assignment_content	复合	不定长	不定	必选	1	转让涉及的数字内容信息
DCR_T 1.2.1	数字版权管理标识	drmi	字符	22	不定	必选	1	转让涉及的数字内容的drmi，同表1中的DCR_C 2.1
DCR_T 1.2.2	数字内容标题	title	字符	不定长	不定	必选	1	转让涉及的数字内容的主标题
DCR_T 1.3	权利类型	copyright_type	字符	1	见A.1	必选	*n*	转让涉及的数字内容某一项著作权的类型
DCR_T 1.4	转让方信息	assignor	复合	不定长	不定	必选	1	转让著作权一方的信息。同表2中的DCR_R 1.2
DCR_T 1.5	受让方信息	assignee	复合	不定长	不定	必选	1	受让著作权一方的信息，同表2中的DCR_R 1.2
DCR_T 1.6	转让有效期	assignment_period	复合	不定长	不定	必选	1	转让人转让权利的期限。必选属性：permanent(永久转让)：取值Y（永久的），N

								（非永久的）
DCR_T 1.6.1	开始日期	start_date	日期	不定长	不定	有则必选	1	转让开始日期。要求同表 1 中的 DCR_C 1.8
DCR_T 1.6.2	结束日期	end_date	日期	不定长	不定	有则必选	1	转让结束日期。要求同表 1 中的 DCR_C 1.8
DCR_T 1.7	合同日期	signed_date	日期	不定长	不定	可选	1	合同签署日期。要求同表 1 中的 DCR_C 1.8
DCR_T 1.8	备注	annotation	字符	不定长	不定	可选		描述著作权转让合同的其他信息
DCR_T 2	许可合同	license_contract	复合	不定长	不定	有则必选	n	描述数字内容著作权许可合同的主体内容
DCR_T 2.1	合同号码	contract_id	字符	不定长	不定	必选	1	在工程内部唯一能识别许可合同的号码
DCR_T 2.2	数字内容	assignment_content	复合	不定长	不定	必选	1	转让涉及的数字内容信息
DCR_T 2.3	权利类型	copyright_type	字符	1	见 A.1	必选	n	许可涉及的数字内容某一项著作权的类型，要求同表 2 中的 DCR_R 1.1
DCR_T 2.4	许可方信息	licensor	复合	不定长	不定	必选	1	许可著作权一方的信息，要求同表 2 中的 DCR_R 1.2
DCR_T 2.5	被许可方信息	licensee	复合	不定长	不定	必选	1	接受著作权许可一方的信息，要求同表 2 中的 DCR_R 1.2
DCR_T 2.6	使用期	usage_period	复合	不定长	不定	必选	1	许可的期限，要求同表 3 中的 DCR_T 1. 6
DCR_T 2.7	著作权声明	copyright_notices	字符	不定长	不定	可选	1	授权时附加的一般版权声明，包括权利保留说明（说明未经许可的开发利用是非法的）和数字内容作者的身份等
DCR_T 2.8	可转让性	transferability	字符	1	Y（可以转让）、N（不可转让）	必选	1	说明被许可方是否可以向第三方发行数字内容的子许可（sub-license）
DCR_T 2.9	专有性	exclusivity	字符	1	取值：Y（专有）、N（非专有）	必选	1	说明本许可是否为专有许可

DCR_T 2.10	合同日期	signed_date	日期	不定长	不定	可选	1	合同签署日期，要求同表 1 中的 DCR_C 1.8
DCR_T 2.11	备注	annotation	字符	不定长	不定	可选	1	描述著作权许可合同的其他信息
DCR_T 3	权利条件	copyright_condition	字符	不定长	不定	可选	1	描述著作权转让合同、著作许可合同中关于权利的限制条件，如用途、载体类型、终端类型、传播方法、改编限制、DRM 技术、附加要求、禁止条件、例外条件等

5.4 数字内容注册管理元数据

数字内容注册管理元数据描述注册平台对数字内容注册进行管理所需要的相关属性。元数据元素详见表4。

表4 数字内容注册管理元数据

序号	中文名称	英文标签	类型	长度	取值	可选性	最大重复次数	说明
DCR_M 1	开始/结束标记	drm_registration_batch	复合	不定长	不定	必选	1	注册文件的开始/结束标志。必选属性：version（注册元数据版本），目前取值 1.0
DCR_M 2	注册者	registrant	字符	不定长	不定	必选	1	注册者的名称
DCR_M 3	提交者	depositor	字符	不定长	不定	必选	1	提交注册信息者的信息，用于接收注册反馈信息
DCR_M 3.1	提交者名称	name	字符	不定长	不定	必选	1	注册联系人的名称
DCR_M 3.2	提交者电子邮箱	email_address	字符	不定长	不定	可选	1	注册联系人的电子信箱地址
DCR_M 4	时间戳	timestamp	字符	不定长	最长 17 个字符	可选	1	标识注册数据产生的时间或版本。一般采用数据产生的日期和时间的整型表达式。格式可由注册者确定。申请类型为著作权登记变更时，只有高版本（时间戳较新）的数据能够取代低版本（时间戳较旧）的数据
DCR_M 5	注册时间	registration_time	复合	不定长	不定	必选	1	包括注册申请时间和处理完毕时间。由注册平台自动产生，并且只存储在注册平台中。
DCR_M 5.1	注册申请时间	application_time	日期时间	不定长	不定	必选	1	注册者申请注册的时间。由注册平台自动产生，并且只

								存储在注册平台中
DCR_M 5.2	处理完毕时间	finish_time	日期时间	不定长	不定	有则必选	1	注册申请处理完毕的时间。由注册平台自动产生，并且只存储在注册平台中
DCR_M 6	注册申请类型	registration_type	字符	2	见A.6，用代码表示	必选	1	注册者申请注册的类型，允许的类型详见第4章
DCR_M 7	注册处理状态	registration_status	字符	不定长	不定	必选	1	注册平台对注册申请处理的状态，如受理、审核合格、审核不合格、注册成功等，由注册平台自动产生
DCR_M 8	审核信息	review_info	复合	不定长	不定	可选	n	对注册申请进行审核的相关信息，由注册平台产生，并且只存储在注册平台中
DCR_M 8.1	审核人	reviewer	字符	不定长	不定	有则必选	1	进行本次审核的审核者名称
DCR_M 8.2	审核时间	review_time	复合	不定长	不定	有则必选	1	本次审核的日期时间
DCR_M 8.2.1	开始时间	start_time	日期时间	不定长	不定	有则必选	1	审核开始的时间
DCR_M 8.2.2	完毕时间	finish_time	日期时间	不定长	不定	有则必选	1	审核处理完毕的时间
DCR_M 8.3	审核结果	review_result	复合	不定长	不定	有则必选	1	本次审核的结果
DCR_M 8.3.1	结果状态	status	字符	1	Y(通过)或N（未通过）	有则必选	1	审核的最终状态
DCR_M 8.3.2	审核意见	reason	字符	不定长	不定	有则必选	1	审核通过或未通过的理由、意见等

附 录 A
（规范性附录）
取值表

A.1 数字内容著作权权利类型取值(见表A.1)

表A.1 数字内容著作权权利类型

序号	权利类型
1	复制权
2	表演权
3	放映权
4	广播权
5	展览权
6	发行权
7	出租权
8	翻译权
9	改编权
10	网络传播权
11	摄制权
12	汇编权
13	其他权利

A.2 产品类型取值表(见表A.2)

表A.2 产品类型

序号	产品类型
1	图书
2	期刊
3	报纸
4	音像
5	图片
6	视频
7	音频
8	其他

A.3 存储格式取值表(见表A.3)

表A.3 存储格式

序号	存储格式
1	text/plain
2	text/richtext
3	text/enriched
4	text/tab-separated-values
5	text/html
6	text/sgml

7	text/css
8	text/xml
9	text/xml-external-parsed-entity
10	multipart/mixed
11	multipart/alternative
12	multipart/digest
13	multipart/parallel
14	multipart/appledouble
15	multipart/header-set
16	multipart/form-data
17	multipart/report
18	multipart/voice-message
19	multipart/signed
20	multipart/encrypted
21	multipart/byteranges
22	application/octet-stream
23	application/postscript
24	application/rtf
25	application/applefile
26	application/mac-binhex40
27	application/wordperfect5.1
28	application/pdf
29	application/x-gzip
30	application/zip
31	application/macwriteii
32	application/msword
33	application/sgml
34	application/cals-1840
35	application/pgp-encrypted
36	application/pgp-signature
37	application/pgp-keys
38	application/sgml-open-catalog
39	application/rc
40	application/xml
41	application/xml-external-parsed-entity
42	application/xml-dtd
43	application/batch-SMTP
44	application/ipp
45	application/ocsp-request
46	application/ocsp-response
47	application/vnd.oasis.opendocument.text
48	application/vnd.oasis.opendocument.presentation

49	application/vnd. oasis. opendocument. spreadsheet
50	application/vnd. ms-excel
51	application/vnd. ms-powerpoint
52	application/vnd. openxmlformats-officedocument. presentationml. presentation
53	application/vnd. openxmlformats-officedocument. spreadsheetml. s heet
54	image/jpeg
55	image/gif
56	image/ief
57	image/g3fax
58	image/tiff
59	image/Graphics-Metafile
60	image/png
61	audio/basic
62	audio/32kadpcm
63	audio/mpeg
64	audio/parityfec
65	audio/MP4A-LATM
66	audio/mpa-robust
67	video/x-ms-wmv
68	video/avi
69	video/mpeg
70	video/quicktime
71	video/pointer
72	video/parityfec
73	video/MP4V-ES
74	chemical/x-alchemy
75	chemical/x-cache-csf
76	chemical/x-cactvs-binary
77	chemical/x-cactvs-binary
78	chemical/x-cactvs-binary
79	chemical/x-cdx
80	chemical/x-cerius
81	chemical/x-chemdraw
82	chemical/x-cif
83	chemical/x-mmcif
84	chemical/x-chem3d
85	chemical/x-cmdf
86	chemical/x-compass
87	chemical/x-crossfire
88	chemical/x-cml

89	chemical/x-csml
90	chemical/x-ctx
91	chemical/x-cxf
92	chemical/x-daylight-smiles
93	chemical/x-embl-dl-nucleotide
94	chemical/x-galactic-spc
95	Data/spcvue.htm
96	chemical/x-gamess-input
97	chemical/x-gaussian-input
98	chemical/x-gaussian-checkpoint
99	chemical/x-gaussian-cube
100	chemical/x-gcg8-sequence
101	chemical/x-genbank
102	chemical/x-isostar
103	chemical/x-jcamp-dx
104	chemical/x-kinemage
105	chemical/x-macmolecule
106	chemical/x-macromodel-input
107	chemical/x-mdl-molfile
108	chemical/x-mdl-rdfile
109	chemical/x-mdl-rxnfile
110	chemical/x-mdl-sdfile
111	chemical/x-mdl-tgf
112	chemical/x-mif
113	chemical/x-mol2
114	chemical/x-molconn-Z
115	chemical/x-mopac-input
116	chemical/x-mopac-graph
117	chemical/x-ncbi-asn1
118	chemical/x-ncbi-asn1-binary
119	chemical/x-pdb
120	chemical/x-swissprot
121	chemical/x-vamas-iso14976
122	chemical/x-vmd
123	chemical/x-xtel
124	chemical/x-xyz
125	model/vrml
126	audio/x-wav
127	video/x-flv

A.4 改编方式取值表(见表A.4)

表 A.4 改编方式

序号	改编方式
1	汇编
2	摘录
3	翻译
4	参照
5	其他
6	

A.5 创作性质取值表(见表A.5)

表 A.5 创作性质

序号	创作性质
1	原创
2	改编
3	翻译
4	汇编
5	注释
6	整理
7	其他

A.6 注册申请类型代码表(见表A.6)

表 A.6 注册申请类型

序号	申请类型	申请类型
1	著作权登记	10
2	著作权初始登记	11
3	著作权转让登记	12
4	著作权许可登记	13
5	著作权登记变更	20
6	著作权登记撤销	30

附　录　B
（规范性附录）
数字内容注册元数据 Schema

本附录给出数字内容注册元数据的XML Schema。

```
<?xml version="1.0" encoding="UTF-8"?>
<!-- ========================================================================

   Digital Content Registration for DRM Project XMLSchema
   1.0.0     2012/06/18

   First major release of version 1.0.0.

======================================================================== -->
<xsd:schema xmlns:xsd="http://www.w3.org/2001/XMLSchema"
xmlns="http://219.141.187.20/DRMGC/DCR/schema/1.0.0"
targetNamespace="http://219.141.187.20/DRMGC/DCR/schema/1.0.0"
elementFormDefault="qualified">
    <!-- ====================================================================

                              1. Shared attributes

    ==================================================================== -->
    <!-- ====================================================================

                              2. Shared elements

    ==================================================================== -->
    <!-- 名称 -->
    <xsd:element name="titles">
        <xsd:complexType>
            <xsd:sequence>
                <xsd:sequence>
                    <xsd:element ref="title"/>
                    <xsd:element ref="subtitle" minOccurs="0"/>
                </xsd:sequence>
            </xsd:sequence>
        </xsd:complexType>
    </xsd:element>
    <xsd:element name="title" type="xsd:string"/>
    <xsd:element name="other-title" type="xsd:string"/>
```

```
    <xsd:element name="original_language_title" type="xsd:string"/>
    <xsd:element name="subtitle" type="xsd:string"/>
    <!-- 摘要 -->
    <xsd:element name="abstract" type="xsd:string"/>
    <!-- 数字版权管理标识 -->
    <xsd:element name="drmi_info">
        <xsd:complexType>
            <xsd:sequence>
                <xsd:sequence>
                    <xsd:element name="drmi_type_code" type="xsd:string"/>
                    <xsd:element name="drmi_content_code" type="xsd:string"
minOccurs="0"/>
                    <xsd:element name="drmi" type="xsd:string" minOccurs="0"/>
                </xsd:sequence>
            </xsd:sequence>
        </xsd:complexType>
    </xsd:element>
    <!-- 著作权登记 -->
    <xsd:element name="copyright_registration">
        <xsd:complexType>
            <xsd:sequence>
                <xsd:sequence>
                    <xsd:element name="approval_agency" type="xsd:string"
minOccurs="0"/>
                    <xsd:element name="certificate_number" type="xsd:string"
minOccurs="0"/>
                    <xsd:element name="cerfificate_date" type="xsd:string" minOccurs="0"/>
                </xsd:sequence>
            </xsd:sequence>
        </xsd:complexType>
    </xsd:element>
    <!-- 其它标识符 -->
    <xsd:element name="referent_identifier">
        <xsd:complexType>
            <xsd:simpleContent>
                <xsd:extension base="xsd:string">
                    <xsd:attribute name="name_space"/>
                </xsd:extension>
            </xsd:simpleContent>
        </xsd:complexType>
    </xsd:element>
    <!-- 个人 -->
    <xsd:element name="individual">
```

```
    <xsd:complexType>
        <xsd:sequence>
            <xsd:element ref="name"/>
            <xsd:element name="affiliate" type="xsd:string" minOccurs="0"/>
            <xsd:element ref="referent_identifier" minOccurs="0"/>
        </xsd:sequence>
    </xsd:complexType>
</xsd:element>
<!-- 机构 -->
<xsd:element name="organization" type="xsd:string"/>
<xsd:simpleType name="certificate_t">
    <xsd:restriction base="xsd:string">
        <xsd:maxLength value="130"/>
        <xsd:minLength value="1"/>
    </xsd:restriction>
</xsd:simpleType>
<!-- 证件 -->
<xsd:element name="certificate">
    <xsd:complexType>
        <xsd:simpleContent>
            <xsd:extension base="certificate_t">
                <xsd:attribute name="type" use="required">
                    <xsd:simpleType>
                        <xsd:restriction base="xsd:positiveInteger">
                            <xsd:maxInclusive value="05"/>
                            <xsd:minInclusive value="01"/>
                            <xsd:totalDigits value="2"/>
                        </xsd:restriction>
                    </xsd:simpleType>
                </xsd:attribute>
            </xsd:extension>
        </xsd:simpleContent>
    </xsd:complexType>
</xsd:element>
<!-- 改编方式 -->
<xsd:element name="edit_mode">
    <xsd:simpleType>
        <xsd:restriction base="xsd:NMTOKEN">
            <xsd:enumeration value="汇编"/>
            <xsd:enumeration value="摘录"/>
            <xsd:enumeration value="翻译"/>
            <xsd:enumeration value="参照"/>
            <xsd:enumeration value="其他"/>
```

```
        </xsd:restriction>
    </xsd:simpleType>
</xsd:element>
<!-- 版本 -->
<xsd:element name="version" type="xsd:string"/>
<!-- 基于ISO-639的语言类型 -->
<xsd:element name="language">
    <xsd:simpleType>
        <xsd:restriction base="xsd:NMTOKEN"/>
    </xsd:simpleType>
</xsd:element>
<!-- 媒体类型 -->
<xsd:element name="format">
    <xsd:simpleType>
        <xsd:restriction base="xsd:string"/>
    </xsd:simpleType>
</xsd:element>
<!-- 备注 -->
<xsd:element name="annotation" type="xsd:string"/>
<!-- =====================================================================

                    3. Attributes and Constraints

====================================================================== -->
<xsd:element name="drm_registration_batch">
    <xsd:complexType>
        <xsd:sequence>
            <xsd:element ref="head"/>
            <xsd:element ref="body"/>
        </xsd:sequence>
        <xsd:attribute name="version" type="xsd:string" default="1.0.0"/>
    </xsd:complexType>
</xsd:element>
<xsd:element name="head">
    <xsd:complexType>
        <xsd:sequence>
            <xsd:element name="drm_registration_batch" minOccurs="0">
                <xsd:complexType>
                    <xsd:sequence>
                        <xsd:element name="registrant" type="xsd:string"/>
                        <xsd:element name="depositor" type="xsd:string"/>
                        <xsd:element name="name" type="xsd:string"/>
                        <xsd:element name="email_address" type="xsd:string"
```

```
minOccurs="0"/>
                            <xsd:element name="timestamp" type="xsd:string"
minOccurs="0"/>
                            <xsd:element name="registration_time" type="xsd:string"/>
                            <xsd:element name="application_time" type="xsd:string"/>
                            <xsd:element name="finish_time" type="xsd:string"
minOccurs="0"/>
                            <xsd:element name="registration_type" type="xsd:string"/>
                            <xsd:element name="registration_status" type="xsd:string"/>
                            <xsd:element ref="review_info"/>
                        </xsd:sequence>
                    </xsd:complexType>
                </xsd:element>
            </xsd:sequence>
        </xsd:complexType>
    </xsd:element>
    <xsd:element name="review_info">
        <xsd:complexType>
            <xsd:sequence>
                <xsd:element name="reviewer" type="xsd:string"/>
                <xsd:element name="review_time" type="xsd:string"/>
                <xsd:element name="start_time" type="xsd:string"/>
                <xsd:element name="finish_time" type="xsd:string" minOccurs="0"/>
                <xsd:element name="review_result" type="xsd:string" minOccurs="0"/>
                <xsd:element name="status" type="xsd:string"/>
                <xsd:element name="reason" type="xsd:string" minOccurs="0"/>
                <xsd:element name="finish_time" type="xsd:string"/>
                <xsd:element name="registration_type" type="xsd:string"/>
                <xsd:element name="registration_status" type="xsd:string"/>
                <xsd:element ref="review_info"/>
            </xsd:sequence>
        </xsd:complexType>
    </xsd:element>
    <xsd:element name="body">
        <xsd:complexType>
            <xsd:choice>
                <xsd:element name="primary_metadata" minOccurs="0"
maxOccurs="unbounded">
                    <xsd:complexType>
                        <xsd:sequence>
                            <xsd:element ref="digital_content"/>
                            <xsd:element ref="creator" maxOccurs="unbounded"/>
                            <xsd:element ref="copyright" maxOccurs="unbounded"/>
```

```
                        </xsd:sequence>
                    </xsd:complexType>
                </xsd:element>
                <xsd:element name="contrat_metadata" minOccurs="0"
maxOccurs="unbounded">
                    <xsd:complexType>
                        <xsd:choice>
                            <xsd:element name="assignment_contract" minOccurs="0"
maxOccurs="unbounded"/>
                            <xsd:element name="license_contract" minOccurs="0"
maxOccurs="unbounded"/>
                        </xsd:choice>
                    </xsd:complexType>
                </xsd:element>
            </xsd:choice>
        </xsd:complexType>
    </xsd:element>
    <!-- ==========================================================================

                                4. Header elements

    ======================================================================== -->
    <xsd:element name="batch_id">
        <xsd:simpleType>
            <xsd:restriction base="xsd:string">
                <xsd:maxLength value="100"/>
                <xsd:minLength value="4"/>
            </xsd:restriction>
        </xsd:simpleType>
    </xsd:element>
    <xsd:element name="timestamp" type="xsd:double"/>
    <xsd:element name="depositor">
        <xsd:complexType>
            <xsd:sequence>
                <xsd:element name="name"/>
                <xsd:element ref="email_address"/>
            </xsd:sequence>
        </xsd:complexType>
    </xsd:element>
    <xsd:simpleType name="name_t">
        <xsd:restriction base="xsd:string">
            <xsd:maxLength value="130"/>
            <xsd:minLength value="1"/>
```

```
        </xsd:restriction>
    </xsd:simpleType>
    <xsd:element name="name">
        <xsd:complexType>
            <xsd:simpleContent>
                <xsd:extension base="name_t">
                    <xsd:attribute name="language">
                        <xsd:simpleType>
                            <xsd:restriction base="xsd:NMTOKEN">
                                <xsd:enumeration value="chi"/>
                                <xsd:enumeration value="eng"/>
                                <xsd:enumeration value="other"/>
                            </xsd:restriction>
                        </xsd:simpleType>
                    </xsd:attribute>
                    <xsd:attribute name="type">
                        <xsd:simpleType>
                            <xsd:restriction base="xsd:NMTOKEN">
                                <xsd:enumeration value="autonym"/>
                                <xsd:enumeration value="signature"/>
                            </xsd:restriction>
                        </xsd:simpleType>
                    </xsd:attribute>
                </xsd:extension>
            </xsd:simpleContent>
        </xsd:complexType>
    </xsd:element>
    <xsd:element name="email_address">
        <xsd:simpleType>
            <xsd:restriction base="xsd:string">
                <xsd:maxLength value="200"/>
                <xsd:minLength value="6"/>
                <xsd:pattern
value="[\p{L}\p{N}!/+\-_]+(\.[\p{L}\p{N}!/+\-_]+)*@[\p{L}\p{N}!/+\-_]+(\.[\p{L}_]+)+"/>
            </xsd:restriction>
        </xsd:simpleType>
    </xsd:element>
    <xsd:element name="registrant">
        <xsd:simpleType>
            <xsd:restriction base="xsd:string">
                <xsd:maxLength value="255"/>
                <xsd:minLength value="1"/>
            </xsd:restriction>
```

```
        </xsd:simpleType>
    </xsd:element>
    <!-- ==============================================================

                                    5. DigitalContent elements

    ============================================================== -->
    <xsd:element name="type">
        <xsd:simpleType>
            <xsd:restriction base="xsd:NMTOKEN">
                <xsd:enumeration value="图书"/>
                <xsd:enumeration value="期刊"/>
                <xsd:enumeration value="报纸"/>
                <xsd:enumeration value="音像"/>
                <xsd:enumeration value="图片"/>
                <xsd:enumeration value="视频"/>
                <xsd:enumeration value="音频"/>
                <xsd:enumeration value="其他"/>
            </xsd:restriction>
        </xsd:simpleType>
    </xsd:element>
    <xsd:element name="digital_content">
        <xsd:complexType>
            <xsd:sequence>
                <xsd:element ref="drmi_info" minOccurs="0"/>
                <xsd:element ref="titles" maxOccurs="unbounded"/>
                <xsd:element ref="other-title" minOccurs="0" maxOccurs="unbounded"/>
                <xsd:element ref="language"/>
                <xsd:element ref="type"/>
                <xsd:element ref="format"/>
                <xsd:element ref="version"/>
                <xsd:element ref="abstract" minOccurs="0" maxOccurs="unbounded"/>
                <xsd:element name="creation_date" type="xsd:date" minOccurs="0"/>
                <xsd:element name="creation_location" type="xsd:string" minOccurs="0"/>
                <xsd:element name="publish_status">
                    <xsd:complexType>
                        <xsd:sequence>
                            <xsd:element name="publish_date" type="xsd:date"
minOccurs="0"/>
                            <xsd:element name="publish_location" type="xsd:string"
minOccurs="0"/>
                        </xsd:sequence>
                        <xsd:attribute name="published" type="xsd:NMTOKEN"/>
```

```
                </xsd:complexType>
            </xsd:element>
            <xsd:element name="derivative_attribute" minOccurs="0">
                <xsd:complexType>
                    <xsd:sequence>
                        <xsd:element name="original_content" type="xsd:string"
minOccurs="0"/>
                        <xsd:element name="preedit_content" type="xsd:string"/>
                        <xsd:element ref="edit_mode"/>
                    </xsd:sequence>
                </xsd:complexType>
            </xsd:element>
            <xsd:element ref="referent_identifier" minOccurs="0"
maxOccurs="unbounded"/>
            <xsd:element name="content_character_value_file" type="xsd:string"/>
            <xsd:element name="content_sample" type="xsd:string"/>
            <xsd:element ref="copyright_registration" minOccurs="0"
maxOccurs="unbounded"/>
            <xsd:element name="create_mode">
                <xsd:simpleType>
                    <xsd:restriction base="xsd:NMTOKEN">
                        <xsd:enumeration value="原创"/>
                        <xsd:enumeration value="改编"/>
                        <xsd:enumeration value="翻译"/>
                        <xsd:enumeration value="汇编"/>
                        <xsd:enumeration value="注释"/>
                        <xsd:enumeration value="整理"/>
                        <xsd:enumeration value="其他"/>
                    </xsd:restriction>
                </xsd:simpleType>
            </xsd:element>
            <xsd:element ref="annotation" minOccurs="0"/>
        </xsd:sequence>
    </xsd:complexType>
</xsd:element>
<xsd:element name="creator">
    <xsd:complexType>
        <xsd:sequence>
            <xsd:choice>
                <xsd:element ref="individual" minOccurs="0" maxOccurs="unbounded"/>
                <xsd:element ref="organization" minOccurs="0"
maxOccurs="unbounded"/>
            </xsd:choice>
```

```
            <xsd:element ref="annotation" minOccurs="0"/>
        </xsd:sequence>
    </xsd:complexType>
</xsd:element>
<xsd:element name="copyright">
    <xsd:complexType>
        <xsd:sequence>
            <xsd:element ref="copyright_type"/>
            <xsd:element ref="copyright_holder" maxOccurs="unbounded"/>
            <xsd:element ref="annotation" minOccurs="0"/>
        </xsd:sequence>
    </xsd:complexType>
</xsd:element>
<xsd:element name="copyright_type_t">
    <xsd:simpleType>
        <xsd:restriction base="xsd:NMTOKEN">
            <xsd:enumeration value="复制权"/>
            <xsd:enumeration value="表演权"/>
            <xsd:enumeration value="放映权"/>
            <xsd:enumeration value="广播权"/>
            <xsd:enumeration value="展览权"/>
            <xsd:enumeration value="发行权"/>
            <xsd:enumeration value="出租权"/>
            <xsd:enumeration value="翻译权"/>
            <xsd:enumeration value="改编权"/>
            <xsd:enumeration value="网络传播权"/>
            <xsd:enumeration value="摄制权"/>
            <xsd:enumeration value="汇编权"/>
            <xsd:enumeration value="其他权利"/>
        </xsd:restriction>
    </xsd:simpleType>
</xsd:element>
<xsd:element name="copyright_type">
    <xsd:complexType>
        <xsd:complexContent>
            <xsd:extension base="copyright_type_t">
                <xsd:attribute name="all" use="required">
                    <xsd:simpleType>
                        <xsd:restriction base="xsd:NMTOKEN">
                            <xsd:enumeration value="Y"/>
                            <xsd:enumeration value="N"/>
                        </xsd:restriction>
                    </xsd:simpleType>
```

```
                </xsd:attribute>
                <xsd:attribute name="obtained_mode"/>
            </xsd:extension>
        </xsd:complexContent>
    </xsd:complexType>
</xsd:element>
<xsd:element name="copyright_holder">
    <xsd:complexType>
        <xsd:sequence>
            <xsd:choice>
                <xsd:element ref="individual" minOccurs="0"/>
                <xsd:element ref="organization" minOccurs="0"/>
            </xsd:choice>
            <xsd:element name="contact" type="xsd:string" minOccurs="0"/>
            <xsd:element name="location" type="xsd:string" minOccurs="0"/>
            <xsd:element ref="certificate" minOccurs="0"/>
        </xsd:sequence>
    </xsd:complexType>
</xsd:element>
</xsd:schema>
```

附　录　C
（资料性附录）
数字内容登记注册元数据实例

本附录给出数字内容登记注册元数据的一个具体实例。


```
<?xml version="1.0" encoding="UTF-8"?>
<drm_registration_batch xmlns="http://219.141.187.20/DRMGC/DCR/schema/1.0.0"
xmlns:xsi="http://www.w3.org/2001/XMLSchema-instance"
xsi:schemaLocation="http://219.141.187.20/DRMGC/DCR/schema/1.0.0
drm_registration_1.0.0.xsd" >
    <head>
        <drm_registration_batch>
         <registrant>zgfazz</registrant>
         <depositor>zgfazz</depositor>
         <name>wangyue</name>
         <registration_time>20120615144942</registration_time>
         <application_time>20120615144942</application_time>
         <registration_type>10</registration_type>
        </drm_registration_batch>
    </head>
    <body>
         <primary_metadata>
              <digital_content>
                   <drmi_info>
                    <drmi_type_code>X</drmi_type_code>
                    <drmi_content_code>01234567</drmi_content_code>
                   </drmi_info>
                    <titles>
                         <title>胸椎恶性孤立性纤维性肿瘤</title>
                         <subtitle>预后因素和长期生存</subtitle>
                    </titles>
                    <language>zh</language>
                    <type>图书</type>
                    <format>text/plain</format>
                    <version>1.0</version>
                    <abstract>Thoracic solitary fibrous tumors (TSFTs) are uncommon neoplasms,
with an estimated age-standardized</abstract>
                    <creation_date>1967-03-13</creation_date>
                    <creation_location>北京</creation_location>
                    <publish_status published="Y">
                         <publish_date>1967-08-13</publish_date>
                         <publish_location>北京</publish_location>
```

```
                </publish_status>
                <derivative_attribute>
                    <original_content></original_content>
                    <preedit_content>Thoracic malignant solitary fibrous
tumors</preedit_content>
                    <edit_mode>汇编</edit_mode>
                </derivative_attribute>
                <referent_identifier
name_space="isbn">978-7-111-38675-9</referent_identifier>
                <referent_identifier
name_space="doi">10.978.7111/386759</referent_identifier>
                <content_character_value_file>内容特征值 </content_character_value_file >
                <annotation>备注</annotation>
            </digital_content>
            <creator>
                <individual>
                    <name>Karl-Josef Kallen</name>
                    <affiliate>北京大学</affiliate>
                    <referent_identifier></referent_identifier>
                </individual>
                <annotation>备注</annotation>
            </creator>
            <copyright>
                <copyright_type all="Y"></copyright_type>
                <copyright_holder>
                    <organization>胸部疾病杂志编辑部</organization>
                    <contact>010-12345678</contact>
                    <location>北京市海淀区胸部疾病杂志编辑部</location>
                    <certificate type="04">123456789</certificate>
                </copyright_holder>
                <annotation>备注</annotation>
            </copyright>
        </primary_metadata>
    </body>
</drm_registration_batch>
```

参 考 文 献

[1] GB/T 5795—2006 中国标准书号
[2] GB/T 9999—2001 中国标准连续出版物号
[3] GB/T 13396—2008 中国标准录音制品编码
[4] GB/T 23730.1—2009 中国标准视听作品号 第1部分：视听作品标识符
[5] GB/T 23730.2—2009 中国标准视听作品号 第2部分：版本标识符
[6] GB/T 23733—2009 中国标准音乐作品编码
[7] GB/T 23732—2009 中国标准文本编码
[8] GB/T 18391.2—2009 信息技术 元数据注册系统（MDR）第2部分：分类
[9] GB/T 18391.3—2009 信息技术 元数据注册系统（MDR）第3部分：注册系统元模型与基本属性
[10] GB/T 18391.4—2009 信息技术 元数据注册系统（MDR）第4部分：数据定义的形成
[11] GB/T 18391.5—2009 信息技术 元数据注册系统（MDR）第5部分：命名和标识原则
[12] ISO 26324 Information and documentation—Digital object identifier system
[13] CY/T 82—2012 新闻出版数字资源唯一标识符
[14] CY/T 83—2012 中国标准名称标识符
[15] CY/T 44—2008 新闻出版信息分类代码集

GC

数字版权保护技术研发工程标准

GC/BQ 9—2015

数字权利元数据

Digital rights metadata

2015－02－03发布　　2015－02－03实施

新闻出版广电总局新闻出版重大科技工程项目领导小组　发布

目　次

前　　言

本标准按照 GB/T 1.1—2009 给出的规则起草。

本标准由新闻出版广电总局新闻出版重大科技工程项目领导小组办公室提出并归口。

本标准主要起草单位：北京方正阿帕比技术有限公司。

本标准主要起草人：黄肖俊、秦丽娇、刘杰、陈立峰、孙卫、高麟鹏。

数字权利元数据

1 范围

本标准规定了数字内容使用权利描述所需的元数据，给出了元数据项集合、各元数据项语义定义及其属性等，以及权利元数据的扩展原则。

本标准适用于数字版权保护技术研发工程。

2 规范性引用文件

下列文件对于本文件的应用是必不可少的。凡是注日期的引用文件，仅注日期的版本适用于本文件。凡是不注日期的引用文件，其最新版本（包括所有的修改单）适用于本文件。

GB/T 7408 数据元和交换格式 信息交换 日期和时间表示方法

GB/T 18391.1 信息技术 元数据注册系统(MDR) 第1部分：框架

GB/T 19710 地理信息 元数据

GC/BQ 3 数字版权保护技术研发工程术语

GC/BQ 4 数字版权管理标识

3 术语和定义、缩略语

3.1 术语和定义

GC/BQ 3 界定的以及下列术语和定义适用于本文件。

3.1.1

约束 constraint

主体对资源使用相对应权利时应满足的条件。

3.1.2

元数据 metadata

定义和描述其他数据的数据。

[GB/T 18391.1—2009，定义 3.2.16]

3.1.3

元数据元素 metadata element

元数据的基本单元。

注1：与UML术语中的属性同义。

注2：元数据元素在元数据实体中是唯一的。

[GB/T 19710—2005，定义 4.6]

3.1.4

元数据实体 metadata entity

一组说明数据相同特性的元数据元素。

注1：与UML术语中的类同义。

注2：可以包含一个或一个以上元数据实体。

[GB/T 19710—2005，定义 4.7]

3.1.5

元数据子集　metadata section

元数据的子集合，由相关的元数据实体和元素组成。

注：与UML术语中的包同义。

[GB/T 19710—2005，定义 4.8]

3.1.6

主体　party

有确定身份的实体，它可以提供内容和其他数据，也完成/接受授权行为。

3.2　缩略语

下列缩略语适用于本文件。

UML：统一建模语言（Unified Modeling Language）

URI：统一资源标识符（Uniform Resource Identifier　）

XML：可扩展置标语言（Extensible Markup Language）

4　约定

4.1　描述方法

本标准采用统一建模语言（UML）来描述。

4.2　元数据基本属性

本标准从语义和语法两方面对每个元数据元素和元数据实体进行了描述，本标准使用下列属性：

a)　中文名称

赋予元数据元素或元数据实体的一个中文标记。元数据实体名称在本标准范围内应唯一，元数据元素名称在元数据实体中也应唯一。

b)　英文标签

赋予元数据元素或元数据实体的一个英文名称。

c)　定义

对元数据元素或元数据实体含义的解释，以使元数据元素或元数据实体与其他元数据元素或元数据实体在概念上相区别。

d)　数据类型

对元数据元素的有效值域的规定和允许对该值域内的值进行有效操作的规定，例如数值型、字符串、日期型、二进制、布尔型等。

注：本标准中元数据实体为复合型。

e)　格式

元数据元素所允许值的集合。

f)　选择性

元数据元素或元数据实体的一个说明符，说明一个元数据元素或元数据实体是否应当总是在元数据中选用或有时选用。该说明符分别为：

1）　M：必选，表明该元数据实体或元数据元素必须选择。

2）　C：一定条件下必选，当满足约束条件中所定义的条件时必须选择，条件必选用于以下三种可能性之一：

——当在多个选项中进行选择时，至少有一个选项为必选，且必须使用；

——当一个元数据元素已经使用时，选用另一个元数据实体或元数据元素；

——当一个元数据元素已经选择了一个特定值时，选用另一个元数据元素。

3）　O：可选，根据实际应用可以选择也可以不选的元数据实体或元数据元素。已经定义的可选元数据实体和可选元数据元素，可指导部门元数据标准制定人员充分说明其信息。

如果一个可选元数据实体未被使用，则该实体所包含的元素（包括必选元素）也不选用。可选元数据实体可以有必选元素，但只当可选实体被选用时才成为必选。

g) 最大出现次数

元数据实体或元素在实际使用时可能重复出现的最大次数。只出现一次的表示为“1”，重复出现的表示为“N”。

h) 备注

元数据元素或元数据实体进一步的补充说明（根据需要选用）。

5 数字权利元数据构成

5.1 数字权利元数据包

元数据由一个或多个元数据子集组成，本标准中元数据子集用UML包表示。每个包包含一个或多个元数据实体（UML类），元数据实体又包含元数据元素。元数据实体可以与一个或多个其他元数据实体相关。数字权利元数据包如图1所示。

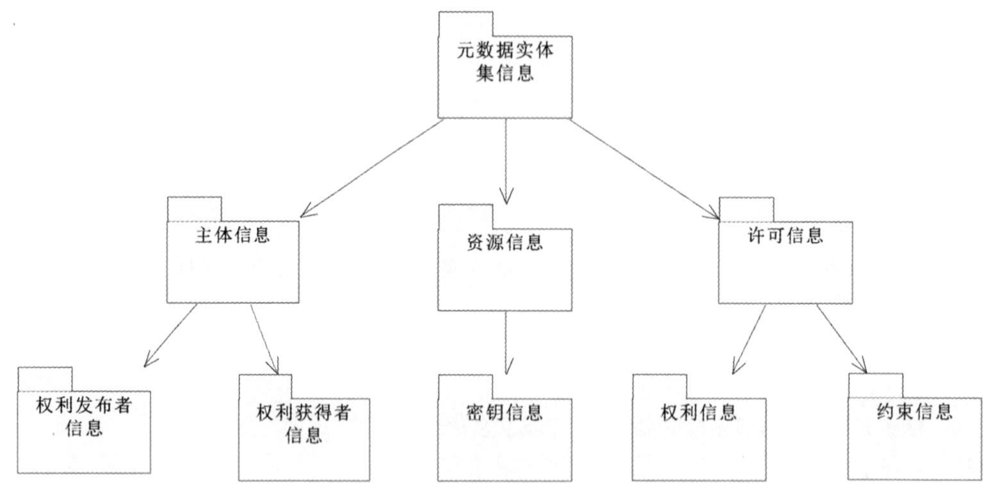

图1 数字权利元数据包

5.2 数字权利元数据 UML

数字权利元数据UML如图2所示。

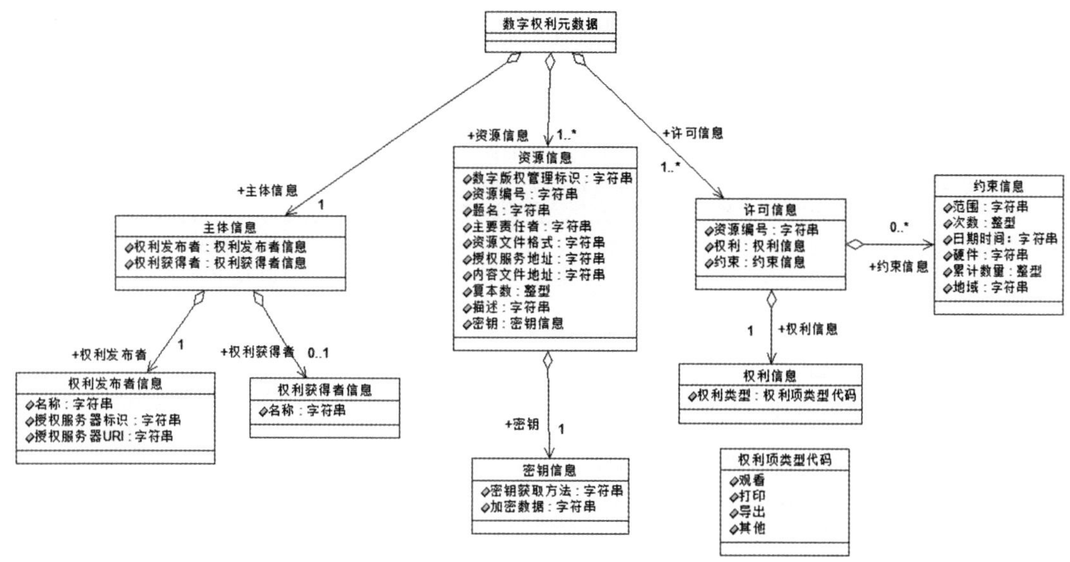

图2 数字权利元数据UML

5.3 元数据字典

元数据字典对每个元数据元素和元数据实体的中文名称、英文标签、数据类型、长度、取值、选择性、说明和示例等属性进行完整说明。

元数据字典具体见附录A，各元数据的XML Schema见附录B。

6 元数据的扩展原则和方法

6.1 背景

本标准第5章和附录A提供通用的元数据，所定义的元数据可能相对于应用需求“过剩”或“不足”，适应不了所有应用。因此，可根据应用对本标准定义的元数据和其关联结构进行裁剪，以及（或者）补充元数据。本章提供扩展元数据和制定元数据应用专规的规则。

6.2 元数据裁剪

元数据裁剪应根据需求，从本标准定义的元数据实体和元素中去除掉不需要的元数据实体和元素。在裁剪之前，应认真分析应用需求，并仔细地查阅本标准中现有的元数据实体和元素。通过将应用需求与本标准中的元数据实体和元素进行比照，保留应用需求所需要的元数据实体和元素，而舍弃不需要的元数据实体和元素。

在进行元数据裁剪时，可以灵活地采用从上向下的遍历策略或者从下向上的遍历策略选择需要的元数据实体和元素，并删除不需要的元数据实体和元素。

元数据裁剪的原则是如果一个元数据实体被删除，则意味着其所包含的元数据实体和元素皆被删除。反之，如果一个元数据元素被保留，则其所在的元数据实体也应保留。

6.3 元数据扩展的类型

允许下列扩展类型：

a） 增加新的元数据元素。

b） 增加新的元数据实体。

c） 增加新的元数据子集。

d） 建立新的代码表，及创建新的代码表元素。

e） 对现有元数据实体/元素施加更严格的可选性限制。

f）对现有元数据实体/元素施加更严格的最大出现次数限制。

g）缩小现有元数据元素的值域。

6.4 元数据扩展的实施

在扩展元数据之前，应仔细地查阅本标准中现有的元数据子集、实体和元素及其属性，根据应用需求确认是否缺少适用的元数据子集、实体或元素。

对于每一个增加的元数据子集、实体或元素，应按照第 4 章的约定定义其中文名称、英文标签、定义、数据类型、格式、选择性以及最大出现次数，并定义关系，以便确定结构和模式。

对于新建的代码表和代码表元素，应说明代码表中每个值的名称、代码以及定义。

6.5 元数据扩展原则

元数据的扩展原则如下：

a）扩展的元数据元素不应用来改变本标准中现有元数据元素的名称、定义或数据类型属性；

b）增加的元数据元素应按照本标准所确定的等级结构进行合理地组织；努力使增加的元数据元素组织到现有的元数据实体中，无法为增加的元数据元素找到在逻辑上洽和或者自然洽和的上层元数据实体时，可以定义新的元数据实体；

c）增加的元数据实体可以包含增加的和现有的元数据实体/元素，作为其组成部分；

d）允许以代码表替代格式为不限制的现有元数据元素的格式；

e）允许增加现有代码表中值的数量，扩充后的代码表应与扩充前的代码表在逻辑上保持一致；

f）允许对选择保留的元数据元素的值域进行缩小；

g）允许对保留的元数据实体/元素的可选性和最大出现次数施以更严格的限制；

h）不应扩展本标准所不允许的任何内容。

附 录 A
（规范性附录）
数字权利元数据字典

A.1 数字权利元数据信息

数字权利元数据信息见表A.1。

表 A.1 数字权利元数据字典

序号	中文名称	英文标签	数据	长度	取值	选择性	说明	示例
0	数字权利元数据	DR-Metadata	复合型	不定长	不定	必选	定义数字权利元数据的根实体	
1	主体信息	Party	复合型	不定长	不定	必选	包括权利发布者和权利获得者	
2	权利发布者信息	RightsAssignor	字符串	不定长	不定	必选	描述权利发布者的信息，可以为原始拥有者或数字内容作品出版者	
3	名称	AssignorName	字符串	不定长	不定	必选	权利发布者的名称	
4	授权服务器标识	RightsIssuerID	字符串	不定长	不定	可选	描述授权服务器的唯一标识	
5	授权服务器URI	RightsIssuer URI	字符串	不定长	不定	可选	描述授权服务器服务地址	
6	权利获得者信息	RightsAssignee	复合型	不定长	不定	可选	描述权利获得者的信息	
7	名称	AssigneeName	字符串	不定长	不定	可选	权利获得者的名称	
8	资源信息	Asset	复合型	不定长	不定	必选	数字作品的信息。可重复	
9	数字版权管理标识	DRMI	字符串	定长22位	遵循GC/BQ 4	可选	数字版权的唯一标识	
10	资源编号	AssetID	字符串	不定长	不定	必选	资源的唯一编号	
11	题名	Title	字符串	不定长	不定	必选	资源的名称	
12	主要责任者	Creator	字符串	不定长	不定	可选	描述资源的主要责任者。可重复	
13	资源文件格式	FileFormat	字符串	不定长	不定	可选	描述资源的文件格式	
14	授权服务地址	RightsIssuerURI	字符串	不定长	不定	必选	描述获取资源文件相关授权信息	

							的网络地址，该地址可用于对该资源详细信息进行访问、获取其他权限等操作。可重复	
15	内容文件地址	ContentURI	字符串	不定长	不定	可选	描述资源文件所在的网络地址。可重复	
16	复本数	CopyCount	整型	不定长	不定	可选	用以描述资源的复本数量	
17	描述	Description	字符串	不定长	不定	可选	资源的详细说明	
18	密钥信息	KeyInfo	复合型	不定长	不定	必选	与密钥相关的信息	
19	密钥获取方法	RetrievalMethod	字符串	不定长	不定	必选	描述解密获取内容密钥的方式，其值可以是获取方法所需的相关信息	
20	加密数据	CipherValue	字符串	不定长	不定	必选	描述用于获取内容密钥的相关数据	可采用Base64编码格式
21	许可信息	Permission	复合型	不定长	不定	必选	对资源或权利的处置方式，使权利获得者在授权认证的环境下，对某种资源或权利本身行使相关的操作。可重复	
22	资源编号	AssetID	字符串	不定长	不定	可选	资源的唯一编号。可重复	
23	权利信息	Rights	复合型	不定长	不定	必选	代表一种动作，使权利接受者在权威认证环境下，被授权对某种资源行使的操作。在语义上与某种资源相关联(至少应选择一项权利)	
24	权利类型	RightsType	代码集	不定长	不定	必选	权利项的类型	View、Print、Export
25	约束信息	Constraint	复合型	不定长	不定	可选	主体对资源使用相应权利时应满足的条件。在语义上与某种权利相关联	

26				内容范围		Range	字符串	不定长	不定	可选	指出内容可使用的范围	可以按段、章节分
27				次数		Count	整型	不定长	不定	可选	约束权利的使用次数	
28				累计数量		Amount	整型	不定长	不定	可选	对总体累计影响的数字内容数量的限制	
29				日期时间		Datetime	字符串	不定长	不定	可选	约束权利和使用的日期时间范围	
30					开始时间	StartTime	字符串	不定长	不定	可选	约束权利和使用的开始时间	
31					结束时间	EndTime	字符串	不定长	不定	可选	约束权利和使用的结束时间	
32				地域		Territory	字符串	不定长	不定	可选	约束权利的使用地区范围。可重复	
33				硬件		Hardware	字符串	不定长	不定	可选	限制硬件的特征值，采用正则表达式来表明硬件特征值的范围	

A.2 代码表

代码表见表A.2。

表A.2 权利项类型代码表

序号	名称	代码	定义
1	权利类型	Type	权利项的类型
2	观看	View	针对数字内容的呈现
3	打印	Print	在打印或虚拟打印设备上呈现资源
4	导出	Export	针对数字内容的摘录
5	其他	Object	其他权利项

附　录　B
（规范性附录）
数字权利元数据-XML Schema 定义

给出数字权利元数据XML Schema定义。

```
<?xml version="1.0" encoding="UTF-8"?>
<schema xmlns="http://www.w3.org/2001/XMLSchema" xmlns:xs="http://www.w3.org/2001/XMLSchema"
xmlns:ns1="http://219.141.187.20/DRMGC" targetNamespace="http://219.141.187.20/DRMGC"
elementFormDefault="qualified" attributeFormDefault="unqualified">
    <annotation>
        <documentation>数字权利元数据</documentation>
    </annotation>
    <element name="Metadata">
        <annotation>
            <documentation>元数据</documentation>
            <appinfo>定义数字权利元数据的根实体。</appinfo>
        </annotation>
        <complexType>
            <sequence>
                <element name="Party"/>
                <element name="Asset"/>
                <element name="Permission"/>
            </sequence>
        </complexType>
    </element>
    <!--******************************主体信息************************************ -->
    <element name="Party">
        <annotation>
            <documentation>主体信息</documentation>
            <appinfo>包括权利发布者和权利获得者。</appinfo>
        </annotation>
    </element>
    <complexType name="PartyType">
        <sequence>
            <element name="RightsAssignor"/>
            <element name="RightsAssignee" minOccurs="0"/>
        </sequence>
    </complexType>
    <element name="RightsAssignor">
        <annotation>
            <documentation>权利发布者信息</documentation>
```

```
            <appinfo>描述权利发布者的信息。</appinfo>
        </annotation>
</element>
<complexType name="RightsAssignorType">
        <sequence>
            <element name="AssignorName" type="string" maxOccurs="1">
                <annotation>
                    <documentation>名称</documentation>
                    <appinfo>权利发布者的名称。</appinfo>
                </annotation>
            </element>
            <element name="RightsIssuerID" type="string" minOccurs="0" maxOccurs="1">
                <annotation>
                    <documentation>授权服务器标识</documentation>
                    <appinfo>描述授权服务器的唯一标识。</appinfo>
                </annotation>
            </element>
            <element name="RightsIssuerURI" type="string" minOccurs="0" maxOccurs="1">
                <annotation>
                    <documentation>授权服务器URI</documentation>
                    <appinfo>描述授权服务器服务地址。</appinfo>
                </annotation>
            </element>
        </sequence>
</complexType>
<element name="RightsAssignee">
        <annotation>
            <documentation>权利获得者信息</documentation>
            <appinfo>描述权利获得者的信息。</appinfo>
        </annotation>
</element>
<complexType name="RightsAssigneeType">
        <sequence>
            <element name="AssigneeName" type="string">
                <annotation>
                    <documentation>名称</documentation>
                    <appinfo>权利获得者的名称。</appinfo>
                </annotation>
            </element>
        </sequence>
</complexType>
<!--*******************************资源信息************************************** -->
<element name="Asset">
```

```
        <annotation>
            <documentation>资源信息</documentation>
            <appinfo>数字作品的信息。</appinfo>
        </annotation>
</element>
<complexType name="AssetType">
    <sequence>
        <element name="DRMI" type="string" maxOccurs="1">
            <annotation>
                <documentation>数字版权管理标识</documentation>
                <appinfo>数字版权的唯一标识。</appinfo>
            </annotation>
        </element>
        <element name="AssetID" type="string" maxOccurs="1">
            <annotation>
                <documentation>资源编号</documentation>
                <appinfo>资源的唯一编号。</appinfo>
            </annotation>
        </element>
        <element name="Title" type="string" maxOccurs="1">
            <annotation>
                <documentation>题名</documentation>
                <appinfo>资源的名称。</appinfo>
            </annotation>
        </element>
        <element name="Creator" type="string" minOccurs="1">
            <annotation>
                <documentation>主要责任者</documentation>
                <appinfo>描述资源的主要责任者。</appinfo>
            </annotation>
        </element>
        <element name="Price" type="string" minOccurs="0">
            <annotation>
                <documentation>价格</documentation>
                <appinfo>描述资源的主要责任者。</appinfo>
            </annotation>
        </element>
        <element name="FileFormat" type="string" minOccurs="0" maxOccurs="unbounded">
            <annotation>
                <documentation>资源文件格式</documentation>
                <appinfo>描述资源的文件格式。</appinfo>
            </annotation>
        </element>
```

```
            <element name="RightsIssuerURI" type="string" maxOccurs="unbounded">
                <annotation>
                    <documentation>授权服务地址</documentation>
                    <appinfo>描述获取资源文件相关授权信息的网络地址，该地址可用于对该资源详细信息进行访问、获取其它权限等操作。</appinfo>
                </annotation>
            </element>
            <element name="ContentURI" type="string" minOccurs="0" maxOccurs="unbounded">
                <annotation>
                    <documentation>内容文件地址</documentation>
                    <appinfo>描述资源文件所在的网络地址。</appinfo>
                </annotation>
            </element>
            <element name="CopyCount" type="integer" minOccurs="0" maxOccurs="1">
                <annotation>
                    <documentation>复本数</documentation>
                    <appinfo>用以描述资源的副本数量。</appinfo>
                </annotation>
            </element>
            <element name="Description" type="string" minOccurs="0" maxOccurs="1">
                <annotation>
                    <documentation>描述</documentation>
                    <appinfo>资源的详细说明。</appinfo>
                </annotation>
            </element>
            <element name="KeyInfo" minOccurs="1"/>
        </sequence>
    </complexType>
    <element name="KeyInfo">
        <annotation>
            <documentation>密钥信息</documentation>
            <appinfo>与密钥相关的信息。</appinfo>
        </annotation>
    </element>
    <complexType name="KeyInfoType">
        <sequence>
            <element name="RetrievalMethod" type="string" minOccurs="1">
                <annotation>
                    <documentation>密钥获取方法</documentation>
                    <appinfo>描述解密获取内容密钥的方式，其值可以是获取方法所需的相关信息。</appinfo>
                </annotation>
            </element>
```

```
            <element name="CipherValue" type="string" minOccurs="1">
                <annotation>
                    <documentation>加密数据</documentation>
                    <appinfo>描述用于获取内容密钥的相关数据。</appinfo>
                </annotation>
            </element>
        </sequence>
    </complexType>
    <!--*******************************许可信息*********************************** -->
    <element name="Permission">
        <annotation>
            <documentation>许可信息</documentation>
            <appinfo>对资源或权利的处置方式，使权利获得者在授权认证的环境下，对某种资源或权利本身行使相关的操作。</appinfo>
        </annotation>
    </element>
    <complexType name="PermissionType">
        <sequence>
            <element name="AssetID" type="string" minOccurs="1">
                <annotation>
                    <documentation>资源编号</documentation>
                    <appinfo>资源的唯一编号。</appinfo>
                </annotation>
            </element>
            <element name="Rights" minOccurs="1" maxOccurs="unbounded"/>
            <element name="Constraint" minOccurs="0"/>
        </sequence>
    </complexType>
    <element name="Rights">
        <annotation>
            <documentation>权利信息</documentation>
            <appinfo>代表一种动作，使权利接受者在权威认证环境下，被授权对某种资源行使的操作。</appinfo>
        </annotation>
    </element>
    <complexType name="RightsType">
        <sequence>
            <element name="RightsType">
                <annotation>
                    <documentation>观看</documentation>
                    <documentation>View</documentation>
                    <appinfo>针对数字内容的呈现。</appinfo>
                </annotation>
```

```
            </element>
            <element name="RightsType">
                  <annotation>
                        <documentation>打印</documentation>
                        <documentation>Print</documentation>
                        <appinfo>在打印或虚拟打印设备上呈现资源。</appinfo>
                  </annotation>
            </element>
            <element name="RightsType">
                  <annotation>
                        <documentation>导出</documentation>
                        <documentation>Export</documentation>
                        <appinfo>针对数字内容的摘录。</appinfo>
                  </annotation>
            </element>
            <element name="RightsType">
                  <annotation>
                        <documentation>其他</documentation>
                        <documentation>Other</documentation>
                        <appinfo>>其他权利项。</appinfo>
                  </annotation>
            </element>
      </sequence>
</complexType>
<element name="Constraint">
      <annotation>
            <documentation>约束信息</documentation>
            <appinfo>主体对资源使用相应权利时应满足的条件。</appinfo>
      </annotation>
</element>
<complexType name="ConstraintType">
      <sequence>
            <element name="Range" type="string" minOccurs="0">
                  <annotation>
                        <documentation>内容范围</documentation>
                        <appinfo>指出内容可使用的范围。</appinfo>
                  </annotation>
            </element>
            <element name="Count" type="integer" minOccurs="0">
                  <annotation>
                        <documentation>次数</documentation>
                        <appinfo>约束权利的使用次数。</appinfo>
                  </annotation>
```

```
            </element>
            <element name="Amount" type="integer" minOccurs="0">
                <annotation>
                    <documentation>累计数量</documentation>
                    <appinfo>对总体累计影响的数字内容数量的限制。</appinfo>
                </annotation>
            </element>
            <element name="Datetime" minOccurs="0">
                <annotation>
                    <documentation>日期时间</documentation>
                    <appinfo>约束权利和使用的日期时间范围。</appinfo>
                </annotation>
            </element>
            <element name="Territory" type="string" minOccurs="0" maxOccurs="unbounded">
                <annotation>
                    <documentation>地域</documentation>
                    <appinfo>对总体累计影响的数字内容数量的限制。</appinfo>
                </annotation>
            </element>
            <element name="Hardware" type="string" minOccurs="0" maxOccurs="unbounded">
                <annotation>
                    <documentation>硬件</documentation>
                    <appinfo>限制硬件的特征值，采用正则表达式来表明硬件特征值的范围。
</appinfo>
                </annotation>
            </element>
            <element name="object"/>
        </sequence>
    </complexType>
    <complexType name="DateType">
        <sequence>
            <element name="StartTime" type="string" minOccurs="0">
                <annotation>
                    <documentation>开始时间</documentation>
                    <appinfo>约束权利和使用的开始时间。</appinfo>
                </annotation>
            </element>
            <element name="EndTime" type="string" minOccurs="0">
                <annotation>
                    <documentation>结束时间</documentation>
                    <appinfo>约束权利和使用的结束时间。</appinfo>
                </annotation>
            </element>
```

```
        </sequence>
    </complexType>
</schema>
```

数字版权保护技术研发工程标准

GC/BQ 10—2015

可信计数数据

Trusted countable data

2015－02－03 发布　　　　2015－02－03 实施

新闻出版广电总局新闻出版重大科技工程项目领导小组

目　次

前　言

本标准按照 GB/T 1.1—2009 给出的规则起草。

本标准由新闻出版广电总局新闻出版重大科技工程项目领导小组办公室提出并归口。

本标准主要起草单位：中国新闻出版研究院。

本标准主要起草人：刘颖丽、黄肖俊、李凤华、王兴华。

可信计数数据

1 范围

本标准规定了数字出版产品交易过程中用于可信计数的数据元集合与表示，以及可信性的说明。

本标准适用于数字版权保护技术研发工程建设以及各相关研发系统。

2 规范性引用文件

下列文件对于本文件的应用是必不可少的。凡是注日期的引用文件，仅注日期的版本适用于本文件。凡是不注日期的引用文件，其最新版本（包括所有的修改单）适用于本文件。

GB/T 7408　数据元和交换格式 信息交换 日期和时间表示方法

GC/BQ 3 数字版权保护技术研发工程术语

GC/BQ 4 数字版权管理标识

3 术语和定义

GC/BQ 3 界定的以及下列术语和定义适用于本文件。

3.1

可计数性　countability

数字内容的交易数量可被统计的特性。

3.2

数字出版产品　digital publish product

以知识信息为内容，经过编辑加工，以一定形态呈现，面向公众传播的数字文化产品。

注：数字出版产品包括经过编辑加工的数字作品和电子书等。

3.3

可信性　trusted

交易各方都认可和信任的特性。

注：可信性在交易各方利益发生冲突时，保证各方对交易数据和信息相互不可抵赖。

4 数据元

4.1 概述

本标准涉及的应用场景和交易流程可参见附录A中所述。

本标准涉及的可信计数数据的数据元由基础性数据元、计数性数据元和可信性数据元三部分组成。

4.2 基础性数据元

数字出版产品交易过程中的基础性数据元包括数字版权管理标识、题名、内容提供者的机构代码，具体见表1。

表1　基础性数据元

序号	中文名称	英文标签	类型	长度	取值	选择性	说明	示例
1	数字版权管理标识	DRMI	字符串	定长，22个字符	不定	必选	用以描述数字版权保护技术研发系统的标识符。遵循GC/BQ 4	
2	题名	Title	字符串	不定长	不定	必选	用以描述数字出版产品的名称	
3	内容提供者的机构代码	ProviderID	字符串	不定长，最长16个字符	不定	必选	用以描述数字出版产品的提供者的机构代码信息，提供者可为机构或个人	

4.3　计数性数据元

数字出版产品交易过程中的计数性数据元包括交易订单号、交易数量、授权附加信息描述、交易时间、价格、授权方的机构代码、销售方的机构代码，具体见表2。

表2　计数性数据元

序号	中文名称	英文标签	类型	长度	取值	选择性	说明	示例
1	交易订单号	TransOrderID	字符串	不定长	不定	必选	用以记录交易时销售系统产生的交易订单号	
2	交易数量	TransAmount	整型	不定长	不定	必选	用以记录交易时该数字出版产品的交易数量	
3	授权附加信息描述	AuthDesc	字符串	不定长，最长256个字符	不定	可选	用以记录交易时对该数字出版产品的授权附加描述信息。包括单一授权和批量授权等，单一授权时可描述购买方信息	
4	交易时间	TransTime	日期时间型	定长，格式为YYYYMMDDhhmmss	不定	必选	用以描述交易时的时间信息。遵循GB/T 7408标准	
5	价格	Price	货币型	不定长，最长9个字符，小数点	不定	可选	用以描述数字出版产品的价格信息。以人民币元为单位	

				后2个字符				
6	授权方的机构代码	AssignorID	字符串	不定长，最长 16 个字符	不定	必选	用以描述数字出版产品的授权方的机构代码信息	
7	销售方的机构代码	SellerID	字符串	不定长，最长 16 个字符	不定	必选	用以描述数字出版产品的销售方的机构代码信息	

4.4 可信性数据元

4.4.1 权利许可请求基本数据的数据元

数字出版产品交易过程中的权利许可请求基本数据元除包括上述基础性数据元和计数性数据元外，同时增加可信性数据元包括交易请求号、交易随机数、交易计数器编号，具体见表3。

表3 权利许可请求基本数据元中的可信性数据元

序号	中文名称	英文标签	类型	长度	取值	选择性	说明	示例
1	交易请求号	TransID	字符串	定长，9 个字符，由数字构成	不定	必选	用于记录上传交易记录的请求号	
2	交易随机数	TransRandom	字符串	定长，8 个字符，由数字构成	不定	必选	用于保证交易数据抵抗重放攻击	
3	交易计数器编号	TransCounterID	字符串	定长，6 个字符，由数字构成	不定	必选	用于记录上传交易记录的计数器编号	

4.4.2 权利许可基本数据的数据元

数字出版产品交易过程中的权利许可基本数据元除包括上述基础性数据元和计数性数据元外，同时增加可信性数据元包括交易请求号、交易随机数、交易计数器编号、授权时间、授权随机数、授权计数器编号，具体见表4。

表4 权利许可基本数据元中的可信性数据元

序号	中文名称	英文标签	类型	长度	取值	选择性	说明	示例
1	交易请求号	TransID	字符串	定长，9 个字符，由数字构成	不定	必选	用于记录上传交易记录的请求号	
2	交易随机数	TransRandom	字符串	定长，8 个字符，由数字构成	不定	必选	用于保证交易数据抵抗重放攻击	
3	交易计数器编号	TransCounterID	字符串	定长，6 个字符，由数	不定	必选	用于记录上传交易记录的计数器编号	

				字构成				
4	授权时间	AuthTime	日期时间型	定长，格式为YYYYMMDDhhmmss	不定	必选	用以描述授权时的时间信息。遵循GB/T 7408标准	
5	授权随机数	AuthRandom	字符串	定长，8个字符，由数字构成	不定	必选	用于保证授权数据抵抗重放攻击	
6	授权计数器编号	AuthCounterID	字符串	定长，6个字符，由数字构成	不定	必选	用于记录上传授权记录的计数器标识	

5 可信性说明

5.1 完整性

数字出版产品交易数据的完整性可通过消息摘要等密码技术来保证。

摘要是将数字出版产品交易数据进行指定计算而获得的特殊信息，通过对摘要的验证，从而检验了数字出版产品交易数据的完整性。

摘要应由两部分组成：

a) 摘要方法（DigestMethod）：计算内容摘要信息所使用的算法。

b) 摘要值（DigestValue）：通过摘要算法计算出来的数字出版产品的特殊信息值。

5.2 可验证性

数字出版产品交易数据可验证性是通过数字签名来保证的。

销售系统和授权系统在提交相关信息时，均经过签名后上传至版权保护可信交易数据管理平台，并以第三方的方式进行保存，从而保证交易信息的可验证性。具体方法包括：

a) 数据上传者将基础性数据、计数性数据以及可信性数据组合在一起计算摘要。

b) 数据上传者使用自己的私钥，对摘要信息进行计算，得到签名数据。

c) 将签名数据连同基础性数据、计数性数据以及可信性数据一起发送给可信交易数据管理平台。

d) 可信交易数据管理平台可根据数据上传者公布的公钥来验证签名数据，并对上传数据进行存储。

附 录 A
（资料性附录）
应用场景和交易流程

A.1 应用场景

A.1.1 场景一

场景一为与出版单位自主发行版权保护系统及第三方销售系统集成，实现出版单位自主出版并由第三方进行数字出版产品销售。

应用场景一如图A.1所示。

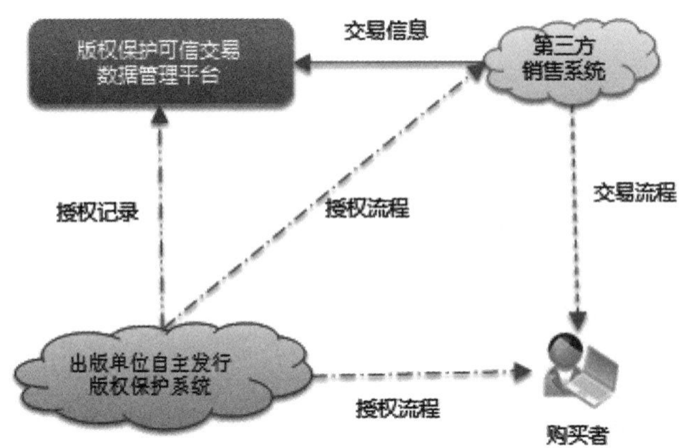

图A.1 出版单位自主发行

在本应用场景中，出版单位自主发行版权保护系统向购买者进行数字出版产品的授权工作，而第三方的销售系统则向购买者进行数字出版产品的销售工作，授权方和销售方是具有利益冲突的个体。版权保护可信交易数据管理平台在此业务流程中收集出版单位自主发行版权保护系统的授权记录和第三方交易系统的交易数据，再通过本包提供的可信计数技术支撑，保证交易数据的可信性和可计数性。当网络中断时，嵌入出版单位自主发行版权保护系统和第三方销售系统的的可信计数器对上传的授权记录与交易数据进行缓存，待网络连接后再进行数据的提交。版权保护可信交易数据管理平台对这些无法及时同步获取的授权记录与交易数据，采用延迟匹配的方式。

A.1.2 场景二

场景二为与集成商的集成分发系统及销售商的销售系统等集成，实现出版单位委托集成商作为总代理，并将数字出版产品交由销售商进行销售。

应用场景二如图A.2所示。

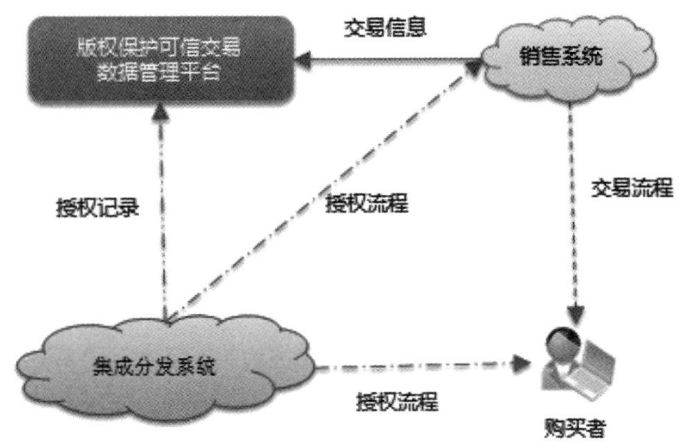

图A.2　出版单位通过集成商进行发行

在本应用场景中，出版单位委托集成商向购买者进行数字出版产品的授权工作，而销售商的销售系统则向购买者进行数字出版产品的销售工作，授权方和销售方分别由集成商和销售商运营，当事双方及出版商是具有利益冲突的个体。版权保护可信交易数据管理平台在此业务流程中收集集成分发系统的授权记录和第三方销售系统的交易数据，再通过本包提供的可信计数技术支撑，保证交易数据的可信性和可计数性，为出版商获得可信的交易信息、保证自身利益提供技术及平台支撑。当网络中断时，嵌入集成分发系统和销售系统的可信计数器对上传的授权记录与交易数据进行缓存，待网络连接后再进行数据的提交。版权保护可信交易数据管理平台对这些无法及时同步获取的授权记录与交易数据，采用延迟匹配的方式。

A.2　数字出版产品交易流程

数字出版交易的具体流程如下：

Step1：购买者（终端代理模块）进行数字出版产品选购。

Step2：销售方（交易系统）调用可信计数器生成权利许可请求数据，该数据由权利许可请求基本数据和签名数据组成。权利许可请求基本数据元包括基础性数据元（数字版权管理标识，题名，内容提供者的机构代码）、计数性数据元（交易订单号, 交易数量，授权附加信息描述，交易时间，价格，授权方的机构代码，销售方的机构代码）、可信性数据元（交易请求号，交易随机数，交易计数器编号）。

Step3：授权方（授权系统）调用可信计数器生成权利许可数据，该数据由权利许可基本数据和签名数据组成。权利许可基本数据元包括基础性数据元（数字版权管理标识，题名，内容提供者的机构代码）、计数性数据元（交易订单号，交易数量，授权附加信息描述，交易时间，价格，授权方的机构代码，销售方的机构代码）、可信性数据元（交易请求号，交易随机数，交易计数器编号，授权时间，授权随机数，授权计数器编号）。

Step4：交易结束。

索　引

汉语拼音索引

J

N

S

T

X

英文对应词索引

A

D

P

S

T

图书在版编目（CIP）数据

数字版权保护技术研发工程标准汇编：全 3 册 / 魏玉山主编 . — 北京：中国书籍出版社，2016.10

ISBN 978-7-5068-5843-4

Ⅰ. ①数… Ⅱ. ①魏… Ⅲ. ①电子出版物 - 版权 - 保护 - 标准 - 汇编 Ⅳ. ① D913-65

中国版本图书馆 CIP 数据核字（2016）第 233369 号

数字版权保护技术研发工程标准汇编（上）

魏玉山　主编

统筹编辑　游　翔
责任编辑　吴化强
责任印制　孙马飞　马　芝
封面设计　楠竹文化
出版发行　中国书籍出版社
地　　址　北京市丰台区三路居路 97 号（邮编：100073）
电　　话　（010）52257143（总编室）　　（010）52257140（发行部）
电子邮箱　eo@chinabp.com.cn
经　　销　全国新华书店
印　　刷　河北省三河市顺兴印务有限公司
开　　本　787 毫米×1092 毫米　1/16
印　　张　70.75
字　　数　1567 千字
版　　次　2016 年 12 月第 1 版　2016 年 12 月第 1 次印刷
书　　号　ISBN 978-7-5068-5843-4
定　　价　312.00 元（全三册）

新闻出版重大科技工程项目管理及相关成果丛书

数字版权保护技术研发工程标准汇编（中）

Collection of Standards on the National DRM R&D Project（II）

魏玉山 主编 刘颖丽 副主编

总目录

分册目录

第五章

接口协议类标准

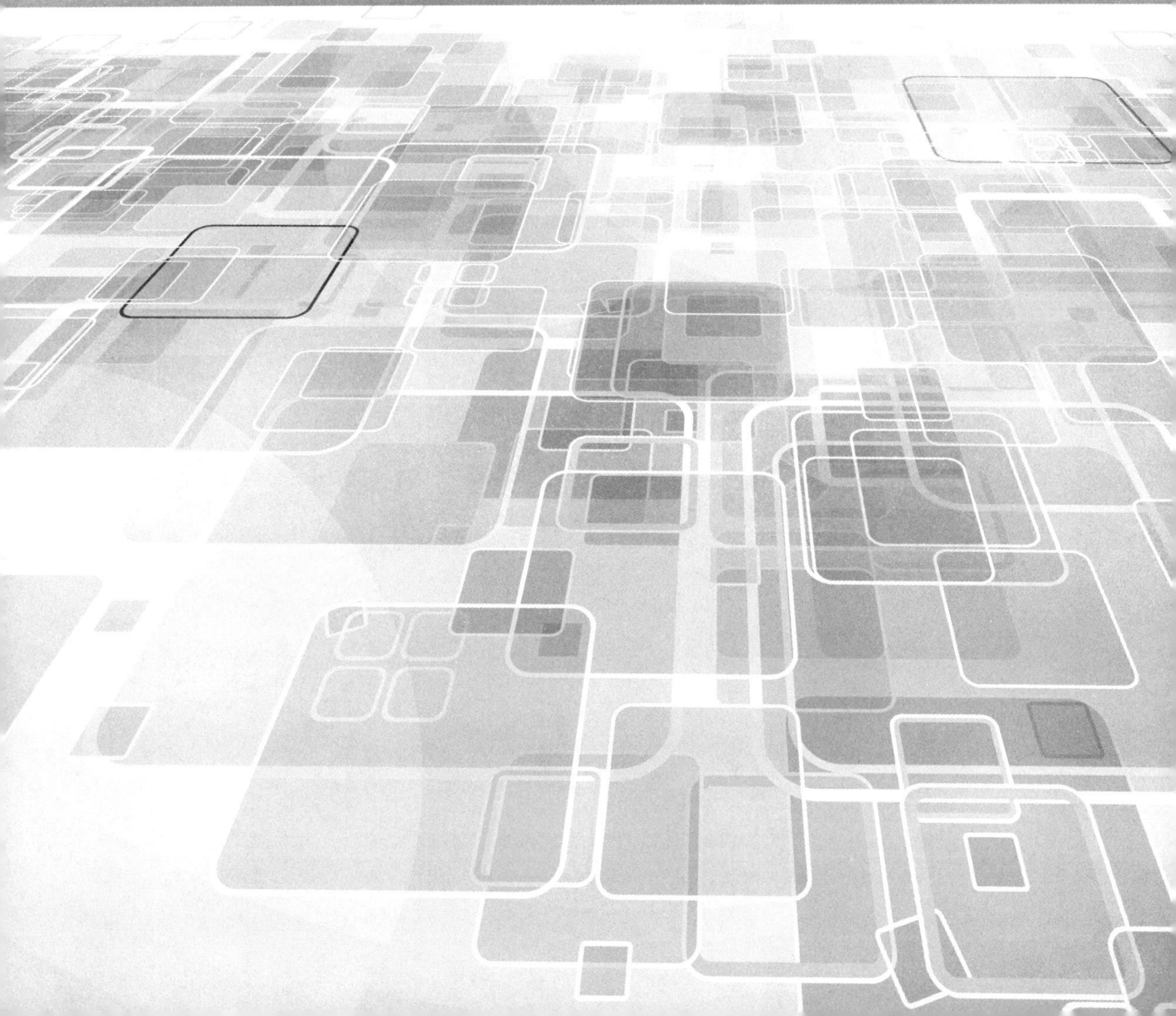

GC

数字版权保护技术研发工程标准

GC/BQ 23—2015

注册信息查询与发布数据交换格式

The data exchange for digital rights registration information

2015－02－03 发布　　2015－02－03 实施

新闻出版广电总局新闻出版重大科技工程项目领导小组　发布

目　次

前　言

本标准按照GB/T 1.1—2009给出的规则起草。

本标准由新闻出版广电总局新闻出版重大科技工程项目领导小组办公室提出并归口。

本标准起草单位：中国科学院自动化研究所、北京万方数据股份有限公司。

本标准主要起草人：曾智、刘杰、凌峰、杨兴兵。

注册信息查询与发布数据交换格式

1 范围

本标准提出了一种基于 XML 的标准数据格式，用于在不同计算机系统之间交互传递数字内容的注册信息，以实现该信息的查询与发布。

本标准注重于未来不同数字内容版权注册机构之间进行注册信息的数据交换。对于“数字版权保护技术研发工程”中数字内容注册与管理平台，以及该工程最终集成形成的数字版权保护管理与服务平台，基于本标准所规定的数据交换格式，将在由GC/BQ 21 《出版机构信息管理系统接口》、GC/BQ 22 《服务机构信息管理系统接口》和GC/BQ 24 《数字版权保护机构的信息管理系统接口》所定义的服务接口之外，提供一种与外部系统更加灵活、规范化的数据交换方式。

2 规范性引用文件

下列文件对于本文件的应用是必不可少的。凡是注日期的引用文件，仅注日期的版本适用于本文件。凡是不注日期的引用文件，其最新版本（包括所有的修改单）适用于本文件。

GB/T 7408—2005 数据元和交换格式 信息交换 日期和时间表示方法

GC/BQ 3 数字版权保护技术研发工程术语

GC/BQ 4 数字版权管理标识

GC/BQ 8 数字内容注册规范

3 术语、定义和缩略语

3.1 术语和定义

GC/BQ 3 界定的以及下列术语和定义适用于本文件。

3.1.1

注册/登记 registration

在工程的相关技术系统中对数字内容的基本信息以及著作权信息进行规范化记录的行为。

[采用GC/BQ 8—2014，3.1定义]

3.1.2

注册信息 digital rights registration information

描述了数字内容所附带的各种版权信息。

3.1.3

数字内容注册与管理平台 registration system

工程中开发建立的、提供数字内容的注册与管理功能的技术系统，是数字版权保护管理与服务平台的重要组成部分。

3.1.4

数字版权管理标识 digital rights management identifier ; DRMI

由4位标识符“DRMI”、1位类型标识码、17位数字内容标识码、3位版权版本号和1位校验码五部分，共计26位字符组成的用于数字版权保护技术研发系统的标识符。

[采用GC/BQ 4—2014，3.1.2定义]

3.2 缩略语

下列缩略语适用于本文件。

DRMI：数字版权管理标识（Digital Right Management Identifier）

XML：可扩展置标语言（Extensible Markup Language）

4 注册信息结构的描述

注册信息使用XML语言进行描述，由四部分组成：

a）**信息开始：**

XML语言在此宣告该条注册信息的格式、内容以及版权记录的根元素。信息开始最少由两行组成：

```
<?xml version="1.0" encoding="UTF-8"?>
<DCRIXMessage release="1.0">
```

b）**信息头：**

主要记录该条注册信息的规格。信息头使用<Header></Header>标签，其内容描述见下一节。

c）**信息主体：**

包括该条注册信息中的若干版权记录。信息主体使用<Body></Body>标签，其中包含多条注册信息记录，每条记录使用<CopyrightRecord></CopyrightRecord>标签，其内容描述见下一节。

d）**信息结尾：**

XML语言在此宣告该条注册信息的结束。信息结尾应包含下列一行：

```
</DCRIXMessage>
```

注册信息的整体框架如下所示：

```
<?xml version="1.0" encoding="UTF-8"?>
<DCRIXMessage release="1.0">
    <Header>
        <!-- 注册信息头数据 -->
    </Header>
    <Body>
        <CopyrightRecord>
            <!-- 第1条版权记录 -->
        </CopyrightRecord>
        <CopyrightRecord>
```

```
            <!-- 第2条版权记录 -->
        </CopyrightRecord>

            <!-- 更多条的版权记录 -->

        <CopyrightRecord>
            <!-- 第n条版权记录 -->
        </CopyrightRecord>
    </Body>
</DCRIXMessage>
```

在附录A中，给出了注册信息查询与发布数据交换XML标签的索引；在附录B中给出了注册信息查询与发布数据交换XML数据的Schema；在附录C中给出了注册信息查询与发布数据交换XML的示例。

5 注册信息头

5.1 注册信息头结构

注册信息头用于描述该注册信息的基础信息数据，包括生成并发送该注册信息的用户信息、接收获取该注册信息的用户信息、生成并发送该注册信息的时间。由如下标签构成：

——<Sender></Sender>，生成并发送该注册信息的用户信息使用该标签；

——<Addressee></Addressee>，接收获取该注册信息的用户标识使用该标签；

——<SentDateTime></SentDateTime>，数据发送时间使用该标签。

注册信息头的整体框架如下所示：

```
<Header>
    <Sender>
        <!-- 生成该注册信息的用户信息数据 -->
    </Sender>
    <Addressee>
        <!-- 接收该注册信息的用户信息数据 -->
    </Addressee>
    <SentDateTime>
        <!-- 数据发送时间数据 -->
    </SentDateTime>
</Header>
```

5.2 发送注册信息的用户信息数据

生成并发送该注册信息的用户信息数据由发送方单位标识、单位名称和单位联系信息组成。其中，发送方单位标识为该单位在工程数字版权保护管理与服务平台中的账号，如果没有在该平台注册则可以为空。单位名称和单位联系信息为必要数据。标签如下：

——<SenderIdentifier></SenderIdentifier>，发送方单位标识使用该标签；

——<SenderName></SenderName>，发送方单位名称使用该标签；

——<SenderContact></SenderContact>，发送方单位联系信息使用该标签。

5.3　接收注册信息的用户信息数据

接收并获取该注册信息的用户信息数据由接收方单位标识、单位名称和单位联系信息组成。其中，接收方单位标识为该单位在工程数字版权保护管理与服务平台中的账号，如果没有在该平台注册则可以为空。单位名称和单位联系信息为必要数据。标签如下：

——<AddresseeIdentifier></AddresseeIdentifier>，接收方单位标识使用该标签；

——<AddresseeName></AddresseeName>，接收方单位名称使用该标签；

——<AddresseeContact></AddresseeContact>，接收方单位联系信息使用该标签。

5.4　数据发送时间数据

数据发送时间用于描述该注册信息发送出的具体时间，遵循GB/T 7408—2005的相关规定，可使用表1中格式里的一种。

表1　时间数据表示法

表示法	含义
YYYYMMDD	仅日期
YYYYMMDDThhmm	日期和时间（发送方当地时间）
YYYYMMDDThhmmZ	日期和时间（国际标准时间）
YYYYMMDDThhmm±	日期和时间（含与国际标准时间的时差）
YYYYMMDDThhmmss	日期和时间（发送方当地时间，精确到秒）
YYYYMMDDThhmmssZ	日期和时间（国际标准时间，精确到秒）
YYYYMMDDThhmmss±	日期和时间（含与国际标准时间的时差，精确到秒）

6　注册信息中的版权记录

6.1　版权记录结构

注册信息中的版权记录，使用<CopyrightRecord></CopyrightRecord>标签，由该条注册信息所对应的数字版权管理标识、数据交换操作说明、数字内容基本元数据、数字内容著作权元数据及数字内容著作权合同元数据组成。其中：

——<DRMI></DRMI>，数字版权管理标识使用该标签；

——<Operation></Operation>，数据交换操作说明使用该标签，描述发送该条版权记录的目的，包括新建、更新、删除；

——<ContentMeta></ContentMeta>，数字内容基本元数据使用该标签，描述该条版权记录对应的数字内容的元数据信息；

——<CopyrightMeta></CopyrightMeta>，数字内容著作权元数据使用该标签，描述该条版权记录对应的数字内容著作权元数据信息；

——<ContractMeta></ContractMeta>，数字内容著作权合同元数据使用该标签，描述该条版权记录对应的数字内容著作权合同元数据信息。

版权记录结构的整体框架如下所示：

```
<CopyrightRecord>
    <DRMI>
        <!-- 数字版权管理标识 -->
    </DRMI>
    <Operation>
        <!-- 数据交换操作说明 -->
    </Operation>
    <ContentMeta>
        <!-- 该条版权记录对应的数字内容元数据信息 -->
    </ContentMeta>
    <CopyrightMeta>
        <!-- 该条版权记录对应的数字内容著作权元数据信息 -->
    </CopyrightMeta>
    <ContractMeta>
        <!-- 该条版权记录对应的数字内容著作权合同元数据信息 -->
    </ContractMeta>
</CopyrightRecord>
```

6.2 数字版权管理标识

数字版权管理标识与该版权记录一一对应，其数据依据GC/BQ 4中的规定。

6.3 数据交换操作说明

数据交换操作说明用于描述该条版权记录在注册信息查询与发布数据交换过程中所需进行的相关操作。

首先，<OperationType>说明需要执行何种操作，该数据由两位数字组成，包括三种选项：

01：新建，表示本条版权记录为新建数据；

02：更新，表示本条版权记录之前已经建立，现在对一些数据项进行更新；

03：删除，表示需要删除该条版权记录。

然后，<OperationReason>记录执行该操作的理由。

6.4 数字内容基本元数据

数字内容基本元数据是对该版权记录所对应数字内容的基本属性进行描述，由数字内容和创作者信息组成，其中：

——<digital_content></digital_content>，数字内容信息使用该标签；

——<creator></creator>，创作者信息使用该标签。

数字内容基本元数据的整体框架如下所示：

```
<ContentMeta>
    <digital_content>
        <!-- 数字内容信息 -->
    </digital_content>
    <creator>
```

```
        <!-- 创作者信息 -->
    </creator>
</ContentMeta>
```

该项元数据依据GC/BQ 8 中对数字内容基本元数据的规定，其各元素的组编号、中文名称及英文标签详见表2。

表2 数字内容基本元数据

组编号	中文名称	英文标签
M1.1	数字内容	digital_content
M1.1.1	标题	Titles
M1.1.1.1	主标题	Title
M1.1.1.2	副标题	Subtitle
M1.1.2	语言	Language
M1.1.3	文献类型	Type
M1.1.4	媒体类型	media_type
M1.1.5	摘要	Abstract
M1.1.6	版本	Version
M1.1.7	创作日期	creation_date
M1.1.8	创作地点	creation_location
M1.1.9	发表状态	publish_status
M1.1.9.1	发表日期	publish_date
M1.1.9.2	发表地点	publish_location
M1.1.10	派生属性	derivative_attribute
M1.1.10.1	原创内容	original_content
M1.1.10.2	改编前内容	pre_edit_content
M1.1.10.3	改编方式	edit_mode
M1.1.11	其他标识符	referent_identifier
M1.1.12	内容特征值	content_character_value
M1.1.13	备注	annotation
M1.2	创作者	creator
M1.2.1	个人	individual
M1.2.1.1	姓名	name
M1.2.1.2	所属机构	affiliate
M1.2.1.3	其他标识符	referent_identifier
M1.2.2	机构	organization
M1.2.3	创作性质	create_mode
M1.2.4	备注	annotation

6.5 数字内容著作权元数据

数字内容著作权元数据是对该版权记录所对应著作权人享有的相关财产权进行描述，由权利类型、著作权人和备注信息组成，其中：

——<copyright_type></copyright_type>，权利类型信息使用该标签；

——<copyright_holder></copyright_holder>，著作权人信息使用该标签；

——<annotation></annotation>，备注信息使用该标签。

数字内容著作权元数据的整体框架如下所示：

```
<CopyrightMeta>
    <copyright_type>
        <!-- 权利类型信息 -->
    </copyright_type>
    <copyright_holder>
        <!-- 著作权人信息 -->
    </copyright_holder>
    <annotation>
        <!-- 备注信息 -->
    </annotation>
</CopyrightMeta>
```

该项元数据依据GC/BQ 8中对数字内容著作权元数据的规定，其各元素的组编号、中文名称及英文标签详见表3。

表3　数字内容著作权元数据

组编号	中文名称	英文标签
M2.1	权利类型	copyright_type
M2.2	著作权人	copyright_holder
M2.2.1	个人	individual
M2.2.2	机构	organization
M2.2.3	联系信息	contact
M2.2.4	所属地	location
M2.2.5	证件	certificate
M2.3	备注	annotation

6.6　数字内容著作权合同元数据

数字内容著作权合同元数据是对该版权记录所对应数字内容分发过程中不同参与方之间签订的合同的条款进行描述，由转让合同、许可合同和权利条件信息组成，其中：

——<assignment_contract></assignment_contract>，转让合同信息使用该标签；

——<license_contract></license_contract>，许可合同信息使用该标签；

——<copyright_condition></copyright_condition>，权利条件信息使用该标签。

数字内容著作权元数据的整体框架如下所示：

```
<ContractMeta>
    <assignment_contract>
        <!-- 转让合同信息 -->
    </assignment_contract>
    <license_contract>
        <!-- 许可合同信息 -->
    </license_contract>
    <copyright_condition>
        <!-- 权利条件信息 -->
    </copyright_condition>
</ContractMeta>
```

该项元数据依据GC/BQ 8 中对数字内容著作权合同元数据的规定，其各元素的组编号、中文名称及英文标签详见表4。

表4　数字内容著作权合同元数据

组编号	中文名称	英文标签
M3.1	转让合同	assignment_contract
M3.1.1	合同号码	contract_id
M3.1.2	权利类型	copyright_type
M3.1.3	转让方信息	assignor
M3.1.4	受让方信息	assignee
M3.1.5	转让有效期	assignment_period
M3.1.5.1	开始日期	start_date
M3.1.5.2	结束日期	end_date
M3.1.6	备注	annotation
M3.2	许可合同	license_contract
M3.2.1	合同号码	contract_id
M3.2.2	权利类型	copyright_type
M3.2.3	许可方信息	licensor
M3.2.4	被许可方信息	licensee
M3.2.5	使用期	usage_period
M3.2.6	著作权声明	copyright_notices
M3.2.7	可转让性	transferability
M3.2.8	专有性	exclusivity
M3.2.9	备注	annotation
M3.3	权利条件	copyright_condition

7　扩展性原则

本标准所规定的注册信息查询与发布数据交换格式，支持在未来对其进行扩展。扩展后需对本标准进行修订，并制定一个新的版本号。

在注册信息的信息开始部分，需使用DCRIXMessage标签中的release字段对注册信息所遵循的标准版本予以描述。

当前标准的版本为：1.0。

附　录　A
（资料性附录）
注册信息查询与发布数据交换 XML 标签索引

XML标签		中文名称	组编号
A:			
	Abstract	摘要	M1.1.5
	Addressee	接收者	A.1.2
	AddresseeContact	接收者联系方式	A.1.2.3
	AddresseeIdentifier	接收者标识	A.1.2.1
	AddresseeName	接收者名称	A.1.2.2
	affiliate	所属机构	M1.2.1.2
	annotation	备注	M1.1.13
	annotation	备注	M1.2.4
	annotation	备注	M2.3
	annotation	备注	M3.2.9
	annotation	备注	M3.1.6
	assignee	受让方信息	M3.1.4
	assignment_contract	转让合同	M3.1
	assignment_period	转让有效期	M3.1.5
	assignor	转让方信息	M3.1.3
B:			
	Body	信息主体	A.2
C:			
	certificate	证件	M2.2.5
	contact	联系信息	M2.2.3
	content_character_value	内容特征值	M1.1.12
	ContentMeta	数字内容基本元数据	M1
	contract_id	合同号码	M3.1.1
	contract_id	合同号码	M3.2.1
	ContractMeta	数字内容著作权合同元数据	M3
	copyright_condition	权利条件	M3.3
	copyright_holder	著作权人	M2.2
	copyright_notices	著作权声明	M3.2.6
	copyright_type	权利类型	M2.1
	copyright_type	权利类型	M3.1.2
	copyright_type	权利类型	M3.2.2
	CopyrightMeta	数字内容著作权元数据	M2
	CopyrightRecord	版权记录	A.2.1
	create_mode	创作性质	M1.2.3
	creation_date	创作日期	M1.1.7

	creation_location	创作地点	M1.1.8
	creator	创作者	M1.2
D:			
	DCRIXMessage	注册信息	A
	derivative_attribute	派生属性	M1.1.10
	digital_content	数字内容信息	M1.1
	DRMI	数字版权管理标识	A.2.1.1
E:			
	edit_mode	改编方式	M1.1.10.3
	end_date	结束日期	M3.1.5.2
	exclusivity	专有性	M3.2.8
F:			
G:			
H:			
	Header	信息头	A.1
I:			
	individual	个人	M1.2.1
	individual	个人	M2.2.1
J:			
K:			
L:			
	Language	语言	M1.1.2
	license_contract	许可合同	M3.2
	licensee	被许可方信息	M3.2.4
	licensor	许可方信息	M3.2.3
	location	所属地	M2.2.4
M：			
	media_type	媒体类型	M1.1.4
N：			
	name	姓名	M1.2.1.1
O:			
	Operation	交换操作	A.2.1.2
	OperationReason	交换操作原因	A.2.1.2.2
	OperationType	交换操作类型	A.2.1.2.1
	organization	机构	M1.2.2
	organization	机构	M2.2.2
	original_content	原创内容	M1.1.10.1
P:			
	pre_edit_content	改编前内容	M1.1.10.2
	publish_date	发表日期	M1.1.9.1
	publish_location	发表地点	M1.1.9.2
	publish_status	发表状态	M1.1.9
Q:			

R:

referent_identifier	其他标识符	M1.1.11
referent_identifier	其他标识符	M1.2.1.3

S:

Sender	发送者	A.1.1
SenderContact	发送者联系方式	A.1.1.3
SenderIdentifier	发送者标识	A.1.1.1
SenderName	发送者名称	A.1.1.2
SentDateTime	发送时间	A.1.3
start_date	开始日期	M3.1.5.1
Subtitle	副标题	M1.1.1.2

T:

Title	主标题	M1.1.1.1
Titles	标题	M1.1.1
transferability	可转让性	M3.2.7
Type	文献类型	M1.1.3

U:

usage_period	使用期	M3.2.5

V:

Version	版本	M1.1.6

W:

X:

Y:

Z:

附　录　B
（资料性附录）
注册信息查询与发布数据交换 XML 数据 Schema

注册信息查询与发布数据交换XML数据的Schema如下：

```
<?xml version="1.0" encoding="UTF-8"?>
<xs:schema xmlns:xsd="http://www.w3.org/2001/XMLSchema" xmlns="http://219.141.187.20
/DRMGC/D13" targetNamespace="http://219.141.187.20/DRMGC/D13"
elementFormDefault="qualified">

<xs:element name="DCRIXMessage">
  <xs:complexType>
    <xs:sequence>
      <xs:element ref="Header"/>
      <xs:element ref="Body"/>
    </xs:sequence>
    <xs:attribute name="release" type="xs:string" default="1.0"/>
  </xs:complexType>
</xs:element>

<xs:element name="Header">
  <xs:complexType>
    <xs:sequence>
      <xs:element name ="Sender"/>
        <xs:complexType>
          <xs:sequence>
            <xs:element name="SenderIdentifier" type="xs:string"/>
            <xs:element name="SenderName" type="xs:string"/>
            <xs:element name="SenderContact" type="xs:string"/>
          </xs:sequence>
        </xs:complexType>
      <xs:element name ="Addressee"/>
        <xs:complexType>
          <xs:sequence>
            <xs:element name=" AddresseeIdentifier" type="xs:string"/>
            <xs:element name="AddresseeName" type="xs:string"/>
            <xs:element name="AddresseeContact" type="xs:string"/>
          </xs:sequence>
        </xs:complexType>
      <xs:element name="SentDateTime" type="dateTime"/>
    </xs:sequence>
```

```
  </xs:complexType>
</xs:element>

<xs:element name="Body">
  <xs:complexType>
    <xs:sequence>
      <xs:element name="CopyrightRecord" maxOccurs="unbounded">
        <xs:complexType>
          <xsd:sequence>
            <xs:element name="DRMI" type="xs:string" use="required"/>
            <xs:element name="Operation"/>
              <xs:complexType>
                <xs:sequence>
                  <xs:element name="OperationType" type="xs: integer"/>
                    <xs:minInclusive value="01"/>
                    <xs:maxInclusive value="03"/>
                  <xs:element name="OperationReason" type="xs:string"/>
                </xs:sequence>
              </xs:complexType>
            <xs:element ref="ContentMeta"/>
            <xs:element ref="CopyrightMeta"/>
            <xs:element ref=" ContractMeta"/>
          </xs:sequence>
        </xs:complexType>
      </xs:element>
    </xs:sequence>
  </xs:complexType>
</xs:element>

<xs:element name="ContentMeta">
  <xs:complexType>
    <xs:sequence>
      <xs:element name="digital_content">
        <xs:complexType>
          <xs:sequence>
            <xs:element ref="titles" maxOccurs="unbounded"/>
            <xs:element ref="language"/>
            <xs:element ref="type"/>
            <xs:element ref="media_type"/>
            <xs:element ref="version"/>
            <xs:element ref="abstract" minOccurs="0" maxOccurs="unbounded"/>
            <xs:element name="creation_date" type="xs:date" minOccurs="0"/>
            <xs:element name="creation_location" type="xs:string" minOccurs="0"/>
```

```
      <xs:element name="publish_status">
        <xs:complexType>
          <xs:sequence>
            <xs:element name="publish_date" type="xs:date" minOccurs="0"/>
            <xs:element name="publish_location" type="xs:string" minOccurs="0"/>
          </xs:sequence>
          <xs:attribute name="published" type="xs:NMTOKEN"/>
        </xs:complexType>
      </xs:element>
      <xs:element name="derivative_attribute" minOccurs="0">
        <xs:complexType>
          <xs:sequence>
            <xs:element name="original_content" type="xs:string" minOccurs="0"/>
            <xs:element name="preedit_content" type="xs:string"/>
            <xs:element ref="edit_mode"/>
          </xs:sequence>
        </xs:complexType>
      </xs:element>
      <xs:element ref="referent_identifier" minOccurs="0" maxOccurs="unbounded"/>
      <xs:element name="content_character_value" type="xs:string"/>
      <xs:element ref="annotation" minOccurs="0"/>
    </xs:sequence>
  </xs:complexType>
</xs:element>
<xs:element name="creator">
  <xs:complexType>
    <xs:sequence>
      <xs:choice>
        <xs:element ref="individual" minOccurs="0" maxOccurs="unbounded"/>
        <xs:element ref="organization" minOccurs="0" maxOccurs="unbounded"/>
      </xs:choice>
      <xs:element ref="annotation" minOccurs="0"/>
    </xs:sequence>
    <xs:attribute name="create_mode" use="required">
      <xs:simpleType>
        <xs:restriction base="xs:NMTOKEN">
          <xs:enumeration value="compile"/>
          <xs:enumeration value="write"/>
          <xs:enumeration value="translate"/>
          <xs:enumeration value="other"/>
        </xs:restriction>
      </xs:simpleType>
    </xs:attribute>
```

```
        </xs:complexType>
      </xs:element>
    </xs:sequence>
  </xs:complexType>
</xs:element>

<xs:element name="CopyrightMeta">
  <xs:complexType>
    <xs:sequence>
      <xs:element ref="copyright_type"/>
      <xs:element ref="copyright_holder" maxOccurs="unbounded"/>
      <xs:element ref="annotation" minOccurs="0"/>
    </xs:sequence>
  </xs:complexType>
</xs:element>

<xs:element name="ContractMeta">
  <xs:complexType>
    <xs:choice>
      <xs:element name="assignment_contract" minOccurs="0" maxOccurs="unbounded"/>
      <xs:element name="license_contract" minOccurs="0" maxOccurs="unbounded"/>
    </xs:choice>
    <xs:element name="copyright_condition"/>
  </xs:complexType>
</xs:element>

<xs:element name="titles">
  <xs:complexType>
    <xs:sequence>
      <xs:element ref="title"/>
      <xs:element ref="subtitle" minOccurs="0"/>
    </xs:sequence>
  </xs:complexType>
</xs:element>
<xs:element name="title" type="xs:string"/>
<xs:element name="original_language_title" type="xs:string"/>
<xs:element name="subtitle" type="xs:string"/>
<xs:element name="abstract" type="xs:string"/>
<xs:element name="drmi" type="xs:string"/>
<xs:element name="referent_identifier">
  <xs:complexType>
    <xs:simpleContent>
      <xs:extension base="xs:string">
```

```
        <xs:attribute name="name_space"/>
      </xs:extension>
    </xs:simpleContent>
  </xs:complexType>
</xs:element>
<xs:element name="individual">
  <xs:complexType>
    <xs:sequence>
      <xs:element ref="name"/>
      <xs:element name="affiliate" type="xs:string" minOccurs="0"/>
      <xs:element ref="referent_identifier" minOccurs="0"/>
    </xs:sequence>
  </xs:complexType>
</xs:element>
<xs:element name="organization" type="xs:string"/>
  <xs:simpleType name="certificate_t">
    <xs:restriction base="xs:string">
      <xs:maxLength value="130"/>
      <xs:minLength value="1"/>
    </xs:restriction>
  </xs:simpleType>
</xs:element>
<xs:element name="certificate">
  <xs:complexType>
    <xs:simpleContent>
      <xs:extension base="certificate_t">
        <xs:attribute name="type" use="required">
          <xs:simpleType>
            <xs:restriction base="xs:positiveInteger">
              <xs:maxInclusive value="05"/>
              <xs:minInclusive value="01"/>
              <xs:totalDigits value="2"/>
            </xs:restriction>
          </xs:simpleType>
        </xs:attribute>
      </xs:extension>
    </xs:simpleContent>
  </xs:complexType>
</xs:element>
<xs:element name="edit_mode" type="xs:string"/>
<xs:element name="version" type="xs:string"/>
<xs:element name="language">
  <xs:simpleType>
```

```
<xs:restriction base="xs:NMTOKEN">
  <xs:enumeration value="aa"/>
  <xs:enumeration value="ab"/>
  <xs:enumeration value="af"/>
  <xs:enumeration value="am"/>
  <xs:enumeration value="ar"/>
  <xs:enumeration value="as"/>
  <xs:enumeration value="ay"/>
  <xs:enumeration value="az"/>
  <xs:enumeration value="ba"/>
  <xs:enumeration value="be"/>
  <xs:enumeration value="bg"/>
  <xs:enumeration value="bh"/>
  <xs:enumeration value="bi"/>
  <xs:enumeration value="bn"/>
  <xs:enumeration value="bo"/>
  <xs:enumeration value="br"/>
  <xs:enumeration value="ca"/>
  <xs:enumeration value="co"/>
  <xs:enumeration value="cs"/>
  <xs:enumeration value="cy"/>
  <xs:enumeration value="da"/>
  <xs:enumeration value="de"/>
  <xs:enumeration value="dz"/>
  <xs:enumeration value="el"/>
  <xs:enumeration value="en"/>
  <xs:enumeration value="eo"/>
  <xs:enumeration value="es"/>
  <xs:enumeration value="et"/>
  <xs:enumeration value="eu"/>
  <xs:enumeration value="fa"/>
  <xs:enumeration value="fi"/>
  <xs:enumeration value="fj"/>
  <xs:enumeration value="fo"/>
  <xs:enumeration value="fr"/>
  <xs:enumeration value="fy"/>
  <xs:enumeration value="ga"/>
  <xs:enumeration value="gd"/>
  <xs:enumeration value="gl"/>
  <xs:enumeration value="gn"/>
  <xs:enumeration value="gu"/>
  <xs:enumeration value="ha"/>
  <xs:enumeration value="he"/>
```

```
<xs:enumeration value="hi"/>
<xs:enumeration value="hr"/>
<xs:enumeration value="hu"/>
<xs:enumeration value="hy"/>
<xs:enumeration value="ia"/>
<xs:enumeration value="id"/>
<xs:enumeration value="ie"/>
<xs:enumeration value="ik"/>
<xs:enumeration value="is"/>
<xs:enumeration value="it"/>
<xs:enumeration value="ja"/>
<xs:enumeration value="jw"/>
<xs:enumeration value="ka"/>
<xs:enumeration value="kk"/>
<xs:enumeration value="kl"/>
<xs:enumeration value="km"/>
<xs:enumeration value="kn"/>
<xs:enumeration value="ko"/>
<xs:enumeration value="ks"/>
<xs:enumeration value="ku"/>
<xs:enumeration value="ky"/>
<xs:enumeration value="la"/>
<xs:enumeration value="ln"/>
<xs:enumeration value="lo"/>
<xs:enumeration value="lt"/>
<xs:enumeration value="lv"/>
<xs:enumeration value="mg"/>
<xs:enumeration value="mi"/>
<xs:enumeration value="mk"/>
<xs:enumeration value="ml"/>
<xs:enumeration value="mn"/>
<xs:enumeration value="mo"/>
<xs:enumeration value="mr"/>
<xs:enumeration value="ms"/>
<xs:enumeration value="mt"/>
<xs:enumeration value="my"/>
<xs:enumeration value="na"/>
<xs:enumeration value="ne"/>
<xs:enumeration value="nl"/>
<xs:enumeration value="no"/>
<xs:enumeration value="oc"/>
<xs:enumeration value="om"/>
<xs:enumeration value="or"/>
```

```
<xs:enumeration value="pa"/>
<xs:enumeration value="pl"/>
<xs:enumeration value="ps"/>
<xs:enumeration value="pt"/>
<xs:enumeration value="qu"/>
<xs:enumeration value="rm"/>
<xs:enumeration value="rn"/>
<xs:enumeration value="ro"/>
<xs:enumeration value="ru"/>
<xs:enumeration value="rw"/>
<xs:enumeration value="sa"/>
<xs:enumeration value="sd"/>
<xs:enumeration value="sg"/>
<xs:enumeration value="si"/>
<xs:enumeration value="sk"/>
<xs:enumeration value="sl"/>
<xs:enumeration value="sm"/>
<xs:enumeration value="sn"/>
<xs:enumeration value="so"/>
<xs:enumeration value="sq"/>
<xs:enumeration value="sr"/>
<xs:enumeration value="ss"/>
<xs:enumeration value="st"/>
<xs:enumeration value="su"/>
<xs:enumeration value="sv"/>
<xs:enumeration value="sw"/>
<xs:enumeration value="ta"/>
<xs:enumeration value="te"/>
<xs:enumeration value="tg"/>
<xs:enumeration value="th"/>
<xs:enumeration value="ti"/>
<xs:enumeration value="tk"/>
<xs:enumeration value="tl"/>
<xs:enumeration value="tn"/>
<xs:enumeration value="to"/>
<xs:enumeration value="tr"/>
<xs:enumeration value="ts"/>
<xs:enumeration value="tt"/>
<xs:enumeration value="tw"/>
<xs:enumeration value="uk"/>
<xs:enumeration value="ur"/>
<xs:enumeration value="uz"/>
<xs:enumeration value="vi"/>
```

```
      <xs:enumeration value="vo"/>
      <xs:enumeration value="wo"/>
      <xs:enumeration value="xh"/>
      <xs:enumeration value="yi"/>
      <xs:enumeration value="yo"/>
      <xs:enumeration value="zh"/>
      <xs:enumeration value="zu"/>
    </xs:restriction>
  </xs:simpleType>
</xs:element>
<xs:element name="media_type">
  <xs:simpleType>
    <xs:restriction base="xs:string">
      <xs:enumeration value="text/plain"/>
      <xs:enumeration value="text/richtext"/>
      <xs:enumeration value="text/enriched"/>
      <xs:enumeration value="text/tab-separated-values"/>
      <xs:enumeration value="text/html"/>
      <xs:enumeration value="text/sgml"/>
      <xs:enumeration value="text/css"/>
      <xs:enumeration value="text/xml"/>
      <xs:enumeration value="text/xml-external-parsed-entity"/>
      <xs:enumeration value="multipart/mixed"/>
      <xs:enumeration value="multipart/alternative"/>
      <xs:enumeration value="multipart/digest"/>
      <xs:enumeration value="multipart/parallel"/>
      <xs:enumeration value="multipart/appledouble"/>
      <xs:enumeration value="multipart/header-set"/>
      <xs:enumeration value="multipart/form-data"/>
      <xs:enumeration value="multipart/report"/>
      <xs:enumeration value="multipart/voice-message"/>
      <xs:enumeration value="multipart/signed"/>
      <xs:enumeration value="multipart/encrypted"/>
      <xs:enumeration value="multipart/byteranges"/>
      <xs:enumeration value="application/octet-stream"/>
      <xs:enumeration value="application/postscript"/>
      <xs:enumeration value="application/rtf"/>
      <xs:enumeration value="application/applefile"/>
      <xs:enumeration value="application/mac-binhex40"/>
      <xs:enumeration value="application/wordperfect5.1"/>
      <xs:enumeration value="application/pdf"/>
      <xs:enumeration value="application/x-gzip"/>
      <xs:enumeration value="application/zip"/>
```

```
<xs:enumeration value="application/macwriteii"/>
<xs:enumeration value="application/msword"/>
<xs:enumeration value="application/sgml"/>
<xs:enumeration value="application/cals-1840"/>
<xs:enumeration value="application/pgp-encrypted"/>
<xs:enumeration value="application/pgp-signature"/>
<xs:enumeration value="application/pgp-keys"/>
<xs:enumeration value="application/sgml-open-catalog"/>
<xs:enumeration value="application/rc"/>
<xs:enumeration value="application/xml"/>
<xs:enumeration value="application/xml-external-parsed-entity"/>
<xs:enumeration value="application/xml-dtd"/>
<xs:enumeration value="application/batch-SMTP"/>
<xs:enumeration value="application/ipp"/>
<xs:enumeration value="application/ocsp-request"/>
<xs:enumeration value="application/ocsp-response"/>
<xs:enumeration value="application/vnd.oasis.opendocument.text"/>
<xs:enumeration value="application/vnd.oasis.opendocument.presentation"/>
<xs:enumeration value="application/vnd.oasis.opendocument.spreadsheet"/>
<xs:enumeration value="application/vnd.ms-excel"/>
<xs:enumeration value="application/vnd.ms-powerpoint"/>
<xs:enumeration
value="application/vnd.openxmlformats-officedocument.presentationml.presentation"/>
<xs:enumeration
value="application/vnd.openxmlformats-officedocument.spreadsheetml.sheet"/>
<xs:enumeration value="image/jpeg"/>
<xs:enumeration value="image/gif"/>
<xs:enumeration value="image/ief"/>
<xs:enumeration value="image/g3fax"/>
<xs:enumeration value="image/tiff"/>
<xs:enumeration value="image/Graphics-Metafile"/>
<xs:enumeration value="image/png"/>
<xs:enumeration value="audio/basic"/>
<xs:enumeration value="audio/32kadpcm"/>
<xs:enumeration value="audio/mpeg"/>
<xs:enumeration value="audio/parityfec"/>
<xs:enumeration value="audio/MP4A-LATM"/>
<xs:enumeration value="audio/mpa-robust"/>
<xs:enumeration value="video/x-ms-wmv"/>
<xs:enumeration value="video/avi"/>
<xs:enumeration value="video/mpeg"/>
<xs:enumeration value="video/quicktime"/>
<xs:enumeration value="video/pointer"/>
```

```
<xs:enumeration value="video/parityfec"/>
<xs:enumeration value="video/MP4V-ES"/>
<xs:enumeration value="chemical/x-alchemy"/>
<xs:enumeration value="chemical/x-cache-csf"/>
<xs:enumeration value="chemical/x-cactvs-binary"/>
<xs:enumeration value="chemical/x-cactvs-binary"/>
<xs:enumeration value="chemical/x-cactvs-binary"/>
<xs:enumeration value="chemical/x-cdx"/>
<xs:enumeration value="chemical/x-cerius"/>
<xs:enumeration value="chemical/x-chemdraw"/>
<xs:enumeration value="chemical/x-cif"/>
<xs:enumeration value="chemical/x-mmcif"/>
<xs:enumeration value="chemical/x-chem3d"/>
<xs:enumeration value="chemical/x-cmdf"/>
<xs:enumeration value="chemical/x-compass"/>
<xs:enumeration value="chemical/x-crossfire"/>
<xs:enumeration value="chemical/x-cml"/>
<xs:enumeration value="chemical/x-csml"/>
<xs:enumeration value="chemical/x-ctx"/>
<xs:enumeration value="chemical/x-cxf"/>
<xs:enumeration value="chemical/x-daylight-smiles"/>
<xs:enumeration value="chemical/x-embl-dl-nucleotide"/>
<xs:enumeration value="chemical/x-galactic-spc"/>
<xs:enumeration value="Data/spcvue.htm"/>
<xs:enumeration value="chemical/x-gamess-input"/>
<xs:enumeration value="chemical/x-gaussian-input"/>
<xs:enumeration value="chemical/x-gaussian-checkpoint"/>
<xs:enumeration value="chemical/x-gaussian-cube"/>
<xs:enumeration value="chemical/x-gcg8-sequence"/>
<xs:enumeration value="chemical/x-genbank"/>
<xs:enumeration value="chemical/x-isostar"/>
<xs:enumeration value="chemical/x-jcamp-dx"/>
<xs:enumeration value="chemical/x-kinemage"/>
<xs:enumeration value="chemical/x-macmolecule"/>
<xs:enumeration value="chemical/x-macromodel-input"/>
<xs:enumeration value="chemical/x-mdl-molfile"/>
<xs:enumeration value="chemical/x-mdl-rdfile"/>
<xs:enumeration value="chemical/x-mdl-rxnfile"/>
<xs:enumeration value="chemical/x-mdl-sdfile"/>
<xs:enumeration value="chemical/x-mdl-tgf"/>
<xs:enumeration value="chemical/x-mif"/>
<xs:enumeration value="chemical/x-mol2"/>
<xs:enumeration value="chemical/x-molconn-Z"/>
```

```
      <xs:enumeration value="chemical/x-mopac-input"/>
      <xs:enumeration value="chemical/x-mopac-graph"/>
      <xs:enumeration value="chemical/x-ncbi-asn1"/>
      <xs:enumeration value="chemical/x-ncbi-asn1-binary"/>
      <xs:enumeration value="chemical/x-pdb"/>
      <xs:enumeration value="chemical/x-swissprot"/>
      <xs:enumeration value="chemical/x-vamas-iso14976"/>
      <xs:enumeration value="chemical/x-vmd"/>
      <xs:enumeration value="chemical/x-xtel"/>
      <xs:enumeration value="chemical/x-xyz"/>
      <xs:enumeration value="model/vrml"/>
      <xs:enumeration value="audio/x-wav"/>
      <xs:enumeration value="video/x-flv"/>
    </xs:restriction>
  </xs:simpleType>
</xs:element>
<xs:element name="annotation" type="xs:string"/>
<xs:element name="copyright_type">
  <xs:complexType>
    <xs:attribute name="all" use="required">
      <xs:simpleType>
        <xs:restriction base="xs:NMTOKEN">
          <xs:enumeration value="Y"/>
          <xs:enumeration value="N"/>
        </xs:restriction>
      </xs:simpleType>
    </xs:attribute>
    <xs:attribute name="obtained_mode"/>
  </xs:complexType>
</xs:element>
<xs:element name="copyright_holder">
  <xs:complexType>
    <xs:sequence>
      <xs:choice>
        <xs:element ref="individual" minOccurs="0"/>
        <xs:element ref="organization" minOccurs="0"/>
      </xs:choice>
      <xs:element name="contact" type="xs:string" minOccurs="0"/>
      <xs:element name="location" type="xs:string" minOccurs="0"/>
      <xs:element ref="certificate" minOccurs="0"/>
    </xs:sequence>
  </xs:complexType>
</xs:element>
```

```
</xs:schema>
```

附　录　C
（资料性附录）
注册信息查询与发布数据交换 XML 示例

注册信息查询与发布数据交换的XML数据的示例如下：


```
<?xml version="1.0" encoding="UTF-8"?>
<DCRIXMessage release="1.0">
    <Header>
        <Sender>
            <SenderIdentifier>100000000001</SenderIdentifier>
            <SenderName>数字版权保护技术研发工程总体组</SenderName>
            <SenderContact>admin@bqpmo.com</SenderContact>
        </Sender>
        <Addressee>
            <AddresseeIdentifier>100000000002</AddresseeIdentifier>
            <AddresseeName>XX版权管理机构</AddresseeName>
            <AddresseeContact>张XX 18611111111</AddresseeContact>
        </Addressee>
        <SentDateTime>
            20130810T1115-0800
        </SentDateTime>
    </Header>
    <Body>
        <CopyrightRecord>
            <DRMI>
                DRMI0787754390000000001001Q
            </DRMI>
            <Operation>
                <OperationType>01</OperationType>
                <OperationReason>新注册该条数据</OperationReason>
            </Operation>
            <ContentMeta>
                <digital_content>
                    <titles>
                        <title>胸椎恶性孤立性纤维性肿瘤</title>
                        <subtitle>预后因素和长期生存</subtitle>
                    </titles>
                    <language>zh</language>
                    <type>book</type>
                    <media_type>text/plain</media_type>
                    <version>1.0</version>
                    <abstract>Thoracic solitary fibrous tumors (TSFTs) are uncommon neoplasms, with an estimated age-standardized</abstract>
```

```xml
                    <creation_date>1967-03-13</creation_date>
                    <creation_location>北京</creation_location>
                    <publish_status published="Y">
                        <publish_date>1967-08-13</publish_date>
                        <publish_location>北京</publish_location>
                    </publish_status>
                    <derivative_attribute>
                        <original_content></original_content>
                        <preedit_content>Thoracic malignant solitary fibrous
tumors</preedit_content>
                        <edit_mode>translate</edit_mode>
                    </derivative_attribute>
                    <referent_identifier
name_space="isbn">978-7-111-38675-9</referent_identifier>
                    <referent_identifier
name_space="doi">10.978.7111/386759</referent_identifier>
                    <content_character_value>内容特征值</content_character_value>
                    <annotation>备注</annotation>
                </digital_content>
                <creator create_mode="translate">
                    <individual>
                        <name>Karl-Josef Kallen</name>
                        <affiliate>北京大学</affiliate>
                        <referent_identifier></referent_identifier>
                    </individual>
                    <annotation>备注</annotation>
                </creator>
            </ContentMeta>
            <CopyrightMeta>
                <copyright>
                    <copyright_type all="Y"></copyright_type>
                    <copyright_holder>
                        <organization>胸部疾病杂志编辑部</organization>
                        <contact>010-12345678</contact>
                        <location>北京市海淀区胸部疾病杂志编辑部</location>
                        <certificate type="04">123456789</certificate>
                    </copyright_holder>
                    <annotation>备注</annotation>
                </copyright>
            </CopyrightMeta>
        </CopyrightRecord>
    </Body>
</DCRIXMessage>
```

GC

数字版权保护技术研发工程标准

GC/BQ 11—2015

版权保护可信计数技术接口

Interfaces of copyright protection trusted count technology

2015－02－03 发布　　　　2015－02－03 实施

新闻出版广电总局新闻出版重大科技工程项目领导小组　发布

目　次

前　　言

本标准按照GB/T 1.1—2009给出的规则起草。

本标准由新闻出版广电总局新闻出版重大科技工程项目领导小组办公室提出并归口。

本标准起草单位：中国科学院自动化研究所、北京大学、北京方正阿帕比技术有限公司、北京电子科技学院、北京中文在线文化发展有限公司。

本标准主要起草人：冯晓、王兴华、黄肖俊、李凤华、陈立峰。

引　言

互联网技术和移动终端设备的飞速发展，带来了数字出版行业的繁荣。数字内容作品作为一种以数字方式展现内容的出版物，为读者提供了更丰富的阅读方式，但同时也带来了不少问题，如版权保护问题、交易结算的问题等。

与传统的印刷品交易不同，在数字内容作品交易过程中，传递的不再是一本一本可以直接计数的纸制品，而变为电子文件，而这些电子文件可以无限次拷贝且与原始文件是完全相同的。读者用户登录内容服务商的销售平台，选择要购买的数字内容作品，通过网上支付的方式完成数字内容作品的交易，将数字内容作品下载到本地阅读或在线阅读。

目前，国内外大部分的数字内容作品销售平台是由内容服务商运营，出版单位一般不直接运营，国外的出版单位与内容服务商之间依靠信用进行结算，而国内的内容服务商与出版单位之间尚未建立可信的结算机制，出版单位往往无法掌握数字内容作品在内容销售商的销售平台上的真实销量。为了解决数字内容作品交易的可信性，数字版权保护技术研发工程（以下简称"本工程"）研发的版权保护可信计数技术通过设立与交易各方相互独立的第三方交易数据管理平台，解决数字内容作品在交易过程中的"可信"问题，使交易数据能够可查询、可追溯、可信赖、可监控；通过在授权系统和销售系统中嵌入可信计数器，将真实可信的交易数据上传到可信交易数据管理平台。

为了本工程或工程外的版权保护应用系统能够准确理解和使用版权保护可信计数技术的研发成果，以及未来可能接入到本工程的其他版权保护可信计数技术产品能够顺利接入，需要对版权保护可信计数技术应用开发包的接口和参数进行规范化描述，这有利于增强工程研发成果的可扩展性和开放性，有利于工程成果的推广。

版权保护可信计数技术接口

1　范围

本标准提出了数字版权保护技术研发工程版权保护可信计数技术应用开发包接口的功能、参数的规范性描述。

本标准适用于数字版权保护技术研发工程版权保护可信计数技术应用开发包、数字内容交易数据管理平台、网络侵权追踪平台、互联网出版版权保护应用系统、按需印刷版权保护应用系统、移动出版版权保护应用系统、出版单位自主发行版权保护系统、富媒体报刊版权保护系统的开发和应用。

2　规范性引用文件

下列文件对于本文件的应用是必不可少的。凡是注日期的引用文件，仅注日期的版本适用于本文件。凡是不注日期的引用文件，其最新版本（包括所有的修改单）适用于本文件。

GC/BQ 4　数字版权管理标识

GC/BQ 8　数字内容注册规范

GC/BQ 3　数字版权保护技术研发工程术语

3　术语和定义、缩略语

3.1　术语和定义

GC/BQ 3 界定的以及下列术语和定义适用于本文件。

3.1.1

可信性　trusted

交易各方都认可和信任的特性。

注：可信性在交易各方发生利益发生冲突时，保证各方对交易数据和信息相互不可抵赖。

3.1.2

可计数性　countability

数字内容的交易数量可被统计的特性。

3.1.3

内容提供者　content provider

提供数字内容的机构、个人。

3.1.4

内容销售商　content seller

具有法人资质，从事数字内容销售服务的机构。

3.1.5

授权系统　licensing system

以颁发许可证的方式在线授予用户使用数字内容权限的系统。

3.1.6

销售系统　selling system

允许客户端用户在线访问和购买数字内容的系统。

3.2　缩略语

下列缩略语适用于本文件。

API：应用程序编程接口(Application Programming Interface)

SDK：软件应用开发包(Software Development Kit)

4　接口的列表

版权保护可信计数技术应用开发包，以下简称“可信计数应用开发包”或“可信计数器”，该包提供与授权系统的接口和与销售系统的接口，实现权利许可数据生成与上传、查询销售商信用基础数据、权利许可请求数据认证、权利许可请求数据生成与上传、权利许可数据认证和连通性测试的功能。可信计数应用开发包调用流程，见附录D。

可信计数应用开发包的功能与接口的对应关系，见表1。

表1　可信计数应用开发包的功能与接口对应关系表

类型	中文名称	英文标签	功能项
与授权系统的接口	权利许可请求数据认证	PermissionRequestDataAuth	对权利许可请求数据进行认证
	权利许可数据生成上传	PermissionDataLoad	生成权利许可数据，并上传至可信交易数据管理平台进行备案
	查询销售商信用基础数据	GetSellerCreditData	为判断销售商的信用情况提供基础数据
	测试连通性	TestConnection	测试授权系统与可信交易数据管理平台之间的通信连通性
	计数器配置（可选）	CounterConfig	对授权系统的计数器进行初始化以及更换密钥
与销售系统的接口	权利许可请求数据生成上传	PermissionRequestDataLoad	生成权利许可请求数据，并上传至可信交易数据管理平台进行备案
	权利许可数据认证	PermissionDataAuth	对权利许可数据进行认证
	测试连通性	TestConnction	测试销售系统与可信交易数据管理平台之间的通信连通性
	计数器配置（可选）	CounterConfig	对销售系统的计数器进行初始化以及更换密钥

5　接口说明

5.1　与授权系统的接口

5.1.1 权利许可请求数据认证接口

权利许可请求数据认证接口的说明包含9个要素：

a) 接口名称：权利许可请求数据认证；
b) 英文名称：PermissionRequestDataAuth；
c) 功能描述：通过该接口对销售系统发送的权利许可请求数据进行认证；
d) 前置条件：收到销售系统发送的权利许可请求数据；
e) 后置条件：完成认证；
f) 函数原型示例：参见附录B；
g) 输入参数：见表2；

表2　权利许可请求数据认证接口输入参数

序号	中文名称	英文标签	类型	长度	取值	选择性	说明	示例
1	有效字节长度	buf_length	无符号短整型	2 字节	0~2048	必选	用于记录整个数据长度	929
2	交易时间	TransTime	字符串	15 字节	不定	必选	用以描述交易时的时间信息，YYYYMMDDThhmmss	19890830 T 201053
3	销售方的机构代码	SellerID	字符串	16 字节	不定	必选	唯一标识内容销售方	遵循 GC/BQ 8 给出的规范
4	内容提供者的机构代码	ProviderID	字符串	16 字节	不定	必选	唯一标识内容提供商	遵循 GC/BQ 8 给出的规范
5	授权方的机构代码	AssignorID	字符串	16 字节	不定	必选	唯一标识内容授权方	遵循 GC/BQ 8 给出的规范
6	价格	Price	浮点数	4 字节	不定	可选	描述数字内容作品的价格信息，最长 9 位，小数点后两位	24.37
7	交易数量	TransAmount	整型	4 字节	0~32767	必选	交易时该数字内容作品的交易数量	100
8	数字版权管理标识	DRMI	字符串	22 字节	不定	必选	唯一标识数字内容	遵循 GC/BQ 4 给出的规范
9	题名偏移量	title_offset	无符号短整型	2 字节	0~65535	必选	定位题名内容	639
10	题名长度	title_length	无符号短整型	2 字节	0~65535	必选	获得题名内容长度	6
11	交易订单号偏移量	transOrderID_offset	无符号短整型	2 字节	0~2048	必选	定位交易订单号内容	645
12	交易订单号长度	transOrderID_length	无符号短整型	2 字节	0~2048	必选	获得交易订单号内容长度	10

13	授权描述偏移量	authDesc_offset	无符号短整型	2 字节	0~2048	可选	定位授权描述内容	655
14	授权描述长度	authDesc_length	无符号短整型	2 字节	0-256	可选	获得授权描述内容长度	8
15	备用数据偏移量	otherData_offset	无符号短整型	2 字节	0-2048	可选	用于定位扩展内容	663
16	备用数据长度	otherData_length	无符号短整型	2 字节	0-2048	可选	用于获得扩展内容的长度	10
17	交易随机数	TransRandom	无符号长整型	4 字节	不定	必选	用于保证交易数据抵抗重放攻击	12345678
18	交易请求号	TransID	无符号长整型	4 字节	不定	必选	用于记录上传交易记录的请求号，由 9 个 0~9 的数字组成	123456789
19	交易计数器编号	TransCounterID	无符号长整型	4 字节	不定	必选	上传交易记录的计数器标识，由 6 个 0~9 的数字组成	123456
20	签名偏移量	transSign_offset	无符号短整型	2 字节	0-2048	必选	用于定位签名内容	673
21	题名	Title	字符串	不定长	不定	必选	数字内容作品的名称	红与黑
22	交易订单号	TransOrderID	字符串	不定长	不定	必选	交易时销售系统产生的交易订单	JYDD123456
23	授权附加信息描述	AuthDesc	字符串	不定长	不定	可选	授权时该数字内容作品的授权模式信息	按需印刷
24	备用数据	otherData	二进制流	不定长	不定	可选	用于记录扩展内容	11100011101
25	数据签名	transSign	字符串	256 字节	不定	必选	用于认证发送方身份与数据的完整性	如："eGUzIDB4ZTUgMHhhNSAweGMwIDB..."

h) 输出参数：无；

i) 返回值：见表 3。

表3 权利许可请求数据认证接口返回值

序号	中文名称	英文标签	类型	长度	取值	选择性	说明	示例
1	处理结果	exeResult	整型	不定	-99-0	必选	处理成功或失败标识；	0 表示认证成功；

							认证接口返回值详细说明见 A.1	非 0 表示认证失败

5.1.2 权利许可数据生成上传接口

权利许可数据生成上传接口的说明包含9个要素：

a) 接口名称：权利许可数据生成上传；
b) 英文名称：PermissionDataLoad；
c) 功能描述：授权系统通过该接口生成权利许可数据，并发送该数据到可信交易数据管理平台进行数据备案；
d) 前置条件：无；
e) 后置条件：权利许可数据发送到可信交易数据管理平台备案；
f) 函数原型示例：参见附录B；
g) 输入参数：见表4；

表4 权利许可数据生成上传接口输入参数

序号	中文名称	英文标签	类型	长度	取值	选择性	说明	示例
1	有效字节长度	buf_length	无符号短整型	2 字节	0~2048	必选	用于记录整个数据长度	176
2	交易时间	TransTime	字符串	15 字节	不定	必选	用以描述交易时的时间信息，格式为 YYYYMMDDThhmmss	19890830T201053
3	销售方的机构代码	SellerID	字符串	16 字节	不定	必选	唯一标识内容销售方	遵循 GC/BQ 8 给出的规范
4	内容提供者的机构代码	ProviderID	字符串	16 字节	不定	必选	唯一标识内容提供商	遵循 GC/BQ 8 给出的规范
5	授权方的机构代码	AssignorID	字符串	16 字节	不定	必选	唯一标识内容授权方	遵循 GC/BQ 8 给出的规范
6	价格	Price	浮点数	4 字节	不定	可选	描述数字内容作品的价格信息，最长 9 位，保留小数点后两位	24.37
7	交易数量	TransAmount	整型	4 字节	0~32767	必选	交易时该数字内容作品的交易数量	100
8	数字版权管理标识	DRMI	字符串	22 字节	不定	必选	唯一标识数字内容	遵循 GC/BQ 4 给出的规

								范
9	题名偏移量	title_offset	无符号短整型	2 字节	0~2048	必选	定位题名内容	142
10	题名长度	title_length	无符号短整型	2 字节	0~2048	必选	获得题名内容长度	6
11	交易订单号偏移量	transOrderID_offset	无符号短整型	2 字节	0~2048	必选	定位交易订单号内容	148
12	交易订单号长度	transOrderID_length	无符号短整型	2 字节	0~2048	必选	获得交易订单号内容长度	10
13	授权描述偏移量	authDesc_offset	无符号短整型	2 字节	0~2048	可选	定位授权描述内容	158
14	授权描述长度	authDesc_length	无符号短整型	2 字节	0~2048	可选	获得授权描述内容长度	8
15	备用数据偏移量	otherData_offset	无符号短整型	2 字节	0~2048	可选	用于定位扩展内容	166
16	备用数据长度	otherData_length	无符号短整型	2 字节	0~2048	可选	用于获得扩展内容的长度	10
17	交易随机数	TransRandom	无符号长整型	4 字节	不定	必选	保证交易数据抵抗重放攻击，8 个 0~9 数字	22334455
18	交易请求号	TransID	无符号长整型	4 字节	不定	必选	记录上传交易记录的请求号，9 个 0~9 数字	987654321
19	交易计数器编号	TransCounterID	无符号长整型	4 字节	不定	必选	上传交易记录的计数器标识，6 个 0~9 数字	123456
20	授权时间	AuthTime	字符串	15 字节	不定	必选	用以描述授权时的时间信息，格式为 YYYYMMDDThhmmss	19890830T201053
21	题名	Title	字符串	不定长	不定	必选	题名内容，最短 1 位	红与黑
22	交易订单号	TransOrderID	字符串	不定长	不定	必选	交易时销售系统产生的交易订单号，最短 1 位	JYDD123456
23	授权附加信息描述	AuthDesc	字符串	不定长	不定	可选	授权时该数字内容作品的授权模式信息，最短 1 位	按需印刷
24	备用数据	otherData	二进制流	不定长	不定	可选	用于记录扩展内容	1000110010

h)　输出参数：见表 5；

表5　权利许可数据生成上传接口输出参数

序号	中文名称	英文标签	类型	长度	取值	选择性	说明	示例
1	有效字节长度	buf_length	无符号短整型	2 字节	0~2048	必选	用于记录整个数据长度	942
2	交易时间	TransTime	字符串	15 字节	不定	必选	用以描述交易时的时间信息，格式为YYYYMMDDThhmmss	19890830T201053
3	销售方的机构代码	SellerID	字符串	16 字节	不定	必选	唯一标识内容销售方	遵循 GC/BQ 8 给出的规范
4	内容提供者的机构代码	ProviderID	字符串	16 字节	不定	必选	唯一标识内容提供商	遵循 GC/BQ 8 给出的规范
5	授权方的机构代码	AssignorID	字符串	16 字节	不定	必选	唯一标识内容授权方	遵循 GC/BQ 8 给出的规范
6	价格	Price	浮点数	4 字节	不定	可选	描述数字内容作品的价格信息，最长 9 位，保留小数点后两位	24.37
7	交易数量	TransAmount	整型	4 字节	0~32767	必选	交易时该数字内容作品的交易数量	100
8	数字版权管理标识	DRMI	字符串	22 字节	不定	必选	唯一标识数字内容	遵循 GC/BQ 4 给出的规范
9	题名偏移量	title_offset	无符号短整型	2 字节	0~2048	必选	定位题名内容	662
10	题名长度	title_length	无符号短整型	2 字节	0~2048	必选	获得题名内容长度	6
11	交易订单号偏移量	transOrderID_offset	无符号短整型	2 字节	0~2048	必选	定位交易订单号内容	668
12	交易订单号长度	transOrderID_length	无符号短整型	2 字节	0~2048	必选	获得交易订单号内容长度	10
13	授权描述偏移量	authDesc_offset	无符号短整型	2 字节	0~2048	可选	定位授权描述内容	678
14	授权描述长度	authDesc_length	无符号短整型	2 字节	0~2048	可选	获得授权描述内容长度	8
15	备用数据偏移量	otherData_offset	无符号短整型	2 字节	0~2048	可选	用于定位扩展内容	686

16	备用数据长度	otherData_length	无符号短整型	2 字节	0~2048	可选	用于获得扩展内容的长度	10
17	交易随机数	TransRandom	无符号长整型	4 字节	不定	必选	保证交易数据抵抗重放攻击，由 8 个 0~9 数字组成	22334455
18	交易请求号	TransID	无符号长整型	4 字节	不定	必选	记录上传交易记录的请求号，由 9 个 0~9 数字组成	987654321
19	交易计数器编号	TransCounterID	无符号长整型	4 字节	不定	必选	上传交易记录的计数器标识，由 6 个 0~9 数字组成	123456
20	授权时间	AuthTime	字符串	15 字节	不定	必选	用以描述授权时的时间信息，格式为 YYYYMMDDThhmmss	19890830T201053
21	授权随机数	AuthRandom	无符号长整型	4 字节	不定	必选	用于保证授权数据抵抗重放攻击，由 8 个 0~9 数字组成	12345678
22	授权计数器编号	AuthCounterID	无符号长整型	4 字节	不定	必选	上传授权记录的计数器标识，由 6 个 0~9 数字组成	654321
23	签名偏移量	authSign_offset	无符号短整型	2 字节	0-2048	必选	用于定位签名内容	696
24	题名	Title	字符串	不定长	不定	必选	题名内容，最短 1 位	红与黑
25	交易订单号	TransOrderID	字符串	不定长	不定	必选	交易时销售系统产生的交易订单号，最短 1 位	JYDD123456
26	授权附加信息描述	AuthDesc	字符串	不定长	不定	可选	授权时该数字内容作品的授权模式信息，最短 1 位	按需印刷
27	备用数据	otherData	二进制	不定长	不定	可选	用于扩展	10001110001

			流					
28	数据签名	authSign	字符串	256 字节	不定	必选	用于认证发送方身份与数据的完整性	如：“eGUzIDB4ZTUgMHhhNSAweGMwIDB...”

i) 返回值：见表 6。

表6 权利许可数据生成上传接口返回值

序号	中文名称	英文标签	类型	长度	取值	选择性	说明	示例
1	处理结果	exeResult	整型	不定	-99~0	必选	处理成功或失败标识；接口返回值详细说明见 A.2	0 表示成功，非 0 表示失败

5.1.3 查询销售商信用基础数据接口

查询销售商信用基础数据接口的说明包含 9 个要素：

a) 接口名称：查询销售商信用基础数据；

b) 英文名称：GetSellerCreditData；

c) 功能描述：根据交易数据的已匹配情况，供授权系统对销售商的信用作出判断；

d) 前置条件：无；

e) 后置条件：无；

f) 函数原型示例：参见附录B；

g) 输入参数：见表7；

表7 查询销售商信用基础数据接口输入参数

序号	中文名称	英文标签	类型	长度	取值	选择性	说明	示例
1	返回交易记录数量	returnTransNO	整型	2 字节	1~30	可选	指明期望返回的交易记录数量	15
2	授权方的机构代码	AssignorID	字符串	16 字节	不定	必选	唯一标识内容授权方	遵循 GC/BQ 8 给出的规范
3	销售方的机构代码	SellerID	字符串	16 字节	不定	必选	唯一标识内容销售方	遵循 GC/BQ 8 给出的规范
4	数字版权管理标识	DRMI	字符串	22 字节	不定	必选	此参数用于唯一标识数字内容	遵循 GC/BQ 4 给出的规范

h) 输出参数：见表 8；

表8 查询销售商信用基础数据接口输出参数

序号	中文名称	英文标签	类型	长度	取值	选择性	说明	示例
1	有效字节长度	buf_length	无符号短整型	2 字节	0~2048	必选	用于记录整个数据长度	246
2	有效记录个数	returnTransNO	整型	2 字节	1~30	可选	指明期望返回的交易记录数量	2
3	销售方的机构代码	SellerID	字符串	16 字节	不定	必选	唯一标识内容销售方	遵循 GC/BQ 8 给出的规范
4	交易记录偏移量	offset	无符号短整型	60 字节	0~2048	必选	定位不同的交易记录	140
5	交易记录长度	transLength	无符号短整型	60 字节	0~2048	必选	记录不同交易记录的长度值	53
6	交易总量	transTotal	无符号长整型	4 字节	0~65535	可选	数字内容的交易总量	123
7	查询应答随机数	inquireRandom	无符号长整型	4 字节	不定	必选	用于保证查询应答数据抵抗重放攻击	示例：45678912
8	交易时间	TransTime	字符串	15 字节	不定	必选	每条记录用以描述交易时的时间信息，格式为YYYYMMDDThhmmss	19890821T231053
9	交易数量	TransAmount	整型	4 字节	0~32767	必选	每条记录交易时该数字内容作品的交易数量	100
10	数字版权管理标识	DRMI	字符串	22 字节	不定	可选	唯一标识数字内容	遵循 GC/BQ 4 给出的规范
11	交易订单号长度	transOrderID_length	无符号短整型	2 字节	0~2048	必选	每条记录中交易订单号内容长度	10
12	交易订单号	TransOrderID	字符串	不定长	不定	必选	每条记录中交易时销售系统产生的交易订单号，最短 1 位	JYDD123456

i)　返回值：见表 9；

表9　查询销售商信用基础数据接口返回值

序号	中文名称	英文标签	类型	长度	取值	选择性	说明	示例
1	处理结果	exeResult	整型	不定	-99~0	必选	处理成功或失败标识；接口返回值详细说明见A.5	0 表示成功，非 0 表示失败

5.1.4　测试连通性接口

测试连通性接口的说明包含 9 个要素：

a)　接口名称：测试连通性；

b)　英文名称：TestConnection；

c)　功能描述：测试授权系统与可信交易数据管理平台之间的通信连通性；

d)　前置条件：无；

e)　后置条件：无；

f)　函数原型示例：参见附录B；

g)　输入参数：见表10；

表10　测试连通性接口输入参数

序号	中文名称	英文标签	类型	长度	取值	选择性	说明	示例
1	授权方的机构代码	AssignorID	字符串	16 字节	不定	必选	唯一标识内容授权方	遵循 GC/BQ 8 给出的规范

h)　输出参数：无；

i)　返回值：见表 11。

j)

表11　测试连通性接口返回值

序号	中文名称	英文标签	类型	长度	取值	选择性	说明	示例
1	处理结果	exeResult	整型	不定	-99~0	必选	授权系统与可信交易数据管理平台间的连通性测试结果；接口返回值详细说明见A.3	0 表示连通成功；非 0 表示连通失败

5.1.5 配置接口

配置接口的说明包含 9 个要素：

a) 接口名称：配置；
b) 英文名称：CounterConfig；
c) 功能描述：对计数器进行初始化或公钥更新；
d) 前置条件：无；
e) 后置条件：无；
f) 函数原型示例：参见附录B；
g) 输入参数：见表12；

表12 配置接口输入参数

序号	中文名称	英文标签	类型	长度	取值	选择性	说明	示例
1	文件路径	filePath	字符串	不定长	不定	必选	接口配置文件路径。读取指定的配置文件之后，计数器将生成新的内部配置文件	如："../ConfigureFileName.xxx"

h) 输出参数：无；
i) 返回值：见表13。

表13 配置接口返回值

序号	中文名称	英文标签	类型	长度	取值	选择性	说明	示例
1	处理结果	exeResult	整型	不定	-10~0	可选	计数器初次使用时进行初始化，以及更换公钥时使用； 接口返回值详细说明见A.4	0 表示初始化成功；非 0 表示初始化失败

5.2 与销售系统的接口

5.2.1 权利许可请求数据生成上传接口

权利许可请求数据生成上传接口的说明包含 9 个要素：

a) 接口名称：权利许可请求数据生成上传；
b) 英文名称：PermissionRequestDataLoad；

c) 功能描述：用于产生权利许可请求数据，该数据会发送到可信交易数据管理平台进行数据备案；
d) 前置条件：交易完成，并准备好待上传的交易数据；
e) 后置条件：交易信息在可信交易数据管理平台备案；
f) 函数原型示例：参见附录B；
g) 输入参数：见表14；

表14　权利许可请求数据生成上传接口输入参数

序号	中文名称	英文标签	类型	长度	取值	选择性	说明	示例
1	有效字节长度	buf_length	无符号短整型	2 字节	0~2048	必选	用于记录整个数据长度	145
2	交易时间	TransTime	字符串	15 字节	不定	必选	用以描述交易时的时间信息，YYYYMMDDThhmmss	19990830T201053
3	销售方的机构代码	SellerID	字符串	16 字节	不定	必选	唯一标识内容销售方	遵循 GC/BQ 8 给出的规范
4	内容提供者的机构代码	ProviderID	字符串	16 字节	不定	必选	唯一标识内容提供商	遵循 GC/BQ 8 给出的规范
5	授权方的机构代码	AssignorID	字符串	16 字节	不定	必选	唯一标识内容授权方	遵循 GC/BQ 8 给出的规范
6	价格	Price	浮点数	4 字节	不定	可选	描述数字内容作品的价格信息，最长 9 位，保留小数点后两位。	24.37
7	交易数量	TransAmount	整型	4 字节	0~32767	必选	交易时该数字内容作品的交易数量	100
8	数字版权管理标识	DRMI	字符串	22 字节	不定	必选	唯一标识数字内容	遵循 GC/BQ 4 给出的规范
9	题名偏移量	title_offset	无符号短整型	2 字节	0~2048	必选	定位题名内容	111
10	题名长度	title_length	无符号短整型	2 字节	0~2048	必选	获得题名内容长度	6
11	交易订单号偏移量	transOrderID_offset	无符号短整型	2 字节	0~2048	必选	定位交易订单号内容	117
12	交易订单号长度	transOrderID_length	无符号短整型	2 字节	0~2048	必选	获得交易订单号内容长度	10
13	授权描述偏	authDesc_of	无符号	2 字节	0~2048	可选	定位授权描	127

	移量	fset	短整型				述内容	
14	授权描述长度	authDesc_length	无符号短整型	2 字节	0~2048	可选	获得授权描述内容长度	8
15	备用数据偏移量	otherData_offset	无符号短整型	2 字节	0~2048	可选	用于定位扩展内容	135
16	备用数据长度	otherData_length	无符号短整型	2 字节	0~2048	可选	用于获得扩展内容的长度	10
17	题名	Title	字符串	不定长	不定	必选	题名内容，最短 1 位	红与黑
18	交易订单号	TransOrderID	字符串	不定长	不定	必选	交易时销售系统产生的交易订单号，最短 1 位	JYDD123456
19	授权附加信息描述	AuthDesc	字符串	不定长	不定	可选	授权时该数字内容作品的授权模式信息，最短 1 位	按需印刷
20	备用数据	otherData	二进制流	不定长	不定	可选	用于记录扩展内容	1110001110

h) 输出参数：见表15；

表15 权利许可请求数据生成上传接口输出参数

序号	中文名称	英文标签	数据类型	长度	取值	选择性	说明	示例
1	有效字节长度	buf_length	无符号短整型	2 字节	0~2048	必选	用于记录整个数据长度	929
2	交易时间	TransTime	字符串	15 字节	不定	必选	用以描述交易时的时间信息，格式为 YYYYMMDDThhmmss	19990830T201053
3	销售方的机构代码	SellerID	字符串	16 字节	不定	必选	唯一标识内容销售方	遵循 GC/BQ 8 给出的规范
4	内容提供者的机构代码	ProviderID	字符串	16 字节	不定	必选	唯一标识内容提供商	遵循 GC/BQ 8 给出的规范
5	授权方的机构代码	AssignorID	字符串	16 字节	不定	必选	唯一标识内容授权方	遵循 GC/BQ 8 给出的规范
6	价格	Price	浮点数	4 字节	不定	可选	描述数字内容作品的价格信息，最长	24.37

							9位，保留小数点后两位	
7	交易数量	TransAmount	整型	4字节	0~32767	必选	交易时该数字内容作品的交易数量	100
8	数字版权管理标识	DRMI	字符串	22字节	不定	必选	唯一标识数字内容	遵循GC/BQ 4给出的规范
9	题名偏移量	title_offset	无符号短整型	2字节	0~2048	必选	定位题名内容	639
10	题名长度	title_length	无符号短整型	2字节	0~2048	必选	获得题名内容长度	6
11	交易订单号偏移量	transOrderID_offset	无符号短整型	2字节	0~2048	必选	定位交易订单号内容	645
12	交易订单号长度	transOrderID_length	无符号短整型	2字节	0~2048	必选	获得交易订单号内容长度	10
13	授权描述偏移量	authDesc_offset	无符号短整型	2字节	0~2048	可选	定位授权描述内容	655
14	授权描述长度	authDesc_length	无符号短整型	2字节	0~2048	可选	获得授权描述内容长度	8
15	备用数据偏移量	otherData_offset	无符号短整型	2字节	0~2048	可选	用于定位扩展内容	663
16	备用数据长度	otherData_length	无符号短整型	2字节	0~2048	可选	用于获得扩展内容的长度	10
17	交易随机数	TransRandom	无符号长整型	4字节	不定	必选	用于保证交易数据抵抗重放攻击，由8个0~9数字组成	12345678
18	交易请求号	TransID	无符号长整型	4字节	不定	必选	用于记录上传交易记录的请求号，由9个0~9数字组成	123456789
19	交易计数器编号	TransCounterID	无符号长整型	4字节	不定	必选	上传交易记录的计数器标识,由6个0~9数字组成	123456
20	签名偏移量	transSign_offset	无符号短整型	2字节	0~2048	必选	用于定位签名内容	673
21	题名	Title	字符串	不定长	不定	必选	题名内容，最短1位	红与黑

22	交易订单号	TransOrderID	字符串	不定长	不定	必选	交易时销售系统产生的交易订单号，最短1位	JYDD123456
23	授权附加信息描述	AuthDesc	字符串	不定长	不定	可选	授权时该数字内容作品的授权模式，最短1位信息	按需印刷
24	备用数据	otherData	二进制流	不定长	不定	可选	用于记录扩展内容	11100011101
25	数据签名	transSign	字符串	256字节	不定	必选	用于认证发送方身份与数据的完整性	eGUzIDB4ZTUgMHhhNSAweGMwIDB........OSAweGQ3IDB4NmYgMH==

i) 返回值：见表16。

表16 权利许可请求数据生成上传接口返回值

序号	中文名称	英文标签	类型	长度	取值	选择性	说明	示例
1	处理结果	exeResult	整型	不定	-99~0	必选	处理成功或失败标识；接口返回值详细说明见A.2	0表示成功；非0表示失败

5.2.2 权利许可数据认证接口

权利许可数据认证接口的说明包含9个要素：

a) 接口名称：权利许可数据认证；

b) 英文名称：PermissionDataAuth；

c) 功能描述：对授权系统返回的权利许可数据进行认证；

d) 前置条件：收到授权系统返回的权利许可数据；

e) 后置条件：无；

f) 函数原型示例：参见附录B；

g) 输入参数：见表17；

表17 权利许可数据认证接口输入参数

序号	中文名称	英文标签	类型	长度	取值	选择性	说明	示例
1	有效字节长度	buf_length	无符号短整型	2字节	0~2048	必选	用于记录整个数据长度	952

2	交易时间	TransTime	字符串	15 字节	不定	必选	用以描述交易时的时间信息，格式为 YYYYMMDDThhmmss	19890830T201053
3	销售方的机构代码	SellerID	字符串	16 字节	不定	必选	唯一标识内容销售方	遵循 GC/BQ 8 给出的规范
4	内容提供者的机构代码	ProviderID	字符串	16 字节	不定	必选	唯一标识内容提供商	遵循 GC/BQ 8 给出的规范
5	授权方的机构代码	AssignorID	字符串	16 字节	不定	必选	唯一标识内容授权方	遵循 GC/BQ 8 给出的规范
6	价格	Price	浮点数	4 字节	不定	可选	描述数字内容作品的价格信息，最长 9 位，保留小数点后两位。	24.37
7	交易数量	TransAmount	整型	4 字节	0~32767	必选	交易时该数字内容作品的交易数量	100
8	数字版权管理标识	DRMI	字符串	22 个字节	不定	必选	唯一标识数字内容	遵循 GC/BQ 4 给出的规范
9	题名偏移量	title_offset	无符号短整型	2 字节	0~2048	必选	定位题名内容	662
10	题名长度	title_length	无符号短整型	2 字节	0~2048	必选	获得题名内容长度	6
11	交易订单号偏移量	transOrderID_offset	无符号短整型	2 字节	0~2048	必选	定位交易订单号内容	668
12	交易订单号长度	transOrderID_length	无符号短整型	2 字节	0~2048	必选	获得交易订单号内容长度	10
13	授权描述偏移量	authDesc_offset	无符号短整型	2 字节	0~2048	可选	定位授权描述内容	678
14	授权描述长度	authDesc_length	无符号短整型	2 字节	0~2048	可选	获得授权描述内容长度	8
15	备用数据偏移量	otherData_offset	无符号短整型	2 字节	0~2048	可选	用于定位扩展内容	686
16	备用数据长度	otherData_length	无符号短整型	2 字节	0~2048	可选	用于获得扩展内容的长度	10
17	交易随机数	TransRandom	无符号长整型	4 字节	不定	必选	保证交易数据抵抗重放攻击，由 8 个 0~9 数字组成	22334455

18	交易请求号	TransID	无符号长整型	4 字节	不定	必选	记录上传交易记录的请求号，由 9 个 0~9 数字组成	987654321
19	交易计数器编号	TransCounterID	无符号长整型	4 字节	不定	必选	上传交易记录的计数器标识，由 6 个 0~9 数字组成	123456
20	授权时间	AuthTime	字符串	15 字节	不定	必选	用以描述授权时的时间信息，格式为 YYYYMMDDThhmmss	19890830T201053
21	授权随机数	AuthRandom	无符号长整型	4 字节	不定	必选	用于保证授权数据抵抗重放攻击，由 8 个 0~9 数字组成	12345678
22	授权计数器编号	AuthCounterID	无符号长整型	4 字节	不定	必选	上传授权记录的计数器标识，由 6 个 0~9 数字组成	654321
23	签名偏移量	authSign_offset	无符号短整型	2 字节	0~2048	必选	用于定位签名内容	696
24	题名	Title	字符串	不定长	不定	必选	题名内容，最短 1 位	红与黑
25	交易订单号	TransOrderID	字符串	不定长	不定	必选	交易时销售系统产生的交易订单号，最短 1 位	JYDD123456
26	授权附加信息描述	AuthDesc	字符串	不定长	不定	可选	授权时该数字内容作品的授权模式信息，最短 1 位	按需印刷
27	备用数据	otherData	二进制流	不定长	不定	可选	用于扩展	10001110001
28	数据签名	authSign	字符串	256 字节	不定	必选	用于认证发送方身份与数据的完整性	eGUzIDB4ZTUgMHhhNSAweGMwIDB........OSAweGQ3IDB4NmYgMH==

h)　输出参数：无；
i)　返回值：见表 18。

表18　权利许可数据认证接口返回值

序号	中文名称	英文标签	类型	长度	取值	选择性	说明	示例
1	处理结果	exeResult	整型	不定	-99~0	必选	处理成功或失败标识；接口返回值详细说明见A.1	0 表示认证成功；非 0 表示认证失败

5.2.3　测试连通性接口

测试连通性接口的说明包含 9 个要素：

a)　接口名称：测试连通性；
b)　英文名称：TestConnection；
c)　功能描述：测试销售系统与可信交易数据管理平台之间的通信连通性；
d)　前置条件：无；
e)　后置条件：无；
f)　函数原型示例：参见附录B；
g)　输入参数：见表19。

表19　测试连通性接口输入参数

序号	中文名称	英文标签	类型	长度	取值	选择性	说明	示例
1	销售方的机构代码	SellerID	字符串	16 字节	不定	必选	唯一标识内容销售方	遵循 GC/BQ 8 给出的规范

h)　输出参数：无；
i)　返回值：见表 20。

表20　测试连通性接口返回值

序号	中文名称	英文标签	类型	长度	取值	选择性	说明	示例
1	处理结果	exeResult	整型	不定	-99~0	必选	销售系统与可信交易数据管理平台间的连通性测试结果；接口返回值详细说明见	0 表示连通成功；非 0 表示连通失败。

							附录 A.3。	

5.2.4 配置接口

配置接口的说明包含 9 个要素。

a) 接口名称：配置；

b) 英文名称：CounterConfig；

c) 功能描述：对计数器进行初始化或公钥更新；

d) 前置条件：无；

e) 后置条件：无；

f) 函数原型示例：参见附录B；

g) 输入参数：见表21；

表21 配置接口输入参数

序号	中文名称	英文标签	类型	长度	取值	选择性	说明	示例
1	文件路径	filePath	字符串	不定长	不定	必选	接口配置文件路径。读取指定的配置文件之后，计数器将生成新的内部配置文件	如：“../ConfigureFileName.xxx”

h) 输出参数：无；

i) 返回值：见表22。

表22 配置接口返回值

序号	中文名称	英文标签	类型	长度	取值	选择性	说明	示例
1	处理结果	exeResult	整型	不定	-99~0	可选	计数器初次使用时进行初始化，以及更换公钥时使用；接口返回值详细说明见 A.4	0 表示初始化成功；非 0 表示初始化失败

附　录　A
（规范性附录）
接口返回值含义

A.1 权利许可数据/权利许可请求数据认证接口返回值（见表 A.1）

表 A.1 权利许可数据/权利许可请求数据认证接口返回值含义

代码	说明
0	认证成功
-1	计数器没有成功配置，认证失败
-2	待认证数据长度非法(小于最小长度)，认证失败
-3	证书已过期或者数据为伪造，认证失败
-4	证书获取失败，认证失败
-5	外部DLL密码算法调用失败，认证失败

A.2 权利许可数据/权利许可请求数据生成上传接口返回值（见表 A.2）

表 A.2 权利许可数据/权利许可请求数据生成上传接口返回值含义

代码	说明
0	数据上传成功
-1	计数器没有成功配置，数据上传失败
-2	权利许可基础数据/权利许可请求基础数据格式非法，数据上传失败
-3	对上传数据签名失败，数据上传失败
-4	数据认证失败，数据上传失败
-5	外部DLL密码算法调用失败，数据上传失败

A.3 授权系统/销售系统测试连通性接口返回值（见表 A.3）

表 A.3 授权系统/销售系统测试连通性接口返回值含义

代码	说明
0	与可信交易数据管理平台连通性良好
-1	计数器没有成功配置，连通性测试失败
-2	对连通性测试数据签名失败，连通性测试失败
-3	网络连接失败，连通性测试失败
-4	认证失败，连通性测试失败
-5	外部DLL密码算法调用失败，连通性测试失败

A.4 授权系统/销售系统配置接口返回值（见表 A.4）

表 A.4 授权系统/销售系统配置接口返回值含义

代码	说明
0	表示初始化成功
-1	读取配置文件失败，初始化失败
-2	获取动态链接库文件摘要值失败，初始化失败
-3	对计数器认证数据签名失败，初始化失败
-4	网络连接失败，计数器授权请求失败，初始化失败
-5	数据认证失败，计数器授权请求失败，初始化失败
-6	创建内部配置文件失败，初始化失败
-7	外部DLL密码算法调用失败，初始化失败

A.5 查询销售商信用基础数据接口返回值（见表 A.5）

表 A.5 查询接口返回值含义

代码	说明
0	查询成功
-1	匹配记录查询请求数据非法，查询失败
-2	计数器没有成功配置，查询失败
-3	匹配记录查询请求数据签名失败，查询失败
-4	网络连接失败，查询失败
-5	对接收的数据认证失败，查询失败
-6	平台获取交易数据失败，查询失败
-7	平台认证查询请求数据失败，查询失败
-8	外部DLL密码算法调用失败，查询失败

附 录 B
（资料性附录）
接口函数原型示例

B.1 C++接口函数原型示例

```
//------------------------------------------------------------------------------------
//权利许可请求数据认证接口
//[in] permissionRequestBuffer
//------------------------------------------------------------------------------------
int PermissionRequestDataAuth(u8 * permissionRequestBuffer )；

//------------------------------------------------------------------------------------
//权利许可数据生成上传接口
//[in] permissionBaseBuffer
//[out] permissionBuffer
//------------------------------------------------------------------------------------
int PermissionDataLoad (u8 * permissionBaseBuffer , u8 * permissionBuffer)；

//------------------------------------------------------------------------------------
//查询销售商信用基础数据接口
//[in] ri
//[out] matchedRecordsBuffer
//------------------------------------------------------------------------------------
int GetSellerCreditData(RecordInquire * ri,u8 * matchedRecordsBuffer )；

//------------------------------------------------------------------------------------
//测试连通性接口（与授权系统的接口）
//[in] AssignorID
//------------------------------------------------------------------------------------
int TestConnection(u8   AssignorID[ID_LENGTH] )；

//------------------------------------------------------------------------------------
//配置接口（与授权系统的接口）
//[in] filePath
//------------------------------------------------------------------------------------
int CounterConfig (char *filePath)；

//------------------------------------------------------------------------------------
```

```
//权利许可请求数据生成上传接口
//[in] permissionRequestBaseBuffer
//[out] permissionRequestBuffer
//-----------------------------------------------------------------------------------
int PermissionRequestDataLoad(u8 * permissionRequestBaseBuffer,u8 *permissionRequestBuffer);

//-----------------------------------------------------------------------------------
//权利许可数据认证接口
//[in] permissionBuffer
//-----------------------------------------------------------------------------------
int PermissionDataAuth ( u8 * permissionBuffer );

//-----------------------------------------------------------------------------------
//测试连通性接口（与销售系统的接口）
//[in] SellerID
//-----------------------------------------------------------------------------------
int TestConnection(u8    SellerID[ID_LENGTH]);

//-----------------------------------------------------------------------------------
//配置接口（与销售系统的接口）
//[in] filePath
//-----------------------------------------------------------------------------------
int CounterConfig (char *filePath);
```

B.2 JAVA 接口函数原型示例

```
//-----------------------------------------------------------------------------------
//权利许可请求数据认证接口
//[in] permissionRequestBuffer
//[out] permissionRequestData
//-----------------------------------------------------------------------------------
public int permissionRequestDataAuth(byte[] permissionRequestBuffer,
            PermissionRequestData permissionRequestData);

//-----------------------------------------------------------------------------------
//权利许可数据生成上传接口
//[in] permissionBase
//[out] permissionBuffer
//-----------------------------------------------------------------------------------
public int permissionDataLoad(PermissionBaseData permissionBase, ByteBuffer permissionBuffer);

//查询销售商信用基础数据接口
//[in] ri
```

```
//[out] records
//-----------------------------------------------------------------------------------
public int getSellerCreditData(RecordInquire ri, MatchedRecords records);

//-----------------------------------------------------------------------------------
//测试连通性接口（与授权系统的接口）
//[in] assignorID
//-----------------------------------------------------------------------------------
public int testConnection(String    assignorID);

//-----------------------------------------------------------------------------------
//配置接口（与授权系统的接口）
//[in] filePath
//-----------------------------------------------------------------------------------
public int counterConfig(String filePath);

//-----------------------------------------------------------------------------------
//权利许可请求数据生成上传接口
//[in] permissionRequestBase
//[out] permissionRequestBuffer
//-----------------------------------------------------------------------------------
public int permissionRequestDataLoad(PermissionRequestBaseData permissionRequestBase, ByteBuffer
permissionRequestBuffer);

//-----------------------------------------------------------------------------------
//权利许可数据认证接口
//[in] permissionBuffer
//[out] permissionData
//-----------------------------------------------------------------------------------
public int permissionDataAuth(byte[] permissionBuffer, PermissionData permissionData);

//-----------------------------------------------------------------------------------
//测试连通性接口（与销售系统的接口）
//[in] SellerID
//-----------------------------------------------------------------------------------
public int testConnection(String SellerID);

//-----------------------------------------------------------------------------------
//配置接口（与销售系统的接口）
//[in] filePath
//-----------------------------------------------------------------------------------
public int counterConfig(String filePath);
```

附 录 C
（资料性附录）
参数数据类型定义示例

C.1 C++数据类型定义示例

```
//-----------------------------------------------------------------------------------------------------
//permissionRequestBuffer 中包含的 permissionRequestData 结构体定义如下：
//-----------------------------------------------------------------------------------------------------
struct permissionRequestData                //权利许可请求数据
{
    u16   buf_length;                      //有效字节长度
    u8    TransTime[TIME_LENGTH];          //交易时间
    u8    SellerID[ID_LENGTH];             //销售方的机构代码
    u8    ProviderID[ID_LENGTH];           //内容提供者的机构代码
    u8    AssignorID[ID_LENGTH];           //授权方的机构代码
    float  Price;                          //价格
    int   TransAmount;                     //交易数量
    u8    DRMI[DRM_ID_LENGTH];             //数字版权管理标识
    u16   title_offset;                    //题名偏移量
    u16   title_length;                    //题名长度
    u16   transOrderID_offset;             //交易订单号偏移量
    u16   transOrderID_length;             //交易订单号长度
    u16   authDesc_offset;                 //授权描述偏移量
    u16   authDesc_length;                 //授权描述长度
    u16   otherData_offset;                //备用数据偏移量
    u16   otherData_length;                //备用数据长度
    long   TransRandom;                    //交易随机数
    long   TransID;                        //交易请求号
    long   TransCounterID;                 //交易计数器编号
    u16   transSign_offset;                //签名偏移量
};

//-------------------------------------------------------------------------------------------
//permissionBaseBuffer 中包含的 permissionBaseData 结构体定义如下：
//-------------------------------------------------------------------------------------------
 struct permissionBaseData                   //权利许可基础数据
{
    u16   buf_length;                      //有效字节长度
    u8    TransTime[TIME_LENGTH];          //交易时间
    u8    SellerID[ID_LENGTH];             //销售方的机构代码
```

```
    u8    ProviderID[ID_LENGTH];              //内容提供者的机构代码
    u8    AssignorID[ID_LENGTH];              //授权方的机构代码
    float  Price;                         //价格
    int    TransAmount;                       //交易数量
    u8    DRMI[DRM_ID_LENGTH];               //数字版权管理标识
    u16   title_offset;                        //题名偏移量
    u16   title_length;                   //题名长度
    u16   transOrderID_offset;                 //交易订单号偏移量
    u16   transOrderID_length;                 //交易订单号长度
    u16   authDesc_offset;                    //授权描述偏移量
    u16   authDesc_length;                //授权描述长度
    u16   otherData_offset;               //备用数据偏移量
    u16   otherData_length;               //备用数据长度
    long   TransRandom;                       //交易随机数
    long   TransID;                           //交易请求号
    long   TransCounterID;                    //交易计数器编号
    u8    AuthTime[TIME_LENGTH];              //授权时间
};

//--------------------------------------------------------------------------------
//permissionBuffer 中包含的 permissionData 结构体定义如下：
//--------------------------------------------------------------------------------
struct permissionData                                  //权利许可数据
{
    u16   buf_length;                         //有效字节长度
    u8    TransTime[TIME_LENGTH];             //交易时间
    u8    SellerID[ID_LENGTH];                 //销售方的机构代码
    u8    ProviderID[ID_LENGTH];              //内容提供者的机构代码
    u8    AssignorID[ID_LENGTH];              //授权方的机构代码
    float  Price;                         //价格
    int    TransAmount;                       //交易数量
    u8    DRMI[DRM_ID_LENGTH];               //数字版权管理标识
    u16   title_offset;                        //题名偏移量
    u16   title_length;                   //题名长度
    u16   transOrderID_offset;                //交易订单号偏移量
    u16   transOrderID_length;                 //交易订单号长度
    u16   authDesc_offset;                   //授权描述偏移量
    u16   authDesc_length;                //授权描述长度
    u16   otherData_offset;                   //备用数据偏移量
    u16   otherData_length;               //备用数据长度
    long   TransRandom;                       //交易随机数
    long   TransID;                           //交易请求号
    long   TransCounterID;                   //交易计数器编号
```

```
    u8    AuthTime[TIME_LENGTH];        //授权时间
    long   AuthRandom;                   //授权随机数
    long   AuthCounterID;               //授权计数器编号
    u16   authSign_offset;              //签名偏移量
};

//-----------------------------------------------------------------------------
// recordInquire 结构体定义如下:
//-----------------------------------------------------------------------------
    struct recordInquire                   //匹配记录查询
{
    int    returnTransNO;                   //返回交易记录数量
    u8    AssignorID[ID_LENGTH];          //授权方的机构代码
    u8    SellerID[ID_LENGTH];         //销售方的机构代码
    u8    DRMI[DRM_ID_LENGTH];          //数字版权管理标识
};

//------------------------------------------------------------------------------------------------------------
//matchedRecordsBuffer 中包含的 matchedRecords 和 matchedRecords_num 结构体定义如下：
//------------------------------------------------------------------------------------------------------------
struct matchedRecords                      //匹配记录
{
u16    buf_length;                         //有效字节长度
int      returnTransNO;                    //有效记录个数
u8      SellerID[ID_LENGTH];              //销售方的机构代码
u16    offset[trans_LENFTH];             //30 个偏移量
u16    transLength[trans_LENFTH];        //30 个长度值
long    transTotal;                          //交易总量
};

struct matchedRecords_num                //每一条匹配记录
{
char    TransTime[TIME_LENGTH];          //交易时间
int      TransAmount;                     //交易数量
u8      DRMI[DRM_ID_LENGTH];          //数字版权管理标识
u16    transOrderID_length;              //交易订单号长度
};

//-----------------------------------------------------------------------------
//授权方唯一编号
//-----------------------------------------------------------------------------
u8    AssignorID[ID_LENGTH];                //授权方的机构代码
```

```
//------------------------------------------------------------------------------------
//销售方唯一编号
//------------------------------------------------------------------------------------
u8  SellerID[ID_LENGTH];    //销售方的机构代码

//----------------------------------------------------------------------------------------------------------
permissionRequestBaseBuffer 中包含的 permissionRequestBaseData 结构体定义如下：
//----------------------------------------------------------------------------------------------------------
struct permissionRequestBaseData                    //权利许可请求基础数据
{
    u16  buf_length;                     //有效字节长度
    u8   TransTime[TIME_LENGTH];               //交易时间
    u8   SellerID[ID_LENGTH];                  //销售方的机构代码
    u8   ProviderID[ID_LENGTH];                //内容提供者的机构代码
    u8   AssignorID[ID_LENGTH];                //授权方的机构代码
    float  Price;                        //价格
    int   TransAmount;                         //交易数量
    u8   DRMI[DRM_ID_LENGTH];                  //数字版权管理标识
    u16  title_offset;                            //题名偏移量
    u16  title_length;                   //题名长度
    u16  transOrderID_offset;                     //交易订单号偏移量
    u16  transOrderID_length;                     //交易订单号长度
    u16  authDesc_offset;                      //授权描述偏移量
    u16  authDesc_length;                //授权描述长度
    u16  otherData_offset;               //备用数据偏移量
    u16  otherData_length;               //备用数据长度
};
```

C.2 JAVA 数据类型定义示例

```
//-------------------------------------------------------------------------------------------------------
// PermissionRequestData 类定义如下：
//-------------------------------------------------------------------------------------------------------
public class PermissionRequestData {
    public short buffer_length;// 2 字节
    public String transTime;// 交易时间 15 字节
    public String sellerID;// 销售方唯一编号 16 字节
    public String providerID;// 内容提供者唯一编号 16 字节
    public String assignorID;// 授权方唯一编号 16 字节
    public float price;// 价格 4 字节
    public int transAmount;// 交易数量 4 字节
    public String DRMI; // 数字版权标识 22 字节
    public short title_offset;// 题名偏移量 2 字节
```

```
    public short title_length;// 题名长度 2 字节
    public short transOrderID_offset;// 交易订单号偏移量 2 字节
    public short transOrderID_length;// 交易订单号长度 2 字节
    public short authDesc_offset;// 授权描述偏移量 2 字节
    public short authDesc_length;// 授权描述长度 2 字节
    public short otherData_offset; // 备用数据偏移量 2 字节
    public short otherData_length; // 备用数据 2 字节
    public int transRandom; // 交易随机数 4 字节
    public int transID; // 交易请求号 4 字节
    public int transCounterID; // 交易计数器编号 4 字节
    public String title;// 题名内容
    public String transOrderID;// 交易订单号
    public String authDesc; // 授权描述
    public String otherData; // 备用数据
};

//------------------------------------------------------------------------------------------
// PermissionBaseData 类定义如下：
//------------------------------------------------------------------------------------------
  public class PermissionBaseData {
    public short buffer_length;// 2 字节
    public String transTime;// 交易时间 15 字节
    public String sellerID;// 销售方唯一编号 16 字节
    public String providerID;// 内容提供者唯一编号 16 字节
    public String assignorID;// 授权方唯一编号 16 字节
    public float price;// 价格 4 字节
    public int transAmount;// 交易数量 4 字节
    public String DRMI; // 数字版权标识 22 字节
    public short title_offset;// 题名偏移量 2 字节
    public short title_length;// 题名长度 2 字节
    public short transOrderID_offset;// 交易订单号偏移量 2 字节
    public short transOrderID_length;// 交易订单号长度 2 字节
    public short authDesc_offset;// 授权描述偏移量 2 字节
    public short authDesc_length;// 授权描述长度 2 字节
    public short otherData_offset; // 备用数据偏移量 2 字节
    public short otherData_length; // 备用数据 2 字节
    public int transRandom; // 交易随机数 4 字节
    public int transID; // 交易请求号 4 字节
    public int transCounterID; // 交易计数器编号 4 字节
    public String authTime; // 授权时间 15 字节
    public String title;// 题名内容
    public String transOrderID;// 交易订单号
    public String authDesc; // 授权描述
```

```
    public String otherData; // 备用数据
};

//-------------------------------------------------------------------------------
//PermissionData 类定义如下：
//-------------------------------------------------------------------------------
public class PermissionData {
    public short buffer_length;// 2 字节
    public String transTime;// 交易时间 15 字节
    public String sellerID;// 销售方唯一编号 16 字节
    public String providerID;// 内容提供者唯一编号 16 字节
    public String assignorID;// 授权方唯一编号 16 字节
    public float price;// 价格 4 字节
    public int transAmount;// 交易数量 4 字节
    public String DRMI; // 数字版权标识 22 字节
    public short title_offset;// 题名偏移量 2 字节
    public short title_length;// 题名长度 2 字节
    public short transOrderID_offset;// 交易订单号偏移量 2 字节
    public short transOrderID_length;// 交易订单号长度 2 字节
    public short authDesc_offset;// 授权描述偏移量 2 字节
    public short authDesc_length;// 授权描述长度 2 字节
    public short otherData_offset; // 备用数据偏移量 2 字节
    public short otherData_length; // 备用数据 2 字节
    public int transRandom; // 交易随机数 4 字节
    public int transID; // 交易请求号 4 字节
    public int transCounterID; // 交易计数器编号 4 字节
    public String authTime; // 授权时间 15 字节
    public int authRandom; // 授权随机数 4 字节
    public int authcounterID; // 授权计数器编号 4 字节
    public String title;// 题名内容
    public String transOrderID;// 交易订单号
    public String authDesc; // 授权描述
    public String otherData; // 备用数据
};

//-------------------------------------------------------------------------------
// RecordInquire 结构体定义如下:
//-------------------------------------------------------------------------------
public class RecordInquire{
    private static final int ID_LENGTH = 16;
    private static final int DRM_ID_LENGTH = 22;
    public short returnTransNO;
    public byte[] assignorID = new byte[ID_LENGTH];
```

```
    public byte[] sellerID = new byte[ID_LENGTH];
    public byte[] DRMI = new byte[DRM_ID_LENGTH];
};

//----------------------------------------------------------------------------------------------------------
//matchedRecordsBuffer 中包含的 matchedRecords 和 matchedRecords_num 结构体定义如下：
//----------------------------------------------------------------------------------------------------------
public class MatchedRecords {
    public short buffer_length;
    public short returnTransNO; // 有效记录个数
    public String sellerID; // 销售方唯一编号
    public short offset[]; // 偏移量
    public short transLength[]; // 对应的长度
    public int transTotal; // 交易总量
    public ArrayList<MatchedRecordElem> records;
};

public class MatchedRecordElem {
    public String transTime; // 交易时间
    public int transAmount; // 交易数量
    public String DRMI; // 数字版权标识
    public String transOrderID; // 交易订单号
};
//--------------------------------------------------------------------------------
//授权方唯一编号
//--------------------------------------------------------------------------------
String    assignorID;                    //授权方的机构代码

//--------------------------------------------------------------------------------
//销售方唯一编号
//--------------------------------------------------------------------------------
String    sellerID;    //销售方的机构代码

//----------------------------------------------------------------------------------------------------
//PermissionRequestBaseData 类定义如下：
//----------------------------------------------------------------------------------------------------
public class PermissionRequestBaseData {
    public short buffer_length;// 2 字节
    public String transTime;// 交易时间 15 字节
    public String sellerID;// 销售方唯一编号 16 字节
    public String providerID;// 内容提供者唯一编号 16 字节
    public String assignorID;// 授权方唯一编号 16 字节
    public float price;// 价格 4 字节
```

```
    public int transAmount;// 交易数量 4 字节
    public String DRMI; // 数字版权标识 22 字节
    public short title_offset;// 题名偏移量 2 字节
    public short title_length;// 题名长度 2 字节
    public short transOrderID_offset;// 交易订单号偏移量 2 字节
    public short transOrderID_length;// 交易订单号长度 2 字节
    public short authDesc_offset;// 授权描述偏移量 2 字节
    public short authDesc_length;// 授权描述长度 2 字节
    public short otherData_offset; // 备用数据偏移量 2 字节
    public short otherData_length; // 备用数据 2 字节
    public String title;// 题名内容
    public String transOrderID;// 交易订单号
    public String authDesc; // 授权描述
    public String otherData; // 备用数据
}；
```

附　录　D
（资料性附录）
可信计数应用开发包调用流程

D.1 申请授权阶段

申请授权阶段调用可信计数器的流程如图D.1所示，主要包括以下步骤：

a）销售系统通过API调用可信计数器的权利许可请求数据生成上传接口，生成权利许可请求数据，并上传到可信交易数据管理平台。

b）销售系统将生成的权利许可请求数据发送到授权系统。

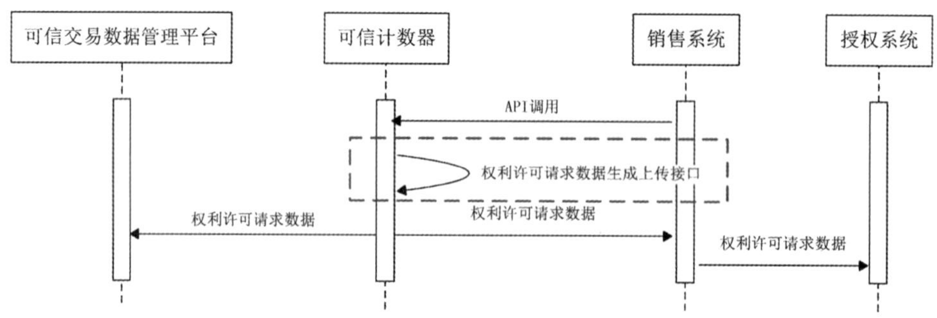

图 D.1 申请授权阶段调用流程

D.2 授权阶段

授权阶段调用可信计数器的流程如图D.2所示，主要包括以下步骤：

a）授权系统收到销售系统发送的权利许可请求数据，通过API调用可信计数器的权利许可数据认证接口，对权利许可请求数据进行认证。

b）授权系统通过API调用可信计数器的权利许可数据生成上传接口，生成权利许可数据，并上传到可信交易数据管理平台备案。

c）授权系统将生成的权利许可数据发送到销售系统。

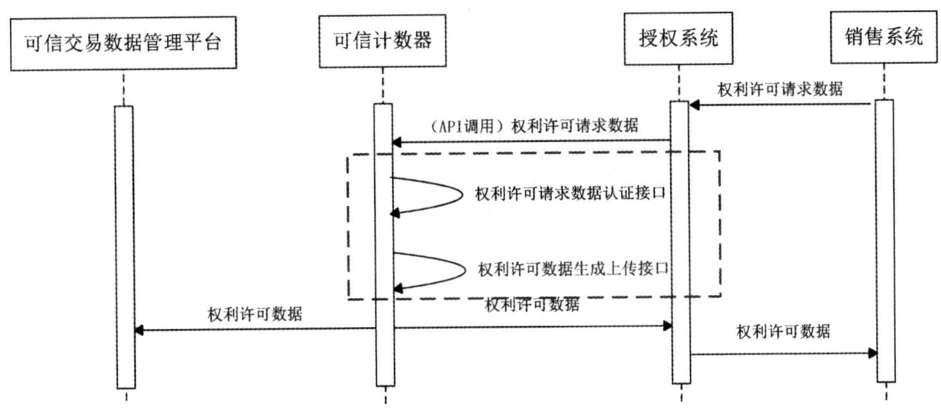

图 D.2 授权阶段调用流程

GC

数字版权保护技术研发工程标准

GC/BQ 12—2015

数字内容分段控制技术接口

Interfaces of digital content segmentation and usage control technology

2015-02-03 发布　　2015-02-03 实施

新闻出版广电总局新闻出版重大科技工程项目领导小组　发布

目　　次

前　言

本标准按照GB/T 1.1—2009给出的规则起草。

本标准由新闻出版广电总局新闻出版重大科技工程项目领导小组办公室提出并归口。

本标准起草单位：中国科学院自动化研究所、北京大学、北京方正阿帕比技术有限公司、北京中文在线文化发展有限公司。

本标准主要起草人：冯晓、俞银燕、秦丽娇、陈立峰。

引　言

随着网络技术和数字出版技术的飞速发展，以及新型智能终端设备（如智能手机、阅读器等）的普及，新的数字内容服务模式日益显现。数字出版除了传统的整体销售模式外，还出现了超级分发、预览、试读等多种促销模式和按章节销售、按权利销售、按需印刷、多内容个性化组合、内容共享等多种内容服务模式。在实际应用中，这些新的服务模式存在很大的潜在市场。

现有数字版权保护技术的整体授权模式无法对数字内容作品进行更细致的权限管理和使用控制。数字内容的服务需要支持更加易用的DRM技术，可根据用户的实际需求进行“按需授权”，支持超级分发等分发模式，兼容整体授权、分段授权、多硬件环境下的适应性授权等多种授权模式。

为实现“按需授权”，数字版权保护技术研发工程（以下简称“本工程”）研发的数字内容分段控制技术，将综合考虑数字内容的动态性、授权的安全可靠性，以及版权保护在资源、流通模式等不同层面的需求和版权所有者、用户等各参与方的要求，通过数字内容分段加密、防复制动态分段授权和动态使用控制的方式，为数字内容的版权保护提供了更细粒度的授权控制方法，以适应数字化市场发展和版权保护发展的需要。数字内容分段控制技术的研发成果以软件应用开发包的形式提供。

为了本工程的各应用系统能够准确理解和使用数字内容分段控制技术的研发成果，以及未来可能接入到本工程的其他分段控制技术产品能够顺利接入，需要对数字内容分段控制技术应用开发包的接口和参数进行规范化描述，这有利于增强工程研发成果的可扩展性和开放性，有利于工程成果的推广。

数字内容分段控制技术接口

1 范围

本标准提出了数字版权保护技术研发工程数字内容分段控制技术应用开发包接口的功能、参数的规范性描述。

本标准适用于数字版权保护技术研发工程数字内容分段控制技术应用开发包、内容交易与分发版权保护技术应用开发包、富媒体内容版权保护支撑技术应用开发包、互联网出版版权保护应用系统、按需印刷版权保护应用系统、移动出版版权保护应用系统、出版单位自主发行版权保护系统、富媒体报刊版权保护系统的开发和应用。

2 规范性引用文件

下列文件对于本文件的应用是必不可少的。凡是注日期的引用文件，仅注日期的版本适用于本文件。凡是不注日期的引用文件，其最新版本（包括所有的修改单）适用于本文件。

GC/BQ 3 数字版权保护技术研发工程术语

GC/BQ 4 数字版权管理标识

GC/BQ 5 数字权利描述语言

GC/BQ 6 数字版权保护内容格式

GC/BQ 7 数字版权封装

GC/BQ 9 数字权利元数据

GC/BQ 25.2 信息安全及电子认证服务技术规范 第2部分 密码服务中间件接口

ITU-T X509 X509数字证书标准

3 术语和定义、缩略语

3.1 术语和定义

GC/BQ 3 界定的以及下列术语和定义适用于本文件。

3.1.1

分段加密 segment encryption

根据需求（如章节、页数、时间点、各个用户组级别等）将数字内容进行不同方式的加密处理，以实现对其数字内容进行不同程度的版权保护。

3.1.2

密钥 key

一种用于控制密码变换操作（例如加密、解密、密码校验函数计算、签名生成或签名验证）的复合序列。

3.1.3

绑定 binding

利用指定对象将被绑定对象的明文转换为密文的操作。

3.1.4

授权许可证 authorization license

许可证

数字权利描述语言基本单位，即某一个权力发布者对另一个权利接受者的权利声明。

3.1.5

超级分发 super distribution

对可公开获取的加密数字内容的一种分发手段。

3.2 缩略语

下列缩略语适用于本文件。

API：应用程序接口/应用编程接口（Application Programming Interface）

IMEI：国际移动设备身份码（International Mobile Equipment Identity）

SDK：软件开发工具包（Software Development Kit）

XML：可扩展标记语言（Extensible Markup Language）

4 接口的列表

数字内容分段控制技术应用开发包（以下简称"分段控制应用开发包"）提供服务器端和客户端的接口，实现数字内容的分段、封装、授权、许可证解析和分段内容解密的功能。分段控制应用开发包的调用流程，见附录E。

分段控制应用开发包的功能与接口的对应关系，见表1。

表1 分段控制应用开发包的功能与接口对应关系表

类型	中文名称	英文标签	功能项
服务器端接口	内容分段	CreateSegmentInfo	根据指定的分段策略或自定义分段信息对指定的数字内容作品文件分段
	内容加密封装	Encapsulation	将指定的数字内容作品文件加密封装
	分段授权	CDRMSRelServerAgent	初始化接口
		CreateRel	生成数字许可证
		SetRelInfo	用于设定数字许可证中各部分参数的接口
		AddAssetInfo	添加数字内容信息以及相应的权限表
		AddRelPermissionRight	向索引指定的权利项下添加具体权利对象以及相应的约束信息
客户器端接口	数字许可证解析	CDRMSRelClientAgent	初始化接口
		GetRelInfo	获得数字许可证对象的接口
		GetRelAssetsCount	获取数字许可证中内容资源的个数

		GetRelAssetInfo	根据指定的索引值获取相应的内容资源
		GetRelPermissionsCount	获取数字许可证中权利项的个数
		GetRelPermissionInfo	根据指定的索引值获取数字许可证中相应的权利项
		GetRelAssetKey	根据指定的内容资源标识获取相应的密钥信息
		GetRelAssetSegKeys	根据指定的内容资源标识获取相应的段密钥信息
	内容解密	DecryptSegment	解密指定的数字内容（或数字内容的指定分段）

5 接口说明

5.1 服务器端接口

5.1.1 内容分段接口

内容分段接口的说明包含9个要素：

a) 接口名称：内容分段；
b) 英文名称：CreateSegmentInfo；
c) 功能描述：根据分段策略，完成对指定数字内容的分段；
d) 前置条件：能够成功读写数字内容作品文件路径指向的文件；
e) 后置条件：完成对指定数字内容作品的分段并将分段结果写入指定数字内容作品文件中；
f) 函数原型示例：参见附录C；
g) 输入参数：见表2；

表2 内容分段接口输入参数

序号	中文名称	英文标签	类型	长度	取值	选择性	说明	示例
1	数字内容作品文件路径	AssetFilePath	字符串	最小1位，最长255位	不定	必选	待分段的数字内容作品文件的路径	数字内容的格式遵循 GC/BQ 6 给出的规范，如："../digitalContenFiles/contentName.cebx"
2	分段策略	SegmentPolicy	整型	不定	0~4	必选	分段策略的标识；分段策略代码表见 A.1	4 表示自定义分段
3	分段信息	SegmentInfo	XML 数据	不定	不定	可选；分段策略为 0~2 时，无需输入；分段策	用于描述按页分段信息和自定义分段信息；分段策略为 3 时，分段信息是以‘,’分隔的各分段范围组	分段策略为 3 时，"1-3,4-6,7-20"；分段策略为 4 时，见附录 B

						略为 3 和 4 时，必须输入	成的字符串，每个分段范围为单个数字或由数字和“-”组成的范围；分段策略为 4 时，分段信息为符合分段描述规范的 XML 数据	

h)　输出参数：无；

i)　返回值：见表 3。

表3　内容分段接口返回值

序号	中文名称	英文标签	类型	长度	取值	选择性	说明	示例
1	处理结果	exeResult	整型	不定	-32768~32767	必选	处理成功或失败标识	0 表示成功，非 0 表示失败

5.1.2　内容加密封装接口

内容加密封装接口的说明包含9个要素：

a)　接口名称：内容加密封装；

b)　英文名称：Encapsulation；

c)　功能描述：实现对指定数字内容的加密及封装；

d)　前置条件：能够成功读写数字内容作品文件路径指向的文件；

e)　后置条件：完成对数字内容作品的加密及封装；

f)　函数原型示例：见附录C；

g)　输入参数：见表4；

表4　内容加密封装接口输入参数

序号	中文名称	英文标签	类型	长度	取值	选择性	说明	示例
1	数字内容作品文件路径	AssetFilePath	字符串	最小 1 位，最长 255 位	不定	必选	数字内容作品文件的路径	数字内容的格式遵循　GC/BQ 6 给出的规范，如：“../digitalContenFiles/contentName.cebx”
2	数字版权	DRMI	字符串	22 个字	不定	可选	唯一标识数字	遵循 GC/BQ 4 给

	管理标识			符			内容	出的规范
3	权利引导地址	RightsIssuerURL	字符串	最短1位，最长2048位	不定	可选	权利引导地址，即在文档未授权时，可通过该地址获取相关信息	遵循GC/BQ 7给出的规范
4	权利对象	RightsObject	XML数据	不定	不定	可选	指定数字内容的授权信息，用户使用数字内容时根据该权利对象的授权进行相应的操作	遵循GC/BQ 7给出的规范
5	内容密钥	DRMKey	二进制串	不定	不定	必选	用于加密数字内容的密钥	0101101101010100 10001111010011111 0011110011001010 110101010100101 …
6	加密算法	EncryptMethod	字符串	不定	不定	可选	DRM加密方案，在工程中填写为一个默认值	遵循GC/BQ 7给出的规范

h) 输出参数：无；

i) 返回值：见表5。

表5 内容加密封装接口返回值

序号	中文名称	英文标签	类型	长度	取值	选择性	说明	示例
1	处理结果	exeResult	整型	不定	-32768~32767	必选	处理成功或失败标识	0表示成功，非0表示失败

5.1.3 分段授权

5.1.3.1 分段授权初始化接口

分段授权初始化接口的说明包含9个要素：

a) 接口名称：分段授权初始化；

b) 英文名称：CDRMSRelServerAgent；

c) 功能描述：用于设定分段授权初始化信息；

d) 前置条件：无；

e) 后置条件：完成初始化；

f) 函数原型示例：见附录C；

g) 输入参数：见表6；

表6 分段授权初始化接口输入参数

序号	中文名称	英文标签	类型	长度	取值	选择性	说明	示例
1	绑定信息	BindingInfo	Base64编码后字符串	最短1位	不定	必选	待与内容密钥绑定的对象标识信息（如设备硬件特征信息）；使用Base64编码技术编码	如：Base64编码后的手机IMEI号
2	许可证标识	RelUID	字符串	不定	不定	必选	数字许可证编号，可按照应用系统的实际情况编码	X256871
3	权利发布者名称	Assignor Name	字符串	不定	不定	必选	用于说明授权者的信息，即授权者的名称	遵循GC/BQ 5给出的规范

h) 输出参数：无；
i) 返回值：无。

5.1.3.2 数字许可证生成接口

数字许可证生成接口的说明包含9个要素：
a) 接口名称：数字许可证生成；
b) 英文名称：CreateRel；
c) 功能描述：用于生成数字许可证内容；
d) 前置条件：授权初始化，添加相关资源、权利及约束；
e) 后置条件：完成数字许可证的创建；
f) 函数原型示例：见附录C；
g) 输入参数：见表7；

表7 数字许可证生成接口输入参数

序号	中文名称	英文标签	类型	长度	取值	选择性	说明	示例
1	授权者私钥	PrivateKey	Base64编码后字符串	不定	不定	必选	用于电子签名，表明授权者的身份	遵循GC/BQ 25第2部分给出的规范
2	授权者证书	Certificate File	XML数据	不定	不定	必选	包含授权者的公钥，用于验证授权者身份	遵循ITU-T X509给出的规范
3	签名算法	SignMeth	整数	不定	0~10	必选	指明签名所用	遵循GC/BQ 25第

	模式	od					的算法	2 部分给出的规范

h) 输出参数：见表 8；

表8　数字许可证生成接口输出参数

序号	中文名称	英文标签	类型	长度	取值	选择性	说明	示例
1	数字许可证	RelContent	XML数据	不定	不定	必选	生成的数字许可证	遵循 GC/BQ 5 给出的规范

i) 返回值：见表 9。

表9　数字许可证生成接口返回值

序号	中文名称	英文标签	类型	长度	取值	选择性	说明	示例
1	处理结果	exeResult	整型	不定	-32768~32767	必选	处理成功或失败标识	0 表示成功，非 0 表示失败

5.1.3.3 数字许可证参数设置接口

数字许可证参数设置接口的说明包含9个要素：

a) 接口名称：数字许可证参数设置；

b) 英文名称：SetRelInfo ；

c) 功能描述：用于设定数字许可证中各部分参数；

d) 前置条件：完成初始化；

e) 后置条件：许可证各部分的参数已重新设置；

f) 函数原型示例：见附录C；

g) 输入参数：见表10；

表10　数字许可证参数设置接口输入参数

序号	中文名称	英文标签	类型	长度	取值	选择性	说明	示例
1	许可证信息	Rel	复合型	不定	不定	必选	用于指定需要设置的数字许可证各部分的参数	遵循 GC/BQ 5 给出的规范； 见附录 D

h) 输出参数：无；

i) 返回值：见表11。

表11　数字许可证参数设置接口返回值

序	中文名称	英文标签	类型	长度	取值	选择性	说明	示例

号								
1	处理结果	exeResult	整型	不定	-32768~32767	必选	处理成功或失败标识	0 表示成功，非 0 表示失败

5.1.3.4　数字内容资源添加接口

数字内容资源添加接口的说明包含9个要素：

a)　接口名称：数字内容资源添加；

b)　英文名称：AddAssetInfo；

c)　功能描述：添加数字内容信息以及相应的权限列表；

d)　前置条件：完成初始化；

e)　后置条件：数字内容信息以及相应的权限表被添加；

f)　函数原型示例：见附录C；

g)　输入参数：见表12；

表12　数字内容资源添加接口输入参数

序号	中文名称	英文标签	类型	长度	取值	选择性	说明	示例
1	数字内容信息	Asset	复合型	不定	不定	必选	说明数字内容的元数据；包括：数字版权管理标识、资源编号、题名、授权服务地址	遵循 GC/BQ 9 给出的规范；见附录 D
2	内容密钥	PlainKey	二进制串	不定	不定	必选	待与指定对象绑定的内容密钥	0101101101010100100011110100111110011110011001010 1...
3	权利信息	Permission	复合型	不定	不定	必选	指明数字内容的使用权利	遵循 GC/BQ 5 给出的规范；见附录 D

h)　输出参数：无；

i)　返回值：见表13。

表13　数字内容资源添加接口返回值

序号	中文名称	英文标签	类型	长度	取值	选择性	说明	示例
1	处理结果	exeResult	整型	不定	-32768~32767	必选	处理成功或失败标识	0 表示成功，非 0 表示失败

5.1.3.5　权利信息添加接口

权利信息添加接口的说明包含9个要素。

a) 接口名称：权利信息添加接口；
b) 英文名称：AddRelPermissionRight；
c) 功能描述：向索引指定的权利项下添加具体权利对象以及相应的约束信息；
d) 前置条件：完成超级分发授权初始化，已添加相应数字内容资源；
e) 后置条件：完成权利项的添加；
f) 函数原型示例：见附录C；
g) 输入参数：见表14；

表14 权利信息添加接口输入参数

序号	中文名称	英文标签	类型	长度	取值	选择性	说明	示例
1	权利信息	PermissionRight	字符串	不定	不定	必选	指明某个数字内容的权利信息	如“view”、“print”
2	约束信息	Constraint	复合型	不定	不定	可选	指明数字内容的使用权利的约束	遵循 GC/BQ 5 给出的规范； 见附录 D
3	权利项索引	PermissionIndex	整型	不定	非负	必选	制定待添加权利信息和约束信息的权利项索引值	1

h) 输出参数：无；
i) 返回值：见表15。

表15 权利信息添加接口返回值

序号	中文名称	英文标签	类型	长度	取值	选择性	说明	示例
1	处理结果	exeResult	整型	不定	-32768~32767	必选	处理成功或失败标识	0 表示成功，非 0 表示失败

5.2 客户端接口

5.2.1 数字许可证解析接口

5.2.1.1 数字许可证解析初始化接口

数字许可证解析初始化接口的说明包含9个要素：

a) 接口名称：数字许可证解析初始化；
b) 英文名称：CDRMSRelClientAgent；
c) 功能描述：对数字许可证处理的初始化；
d) 前置条件：已获得数字许可证；

e)　后置条件：完成对数字许可证处理的初始化；
f)　函数原型示例：见附录C；
g)　输入参数：见表 16；

表16　数字许可证解析初始化接口输入参数

序号	中文名称	英文标签	类型	长度	取值	选择性	说明	示例
1	解绑定信息	UnbindingInfo	Base64 编码后字符串	最小 1 位	不定	必选	与内容密钥绑定的对象信息（如设备硬件特征信息）	如：Base64 编码后的手机 IMEI 号
2	数字许可证内容	RelContent	XML 数据	不定	不定	必选	待处理的数字许可证内容	遵循 GC/BQ 5 给出的规范

h)　输出参数：无；
i)　返回值：无。

5.2.1.2　获取数字许可证对象接口

获取数字许可证对象接口的说明包含9个要素：
a)　接口名称：获取数字许可证对象；
b)　英文名称：GetRelInfo；
c)　功能描述：解析数字许可证，获取相应数字许可证对象；
d)　前置条件：完成对数字许可证解析的初始化；
e)　后置条件：获取相关数字许可证对象，包括主体对象、签名对象等；
f)　函数原型示例：见附录C；
g)　输入参数：无；
h)　输出参数：见表17；

表17　获取数字许可证对象接口输出参数

序号	中文名称	英文标签	类型	长度	取值	选择性	说明	示例
1	数字许可证对象	Rel	复合型	不定	不定	必选	将 XML 格式的数字许可证经过转化后的类对象	遵循 GC/BQ 5 给出的规范；见附录 D

i)　返回值：见表18。

表18　获取数字许可证对象接口返回值

序号	中文名称	英文标签	类型	长度	取值	选择性	说明	示例

1	处理结果	exeResult	整型	不定	-32768~32767	必选	处理成功或失败标识	0 表示成功，非 0 表示失败

5.2.1.3 获取数字内容资源个数接口

获取数字内容个数接口的说明包含9个要素：

a) 接口名称：获取数字内容个数；
b) 英文名称：GetRelAssetsCount；
c) 功能描述：获取数字许可证中数字内容的个数；
d) 前置条件：完成对数字许可证解析的初始化；
e) 后置条件：获得数字许可证中数字内容的个数；
f) 函数原型示例：见附录C；
g) 输入参数：无；
h) 输出参数：无；
i) 返回值：见表19。

表19 获取数字内容个数接口返回值

序号	中文名称	英文标签	类型	长度	取值	选择性	说明	示例
1	数字内容的个数	AssetsCount	整型	不定	0~32767	必选	数字许可证中数字内容资源的个数	5

5.2.1.4 获取数字内容资源信息接口

获取数字内容资源信息接口的说明包含9个要素：

a) 接口名称：获取数字内容资源信息；
b) 英文名称：GetRelAssetInfo；
c) 功能描述：根据指定的索引，获取相应的数字内容信息；
d) 前置条件：完成对数字许可证处理的初始化和数字内容数量的获取；
e) 后置条件：获得数字许可证中指定数字内容及其内容密钥的信息；
f) 函数原型示例：见附录C；
g) 输入参数：见表20；

表20 获取数字内容资源信息接口输入参数

序号	中文名称	英文标签	类型	长度	取值	选择性	说明	示例
1	数字内容的索引	Index	整型	不定	0~32767	必选	指定数字内容的索引值，许可证中可能存在多个数字内容资源信息。	4

h)　输出参数：见表 21；

表21　获取数字内容资源信息接口输出参数

序号	中文名称	英文标签	类型	长度	取值	选择性	说明	示例
1	数字内容资源信息	Asset	复合型	不定	不定	必选	说明数字内容的元数据；包括：数字版权管理标识、资源编号、题名、授权服务地址。	遵循 GC/BQ 9 给出的规范
2	内容密钥	PlainKey	二进制串	不定	不定	必选	用于解密数字内容的密钥	01011011010101001000111101001...
3	绑定模式	RetrievalMethod	整型	不定	0~4	必选	绑定模式代码表见 A.2	4 表示“多设备自适应绑定”

i)　返回值：见表 22。

表22　获取数字内容资源信息接口返回值

序号	中文名称	英文标签	类型	长度	取值	选择性	说明	示例
1	处理结果	exeResult	整型	不定	-32768~32767	必选	处理成功或失败标识	0 表示成功，非 0 表示失败

5.2.1.5　获取权利信息个数接口

获取权利信息个数接口的说明包含9个要素：

a)　接口名称：获取权利信息个数；
b)　英文名称：GetRelPermissionsCount；
c)　功能描述：获取数字许可证中权利信息的个数；
d)　前置条件：完成对数字许可证处理的初始化；
e)　后置条件：获得数字许可证中权利信息的个数；
f)　函数原型示例：见附录C；
g)　输入参数：无；
h)　输出参数：无；
i)　返回值：见表23。

表23　获取权利信息个数接口返回值

序号	中文名称	英文标签	类型	长度	取值	选择性	说明	示例
1	权利信息的个数	PermissionsCount	整型	不定	0~32767	必选	数字许可证中权利信息的个数	5

5.2.1.6 获取权利信息接口

获取权利信息接口的说明包含9个要素：

a) 接口名称：获取权利信息；
b) 英文名称：GetRelPermissionInfo；
c) 功能描述：根据指定的索引值，获取数字许可证中的权利信息；
d) 前置条件：完成对权利信息个数的获取；
e) 后置条件：获得指定的权利信息；
f) 函数原型示例：见附录C；
g) 输入参数：见表24；

表24 获取权利信息接口输入参数

序号	中文名称	英文标签	类型	长度	取值	选择性	说明	示例
1	权利信息的索引	Index	整型	不定	0~32767	必选	指定权利信息的索引，许可证中可能存在多个权利信息	4

h) 输出参数：见表 25；

表25 获取权利信息接口输出参数

序号	中文名称	英文标签	类型	长度	取值	选择性	说明	示例
1	权利信息	Permission	复合型	不定	不定	必选	指明数字内容的使用权利	遵循 GC/BQ 5 给出的规范; 见附录 D

i) 返回值：见表 26。

表26 获取权利信息接口返回值

序号	中文名称	英文标签	类型	长度	取值	选择性	说明	示例
1	处理结果	exeResult	整型	不定	-32768~32767	必选	处理成功或失败标识	0 表示成功，非 0 表示失败

5.2.1.7 获取内容密钥接口

获取内容密钥接口的说明包含9个要素：

a) 接口名称：获取内容密钥；
b) 英文名称：GetRelAssetKey；
c) 功能描述：根据指定的数字内容资源标识获取相应的密钥信息；
d) 前置条件：完成对数字许可证处理的初始化；

e) 后置条件：获得指定的内容密钥信息；
f) 函数原型示例：见附录C；
g) 输入参数：见表27；

表27　获取内容密钥接口输入参数

序号	中文名称	英文标签	类型	长度	取值	选择性	说明	示例
1	数字内容资源标识	AssetUID	字符串	不定	不定	必选	唯一标识一个数字许可证中的数字内容资源	与应用相关，如图书ISBN号

h) 输出参数：见表 28；

表28　获取内容密钥接口输出参数

序号	中文名称	英文标签	类型	长度	取值	选择性	说明	示例
1	内容密钥	PlainKey	二进制串	不定	不定	必选	用于解密数字内容的密钥	0101101101010100100011110100111110011110011001010 1…
2	绑定模式	Retrieval Method	整型	不定	0~4	必选	绑定模式代码表见 A.2	4 表示“多设备自适应绑定”

i) 返回值：见表 29。

表29　获取内容密钥接口返回值

序号	中文名称	英文标签	类型	长度	取值	选择性	说明	示例
1	处理结果	exeResult	整型	不定	-32768~32767	必选	处理成功或失败标识	0 表示成功，非 0 表示失败

5.2.1.8　获取段密钥接口

获取段密钥接口的说明包含9个要素：
a) 接口名称：获取段密钥；
b) 英文名称：GetRelAssetSegKeys；
c) 功能描述：根据指定的内容资源标识获取相应的段密钥信息；
d) 前置条件：完成对数字许可证处理的初始化；
e) 后置条件：获得指定的段密钥信息；
f) 函数原型示例：见附录C；
g) 输入参数：见表30；

表30　获取段密钥接口输入参数

序号	中文名称	英文标签	类型	长度	取值	选择性	说明	示例
1	数字内容资源标识	AssetUID	字符串	不定	不定	必选	唯一标识一个数字许可中的数字内容资源	与应用相关，如图书ISBN号
2	数字内容文档标识	DocID	字符串	32 个字符	不定	必选	在文档生成或转换为数字版权保护内容格式的时候进行分配，取值全球唯一	遵循 GC/BQ 6 给出的规范
3	段标识序列	SegIDs	长整型数组	不定	不定	必选	内容段的标识排列成的序列	{1,2,3}
4	段标识个数	SegCount	整型	不定	1~32767	必选	段标识序列中段标识的个数	3

h) 输出参数：见表31；

表31　获取段密钥接口输出参数

序号	中文名称	英文标签	类型	长度	取值	选择性	说明	示例
1	段密钥序列	SegKeys	二进制串序列	不定	不定	必选	用于解密数字各分段内容的段密钥序列	见附录D

i) 返回值：见表32。

表32　获取段密钥接口返回值

序号	中文名称	英文标签	类型	长度	取值	选择性	说明	示例
1	处理结果	exeResult	整型	不定	-32768~32767	必选	处理成功或失败标识	0 表示成功，非 0 表示失败

5.2.2　内容解密接口

内容解密接口的说明包含9个要素：

a) 接口名称：内容解密；
b) 英文名称：DecryptSegment；
c) 功能描述：解密指定的数字内容，恢复其明文；
d) 前置条件：已获得加密封装的数字内容和数字内容许可证，并完成许可证的解析及密钥的解绑定，加密封装的数字内容文件路径指向的文件可成功读取；
e) 后置条件：获得指定的数字内容数据；
f) 函数原型示例：见附录C；
g) 输入参数：见表33；

表33　内容解密接口输入参数

序号	中文名称	英文标签	类型	长度	取值	选择性	说明	示例
1	加密封装后数字内容作品文件路径	AssetFilePath	字符串	最小1位，最长255位	不定	必选	指向加密封装后的数字内容文件内容	“../digitalContenFiles/contentName.cebx”
2	段标识	SegmentID	长整型	不定	0~32767	必选	指明需要解密的内容分段的段标识	0 表示全文解密，2 表示对第二分段解密
3	内容密钥	SegmentKey	二进制串	不定	不定	必选	用于解密数字内容的密钥	001111100111100110010101…

h)　输出参数：见表 34；

表34　内容解密接口输出参数

序号	中文名称	英文标签	类型	长度	取值	选择性	说明	示例
1	内容数据	PlainContenData	二进制串	不定	不定	必选	解密后的内容	遵循 GC/BQ 6 给出的规范

i)　返回值：见表 35。

表35　内容解密接口返回值

序号	中文名称	英文标签	类型	长度	取值	选择性	说明	示例
1	处理结果	exeResult	整型	不定	-32768~32767	必选	处理成功或失败标识	0 表示成功，非 0 表示失败

附　录　A
（规范性附录）
代码表

A.1 分段策略代码表（见表 A.1）

表 A.1 分段策略代码表

代码	说明
0	不分段
1	按章分段
2	按节分段
3	按页分段
4	自定义分段

A.2 绑定模式代码表（见表 A.2）

表 A.2 绑定模式代码表

代码	说明
0	无效的绑定模式
1	域密钥绑定，实现对域密钥的保护
2	域绑定，实现对数字内容密钥的保护；若与段标识同时出现，则表示分段模式下的域绑定方式
3	多设备非自适应绑定；若与段标识同时出现，则表示分段模式下的多设备非自适应绑定
4	多设备自适应绑定；若与段标识同时出现，则表示分段模式下的多设备自适应绑定

附　录　B
（规范性附录）
分段信息描述

B.1 基本结构

分段信息的基本结构如图 B.1 所示：

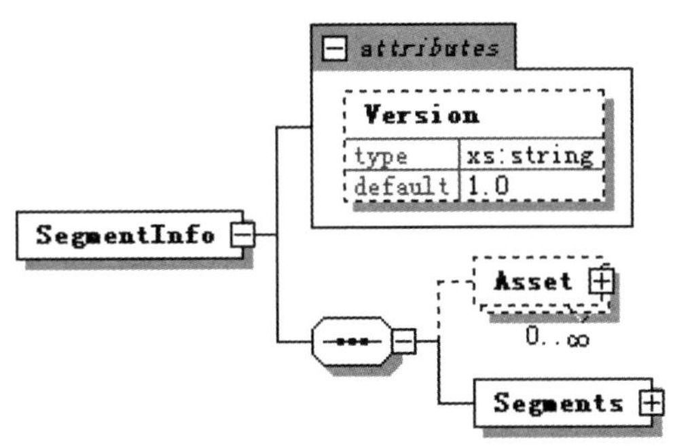

图 B.1 分段信息基本结构

a) 属性信息，包括版本号（Version），用于描述分段信息描述规范的版本号，由数字和'.'组成的字符串，目前取定为“1.0”，取值规则符合正则表达式：\d{1,2}\.\d{1,3}；

b) 数字内容资源信息（Asset），用于描述分段的数字内容作品，实现与数字内容作品的关联。可选，可以多个。若包括数字内容资源信息，则本分段信息仅适合指定的数字内容资源；否则，适合任何数字内容资源。

c) 分段集（Segments），用于描述具体的分段信息，为复合型，至少包括各具体的分段信息。

B.2 数字内容资源信息

用于描述分段的数字内容作品，实现分段与数字内容作品的关联。若包括数字内容资源信息，则本分段信息仅适合指定的数字内容资源；否则，适合任何数字内容资源。如图 B.2 所示，包括数字版权管理标识（DRMI）和数字内容资源编号（AssetID）。若数字内容资源信息存在，则数字版权管理标识（DRMI）和数字内容资源编号（AssetID）两者至少有一个。

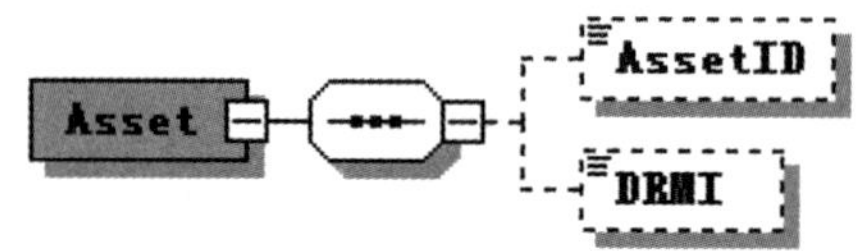

图 B.2 分段信息：数字内容资源信息

a) 数字版权管理标识（DRMI）：数字版权的唯一标识，遵循 GC/BQ 4 给出的规范；

b) 数字内容资源编号（AssetID）：数字内容资源的唯一编号。

B.3 分段集

分段集（Segments）用于描述具体的分段信息，为复合型，如图 B.3 所示。

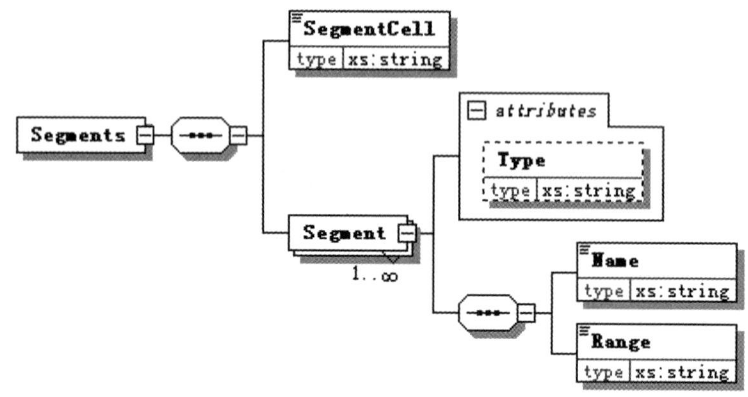

图 B.3 分段信息：分段集

a) 分段单元（SegmentCell）：用于描述分段的基础单元，为字符串，当前取值包括：'Chapter'-章、'Section'-节、'Page'-页；面向其他媒体类型研发的第三方可根据需要进行分段单元描述名称的扩展并进行相应的分段处理；

b) 分段项（Segment），为复合型，一至多个，用于描述具体的分段，包括：

   1) 属性-分段对象类型（Type）：用于描述当前分段的数字内容对象属性，为字符串可选，不存在表示分段内容为指定范围的所有类型的数字内容，否则为指定范围指定类型的数字内容。取值可为'Text'-文字、'Image'-图像、'Audio'-音频、'Video'-视频等任意一个或者多个，若有多个，则以','分隔；

   2) 分段名称（Name）：分段的名称，为字符串；

3)　分段范围（Range）：用于描述当前分段的范围（取值规则符合正则表达式：[1-9][0-9]*(-[1-9][0-9]*)?），即为数字或者数字和'-'组成的字符串，表示为单个单元，例如“2”，或者是一个单元区间，例如“3-5”，从“1”开始。这里所述的范围为物理范围。

任何一个分段的分段范围及分段对象类型与其他分段的分段范围及分段对象类型之间不允许存在重叠。

除明确声明的各个分段外，所有声明范围外的内容成一分段。

所有声明的分段范围应在待分段数字内容作品所具有的章、节、页、对象类型范围内。

分段信息整体结构如图 B.4 所示。

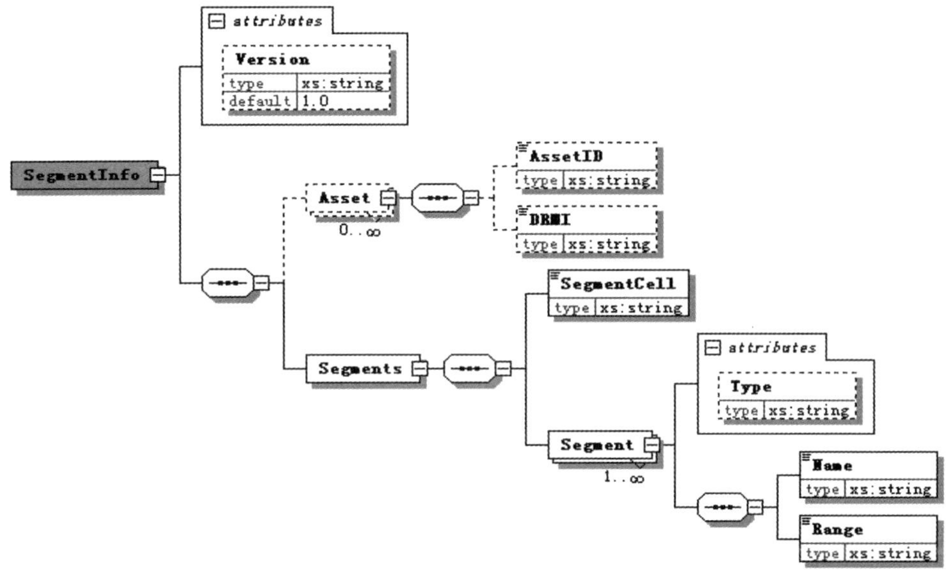

图 B.4 分段信息描述 XML Schema 图

B.4 分段信息 XML Schema

分段信息描述规范的 XML Schema 如下：

```
<?xml version="1.0" encoding="UTF-8"?>
<xs:schemaxmlns:xs="http://www.w3.org/2001/XMLSchema">
 <xs:element name="SegmentInfo">
  <xs:complexType>
   <xs:sequence>
    <xs:element name="Asset"minOccurs="0"maxOccurs="unbounded">
     <xs:complexType>
      <xs:sequence>
       <xs:element name="AssetID" type="xs:string"minOccurs="0"/>
```

```
        <xs:element name="DRMI" type="xs:string"minOccurs="0"/>
       </xs:sequence>
      </xs:complexType>
     </xs:element>
     <xs:element name="Segments">
      <xs:complexType>
       <xs:sequence>
        <xs:element name="SegmentCell" type="xs:string"/>
        <xs:element name="Segment"maxOccurs="unbounded">
         <xs:complexType>
          <xs:sequence>
           <xs:element name="Name" type="xs:string"/>
           <xs:element name="Range" type="xs:string"/>
          </xs:sequence>
          <xs:attribute name="Type" type="xs:string"/>
         </xs:complexType>
        </xs:element>
       </xs:sequence>
      </xs:complexType>
     </xs:element>
    </xs:sequence>
    <xs:attribute name="Version" type="xs:string" default="1.0"/>
   </xs:complexType>
  </xs:element>
</xs:schema>
```

分段信息的示例如下：

```
<?xml version="1.0"?>
<SegmentInfo Version="1.0">
<Asset>
<DRMI>DRMI0787754390000000001001Q</DRMI>
<AssetID>027f5dcd-8903-4bd3-8c64-37f6db546629</AssetID>
</Asset>
<Segments>
  <SegmentCell>Chapter</SegmentCell>
  &lt;Segment Type="Text"&gt;
   <Name>第一章至第三章的文字</Name>
   <Range>1-3</Range>
&lt;/Segment&gt;
&lt;Segment Type="Image"&gt;
   <Name>第四章至第六章的图像</Name>
<Range>4-6</Range>
```

</Segment>
</Segments>
</SegmentInfo>

附　录　C
（规范性附录）
接口函数原型

C.1 C++接口函数原型

C.1.1 数字许可证生成

```
namespace DRMSRelServer
{
 class CDRMSRelServerAgent : public CDRMSBaseAgent
 {
 public:
  //------------------------------------------------------------------------------------------------
  // Summary:
  //     构造函数
  // Parameters:
  //   [in] lpBindingInfo,dwBindingInfoLen - 绑定信息
  //   [in] lpRelUID - 许可证唯一标识
  //   [in] lpAssignorName - Rel发布者的名称
  // Returns:
  //   IRelServerAgent对象。
  //------------------------------------------------------------------------------------------------
  CDRMSRelServerAgent(LPCDRMSWSTR lpBindingInfo, DRMS_DWORD dwBindingInfoLen, LPCDRMSWSTR
lpRelUID, LPCDRMSWSTR lpAssignorName);

  virtual ~CDRMSRelServerAgent();

  //------------------------------------------------------------------------------------------------
  // Summary:
  //     生成一个含有签名和证书的Rel内容
  // Parameters:
  //   [in] ppRelContent，dwRelContentLen - Rel内容
  //   [in] lpPrivateKey, dwPrivateKeyLen - 签名所用私钥
  //   [in] lpCertificateFile,dwCertificateFileLen - 证书文件，指内容，而不是文件名
  //   [in] nSignKeyMode - 签名密钥模式
  // Remarks:
  // Returns:
  //   RETURNSUCCESS表示成功，非RETURNSUCCESS表示失败。
  //------------------------------------------------------------------------------------------------
```

```
virtual DRMS_INT CreateRel(LPDRMSWSTR* ppRelContent, DRMS_DWORD* dwRelContentLen, LPCDRMSWSTR lpPrivateKey, DRMS_DWORD dwPrivateKeyLen,
        LPCDRMSWSTR lpCertificateFile, DRMS_DWORD dwCertificateFileLen, DRMS_INT nSignKeyMode);

//-----------------------------------------------------------------------------------------------
// Summary:.
//    提供修改Rel中各部分参数的灵活接口，可选使用
// Parameters:
//    [in] objCRel - Rel对象
// Returns:
//   RETURNSUCCESS表示成功，非RETURNSUCCESS表示失败。
//-----------------------------------------------------------------------------------------------
virtual DRMS_INT SetRelInfo(const DRMS_REL &objCRel);

//-----------------------------------------------------------------------------------------------
// Summary:
//    在Rel对象中增加其他数字内容信息以及相应的权限表。如果权限表信息为空，则默认使用其他已有的权限表
// Parameters:
//    [in] objCAsset - Asset对象
//    [in] pPlainKey, dwPlainKeyLen -  密钥信息
//    [in] pCPermission - Permission对象指针
// Returns:
//   RETURNSUCCESS表示成功，非RETURNSUCCESS表示失败。
//-----------------------------------------------------------------------------------------------
virtual DRMS_INT AddAssetInfo(const DRMS_ASSET &objCAsset, const DRMS_BYTE* pPlainKey, DRMS_DWORD dwPlainKeyLen, const DRMS_PERMISSION *pCPermission);

//-----------------------------------------------------------------------------------------------
// Summary:
//    在Rel对象中根据Index指定的权利项下增加具体权利对象以及相应的约束信息
// Parameters:
//    [in] lpPermissionRight - 权利对象，如"View"、"Print"
//    [in] pConstraint -  约束信息对象
//    [in] nPermissionIndex - Permission对象索引值
// Returns:
//   RETURNSUCCESS表示成功，非RETURNSUCCESS表示失败。
//-----------------------------------------------------------------------------------------------
virtual DRMS_INT AddRelPermissionRight(LPCDRMSWSTR lpPermissionRight, const DRMS_CONSTRAINT* pConstraint, DRMS_INT nPermissionIndex = 0);
};
}
```

C.1.2 数字内容分段与加密

```
namespace DRMSRelServer
{
 enum SEGMENT_POLICY_TYPE
 {
  SEGMENT_POLICY_WHOLE = 0, // 不分段
  SEGMENT_POLICY_CHAPTER = 1, // 以章为基本单位进行分段
  SEGMENT_POLICY_SECTION = 2, // 以节为基本单位进行分段
  SEGMENT_POLICY_PAGE= 3,  // 以页为基本单位进行分段
  SEGMENT_POLICY_CUSTOMER = 4 // 自定义分段（粒度为页、页内图片等对象）
 };

 class CDRMSSegmentServerAgent : public CDRMSBaseAgent
 {
 public:
  //-----------------------------------------------------------------------------------------------
  // Summary:
  //    构造函数/析构函数
  // Parameters:
  // Returns:
  //   CDRMSSegmentServerAgent对象。
  //-----------------------------------------------------------------------------------------------
  CDRMSSegmentServerAgent();
  virtual ~CDRMSSegmentServerAgent(){;}

 public:
  //-----------------------------------------------------------------------------------------------
  // Summary:
  //    分段函数
  // Parameters:
  //   [in] lpAssetFilePath - 数字内容作品文件路径
  //   [in] lpSegmentPolicy - 分段策略，取值枚举类型SEGMENT_POLICY_TYPE
  //    [in] lpSegmentInfo - 自定义分段XML数据，必须符合分段信息描述规范
  // Returns:
  //   RETURNSUCCESS表示成功，非RETURNSUCCESS表示失败。
  //-----------------------------------------------------------------------------------------------
  DRMS_INT CreateSegmentInfo(LPCDRMSWSTR lpAssetFilePath,
LPCDRMSWSTR lpSegmentInfo, const SEGMENT_POLICY_TYPE nSegmentPolicy = SEGMENT_POLICY_WHOLE);

  //-----------------------------------------------------------------------------------------------
  // Summary:
```

```
// 加密封装
// Parameters:
// [in] lpAssetFilePath - 数字内容作品文件路径
// [in] lpDRMI - 数字版权管理标识(可选)
// [in] lpSuperDistrbtAddress - 超级分发导引服务器网址(可选)
// [in] lpSuperDistrbtRO - 超级分发权利对象内容(可选)
// [in] dwSuperDistrbtROLen - 超级分发权利对象内容的长度(可选)
// [in] pDRMKey - 数字内容密钥明文
// [in] dwDRMKeyLen - 数字内容密钥明文的长度
// [in] lpEncryptMethod - 数字内容加密算法
// Returns:
// RETURNSUCCESS表示成功，非RETURNSUCCESS表示失败。
//-------------------------------------------------------------------------------------------------
DRMS_INT Encapsulation(LPCDRMSWSTR lpAssetFilePath,
LPCDRMSWSTR lpDRMI,
LPCDRMSWSTR lpSuperDistrbtAddress,
LPCDRMSWSTR lpSuperDistrbtRO, DRMS_DWORD dwSuperDistrbtROLen,
const DRMS_BYTE* pDRMKey, const DRMS_DWORD dwDRMKeyLen,
LPCDRMSWSTR lpEncryptMethod);

};
};
```

C.1.3 数字许可证解析

```
namespace DRMSRelClient
{
 class CDRMSRelClientAgent : public CDRMSBaseAgent
 {
 public:
  //==================================================
  // 构造/析构函数

  //-------------------------------------------------------------------------------------------------
  // Summary:
  // 构造函数，获取解析参数，为xml解析做好准备。必须首先检查Rel的版本是否有效，通过检验摘要和验证签名来检查Rel内容的完整性和有效性。
  // Parameters:
  // [in] lpDeviceInfo,lDeviceInfoLen - 硬件信息
  // [in] lpRelContent, dwRelContentLen - Rel文件内容与长度
  // Returns:
  // IRelClientAgent对象。
  //-------------------------------------------------------------------------------------------------
```

```
CDRMSRelClientAgent(LPCDRMSWSTR lpDeviceInfo, DRMS_DWORD dwDeviceInfoLen, LPCDRMSWSTR lpRelContent, DRMS_DWORD dwRelContentLen);

// 析构函数，释放资源
virtual ~CDRMSRelClientAgent();

//--------------------------------------------------------------------------------------------
// Summary:
//     解析Rel文件，获取相应Rel对象
// Parameters:
//     [out] objCRel - Rel对象
// Returns:
//   RETURNSUCCESS表示成功，非RETURNSUCCESS表示失败
// Remarks:
//   使用该接口时，不需要关心资源的释放。因为该对象引用的是成员变量，析构函数中会自动释放
//          使用范例：
//   DRMS_REL objCRel;
//   XXXX.GetRelInfo(objCRel);
//--------------------------------------------------------------------------------------------
virtual DRMS_INT GetRelInfo(DRMS_REL& objCRel);

//--------------------------------------------------------------------------------------------
// Summary:
//   获取Rel中Asset的个数
// Returns:
//   Asset的个数值
//--------------------------------------------------------------------------------------------
virtual DRMS_INT GetRelAssetsCount();

//--------------------------------------------------------------------------------------------
// Summary:
//   根据指定的索引值获取相应的Asset
// Parameters:
//     [out] objCAsset - Asset对象
//     [out] ppPlainKey,pPlainKeyLen - 存储明文对称密钥变量
//     [out] pRetrievalMethod - 密钥绑定方式
//     [in] nIndex - 当前Asset项的索引值
// Remarks:
//   由于许可证Rel中可能存在多个Asset项，所以采取枚举形式提供
//   注意：调用方调用该接口获取相应Asset项后，需要调用ClearRelAsset接口释放资源
// Returns:
//   RETURNSUCCESS表示成功，非RETURNSUCCESS表示失败。
//--------------------------------------------------------------------------------------------
```

```
virtual DRMS_INT GetRelAssetInfo(DRMS_ASSET &objCAsset, DRMS_BYTE** ppPlainKey, DRMS_DWORD* pPlainKeyLen, DRMS_INT *pRetrievalMethod, DRMS_INT nIndex = 0);

//------------------------------------------------------------------------------------------------
// Summary:
//   根据指定的索引值获取相应的Asset，不含密钥信息
// Parameters:
//   [out] objCAsset - Asset对象
//   [in] nIndex - 当前Asset项的索引值
// Remarks:
//   由于许可证Rel中可能存在多个Asset项，所以采取枚举形式提供
//   注意：调用方调用该接口获取相应Asset项后，需要调用ClearRelAsset接口释放资源
// Returns:
//   RETURNSUCCESS表示成功，非RETURNSUCCESS表示失败。
//------------------------------------------------------------------------------------------------
virtual DRMS_INT GetRelAssetInfo(DRMS_ASSET &objCAsset, DRMS_INT nIndex = 0);

//------------------------------------------------------------------------------------------------
// Summary:
//   根据指定的AssetUID获取相应的密钥信息
// Parameters:
//      [in] lpAssetUID – 资源的唯一标识
//    [out] ppPlainKey,pPlainKeyLen - 存储明文对称密钥变量
//    [out] pRetrievalMethod - 密钥绑定方式
// Returns:
//   RETURNSUCCESS表示成功，非RETURNSUCCESS表示失败。
//------------------------------------------------------------------------------------------------
virtual DRMS_INT GetRelAssetKey(LPCDRMSWSTR lpAssetUID,   DRMS_BYTE** ppPlainKey, DRMS_DWORD* pPlainKeyLen, DRMS_INT *pRetrievalMethod);

//------------------------------------------------------------------------------------------------
// Summary:
//   根据指定的AssetUID获取相应的段密钥信息
// Parameters:
//    [in] lpAssetUID – 资源的唯一标识
//    [in] lpDocID - 资源ID，使用资源SDK进行获取
//   [in] pSegIDs - 段标识序列
//   [in] nSegCount - 段标识序列长度，即段标识个数
//   [out] ppSegKeys - 与段标识相对应的段密钥
// Returns:
//   RETURNSUCCESS表示成功，非RETURNSUCCESS表示失败。
//------------------------------------------------------------------------------------------------
```

```
    virtual DRMS_INT GetRelAssetSegKeys(LPCDRMSWSTR lpAssetUID, const DRMS_BYTE byDocID[DRMS_DOCID_LEN], DRMS_ID* pSegIDs, DRMS_UINT nSegCount, DRMS_SEGDRMKEY*& pSegKeys);

    // 释放Asset资源
    virtual DRMS_VOID ClearRelAsset(DRMS_ASSET &objCAsset);

    // 释放Asset的段密钥
    virtual DRMS_VOID ClearAssetSegKeys(DRMS_SEGDRMKEY*& pSegKeys, const DRMS_UINT nSegCount);
    //-------------------------------------------------------------------------------------------
    // Summary:
    //   获取Rel中Permissions的个数
    // Returns:
    //   Permissions的个数值
    //-------------------------------------------------------------------------------------------
    virtual DRMS_INT GetRelPermissionsCount();

    //-------------------------------------------------------------------------------------------
    // Summary:
    //   根据指定的索引值获取Rel中相应的Permission
    // Parameters:
    //   [out] objCPermission - Permission对象
    //   [in] nIndex - 当前Permission项的索引值
    // Remarks:
    //   由于许可证Rel和协议参数ROTips中均可能存在多个Permission项，所以采取枚举形式提供
    //   注意：调用方调用该接口获取相应Permission项后，需要调用ClearPermission接口释放资源
    // Returns:
    //   RETURNSUCCESS表示成功，非RETURNSUCCESS表示失败。
    //-------------------------------------------------------------------------------------------
    virtual DRMS_INT GetRelPermissionInfo(DRMS_PERMISSION &objCPermission, DRMS_INT nIndex = 0);

    //-------------------------------------------------------------------------------------------
    // Summary:
    //   判断当前权利对象是否有效
    // Parameters:
    //   [in] lpPermissionRight - 权利对象，如"View"、"Print"
    //   [in] nPermissionIndex - 当前Permission项的索引值
    // Returns:
    //   DRMS_TRUE表示有效，DRMS_FALSE表示无效。
    //-------------------------------------------------------------------------------------------
    DRMS_BOOL IsValidRelPermissionRight(LPCDRMSWSTR lpPermissionRight, DRMS_INT nPermissionIndex = 0);
};
  };
```

C.1.4 数字内容解密

```
namespace DRMSRelClient
{
 class CDRMSSegmentClientAgent : public CDRMSBaseAgent
 {
 public:
  //-------------------------------------------------------------------------------------------
  // Summary:
  //     构造函数/析构函数
  // Parameters:
  // Returns:
  //   CDRMSSegmentClientAgent对象。
  //-------------------------------------------------------------------------------------------
  CDRMSSegmentClientAgent() {;}
  ~CDRMSSegmentClientAgent(){;}

 public:
  //-------------------------------------------------------------------------------------------
  // Summary:
  //     分段解密函数
  // Parameters:
  //     [in] lpAssetFilePath - 数字内容作品文件路径
  //     [in] lpSegmentID - 段标识
  //     [in] pKey - 内容密钥
  //     [in] dwKeyLen - 内容密钥长度
  //     [out] ppPlainContenData - 解密后内容明文数据
  //     [out] pPlainContenDataLen - 解密后内容明文数据的长度
  // Returns:
  //   RETURNSUCCESS表示成功，非RETURNSUCCESS表示失败。
  //-------------------------------------------------------------------------------------------
  DRMS_INT DecryptSegment(LPCDRMSWSTR lpAssetFilePath, DRMS_ID nSegmentID,
          const DRMS_BYTE* pKey, const DRMS_DWORD dwKeyLen,
          DRMS_BYTE** ppPlainContenData, DRMS_DWORD* pPlainContenDataLen);
 };
};
```

C.2 JAVA 接口函数原型

C.2.1 数字许可证生成

```
public class CDRMSRelServerAgent extends CDRMSKernelBaseAgent{
```

```
public CDRMSRelServerAgent()
{}

/**
 * 初始化，必须先调用
 * @param deviceInfo   - [in]
 * @param relUID   - [in]
 * @param assignorName   - [in]
 * @param encodingType   - [in] 指定其他参数的编码类型：0表示UTF8，1表示UTF16
 * @return
 */
public native int Init(byte[] deviceInfo, byte[] relUID, byte[] assignorName, int encodingType);

/**
 * 生成一个含有签名和证书的Rel文件
 * @param result - [out] 结果
 * @param privateKey - [in] 签名所用私钥
 * @param certificateFile - [in] 证书文件
 * @param signKeyMode - [in] 签名算法
 * @param signatureMethod - [in] 签名密钥模式
 * @param encodingType - [in] 指定其他参数的编码类型：0表示UTF8，1表示UTF16
 * @return
 */
public native int CreateRel(ResultWrapper result, byte[] privateKey, byte[] certificateFile, int signKeyMode, int encodingType);

/**
 * 提供修改Rel中各部分参数的灵活接口
 * @param rel   - [in] Rel对象
 * @return
 */
public native int SetRelInfo(DrmsRel rel);

/**
 * 在Rel对象中增加其他数字内容信息
 * @param asset - [in] Asset对象
 * @param plainKey - [in]
 * @param permission - [in]
 * @param encodingType - [in] 指定其他参数的编码类型：0表示UTF8，1表示UTF16
 * @return
 */
public native int AddAssetInfo(DrmsAsset asset, byte[] plainKey, DrmsPermission permission, int encodingType);
```

```
/**
 * 根据指定的索引值设置Permission中相应的权利项
 * @param permissionRight - [in] 权限描述
 * @param constraint - [in] Constraint对象
 * @param permissionIndex - [in] 当前Permission项的索引值
 * @return
 */
public native int AddRelPermissionRight(String permissionRight, DrmsConstraint constraint, int permissionIndex);

/**
 * 基于域环境下的在Rel对象中增加的其他数字内容信息以及相应的权限表。
 * @param asset - [in] Asset对象
 * @param plainKey - [in] 密钥信息
 * @param permission - [in] Permission对象
 * @param deviceInfo - [in] 设备信息
 * @param encodingType   - [in] 指定其他参数的编码类型：0表示UTF8，1表示UTF16
 * @return
 */
}
```

C.2.2 数字内容分段与加密

```
public class CDRMSSegmentServerAgent {
 private long m_handle = 0;

 public CDRMSSegmentServerAgent()
 {}

 /**
  * 初始化，必须先调用
  */
    public native int Init();

     /**
  * 分段函数
  * @param AssetFilePath - [in] 数字内容作品文件路径
  * @param SegmentInfo - [in] 自定义分段XML数据，必须符合分段信息描述规范
  * @param SEGMENT_POLICY_TYPE - [in] 分段策略
  * @param encodingType - [in] 指定其他参数的编码类型：0表示UTF8，1表示UTF16
  * @return
  */
    public native int CreateSegmentInfo(byte[] AssetFilePath, byte[] SegmentInfo, int SEGMENT_POLICY_TYPE, int
encodingType);
```

```
        /**
      * 加密封装
      * @param AssetFilePath - [in] 数字内容作品文件路径
      * @param DRMI - [in] 数字版权管理标识(可选)
      * @param SuperDistrbtAddress - [in] 超级分发导引服务器网址(可选)
      * @param SuperDistrbtRO - [in] 超级分发权利对象内容(可选)
      * @param DRMKey - [in] 数字内容密钥明文
      * @param EncrytMethod - [in] 数字内容加密算法
      * @param encodingType - [in] 指定其他参数的编码类型：0表示UTF8，1表示UTF16
      * @return
      */
    public native int Encapsulation(byte[] AssetFilePath, byte[] DRMI, byte[] SuperDistrbtAddress, byte[] SuperDistrbtRO, byte[] DRMKey, byte[] EncrytMethod, int encodingType);

}
```

C.2.3 数字许可证解析

```
public class CDRMSRelClientAgent extends CDRMSKernelBaseAgent{

  public CDRMSRelClientAgent()
  {}

  /**
   * 初始化，必须先调用
   * @param deviceInfo - [in] 硬件信息
   * @param relContent - [in] rel内容
   * @param encodingType - [in] 指定其他参数的编码类型：0表示UTF8，1表示UTF16
   * @return
   */
  public native int Init(byte[] deviceInfo, byte[] relContent, int encodingType);

  /**
   * 获取rel对象
   * @param rel - [out] rel实体
   * @return
   */
  public native int GetRelInfo(DrmsRel rel);

  /**
   * 获取rel中Asset的个数
   * @return
```

```
 */
public native int GetRelAssetsCount();

/**
 * 根据指定的索引值获取相应的Asset信息
 * @param asset - [out] Asset对象
 * @param plainKey - [out] 明文对称密钥
 * @param retrievalMethod - [out] 密钥绑定方式
 * @param index - [in] 当前Asset项的索引值
 * @return
 */
public native int GetRelAssetInfo(DrmsAsset asset, ResultWrapper plainKey, ResultWrapper retrievalMethod, int index);

/**
 * 根据指定的索引值获取相应的Asset信息，不包含密钥信息
 * @param asset - [out] Asset对象
 * @param index - [in] 当前Asset项的索引值
 * @return
 */
public native int GetRelAssetInfo(DrmsAsset asset, int index);

/**
 * 根据指定的AssetUID获取相应的密钥信息
 * @param assetUID - [in] 资源的唯一标识
 * @param result - [out] 明文对称密钥
 * @param retrievalMethod - [out] 密钥绑定方式
 * @return
 */
public native int GetRelAssetKey(String assetUID, ResultWrapper result, int retrievalMethod);

/**
 * 获取Rel中Permissions的个数
 * @return
 */
public native int GetRelPermissionsCount();

/**
 * 根据指定的索引值获取Rel中相应的Permission
 * @param permission - [out] permission对象
 * @param index - [in] 当前Permission项的索引值
 * @return
 */
public native int GetRelPermissionInfo(DrmsPermission permission, int index);
```

```
/**
 * 判断当前权利对象是否有效
 * @param PermissionRight - [in] 权利对象，如"View"、"Print"
 * @param PermissionIndex - [in] 当前Permission项的索引值
 * @return
 */

public native boolean IsValidRelPermissionRight(String PermissionRight,int PermissionIndex);

/**
 * 根据指定的AssetUID获取相应的段密钥信息
 * @param AssetUID - [in] 资源的唯一标识
 * @param DocID - [in] 资源ID，使用资源SDK进行获取
 * @param SegIDs - [in] 段标识序列
 * @param SegCount - [in] 段标识序列长度，即段标识个数
 * @param SegKeys - [out] 与段标识相对应的段密钥
 * @param encodingType [in] 指定其他参数的编码类型：0表示UTF8，1表示UTF16
 * @return
 */

public native int GetRelAssetSegKeys(byte[] AssetUID, byte[] DocID, long[] SegIDs , int SegCount, ResultWrapper SegKeys, int encodingType );

}
```

C.2.4 数字内容解密

```
public class CDRMSSegmentClientAgent {
 private long m_handle = 0;

 public CDRMSSegmentClientAgent()
 {}

 /**
 * 初始化，必须先调用
 */
 public native int Init();

 /**
 * 分段解密函数
 * @param AssetFilePath - [in] 数字内容作品文件路径
 * @param SegmentID - [in] 段标识
 * @param SegmentKey - [in] 内容密钥
```

```
    * @param result - [out] 解密后内容明文数据
    * @param encodingType - [in] 指定其他参数的编码类型：0表示UTF8，1表示UTF16
    * @return
    */
   public native int DecryptSegment(byte[] AssetFilePath, long SegmentID, byte[] SegmentKey, ResultWrapper result, int
encodingType);

  }
```

附 录 D
（规范性附录）
参数数据类型定义

D.1 通用数据类型定义

```
namespace DRMSBase{

 #define DRMS_NULL    0
 #define DRMS_TRUE    true
 #define DRMS_FALSE    false

 // 通用类型
 typedef void      DRMS_VOID;
 typedef void*      DRMS_LPVOID;
 typedef const void*    DRMS_LPCVOID;

 typedef unsigned char DRMS_BYTE;

 typedef short     DRMS_SHORT;
 typedef unsigned short DRMS_USHORT;
 typedef int       DRMS_INT;
 typedef unsigned int DRMS_UINT;

 #if defined(_LINUX_64BIT)
  typedef int32_t DRMS_LONG;
 #else
  typedef long DRMS_LONG;
 #endif

 typedef size_t     DRMS_SIZE_T;
 typedef long long    DRMS_INT64;
 typedef unsigned long long DRMS_UINT64;

 typedef bool      DRMS_BOOL;
 typedef char      DRMS_CHAR, *LPDRMSSTR;
 typedef const char*    LPCDRMSSTR;

 #ifdef USE_NATIVE_WIDE_CHAR
  typedef unsigned short     DRMS_WCHAR, *LPDRMSWSTR;
```

```
  typedef const unsigned short* LPCDRMSWSTR;
#else
  typedef wchar_t     DRMS_WCHAR, *LPDRMSWSTR;
  typedef const wchar_t* LPCDRMSWSTR;
#endif

typedef unsigned short DRMS_WORD;

#if defined(_LINUX_64BIT)
  typedef uint32_t DRMS_DWORD;
#else
  typedef unsigned long DRMS_DWORD;
#endif

// 通用类型
typedef float     DRMS_FLOAT;
typedef double     DRMS_DOUBLE;
typedef float     DRMS_REAL;

typedef long     DRMS_ID;

typedef long     DRMS_LONG_PTR;
typedef DRMS_LONG_PTR DRMS_WPARAM;
typedef DRMS_LONG_PTR DRMS_LPARAM;

// 硬件信息绑定方式
enum DRMS_RETRIEVAL_METHOD_TYPE
{
  RETRIEVAL_METHOD_INVALID = 0,     // 无效绑定方式
  RETRIEVAL_METHOD_DOMAINKEY = 1,     // 域密钥绑定方式，针对域密钥的保护
  RETRIEVAL_METHOD_DOMAIN = 2,     // 域绑定方式，针对数字内容密钥的保护
  RETRIEVAL_METHOD_TRAVERSINGKEY = 3,   // 多设备非自适应绑定
  RETRIEVAL_METHOD_ADAPTABILITY_TRAVERSINGKEY = 4,// 多设备自适应绑定
};

enum DRMS_UNICODE_ENCODINGTYPE
{
  DRMS_ENCODING_UTF8 = 0,
  DRMS_ENCODING_UTF16,
  DRMS_ENCODING_UTF32
};
};   // namespace DRMSBase
```

D.2 复合数据类型定义

D.2.1 C++复合类型定义

```
namespace DRMSBase{
// 权利项
enum DRMS_REL_PERMISSION_ITEM
{
  DRMS_ITEM_VIEW = 1,     // View
  DRMS_ITEM_PRINT = 2,   // Print
  DRMS_ITEM_EXPORT = 3,   // Export
};

// ------------------------------------------------------------------------
// 以下为Rel相关数据类定义
// 主体类
typedef struct __DRMS_PARTY
{
  LPDRMSWSTR m_strAssignorName;   // 权利发布者的名称
  LPDRMSWSTR m_strAssignorSvrID;  // 授权服务器的标识
  LPDRMSWSTR m_strAssignorSvrURI;   // 授权服务器的服务地址
  LPDRMSWSTR m_strAssigneeName;   // 权利获得者的名称

  __DRMS_PARTY() : m_strAssignorName(DRMS_NULL), m_strAssignorSvrID(DRMS_NULL),
   m_strAssignorSvrURI(DRMS_NULL), m_strAssigneeName(DRMS_NULL)
  {

  }
}DRMS_PARTY;

// 密钥信息
typedef struct __DRMS_KEYINFO
{
  DRMS_RETRIEVAL_METHOD_TYPE m_nRetrievalMethodType; // 硬件信息绑定方式
  LPDRMSWSTR m_strRetrievalMethod; // 硬件信息绑定方式的相关信息

  __DRMS_KEYINFO()                    :                    m_strRetrievalMethod(DRMS_NULL),
m_nRetrievalMethodType(RETRIEVAL_METHOD_INVALID)
  {

  }
}DRMS_KEYINFO;
```

```
// 摘要信息
typedef struct __DRMS_DIGEST
{
 LPDRMSWSTR m_strDigestMethod;  // 摘要算法
 LPDRMSWSTR m_strDigestValue;  // 摘要结果

 __DRMS_DIGEST()          :          m_strDigestMethod((LPDRMSWSTR)DIGEST_METHOD_CUR),
m_strDigestValue(DRMS_NULL)
 {

 }
}DRMS_DIGEST;

// 资源信息
typedef struct __DRMS_ASSET
{
 LPDRMSWSTR m_strDRMI;      // 数字版权的唯一标识
 LPDRMSWSTR m_strAssetID;     // 资源唯一标识
 LPDRMSWSTR m_strName;      // 资源名称
 LPDRMSWSTR m_strAuthor;     // 资源作者
 LPDRMSWSTR m_strPrice;     // 资源价格
 DRMS_INT m_nCopyCount;      // 资源复本数
 LPDRMSWSTR m_strDescription;   // 资源描述
 LPDRMSWSTR m_strRightsIssuerURI;  // 资源文件授权信息的网络地址
 LPDRMSWSTR m_strRightsIssuerURIType; // 资源文件授权信息的网络地址的类型
 LPDRMSWSTR m_strContentURI;    // 资源文件的网络地址的类型
 DRMS_KEYINFO m_objCKeyInfo;    // 资源密钥信息
 DRMS_DIGEST m_objCDigest;     // 资源摘要信息
 LPDRMSWSTR m_strFileFormat;    // 资源文件格式

 __DRMS_ASSET() : m_strDRMI(DRMS_NULL), m_strAssetID(DRMS_NULL), m_strName(DRMS_NULL),
  m_strAuthor(DRMS_NULL), m_strPrice(DRMS_NULL), m_strDescription(DRMS_NULL), m_nCopyCount(0),
  m_strRightsIssuerURI(DRMS_NULL), m_strRightsIssuerURIType(DRMS_NULL), m_strContentURI(DRMS_NULL),
  m_strFileFormat(DRMS_NULL)
 {

 }
}DRMS_ASSET;
// 约束对象
typedef struct __DRMS_CONSTRAINT
{
 LPDRMSWSTR m_strRange;   // 范围
```

```
    LPDRMSWSTR m_strRangeType;   // 范围类型
    DRMS_INT m_nCount;           // 具体权利对应的使用次数
    LPDRMSWSTR m_strCountCycle;  // 限定使用次数的周期
    LPDRMSWSTR m_strDatetimeStart; // 日期开始时间
    LPDRMSWSTR m_strDatetimeEnd; // 日期结束时间
    LPDRMSWSTR m_strHardware;    // 限制硬件的特征值
    LPDRMSWSTR m_strHardwareType; // 硬件的类型

    __DRMS_CONSTRAINT() : m_strRange(DRMS_NULL), m_strRangeType(DRMS_NULL),
m_strCountCycle(DRMS_NULL),
     m_strDatetimeStart(DRMS_NULL), m_strDatetimeEnd(DRMS_NULL), m_strHardware(DRMS_NULL),
m_strHardwareType(DRMS_NULL)
    {

    }
   }DRMS_CONSTRAINT;

   // 权利对象
   typedef struct __DRMS_PERMISSION
   {
    LPDRMSWSTR m_strAssetIDRef;          // 资源引用
    DRMS_CONSTRAINT m_objCConstraint;    // 权利对象的约束

    __DRMS_PERMISSION() : m_strAssetIDRef(DRMS_NULL)
    {

    }
   }DRMS_PERMISSION;

   // 授权协议对象
   typedef struct __DRMS_AGREEMENT
   {
    DRMS_PARTY m_objCParty;       // 授权协议对象的主体
   }DRMS_AGREEMENT;

   // 签名对象
   typedef struct __DRMS_SIGNATURE
   {
    LPDRMSWSTR m_strSignatureMethod;  // 签名算法
    DRMS_DIGEST m_objCDigest;      // 摘要信息
    LPDRMSWSTR m_strSignatureValue;   // 签名结果
    LPDRMSWSTR m_strKeyInfo;       // 证书信息
```

```
__DRMS_SIGNATURE()    :    m_strSignatureMethod(DRMS_NULL),    m_strSignatureValue(DRMS_NULL),
m_strKeyInfo(DRMS_NULL)
  {

  }
}DRMS_SIGNATURE;

// Rel对象
typedef struct __DRMS_REL
{
 LPDRMSWSTR m_strUID;      // 唯一标识
 DRMS_AGREEMENT m_objCAgreement;  // 授权协议对象
 DRMS_SIGNATURE m_objCSignature;  // 签名对象
 LPDRMSWSTR m_strVersion;    // 版本号

 __DRMS_REL() : m_strVersion(DRMS_NULL), m_strUID(DRMS_NULL)
 {

 }
}DRMS_REL;

// 段密钥
typedef struct __DRMS_SEGDRMKEY
{
 DRMS_INT     nSegID;  // 段ID
 DRMS_BYTE*     pbyKey;
 DRMS_INT     nKeyLen;

 __DRMS_SEGDRMKEY()
  : nSegID(0), pbyKey(DRMS_NULL), nKeyLen(0)
 {}
}DRMS_SEGDRMKEY;

}; // namespace DRMSBase
```

D.2.2 JAVA复合类型定义

```
//----------------------------------------------------
package com.drms.base;

public class DrmsAgreement {
  public DrmsParty m_objCParty;   // 授权协议对象的主体

  public DrmsAgreement()
  {
   m_objCParty = new DrmsParty();
  }
}

//------------------定义数字资源信息类------------------------------------
package com.drms.base;

public class DrmsAsset {
  public String m_strDRMI;         // 资源标识
  public String m_strAssetID;         // 资源唯一标识，遵循DOI规范
  public String m_strName;       // 资源名称
  public String m_strAuthor;       // 资源作者
  public String m_strPrice;       // 资源价格
  public int m_nCopyCount;       // 资源复本数
  public String m_strDescription;     // 资源描述
  public String m_strRightsIssuerURI;  // 资源文件授权信息的网络地址
  public String m_strRightsIssuerURIType; // 资源文件授权信息的网络地址的类型
  public String m_strContentURI;     // 资源文件的网络地址的类型
  public DrmsKeyInfo m_objCKeyInfo;   // 资源密钥信息
  public DrmsDigest m_objCDigest;     // 资源摘要信息
  public String m_strFileFormat;     // 资源文件格式
      public String m_strDigestMethod;
      public String m_strDigestValue;

  public DrmsAsset()
  {
   m_strDRMI = null;
   m_strAssetID = null;
   m_strName = null;
   m_strAuthor = null;
   m_strPrice = null;
   m_strDescription = null;
   m_nCopyCount = 0;
```

```
  m_strRightsIssuerURI = null;
  m_strRightsIssuerURIType = null;
  m_strContentURI = null;
  m_strFileFormat = null;
  m_objCKeyInfo = new DrmsKeyInfo();
  m_objCDigest = new DrmsDigest();
      m_strDigestMethod = null;
      m_strDigestValue = null;

 }
}

//------------------ -------------------------------------
package com.drms.base;

public class DrmsConstant {
// 权利项
 public static final int ITEM_VIEW = 1;
 public static final int ITEM_PRINT = 2;
 public static final int ITEM_EXPORT = 3;

 // 编码类型: 指定其他参数的编码类型：0表示UTF8，1表示UTF16
 public enum EncodingType
 {
  UTF8,
  UTF16LE
 }
 public static final int DRM_ENCODING_UTF8 = 0;
 public static final int DRM_ENCODING_UTF16LE = 1;

//------------------ 定义约束信息类-------------------------------------
package com.drms.base;

public class DrmsConstraint {
 public String m_strRange;     // 范围
 public String m_strRangeType;   // 范围类型
 public int m_nCount;           // 具体权利对应的使用次数
 public String m_strCountCycle;  // 限定使用次数的周期
 public String m_strDatetimeStart; // 日期开始时间
 public String m_strDatetimeEnd;   // 日期结束时间
 public String m_strHardware;   // 限制硬件的特征值
 public String m_strHardwareType; // 硬件的类型
```

```
  public DrmsConstraint()
  {
    m_strRange = null;
    m_strRangeType = null;
    m_strCountCycle = null;
    m_strDatetimeStart = null;
    m_strDatetimeEnd = null;
    m_strHardware = null;
    m_strHardwareType = null;
    m_nCount = -1; // 初始值改为-1，是为了区分无限制(-1)和无权利(0)两种情况
  }
}

//------------------ -定义摘要信息----------------------------------
package com.drms.base;

public class DrmsDigest {
  public String m_strDigestMethod;   // 摘要算法
  public String m_strDigestValue;          // 摘要结果

  public DrmsDigest()
  {
    m_strDigestMethod = DrmsConstant.DIGEST_METHOD_CUR;
    m_strDigestValue = null;
  }
}

//------------------定义内容密钥信息类 ------------------------------------
package com.drms.base;

public class DrmsKeyInfo {
  public int m_nRetrievalMethodType;   // 硬件信息绑定方式
  public String m_strRetrievalMethod;   // 硬件信息绑定方式的相关信息

  public DrmsKeyInfo()
  {
    m_strRetrievalMethod = null;
    m_nRetrievalMethodType = 0;   // RETRIEVAL_METHOD_ADAPTABILITYKEY;
  }
}

//------------------定义主体信息类 ------------------------------------
package com.drms.base;
```

```
public class DrmsParty {
  public String m_strAssignorName; // 权利发布者的名称
  public String m_strAssignorSvrID; // 授权服务器的标识
  public String m_strAssignorSvrURI; // 授权服务器的服务地址
  public String m_strAssigneeName; // 权利获得者的名称

  public DrmsParty()
  {
    m_strAssignorName = null;
    m_strAssignorSvrID = null;
    m_strAssignorSvrURI = null;
    m_strAssigneeName = null;
  }
}

//------------------定义权利信息类 ------------------------------------
package com.drms.base;

public class DrmsPermission {
  public String m_strAssetIDRef;              // 资源引用
  public DrmsConstraint m_objCConstraint;       // 权利对象的约束

  public DrmsPermission()
  {
    m_strAssetIDRef = null;
    m_objCConstraint = new DrmsConstraint();

  }
}

//------------------定义许可证类 ------------------------------------
package com.drms.base;

public class DrmsRel {
  public String m_strUID;               // 唯一标识
  public DrmsAgreement m_objCAgreement;   // 授权协议对象
  public DrmsSignature m_objCSignature;   // 签名对象
  public String m_strVersion;             // 版本号

  public DrmsRel()
  {
    m_strVersion = null;
```

```
    m_strUID = null;
    m_objCAgreement = new DrmsAgreement();
    m_objCSignature = new DrmsSignature();

  }
}

//-----------------定义段密钥类 -----------------------------------
package com.drms.base;

public class DrmsSegDrmKey {
  public int m_nSegID;
  public byte[] m_pbyKey;
  public int m_nKeyLen;

  public DrmsSegDrmKey()
  {
    m_nSegID = 0;
    m_nKeyLen = 0;
  }
  public void SetResult(byte[] result)
  {
    m_pbyKey = result;
  }
}

//-----------------定义数字签名类 -----------------------------------
package com.drms.base;

public class DrmsSignature {
  public String m_strSignatureMethod;  // 签名算法
  public DrmsDigest m_objCDigest;      // 摘要信息
  public String m_strSignatureValue;   // 签名结果
  public String m_strKeyInfo;          // 证书信息

  public DrmsSignature()
  {
    m_strSignatureMethod = m_strSignatureValue = null;
    m_strKeyInfo = null;
    m_objCDigest = new DrmsDigest();
  }
}
```

```
//------------------ 定义结果包装器------------------------------------
package com.drms.base;

public class ResultWrapper {
 private byte[] m_bsResult = null;
 public DrmsSegDrmKey[] m_SegDrmKeys= null;
 public int m_intvalue;

 public ResultWrapper()
 {
  m_intvalue = 0;
 }

 public void SetResult(byte[] result)
 {
  m_bsResult = result;
 }
 public void SetSegDrmKeys(DrmsSegDrmKey[] result)
 {
  m_SegDrmKeys = result;
 }
 public void SetIntValue( int result)
 {
  m_intvalue = result;
 }

 public byte[] ReturnResult()
 {
  return m_bsResult;
 }
```

附　录　E
（资料性附录）
分段控制应用开发包调用流程

E.1 数字内容加密封装阶段

在数字内容加密封装阶段，分段控制应用开发包的调用流程如图E.1所示。具体分为以下2个步骤：

a）内容提供商通过API调用分段控制应用开发包服务器端的内容分段接口，完成对指定数字内容的分段。

b）内容提供商通过API调用分段控制应用开发包服务器端的内容分段加密封装接口，完成对指定数字内容的加密封装。

内容提供商完成对数字内容的加密封装操作后，将加密封装后的数字内容文件发布到内容服务商的系统中。

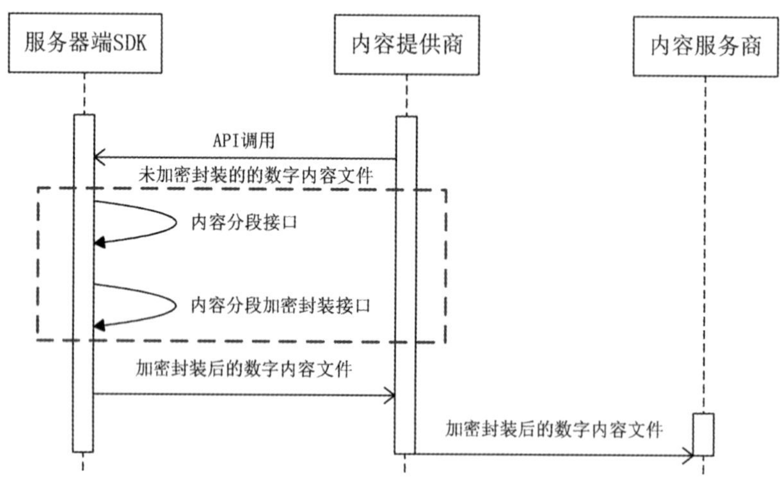

图 E.1 数字内容加密封装阶段调用流程

E.2 授权阶段

在进行授权阶段前，内容服务商从内容提供商处得到加密封装后的数字内容文件后，将该内容的信息发布在服务平台门户网站上。内容消费者在内容服务平台的门户网站发现感兴趣的数字内容后，向内容服务商发送购买请求，内容服务商收到请求后返回给内容消费者付费信息。内容消费者完成付费后，内容服务商将验证支付信息，再将购买凭证返回给消费者。

在授权阶段，分段控制应用开发包的调用流程如图E.2所示。具体分为以下4个步骤：

a）消费者从内容服务平台下载已购买的加密数字内容文件。

b）消费者使用数字内容前，消费者需要向内容提供商发送授权请求，并提交购买凭证和用户特征信息。

c）内容提供商收到请求后，验证消费者提交的购买凭证。通过API调用分段控制应用开发包服务器端的分段授权接口，完成数字许可证的创建。

d）内容提供商将数字许可证发送给消费者，完成授权阶段。

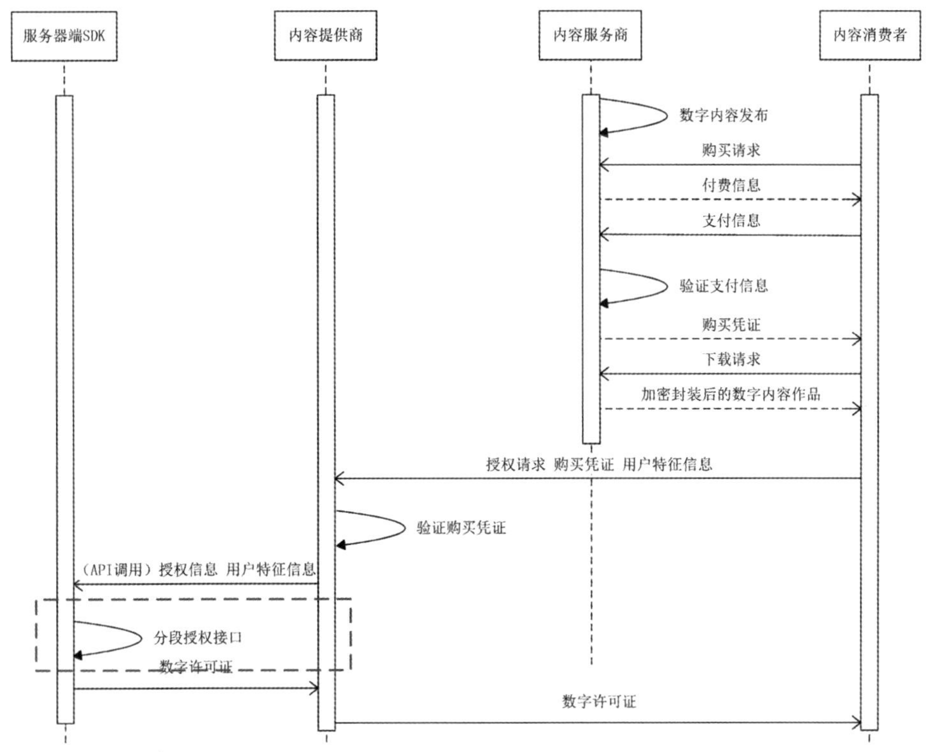

图 E.2　授权阶段调用流程

E.3 数字内容使用阶段

在数字内容使用阶段，分段控制应用开发包的调用流程如图E.3所示。具体分为以下3个步骤：

a）内容消费者获得数字内容许可证后，存放入指定的目录。

b）消费者（客户端软件）通过API调用分段控制应用开发包客户端许可证解析接口，获取数字内容许可证中内容的使用权利等信息，并获取密钥。

c）消费者（客户端软件）通过API调用分段控制应用开发包客户端内容解密接口，获取指定段的内容明文，在许可证权利描述的约束下使用数字内容。

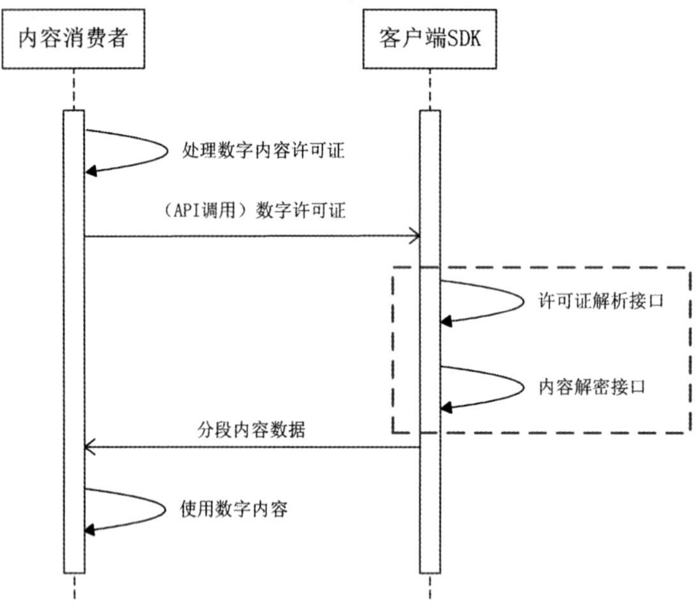

图 E.3 数字内容使用阶调用流程

参 考 文 献

[1] GB/T 25069-2010，定义2.2.2.106

GC

数字版权保护技术研发工程标准

GC/BQ 13—2015

多硬件环境版权保护应用支撑技术接口

Interfaces of copyright protection support technology under multiple device environment

2015-02-03 发布　　　　　　　　　　2015-02-03 实施

新闻出版广电总局新闻出版重大科技工程项目领导小组　发布

目　次

前　言

本标准按照GB/T 1.1—2009给出的规则起草。

本标准由新闻出版广电总局新闻出版重大科技工程项目领导小组办公室提出并归口。

本标准起草单位：中国科学院自动化研究所、北京方正阿帕比技术有限公司、北京中文在线文化发展有限公司。

本标准主要起草人：冯晓、崔晓瑜、陈立峰。

引　言

现有的数字内容版权保护系统大部分是通过使用数字许可证来保护数字内容的版权，用户得到数字内容后，必须获得相应的数字许可证才能使用。为了保证数字内容的合法使用，防止非法复制，最常见的做法是采用硬件绑定技术，将许可证与内容呈现设备或者额外的专用设备的硬件信息相绑定，使得有版权的内容只能在特定的设备或者带有特定专用设备的机器上使用。

随着电子设备和网络应用技术的日新月异，数字版权保护技术面临着终端设备和网络环境不断更新带来的挑战。一方面，数字内容的使用环境趋于多样化、复杂化，个人持有的各种类型的终端设备越来越多，并且附在这些设备上的部件也很多，以及可以用来储存数字内容的移动储存介质也各种各样。另一方面，新的授权服务模式也开始显现，除了传统的单机授权服务模式外，还出现了多机授权，甚至多用户多授权的服务模式。多硬件环境下的数字版权保护技术已成为数字版权保护技术领域的重要技术发展趋势之一。多硬件版权保护应用支撑技术的研发成果以软件应用开发包的形式提供。

为了数字版权保护技术研发工程（以下简称"本工程"）的各应用系统能够准确理解和使用多硬件环境版权保护应用支撑技术的研发成果，以及未来可能接入到本工程的其他多硬件环境版权保护技术产品能够顺利接入，需要对多硬件环境版权保护应用支撑技术应用开发包的接口和参数进行规范化描述，这有利于增强工程研发成果的可扩展性和开放性，有利于工程成果的推广。

多硬件环境版权保护应用支撑技术接口

1 范围

本标准提出了数字版权保护技术研发工程多硬件环境版权保护应用支撑技术应用开发包接口的功能、参数的规范性描述。

本标准适用于数字版权保护技术研发工程多硬件环境版权保护应用支撑技术应用开发包、数字内容分段控制技术应用开发包、内容交易与分发版权保护技术应用开发包、互联网出版版权保护应用系统、按需印刷版权保护应用系统、移动出版版权保护应用系统、出版单位自主发行版权保护系统、富媒体报刊版权保护系统的开发和应用。

2 规范性引用文件

下列文件对于本文件的应用是必不可少的。凡是注日期的引用文件，仅注日期的版本适用于本文件。凡是不注日期的引用文件，其最新版本（包括所有的修改单）适用于本文件。

GC/BQ 3 数字版权保护技术研发工程术语

GC/BQ 5 数字权利描述语言

GC/BQ 9 数字权利元数据

GC/BQ 25.2 信息安全及电子认证服务技术规范 第2部分：密码服务中间件接口规范

ITU-T X509 X509数字证书标准

3 术语和定义、缩略语

3.1 术语和定义

GC/BQ 3 界定的以及下列术语和定义适用于本文件。

3.1.1

授权许可证 authorization license

许可证

数字权利描述语言基本单位，即某一个权利发布者对另一个权利接受者的权利声明。

3.1.2

密钥 key

一种用于控制密码变换操作（例如加密、解密、密码校验函数计算、签名生成或签名验证）的复合序列。

[GB/T 25069—2010，定义 2.2.2.106]

3.1.3

绑定　binding

利用指定对象将被绑定对象的明文转换为密文的操作。

3.1.4

硬件适应性　hardware adaptation

在阈值范围内的硬件部件变更不影响数字内容的使用的特性。

3.1.5

多设备授权共享　multi-device license sharing

实现用户的多台设备的一次性授权。

3.1.6

多用户共享　multi-user sharing

通过对多用户的一次性授权，数字内容在多个授权用户之间的共享使用。

3.1.7

域　domain

一组实体对象的集合，其中每一个对象通过一个定性关系与控制对象相关联。设备域是一组用户数字设备和一个域管理控制器所构成的一组实体集合。

3.1.8

域标识　domain identifier

域密钥相关的一个唯一的字符串标识符。

3.1.9

域密钥　domain key

满足域安全需求的一个特定位数的密钥。

3.1.10

共享域　shared domain

授权用户和授权设备组成一个或多个共享域，授权内容只能在指定的共享域范围内使用。共享域中的用户数量可依据版权所有者的需求设定，用户的授权设备数量可依据版权所有者的需求设定。

3.1.11

硬件特征信息　hardware feature information

能够表示一台设备身份的信息。

3.2　缩略语

下列缩略语适用于本文件。

API：应用程序接口/应用编程接口（Application Programming Interface）

IMEI：国际移动设备身份码（International Mobile Equipment Identity）

SDK：软件开发工具包（Software Development Kit）

XML：可扩展标记语言（Extensible Markup Language）

4 接口的列表

多硬件环境版权保护应用支撑技术应用开发包（以下简称"多硬件应用开发包"），提供服务器端和客户端的接口，实现数字内容在多硬件环境下的域密钥生成、域密钥更新、授权、许可证解析、硬件特征提取和设置的功能。多硬件应用开发包的调用流程，见附录D。

多硬件应用开发包的功能与接口的对应关系，见表1。

表1 多硬件应用开发包的功能与接口对应关系表

<table>
<tr><th>类型</th><th>中文名称</th><th>英文标签</th><th>功能项</th></tr>
<tr><td rowspan="9">服务器端接口</td><td>域密钥生成</td><td>CreateDomainKey</td><td>生成一个域的域密钥</td></tr>
<tr><td>域密钥更新</td><td>UpdateDomainKey</td><td>更新一个域的域密钥</td></tr>
<tr><td rowspan="7">多硬件环境授权</td><td>CDRMSRelServerAgent</td><td>初始化接口</td></tr>
<tr><td>CreateRel</td><td>生成数字许可证</td></tr>
<tr><td>SetRelInfo</td><td>用于设定数字许可证中各部分参数的接口</td></tr>
<tr><td>AddAssetInfo</td><td>添加数字内容信息以及相应的权限表</td></tr>
<tr><td>AddDomainAssetInfo</td><td>向域环境下的数字内容许可证中数字内容信息以及相应的权限表</td></tr>
<tr><td>AddRelPermissionRight</td><td>向索引指定的权利项下添加具体权利对象以及相应的约束信息</td></tr>
<tr><td colspan="2"></td></tr>
<tr><td rowspan="9">客户端接口</td><td rowspan="7">数字许可证解析</td><td>CDRMSRelClientAgent</td><td>初始化接口</td></tr>
<tr><td>GetRelInfo</td><td>获得数字许可证对象的接口</td></tr>
<tr><td>GetRelAssetsCount</td><td>获取数字许可证中内容资源的个数</td></tr>
<tr><td>GetRelAssetInfo</td><td>根据指定的索引值获取相应的内容资源</td></tr>
<tr><td>GetRelPermissionsCount</td><td>获取数字许可证中权利项的个数</td></tr>
<tr><td>GetRelPermissionInfo</td><td>根据指定的索引值获取数字许可证中相应的权利项</td></tr>
<tr><td>GetRelAssetKey</td><td>根据指定的内容资源标识获取相应的密钥信息</td></tr>
<tr><td>硬件特征信息获取</td><td>CreateDeviceInfo</td><td>获取设备的硬件特征信息</td></tr>
<tr><td>硬件特征信息设置</td><td>SetHWCompInfo</td><td>由硬件设备商调用此接口设置当前设备的硬件特征信息</td></tr>
</table>

5 接口说明

5.1 服务器端接口

5.1.1 域密钥生成接口

域密钥生成接口的说明包含9个要素：

a) 接口名称：域密钥生成；

b) 英文名称：CreateDomainKey；
c) 功能描述：域共享授权环境下，生成一个域的域密钥；
d) 前置条件：无；
e) 后置条件：生成域密钥；
f) 函数原型示例：见附录B；
g) 输入参数：无
h) 输出参数：见表2；

表2　域密钥生成接口输出参数

序号	中文名称	英文标签	类型	长度	取值	选择性	说明	示例
1	域密钥	DomainPlainKey	二进制串	不定	不定	必选	表示生成的域密钥	010110110101010010001111010011111001111001100101011010 1010100101…

i) 返回值：见表 3；

表3　域密钥生成接口返回值

序号	中文名称	英文标签	类型	长度	取值	选择性	说明	示例
1	处理结果	exeResult	整型	不定	-32768~32767	必选	处理成功或失败标识	0 表示成功，非 0 表示失败

5.1.2 域密钥更新接口

域密钥更新接口的说明包含9个要素：

a) 接口名称：域密钥更新；
b) 英文名称：UpdateDomainKey；
c) 功能描述：域共享授权环境下，更新一个域的域密钥；
d) 前置条件：该域密钥已生成；
e) 后置条件：域密钥已更新；
f) 函数原型示例：见附录B；
g) 输入参数：见表4；

表4　域密钥更新接口输入参数

序号	中文名称	英文标签	类型	长度	取值	选择性	说明	示例
1	旧域密钥	OldDomainKey	二进制串	不定	不定	必选	表示需要更新的域密钥	010110110101010010001111010011111001111001100101011010 1010100101…

h) 输出参数：见表5；

表5　域密钥更新接口输出参数

序号	中文名称	英文标签	类型	长度	取值	选择性	说明	示例
1	新域密钥	NewDomainKey	二进制串	不定	不定	必选	表示更新后的域密钥	0101101101010100100011110100111110011110011001010110101010100101…

i)　返回值：见表6。

表6　域密钥更新接口返回值

序号	中文名称	英文标签	类型	长度	取值	选择性	说明	示例
1	处理结果	exeResult	整型	不定	-32768~32767	必选	处理成功或失败标识	0 表示成功，非 0 表示失败

5.1.3　多硬件环境授权

5.1.3.1　多硬件环境授权初始化接口

多硬件环境授权初始化接口的说明包含9个要素：

a)　接口名称：多硬件环境授权初始化；

b)　英文名称：CDRMSRelServerAgent；

c)　功能描述：用于设定多硬件环境授权初始化信息；

d)　前置条件：无；

e)　后置条件：完成初始化；

f)　函数原型示例：见附录B；

g)　输入参数：见表7；

表7　多硬件环境授权初始化接口输入参数

序号	中文名称	英文标签	类型	长度	取值	选择性	说明	示例
1	绑定信息	BindingInfo	Base64 编码后字符串	最小 1 位	不定	必选	待与内容密钥绑定的对象标识信息（如设备硬件特征信息）；使用 Base64 编码技术编码	如：Base64 编码后的手机 IMEI 号
2	许可证标	RelUID	字符串	不定	不定	必选	数字许可证	X256871

	识						编号，可按照应用系统的实际情况编码	
3	权利发布者名称	AssignorName	字符串	不定	不定	必选	用于说明授权者的信息，即授权者的名称	遵循 GC/BQ 3 给出的规范

h) 输出参数：无；
i) 返回值：无。

5.1.3.2 数字许可证生成接口

数字许可证生成接口的说明包含9个要素：

a) 接口名称：数字许可证生成；
b) 英文名称：CreateRel；
c) 功能描述：用于生成数字许可证内容；
d) 前置条件：授权初始化，添加相关资源、权利及约束；
e) 后置条件：完成数字许可证的创建；
f) 函数原型示例：见附录B；
g) 输入参数：见表8；

表8　数字许可证生成接口输入参数

序号	中文名称	英文标签	类型	长度	取值	选择性	说明	示例
1	授权者私钥	PrivateKey	Base64 编码后字符串	不定	不定	必选	用于电子签名，表明授权者的身份	遵循 GC/BQ 25.2 部分给出的规范
2	授权者证书	CertificateFile	XML 数据	不定	不定	必选	包含授权者的公钥，用于验证授权者身份	遵循 ITU-T X509 给出的规范
3	签名算法模式	SignMethod	整数	不定	0~10	必选	指明签名所用的算法	遵循 GC/BQ 25.2 部分给出的规范

h) 输出参数：见表 9；

表9　数字许可证生成接口输出参数

序号	中文名称	英文标签	类型	长度	取值	选择性	说明	示例
1	数字许可	RelConten	XML	不定	不定	必选	生成的数字	遵循 GC/BQ 3 给出

	证	t	数据				许可证	的规范

i) 返回值：见表 10。

表10 数字许可证生成接口返回值

序号	中文名称	英文标签	类型	长度	取值	选择性	说明	示例
1	处理结果	exeResult	整型	不定	-32768~32767	必选	处理成功或失败标识	0 表示成功，非 0 表示失败

5.1.3.3 数字许可证参数设置接口

数字许可证参数设置接口的说明包含9个要素：

a) 接口名称：数字许可证参数设置；
b) 英文名称：SetRelInfo ；
c) 功能描述：用于设定数字许可证中各部分参数；
d) 前置条件：完成初始化；
e) 后置条件：许可证各部分的参数已重新设置；
f) 函数原型示例：见附录B；
g) 输入参数：见表11；

表11 数字许可证参数设置接口输入参数

序号	中文名称	英文标签	数据类型	长度	取值	选择性	说明	示例
1	许可证信息	Rel	复合型	不定	不定	必选	用于指定需要设置的数字许可证各部分的参数	遵循 GC/BQ 3 给出的规范； 见附录 C

h) 输出参数：无；
i) 返回值：见表12。

表12 数字许可证参数设置接口返回值

序号	中文名称	英文标签	数据类型	长度	取值	选择性	说明	示例
1	处理结果	exeResult	整型	不定	-32768~32767	必选	处理成功或失败标识	0 表示成功，非 0 表示失败

5.1.3.4 数字内容资源添加接口

数字内容资源添加接口的说明包含9个要素：

a) 接口名称：数字内容资源添加；

b)　英文名称：AddAssetInfo；
c)　功能描述：添加数字内容信息以及相应的权限列表；
d)　前置条件：完成初始化；
e)　后置条件：数字内容信息以及相应的权限表被添加；
f)　函数原型示例：见附录B；
g)　输入参数：见表13；

表13　数字内容资源添加接口输入参数

序号	中文名称	英文标签	数据类型	长度	取值	选择性	说明	示例
1	数字内容信息	Asset	复合型	不定	不定	必选	说明数字内容的元数据；包括：数字版权管理标识、资源编号、题名、授权服务地址	遵循 GC/BQ 9 给出的规范；见附录 C
2	内容密钥	PlainKey	二进制串	不定	不定	必选	待与指定对象绑定的内容密钥	010110110101010010001111010011111001 11100110010101……
3	权利信息	Permission	复合型	不定	不定	必选	指明数字内容的使用权利	遵循 GC/BQ 3 给出的规范；见附录 C

h)　输出参数：无；
i)　返回值：见表14。

表14　数字内容资源添加接口返回值

序号	中文名称	英文标签	类型	长度	取值	选择性	说明	示例
1	处理结果	exeResult	整型	不定	-32768~32767	必选	处理成功或失败标识	0 表示成功，非 0 表示失败

5.1.3.5　域共享环境下数字内容资源添加接口

域共享环境下数字内容资源添加接口的说明包含9个要素：
a)　接口名称：域共享环境下数字内容资源添加；
b)　英文名称：AddDomainAssetInfo；
c)　功能描述：域共享环境下，添加数字内容信息以及相应的权限列表；
d)　前置条件：完成初始化；
e)　后置条件：数字内容信息以及相应的权限表被添加；
f)　函数原型示例：见附录B；

g) 输入参数：见表15；

表15 域共享环境下数字内容资源添加接口输入参数

序号	中文名称	英文标签	类型	长度	取值	选择性	说明	示例
1	数字内容信息	Asset	复合型	不定	不定	必选	说明数字内容的元数据；包括：数字版权管理标识、资源编号、题名、授权服务地址	遵循 GC/BQ 9 给出的规范；见附录 C
2	内容密钥	PlainKey	二进制串	不定	不定	必选	待与指定对象绑定的内容密钥	01011011010101001000111101001111100111100110010101…
3	权利信息	Permission	复合型	不定	不定	必选	指明数字内容的使用权利	遵循 GC/BQ 3 给出的规范；见附录 C
4	设备信息	DeviceInfo	Base64 编码后的字符串	不定	不定	必选	在域绑定模式下，设备信息与域密钥进行绑定，内容密钥与域密钥进行绑定；硬件特征信息包包括：每个部件信息、部件总数、固定部件	假设一个硬件特征信息包的部件总数为 *n*，使用 Base64 技术编码前，其形如：“<部件总数><部件 1 标识><部件 1 是否固定><部件 1 信息>……<部件 *n* 标识><部件 *n* 是否固定><部件 *n* 信息>”

h) 输出参数：无；

i) 返回值：见表16。

表16 域共享环境下数字内容资源添加接口返回值

序号	中文名称	英文标签	类型	长度	取值	选择性	说明	示例
1	处理结果	exeResult	整型	不定	-32768~32767	必选	处理成功或失败标识	0 表示成功，非 0 表示失败

5.1.3.6 权利信息添加接口

权利信息添加接口的说明包含9个要素：

a)　接口名称：权利信息添加接口；

b)　英文名称：AddRelPermissionRight；

c)　功能描述：向索引指定的权利项下添加具体权利对象以及相应的约束信息；

d)　前置条件：完成超级分发授权初始化，已添加相应数字内容资源；

e)　后置条件：完成权利项的添加；

f)　函数原型示例：见附录B；

g)　输入参数：见表17；

表17　权利信息添加接口输入参数

序号	中文名称	英文标签	数据类型	长度	取值	选择性	说明	示例
1	权利信息	PermissionRight	字符串	不定	不定	必选	指明某个数字内容的权利信息	如“view”、“print”
2	约束信息	Constraint	复合型	不定	不定	可选	指明数字内容的使用权利的约束	遵循 GC/BQ 3 给出的规范； 见附录 C
3	权利项索引	PermissionIndex	整型	不定	不定	必选	制定待添加权利信息和约束信息的权利项索引值	1

h)　输出参数：无；

i)　返回值：见表18。

表18　权利信息添加接口返回值

序号	中文名称	英文标签	数据类型	长度	取值	选择性	说明	示例
1	处理结果	exeResult	整型	不定	-32768~32767	必选	处理成功或失败标识	0 表示成功，非 0 表示失败

5.2　客户端接口

5.2.1　数字许可证解析

5.2.1.1　数字许可证解析初始化接口

数字许可证解析初始化接口的说明包含9个要素：

a)　接口名称：数字许可证解析初始化；

b)　英文名称：CDRMSRelClientAgent；

c)　功能描述：对数字许可证处理的初始化；

d) 前置条件：已获得数字许可证；
e) 后置条件：完成对数字许可证处理的初始化；
f) 函数原型示例：见附录B；
g) 输入参数：见表 19；

表19　数字许可证解析初始化接口输入参数

序号	中文名称	英文标签	数据类型	长度	取值	选择性	说明	示例
1	解绑定对象信息	UnbindingInfo	Base64 编码后字符串	最小 1 位	不定	必选	与内容密钥绑定的对象信息（如设备硬件特征信息）	如：Base64 编码后的手机 IMEI 号
2	数字许可证内容	RelContent	XML 数据	不定	不定	必选	待处理的数字许可证内容	遵循 GC/BQ 3 给出的规范

h) 输出参数：无；
i) 返回值：无。

5.2.1.2 获取数字许可证对象接口

获取数字许可证对象接口的说明包含9个要素：
a) 接口名称：获取数字许可证对象；
b) 英文名称：GetRelInfo；
c) 功能描述：解析数字许可证，获取相应数字许可证对象；
d) 前置条件：完成对数字许可证处理的初始化；
e) 后置条件：获取相关数字许可证对象，包括主体对象、签名对象等；
f) 函数原型示例：见附录B；
g) 输入参数：无；
h) 输出参数：见表20；

表20　获取数字许可证对象接口输出参数

序号	中文名称	英文标签	数据类型	长度	取值	选择性	说明	示例
1	数字许可证对象	Rel	复合型	不定	不定	必选	将 XML 格式的数字许可证经过转化后的类对象	遵循 GC/BQ 3 给出的规范； 见附录 C

i) 返回值：见表21。

表21　获取数字许可证对象接口返回值

序号	中文名称	英文标签	数据类型	长度	取值	选择性	说明	示例
1	处理结果	exeResult	整型	不定	-32768~32767	必选	处理成功或失败标识	0 表示成功，非 0 表示失败

5.2.1.3　获取数字内容资源个数接口

获取数字内容个数接口的说明包含9个要素：

a) 接口名称：获取数字内容个数；
b) 英文名称：GetRelAssetsCount；
c) 功能描述：获取数字许可证中数字内容的个数；
d) 前置条件：完成对数字许可证处理的初始化；
e) 后置条件：获得数字许可证中数字内容的个数；
f) 函数原型示例：见附录B；
g) 输入参数：无；
h) 输出参数：无；
i) 返回值：见表22。

表22　获取数字内容个数接口返回值

序号	中文名称	英文标签	数据类型	长度	取值	选择性	说明	示例
1	数字内容的个数	AssetsCount	整型	不定	0~32767	必选	数字许可证中数字内容资源的个数	5

5.2.1.4　获取数字内容资源信息接口

获取数字内容资源信息接口的说明包含9个要素：

a) 接口名称：获取数字内容资源信息；
b) 英文名称：GetRelAssetInfo；
c) 功能描述：根据指定的索引，获取相应的数字内容信息；
d) 前置条件：完成对数字许可证处理的初始化和数字内容数量的获取；
e) 后置条件：获得数字许可证中指定数字内容及其内容密钥的信息；
f) 函数原型示例：见附录B；
g) 输入参数：见表23；

表23　获取数字内容资源信息接口输入参数

序号	中文名称	英文标签	类型	长度	取值	选择性	说明	示例
1	数字内容资源的的索引	Index	整型	不定	0~32767	必选	指定数字内容的索引值，许可证中可	4

							能存在多个数字内容资源信息	

h) 输出参数：见表 24；

表24 获取数字内容资源信息接口输出参数

序号	中文名称	英文标签	数据类型	长度	取值	选择性	说明	示例
1	数字内容资源信息	Asset	复合型	不定	不定	必选	说明数字内容的元数据；包括：数字版权管理标识、资源编号、题名、授权服务地址。	遵循 GC/BQ 9 给出的规范
2	内容密钥	PlainKey	二进制串	不定	不定	必选	与该数字内容对应的密钥	01011011010101001000111101001…
3	绑定模式	Retrieval Method	整型	不定	0~4	必选	绑定模式代码表见表 A.1	4 表示“多设备自适应绑定”

i) 返回值：见表 25。

表25 获取数字内容资源信息接口返回值

序号	中文名称	英文标签	数据类型	长度	取值	选择性	说明	示例
1	处理结果	exeResult	整型	不定	-32768~32767	必选	处理成功或失败标识	0 表示成功，非 0 表示失败

5.2.1.5 获取权利信息个数接口

获取权利信息个数接口的说明包含9个要素：

a) 接口名称：获取权利信息个数；
b) 英文名称：GetRelPermissionsCount；
c) 功能描述：获取数字许可证中权利信息的个数；
d) 前置条件：完成对数字许可证处理的初始化；
e) 后置条件：获得数字许可证中权利信息的个数；
f) 函数原型示例：见附录B；
g) 输入参数：无；
h) 输出参数：无；
i) 返回值：见表26。

表26 获取权利信息个数接口返回值

序号	中文名称	英文标签	类型	长度	取值	选择性	说明	示例
1	权利信息的个数	PermissionsCount	整型	不定	0~32767	必选	数字许可证中权利信息的个数	5

5.2.1.6 获取权利信息接口

获取权利信息接口的说明包含9个要素：

a) 接口名称：获取权利信息；
b) 英文名称：GetRelPermissionInfo；
c) 功能描述：根据指定的索引值，获取数字许可证中的权利信息；
d) 前置条件：完成对数字许可证处理的初始化及权利信息个数的获取；
e) 后置条件：获得指定的权利信息；
f) 函数原型示例：见附录B；
g) 输入参数：见表27；

表27 获取权利信息接口输入参数

序号	中文名称	英文标签	类型	长度	取值	选择性	说明	示例
1	权利信息的索引	Index	整型	不定	0~32767	必选	指定权利信息的索引，许可证中可能存在多个权利信息	4

h) 输出参数：见表 28；

表28 获取权利信息接口输出参数

序号	中文名称	英文标签	类型	长度	取值	选择性	说明	示例
1	权利信息	Permission	复合型	不定	不定	必选	指明数字内容的使用权利	遵循 GC/BQ 3 给出的规范； 见附录 C

i) 返回值：见表 29。

表29 获取权利信息接口返回值

序号	中文名称	英文标签	类型	长度	取值	选择性	说明	示例
1	处理结果	exeResult	整型	不定	-32768~32767	必选	处理成功或失败标识	0 表示成功，非 0 表示失败

5.2.1.7 获取内容密钥接口

获取内容密钥接口的说明包含9个要素：

a) 接口名称：获取内容密钥；
b) 英文名称：GetRelAssetKey；
c) 功能描述：根据指定的数字内容资源标识获取相应的密钥信息；
d) 前置条件：完成对数字许可证处理的初始化；
e) 后置条件：获得指定的内容密钥信息；
f) 函数原型示例：见附录B；
g) 输入参数：见表30；

表30 获取内容密钥接口输入参数

序号	中文名称	英文标签	类型	长度	取值	选择性	说明	示例
1	数字内容资源标识	AssetUID	字符串	不定	不定	必选	唯一标识一个数字许可中的数字内容资源	与应用相关，如图书ISBN号

h) 输出参数：见表31；

表31 获取内容密钥接口输出参数

序号	中文名称	英文标签	类型	长度	取值	选择性	说明	示例
1	内容密钥	PlainKey	二进制串	不定	不定	必选	用于解密数字内容的密钥	010110110101010010001111010011111001 11100110010101…
2	绑定模式	Retrieval Method	整型	不定	0~4	必选	绑定模式代码表见表A.1	4表示“多设备自适应绑定”

i) 返回值：见表32。

表32 获取内容密钥接口返回值

序号	中文名称	英文标签	类型	长度	取值	选择性	说明	示例
1	处理结果	exeResult	整型	不定	-32768 ~32767	必选	处理成功或失败标识	0表示成功，非0表示失败

5.2.2 硬件特征信息获取接口

硬件特征信息获取接口的说明包含9个要素：

a) 接口名称：硬件特征信息获取；
b) 英文名称：CreateDeviceInfo；
c) 功能描述：获取当前设备的硬件特征信息；
d) 前置条件：无；

e) 后置条件：获得当前设备的硬件特征信息；

f) 函数原型示例：见附录B；

g) 输入参数：见表33；

表33　硬件特征信息获取接口输入参数

序号	中文名称	英文标签	类型	长度	取值	选择性	说明	示例
1	适应性标识	Adaptable	布尔型	1位	不定	必选	说明是否支持硬件自适应性，即在阈值范围内的硬件部件变更不影响数字内容的使用	TRUE 表示支持硬件自适应性， FALSE 表示不支持硬件自适应性

h) 输出参数：见表34；

表34　硬件特征信息获取接口输出参数

序号	中文名称	英文标签	类型	长度	取值	选择性	说明	示例
1	当前设备硬件特征信息	DeviceInfo	Base64编码后的字符串	不定	不定	当适应性标识为FALSE时，必选	当前用来呈现或使用数字内容的设备的硬件特征信息	如：手机IME号
2	当前设备硬件特征信息包	DeviceInfo	Base64编码后的字符串	不定	不定	当适应性标识为TRUE时，必选	用于内容密钥的解绑定；硬件特征信息包包括：每个部件信息、部件总数、固定部件	假设一个硬件特征信息包的部件总数为n，则未使用Base64技术编码前，其形如：“<部件总数><部件1标识><部件1是否固定><部件1信息>……<部件n标识><部件n是否固定><部件n信息>”。

i) 返回值：见表35。

表35　硬件特征信息获取接口返回值

序号	中文名称	英文标签	类型	长度	取值	选择性	说明	示例

1	处理结果	exeResult	整型	不定	-32768~32767	必选	处理成功或失败标识	0表示成功，非0表。示失败

5.2.3 硬件部件信息设置接口

硬件部件信息设置接口的说明包含9个要素：

a) 接口名称：硬件部件信息设置；

b) 英文名称：SetHWCompInfo；

c) 功能描述：由硬件设备商调用此接口设置当前设备的硬件特征信息；

d) 前置条件：无；

e) 后置条件：设置当前设备的硬件特征信息；

f) 函数原型示例：见附录B；

g) 输入参数：见表36；

表36　硬件特征信息设置接口输入参数

序号	中文名称	英文标签	类型	长度	取值	选择性	说明	示例
1	当前设备硬件特征信息	HWCompInfo	Base64编码后的字符串	不定	不定	必选	当前用来呈现或使用数字内容的设备的硬件特征信息	如：Base64编码后的手机IME号

h) 输出参数：无

i) 返回值：无。

附 录 A
（规范性附录）
代码表

绑定模式代码表见表A.1。

表 A.1 绑定模式代码表

代码	说明
0	无效的绑定模式
1	域密钥绑定，实现对域密钥的保护
2	域绑定，实现对数字内容密钥的保护；若与段标识同时出现，则表示分段模式下的域绑定方式
3	多设备非自适应绑定；若与段标识同时出现，则表示分段模式下的多设备非自适应绑定
4	多设备自适应绑定；若与段标识同时出现，则表示分段模式下的多设备自适应绑定

附 录 B
（规范性附录）
接口函数原型

B.1 C++接口函数原型

B.1.1 域密钥的生成与更新

```
class CDRMSDomainServerAgent
{
public:
  //--------------------------------------------------------------------------------------------
  // Summary:
  //     构造函数/析构函数
  // Parameters:
  // Returns:
  //    CDRMSDomainServerAgent对象。
  //--------------------------------------------------------------------------------------------
  CDRMSDomainServerAgent() {;}
  ~CDRMSDomainServerAgent(){;}

public:
  //--------------------------------------------------------------------------------------------
  // Summary:
  //     域密钥生成函数
  // Parameters:
  //    [out] ppDomainPlainKey ——    域密钥明文
  //     [out] pDomainPlainKeyLen ———域密钥明文的长度
  // Returns:
  //    RETURNSUCCESS表示成功，非RETURNSUCCESS表示失败。
  //--------------------------------------------------------------------------------------------
  DRMS_INT CreateDomainKey(DRMS_BYTE** ppDomainPlainKey, DRMS_DWORD* pDomainPlainKeyLen);

  //--------------------------------------------------------------------------------------------
  // Summary:
  //     域密钥更新函数
  // Parameters:
  //    [in] pOldDomainKey ——旧的域密钥明文
  //    [in] dwOldDomainKeyLen ——    旧的域密钥明文的长度
  //    [out] ppNewDomainKey ——    新的域密钥明文
```

```
//    [out] pNewDomainKeyLen ——   新的域密钥明文的长度
// Returns:
//   RETURNSUCCESS表示成功，非RETURNSUCCESS表示失败。
//---------------------------------------------------------------------------------------------
DRMS_INT UpdateDomainKey(const DRMS_BYTE* pOldDomainKey, const DRMS_DWORD dwOldDomainKeyLen,
        DRMS_BYTE** ppNewDomainKey, DRMS_DWORD* pNewDomainKeyLen);

//---------------------------------------------------------------------------------------------
// Summary:
//    域密钥保护函数
// Parameters:
//    [in] pDomainPlainKey ——   域密钥明文
//    [in] dwDomainPlainKeyLen——   域密钥明文的长度
//    [in] lpDeviceInfo ——   某个用户的所有设备信息
//    [in] dwDeviceInfoLen ——设备信息的长度
//    [out] ppDomainCipherKey ——   域密钥绑定密文
//    [out] pDomainCipherKeyLen ——   域密钥绑定密文的长度
// Returns:
//   RETURNSUCCESS表示成功，非RETURNSUCCESS表示失败。
//---------------------------------------------------------------------------------------------
DRMS_INT    EncryptDomainKey(const    DRMS_BYTE*    pDomainPlainKey,    const    DRMS_DWORD
dwDomainPlainKeyLen,
        LPCDRMSWSTR lpMultiDeviceInfo, DRMS_DWORD dwMultiDeviceInfoLen,
        DRMS_BYTE** ppDomainCipherKey, DRMS_DWORD* pDomainCipherKeyLen);
};
```

B.1.2 数字许可证生成

```
namespace DRMSRelServer
{
 class CDRMSRelServerAgent : public CDRMSBaseAgent
 {
 public:
  //---------------------------------------------------------------------------------------------
  // Summary:
  //    构造函数
  // Parameters:
  //   [in] lpBindingInfo,dwBindingInfoLen ——绑定信息
  //   [in] lpRelUID——   许可证唯一标识
  //   [in] lpAssignorName —— Rel发布者的名称
  // Returns:
  //   IRelServerAgent对象。
  //---------------------------------------------------------------------------------------------
```

```
CDRMSRelServerAgent(LPCDRMSWSTR lpBindingInfo, DRMS_DWORD dwBindingInfoLen, LPCDRMSWSTR lpRelUID, LPCDRMSWSTR lpAssignorName);
virtual ~CDRMSRelServerAgent();

//----------------------------------------------------------------------------------------------
// Summary:
//    生成一个含有签名和证书的Rel内容
// Parameters:
//    [out] ppRelContent，dwRelContentLen—— Rel内容
//    [in] lpPrivateKey, dwPrivateKeyLen ———签名所用私钥
//    [in] lpCertificateFile,dwCertificateFileLen———证书文件，指内容，而不是文件名
//    [in] nSignKeyMode——  签名密钥模式
// Remarks:
// Returns:
//   RETURNSUCCESS表示成功，非RETURNSUCCESS表示失败。
//----------------------------------------------------------------------------------------------

virtual DRMS_INT CreateRel(LPDRMSWSTR* ppRelContent, DRMS_DWORD* dwRelContentLen, LPCDRMSWSTR lpPrivateKey, DRMS_DWORD dwPrivateKeyLen,
        LPCDRMSWSTR lpCertificateFile, DRMS_DWORD dwCertificateFileLen, DRMS_INT nSignKeyMode);


//----------------------------------------------------------------------------------------------
// Summary:.
//    提供修改Rel中各部分参数的灵活接口，可选使用
// Parameters:
//    [in] objCRel—— Rel对象
// Returns:
//   RETURNSUCCESS表示成功，非RETURNSUCCESS表示失败。
//----------------------------------------------------------------------------------------------
virtual DRMS_INT SetRelInfo(const DRMS_REL &objCRel);

//----------------------------------------------------------------------------------------------
// Summary:
//    在Rel对象中增加其他数字内容信息以及相应的权限表。如果权限表信息为空，则默认使用其他已有的权限表
// Parameters:
//    [in] objCAsset —— Asset对象
//    [in] pPlainKey, dwPlainKeyLen ——  密钥信息
//    [in] pCPermission ——  Permission对象指针
// Returns:
//   RETURNSUCCESS表示成功，非RETURNSUCCESS表示失败。
//----------------------------------------------------------------------------------------------
```

```
virtual DRMS_INT AddAssetInfo(const DRMS_ASSET &objCAsset, const DRMS_BYTE* pPlainKey, DRMS_DWORD dwPlainKeyLen, const DRMS_PERMISSION *pCPermission);

//-----------------------------------------------------------------------------------------------
// Summary:
//    基于域环境下的在Rel对象中增加的其他数字内容信息以及相应的权限表。
// Parameters:
//    [in] objCAsset —— Asset对象
//    [in] pPlainKey, dwPlainKeyLen ——    密钥信息
//    [in] pCPermission —— Permission对象指针
//    [in] lpDeviceInfo ——    设备信息
//    [in] dwDeviceInfoLen ——    设备信息的长度
// Returns:
//   RETURNSUCCESS表示成功，非RETURNSUCCESS表示失败。
//-----------------------------------------------------------------------------------------------
virtual DRMS_INT AddDomainAssetInfo(const DRMS_ASSET &objCAsset, const DRMS_BYTE* pPlainKey, DRMS_DWORD dwPlainKeyLen, const DRMS_PERMISSION *pCPermission, LPCDRMSWSTR lpDeviceInfo, DRMS_DWORD dwDeviceInfoLen);

//-----------------------------------------------------------------------------------------------
// Summary:
//    在Rel对象中根据Index指定的权利项下增加具体权利对象以及相应的约束信息
// Parameters:
//    [in] lpPermissionRight ——  权利对象，如"View"、"Print"
//    [in] pConstraint ——    约束信息对象
//    [in] nPermissionIndex —— Permission对象索引值
// Returns:
//   RETURNSUCCESS表示成功，非RETURNSUCCESS表示失败。
//-----------------------------------------------------------------------------------------------
virtual DRMS_INT AddRelPermissionRight(LPCDRMSWSTR lpPermissionRight, const DRMS_CONSTRAINT* pConstraint, DRMS_INT nPermissionIndex = 0);
};
}
```

B.1.3 **数字许可证解析**

```
namespace DRMSRelClient
{
 class CDRMSRelClientAgent : public CDRMSBaseAgent
 {
 public:
  // 构造/析构函数
```

```
//---------------------------------------------------------------------------------------------------
// Summary:
//    构造函数，获取解析参数，为xml解析做好准备。必须首先检查Rel的版本是否有效，通过检验摘要和验证签名来检查Rel内容的完整性和有效性。
// Parameters:
//    [in] lpDeviceInfo,lDeviceInfoLen —— 硬件信息
//    [in] lpRelContent , dwRelContentLen —— Rel文件内容及长度
// Returns:
//    IRelClientAgent对象。
//---------------------------------------------------------------------------------------------------
CDRMSRelClientAgent(LPCDRMSWSTR lpDeviceInfo, DRMS_DWORD dwDeviceInfoLen, LPCDRMSWSTR lpRelContent, DRMS_DWORD dwRelContentLen);

// 析构函数，释放资源
virtual ~CDRMSRelClientAgent();

//---------------------------------------------------------------------------------------------------
// Summary:
//    解析Rel文件，获取相应Rel对象
// Parameters:
//    [out] objCRel —— Rel对象
// Returns:
//    RETURNSUCCESS表示成功，非RETURNSUCCESS表示失败
// Remarks:
//    使用该接口时，不需要关心资源的释放。因为该对象引用的是成员变量，析构函数中会自动释放
//        使用范例：
//    DRMS_REL objCRel;
//    XXXX.GetRelInfo(objCRel);
//---------------------------------------------------------------------------------------------------
virtual DRMS_INT GetRelInfo(DRMS_REL& objCRel);

//---------------------------------------------------------------------------------------------------
// Summary:
//    获取Rel中Asset的个数
// Returns:
//    Asset的个数值
//---------------------------------------------------------------------------------------------------
virtual DRMS_INT GetRelAssetsCount();

//---------------------------------------------------------------------------------------------------
// Summary:
//    根据指定的索引值获取相应的Asset
// Parameters:
```

```
//    [out] objCAsset —— Asset对象
//    [out] ppPlainKey,pPlainKeyLen —— 存储明文对称密钥变量
//    [out] pRetrievalMethod —— 密钥绑定方式
//   [in] nIndex —— 当前Asset项的索引值
// Remarks:
//   由于许可证Rel中可能存在多个Asset项，所以采取枚举形式提供
//   注意：调用方调用该接口获取相应Asset项后，需要调用ClearRelAsset接口释放资源
// Returns:
//   RETURNSUCCESS表示成功，非RETURNSUCCESS表示失败。
//------------------------------------------------------------------------------------------------
virtual DRMS_INT GetRelAssetInfo(DRMS_ASSET &objCAsset, DRMS_BYTE** ppPlainKey, DRMS_DWORD* pPlainKeyLen, DRMS_INT *pRetrievalMethod, DRMS_INT nIndex = 0);

//------------------------------------------------------------------------------------------------
// Summary:
//   根据指定的索引值获取相应的Asset，不含密钥信息
// Parameters:
//   [out] objCAsset —— Asset对象
//   [in] nIndex —— 当前Asset项的索引值
// Remarks:
//   由于许可证Rel中可能存在多个Asset项，所以采取枚举形式提供
//   注意：调用方调用该接口获取相应Asset项后，需要调用ClearRelAsset接口释放资源
// Returns:
//   RETURNSUCCESS表示成功，非RETURNSUCCESS表示失败。
//------------------------------------------------------------------------------------------------
virtual DRMS_INT GetRelAssetInfo(DRMS_ASSET &objCAsset, DRMS_INT nIndex = 0);

//------------------------------------------------------------------------------------------------
// Summary:
//   根据指定的AssetUID获取相应的密钥信息
// Parameters:
//        [in] lpAssetUID ——资源的唯一标识
//   [out] ppPlainKey,pPlainKeyLen —— 存储明文对称密钥变量
//   [out] pRetrievalMethod ——密钥绑定方式
// Returns:
//   RETURNSUCCESS表示成功，非RETURNSUCCESS表示失败。
//------------------------------------------------------------------------------------------------
virtual DRMS_INT GetRelAssetKey(LPCDRMSWSTR lpAssetUID,  DRMS_BYTE** ppPlainKey, DRMS_DWORD* pPlainKeyLen, DRMS_INT *pRetrievalMethod);

// 释放Asset资源
virtual DRMS_VOID ClearRelAsset(DRMS_ASSET &objCAsset);
```

```
    //----------------------------------------------------------------------------------------------
    // Summary:
    //    获取Rel中Permissions的个数
    // Returns:
    //    Permissions的个数值
    //----------------------------------------------------------------------------------------------
    virtual DRMS_INT GetRelPermissionsCount();

    //----------------------------------------------------------------------------------------------
    // Summary:
    //    根据指定的索引值获取Rel中相应的Permission
    // Parameters:
    //      [out] objCPermission —— Permission对象
    //      [in] nIndex ——    当前Permission项的索引值
    // Remarks:
    //    由于许可证Rel和协议参数ROTips中均可能存在多个Permission项，所以采取枚举形式提供
    //    注意：调用方调用该接口获取相应Permission项后，需要调用ClearPermission接口释放资源
    // Returns:
    //    RETURNSUCCESS表示成功，非RETURNSUCCESS表示失败。
    //----------------------------------------------------------------------------------------------
    virtual DRMS_INT GetRelPermissionInfo(DRMS_PERMISSION &objCPermission, DRMS_INT nIndex = 0);

    //----------------------------------------------------------------------------------------------
    // Summary:
    //    判断当前权利对象是否有效
    // Parameters:
    //      [in] lpPermissionRight ——    权利对象，如"View"、"Print"
    //    [in] nPermissionIndex ——    当前Permission项的索引值
    // Returns:
    //    DRMS_TRUE表示有效，DRMS_FALSE表示无效。
    //----------------------------------------------------------------------------------------------
    DRMS_BOOL IsValidRelPermissionRight(LPCDRMSWSTR lpPermissionRight, DRMS_INT nPermissionIndex = 0);
};
    };
```

B.1.4 **硬件特征信息获取与设置**

```
    namespace DRMSRelClient
    {
    // 类型重定义
    typedef class CDeviceInfo clDeviceInfo;// 客户端设备代理

    // 设备标识类
```

```
class CDRMSDeviceInfoAgent
{
public:
//----------------------------------------------------------------------------------------------
// Summary:
// 构造函数/析构函数
// Parameters:
// Returns:
//CDRMSDomainServerAgent对象。
//----------------------------------------------------------------------------------------------
CDRMSDeviceInfoAgent();
~CDRMSDeviceInfoAgent();

public:
//----------------------------------------------------------------------------------------------
// Summary:
// 生成设备标识信息串，串结构见相应的设计文档
// Parameters:
//[out]ppDeviceInfo —— 存储设备标识信息
//[out]pDeviceInfoLen ——设备标识信息的长度
// Returns:
//RETURNSUCCESS表示成功，非RETURNSUCCESS表示失败。
//----------------------------------------------------------------------------------------------
DRMS_INT CreateDeviceInfo(LPDRMSWSTR *ppDeviceInfo, DRMS_DWORD *pDeviceInfoLen, const DRMS_BOOL
bAdaptable = DRMS_TRUE);

// 被动接收接口
public:
//----------------------------------------------------------------------------------------------
// Summary:
// 设置硬件部件信息
// Parameters:
//[in] pHWCompInfo ——当前硬件信息
//[in] dwHWCompInfoLen ——当前硬件信息的长度
// Returns:
//DRMS_VOID
//----------------------------------------------------------------------------------------------
DRMS_VOID SetHWCompInfo(const DRMS_BYTE* pHWCompInfo, const DRMS_DWORD dwHWCompInfoLen);

private:
clDeviceInfo* m_pDeviceInfo;
};
};
```

B.2 JAVA 接口函数原型

B.2.1 域密钥的生成与更新

```
public class CDRMSDomainServerAgent {
 private long m_handle = 0;

 public CDRMSDomainServerAgent()
 {}
 /**
  * 初始化，必须先调用
  */
 public native int Init();

 /**
  * 域密钥生成函数
  * @param DomainPlainKey ——  [out] 域密钥明文
  * @return
  */
 public native int CreateDomainKey(ResultWrapper DomainPlainKey);

 /**
  * 域密钥更新函数
  * @param OldDomainKey ——  [in] 旧的域密钥明文
  * @param NewDomainKey ——  [out] 新的域密钥明文
  * @param encodingType ——  [in] 指定其他参数的编码类型：0表示UTF8，1表示UTF16
  * @return
  */
 public native int UpdateDomainKey(byte[]OldDomainKey, ResultWrapper NewDomainKey, int encodingType);

 /**
  * 域密钥保护函数
  * @param DomainPlainKey ——  [in] 域密钥明文
  * @param MultiDeviceInfo ——[in] 某个用户的所有设备信息
  * @param DomainCipherKey ——[out] 域密钥绑定密文
  * @param encodingType ——  [in] 指定其他参数的编码类型：0表示UTF8，1表示UTF16
  * @return
  */
 public native int EncryptDomainKey(byte[]DomainPlainKey, byte[] MultiDeviceInfo, ResultWrapper DomainCipherKey,
int encodingType);
```

```
}
```

B.2.2 数字许可证生成

```
public class CDRMSRelServerAgent extends CDRMSKernelBaseAgent{

  public CDRMSRelServerAgent()
  {}

  /**
   * 初始化，必须先调用
   * @param deviceInfo ——[in]
   * @param relUID ——    [in]
   * @param assignorName ——    [in]
   * @param encodingType ——    [in] 指定其他参数的编码类型：0表示UTF8，1表示UTF16
   * @return
   */
  public native int Init(byte[] deviceInfo, byte[] relUID, byte[] assignorName, int encodingType);

  /**
   * 生成一个含有签名和证书的Rel文件
   * @param result ——    [out] 结果
   * @param privateKey ——    [in] 签名所用私钥
   * @param certificateFile ——    [in] 证书文件
   * @param signKeyMode ——    [in] 签名算法
   * @param signatureMethod ——[in] 签名密钥模式
   * @param encodingType ——    [in] 指定其他参数的编码类型：0表示UTF8，1表示UTF16
   * @return
   */
  public native int CreateRel(ResultWrapper result, byte[] privateKey, byte[] certificateFile, int signKeyMode, int
encodingType);

  /**
   * 提供修改Rel中各部分参数的灵活接口
   * @param rel ——[in] Rel对象
   * @return
   */
  public native int SetRelInfo(DrmsRel rel);

  /**
   * 在Rel对象中增加其他数字内容信息
   * @param asset——    [in] Asset对象
```

```
 * @param plainKey——  [in]
 * @param permission ——[in]
 * @param encodingType ——  [in] 指定其他参数的编码类型：0表示UTF8，1表示UTF16
 * @return
 */
public native int AddAssetInfo(DrmsAsset asset, byte[] plainKey, DrmsPermission permission, int encodingType);

/**
 * 根据指定的索引值设置Permission中相应的权利项
 * @param permissionRight——  [in] 权限描述
 * @param constraint ——  [in] Constraint对象
 * @param permissionIndex  ——  [in] 当前Permission项的索引值
 * @return
 */
public native int AddRelPermissionRight(String permissionRight, DrmsConstraint constraint, int permissionIndex);

/**
 * 基于域环境下的在Rel对象中增加的其他数字内容信息以及相应的权限表。
 * @param asset——  [in] Asset对象
 * @param plainKey——  [in] 密钥信息
 * @param permission ——  [in] Permission对象
 * @param deviceInfo ——[in] 设备信息
 * @param encodingType —— [in] 指定其他参数的编码类型：0表示UTF8，1表示UTF16
 * @return
 */
public native int AddDomainAssetInfo(DrmsAsset asset, byte[] plainKey, DrmsPermission permission,byte[] deviceInfo, int encdingType);
/**
 * 在Rel对象中批量加超级分发数字内容信息以及相应的权限表。如果权限表信息为空，则默认使用其他已有的权限表。
 * @param asset——[in] 超级分发Asset对象
 * @param plainKey ——[in] 密钥信息
 * @param permission ——  [in] Permission对象
 * @param encodingType ——[in] 指定其他参数的编码类型：0表示UTF8，1表示UTF16
 * @return
 */
}
```

B.2.3 数字许可证解析

```
public class CDRMSRelClientAgent extends CDRMSKernelBaseAgent{
```

```
public CDRMSRelClientAgent()
{}

/**
 * 初始化，必须先调用
 * @param deviceInfo——[in] 硬件信息
 * @param relContent ——[in] rel内容
 * @param encodingType——[in] 指定其他参数的编码类型：0表示UTF8，1表示UTF16
 * @return
 */
public native int Init(byte[] deviceInfo, byte[] relContent, int encodingType);

/**
 * 获取rel对象
 * @param rel——[out] rel实体
 * @return
 */
public native int GetRelInfo(DrmsRel rel);

/**
 * 获取rel中Asset的个数
 * @return
 */
public native int GetRelAssetsCount();

/**
 * 根据指定的索引值获取相应的Asset信息
 * @param asset——  [out] Asset对象
 * @param plainKey——  [out] 明文对称密钥
 * @param retrievalMethod ——[out] 密钥绑定方式
 * @param index——  [in] 当前Asset项的索引值
 * @return
 */
public native int GetRelAssetInfo(DrmsAsset asset, ResultWrapper plainKey, ResultWrapper retrievalMethod, int index);

/**
 * 根据指定的索引值获取相应的Asset信息，不包含密钥信息
 * @param asset——  [out] Asset对象
 * @param index ——[in] 当前Asset项的索引值
 * @return
 */
public native int GetRelAssetInfo(DrmsAsset asset, int index);
```

```
/**
 * 根据指定的AssetUID获取相应的密钥信息
 * @param assetUID-------- [in] 资源的唯一标识
 * @param result -------[out] 明文对称密钥
 * @param retrievalMethod -------[out] 密钥绑定方式
 * @return
 */
public native int GetRelAssetKey(String assetUID, ResultWrapper result, int retrievalMethod);

/**
 * 获取Rel中Permissions的个数
 * @return
 */
public native int GetRelPermissionsCount();

/**
 * 根据指定的索引值获取Rel中相应的Permission
 * @param permission -------[out] permission对象
 * @param index ------[in] 当前Permission项的索引值
 * @return
 */
public native int GetRelPermissionInfo(DrmsPermission permission, int index);

/**
 * 判断当前权利对象是否有效
 * @param PermissionRight ------[in] 权利对象，如"View"、"Print"
 * @param PermissionIndex ------[in] 当前Permission项的索引值
 * @return
 */

public native boolean IsValidRelPermissionRight(String PermissionRight,int PermissionIndex);

}
```

B.2.4 硬件特征信息获取与设置

```
public class CDRMSDeviceInfoAgent {
 private long m_handle = 0;

 public CDRMSDeviceInfoAgent()
 {}
```

```
/**
 * 初始化，必须先调用
 */
public native int Init();

/**
 * 生成设备标识信息串，串结构见相应的设计文档
 * @param DeviceInfo ——[out] 存储设备标识信息
 * @param Adaptable ——[in] 可适应性
 * @param encodingType ——[in] 指定其他参数的编码类型：0表示UTF8，1表示UTF16
 * @return
 */
public native int CreateDeviceInfo(ResultWrapper DeviceInfo, boolean Adaptable, int encodingType);

/**
 * 设置硬件部件信息
 * @param HWCompInfo ——[in] 当前硬件信息
 * @param encodingType ——[in] 指定其他参数的编码类型：0表示UTF8，1表示UTF16
 * @return
 */
public native int SetHWCompInfo(byte[] HWCompInfo, int encodingType);
}
```

附 录 C
（规范性附录）
参数数据类型定义

C.1 通用数据类型定义

```
namespace DRMSBase{

 #define DRMS_NULL    0
 #define DRMS_TRUE    true
 #define DRMS_FALSE    false

 // 通用类型
 typedef void    DRMS_VOID;
 typedef void*    DRMS_LPVOID;
 typedef const void*    DRMS_LPCVOID;

 typedef unsigned char DRMS_BYTE;

 typedef short    DRMS_SHORT;
 typedef unsigned short DRMS_USHORT;
 typedef int    DRMS_INT;
 typedef unsigned int DRMS_UINT;

 #if defined(_LINUX_64BIT)
  typedef int32_t DRMS_LONG;
 #else
  typedef long DRMS_LONG;
 #endif

 typedef size_t    DRMS_SIZE_T;
 typedef long long    DRMS_INT64;
 typedef unsigned long long DRMS_UINT64;

 typedef bool    DRMS_BOOL;
 typedef char    DRMS_CHAR, *LPDRMSSTR;
 typedef const char*    LPCDRMSSTR;

 #ifdef USE_NATIVE_WIDE_CHAR
  typedef unsigned short    DRMS_WCHAR, *LPDRMSWSTR;
```

```
  typedef const unsigned short* LPCDRMSWSTR;
#else
  typedef wchar_t     DRMS_WCHAR, *LPDRMSWSTR;
  typedef const wchar_t* LPCDRMSWSTR;
#endif

typedef unsigned short DRMS_WORD;

#if defined(_LINUX_64BIT)
  typedef uint32_t DRMS_DWORD;
#else
  typedef unsigned long DRMS_DWORD;
#endif

// 通用类型
typedef float     DRMS_FLOAT;
typedef double     DRMS_DOUBLE;
typedef float     DRMS_REAL;

typedef long     DRMS_ID;

typedef long     DRMS_LONG_PTR;
typedef DRMS_LONG_PTR DRMS_WPARAM;
typedef DRMS_LONG_PTR DRMS_LPARAM;

// 硬件信息绑定方式
enum DRMS_RETRIEVAL_METHOD_TYPE
{
  RETRIEVAL_METHOD_INVALID = 0,    // 无效绑定方式
  RETRIEVAL_METHOD_DOMAINKEY = 1,    // 域密钥绑定方式，针对域密钥的保护
  RETRIEVAL_METHOD_DOMAIN = 2,    // 域绑定方式，针对数字内容密钥的保护
  RETRIEVAL_METHOD_TRAVERSINGKEY = 3,   // 多设备非自适应绑定
  RETRIEVAL_METHOD_ADAPTABILITY_TRAVERSINGKEY = 4,// 多设备自适应绑定
};

enum DRMS_UNICODE_ENCODINGTYPE
{
  DRMS_ENCODING_UTF8 = 0,
  DRMS_ENCODING_UTF16,
  DRMS_ENCODING_UTF32
};
};  // namespace DRMSBase
```

C.2 复合数据类型定义

C.2.1 C++复合类型定义

```
namespace DRMSBase{
// 权利项
enum DRMS_REL_PERMISSION_ITEM
{
 DRMS_ITEM_VIEW = 1,     // View
 DRMS_ITEM_PRINT = 2,   // Print
 DRMS_ITEM_EXPORT = 3,   // Export
};

// ---------------------------------------------------------------------
// 以下为Rel相关数据类定义
// 主体类
typedef struct __DRMS_PARTY
{
 LPDRMSWSTR m_strAssignorName;   // 权利发布者的名称
 LPDRMSWSTR m_strAssignorSvrID;   // 授权服务器的标识
 LPDRMSWSTR m_strAssignorSvrURI;   // 授权服务器的服务地址
 LPDRMSWSTR m_strAssigneeName;   // 权利获得者的名称

 __DRMS_PARTY() : m_strAssignorName(DRMS_NULL), m_strAssignorSvrID(DRMS_NULL),
  m_strAssignorSvrURI(DRMS_NULL), m_strAssigneeName(DRMS_NULL)
 {

 }
}DRMS_PARTY;

// 密钥信息
typedef struct __DRMS_KEYINFO
{
 DRMS_RETRIEVAL_METHOD_TYPE m_nRetrievalMethodType; // 硬件信息绑定方式
 LPDRMSWSTR m_strRetrievalMethod; // 硬件信息绑定方式的相关信息

 __DRMS_KEYINFO()                    :                    m_strRetrievalMethod(DRMS_NULL),
m_nRetrievalMethodType(RETRIEVAL_METHOD_INVALID)
 {

 }
}DRMS_KEYINFO;
```

```
// 摘要信息
typedef struct __DRMS_DIGEST
{
  LPDRMSWSTR m_strDigestMethod;   // 摘要算法
  LPDRMSWSTR m_strDigestValue;   // 摘要结果

  __DRMS_DIGEST()            :            m_strDigestMethod((LPDRMSWSTR)DIGEST_METHOD_CUR),
m_strDigestValue(DRMS_NULL)
  {

  }
}DRMS_DIGEST;

// 资源信息
typedef struct __DRMS_ASSET
{
  LPDRMSWSTR m_strDRMI;        // 数字版权的唯一标识
  LPDRMSWSTR m_strAssetID;       // 资源唯一标识
  LPDRMSWSTR m_strName;        // 资源名称
  LPDRMSWSTR m_strAuthor;        // 资源作者
  LPDRMSWSTR m_strPrice;        // 资源价格
  DRMS_INT m_nCopyCount;        // 资源复本数
  LPDRMSWSTR m_strDescription;    // 资源描述
  LPDRMSWSTR m_strRightsIssuerURI;  // 资源文件授权信息的网络地址
  LPDRMSWSTR m_strRightsIssuerURIType; // 资源文件授权信息的网络地址的类型
  LPDRMSWSTR m_strContentURI;      // 资源文件的网络地址的类型
  DRMS_KEYINFO m_objCKeyInfo;      // 资源密钥信息
  DRMS_DIGEST m_objCDigest;       // 资源摘要信息
  LPDRMSWSTR m_strFileFormat;      // 资源文件格式

  __DRMS_ASSET() : m_strDRMI(DRMS_NULL), m_strAssetID(DRMS_NULL), m_strName(DRMS_NULL),
   m_strAuthor(DRMS_NULL), m_strPrice(DRMS_NULL), m_strDescription(DRMS_NULL), m_nCopyCount(0),
   m_strRightsIssuerURI(DRMS_NULL), m_strRightsIssuerURIType(DRMS_NULL), m_strContentURI(DRMS_NULL),
   m_strFileFormat(DRMS_NULL)
  {

  }
}DRMS_ASSET;
// 约束对象
typedef struct __DRMS_CONSTRAINT
{
```

```
    LPDRMSWSTR m_strRange;    // 范围
    LPDRMSWSTR m_strRangeType;   // 范围类型
    DRMS_INT m_nCount;             // 具体权利对应的使用次数
    LPDRMSWSTR m_strCountCycle;  // 限定使用次数的周期
    LPDRMSWSTR m_strDatetimeStart; // 日期开始时间
    LPDRMSWSTR m_strDatetimeEnd; // 日期结束时间
    LPDRMSWSTR m_strHardware;   // 限制硬件的特征值
    LPDRMSWSTR m_strHardwareType; // 硬件的类型

    __DRMS_CONSTRAINT()         :         m_strRange(DRMS_NULL),         m_strRangeType(DRMS_NULL),
m_strCountCycle(DRMS_NULL),
     m_strDatetimeStart(DRMS_NULL),        m_strDatetimeEnd(DRMS_NULL),        m_strHardware(DRMS_NULL),
m_strHardwareType(DRMS_NULL)
    {

    }
  }DRMS_CONSTRAINT;

  // 权利对象
  typedef struct __DRMS_PERMISSION
  {
    LPDRMSWSTR m_strAssetIDRef;          // 资源引用
    DRMS_CONSTRAINT m_objCConstraint;      // 权利对象的约束

    __DRMS_PERMISSION() : m_strAssetIDRef(DRMS_NULL)
    {

    }
  }DRMS_PERMISSION;

  // 授权协议对象
  typedef struct __DRMS_AGREEMENT
  {
    DRMS_PARTY m_objCParty;        // 授权协议对象的主体
  }DRMS_AGREEMENT;

  // 签名对象
  typedef struct __DRMS_SIGNATURE
  {
    LPDRMSWSTR m_strSignatureMethod;  // 签名算法
    DRMS_DIGEST m_objCDigest;       // 摘要信息
    LPDRMSWSTR m_strSignatureValue;    // 签名结果
    LPDRMSWSTR m_strKeyInfo;       // 证书信息
```

```
    __DRMS_SIGNATURE() : m_strSignatureMethod(DRMS_NULL), m_strSignatureValue(DRMS_NULL),
m_strKeyInfo(DRMS_NULL)
    {

    }
  }DRMS_SIGNATURE;

  // Rel对象
  typedef struct __DRMS_REL
  {
    LPDRMSWSTR m_strUID;      // 唯一标识
    DRMS_AGREEMENT m_objCAgreement;   // 授权协议对象
    DRMS_SIGNATURE m_objCSignature;   // 签名对象
    LPDRMSWSTR m_strVersion;     // 版本号

    __DRMS_REL() : m_strVersion(DRMS_NULL), m_strUID(DRMS_NULL)
    {

    }
  }DRMS_REL;

  }; // namespace DRMSBase
```

C.2.2 JAVA复合类型定义

```
  //----------------------------------------------------
  package com.drms.base;

  public class DrmsAgreement {
    public DrmsParty m_objCParty;   // 授权协议对象的主体

    public DrmsAgreement()
    {
      m_objCParty = new DrmsParty();
    }
  }

  //-----------------定义数字资源信息类-----------------------------------
  package com.drms.base;

  public class DrmsAsset {
```

```
public String m_strDRMI;        // 资源标识
public String m_strAssetID;        // 资源唯一标识，遵循DOI规范
public String m_strName;       // 资源名称
public String m_strAuthor;       // 资源作者
public String m_strPrice;       // 资源价格
public int m_nCopyCount;       // 资源复本数
public String m_strDescription;     // 资源描述
public String m_strRightsIssuerURI;  // 资源文件授权信息的网络地址
public String m_strRightsIssuerURIType; // 资源文件授权信息的网络地址的类型
public String m_strContentURI;     // 资源文件的网络地址的类型
public DrmsKeyInfo m_objCKeyInfo;  // 资源密钥信息
public DrmsDigest m_objCDigest;    // 资源摘要信息
public String m_strFileFormat;    // 资源文件格式
public String m_strDigestMethod;
public String m_strDigestValue;

public DrmsAsset()
{
 m_strDRMI = null;
 m_strAssetID = null;
 m_strName = null;
 m_strAuthor = null;
 m_strPrice = null;
 m_strDescription = null;
 m_nCopyCount = 0;
 m_strRightsIssuerURI = null;
 m_strRightsIssuerURIType = null;
 m_strContentURI = null;
 m_strFileFormat = null;
 m_objCKeyInfo = new DrmsKeyInfo();
 m_objCDigest = new DrmsDigest();
     m_strDigestMethod = null;
     m_strDigestValue = null;

}
}

//------------------ -------------------------------------
package com.drms.base;

public class DrmsConstant {

 // 权利项
```

```
public static final int ITEM_VIEW = 1;
public static final int ITEM_PRINT = 2;
public static final int ITEM_EXPORT = 3;

// 编码类型：指定其他参数的编码类型：0表示UTF8，1表示UTF16
public enum EncodingType
{
 UTF8,
 UTF16LE
}
public static final int DRM_ENCODING_UTF8 = 0;
public static final int DRM_ENCODING_UTF16LE = 1;

}

//------------------ 定义约束信息类-----------------------------------
package com.drms.base;

public class DrmsConstraint {
 public String m_strRange;     // 范围
 public String m_strRangeType;  // 范围类型
 public int m_nCount;          // 具体权利对应的使用次数
 public String m_strCountCycle;  // 限定使用次数的周期
 public String m_strDatetimeStart; // 日期开始时间
 public String m_strDatetimeEnd;  // 日期结束时间
public String m_strHardware;  // 限制硬件的特征值
 public String m_strHardwareType; // 硬件的类型

 public DrmsConstraint()
 {
  m_strRange = null;
  m_strRangeType = null;
  m_strCountCycle = null;
  m_strDatetimeStart = null;
  m_strDatetimeEnd = null;
  m_strHardware = null;
  m_strHardwareType = null;
  m_nCount = -1; // 初始值改为-1，是为了区分无限制(-1)和无权利(0)两种情况
 }
}

//------------------ -----------------------------------
package com.drms.base;
```

```
public class DrmsDigest {
  public String m_strDigestMethod;   // 摘要算法
  public String m_strDigestValue;          // 摘要结果

  public DrmsDigest()
  {
    m_strDigestMethod = DrmsConstant.DIGEST_METHOD_CUR;
    m_strDigestValue = null;
  }
}

//------------------定义内容密钥信息类 ------------------------------------
package com.drms.base;

public class DrmsKeyInfo {
  public int m_nRetrievalMethodType;   // 硬件信息绑定方式
  public String m_strRetrievalMethod;   // 硬件信息绑定方式的相关信息

  public DrmsKeyInfo()
  {
    m_strRetrievalMethod = null;
    m_nRetrievalMethodType = 0;   // RETRIEVAL_METHOD_ADAPTABILITYKEY;
  }
}

//------------------定义主体信息类 ------------------------------------
package com.drms.base;

public class DrmsParty {
  public String m_strAssignorName; // 权利发布者的名称
  public String m_strAssignorSvrID; // 授权服务器的标识
  public String m_strAssignorSvrURI; // 授权服务器的服务地址
  public String m_strAssigneeName; // 权利获得者的名称

  public DrmsParty()
  {
    m_strAssignorName = null;
    m_strAssignorSvrID = null;
    m_strAssignorSvrURI = null;
    m_strAssigneeName = null;
  }
}
```

```
//------------------定义权利信息类 -----------------------------------
package com.drms.base;

public class DrmsPermission {
  public String m_strAssetIDRef;               // 资源引用
  public DrmsConstraint m_objCConstraint;      // 权利对象的约束

  public DrmsPermission()
  {
    m_strAssetIDRef = null;
    m_objCConstraint = new DrmsConstraint();

  }
}

//------------------定义许可证类 -----------------------------------
package com.drms.base;

public class DrmsRel {
  public String m_strUID;                 // 唯一标识
  public DrmsAgreement m_objCAgreement;   // 授权协议对象
  public DrmsSignature m_objCSignature;   // 签名对象
  public String m_strVersion;             // 版本号

  public DrmsRel()
  {
    m_strVersion = null;
    m_strUID = null;
    m_objCAgreement = new DrmsAgreement();
    m_objCSignature = new DrmsSignature();

  }
}

//------------------定义数字签名类 -----------------------------------
package com.drms.base;

public class DrmsSignature {
  public String m_strSignatureMethod;  // 签名算法
  public DrmsDigest m_objCDigest;      // 摘要信息
  public String m_strSignatureValue;   // 签名结果
  public String m_strKeyInfo;          // 证书信息
```

```
  public DrmsSignature()
  {
    m_strSignatureMethod = m_strSignatureValue = null;
    m_strKeyInfo = null;
    m_objCDigest = new DrmsDigest();
  }
}

//------------------ 定义结果包装器------------------------------------
package com.drms.base;

public class ResultWrapper {
  private byte[] m_bsResult = null;
  public int m_intvalue;

  public ResultWrapper()
  {
    m_intvalue = 0;
  }

  public void SetResult(byte[] result)
  {
    m_bsResult = result;
  }
public void SetIntValue( int result)
  {
    m_intvalue = result;
  }

  public byte[] ReturnResult()
  {
    return m_bsResult;
  }
```

附　录　D
（资料性附录）
多硬件应用开发包调用流程

D.1 多硬件环境授权阶段

多设备共享授权环境下，在进行授权阶段前，内容服务商从内容提供商处得到加密封装后的数字内容文件后，将该内容的信息发布在服务平台门户网站上。内容消费者在内容服务平台的门户网站发现感兴趣的数字内容后，向内容服务商发送购买请求，内容服务商收到请求后返回给内容消费者付费信息。内容消费者完成付费后，内容服务商将验证支付信息，返回支付成功消息。内容消费者发送下载请求，将加密封装后的数字内容下载到本地设备上。

多设备共享授权环境下，授权阶段调用多硬件应用开发包的流程说明如图D.1所示，分为以下6个步骤：

a）用户向内容服务商发起授权请求。

b）内容服务商要求内容消费者注册设备硬件信息。

c）内容消费者设备上运行的客户端通过API的方式调用多硬件应用开发包客户端SDK的硬件特征信息获取接口获取设备的硬件特征信息，返回给内容服务商，实现设备信息的注册。

d）内容服务商向内容提供商发起授权请求，并发送内容消费者注册的设备硬件特征信息。

e）内容提供商通过API调用多硬件应用开发包服务器端SDK的多硬件环境授权接口，然后将数字许可证返回给内容消费者。

f）完成多硬件环境授权阶段。

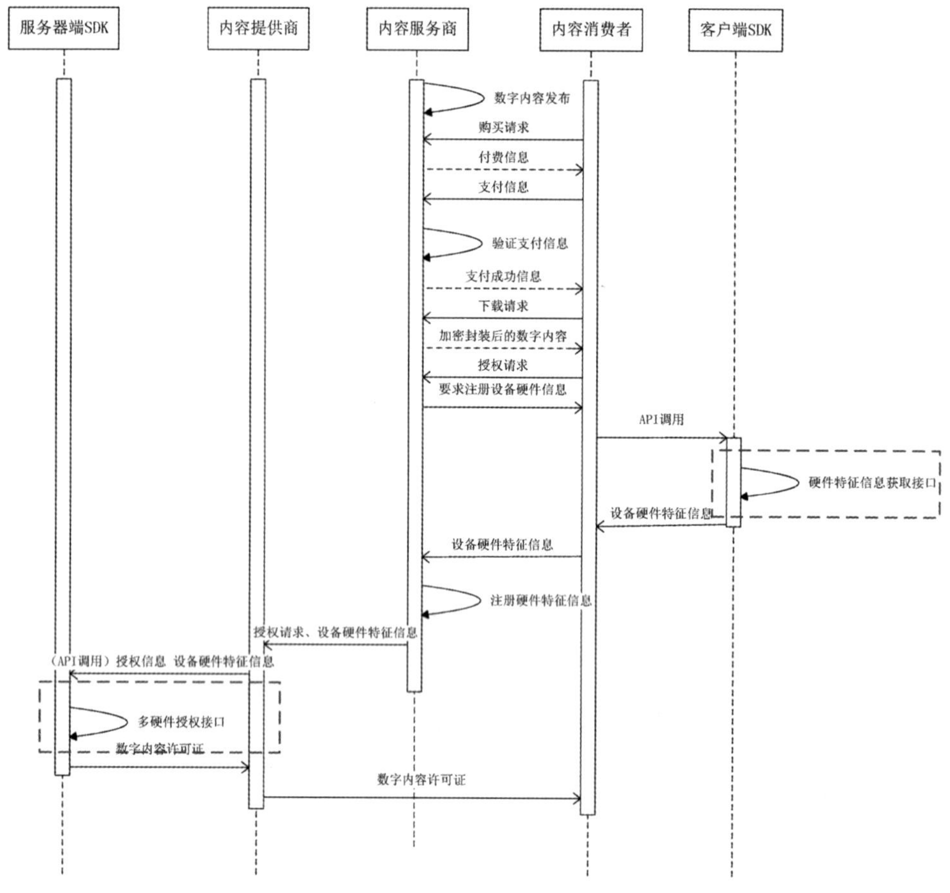

图 D.1 多硬件环境授权阶段调用多硬件应用开发包的流程

域共享共享授权环境下，在进行授权阶段前，内容服务商从内容提供商处得到加密封装后的数字内容文件后，将该内容的信息发布在服务平台门户网站上。域管理员购买本域用户感兴趣的数字内容，完成支付后。

域共享授权环境下，调用多硬件应用开发包的流程说明如图D.2所示，具体分为以下7个步骤：

a）向内容提供商发送创建域的请求。

b）内容服务商通过API调用服务器端的域密钥生成接口，生成域密钥，存储在内容服务商的系统中。

c）域用户向内容服务商发送数字内容下载的请求，将加密封装后的数字内容下载到本地。

d）域用户向内容服务商发送授权请求，内容服务商响应请求并要求当前域用户注册设备信息。

e）域用户（客户端软件）通过API调用客户端的硬件特征信息获取接口，将设备的硬件特征信息发送到内容服务商。

f）内容服务商将当前域用户的设备信息注册到系统后，将授权请求、域密钥和硬件特征信息发送到内容提供商。

g）通过API调用服务器端多硬件授权接口，生成数字许可证，发送至域用户。

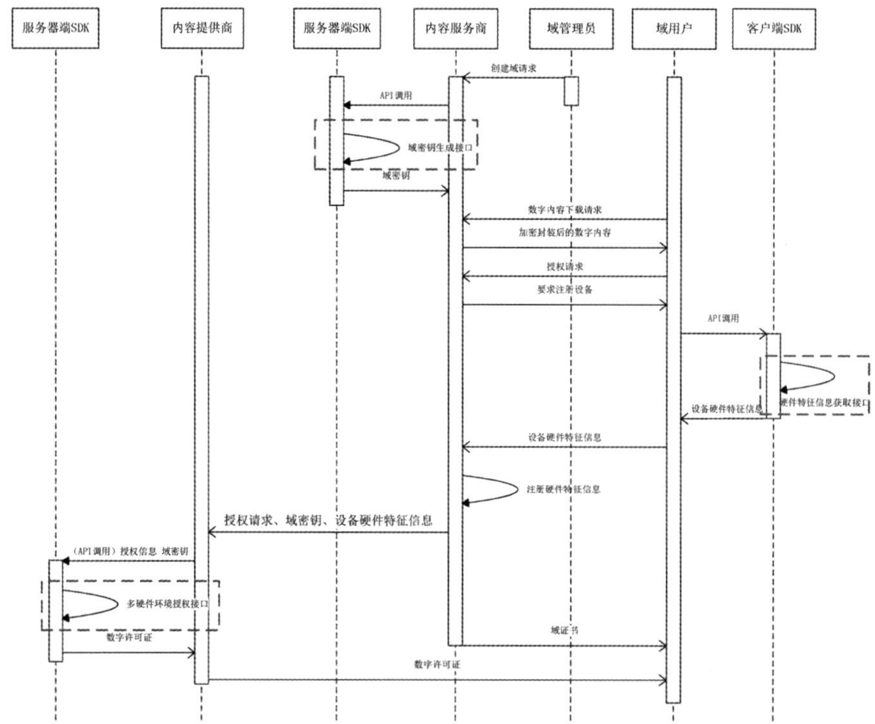

图 D.2 域共享环境下授权阶段调用多硬件应用开发包的流程

D.2 数字内容使用阶段

多硬件环境数字内容使用阶段调用多硬件应用开发包的流程说明如图D.3所示，具体分为以下3个步骤：

a）内容消费者获得数字内容许可证后，存放入指定的目录。

b）消费者（客户端软件）通过API调用多硬件应用开发包客户端许可证解析接口，获取数字内容许可证中内容的使用权利等信息。

c）消费者（客户端软件）通过API调用多硬件应用开发包客户端多设备（自适应）内容密钥解绑定接口，获取数字内容密钥，用于解密内容。

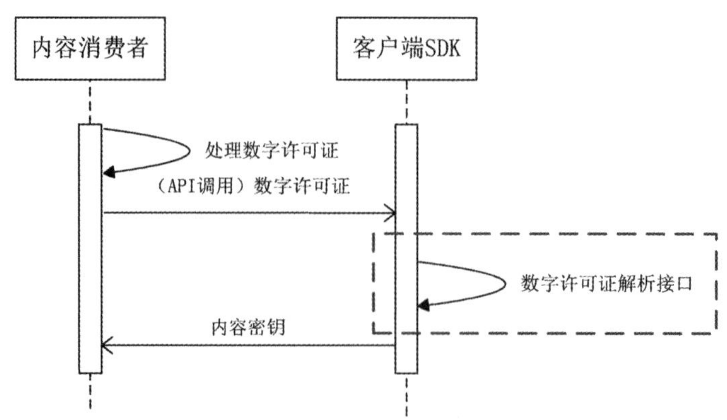

图 D.3 多硬件环境下数字内容使用阶段调用多硬件应用开发包的流程

域共享环境下数字内容使用阶段调用多硬件应用开发包的流程说明如图D.4所示，具体分为以下3个步骤：

a）域用户获得数字内容许可证后，存放入指定的目录。

b）域用户（客户端软件）通过API调用多硬件应用开发包客户端许可证解析接口，获取数字内容许可证中内容的使用权利等信息。

c）域用户(客户端软件）通过API调用多硬件应用开发包客户端基于域的内容密钥解绑定接口，获取数字内容密钥，用于解密内容。

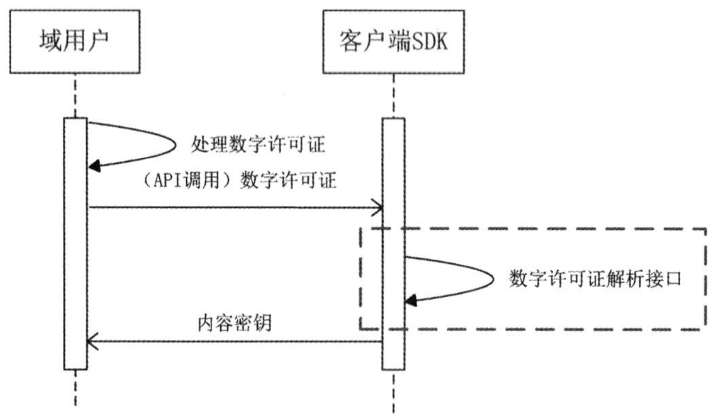

图 D.4 域共享环境下数字内容使用阶段调用多硬件应用开发包的流程

参 考 文 献

[1] GB/T 25069-2010，定义2.2.2.106

———————————

数字版权保护技术研发工程标准

GC/BQ 14—2015

在线阅览版权保护技术接口

Interfaces of online reading copyright protection technology

2015-02-03 发布　　　　2015-02-03 实施

新闻出版广电总局新闻出版重大科技工程项目领导小组　发布

目　次

前　言

本标准按照GB/T 1.1—2009给出的规则起草。

本标准由新闻出版广电总局新闻出版重大科技工程项目领导小组办公室提出并归口。

本标准起草单位：中国科学院自动化研究所、北京书生电子技术有限公司、北京中文在线文化发展有限公司。

本标准主要起草人：冯晓、刘宁胜、陈立峰。

引　言

数字版权保护技术对数字出版的产业链至关重要，是数字内容产业良性发展和应用的关键因素和核心问题。目前的DRM技术以超级分发、二次分发为主，这些DRM技术采取的思路均为：将数字内容进行加密，加密后的数字内容随意分发，通过控制授权凭证的分发来控制对数据内容的访问。这种情况下需要将整个数据内容和其权利数据都下载到终端，数据内容的安全性只能由数据加密的能力控制，攻击者很有可能采用各种技术研究手段破解数字内容。另外数据内容和权限数据与用户的终端挂钩，当用户更换终端时，就需要重新下载数据内容和获取权限数据。

为此，数字版权保护技术研发工程（以下简称"本工程"）的在线阅览版权保护技术研发包以内容混淆、Web 切分技术和阅读端反跟踪技术为基础，研发了一种在线阅读模式，既能全程保证数据内容和权限控制的安全性，又能保证用户可以随时随地通过任何终端实现数据内容的阅读。

为了本工程的各应用系统能够准确理解和使用在线阅览版权保护技术的研发成果，以及未来可能接入到本工程的其他在线阅览版权保护技术产品能够顺利接入，需要对在线阅览版权保护技术应用开发包的接口和参数进行规范化描述，这有利于增强工程研发成果的可扩展性和开放性，有利于工程成果的推广。

在线阅览版权保护技术接口

1 范围

本标准提出了数字版权保护技术研发工程在线阅览版权保护技术应用开发包接口的功能、参数的规范性描述。

本标准适用于数字版权保护技术研发工程在线阅览版权保护技术应用开发包、移动出版版权保护应用系统的开发和应用。

2 规范性引用文件

下列文件对于本文件的应用是必不可少的。凡是注日期的引用文件，仅注日期的版本适用于本文件。凡是不注日期的引用文件，其最新版本（包括所有的修改单）适用于本文件。

GC/BQ 3 数字版权保护技术研发工程术语

GC/BQ 6 数字版权保护内容格式

3 术语和定义、缩略语

3.1 术语和定义

GC/BQ 3 界定的以及下列术语和定义适用于本文件。

3.1.1

在线阅览 online reading

在网络环境下用户通过终端设备或通用浏览器直接阅读数字内容的活动。

3.1.2

Web服务 web service

用以支持网络间不同设备互动操作的软件系统。通常由多个应用程序接口组成，通过网络执行客户提交的服务请求。

3.2 缩略语

下列缩略语适用于本文件。

API：应用程序接口/应用编程接口（Application Programming Interface）

IMEI：国际移动设备身份码（International Mobile Equipment Identity）

SDK：软件开发工具包（Software Development Kit）

XML：可扩展标记语言（Extensible Markup Language）

4 接口的列表

在线阅览版权保护技术应用开发包，以下简称“在线阅览应用开发包”，分别提供服务器端和阅读端的接口，实现在服务器端的文件管理、元数据管理、目录管理、权限管理、组管理和阅读端的内容展现等功能。在线阅览应用开发包的应用场景，见附录B。

在线阅览应用开发包的功能与接口的对应关系，见表1。

表1　在线阅览应用开发包的功能与接口对应关系表

类型	中文名称	英文标签	功能项
文件管理类	添加文件	addFile	将数字内容文件导入在线阅览版权保护系统中
	删除文件	removeFile	从在线阅览版权保护系统中删除选定数字内容文件
	文件重命名	renameFile	修改指定数字内容文件的名称
	文件检索	getFileList	根据查询条件，返回符合查询条件的数字内容文件列表
元数据管理类	添加元数据	addMetaData	为指定的数字内容文件添加元数据
	删除元数据	removeMetaData	删除指定数字内容文件的元数据
	修改元数据	modifyMetaData	修改指定数字内容文件的元数据
	查看元数据	getMetaData	查看指定数字内容文件的元数据
目录管理类	创建目录	createDir	创建一个目录，或是在已有目录上创建一个子目录。
	删除目录	removeDir	删除用户的目录及目录下的内容
	重命名目录	renameDir	重命名指定的目录
	移动目录	moveDir	将所选择的目录及目录下的内容移动到指定目标目录下
	复制目录	copyDir	将所选择的目录及目录下的内容复制到指定目标目录下
	目录检索	getSubDirList	返回指定目录下的子目录列表
权限管理类	增加权限	addPermissions	为指定的对象添加权限
	查询权限	getPermissions	查询指定对象的权限
	回收权限	recoveryPermissions	回收指定对象的权限
组管理类	增加组	addGroup	创建一个其成员具有相同权限的组
	查询组	getGroupList	根据查询条件，返回符合查询条件的组列表
	删除组	removeGroup	删除指定的组
	修改组	modifyGroup	修改组的名称
	添加组成员	addGroupUser	添加指定成员到指定组
	删除组成员	removeGroupUser	删除指定组的指定成员
阅读端	获取页面图片	getPageImage	获取数字内容当前呈现的页面的位图
	获取页面文本	getPageText	获取数字内容当前呈现的页面的文本

5　接口说明

5.1　文件管理类接口

5.1.1 添加文件接口

添加文件接口的说明包含9个要素。

a) 接口名称：添加文件；

b) 英文名称：addFile；

c) 功能描述：将数字内容文件复制到线阅览版权保护系统中并进行处理；

d) 前置条件：能够成功读取文件路径指向的文件内容；

e) 后置条件：文件成功复制到在线阅览版权保护系统中；

f) 输入参数：见表2；

表2 添加文件接口输入参数

序号	中文名称	英文标签	类型	长度	取值	选择性	说明	示例
1	文件标识	fileID	字符串	最短 1 位，最长 255 位	不定	必选	唯一标识数字内容文件	如：2012
2	文件目录	filedir	字符串	最短 1 位，最长 2048 位	不定	必选	指定将要导入的数字内容文件存放在在线阅览版权保护系统中的目录	如："../文学/诗歌"
3	文件路径	filePath	字符串	最小 1 位，最长 2048 位	不定	必选	指定待复制到在线阅览版权保护系统中并进行处理的本地的数字内容文件路径，文件类型遵循 GC/BQ 6 给出的规范	如："../doc/在线阅览版权保护技术接口标准.doc" 系统可将自身支持的数字内容格式（如：doc、pdf 等）转换成工程统一格式导入到系统中

g) 输出参数：无；

h) 返回值：见表 3；

表3 添加文件接口返回值

序号	中文名称	英文标签	类型	长度	取值	选择性	说明	示例
1	处理结果	exeResult	字符串	不定	不定	必选	处理成功或失败标识	0 表示成功，非 0 表示失败

i) Web 服务描述：见附录 A。

5.1.2 删除文件接口

删除文件接口的说明包含9个要素。

a) 接口名称：删除文件；
b) 英文名称：removeFile；
c) 功能描述：从在线阅览版权保护系统中删除指定的数字内容文件；
d) 前置条件：待删除的文件已存在；
e) 后置条件：指定文件删除成功；
f) 输入参数：见表4；

表4 删除文件接口输入参数

序号	中文名称	英文标签	类型	长度	取值	选择性	说明	示例
1	文件标识	fileID	字符串	最短 1 位，最长 255 位	不定	必选	要从在线阅览版权保护系统中删除的数字内容文件标识	如：2012

g) 输出参数：无；
h) 返回值：见表 5；

表5 删除文件接口返回值

序号	中文名称	英文标签	类型	长度	取值	选择性	说明	示例
1	处理结果	exeResult	字符串	不定	不定	必选	处理成功或失败标识	0 表示成功，非 0 表示失败

i) Web 服务描述：见附录 A。

5.1.3 文件重命名接口

文件重命名接口的说明包含9个要素。

a) 接口名称：文件重命名；
b) 英文名称：renameFile；
c) 功能描述：修改指定数字内容文件的名称；
d) 前置条件：指定文件存在；
e) 后置条件：文件重命名成功；
f) 输入参数：见表6；

表6 文件重命名接口输入参数

序号	中文名称	英文标签	类型	长度	取值	选择性	说明	示例
1	文件标识	srcfileID	字符串	最短 1 位，最长 255 位	不定	必选	指定待修改名称的数字内容文件的文件标识	如：2012

2	新文件名	destfileID	字符串	最短 1 位，最长 255 位	不定	必选	数字内容文件的新名称	如：2013

g) 输出参数：无；

h) 返回值：见表 7；

表7　文件重命名接口返回值

序号	中文名称	英文标签	类型	长度	取值	选择性	说明	示例
1	处理结果	exeResult	字符串	不定	不定	必选	处理成功或失败标识	0 表示成功，非 0 表示失败

i) Web 服务描述：见附录 A。

5.1.4 文件检索接口

文件检索接口接口的说明包含9个要素。

a) 接口名称：文件检索接口；

b) 英文名称：getFileList；

c) 功能描述：输入所要查找的关键字，返回符合条件的文件列表，该结果包括所要查找的文件名、文件标识及文件所在目录；

d) 前置条件：无；

e) 后置条件：无；

f) 输入参数：见表8；

表8　文件检索接口输入参数

序号	中文名称	英文标签	类型	长度	取值	选择性	说明	示例
1	查询条件	query	字符串	最长 255 位	不定	必选	所要查找的文件的关键字	如："数字版权保护"

g) 输出参数：见表 9；

表9　文件检索接口输出参数

序号	中文名称	英文标签	类型	长度	取值	选择性	说明	示例
1	查询结果	result	XML 数据	不定	不定	必选	符合条件的文件列表，该结果包括所要查找的文件标识、文件名及文件所在目录	如："<files> <file> <fileID>2012</fileID> <directory>../文学/诗歌 </directory> </file>

								</files>"

h)　返回值：见表 10；

表10　文件检索接口返回值

序号	中文名称	英文标签	数据类型	长度	取值	选择性	说明	示例
1	处理结果	exeResult	字符串	不定	不定	必选	处理成功或失败标识	0 表示成功，非 0 表示失败

i)　Web 服务描述：见附录 A。

5.2　元数据管理类接口

5.2.1　添加元数据接口

添加元数据接口的说明包含9个要素。

a)　接口名称：添加元数据；
b)　英文名称：addMetaData；
c)　功能描述：为指定的数字内容文件添加元数据；
d)　前置条件：要添加元数据的文件已存在；
e)　后置条件：元数据添加成功；
f)　输入参数：见表11；

表11　添加元数据接口输入参数

序号	中文名称	英文标签	类型	长度	取值	选择性	说明	示例
1	文件标识	fileID	字符串	最短 1 位，最长 255 位	不定	必选	待添加元数据的数字内容文件的标识	如：2012
2	元数据	metadata	XML 数据	最短 1 位	不定	必选	需要添加的元数据项及值	如："<author> 张三 </author> <publisher> 某个出版社 </publisher>"

g)　输出参数：无；
h)　返回值：见表 12；

表12　添加元数据接口返回值

序号	中文名称	英文标签	类型	长度	取值	选择性	说明	示例
1	处理结果	exeResult	字符串	不定	不定	必选	处理成功或失败	0 表示成功，非 0

							标识	表示失败

i) Web 服务描述：见附录 A。

5.2.2 删除元数据接口

删除元数据接口的说明包含9个要素。

a) 接口名称：删除元数据；

b) 英文名称：removeMetaData；

c) 功能描述：删除指定的数字内容文件指定的元数据项；

d) 前置条件：要删除元数据的文件已存在；

e) 后置条件：元数据项删除成功；

f) 输入参数：见表13；

表13 删除元数据接口输入参数

序号	中文名称	英文标签	类型	长度	取值	选择性	说明	示例
1	文件标识	fileID	字符串	最小 1 位，最长 255 位	不定	必选	待删除元数据的数字内容文件的标识	如：2012

g) 输出参数：无；

h) 返回值：见表 14；

表14 删除元数据接口返回值

序号	中文名称	英文标签	类型	长度	取值	选择性	说明	示例
1	处理结果	exeResult	字符串	不定	不定	必选	处理成功或失败标识	0 表示成功，非 0 表示失败

i) Web 服务描述：见附录 A。

5.2.3 修改元数据接口

修改元数据接口的说明包含9个要素。

a) 接口名称：修改元数据；

b) 英文名称：modifyMetaData；

c) 功能描述：修改指定的数字内容文件的元数据；

d) 前置条件：要修改元数据的文件已存在；

e) 后置条件：元数据项修改成功；

f) 输入参数：见表 15；

表15 修改元数据接口输入参数

序号	中文名称	英文标签	类型	长度	取值	选择性	说明	示例

1	文件标识	fileID	字符串	最短 1 位，最长 255 位	不定	必选	待删除元数据的数字内容文件的标识	如：2012
2	元数据	metadata	XML 数据	最小 1 位	不定	必选	需要添加的元数据项及值	如：“<author>李四</author><publisher>某个出版社</publisher>”

g) 输出参数：无；
h) 返回值：见表 16；

表16 修改元数据接口返回值

序号	中文名称	英文标签	类型	长度	取值	选择性	说明	示例
1	处理结果	exeResult	字符串	不定	不定	必选	处理成功或失败标识	0 表示成功，非 0 表示失败

i) Web 服务描述：见附录 A。

5.2.4 查看元数据接口

查看元数据接口的说明包含9个要素。

a) 接口名称：查看元数据；
b) 英文名称：getMetaData；
c) 功能描述：查看指定的数字内容文件全部元数据；
d) 前置条件：要查看元数据的文件已存在；
e) 后置条件：无；
f) 输入参数：见表 17；

表17 查看元数据接口输入参数

序号	中文名称	英文标签	类型	长度	取值	选择性	说明	示例
1	文件标识	fileID	字符串	最短 1 位，最长 255 位	不定	必选	待查看元数据的数字内容文件的标识	如：2012

g) 输出参数：见表 18；

表18 查看元数据接口输出参数

序号	中文名称	英文标签	类型	长度	取值	选择性	说明	示例
1	元数据	metadata	XML 数据	不定	不定	必选	需要查看的全部元数据	如：“<author>张三</author><publisher>某个出版社</publisher>”

h) 返回值：见表 19；

表19 查看元数据接口返回值

序号	中文名称	英文标签	类型	长度	取值	选择性	说明	示例
1	处理结果	exeResult	字符串	不定	不定	必选	处理成功或失败标识	0 表示成功，非 0 表示失败

i) Web 服务描述：见附录 A。

5.3 目录管理类接口

5.3.1 创建目录接口

创建目录接口的说明包含9个要素。

a) 接口名称：创建目录；
b) 英文名称：createDir；
c) 功能描述：创建一个目录，或是在已有目录上创建一个子目录；
d) 前置条件：无；
e) 后置条件：成功创建目录；
f) 输入参数：见表 20；

表20 创建目录接口输入参数

序号	中文名称	英文标签	类型	长度	取值	选择性	说明	示例
1	目录名称	dirname	字符串	最长 255 位	不定	必选	待创建的目录的名称	如：“document”
2	上级目录	parentdir	字符串	最长 2000 位	不定	必选	若是在已有目录下创建一个子目录，则需要指定该参数	如：“../docbase/doc/class”

g) 输出参数：无；
h) 返回值：见表 21；

表21　创建目录接口返回值

序号	中文名称	英文标签	类型	长度	取值	选择性	说明	示例
1	处理结果	exeResult	字符串	不定	不定	必选	处理成功或失败标识	0表示成功，非0表示失败

i)　Web服务描述：见附录A。

5.3.2　删除目录接口

删除目录接口的说明包含9个要素。

a)　接口名称：删除目录；

b)　英文名称：removeDir；

c)　功能描述：删除指定的目录及目录下的内容文件；

d)　前置条件：待删除的目录已存在；

e)　后置条件：成功删除目录；

f)　输入参数：见表22；

表22　删除目录接口输入参数

序号	中文名称	英文标签	类型	长度	取值	选择性	说明	示例
1	目录名称	dirname	字符串	最长255位	不定	必选	待删除的目录的名称	如："document"
2	上级目录	parentdir	字符串	最长2000位	不定	必选	若是在已有目录下删除一个子目录，则需要指定	如："../docbase/doc/class"

g)　输出参数：无；

h)　返回值：见表23；

表23　删除目录接口返回值

序号	中文名称	英文标签	类型	长度	取值	选择性	说明	示例
1	处理结果	exeResult	字符串	不定	不定	必选	处理成功或失败标识	0表示成功，非0表示失败

i)　Web服务描述：见附录A。

5.3.3　重命名目录接口

重命名目录接口的说明包含9个要素。

a)　接口名称：重命名目录；

b)　英文名称：renameDir；

c)　功能描述：重命名指定的目录；

d) 前置条件：待重命名的目录已存在；
e) 后置条件：成功重命名目录；
f) 输入参数：见表 24；

表24 重命名目录接口输入参数

序号	中文名称	英文标签	类型	长度	取值	选择性	说明	示例
1	原目录名称	srcdirname	字符串	最短 1 位，最长 255 位	不定	必选	待重命名的目录的名称	如：“document”
2	新目录名称	destdirname	字符串	最短 1 位，最长 255 位	不定	必选	新的目录名称	如：“E-book”
3	上级目录	parentdir	字符串	最短 1 位，最长 2000 位	不定	必选	若是在已有目录下重命名一个子目录，则需要指定	如：“../docbase/doc/class”

g) 输出参数：无；
h) 返回值：见表 25；

表25 重命名目录接口返回值

序号	中文名称	英文标签	类型	长度	取值	选择性	说明	示例
1	处理结果	exeResult	字符串	不定	不定	必选	处理成功或失败标识	0 表示成功，非 0 表示失败

i) Web 服务描述：见附录 A。

5.3.4 移动目录接口

移动目录接口的说明包含9个要素。

a) 接口名称：移动目录；
b) 英文名称：moveDir；
c) 功能描述：将所选择的目录及目录下的文件内容移动到指定目标目录下；
d) 前置条件：待移动目录已存在，且目标目录也已存在；
e) 后置条件：成功移动目录；
f) 输入参数：见表 26；

表26 移动目录接口输入参数

序号	中文名称	英文标签	类型	长度	取值	选择性	说明	示例
1	原目录路	srcdirnam	字符串	最 长	不定	必选	待移动的目录的	如：

	径	e		2000 位			名称	“../docbase/doc/class/document”
2	目标目录路径	destdirname	字符串	最长2000 位	不定	必选	将指定的的目录及目录下的文件内容移动到指定目标目录下	如：“../docbase/doc/class/E-book”

g)　输出参数：无；

h)　返回值：见表 27；

表27　移动目录接口返回值

序号	中文名称	英文标签	类型	长度	取值	选择性	说明	示例
1	处理结果	exeResult	字符串	不定	不定	必选	处理成功或失败标识	0 表示成功，非 0 表示失败

i)　Web 服务描述：见附录 A。

5.3.5　复制目录接口

复制目录接口的说明包含9个要素。

a)　接口名称：复制目录；

b)　英文名称：copyDir；

c)　功能描述：将所选择的目录及目录下的文件内容复制到指定目标目录下；

d)　前置条件：待复制目录已存在，且目标目录也已存在；

e)　后置条件：成功复制目录；

f)　输入参数：见表 28；

表28　复制目录接口输入参数

序号	中文名称	英文标签	类型	长度	取值	选择性	说明	示例
1	原目录路径	srcdirname	字符串	最长2000 位	不定	必选	待复制的目录的名称	如：“document”
2	目标目录路径	destdirname	字符串	最长2000 位	不定	必选	将指定的目录及目录下的文件内容复制到指定目标目录下	如：“../docbase/doc/class/E-book”

g)　输出参数：无；

h)　返回值：见表 29；

表29　复制目录接口返回值

序号	中文名称	英文标签	数据类型	长度	取值	选择性	说明	示例
1	处理结果	exeResult	字符串	不定	不定	必选	处理成功或失败	0 表示成功，非 0

							标识	表示失败

i) Web 服务描述：见附录 A。

5.3.6 目录检索接口

目录检索接口的说明包含9个要素。

a) 接口名称：目录检索；

b) 英文名称：getSubDirList；

c) 功能描述：返回指定目录下的子目录列表；

d) 前置条件：指定的目录存在；

e) 后置条件：无；

f) 输入参数：见表 30；

表30 目录检索接口输入参数

序号	中文名称	英文标签	类型	长度	取值	选择性	说明	示例
1	指定目录路径	dirPath	字符串	最长 2000 位	不定	必选	指定需要返回子目录列表的目录路径	如："../docbase/doc/class/E-book"

g) 输出参数：见表 31；

表31 目录检索接口输出参数

序号	中文名称	英文标签	类型	长度	取值	选择性	说明	示例
1	子目录列表	subDirList	XML 数据	不定	不定	必选	指定目录下的子目录列表；包括子目录的个数，子目录 ID 和子目录名称	如："<numberOfDir> 6 </numberOfDir> <directories> <directory> <dirID>123456</dirID> <dirName>document</dirName> </directory> </directories>"

h) 返回值：见表 32；

表32 目录检索接口返回值

序号	中文名称	英文标签	类型	长度	取值	选择性	说明	示例
1	处理结果	exeResult	字符串	不定	不定	必选	处理成功或失败	0 表示成功，非 0

							标识	表示失败

i)　Web 服务描述：见附录 A。

5.4　权限管理类接口

5.4.1　增加权限接口

增加权限接口的说明包含9个要素。

a)　接口名称：增加权限；

b)　英文名称：addPermissions；

c)　功能描述：为指定的对象添加阅读数字内容文件的权限；

d)　前置条件：指定的数字内容文件必须存在；

e)　后置条件：成功增加权限；

f)　输入参数：见表 33。

表33　增加权限接口输入参数

序号	中文名称	英文标签	类型	长度	取值	选择性	说明	示例
1	授权对象	authorized owner	字符串	最长 255 位	不定	必选	指定添加权限的目标对象	如："user12345"或"Group1"
2	授权文件标识	fileID	字符串	最短 1 位，最长 255 位	不定	必选	唯一标识数字内容文件	如：2012
3	授权起始页码	startPage	整型	不定	1~32767	必选	指定被授权的数字内容文件允许阅读的起始页码	如：77
4	授权终止页码	endPage	整型	不定	1~32767	必选	指定被授权的数字内容文件允许阅读的终止页码	如：300

g)　输出参数：无；

h)　返回值：见表 34；

表34　增加权限接口返回值

序号	中文名称	英文标签	类型	长度	取值	选择性	说明	示例
1	处理结果	exeResult	字符串	不定	不定	必选	处理成功或失败标识	0 表示成功，非 0 表示失败

i)　Web 服务描述：见附录 A。

5.4.2　查询权限接口

查询权限接口的说明包含9个要素。

a)　接口名称：查询权限；

b) 英文名称：getPermissions；
c) 功能描述：查询指定对象的权限；
d) 前置条件：指定的对象存在；
e) 后置条件：无；
f) 输入参数：见表 35；

表35 查询权限接口输入参数

序号	中文名称	英文标签	类型	长度	取值	选择性	说明	示例
1	授权对象	authorizedowner	字符串	最长255位	不定	必选	指定添加权限的目标对象	如："user12345"或"Group1"

g) 输出参数：见表 36；

表36 查询权限接口输出参数

序号	中文名称	英文标签	类型	长度	取值	选择性	说明	示例
1	权限信息	permissioninfo	XML 数据	最短 1 位	不定	必选	返回指定对象所享有的权限信息； 包括允许指定对象阅览的数字内容文件标识、文件名和页码范围	如："<rights> <right> <contentFileID>2012</contentFileID> <contentFileID>在线阅览版权保护技术接口标准</contentFileID> <startPage>10</startPage> <endPage>25</endPage> </right> </rights>"

h) 返回值：见表 37；

表37 查询权限接口返回值

序号	中文名称	英文标签	类型	长度	取值	选择性	说明	示例
1	处理结果	exeResult	字符串	不定	不定	必选	处理成功或失败标识	0 表示成功，非 0 表示失败

i) Web 服务描述：见附录 A。

5.4.3 回收权限接口

回收权限接口的说明包含9个要素。

a) 接口名称：回收权限；
b) 英文名称：revokePermissions；
c) 功能描述：回收指定对象的指定权限；
d) 前置条件：指定的对象存在，且拥有指定的权限；
e) 后置条件：成功回收指定对象的指定权限；
f) 输入参数：见表 38；

表38 回收权限接口输入参数

序号	中文名称	英文标签	类型	长度	取值	选择性	说明	示例
1	授权对象	assignee	字符串	最长255位	不定	必选	指定添加权限的目标对象	如："user12345"或"Group1"
2	待回收的权限的数字内容文件标识	fileID	字符串	最短1位，最长255位	不定	必选	唯一标识数字内容文件	如：2012

g) 输出参数：无；
h) 返回值：见表 39；

表39 回收权限接口返回值

序号	中文名称	英文标签	数据类型	长度	取值	选择性	说明	示例
1	处理结果	exeResult	字符串	不定	不定	必选	处理成功或失败标识	0表示成功，非0表示失败

i) Web 服务描述：见附录 A。

5.5 组管理类接口

5.5.1 增加组接口

增加组接口的说明包含9个要素。

a) 接口名称：增加组；
b) 英文名称：addGroup；
c) 功能描述：创建一个组，其成员享有相同的权限；
d) 前置条件：无；
e) 后置条件：成功创建组；
f) 输入参数：见表 40；

表40　增加组接口输入参数

序号	中文名称	英文标签	类型	长度	取值	选择性	说明	示例
1	组的名称	groupname	字符串	最长255位	不定	必选	指定要创建的唯一的组的名称	如:“Group1”

g)　输出参数：无；

h)　返回值：见表41；

表41　增加组接口返回值

序号	中文名称	英文标签	类型	长度	取值	选择性	说明	示例
1	处理结果	exeResult	字符串	不定	不定	必选	处理成功或失败标识	0表示成功，非0表示失败

i)　Web服务描述：见附录A。

5.5.2　查询组接口

查询组接口的说明包含9个要素。

a)　接口名称：查询组；

b)　英文名称：getGroupList；

c)　功能描述：指定关键字，返回组名与该关键字符合或组名包含该关键字的组列表；

d)　前置条件：无；

e)　后置条件：成功创建组；

f)　输入参数：见表42；

表42　查询组接口输入参数

序号	中文名称	英文标签	类型	长度	取值	选择性	说明	示例
1	组名关键字	gnKeyWords	字符串	最长255位	不定	必选	指定查询条件	如:“Group1”

g)　输出参数：见表43；

表43　查询组接口输出参数

序号	中文名称	英文标签	类型	长度	取值	选择性	说明	示例
1	组列表	groupList	XML数据	最短1位	不定	必选	组名与该关键字符合或组名包含该关键字的组列表	如：“<groupList><groupName>第一组</groupName><groupName>

								第二组 </groupName> </groupList>”

h)　返回值：见表44；

表44　查询组接口返回值

序号	中文名称	英文标签	类型	长度	取值	选择性	说明	示例
1	处理结果	exeResult	字符串	不定	不定	必选	处理成功或失败标识	0表示成功，非0表示失败

i)　Web服务描述：见附录A。

5.5.3　删除组接口

删除组接口的说明包含9个要素。

a)　接口名称：删除组；

b)　英文名称：removeGroup；

c)　功能描述：删除一个已创建的组，且删除组下的所有成员；

d)　前置条件：要删除的组已经存在；

e)　后置条件：成功删除组；

f)　输入参数：见表45；

表45　删除组接口输入参数

序号	中文名称	英文标签	类型	长度	取值	选择性	说明	示例
1	组的名称	groupname	字符串	最长255位	不定	必选	指定要创建的唯一的组的名称	如:“Group1”

g)　输出参数：无；

h)　返回值：见表46；

表46　删除组接口返回值

序号	中文名称	英文标签	类型	长度	取值	选择性	说明	示例
1	处理结果	exeResult	字符串	不定	不定	必选	处理成功或失败标识	0表示成功，非0表示失败

i)　Web服务描述：见附录A。

5.5.4　修改组接口

修改组接口的说明包含9个要素。

a)　接口名称：修改组；

b)　英文名称：modifyGroup；

c)　功能描述：修改一个已创建的组的名称；

d) 前置条件：要修改的组已经存在；
e) 后置条件：成功修改组；
f) 输入参数：见表47；

表47 修改组接口输入参数

序号	中文名称	英文标签	数据类型	长度	取值	选择性	说明	示例
1	组的原名称	srcgroupname	字符串	最长255位	不定	必选	指定要创建的唯一的组的名称	如："Group1"
2	组的新名称	newgroupname	字符串	最长255位	不定	必选	指定要创建的唯一的组的名称	如："Group2"

g) 输出参数：无；
h) 返回值：见表48；

表48 修改组接口返回值

序号	中文名称	英文标签	数据类型	长度	取值	选择性	说明	示例
1	处理结果	exeResult	字符串	不定	不定	必选	处理成功或失败标识	0表示成功，非0表示失败

i) Web服务描述：见附录A。

5.5.5 添加组成员接口

添加组成员接口的说明包含9个要素。

a) 接口名称：添加组成员；
b) 英文名称：addGroupUser；
c) 功能描述：为已创建的组添加成员；
d) 前置条件：该组已经存在；
e) 后置条件：成功添加组成员到指定组；
f) 输入参数：见表49；

表49 添加组成员接口输入参数

序号	中文名称	英文标签	数据类型	长度	取值	选择性	说明	示例
1	组的名称	groupname	字符串	最长255位	不定	必选	指定要创建的唯一的组的名称	如："Group1"
2	成员的名称	username	字符串	最长255位	不定	必选	指定待添加的成员的名称，若一次添加多个组成员，则不同的组成员名之间使用	如："user123;user5678;user1000"

							“;”隔开	

g) 输出参数：无；
h) 返回值：见表 50；

表50　添加组成员接口返回值

序号	中文名称	英文标签	数据类型	长度	取值	选择性	说明	示例
1	处理结果	exeResult	字符串	不定	不定	必选	处理成功或失败标识	0 表示成功，非 0 表示失败

i) Web 服务描述：见附录 A。

5.5.6　删除组成员接口

删除组成员接口的说明包含9个要素。
a) 接口名称：删除组成员；
b) 英文名称：removeGroupUser；
c) 功能描述：删除已创建的组的指定成员；
d) 前置条件：该组已经存在，且指定的成员已存在；
e) 后置条件：成功删除组成员；
f) 输入参数：见表 51；

表51　删除组成员接口输入参数

序号	中文名称	英文标签	数据类型	长度	取值	选择性	说明	示例
1	组的名称	groupname	字符串	最长 255 位	不定	必选	指定要创建的唯一的组的名称	如：“Group1”
2	成员的名称	username	字符串	最长 255 位	不定	必选	指定待删除的成员的名称，若一次删除多个组成员，则不同的组成员名之间使用“;”隔开	如：“user123;user5678;user1000”

g) 输出参数：无；
h) 返回值：见表 52；

表52　删除组成员接口返回值

序号	中文名称	英文标签	数据类型	长度	取值	选择性	说明	示例
1	处理结果	exeResult	字符串	不定	不定	必选	处理成功或失败标识	0 表示成功，非 0 表示失败

i) Web 服务描述：见附录 A。

5.6　阅读端接口

5.6.1 获取页面图片接口

获取页面图片接口的说明包含9个要素。

a) 接口名称：获取页面图片；

b) 英文名称：getPageImage；

c) 功能描述：获取指定数字内容的指定页面在阅读端呈现的图片，主要由Web型的浏览器阅读端采用；

d) 前置条件：该文件和页面均已存在；

e) 后置条件：获得指定文件的指定页面图片；

f) 输入参数：见表 53；

表53 获取页面图片接口输入参数

序号	中文名称	英文标签	类型	长度	取值	选择性	说明	示例
1	数字内容文件标识	fileID	字符串	最短 1 位，最长 255 位	不定	必选	唯一标识数字内容文件	如：2012
2	缩放比例	ratio	浮点型	不定	0.1~4.0	必选	指定在原始分辨率下进行缩放的比例	1.0
3	页码	pageNo	整型	不定	1~32767	必选	指定当前需要在线阅览的页面	如：123
4	用户信息	userInfo	字符串	不定	不定	必选	唯一标识一个用户的信息（可以是该用户的硬件信息、用户名密码绑定密文等）	如：手机 IMEI 号

g) 输出参数：见表 54；

表54 获取页面图片接输出参数

序号	中文名称	英文标签	数据类型	长度	取值	选择性	说明	示例
1	页面图片数据	datacontent	图片数据	不定	不定	必选	指定页面在阅读端呈现的强版式位图，可直接渲染呈现	如：00101100110000111010011…

h) 返回值：见表 55。

表55 获取页面图片接口返回值

序号	中文名称	英文标签	数据类型	长度	取值	选择性	说明	示例

1	处理结果	exeResult	字符串	不定	不定	必选	处理成功或失败标识	0 表示成功，非 0 表示失败

5.6.2　获取页面文本接口

获取页面文本接口的说明包含8个要素。

a)　接口名称：获取页面文本；

b)　英文名称：getPageText；

c)　功能描述：获取指定数字内容的指定页面在阅读端呈现的文本，主要由软件型的专用阅读端采用；

d)　前置条件：该文件和页面均已存在；

e)　后置条件：获得指定文件的指定页面文本；

f)　输入参数：见表 56；

表56　获取页面文本接口输入参数

序号	中文名称	英文标签	数据类型	长度	取值	选择性	说明	示例
1	数字内容文件标识	fileID	字符串	最小 1 位，最长 255 位	不定	必选	唯一标识数字内容文件	如：2012
2	页码	pageNo	整型	不定	1~32767	必选	指定当前需要在线阅览的页面	如：123
3	用户信息	userInfo	字符串	不定	不定	必选	唯一标识一个用户的信息（可以是该用户的硬件信息、用户名密码绑定密文等）	如：手机 IMEI 号

g)　输出参数：见表 57；

表57　获取页面文本接输出参数

序号	中文名称	英文标签	数据类型	长度	取值	选择性	说明	示例
1	页面文本数据	pageTextData	字符串	不定	不定	必选	指定页面在阅读端呈现的文本	如：01111100100100`…

h)　返回值：见表 58。

表58　获取页面文本接口返回值

序号	中文名称	英文标签	数据类型	长度	取值	选择性	说明	示例

1	处理结果	exeResult	字符串	不定	不定	必选	处理成功或失败标识	0 表示成功，非 0 表示失败

附　录　A

（规范性附录）

在线阅览应用开发包各接口的web服务描述

描述服务器端各接口web服务的wsdl文件如下：


```
<?xml version="1.0" encoding="UTF-8"?>
<definitions
xmlns:wsu="http://docs.oasis-open.org/wss/2004/01/oasis-200401-wss-wssecurity-utility-1.0.xsd"
xmlns:soap="http://schemas.xmlsoap.org/wsdl/soap/" xmlns:tns="http://219.141.187.20/DRMGC/"
xmlns:xsd="http://www.w3.org/2001/XMLSchema" xmlns="http://schemas.xmlsoap.org/wsdl/"
targetNamespace="http://219.141.187.20/DRMGC/" name="ReadingOnlineServiceService">
<types>
<xsd:schema>
<xsd:import namespace="http://219.141.187.20/DRMGC/" schemaLocation=""></xsd:import>
</xsd:schema>
</types>
<message name="getPermissions">
<part name="parameters" element="tns:getPermissions"></part>
</message>
<message name="getPermissionsResponse">
<part name="parameters" element="tns:getPermissionsResponse"></part>
</message>
<message name="getGroups">
<part name="parameters" element="tns:getGroups"></part>
</message>
<message name="getGroupsResponse">
<part name="parameters" element="tns:getGroupsResponse"></part>
</message>
<message name="addFile">
<part name="parameters" element="tns:addFile"></part>
</message>
<message name="addFileResponse">
<part name="parameters" element="tns:addFileResponse"></part>
</message>
<message name="removeFile">
<part name="parameters" element="tns:removeFile"></part>
</message>
<message name="removeFileResponse">
<part name="parameters" element="tns:removeFileResponse"></part>
</message>
```

```
<message name="renameFile">
<part name="parameters" element="tns:renameFile"></part>
</message>
<message name="renameFileResponse">
<part name="parameters" element="tns:renameFileResponse"></part>
</message>
<message name="getFileList">
<part name="parameters" element="tns:getFileList"></part>
</message>
<message name="getFileListResponse">
<part name="parameters" element="tns:getFileListResponse"></part>
</message>
<message name="removeGroup">
<part name="parameters" element="tns:removeGroup"></part>
</message>
<message name="removeGroupResponse">
<part name="parameters" element="tns:removeGroupResponse"></part>
</message>
<message name="addGroup">
<part name="parameters" element="tns:addGroup"></part>
</message>
<message name="addGroupResponse">
<part name="parameters" element="tns:addGroupResponse"></part>
</message>
<message name="renameDir">
<part name="parameters" element="tns:renameDir"></part>
</message>
<message name="renameDirResponse">
<part name="parameters" element="tns:renameDirResponse"></part>
</message>
<message name="createDir">
<part name="parameters" element="tns:createDir"></part>
</message>
<message name="createDirResponse">
<part name="parameters" element="tns:createDirResponse"></part>
</message>
<message name="removeDir">
<part name="parameters" element="tns:removeDir"></part>
</message>
<message name="removeDirResponse">
<part name="parameters" element="tns:removeDirResponse"></part>
</message>
<message name="moveDir">
```

```
<part name="parameters" element="tns:moveDir"></part>
</message>
<message name="moveDirResponse">
<part name="parameters" element="tns:moveDirResponse"></part>
</message>
<message name="getSubDirList">
<part name="parameters" element="tns:getSubDirList"></part>
</message>
<message name="getSubDirListResponse">
<part name="parameters" element="tns:getSubDirListResponse"></part>
</message>
<message name="revokePermissions">
<part name="parameters" element="tns:revokePermissions"></part>
</message>
<message name="revokePermissionsResponse">
<part name="parameters" element="tns:revokePermissionsResponse"></part>
</message>
<message name="copyDir">
<part name="parameters" element="tns:copyDir"></part>
</message>
<message name="copyDirResponse">
<part name="parameters" element="tns:copyDirResponse"></part>
</message>
<message name="removeGroupUser">
<part name="parameters" element="tns:removeGroupUser"></part>
</message>
<message name="removeGroupUserResponse">
<part name="parameters" element="tns:removeGroupUserResponse"></part>
</message>
<message name="removeMetaData">
<part name="parameters" element="tns:removeMetaData"></part>
</message>
<message name="removeMetaDataResponse">
<part name="parameters" element="tns:removeMetaDataResponse"></part>
</message>
<message name="modifyMetaData">
<part name="parameters" element="tns:modifyMetaData"></part>
</message>
<message name="modifyMetaDataResponse">
<part name="parameters" element="tns:modifyMetaDataResponse"></part>
</message>
<message name="addPermissions">
```

```
<part name="parameters" element="tns:addPermissions"></part>
</message>
<message name="addPermissionsResponse">
<part name="parameters" element="tns:addPermissionsResponse"></part>
</message>
<message name="modifyGroup">
<part name="parameters" element="tns:modifyGroup"></part>
</message>
<message name="modifyGroupResponse">
<part name="parameters" element="tns:modifyGroupResponse"></part>
</message>
<message name="addGroupUser">
<part name="parameters" element="tns:addGroupUser"></part>
</message>
<message name="addGroupUserResponse">
<part name="parameters" element="tns:addGroupUserResponse"></part>
</message>
<message name="addMetaData">
<part name="parameters" element="tns:addMetaData"></part>
</message>
<message name="addMetaDataResponse">
<part name="parameters" element="tns:addMetaDataResponse"></part>
</message>
<message name="getMetaData">
<part name="parameters" element="tns:getMetaData"></part>
</message>
<message name="getMetaDataResponse">
<part name="parameters" element="tns:getMetaDataResponse"></part>
</message>
<message name="getPageText">
<part name="parameters" element="tns:getPageText"></part>
</message>
<message name="getPageTextResponse">
<part name="parameters" element="tns:getPageTextResponse"></part>
</message>
<message name="getPageImage">
<part name="parameters" element="tns:getPageImage"></part>
</message>
<message name="getPageImageResponse">
<part name="parameters" element="tns:getPageImageResponse"></part>
</message>
<portType name="ReadingOnlineServiceDelegate">
<operation name="getPermissions">
```

```
<input message="tns:getPermissions"></input>
<output message="tns:getPermissionsResponse"></output>
</operation>
<operation name="getGroups">
<input message="tns:getGroups"></input>
<output message="tns:getGroupsResponse"></output>
</operation>
<operation name="addFile">
<input message="tns:addFile"></input>
<output message="tns:addFileResponse"></output>
</operation>
<operation name="removeFile">
<input message="tns:removeFile"></input>
<output message="tns:removeFileResponse"></output>
</operation>
<operation name="renameFile">
<input message="tns:renameFile"></input>
<output message="tns:renameFileResponse"></output>
</operation>
<operation name="getFileList">
<input message="tns:getFileList"></input>
<output message="tns:getFileListResponse"></output>
</operation>
<operation name="removeGroup">
<input message="tns:removeGroup"></input>
<output message="tns:removeGroupResponse"></output>
</operation>
<operation name="addGroup">
<input message="tns:addGroup"></input>
<output message="tns:addGroupResponse"></output>
</operation>
<operation name="renameDir">
<input message="tns:renameDir"></input>
<output message="tns:renameDirResponse"></output>
</operation>
<operation name="createDir">
<input message="tns:createDir"></input>
<output message="tns:createDirResponse"></output>
</operation>
<operation name="removeDir">
<input message="tns:removeDir"></input>
<output message="tns:removeDirResponse"></output>
```

```
</operation>
<operation name="moveDir">
<input message="tns:moveDir"></input>
<output message="tns:moveDirResponse"></output>
</operation>
<operation name="getSubDirList">
<input message="tns:getSubDirList"></input>
<output message="tns:getSubDirListResponse"></output>
</operation>
<operation name="revokePermissions">
<input message="tns:revokePermissions"></input>
<output message="tns:revokePermissionsResponse"></output>
</operation>
<operation name="copyDir">
<input message="tns:copyDir"></input>
<output message="tns:copyDirResponse"></output>
</operation>
<operation name="removeGroupUser">
<input message="tns:removeGroupUser"></input>
<output message="tns:removeGroupUserResponse"></output>
</operation>
<operation name="removeMetaData">
<input message="tns:removeMetaData"></input>
<output message="tns:removeMetaDataResponse"></output>
</operation>
<operation name="modifyMetaData">
<input message="tns:modifyMetaData"></input>
<output message="tns:modifyMetaDataResponse"></output>
</operation>
<operation name="addPermissions">
<input message="tns:addPermissions"></input>
<output message="tns:addPermissionsResponse"></output>
</operation>
<operation name="modifyGroup">
<input message="tns:modifyGroup"></input>
<output message="tns:modifyGroupResponse"></output>
</operation>
<operation name="addGroupUser">
<input message="tns:addGroupUser"></input>
<output message="tns:addGroupUserResponse"></output>
</operation>
<operation name="addMetaData">
<input message="tns:addMetaData"></input>
```

```
<output message="tns:addMetaDataResponse"></output>
</operation>
<operation name="getMetaData">
<input message="tns:getMetaData"></input>
<output message="tns:getMetaDataResponse"></output>
</operation>
<operation name="getPageText">
<input message="tns:getPageText"></input>
<output message="tns:getPageTextResponse"></output>
</operation>
<operation name="getPageImage">
<input message="tns:getPageImage"></input>
<output message="tns:getPageImageResponse"></output>
</operation>
</portType>
<binding name="ReadingOnlineServicePortBinding" type="tns:ReadingOnlineServiceDelegate">
<soap:binding transport="http://schemas.xmlsoap.org/soap/http" style="document"></soap:binding>
<operation name="getPermissions">
<soap:operation soapAction=""></soap:operation>
<input>
<soap:body use="literal"></soap:body>
</input>
<output>
<soap:body use="literal"></soap:body>
</output>
</operation>
<operation name="getGroups">
<soap:operation soapAction=""></soap:operation>
<input>
<soap:body use="literal"></soap:body>
</input>
<output>
<soap:body use="literal"></soap:body>
</output>
</operation>
<operation name="addFile">
<soap:operation soapAction=""></soap:operation>
<input>
<soap:body use="literal"></soap:body>
</input>
<output>
<soap:body use="literal"></soap:body>
```

```
</output>
</operation>
<operation name="removeFile">
<soap:operation soapAction=""></soap:operation>
<input>
<soap:body use="literal"></soap:body>
</input>
<output>
<soap:body use="literal"></soap:body>
</output>
</operation>
<operation name="renameFile">
<soap:operation soapAction=""></soap:operation>
<input>
<soap:body use="literal"></soap:body>
</input>
<output>
<soap:body use="literal"></soap:body>
</output>
</operation>
<operation name="getFileList">
<soap:operation soapAction=""></soap:operation>
<input>
<soap:body use="literal"></soap:body>
</input>
<output>
<soap:body use="literal"></soap:body>
</output>
</operation>
<operation name="removeGroup">
<soap:operation soapAction=""></soap:operation>
<input>
<soap:body use="literal"></soap:body>
</input>
<output>
<soap:body use="literal"></soap:body>
</output>
</operation>
<operation name="addGroup">
<soap:operation soapAction=""></soap:operation>
<input>
<soap:body use="literal"></soap:body>
</input>
```

```
<output>
<soap:body use="literal"></soap:body>
</output>
</operation>
<operation name="renameDir">
<soap:operation soapAction=""></soap:operation>
<input>
<soap:body use="literal"></soap:body>
</input>
<output>
<soap:body use="literal"></soap:body>
</output>
</operation>
<operation name="createDir">
<soap:operation soapAction=""></soap:operation>
<input>
<soap:body use="literal"></soap:body>
</input>
<output>
<soap:body use="literal"></soap:body>
</output>
</operation>
<operation name="removeDir">
<soap:operation soapAction=""></soap:operation>
<input>
<soap:body use="literal"></soap:body>
</input>
<output>
<soap:body use="literal"></soap:body>
</output>
</operation>
<operation name="moveDir">
<soap:operation soapAction=""></soap:operation>
<input>
<soap:body use="literal"></soap:body>
</input>
<output>
<soap:body use="literal"></soap:body>
</output>
</operation>
<operation name="getSubDirList">
<soap:operation soapAction=""></soap:operation>
```

```
<input>
<soap:body use="literal"></soap:body>
</input>
<output>
<soap:body use="literal"></soap:body>
</output>
</operation>
<operation name="revokePermissions">
<soap:operation soapAction=""></soap:operation>
<input>
<soap:body use="literal"></soap:body>
</input>
<output>
<soap:body use="literal"></soap:body>
</output>
</operation>
<operation name="copyDir">
<soap:operation soapAction=""></soap:operation>
<input>
<soap:body use="literal"></soap:body>
</input>
<output>
<soap:body use="literal"></soap:body>
</output>
</operation>
<operation name="removeGroupUser">
<soap:operation soapAction=""></soap:operation>
<input>
<soap:body use="literal"></soap:body>
</input>
<output>
<soap:body use="literal"></soap:body>
</output>
</operation>
<operation name="removeMetaData">
<soap:operation soapAction=""></soap:operation>
<input>
<soap:body use="literal"></soap:body>
</input>
<output>
<soap:body use="literal"></soap:body>
</output>
</operation>
```

```
<operation name="modifyMetaData">
<soap:operation soapAction=""></soap:operation>
<input>
<soap:body use="literal"></soap:body>
</input>
<output>
<soap:body use="literal"></soap:body>
</output>
</operation>
<operation name="addPermissions">
<soap:operation soapAction=""></soap:operation>
<input>
<soap:body use="literal"></soap:body>
</input>
<output>
<soap:body use="literal"></soap:body>
</output>
</operation>
<operation name="modifyGroup">
<soap:operation soapAction=""></soap:operation>
<input>
<soap:body use="literal"></soap:body>
</input>
<output>
<soap:body use="literal"></soap:body>
</output>
</operation>
<operation name="addGroupUser">
<soap:operation soapAction=""></soap:operation>
<input>
<soap:body use="literal"></soap:body>
</input>
<output>
<soap:body use="literal"></soap:body>
</output>
</operation>
<operation name="addMetaData">
<soap:operation soapAction=""></soap:operation>
<input>
<soap:body use="literal"></soap:body>
</input>
<output>
```

```
<soap:body use="literal"></soap:body>
</output>
</operation>
<operation name="getMetaData">
<soap:operation soapAction=""></soap:operation>
<input>
<soap:body use="literal"></soap:body>
</input>
<output>
<soap:body use="literal"></soap:body>
</output>
</operation>
<operation name="getPageText">
<soap:operation soapAction=""></soap:operation>
<input>
<soap:body use="literal"></soap:body>
</input>
<output>
<soap:body use="literal"></soap:body>
</output>
</operation>
<operation name="getPageImage">
<soap:operation soapAction=""></soap:operation>
<input>
<soap:body use="literal"></soap:body>
</input>
<output>
<soap:body use="literal"></soap:body>
</output>
</operation>
</binding>
<service name="ReadingOnlineServiceService">
<port name="ReadingOnlineServicePort" binding="tns:ReadingOnlineServicePortBinding">
<soap:address location=""></soap:address>
</port>
</service>
</definitions>
```

附 录 B
(资料性附录)
在线阅览应用开发包的应用场景

数字内容提供商通过调用在线阅览版权保护 Web 服务向在线阅览版权保护系统提供数字资源并授权，系统对数字资源集中管理，其中系统管理包括文件管理、用户管理、权限管理等。

阅读端的内容使用者向系统发送资源请求，系统验证请求并做出响应。如果身份验证成功，系统将呈现资源给请求方。在呈现环节，系统根据不同的阅读端采用不同手段保护数字资源的安全性，Web 阅读端采用内容切分、混淆、重现的方式，软件阅读端采用数据“不落地”的方式。

在线阅览应用开发包的应用场景如图 B.1 所示。

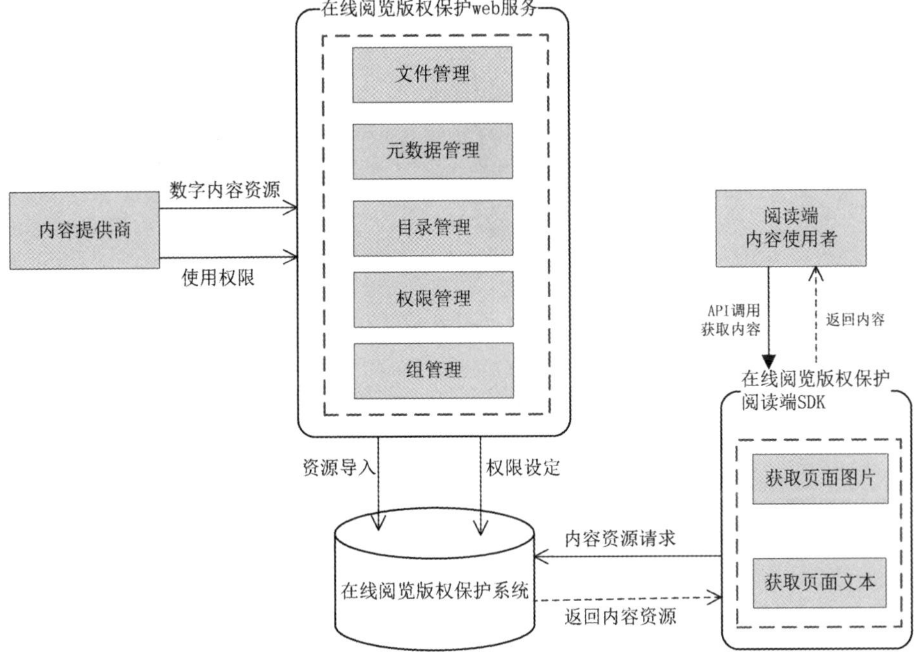

图 B.1 在线阅览应用开发包的应用场景

参 考 文 献

[1] http://zh.wikipedia.org/zh/Web%E6%9C%8D%E5%8A%A1

———————————

GC

数字版权保护技术研发工程标准

GC/BQ 15—2015

数字内容交易与分发版权保护技术接口

Interfaces of copyright protection technology for digital content trade and distribution

2015 - 02 - 03 发布　　2015 - 02 - 03 实施

新闻出版广电总局新闻出版重大科技工程项目领导小组　发布

目　次

前　言

本标准按照GB/T 1.1—2009给出的规则起草。

本标准由新闻出版广电总局新闻出版重大科技工程项目领导小组办公室提出并归口。

本标准起草单位：中国科学院自动化研究所、北京大学、北京中文在线文化发展有限公司。

本标准主要起草人：冯晓、俞银燕、陈立峰。

引　言

当前，网络已经成为人们获取和分发数字内容的重要渠道，传统作品的数字化和网络交易分发已经成为主要的内容传播方式之一。由于数字内容很容易被复制、修改和传播，数字内容版权保护问题已成为数字内容产业发展过程中急需解决的问题。

面向内容交易与分发的版权保护技术作为确保数字内容在出版、分发、传播、消费过程中的版权安全的基本必需技术，最先为人们所关注和熟悉。在B2C内容交易与分发模式下的版权保护方面，目前已经取得了较好的研究成果并开发了一系列应用系统。但是随着互联网技术与数字出版技术的发展与推广应用，数字内容作品交易传播的方式日益繁多。在数字出版领域，除了传统的B2C分发模式，还出现了超级分发、B2B批量分发（如图书批发）、B2C二次分发（如批发图书的机构将批发到的图书销售/出借/出租给消费者）等分发模式。

为了丰富数字内容作品传播渠道、拓展数字出版商业模式、需要研究新应用需求下的内容交易与分发版权保护技术，实现对多种内容交易与分发模式的支持，给出面向多种常见的内容交易与分发模式的版权保护解决方案，为数字内容网络安全交易与分发提供版权保护技术支撑，保障数字内容在交易、分发、使用等环节的版权安全。

为了数字版权保护技术研发工程（以下简称“本工程”）的各应用系统能够准确理解和使用内容交易与分发版权保护技术的研发成果，以及未来可能接入到本工程的其他内容交易与分发版权保护技术产品能够顺利接入，需要对内容交易与分发版权保护技术应用开发包的接口和参数进行规范化描述，这有利于增强工程研发成果的可扩展性和开放性，有利于工程成果的推广。

数字内容交易与分发版权保护技术接口

1　范围

本标准提出了数字版权保护技术研发工程内容交易与分发版权保护技术应用开发包接口的功能、参数的规范性描述。

本标准适用于数字版权保护技术研发工程内容交易与分发版权保护技术应用开发包、互联网出版版权保护应用系统、按需印刷版权保护应用系统、移动出版版权保护应用系统、出版单位自主发行版权保护系统、富媒体报刊版权保护系统的开发和应用。

2　规范性引用文件

下列文件对于本文件的应用是必不可少的。凡是注日期的引用文件，仅注日期的版本适用于本文件。凡是不注日期的引用文件，其最新版本（包括所有的修改单）适用于本文件。

GC/BQ 3　数字版权保护技术研发工程术语

GC/BQ 4　数字版权管理标识

GC/BQ 5　数字权利描述语言

GC/BQ 6　数字版权保护内容格式

GC/BQ 7　数字版权封装

GC/BQ 9　数字权利元数据

GC/BQ 25.2　信息安全及电子认证服务技术规范 第2部分　密码服务中间件接口规范

ITU-T X509　X509数字证书标准

3　术语和定义、缩略语

3.1　术语和定义

GC/BQ 3 界定的以及下列术语和定义适用于本文件。

3.1.1

授权许可证　authorization license

许可证

数字权利描述语言基本单位，即某一个权利发布者对另一个权利接受者的权利声明。

3.1.2

密钥　key

一种用于控制密码变换操作（例如加密、解密、密码校验函数计算、签名生成或签名验证）的复合序列。

[GB/T 25069—2010，定义 2.2.2.106]

3.1.3

绑定 binding
利用指定对象将被绑定对象的明文转换为密文的操作。

3.1.4

超级分发 super distribution
对可公开获取的加密数字内容的一种分发手段。

3.1.5

二次分发 secondary distribution
对数字内容及其许可再次转移的一种分发手段。

3.1.6

批量分发 batch distribution
对数字内容及其许可成批转移的一种分发手段。

3.1.7

B2C分发 business-to-customer distribution
对数字内容及其许可从商家转移到顾客的一种分发手段。

3.2 缩略语

下列缩略语适用于本文件。
API：应用程序接口/应用编程接口（Application Programming Interface）
IMEI：国际移动设备身份码（International Mobile Equipment Identity）
SDK：软件开发工具包（Software Development Kit）
XML：可扩展置标语言（Extensible Markup Language）

4 接口的列表

数字内容交易与分发版权保护技术应用开发包（以下简称“交易与分发应用开发包”）提供服务器端和客户端的接口，实现数字内容的封装、密钥绑定、授权、许可证解析、密钥解绑定和内容解密等功能，且支持内容分段控制的细粒度授权方式和多硬件环境下的自适应授权方式，支持如超级分发、二次分发、批量分发等多种内容交易与分发的方式。交易与分发应用开发包的调用流程，见附录E。

交易与分发应用开发包的功能与接口的对应关系，见表1。

表1 交易与分发应用开发包的功能与接口对应关系表

类型	中文名称	英文标签	功能项
服务器端接口	内容分段	CreateSegmentInfo	根据指定的分段策略或自定义分段信息对指定的数字内容作品文件分段
	内容加密封装	Encapsulation	将指定的数字内容作品文件加密封装

	超级分发授权	CDRMSRelServerAgent	初始化接口
		CreateSuperDistributionRel	生成超级分发的数字许可证
		SetRelInfo	用于设定数字许可证中各部分参数的接口
		AddSuperDistributionAssetInfo	添加超级分发数字内容信息以及相应的权限表
		AddRelPermissionRight	向索引指定的权利项下添加具体权利对象以及相应的约束信息
	批量分发授权	CDRMSRelServerAgent	初始化接口
		CreateBatchDistributionRel	生成批量分发的数字许可证
		SetRelInfo	用于设定数字许可证中各部分参数的接口
		AddBatchAssetInfo	添加批量分发数字内容信息以及相应的权限表
		AddRelPermissionRight	向索引指定的权利项下添加具体权利对象以及相应的约束信息
	批量内容权利处理	CDRMSRelClientAgent	初始化接口
		GetRelInfo	获得数字许可证对象的接口
		GetRelAssetsCount	获取数字许可证中内容资源的个数
		GetRelAssetInfo	根据指定的索引值获取相应的内容资源信息
		GetRelPermissionsCount	获取数字许可证中权利项的个数
		GetRelPermissionInfo	根据指定的索引值获取数字许可证中相应的权利项
		GetRelAssetKey	根据指定的内容资源标识获取相应的密钥信息
	二次分发授权	CDRMSRelServerAgent	初始化接口
		CreateRedistributionRel	生成二次分发的数字许可证
		SetRelInfo	用于设定数字许可证中各部分参数的接口
		AddRedistributionAssetInfo	添加二次分发数字内容信息以及相应的权限表
		AddRelPermissionRight	向索引指定的权利项下添加具体权利对象以及相应的约束信息
	B2C分发授权	CDRMSRelServerAgent	初始化接口
		CreateRedistributionRel	生成B2C分发的数字许可证
		SetRelInfo	用于设定数字许可证中各部分参数的接口
		AddRedistributionAssetInfo	添加B2C数字内容信息以及相应的权限表
		AddRelPermissionRight	向索引指定的权利项下添加具体权利对象以及相应的约束信息
客户器端接口	数字许可证解析	CDRMSRelClientAgent	初始化接口
		GetRelInfo	获得数字许可证对象的接口
		GetRelAssetsCount	获取数字许可证中内容资源的个数
		GetRelAssetInfo	根据指定的索引值获取相应的内容资源
		GetRelPermissionsCount	获取数字许可证中权利项的个数

		GetRelPermissionInfo	根据指定的索引值获取数字许可证中相应的权利项
		GetRelAssetKey	根据指定的内容资源标识获取相应的密钥信息
		GetRelAssetSegKeys	根据指定的内容资源标识获取相应的段密钥信息
	内容解密	DecryptSegment	解密指定的数字内容（或数字内容的指定分段）

5　接口说明

5.1　服务器端接口

5.1.1　内容分段接口

内容分段接口的说明包含9个要素：

a)　接口名称：内容分段；

b)　英文名称：CreateSegmentInfo；

c)　功能描述：根据分段策略，完成对指定数字内容的分段；

d)　前置条件：能够成功读写数字内容作品文件路径指向的文件；

e)　后置条件：完成对指定数字内容作品的分段并将分段结果写入指定数字内容作品文件中；

f)　函数原型示例：见附录C；

g)　输入参数：见表2；

表2　内容分段接口输入参数

序号	中文名称	英文标签	类型	长度	取值	选择性	说明	示例
1	数字内容作品文件路径	AssetFilePath	字符串	最短 1 位，最长 255 位	不定	必选	待分段的数字内容作品文件的路径； 数字内容的格式遵循 GC/BQ 6 给出的规范。	如：“../digitalContenFiles/contentName.cebx”
2	分段策略	SegmentPolicy	整型	不定	0~4	必选	分段策略的标识； 分段策略代码表见 A.1	4 表示自定义分段
3	分段信息	SegmentInfo	XML 数据	不定	不定	可选；分段策略为 0~2 时，无需输入；	用于描述按页分段信息和自定义分段信息； 分段策略为 3 时，分段信息是以‘,’分隔的各分段范	分段策略为 3 时，“1-3,4-6,7-20”； 分段策略为 4 时，见附录 B

						分段策略为3和4时，必须输入	围组成的字符串，每个分段范围为单个数字或由数字和“-”组成的范围； 分段策略为4时，分段信息为符合分段描述规范的XML数据	

h) 输出参数：无；

i) 返回值：见表3。

表3 内容分段接口返回值

序号	中文名称	英文标签	类型	长度	取值	选择性	说明	示例
1	处理结果	exeResult	整型	不定	-32768~32767	必选	处理成功或失败标识	0表示成功，非0表示失败

5.1.2 内容加密封装接口

内容加密封装接口的说明包含9个要素：

a) 接口名称：内容加密封装；

b) 英文名称：Encapsulation；

c) 功能描述：实现对指定数字内容的加密及封装；

d) 前置条件：能够成功读写数字内容作品文件路径指向的文件；

e) 后置条件：完成对数字内容作品的加密及封装；

f) 函数原型示例：见附录C；

g) 输入参数：见表4；

表4 内容加密封装接口输入参数

序号	中文名称	英文标签	类型	长度	取值	选择性	说明	示例
1	数字内容作品文件路径	AssetFile Path	字符串	最短1位，最长255位	不定	必选	数字内容作品文件的路径	数字内容的格式遵循 GC/BQ 6给出的规范，如：“../digitalContenFiles/contentName.cebx”
2	数字版权管理标识	DRMI	字符串	22个字符	不定	可选	可唯一标识数字内容	遵循 GC/BQ 4 给出的规范

3	权利引导地址	RightsIssuerURL	字符串	最短 1 位，最长 2048 位	不定	可选	权利引导地址，即在文档未授权时，可通过该地址获取相关信息	遵循 GC/BQ 7 给出的规范
4	权利对象	RightsObject	XML 数据	不定	不定	可选	指定数字内容的授权信息，用户使用数字内容时根据该权利对象的授权进行相应的操作	遵循 GC/BQ 7 给出的规范
5	内容密钥	DRMKey	二进制串	不定	不定	必选	用于加密数字内容的密钥	0101101101010100 1000111101001111 1 0011110011001010 110101010100101 …
6	加密算法	EncryptMethod	字符串	不定	不定	可选	DRM 加密方案，在工程中填写为一个默认值	遵循 GC/BQ 7 给出的规范

h) 输出参数：无；

i) 返回值：见表 5。

表5 内容加密封装接口返回值

序号	中文名称	英文标签	类型	长度	取值	选择性	说明	示例
1	处理结果	exeResult	整型	不定	-32768-32767	必选	处理成功或失败标识	0 表示成功，非 0 表示失败

5.1.3 超级分发授权

5.1.3.1 超级分发授权初始化接口

超级分发授权初始化接口的说明包含9个要素：

a) 接口名称：超级分发授权初始化；

b) 英文名称：CDRMSRelServerAgent；

c) 功能描述：用于设定超级分发授权初始化信息；

d) 前置条件：无；

e) 后置条件：完成初始化；

f) 函数原型示例：见附录C；

g) 输入参数：见表6；

表6 超级分发授权初始化接口输入参数

序	中文名称	英文标签	类型	长度	取值	选择性	说明	示例

序号	中文名称	英文标签	类型	长度	取值	选择性	说明	示例
1	许可证标识	RelUID	字符串	不定	不定	必选	数字许可证编号，可按照应用系统的实际情况编码	X256871
2	权利发布者名称	AssignorName	字符串	不定	不定	必选	用于说明授权者的信息，即授权者的名称	遵循GC/BQ 9给出的规范

h) 输出参数：无；

i) 返回值：无。

5.1.3.2 超级分发数字许可证生成接口

超级分发数字许可证生成接口的说明包含9个要素：

a) 接口名称：超级分发数字许可证生成；

b) 英文名称：CreateSuperDistributionRel；

c) 功能描述：用于生成超级分发数字许可证内容；

d) 前置条件：授权初始化，添加相关资源、权利及约束；

e) 后置条件：完成数字许可证的创建；

f) 函数原型示例：见附录C；

g) 输入参数：见表7；

表7　超级分发数字许可证生成接口输入参数

序号	中文名称	英文标签	类型	长度	取值	选择性	说明	示例
1	授权者私钥	PrivateKey	Base64编码后字符串	不定	不定	必选	用于电子签名，表明授权者的身份	遵循GC/BQ 25.2部分给出的规范
2	授权者证书	CertificateFile	XML数据	不定	不定	必选	包含授权者的公钥，用于验证授权者身份	遵循ITU-T X509给出的规范
3	签名算法模式	SignMethod	整数	不定	0~10	必选	指明签名所用的算法	遵循GC/BQ 25.2部分给出的规范

h) 输出参数：见表8；

表8　超级分发数字许可证生成接口输出参数

序号	中文名称	英文标签	类型	长度	取值	选择性	说明	示例
1	数字许可证	RelContent	XML数据	不定	不定	必选	生成的数字许可证	遵循GC/BQ 5给出的规范

i) 返回值：见表 9。

表9 超级分发数字许可证生成接口返回值

序号	中文名称	英文标签	类型	长度	取值	选择性	说明	示例
1	处理结果	exeResult	整型	不定	-32768-32767	必选	处理成功或失败标识	0 表示成功，非 0 表示失败

5.1.3.3 数字许可证参数设置接口

数字许可证参数设置接口的说明包含9个要素：

a) 接口名称：数字许可证参数设置；
b) 英文名称：SetRelInfo ；
c) 功能描述：用于设定数字许可证中各部分参数；
d) 前置条件：完成初始化；
e) 后置条件：许可证各部分的参数已重新设置；
f) 函数原型示例：见附录C；
g) 输入参数：见表10；

表10 数字许可证参数设置接口输入参数

序号	中文名称	英文标签	类型	长度	取值	选择性	说明	示例
1	许可证信息	Rel	复合型	不定	不定	必选	用于指定需要设置的数字许可证各部分的参数	遵循 GC/BQ 5 给出的规范； 见附录 D

h) 输出参数：无；
i) 返回值：见表11。

表11 数字许可证参数设置接口返回值

序号	中文名称	英文标签	类型	长度	取值	选择性	说明	示例
1	处理结果	exeResult	整型	不定	-32768~32767	必选	处理成功或失败标识	0 表示成功，非 0 表示失败

5.1.3.4 超级分发数字内容资源添加接口

超级分发数字内容资源添加接口的说明包含9个要素：

a) 接口名称：超级分发数字内容资源添加；
b) 英文名称：AddSuperDistributionAssetInfo；
c) 功能描述：添加超级分发数字内容信息以及相应的权限列表；

d)　前置条件：完成初始化；
e)　后置条件：数字内容信息以及相应的权限表被添加；
f)　函数原型示例：见附录C；
g)　输入参数：见表12；

表12　超级分发数字内容资源添加接口输入参数

序号	中文名称	英文标签	类型	长度	取值	选择性	说明	示例
1	超级分发数字内容信息	Asset	复合型	不定	不定	必选	说明数字内容的元数据；包括：数字版权管理标识、资源编号、题名、授权服务地址	遵循 GC/BQ 9 给出的规范；见附录 D
2	内容密钥	PlainKey	二进制串	不定	不定	必选	用于解密数字内容的内容密钥	0101101101010100100011110100111110011110011001010 1...
3	权利信息	Permission	复合型	不定	不定	必选	指明数字内容的使用权利	遵循 GC/BQ 9 给出的规范；见附录 D

h)　输出参数：无；
i)　返回值：见表13。

表13　超级分发数字内容资源添加接口返回值

序号	中文名称	英文标签	类型	长度	取值	选择性	说明	示例
1	处理结果	exeResult	整型	不定	-32768~32767	必选	处理成功或失败标识	0 表示成功，非 0 表示失败

5.1.3.5　权利信息添加接口

权利信息添加接口的说明包含9个要素：
a)　接口名称：权利信息添加接口；
b)　英文名称：AddRelPermissionRight；
c)　功能描述：向索引指定的权利项下添加具体权利对象以及相应的约束信息；
d)　前置条件：完成授权初始化，已添加相应数字内容资源；
e)　后置条件：完成权利项的添加；
f)　函数原型示例：见附录C；
g)　输入参数：见表14；

表14　权利信息添加接口输入参数

序号	中文名称	英文标签	类型	长度	取值	选择性	说明	示例
1	权利信息	PermissionRight	字符串	不定	不定	必选	指明某个数字内容的权利信息	如“view”、“print”
2	约束信息	Constraint	复合型	不定	不定	可选	指明数字内容的使用权利的约束	遵循 GC/BQ 5 给出的规范； 见附录 D
3	权利项索引	PermissionIndex	整型	不定	不定	必选	制定待添加权利信息和约束信息的权利项索引值	1

h) 输出参数：无；

i) 返回值：见表15。

表15 权利信息添加接口返回值

序号	中文名称	英文标签	类型	长度	取值	选择性	说明	示例
1	处理结果	exeResult	整型	不定	-32768~32767	必选	处理成功或失败标识	0 表示成功，非 0 表示失败

5.1.4 批量分发授权

5.1.4.1 批量分发初始化接口

批量分发授权初始化接口的说明包含9个要素：

a) 接口名称：批量分发授权初始化；

b) 英文名称：CDRMSRelServerAgent；

c) 功能描述：用于设定批量分发授权初始化信息；

d) 前置条件：无；

e) 后置条件：完成初始化；

f) 函数原型示例：见附录C；

g) 输入参数：见表16；

表16 批量分发授权初始化接口输入参数

序号	中文名称	英文标签	类型	长度	取值	选择性	说明	示例
1	绑定信息	BindingInfo	Base64 编码后字符串	最短为 1 位	不定	必选	待与内容密钥绑定的对象标识信息（如设备硬件特征信息）； 使用 Base64 编码技术编码	如：Base64 编码后的手机 IMEI 号

2	许可证标识	RelUID	字符串	不定	不定	必选	数字许可证编号，可按照应用系统的实际情况编码	X256871
3	权利发布者名称	Assignor Name	字符串	不定	不定	必选	用于说明授权者的信息，即授权者的名称	遵循 GC/BQ 5 给出的规范

h) 输出参数：无；
i) 返回值：无。

5.1.4.2 批量分发数字许可证生成接口

批量分发数字许可证生成接口的说明包含9个要素：
a) 接口名称：批量分发数字许可证生成；
b) 英文名称：CreateBatchDistributionRel；
c) 功能描述：用于生成批量分发数字许可证内容；
d) 前置条件：完成授权初始化，添加相关资源、权利及约束；
e) 后置条件：完成数字许可证的创建；
f) 函数原型示例：见附录C；
g) 输入参数：见表17；

表17 批量分发数字许可证生成接口输入参数

序号	中文名称	英文标签	类型	长度	取值	选择性	说明	示例
1	授权者私钥	PrivateKey	Base64 编码后字符串	不定	不定	必选	用于电子签名，表明授权者的身份	遵循 GC/BQ 25.2 部分给出的规范
2	授权者证书	Certificate File	XML 数据	不定	不定	必选	包含授权者的公钥，用于验证授权者身份	遵循 ITU-T X509 给出的规范
3	签名算法模式	SignMethod	整数	不定	0-10	必选	指明签名所用的算法	遵循 GC/BQ 25.2 部分给出的规范

h) 输出参数：见表 18；

表18 批量分发数字许可证生成接口输出参数

序号	中文名称	英文标签	类型	长度	取值	选择性	说明	示例
1	数字许可证	RelContent	XML 数据	不定	不定	必选	生成的数字许可证	遵循 GC/BQ 5 给出的规范

i) 返回值：见表 19。

表19 批量分发数字许可证生成接口返回值

序号	中文名称	英文标签	类型	长度	取值	选择性	说明	示例
1	处理结果	exeResult	整型	不定	-32768~32767	必选	处理成功或失败标识	0 表示成功，非 0 表示失败

5.1.4.3 数字许可证参数设置接口

数字许可证参数设置接口的说明包含9个要素：

a) 接口名称：数字许可证参数设置；
b) 英文名称：SetRelInfo ；
c) 功能描述：用于设定数字许可证中各部分参数；
d) 前置条件：完成初始化；
e) 后置条件：许可证各部分的参数已重新设置；
f) 函数原型示例：见附录C；
g) 输入参数：见表20；

表20 数字许可证参数设置接口输入参数

序号	中文名称	英文标签	类型	长度	取值	选择性	说明	示例
1	许可证信息	Rel	复合型	不定	不定	必选	用于指定需要设置的数字许可证各部分的参数	遵循 GC/BQ 5 给出的规范； 见附录 D

h) 输出参数：无；
i) 返回值：见表21。

表21 数字许可证参数设置接口返回值

序号	中文名称	英文标签	类型	长度	取值	选择性	说明	示例
1	处理结果	exeResult	整型	不定	-32768~32767	必选	处理成功或失败标识	0 表示成功，非 0 表示失败

5.1.4.4 批量分发数字内容资源添加接口

批量分发数字内容资源添加接口的说明包含9个要素：

a) 接口名称：批量分发数字内容资源添加；
b) 英文名称：AddBatchAssetInfo；
c) 功能描述：添加批量分发数字内容信息以及相应的权限列表；
d) 前置条件：完成初始化；

e) 后置条件：数字内容信息以及相应的权限表被添加；
f) 函数原型示例：见附录C；
g) 输入参数：见表22；

表22　批量分发数字内容资源添加接口输入参数

序号	中文名称	英文标签	类型	长度	取值	选择性	说明	示例
1	批量内容总数	InfoNum	整数	不定	0~100	必选	一批待添加的数字内容的总个数	20
2	批量分发数字内容信息	BatchAssetInfo	复合型	不定	不定	必选	说明数字内容的元数据； 包括：数字版权管理标识、资源编号、题名、授权服务地址	遵循 GC/BQ 9 给出的规范； 见附录 D
3	批量内容密钥信息	BatchPlainKey	二进制串	不定	不定	必选	待与指定对象绑定的批量内容密钥	其格式为：[长度][密钥][长度][密钥]……；其中[长度]为 4 个字节。
4	权利信息	Permission	复合型	不定	不定	必选	指明数字内容的使用权利	遵循 GC/BQ 5 给出的规范； 见附录 D

h) 输出参数：无；
i) 返回值：见表23。

表23　批量分发数字内容资源添加接口返回值

序号	中文名称	英文标签	类型	长度	取值	选择性	说明	示例
1	处理结果	exeResult	整型	不定	-32768~32767	必选	处理成功或失败标识	0 表示成功，非 0 表示失败

5.1.4.5　权利信息添加接口

权利信息添加接口的说明包含9个要素：
a) 接口名称：权利信息添加接口；
b) 英文名称：AddRelPermissionRight；
c) 功能描述：向索引指定的权利项下添加具体权利对象以及相应的约束信息；
d) 前置条件：完成授权初始化，已添加相应数字内容资源；
e) 后置条件：完成权利项的添加；
f) 函数原型示例：见附录C；
g) 输入参数：见表24；

表24　权利信息添加接口输入参数

序号	中文名称	英文标签	类型	长度	取值	选择性	说明	示例
1	权利信息	PermissionRight	字符串	不定	不定	必选	指明某个数字内容的权利信息	如“view”、“print”
2	约束信息	Constraint	复合型	不定	不定	可选	指明数字内容的使用权利的约束	遵循 GC/BQ 5 给出的规范； 见附录 D
3	权利项索引	PermissionIndex	整型	不定	不定	必选	制定待添加权利信息和约束信息的权利项索引值	1

h)　输出参数：无；

i)　返回值：见表25。

表25　权利信息添加接口返回值

序号	中文名称	英文标签	类型	长度	取值	选择性	说明	示例
1	处理结果	exeResult	整型	不定	-32768~32767	必选	处理成功或失败标识	0 表示成功，非 0 表示失败

5.1.5　批量内容权利处理

5.1.5.1　批量内容权利处理初始化接口

批量内容权利处理初始化接口的说明包含9个要素：

a)　接口名称：批量内容权利处理初始化；

b)　英文名称：CDRMSRelClientAgent；

c)　功能描述：处理购得的批量的数字许可证；

d)　前置条件：已获得批量数字许可证；

e)　后置条件：完成对批量数字许可证处理的初始化；

f)　函数原型示例：见附录C；

g)　输入参数：见表26

表26　批量内容权利处理初始化接口输入参数

序号	中文名称	英文标签	类型	长度	取值	选择性	说明	示例
1	解绑定对象信息	DeviceInfo	Base64 编码后字符串	最短 1 位	不定	必选	与批量的内容密钥绑定的对象信息（如设备硬件特征信息）	如：Base64 编码后的手机 IMEI 号
2	数字许可	RelConten	XML	最短 1	不定	必选	待处理的批量数	遵循 GC/BQ 5 给出

	证内容	t	数据	位			字内容的数字许可证内容	的规范

h) 输出参数：无；
i) 返回值：无。

5.1.5.2 获取数字许可证对象接口

获取数字许可证对象接口的说明包含9个要素：
a) 接口名称：获取数字许可证对象；
b) 英文名称：GetRelInfo；
c) 功能描述：解析数字许可证文件，获取相应数字许可证对象；
d) 前置条件：完成对批量数字许可证处理的初始化；
e) 后置条件：获取相关数字许可证对象，包括主体对象、签名对象等；
f) 函数原型示例：见附录C；
g) 输入参数：无；
h) 输出参数：见表27；

表27 获取数字许可证对象接口输出参数

序号	中文名称	英文标签	类型	长度	取值	选择性	说明	示例
1	数字许可证对象	Rel	复合型	不定	不定	必选	将 XML 格式的数字许可证经过转化后的类对象	遵循 GC/BQ 5 给出的规范；见附录 D

i) 返回值：见表28。

表28 获取数字许可证对象接口返回值

序号	中文名称	英文标签	类型	长度	取值	选择性	说明	示例
1	处理结果	exeResult	整型	不定	-32768~32767	必选	处理成功或失败标识	0 表示成功，非 0 表示失败

5.1.5.3 获取数字内容资源个数接口

获取数字内容个数接口的说明包含9个要素：
a) 接口名称：获取数字内容个数；
b) 英文名称：GetRelAssetsCount；
c) 功能描述：获取批量数字许可证中数字内容的个数；
d) 前置条件：完成对批量数字许可证处理的初始化；
e) 后置条件：获得批量数字许可证中数字内容的个数；
f) 函数原型示例：见附录C；

g) 输入参数：无；

h) 输出参数：无；

i) 返回值：见表29。

表29 获取数字内容个数接口返回值

序号	中文名称	英文标签	类型	长度	取值	选择性	说明	示例
1	数字内容的个数	AssetsCount	整型	不定	0~32767	必选	批量数字许可证中数字内容资源的个数	5

5.1.5.4 获取数字内容资源信息接口

获取数字内容资源信息接口的说明包含9个要素：

a) 接口名称：获取数字内容资源信息；

b) 英文名称：GetRelAssetInfo；

c) 功能描述：根据指定的索引，获取相应的数字内容信息；

d) 前置条件：完成对批量数字许可证处理的初始化和数字内容个数的获取；

e) 后置条件：获得批量数字许可证中指定数字内容及其内容密钥的信息；

f) 函数原型示例：见附录C；

g) 输入参数：见表30；

表30 获取数字内容资源信息接口输入参数

序号	中文名称	英文标签	类型	长度	取值	选择性	说明	示例
1	数字内容的索引	Index	整型	不定	0~32767	必选	指定数字内容的索引值，许可证中可能存在多个数字内容资源信息	4

h) 输出参数：见表 31；

表31 获取数字内容资源信息接口输出参数

序号	中文名称	英文标签	类型	长度	取值	选择性	说明	示例
1	数字内容资源信息	Asset	复合型	不定	不定	必选	说明数字内容的元数据； 包括：数字版权管理标识、资源编号、题名、授权服务地址	遵循 GC/BQ 9 给出的规范
2	内容密钥	PlainKey	二进制	不定	不定	必选	内容密钥	0101101101010100

			串					1000111101001…
3	绑定模式	Retrieval Method	整型	不定	0~6	必选	绑定模式代码表见 A.2	6 表示“批量分发绑定”

i)　返回值：见表 32。

表32　获取数字内容资源信息接口返回值

序号	中文名称	英文标签	类型	长度	取值	选择性	说明	示例
1	处理结果	exeResult	整型	不定	-32768~32767	必选	处理成功或失败标识	0 表示成功，非 0 表示失败

5.1.5.5　获取权利信息个数接口

获取权利信息个数接口的说明包含9个要素：

a)　接口名称：获取权利信息个数；
b)　英文名称：GetRelPermissionsCount；
c)　功能描述：获取批量数字许可证中权利信息的个数；
d)　前置条件：完成对批量数字许可证处理的初始化；
e)　后置条件：获得批量数字许可证中权利信息的个数；
f)　函数原型示例：见附录C；
g)　输入参数：无；
h)　输出参数：无；
i)　返回值：见表33。

表33　获取权利信息个数接口返回值

序号	中文名称	英文标签	类型	长度	取值	选择性	说明	示例
1	权利信息的个数	PermissionsCount	整型	不定	0~32767	必选	批量数字许可证中权利信息的个数	5

5.1.5.6　获取权利信息接口

获取权利信息接口的说明包含9个要素：

a)　接口名称：获取权利信息；
b)　英文名称：GetRelPermissionInfo；
c)　功能描述：根据指定的索引值，获取批量数字许可证中的权利信息；
d)　前置条件：完成对批量数字许可证处理的初始化；
e)　后置条件：获得指定的权利信息；
f)　函数原型示例：见附录C；
g)　输入参数：见表34；

表34　获取权利信息接口输入参数

序号	中文名称	英文标签	类型	长度	取值	选择性	说明	示例
1	权利信息的索引	Index	整型	不定	0~32767	必选	指定权利信息的索引，许可证中可能存在多个权利信息	4

h) 输出参数：见表 35；

表35 获取权利信息接口输出参数

序号	中文名称	英文标签	类型	长度	取值	选择性	说明	示例
1	权利信息	Permission	复合型	最短 1 位	不定	必选	指明数字内容的使用权利	遵循 GC/BQ 5 给出的规范；见附录 D

i) 返回值：见表 36。

表36 获取权利信息接口返回值

序号	中文名称	英文标签	类型	长度	取值	选择性	说明	示例
1	处理结果	exeResult	整型	不定	-32768~32767	必选	处理成功或失败标识	0 表示成功，非 0 表示失败

5.1.5.7 获取内容密钥接口

获取内容密钥接口的说明包含9个要素：

a) 接口名称：获取内容密钥；
b) 英文名称：GetRelAssetKey；
c) 功能描述：根据指定的数字内容资源标识获取相应的密钥信息；
d) 前置条件：完成对批量数字许可证处理的初始化；
e) 后置条件：获得指定的内容密钥信息；
f) 函数原型示例：见附录C；
g) 输入参数：见表37；

表37 获取内容密钥接口输入参数

序号	中文名称	英文标签	类型	长度	取值	选择性	说明	示例
1	数字内容资源标识	AssetUID	字符串	不定	不定	必选	唯一标识一个数字许可中的数字内容资源	与应用相关，如图书 ISBN 号

h) 输出参数：见表 38；

表38 获取内容密钥接口输出参数

序号	中文名称	英文标签	类型	长度	取值	选择性	说明	示例
1	内容密钥	PlainKey	二进制串	不定	不定	必选	用于解密数字内容的密钥	0101101101010100100011110100111110011110011001010 1…
2	绑定模式	Retrieval Method	整型	不定	0~6	必选	绑定模式代码表见 A.2	6 表示"批量分发绑定"

i)　返回值：见表 39。

表39　获取内容密钥接口返回值

序号	中文名称	英文标签	类型	长度	取值	选择性	说明	示例
1	处理结果	exeResult	整型	不定	-32768~32767	必选	处理成功或失败标识	0 表示成功，非 0 表示失败

5.1.6　二次分发授权

5.1.6.1　二次分发初始化接口

二次分发授权初始化接口的说明包含9个要素：

a)　接口名称：二次分发授权初始化；

b)　英文名称：CDRMSRelServerAgent；

c)　功能描述：用于设定二次分发授权初始化信息；

d)　前置条件：无；

e)　后置条件：完成初始化；

f)　函数原型示例：见附录C；

g)　输入参数：见表40；

表40　二次分发授权初始化接口输入参数

序号	中文名称	英文标签	类型	长度	取值	选择性	说明	示例
1	绑定信息	BindingInfo	Base64 编码后字符串	最短为 1 位	不定	必选	待与内容密钥绑定的对象标识信息（如设备硬件特征信息）；使用 Base64 编码技术编码	如：Base64 编码后的手机 IMEI 号
2	许可证标识	RelUID	字符串	不定	不定	必选	数字许可证编号，可按照应用系统的实际情况编码。	X256871
3	权利发布	Assignor	字符串	不定	不定	必选	用于说明授权者	遵循 GC/BQ 5 给出

	者名称	Name					的信息，即授权者的名称	的规范

h) 输出参数：无；
i) 返回值：无。

5.1.6.2 二次分发数字许可证生成接口

二次分发数字许可证生成接口的说明包含9个要素：
a) 接口名称：二次分发数字许可证生成；
b) 英文名称：CreateRedistributionRel；
c) 功能描述：用于生成二次分发数字许可证内容；
d) 前置条件：完成授权初始化，添加相关资源、权利及约束；
e) 后置条件：完成数字许可证的创建；
f) 函数原型示例：见附录C；
g) 输入参数：见表41；

表41 二次分发数字许可证生成接口输入参数

序号	中文名称	英文标签	类型	长度	取值	选择性	说明	示例
1	授权者私钥	PrivateKey	Base64编码后字符串	不定	不定	必选	用于电子签名，表明授权者的身份	遵循 GC/BQ 25.2部分给出的规范
2	授权者证书	CertificateFile	XML数据	不定	不定	必选	包含授权者的公钥，用于验证授权者身份	遵循 ITU-T X509给出的规范
3	签名算法模式	SignMethod	整数	不定	0~10	必选	指明签名所用的算法	遵循 GC/BQ 25.2部分给出的规范

h) 输出参数：见表 42；

表42 二次分发数字许可证生成接口输出参数

序号	中文名称	英文标签	类型	长度	取值	选择性	说明	示例
1	数字许可证	RelContent	XML数据	不定	不定	必选	生成的数字许可证	遵循GC/BQ 5给出的规范

i) 返回值：见表 43。

表43 二次分发数字许可证生成接口返回值

序号	中文名称	英文标签	类型	长度	取值	选择性	说明	示例

1	处理结果	exeResult	整型	不定	-32768~32767	必选	处理成功或失败标识	0 表示成功，非 0 表示失败

5.1.6.3 数字许可证参数设置接口

数字许可证参数设置接口的说明包含9个要素：

a) 接口名称：数字许可证参数设置；
b) 英文名称：SetRelInfo；
c) 功能描述：用于设定数字许可证中各部分参数；
d) 前置条件：完成初始化；
e) 后置条件：许可证各部分的参数已重新设置；
f) 函数原型示例：见附录C；
g) 输入参数：见表44；

表44 数字许可证参数设置接口输入参数

序号	中文名称	英文标签	类型	长度	取值	选择性	说明	示例
1	许可证信息	Rel	复合型	不定	不定	必选	用于指定需要设置的数字许可证各部分的参数	遵循 GC/BQ 5 给出的规范； 见附录 D

h) 输出参数：无；
i) 返回值：见表45。

表45 数字许可证参数设置接口返回值

序号	中文名称	英文标签	类型	长度	取值	选择性	说明	示例
1	处理结果	exeResult	整型	不定	-32768~32767	必选	处理成功或失败标识	0 表示成功，非 0 表示失败

5.1.6.4 二次分发数字内容资源添加接口

二次分发数字内容资源添加接口的说明包含9个要素：

a) 接口名称：二次分发数字内容资源添加；
b) 英文名称：AddRedistributionAssetInfo；
c) 功能描述：添加二次分发数字内容信息以及相应的权限列表；
d) 前置条件：完成初始化；
e) 后置条件：数字内容信息以及相应的权限表被添加；
f) 函数原型示例：见附录C；
g) 输入参数：见表46；

表46 二次分发数字内容资源添加接口输入参数

序号	中文名称	英文标签	类型	长度	取值	选择性	说明	示例
1	二次分发数字内容信息	Asset	复合型	不定	不定	必选	说明数字内容的元数据； 包括：数字版权管理标识、资源编号、题名、授权服务地址	遵循 GC/BQ 9 给出的规范； 见附录 D
2	内容密钥	PlainKey	二进制串	不定	不定	必选	待与指定对象绑定的内容密钥	0101101101010100100011110100111110011110011001010 1…
3	权利信息	Permission	复合型	不定	不定	必选	指明数字内容的使用权利	遵循 GC/BQ 5 给出的规范； 见附录 D

h) 输出参数：无；

i) 返回值：见表47。

表47 二次分发数字内容资源添加接口返回值

序号	中文名称	英文标签	类型	长度	取值	选择性	说明	示例
1	处理结果	exeResult	整型	不定	-32768~32767	必选	处理成功或失败标识	0 表示成功，非 0 表示失败

5.1.6.5 权利信息添加接口

权利信息添加接口的说明包含9个要素：

a) 接口名称：权利信息添加接口；

b) 英文名称：AddRelPermissionRight；

c) 功能描述：向索引指定的权利项下添加具体权利对象以及相应的约束信息；

d) 前置条件：完成授权初始化，已添加相应数字内容资源；

e) 后置条件：完成权利项的添加；

f) 函数原型示例：见附录C；

g) 输入参数：见表48；

表48 权利信息添加接口输入参数

序号	中文名称	英文标签	类型	长度	取值	选择性	说明	示例
1	权利信息	PermissionRight	字符串	不定	不定	必选	指明某个数字内容的权利信息	如“view”、“print”
2	约束信息	Constraint	复合型	不定	不定	可选	指明数字内容的	遵循 GC/BQ 5 给出

							使用权利的约束	的规范； 见附录 D
3	权利项索引	PermissionIndex	整型	不定	0~32767	必选	制定待添加权利信息和约束信息的权利项索引值	1

h) 输出参数：无；

i) 返回值：见表49。

表49 权利信息添加接口返回值

序号	中文名称	英文标签	类型	长度	取值	选择性	说明	示例
1	处理结果	exeResult	整型	不定	-32768-32767	必选	处理成功或失败标识	0 表示成功，非 0 表示失败 。

5.1.7 B2C 分发授权

5.1.7.1 B2C 分发初始化接口

B2C分发授权初始化接口的说明包含9个要素：

a) 接口名称：B2C分发授权初始化；

b) 英文名称：CDRMSRelServerAgent；

c) 功能描述：用于设定B2C分发授权初始化信息；

d) 前置条件：无；

e) 后置条件：完成初始化；

f) 函数原型示例：见附录C；

g) 输入参数：见表50；

表50 B2C 分发授权初始化接口输入参数

序号	中文名称	英文标签	类型	长度	取值	选择性	说明	示例
1	绑定信息	BindingInfo	Base64 编码后字符串	最短为 1 位	不定	必选	待与内容密钥绑定的对象标识信息（如设备硬件特征信息）； 使用 Base64 编码技术编码	如：Base64 编码后的手机 IMEI 号
2	许可证标识	RelUID	字符串	不定	不定	必选	数字许可证编号，可按照应用系统的实际情况编码。	X256871
3	权利发布者名称	AssignorName	字符串	不定	不定	必选	用于说明授权者的信息，即授权	遵循 GC/BQ 5 给出的规范

							者的名称	

h) 输出参数：无；

i) 返回值：无。

5.1.7.2 B2C分发数字许可证生成接口

B2C分发数字许可证生成接口的说明包含9个要素：

a) 接口名称：B2C分发数字许可证生成；

b) 英文名称：CreateRel；

c) 功能描述：用于生成B2C分发数字许可证内容；

d) 前置条件：完成授权初始化，添加相关资源、权利及约束；

e) 后置条件：完成数字许可证的创建；

f) 函数原型示例：见附录C；

g) 输入参数：见表51；

表51　B2C 分发数字许可证生成接口输入参数

序号	中文名称	英文标签	类型	长度	取值	选择性	说明	示例
1	授权者私钥	PrivateKey	Base64编码后字符串	不定	不定	必选	用于电子签名，表明授权者的身份	遵循 GC/BQ 25.2部分给出的规范
2	授权者证书	CertificateFile	XML数据	不定	不定	可选	包含授权者的公钥，用于验证授权者身份	遵循 ITU-T X509给出的规范
3	签名算法模式	SignMethod	整数	不定	0~10	必选	指明签名所用的算法	遵循 GC/BQ 25.2部分给出的规范

h) 输出参数：见表 52；

表52　B2C 分发数字许可证生成接口输出参数

序号	中文名称	英文标签	类型	长度	取值	选择性	说明	示例
1	数字许可证	RelContent	XML数据	不定	不定	必选	生成的数字许可证	遵循GC/BQ 5给出的规范

i) 返回值：见表 53。

表53　B2C 分发数字许可证生成接口返回值

序号	中文名称	英文标签	类型	长度	取值	选择性	说明	示例
1	处理结果	exeResult	整型	不定	-32768~	必选	处理成功或失败	0 表示成功，非 0

					32767		标识	表示失败

5.1.7.3　数字许可证参数设置接口

数字许可证参数设置接口的说明包含9个要素：

a)　接口名称：数字许可证参数设置；
b)　英文名称：SetRelInfo；
c)　功能描述：用于设定数字许可证中各部分参数；
d)　前置条件：完成初始化；
e)　后置条件：许可证各部分的参数已重新设置；
f)　函数原型示例：见附录C；
g)　输入参数：见表54；

表54　数字许可证参数设置接口输入参数

序号	中文名称	英文标签	类型	长度	取值	选择性	说明	示例
1	许可证信息	Rel	复合型	不定	不定	必选	用于指定需要设置的数字许可证各部分的参数	遵循 GC/BQ 5 给出的规范； 见附录 D

h)　输出参数：无；
i)　返回值：见表55。

表55　数字许可证参数设置接口返回值

序号	中文名称	英文标签	类型	长度	取值	选择性	说明	示例
1	处理结果	exeResult	整型	不定	-32768~32767	必选	处理成功或失败标识	0 表示成功，非 0 表示失败

5.1.7.4　B2C 分发数字内容资源添加接口

B2C分发数字内容资源添加接口的说明包含9个要素：

a)　接口名称：B2C分发数字内容资源添加；
b)　英文名称：AddAssetInfo；
c)　功能描述：添加B2C分发数字内容信息以及相应的权限列表；
d)　前置条件：完成初始化；
e)　后置条件：数字内容信息以及相应的权限表被添加；
f)　函数原型示例：见附录C；
g)　输入参数：见表56；

表56　B2C 分发数字内容资源添加接口输入参数

序	中文名称	英文标签	类型	长度	取值	选择性	说明	示例

序号	中文名称	英文标签	类型	长度	取值	选择性	说明	示例
1	B2C 分发数字内容信息	Asset	复合型	不定	不定	必选	说明数字内容的元数据；包括：数字版权管理标识、资源编号、题名、授权服务地址	遵循 GC/BQ 9 给出的规范；见附录 D
2	内容密钥	PlainKey	二进制串	不定	不定	必选	待与指定对象绑定的内容密钥	0101101101010100100011110100111110011110011001010 1…
3	权利信息	Permission	复合型	不定	不定	必选	指明数字内容的使用权利	遵循 GC/BQ 5 给出的规范；见附录 D

h) 输出参数：无；

i) 返回值：见表57。

表57 B2C 分发数字内容资源添加接口返回值

序号	中文名称	英文标签	类型	长度	取值	选择性	说明	示例
1	处理结果	exeResult	整型	不定	-32768~32767	必选	处理成功或失败标识	0 表示成功，非 0 表示失败

5.1.7.5 权利信息添加接口

权利信息添加接口的说明包含9个要素：

a) 接口名称：权利信息添加接口；

b) 英文名称：AddRelPermissionRight；

c) 功能描述：向索引指定的权利项下添加具体权利对象以及相应的约束信息；

d) 前置条件：完成授权初始化，已添加相应数字内容资源；

e) 后置条件：完成权利项的添加；

f) 函数原型示例：见附录C；

g) 输入参数：见表58；

表58 权利信息添加接口输入参数

序号	中文名称	英文标签	类型	长度	取值	选择性	说明	示例
1	权利信息	PermissionRight	字符串	不定	不定	必选	指明某个数字内容的权利信息	如“view”、“print”
2	约束信息	Constraint	复合型	不定	不定	必选	指明数字内容的使用权利的约束	遵循 GC/BQ 5 给出的规范；

								见附录 D
3	权利项索引	PermissionIndex	整型	不定	0~32767	必选	制定待添加权利信息和约束信息的权利项索引值	1

h)　输出参数：无；

i)　返回值：见表59。

表59　权利信息添加接口返回值

序号	中文名称	英文标签	类型	长度	取值	选择性	说明	示例
1	处理结果	exeResult	整型	不定	-32768-32767	必选	处理成功或失败标识	0 表示成功，非 0 表示失败 。

5.2　客户端接口

5.2.1　数字许可证解析

5.2.1.1　数字许可证解析初始化接口

数字许可证解析初始化接口的说明包含9个要素：

a)　接口名称：数字许可证解析初始化；

b)　英文名称：CDRMSRelClientAgent；

c)　功能描述：对数字许可证处理的初始化；

d)　前置条件：已获得数字许可证；

e)　后置条件：完成对数字许可证处理的初始化；

f)　函数原型示例：见附录C；

g)　输入参数：见表 60；

表60　数字许可证解析初始化接口输入参数

序号	中文名称	英文标签	类型	长度	取值	选择性	说明	示例
1	解绑定对象信息	UnbindingInfo	Base64 编码后字符串	最短 1 位	不定	可选(超级分发许可证解析不要该参数，其他 B2C 和二次分发许可证解析	与内容密钥绑定的对象信息（如设备硬件特征信息）	如：Base64 编码后的手机 IMEI 号

						需要）		
2	数字许可证内容	RelContent	XML 数据	不定	不定	必选	待处理的数字许可证内容	遵循 GC/BQ 5 给出的规范

h) 输出参数：无；

i) 返回值：见表 61。

表61　数字许可证解析初始化接口返回值

序号	中文名称	英文标签	类型	长度	取值	选择性	说明	示例
1	许可证解析类对象	relClientAgent	复合型	不定	不定	必选	包含用于处理许可证解析的接口函数的类对象	见附录 D

5.2.1.2　获取数字许可证对象接口

获取数字许可证对象接口的说明包含9个要素：

a) 接口名称：获取数字许可证对象；

b) 英文名称：GetRelInfo；

c) 功能描述：解析数字许可证文件，获取相应数字许可证对象；

d) 前置条件：完成对数字许可证处理的初始化；

e) 后置条件：获取相关数字许可证对象，包括主体对象、签名对象等；

f) 函数原型示例：见附录C；

g) 输入参数：无；

h) 输出参数：见表62；

表62　获取数字许可证对象接口输出参数

序号	中文名称	英文标签	类型	长度	取值	选择性	说明	示例
1	数字许可证对象	Rel	复合型	不定	不定	必选	将 XML 格式的数字许可证经过转化后的类对象	遵循 GC/BQ 5 给出的规范； 见附录 D

i) 返回值：见表63。

表63　获取数字许可证对象接口返回值

序号	中文名称	英文标签	类型	长度	取值	选择性	说明	示例
1	处理结果	exeResult	整型	不定	-32768~32767	必选	处理成功或失败标识	0 表示成功，非 0 表示失败

5.2.1.3　获取数字内容资源个数接口

获取数字内容个数接口的说明包含9个要素：

a) 接口名称：获取数字内容个数；
b) 英文名称：GetRelAssetsCount；
c) 功能描述：获取数字许可证中数字内容的个数；
d) 前置条件：完成对数字许可证处理的初始化；
e) 后置条件：获得数字许可证中数字内容的个数；
f) 函数原型示例：见附录C；
g) 输入参数：无；
h) 输出参数：无；
i) 返回值：见表64。

表64 获取数字内容个数接口返回值

序号	中文名称	英文标签	类型	长度	取值	选择性	说明	示例
1	数字内容的个数	AssetsCount	整型	不定	0~32767	必选	数字许可证中数字内容资源的个数	5

5.2.1.4 获取数字内容资源信息接口

获取数字内容资源信息接口的说明包含9个要素：

a) 接口名称：获取数字内容资源信息；
b) 英文名称：GetRelAssetInfo；
c) 功能描述：根据指定的索引，获取相应的数字内容信息；
d) 前置条件：完成对数字许可证处理的初始化和数字内容数量的获取；
e) 后置条件：获得数字许可证中指定数字内容及其内容密钥的信息；
f) 函数原型示例：见附录C；
g) 输入参数：见表65；

表65 获取数字内容资源信息接口输入参数

序号	中文名称	英文标签	类型	长度	取值	选择性	说明	示例
1	数字内容的索引	Index	整型	不定	0~32767	必选	指定数字内容的索引值，许可证中可能存在多个数字内容资源信息	4

h) 输出参数：见表 66；

表66 获取数字内容资源信息接口输出参数

序号	中文名称	英文标签	类型	长度	取值	选择性	说明	示例

1	数字内容资源信息	Asset	复合型	不定	不定	必选	说明数字内容的元数据； 包括：数字版权管理标识、资源编号、题名、授权服务地址	遵循 GC/BQ 9 给出的规范
2	内容密钥	PlainKey	二进制串	不定	不定	必选	内容密钥	0101101101010100 1000111101001...

i) 返回值：见表 67。

表67 获取数字内容资源信息接口返回值

序号	中文名称	英文标签	类型	长度	取值	选择性	说明	示例
1	处理结果	exeResult	整型	不定	-32768-32767	必选	处理成功或失败标识	0 表示成功，非 0 表示失败。

5.2.1.5 获取权利信息个数接口

获取权利信息个数接口的说明包含9个要素：

a) 接口名称：获取权利信息个数；
b) 英文名称：GetRelPermissionsCount；
c) 功能描述：获取数字许可证中权利信息的个数；
d) 前置条件：完成对数字许可证处理的初始化；
e) 后置条件：获得数字许可证中权利信息的个数；
f) 函数原型示例：见附录C；
g) 输入参数：无；
h) 输出参数：无；
i) 返回值：见表68。

表68 获取权利信息个数接口返回值

序号	中文名称	英文标签	类型	长度	取值	选择性	说明	示例
1	权利信息的个数	PermissionsCount	整型	不定	0~32767	必选	数字许可证中权利信息的个数	5

5.2.1.6 获取权利信息接口

获取权利信息接口的说明包含9个要素：

a) 接口名称：获取权利信息；
b) 英文名称：GetRelPermissionInfo；
c) 功能描述：根据指定的索引值，获取数字许可证中的权利信息；
d) 前置条件：完成对数字许可证处理的初始化；

e) 后置条件：获得指定的权利信息；

f) 函数原型示例：见附录C；

g) 输入参数：见表69；

表69 获取权利信息接口输入参数

序号	中文名称	英文标签	类型	长度	取值	选择性	说明	示例
1	权利信息的索引	Index	整型	不定	0~32767	必选	指定权利信息的索引，许可证中可能存在多个权利信息	4

h) 输出参数：见表 70；

表70 获取权利信息接口输出参数

序号	中文名称	英文标签	类型	长度	取值	选择性	说明	示例
1	权利信息	Permission	复合型	最短 1 位	不定	必选	指明数字内容的使用权利	遵循 GC/BQ 5 给出的规范； 见附录 D

i) 返回值：见表 71。

表71 获取权利信息接口返回值

序号	中文名称	英文标签	类型	长度	取值	选择性	说明	示例
1	处理结果	exeResult	整型	不定	-32768~32767	必选	处理成功或失败标识	0 表示成功，非 0 表示失败

5.2.1.7 获取内容密钥接口

获取内容密钥接口的说明包含9个要素：

a) 接口名称：获取内容密钥；

b) 英文名称：GetRelAssetKey；

c) 功能描述：根据指定的数字内容资源标识获取相应的密钥信息；

d) 前置条件：完成对数字许可证处理的初始化；

e) 后置条件：获得指定的内容密钥信息；

f) 函数原型示例：见附录C；

g) 输入参数：见表72；

表72 获取内容密钥接口输入参数

序号	中文名称	英文标签	类型	长度	取值	选择性	说明	示例
1	数字内容	AssetUID	字符串	不定	不定	必选	唯一标识一个数	与应用相关，如图

	资源标识						字许可中的数字内容资源	书 ISBN 号

h) 输出参数：见表 73；

表73 获取内容密钥接口输出参数

序号	中文名称	英文标签	类型	长度	取值	选择性	说明	示例
1	内容密钥	PlainKey	二进制串	不定	不定	必选	用于解密数字内容的密钥	0101101101010100100011110100111110011110011001010 1…
2	绑定模式	Retrieval Method	整型	不定	0~5	必选	绑定模式代码表见 A.2	5 表示“超级分发绑定”

i) 返回值：见表 74。

表74 获取内容密钥接口返回值

序号	中文名称	英文标签	类型	长度	取值	选择性	说明	示例
1	处理结果	exeResult	整型	不定	-32768~32767	必选	处理成功或失败标识	0 表示成功，非 0 表示失败

5.2.1.8 获取段密钥接口

获取段密钥接口的说明包含9个要素：

a) 接口名称：获取段密钥；
b) 英文名称：GetRelAssetSegKeys；
c) 功能描述：根据指定的内容资源标识获取相应的段密钥信息；
d) 前置条件：完成对数字许可证处理的初始化；
e) 后置条件：获得指定的段密钥信息；
f) 函数原型示例：见附录C；
g) 输入参数：见表75；

表75 获取段密钥接口输入参数

序号	中文名称	英文标签	类型	长度	取值	选择性	说明	示例
1	数字内容资源标识	AssetUID	字符串	不定	不定	必选	唯一标识一个数字许可中的数字内容资源	与应用相关，如图书 ISBN 号
2	数字内容文档标识	DocID	字符串	32 个字符	不定	必选	在文档生成或转换为数字版权保护内容格式的时候进行分配，取	遵循 GC/BQ 6 给出的规范

							值全球唯一	
3	段标识序列	SegIDs	长整型数组	不定	不定	必选	内容段的标识排列成的序列	{1,2,3}
4	段标识个数	SegCount	整型	不定	1~32767	必选	段标识序列中段标识的个数	3

h) 输出参数：见表 76；

表76　获取段密钥接口输出参数

序号	中文名称	英文标签	类型	长度	取值	选择性	说明	示例
1	段密钥序列	SegKeys	二进制串序列	不定	不定	必选	用于解密数字各分段内容的段密钥序列	见附录 D

i) 返回值：见表 77。

表77　获取段密钥接口返回值

序号	中文名称	英文标签	类型	长度	取值	选择性	说明	示例
1	处理结果	exeResult	整型	不定	-32768~32767	必选	处理成功或失败标识	0 表示成功，非 0 表示失败

5.2.2 内容解密接口

内容解密接口的说明包含9个要素：

a) 接口名称：内容解密；

b) 英文名称：DecryptSegment；

c) 功能描述：解密指定的数字内容，恢复其明文；

d) 前置条件：已获得加密封装的数字内容和数字内容许可证，并完成许可证的解析及密钥的解绑定，加密封装的数字内容文件路径指向的文件可成功读取；

e) 后置条件：获得指定的数字内容数据；

f) 函数原型示例：见附录C；

g) 输入参数：见表78；

表78　内容解密接口输入参数

序号	中文名称	英文标签	类型	长度	取值	选择性	说明	示例
1	加密封装后数字内容作品文件路径	AssetFilePath	字符串	最短 1 位，最长 255 位	不定	必选	指向加密封装后的数字内容文件内容	"../digitalContenFiles/contentName.cebx"
2	段标识	SegmentID	长整型	不定	0~32767	必选	指明需要解密的内容分段的段标	0 表示全文解密，2 表示对第二分段

							识	解密
3	内容密钥	ContentKey	二进制串	不定	不定	必选	内容密钥	00111110011110011 0010101...

h) 输出参数：见表 79；

表79　内容解密接口输出参数

序号	中文名称	英文标签	类型	长度	取值	选择性	说明	示例
1	内容数据	PlainContenData	二进制串	不定	不定	必选	解密后的内容	遵循 GC/BQ 6 给出的规范

i) 返回值：见表 80。

表80　内容解密接口返回值

序号	中文名称	英文标签	类型	长度	取值	选择性	说明	示例
1	处理结果	exeResult	整型	不定	-32768~32767	必选	处理成功或失败标识	0 表示成功，非 0 表示失败

附　录　A
（规范性附录）
代码表

A.1 分段策略代码表（见表 A.1）

表 A.1　分段策略代码表

代码	说明
0	不分段
1	按章分段
2	按节分段
3	按页分段
4	自定义分段

A.2 绑定模式代码表（见表 A.2）

表 A.2　绑定模式代码表

代码	说明
0	无效的绑定模式
1	域密钥绑定，实现对域密钥的保护
2	域绑定，实现对数字内容密钥的保护；若与段标识同时出现，则表示分段模式下的域绑定方式
3	多设备非自适应绑定；若与段标识同时出现，则表示分段模式下的多设备非自适应绑定
4	多设备自适应绑定；若与段标识同时出现，则表示分段模式下的多设备自适应绑定
5	超级分发绑定
6	批量分发绑定
7	二次分发绑定

附　录　B
（规范性附录）
分段信息描述

B.1 基本结构

符合分段描述规范的分段信息的基本结构如图 B.1 所示：

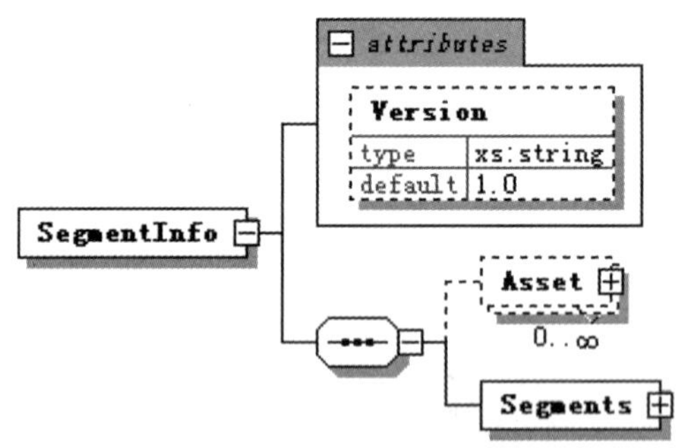

图 B.1 分段信息基本结构

a) 属性信息，包括版本号（Version），用于描述分段信息描述规范的版本号，由数字和'.'组成的字符串，目前取定为“1.0”，取值规则符合正则表达式：\d{1,2}\.\d{1,3}。

b) 数字内容资源信息（Asset），用于描述分段的数字内容作品，实现与数字内容作品的关联。可选，可以多个。若包括数字内容资源信息，则本分段信息仅适合指定的数字内容资源；否则，适合任何数字内容资源。

c) 分段集（Segments），用于描述具体的分段信息，为复合型，至少包括各具体的分段信息。

B.2 数字内容资源信息

用于描述分段的数字内容作品，实现分段与数字内容作品的关联。若包括数字内容资源信息，则本分段信息仅适合指定的数字内容资源；否则，适合任何数字内容资源。如图 B.2 所示，包括数字版权管理标识（DRMI）和数字内容资源编号（AssetID）。若数字内容资源信息存在，则数字版权管理标识（DRMI）和数字内容资源编号（AssetID）两者至少有一个。

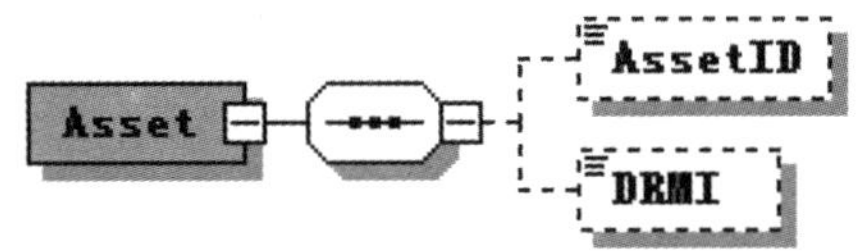

图 B.2 分段信息：数字内容资源信息

a) 数字版权管理标识（DRMI）：数字版权的唯一标识，遵循本 GC/BQ 4 给出的规范；

b) 数字内容资源编号（AssetID）：数字内容资源的唯一编号。

B.3 分段集

分段集（Segments）用于描述具体的分段信息，为复合型。如图 B.3 所示，包括分段单元和各具体的分段项信息。

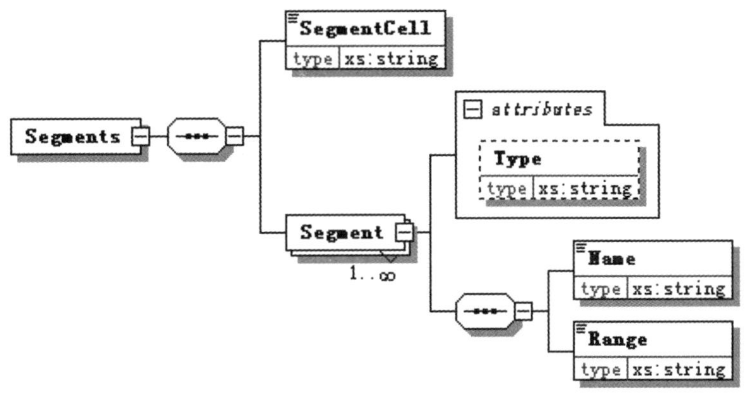

图 B.3 分段信息：分段集

a) 分段单元（SegmentCell）：用于描述分段的基础单元，为字符串，当前取值包括：'Chapter'-章、'Section'-节、'Page'-页；面向其他媒体类型研发的第三方可根据需要进行分段单元描述名称的扩展并进行相应的分段处理。

b) 分段项（Segment），为复合型，一至多个，用于描述具体的分段，包括：

1）属性-分段对象类型（Type）：用于描述当前分段的数字内容对象属性，为字符串可选，不存在表示分段内容为指定范围的所有类型的数字内容，否则为指定范围指定类型的数字内容。取值可为'Text'-文字、'Image'-图像、'Audio'-音频、'Video'-视频等任意一个或者多个，若有多个，则以','分隔。

2）分段名称（Name）：分段的名称，为字符串。

3）分段范围（Range）：用于描述当前分段的范围（取值规则符合正则表达式：[1-9][0-9]*(-[1-9][0-9]*)?），即为数字或者数字和'-'组成的字符串，表示为单个单元，例如“2”，或者是一个单元区间，例如“3-5”，从“1”开始。这里所述的范围为物理范围。

任何一个分段的分段范围及分段对象类型与其他分段的分段范围及分段对象类型之间不允许存在重叠。

除明确声明的各个分段外，所有声明范围外的内容成一分段。

所有声明的分段范围应在待分段数字内容作品所具有的章、节、页、对象类型范围内。

分段信息整体结构如图 B.4 所示。

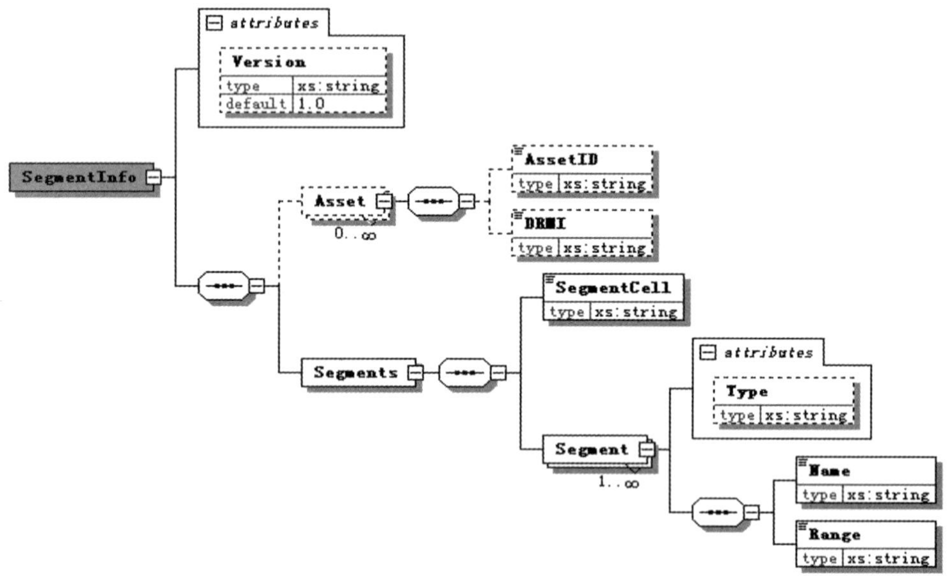

图 B.4 分段信息描述 XML Schema 图

B.4 分段信息 XML Schema

分段信息描述规范的 XML Schema 如下：

```
<?xml version="1.0" encoding="UTF-8"?>
<xs:schemaxmlns:xs="http://www.w3.org/2001/XMLSchema">
 <xs:element name="SegmentInfo">
  <xs:complexType>
   <xs:sequence>
    <xs:element name="Asset"minOccurs="0"maxOccurs="unbounded">
     <xs:complexType>
```

```
        <xs:sequence>
          <xs:element name="AssetID" type="xs:string"minOccurs="0"/>
          <xs:element name="DRMI" type="xs:string"minOccurs="0"/>
        </xs:sequence>
      </xs:complexType>
    </xs:element>
    <xs:element name="Segments">
      <xs:complexType>
        <xs:sequence>
          <xs:element name="SegmentCell" type="xs:string"/>
          <xs:element name="Segment"maxOccurs="unbounded">
            <xs:complexType>
              <xs:sequence>
                <xs:element name="Name" type="xs:string"/>
                <xs:element name="Range" type="xs:string"/>
              </xs:sequence>
              <xs:attribute name="Type" type="xs:string"/>
            </xs:complexType>
          </xs:element>
        </xs:sequence>
      </xs:complexType>
    </xs:element>
  </xs:sequence>
  <xs:attribute name="Version" type="xs:string" default="1.0"/>
 </xs:complexType>
</xs:element>
</xs:schema>
```

分段信息的示例如下：

```
<?xml version="1.0"?>
<SegmentInfo Version="1.0">
<Asset>
<DRMI>DRMI0787754390000000001001Q</DRMI>
<AssetID>027f5dcd-8903-4bd3-8c64-37f6db546629</AssetID>
</Asset>
<Segments>
 <SegmentCell>Chapter</SegmentCell>
 &lt;Segment Type="Text"&gt;
  <Name>第一章至第三章的文字</Name>
  <Range>1-3</Range>
&lt;/Segment&gt;
&lt;Segment Type="Image"&gt;
```

<Name>第四章至第六章的图像</Name>
<Range>4-6</Range>
</Segment>
</Segments>
</SegmentInfo>

附　录　C
（规范性附录）
接口函数原型

C.1 C++接口函数原型

C.1.1 数字许可证生成

```
namespace DRMSRelServer
{
 class CDRMSRelServerAgent : public CDRMSBaseAgent
 {
 public:
  //---------------------------------------------------------------------------------------------
  // Summary:
  //     构造函数
  // Parameters:
  //   [in] lpBindingInfo,dwBindingInfoLen - 绑定信息
  //   [in] lpRelUID - 许可证唯一标识
  //   [in] lpAssignorName - Rel发布者的名称
  // Returns:
  //   IRelServerAgent对象。
  //---------------------------------------------------------------------------------------------
  CDRMSRelServerAgent(LPCDRMSWSTR lpBindingInfo, DRMS_DWORD dwBindingInfoLen, LPCDRMSWSTR
lpRelUID, LPCDRMSWSTR lpAssignorName);
  // 这个构造函数不涉及绑定信息，可以用来生成超级分发对象使用
  CDRMSRelServerAgent(LPCDRMSWSTR lpRelUID, LPCDRMSWSTR lpAssignorName);
  virtual ~CDRMSRelServerAgent();

  //---------------------------------------------------------------------------------------------
  // Summary:
  //     生成一个含有签名和证书的Rel内容
  // Parameters:
  //    [in] ppRelContent，dwRelContentLen - Rel内容
  //   [in] lpPrivateKey, dwPrivateKeyLen - 签名所用私钥
  //   [in] lpCertificateFile,dwCertificateFileLen - 证书文件，指内容，而不是文件名
                                                   //   [in] nSignKeyMode - 签名密钥模式
  // Remarks:
  // Returns:
  //   RETURNSUCCESS表示成功，非RETURNSUCCESS表示失败。
  //---------------------------------------------------------------------------------------------

  virtual DRMS_INT CreateRel(LPDRMSWSTR* ppRelContent, DRMS_DWORD* dwRelContentLen,
LPCDRMSWSTR lpPrivateKey, DRMS_DWORD dwPrivateKeyLen,
```

```
LPCDRMSWSTR lpCertificateFile, DRMS_DWORD dwCertificateFileLen, DRMS_INT nSignKeyMode);

//--------------------------------------------------------------------------------------------
// Summary:
//     生成超级分发的Rel内容
// Parameters:
//   [out] ppRelContent，dwRelContentLen - Rel内容
//   [in] lpPrivateKey, dwPrivateKeyLen - 签名所用私钥
//   [in] lpCertificateFile,dwCertificateFileLen - 证书文件，指内容，而不是文件名
//   [in] nSignKeyMode - 签名密钥模式
// Remarks:
// Returns:
//   RETURNSUCCESS表示成功，非RETURNSUCCESS表示失败。
//--------------------------------------------------------------------------------------------

virtual DRMS_INT CreateSuperDistributionRel(LPDRMSWSTR* ppRelContent, DRMS_DWORD* dwRelContentLen,
LPCDRMSWSTR lpPrivateKey, DRMS_DWORD dwPrivateKeyLen, LPCDRMSWSTR lpCertificateFile, DRMS_DWORD
dwCertificateFileLen, DRMS_INT nSignKeyMode);

//--------------------------------------------------------------------------------------------
// Summary:
//     生成批量分发的Rel内容
// Parameters:
//   [out] ppRelContent，dwRelContentLen - Rel内容
//   [in] lpPrivateKey, dwPrivateKeyLen - 签名所用私钥
//   [in] lpCertificateFile,dwCertificateFileLen - 证书文件，指内容，而不是文件名
//   [in] nSignKeyMode - 签名密钥模式
// Remarks:
// Returns:
//   RETURNSUCCESS表示成功，非RETURNSUCCESS表示失败。
//--------------------------------------------------------------------------------------------

virtual DRMS_INT CreateBatchDistributionRel(LPDRMSWSTR* ppRelContent, DRMS_DWORD* dwRelContentLen,
LPCDRMSWSTR lpPrivateKey, DRMS_DWORD dwPrivateKeyLen, LPCDRMSWSTR lpCertificateFile, DRMS_DWORD
dwCertificateFileLen, DRMS_INT nSignKeyMode);

//--------------------------------------------------------------------------------------------
// Summary:
//     生成二次分发的Rel内容
// Parameters:
//   [out] ppRelContent，dwRelContentLen - Rel内容
//   [in] lpPrivateKey, dwPrivateKeyLen - 签名所用私钥
//   [in] lpCertificateFile,dwCertificateFileLen - 证书文件，指内容，而不是文件名
```

```
//   [in] nSignKeyMode - 签名密钥模式
// Remarks:
// Returns:
//   RETURNSUCCESS表示成功，非RETURNSUCCESS表示失败。
//----------------------------------------------------------------------------------------------

virtual DRMS_INT CreateRedistributionRel(LPDRMSWSTR* ppRelContent, DRMS_DWORD* dwRelContentLen, LPCDRMSWSTR lpPrivateKey, DRMS_DWORD dwPrivateKeyLen, LPCDRMSWSTR lpCertificateFile, DRMS_DWORD dwCertificateFileLen, DRMS_INT nSignKeyMode);

//----------------------------------------------------------------------------------------------
// Summary:.
//    提供修改Rel中各部分参数的灵活接口，可选使用
// Parameters:
//    [in] objCRel - Rel对象
// Returns:
//   RETURNSUCCESS表示成功，非RETURNSUCCESS表示失败。
//----------------------------------------------------------------------------------------------
virtual DRMS_INT SetRelInfo(const DRMS_REL &objCRel);

//----------------------------------------------------------------------------------------------
// Summary:
//    在Rel对象中增加其他数字内容信息以及相应的权限表。如果权限表信息为空，则默认使用其他已有的权限表
// Parameters:
//    [in] objCAsset - Asset对象
//    [in] pPlainKey, dwPlainKeyLen -  密钥信息
//    [in] pCPermission - Permission对象指针
// Returns:
//   RETURNSUCCESS表示成功，非RETURNSUCCESS表示失败。
//----------------------------------------------------------------------------------------------
virtual DRMS_INT AddAssetInfo(const DRMS_ASSET &objCAsset, const DRMS_BYTE* pPlainKey, DRMS_DWORD dwPlainKeyLen, const DRMS_PERMISSION *pCPermission);

//----------------------------------------------------------------------------------------------
// Summary:
//    在Rel对象中根据Index指定的权利项下增加具体权利对象以及相应的约束信息
// Parameters:
//    [in] lpPermissionRight - 权利对象，如"View"、"Print"
//    [in] pConstraint -  约束信息对象
//    [in] nPermissionIndex - Permission对象索引值
// Returns:
//   RETURNSUCCESS表示成功，非RETURNSUCCESS表示失败。
//----------------------------------------------------------------------------------------------
```

virtual DRMS_INT AddRelPermissionRight(LPCDRMSWSTR lpPermissionRight, const DRMS_CONSTRAINT* pConstraint, DRMS_INT nPermissionIndex = 0);

```
//-----------------------------------------------------------------------------------------------
// Summary:
//    基于域环境下的在Rel对象中增加的其他数字内容信息以及相应的权限表。
// Parameters:
//    [in] objCAsset - Asset对象
//    [in] pPlainKey, dwPlainKeyLen -  密钥信息
//    [in] pCPermission - Permission对象指针
//    [in] lpDeviceInfo - 设备信息
//    [in] dwDeviceInfoLen - 设备信息的长度
// Returns:
//   RETURNSUCCESS表示成功，非RETURNSUCCESS表示失败。
//-----------------------------------------------------------------------------------------------
```

virtual DRMS_INT AddDomainAssetInfo(const DRMS_ASSET &objCAsset, const DRMS_BYTE* pPlainKey, DRMS_DWORD dwPlainKeyLen,

const DRMS_PERMISSION *pCPermission, LPCDRMSWSTR lpDeviceInfo, DRMS_DWORD dwDeviceInfoLen);

```
//-----------------------------------------------------------------------------------------------
// Summary:
//    在Rel对象中批量加超级分发数字内容信息以及相应的权限表。如果权限表信息为空，则默认使用其他已有的权限表
// Parameters:
//    [in] objCAsset - 二次分发Asset对象
//   [in] pPlainKey, dwPlainKeyLen - 密钥信息
//    [in] pCPermission - Permission对象指针
// Returns:
//   RETURNSUCCESS表示成功，非RETURNSUCCESS表示失败。
//-----------------------------------------------------------------------------------------------
```

virtual DRMS_INT AddSuperDistributionAssetInfo(const DRMS_ASSET &objCAsset, const DRMS_BYTE* pPlainKey, DRMS_DWORD dwPlainKeyLen, const DRMS_PERMISSION *pCPermission);

```
//-----------------------------------------------------------------------------------------------
// Summary:
//    在Rel对象中批量增加数字内容信息以及相应的权限表。如果权限表信息为空，则默认使用其他已有的权限表
// Parameters:
//        [in] nInfoNum - 批量内容总数
//    [in] pBatchAssetInfo - 批量Asset对象
//   [in] pBatchPlainKey - 批量密钥信息
//    [in] pCPermission - Permission对象指针
// Returns:
```

```
// RETURNSUCCESS表示成功，非RETURNSUCCESS表示失败。
//-----------------------------------------------------------------------------------------------
virtual DRMS_INT AddBatchAssetInfo(const DRMS_INT nInfoNum, const DRMS_ASSET* pBatchAssetInfo, const DRMS_BYTE* pBatchPlainKey, const DRMS_DWORD dwBatchPlainKeyLen, const DRMS_PERMISSION *pCPermission);

//-----------------------------------------------------------------------------------------------
// Summary:
//   在Rel对象中增加二次分发数字内容信息以及相应的权限表。如果权限表信息为空，则默认使用其他已有的权限表
// Parameters:
//   [in] objCAsset - 二次分发Asset对象
// [in] pPlainKey, dwPlainKeyLen - 密钥信息
//   [in] pCPermission - Permission对象指针
// Returns:
// RETURNSUCCESS表示成功，非RETURNSUCCESS表示失败。
//-----------------------------------------------------------------------------------------------
virtual DRMS_INT AddRedistributionAssetInfo(const DRMS_ASSET &objCAsset, const DRMS_BYTE* pPlainKey, DRMS_DWORD dwPlainKeyLen, const DRMS_PERMISSION *pCPermission);

};
}
```

C.1.2 数字内容分段与加密

```
namespace DRMSRelServer
{
 enum SEGMENT_POLICY_TYPE
 {
  SEGMENT_POLICY_WHOLE = 0, // 不分段
  SEGMENT_POLICY_CHAPTER = 1, // 以章为基本单位进行分段
  SEGMENT_POLICY_SECTION = 2, // 以节为基本单位进行分段
  SEGMENT_POLICY_PAGE= 3,  // 以页为基本单位进行分段
  SEGMENT_POLICY_CUSTOMER = 4 // 自定义分段（粒度为页、页内图片等对象）
 };

 class CDRMSSegmentServerAgent : public CDRMSBaseAgent
 {
 public:
  //-----------------------------------------------------------------------------------------------
  // Summary:
  //   构造函数/析构函数
  // Parameters:
  // Returns:
```

```
    //  CDRMSSegmentServerAgent对象。
    //-----------------------------------------------------------------------------------------------
    CDRMSSegmentServerAgent();
    virtual ~CDRMSSegmentServerAgent(){;}

public:
    //-----------------------------------------------------------------------------------------------
    // Summary:
    //      分段函数
    // Parameters:
    //  [in] lpAssetFilePath - 数字内容作品文件路径
    //  [in] lpSegmentPolicy - 分段策略，取值枚举类型SEGMENT_POLICY_TYPE
    //   [in] lpSegmentInfo - 自定义分段XML数据，必须符合分段信息描述规范
    // Returns:
    //  RETURNSUCCESS表示成功，非RETURNSUCCESS表示失败。
    //-----------------------------------------------------------------------------------------------
    DRMS_INT CreateSegmentInfo(LPCDRMSWSTR lpAssetFilePath, LPCDRMSWSTR lpSegmentInfo, const
SEGMENT_POLICY_TYPE nSegmentPolicy = SEGMENT_POLICY_WHOLE);

    //-----------------------------------------------------------------------------------------------
    // Summary:
    //      加密封装
    // Parameters:
    //  [in] lpAssetFilePath - 数字内容作品文件路径
    //  [in] lpDRMI - 数字版权管理标识(可选)
    //  [in] lpSuperDistrbtAddress - 超级分发导引服务器网址(可选)
    //   [in] lpSuperDistrbtRO - 超级分发权利对象内容(可选)
    //   [in] dwSuperDistrbtROLen - 超级分发权利对象内容的长度(可选)
    //  [in] pDRMKey - 数字内容密钥明文
    //  [in] dwDRMKeyLen - 数字内容密钥明文的长度
    //  [in] lpEncryptMethod - 数字内容加密算法
    // Returns:
    //  RETURNSUCCESS表示成功，非RETURNSUCCESS表示失败。
    //-----------------------------------------------------------------------------------------------
    DRMS_INT Encapsulation(LPCDRMSWSTR lpAssetFilePath, LPCDRMSWSTR lpDRMI, LPCDRMSWSTR
lpSuperDistrbtAddress,
                LPCDRMSWSTR lpSuperDistrbtRO, DRMS_DWORD dwSuperDistrbtROLen,
                const DRMS_BYTE* pDRMKey, const DRMS_DWORD dwDRMKeyLen, LPCDRMSWSTR
lpEncryptMethod);

};
};
```

C.1.3 数字许可证解析

```
namespace DRMSRelClient
{
 class CDRMSRelClientAgent : public CDRMSBaseAgent
 {
 public:
  //==================================================
  // 构造/析构函数

  //----------------------------------------------------------------------------------------------
  // Summary:
  //    构造函数，获取解析参数，为xml解析做好准备。必须首先检查Rel的版本是否有效，通过检验摘要和验证签名来检查Rel内容的完整性和有效性。
  // Parameters:
  //    [in] lpDeviceInfo,lDeviceInfoLen - 硬件信息
  //   [in] lpRelContent ,dwRelContentLen - Rel文件内容
  // Returns:
  //   IRelClientAgent对象。
  //----------------------------------------------------------------------------------------------
  CDRMSRelClientAgent(LPCDRMSWSTR lpDeviceInfo, DRMS_DWORD dwDeviceInfoLen, LPCDRMSWSTR lpRelContent, DRMS_DWORD dwRelContentLen);
  // 这个构造函数不涉及设备信息，可以用来解析超级分发对象使用
  CDRMSRelClientAgent(LPCDRMSWSTR lpRelContent, DRMS_DWORD dwRelContentLen);

  // 析构函数，释放资源
  virtual ~CDRMSRelClientAgent();

  //==================================================

  //----------------------------------------------------------------------------------------------
  // Summary:
  //    解析Rel文件，获取相应Rel对象
  // Parameters:
  //    [out] objCRel - Rel对象
  // Returns:
  //   RETURNSUCCESS表示成功，非RETURNSUCCESS表示失败
  // Remarks:
  //   使用该接口时，不需要关心资源的释放。因为该对象引用的是成员变量，析构函数中会自动释放
  //        使用范例：
  //   DRMS_REL objCRel;
  //   XXXX.GetRelInfo(objCRel);
  //----------------------------------------------------------------------------------------------
```

```
virtual DRMS_INT GetRelInfo(DRMS_REL& objCRel);

//---------------------------------------------------------------------------------------------
// Summary:
//   获取Rel中Asset的个数
// Returns:
//   Asset的个数值
//---------------------------------------------------------------------------------------------
virtual DRMS_INT GetRelAssetsCount();

//---------------------------------------------------------------------------------------------
// Summary:
//   根据指定的索引值获取相应的Asset
// Parameters:
//     [out] objCAsset - Asset对象
//     [out] ppPlainKey,pPlainKeyLen - 存储明文对称密钥变量
//     [out] pRetrievalMethod - 密钥绑定方式
//   [in] nIndex - 当前Asset项的索引值
// Remarks:
//   由于许可证Rel中可能存在多个Asset项，所以采取枚举形式提供
//   注意：调用方调用该接口获取相应Asset项后，需要调用ClearRelAsset接口释放资源
// Returns:
//   RETURNSUCCESS表示成功，非RETURNSUCCESS表示失败。
//---------------------------------------------------------------------------------------------
virtual DRMS_INT GetRelAssetInfo(DRMS_ASSET &objCAsset, DRMS_BYTE** ppPlainKey, DRMS_DWORD*
pPlainKeyLen, DRMS_INT *pRetrievalMethod, DRMS_INT nIndex = 0);

//---------------------------------------------------------------------------------------------
// Summary:
//   根据指定的索引值获取相应的Asset，不含密钥信息
// Parameters:
//     [out] objCAsset - Asset对象
//   [in] nIndex - 当前Asset项的索引值
// Remarks:
//   由于许可证Rel中可能存在多个Asset项，所以采取枚举形式提供
//   注意：调用方调用该接口获取相应Asset项后，需要调用ClearRelAsset接口释放资源
// Returns:
//   RETURNSUCCESS表示成功，非RETURNSUCCESS表示失败。
//---------------------------------------------------------------------------------------------
virtual DRMS_INT GetRelAssetInfo(DRMS_ASSET &objCAsset, DRMS_INT nIndex = 0);

//---------------------------------------------------------------------------------------------
// Summary:
```

```
//  根据指定的AssetUID获取相应的密钥信息
// Parameters:
//        [in] lpAssetUID – 资源的唯一标识
//    [out] ppPlainKey,pPlainKeyLen - 存储明文对称密钥变量
//   [out] pRetrievalMethod - 密钥绑定方式
// Returns:
//   RETURNSUCCESS表示成功，非RETURNSUCCESS表示失败。
//---------------------------------------------------------------------------------------------
virtual DRMS_INT GetRelAssetKey(LPCDRMSWSTR lpAssetUID, DRMS_BYTE** ppPlainKey, DRMS_DWORD* pPlainKeyLen, DRMS_INT *pRetrievalMethod);

//---------------------------------------------------------------------------------------------
// Summary:
//   根据指定的AssetUID获取相应的段密钥信息
// Parameters:
//        [in] lpAssetUID – 资源的唯一标识
//        [in] lpDocID - 资源ID，使用资源SDK进行获取
//    [in] pSegIDs - 段标识序列
//   [in] nSegCount - 段标识序列长度，即段标识个数
//   [out] ppSegKeys - 与段标识相对应的段密钥
// Returns:
//   RETURNSUCCESS表示成功，非RETURNSUCCESS表示失败。
//---------------------------------------------------------------------------------------------
virtual DRMS_INT GetRelAssetSegKeys(LPCDRMSWSTR lpAssetUID, const DRMS_BYTE byDocID[DRMS_DOCID_LEN], DRMS_ID* pSegIDs, DRMS_UINT nSegCount, DRMS_SEGDRMKEY*& pSegKeys);

// 释放Asset资源
virtual DRMS_VOID ClearRelAsset(DRMS_ASSET &objCAsset);

// 释放Asset的段密钥
virtual DRMS_VOID ClearAssetSegKeys(DRMS_SEGDRMKEY*& pSegKeys, const DRMS_UINT nSegCount);
//---------------------------------------------------------------------------------------------
// Summary:
//   获取Rel中Permissions的个数
// Returns:
//   Permissions的个数值
//---------------------------------------------------------------------------------------------
virtual DRMS_INT GetRelPermissionsCount();

//---------------------------------------------------------------------------------------------
// Summary:
//   根据指定的索引值获取Rel中相应的Permission
// Parameters:
```

```
    //    [out] objCPermission - Permission对象
    //   [in] nIndex -  当前Permission项的索引值
    // Remarks:
    //   由于许可证Rel和协议参数ROTips中均可能存在多个Permission项，所以采取枚举形式提供
    //   注意：调用方调用该接口获取相应Permission项后，需要调用ClearPermission接口释放资源
    // Returns:
    //   RETURNSUCCESS表示成功，非RETURNSUCCESS表示失败。
    //-----------------------------------------------------------------------------------------------
    virtual DRMS_INT GetRelPermissionInfo(DRMS_PERMISSION &objCPermission, DRMS_INT nIndex = 0);

    //-----------------------------------------------------------------------------------------------
    // Summary:
    //   判断当前权利对象是否有效
    // Parameters:
    //    [in] lpPermissionRight -  权利对象，如"View"、"Print"
    //   [in] nPermissionIndex -  当前Permission项的索引值
    // Returns:
    //   DRMS_TRUE表示有效，DRMS_FALSE表示无效。
    //-----------------------------------------------------------------------------------------------
    DRMS_BOOL IsValidRelPermissionRight(LPCDRMSWSTR lpPermissionRight, DRMS_INT nPermissionIndex = 0);

  };
  };
```

C.1.4 **数字内容解密**

```
  namespace DRMSRelClient
  {
   class CDRMSSegmentClientAgent : public CDRMSBaseAgent
   {
   public:
    //-----------------------------------------------------------------------------------------------
    // Summary:
    //    构造函数/析构函数
    // Parameters:
    // Returns:
    //   CDRMSSegmentClientAgent对象。
    //-----------------------------------------------------------------------------------------------
    CDRMSSegmentClientAgent() {;}
    ~CDRMSSegmentClientAgent(){;}

   public:
    //-----------------------------------------------------------------------------------------------
```

```
    // Summary:
    //     分段解密函数
    // Parameters:
    //   [in] lpAssetFilePath - 数字内容作品文件路径
    //     [in] lpSegmentID - 段标识
    //   [in] pKey - 内容密钥
    //     [in] dwKeyLen - 内容密钥长度
    //     [out] ppPlainContenData - 解密后内容明文数据
    //     [out] pPlainContenDataLen - 解密后内容明文数据的长度
    // Returns:
    //   RETURNSUCCESS表示成功，非RETURNSUCCESS表示失败。
    //-----------------------------------------------------------------------------------------------
    DRMS_INT DecryptSegment(LPCDRMSWSTR lpAssetFilePath, DRMS_ID nSegmentID,
            const DRMS_BYTE* pKey, const DRMS_DWORD dwKeyLen,
            DRMS_BYTE** ppPlainContenData, DRMS_DWORD* pPlainContenDataLen);
  };
};
```

C.2 JAVA 接口函数原型

C.2.1 数字许可证生成

```
public class CDRMSRelServerAgent extends CDRMSKernelBaseAgent{

  public CDRMSRelServerAgent()
  {}

  /**
   * 初始化，必须先调用
   * @param deviceInfo   - [in]
   * @param relUID   - [in]
   * @param assignorName   - [in]
   * @param encodingType   - [in] 指定其他参数的编码类型：0表示UTF8，1表示UTF16
   * @return
   */
  public native int Init(byte[] deviceInfo, byte[] relUID, byte[] assignorName, int encodingType);

  /**
   * 生成一个含有签名和证书的Rel文件
   * @param result - [out] 结果
   * @param privateKey - [in] 签名所用私钥
   * @param certificateFile - [in] 证书文件
   * @param signKeyMode - [in] 签名算法
```

```
 * @param signatureMethod - [in] 签名密钥模式
 * @param encodingType - [in] 指定其他参数的编码类型：0表示UTF8，1表示UTF16
 * @return
 */
public native int CreateRel(ResultWrapper result, byte[] privateKey, byte[] certificateFile, int signKeyMode, int encodingType);

/**
 * 提供修改Rel中各部分参数的灵活接口
 * @param rel   - [in] Rel对象
 * @return
 */
public native int SetRelInfo(DrmsRel rel);

/**
 * 在Rel对象中增加其他数字内容信息
 * @param asset - [in] Asset对象
 * @param plainKey - [in]
 * @param permission - [in]
 * @param encodingType - [in] 指定其他参数的编码类型：0表示UTF8，1表示UTF16
 * @return
 */
public native int AddAssetInfo(DrmsAsset asset, byte[] plainKey, DrmsPermission permission, int encodingType);

/**
 * 根据指定的索引值设置Permission中相应的权利项
 * @param permissionRight - [in] 权限描述
 * @param constraint - [in] Constraint对象
 * @param permissionIndex - [in] 当前Permission项的索引值
 * @return
 */
public native int AddRelPermissionRight(String permissionRight, DrmsConstraint constraint, int permissionIndex);


/**
 * 生成超级分发的Rel内容
 * @param result - [out] Rel内容
 * @param privateKey - [in] 签名所用私钥
 * @param certificateFile - [in] 证书文件，指内容，而不是文件名
 * @param signKeyMode - [in] 签名密钥模式
 * @param encodingType   - [in] 指定其他参数的编码类型：0表示UTF8，1表示UTF16
 * @return
 */
```

```
public native int CreateSuperDistributionRel(ResultWrapper result, byte[] privateKey, byte[] certificateFile,int signKeyMode, int encodingType);

/**
 * 生成批量分发的Rel内容
 * @param result - [out] Rel内容
 * @param privateKey - [in] 签名所用私钥
 * @param certificateFile - [in] 证书文件，指内容，而不是文件名
 * @param signKeyMode - [in] 签名密钥模式
 * @param encodingType - [in] 指定其他参数的编码类型：0表示UTF8，1表示UTF16
 * @return
 */
public native int CreateBatchDistributionRel(ResultWrapper result, byte[] privateKey, byte[] certificateFile,int signKeyMode, int encodingType);

/**
 * 生成二次分发的Rel内容
 * @param result - [out] Rel内容
 * @param privateKey - [in] 签名所用私钥
 * @param certificateFile - [in] 证书文件，指内容，而不是文件名
 * @param signKeyMode - [in] 签名密钥模式
 * @param encodingType - [in] 指定其他参数的编码类型：0表示UTF8，1表示UTF16
 * @return
 */
public native int CreateRedistributionRel(ResultWrapper result, byte[] privateKey, byte[] certificateFile,int signKeyMode, int encodingType);

/**
 * 基于域环境下的在Rel对象中增加的其他数字内容信息以及相应的权限表。
 * @param asset - [in] Asset对象
 * @param plainKey - [in] 密钥信息
 * @param permission - [in] Permission对象
 * @param deviceInfo - [in] 设备信息
 * @param encodingType - [in] 指定其他参数的编码类型：0表示UTF8，1表示UTF16
 * @return
 */
public native int AddDomainAssetInfo(DrmsAsset asset, byte[] plainKey, DrmsPermission permission,byte[] deviceInfo, int encodingType);
/**
 * 在Rel对象中批量加超级分发数字内容信息以及相应的权限表。如果权限表信息为空，则默认使用其他已有的权限表。
 * @param asset - [in] 超级分发Asset对象
 * @param plainKey - [in] 密钥信息
```

```
 * @param permission - [in] Permission对象
 * @param encodingType   - [in] 指定其他参数的编码类型：0表示UTF8，1表示UTF16
 * @return
 */

public native int AddSuperDistributionAssetInfo(DrmsAsset asset, byte[] plainKey, DrmsPermission permission,int encodingType);
/**
 * 在Rel对象中批量增加数字内容信息以及相应的权限表。如果权限表信息为空，则默认使用其他已有的权限表
 * @param nInfoNum - [in] 批量内容总数
 * @param asset - [in] 批量分发Asset对象
 * @param plainKey - [in] 密钥信息
 * @param permission - [in] Permission对象
 * @param encodingType   - [in] 指定其他参数的编码类型：0表示UTF8，1表示UTF16
 * @return
 */
public native int AddBatchAssetInfo(int nInfoNum, DrmsAsset BatchAssetInfo, byte[] BatchPlainKey, DrmsPermission permission,int encdingType);

/**
 * 在Rel对象中增加二次分发数字内容信息以及相应的权限表。如果权限表信息为空，则默认使用其他已有的权限表
 * @param asset - [in] 二次分发Asset对象
 * @param plainKey - [in] 密钥信息
 * @param permission - [in] Permission对象
 * @param encodingType   - [in] 指定其他参数的编码类型：0表示UTF8，1表示UTF16
 * @return
 */
public native int AddRedistributionAssetInfo(DrmsAsset asset, byte[] plainKey, DrmsPermission permission,int encdingType);

}
```

C.2.2 数字内容分段与加密

```
public class CDRMSSegmentServerAgent {
 private long m_handle = 0;

 public CDRMSSegmentServerAgent()
 {}

 /**
  * 初始化，必须先调用
```

```
*/
  public native int Init();

   /**
 * 分段函数
 * @param AssetFilePath - [in] 数字内容作品文件路径
 * @param SegmentInfo - [in] 自定义分段XML数据，必须符合分段信息描述规范
 * @param SEGMENT_POLICY_TYPE - [in] 分段策略
 * @param encodingType - [in] 指定其他参数的编码类型：0表示UTF8，1表示UTF16
 * @return
 */
  public native int CreateSegmentInfo(byte[] AssetFilePath, byte[] SegmentInfo, int SEGMENT_POLICY_TYPE, int encodingType);

   /**
 * 加密封装
 * @param AssetFilePath - [in] 数字内容作品文件路径
 * @param DRMI - [in] 数字版权管理标识(可选)
 * @param SuperDistrbtAddress - [in] 超级分发导引服务器网址(可选)
 * @param SuperDistrbtRO - [in] 超级分发权利对象内容(可选)
 * @param DRMKey - [in] 数字内容密钥明文
 * @param EncrytMethod - [in] 数字内容加密算法
 * @param encodingType - [in] 指定其他参数的编码类型：0表示UTF8，1表示UTF16
 * @return
 */
 public native int Encapsulation(byte[] AssetFilePath, byte[] DRMI, byte[] SuperDistrbtAddress, byte[] SuperDistrbtRO, byte[] DRMKey, byte[] EncrytMethod, int encodingType);

}
```

C.2.3 数字许可证解析

```
public class CDRMSRelClientAgent extends CDRMSKernelBaseAgent{

  public CDRMSRelClientAgent()
  {}

  /**
  * 初始化，必须先调用
  * @param deviceInfo - [in] 硬件信息
  * @param relContent - [in] rel内容
  * @param encodingType - [in] 指定其他参数的编码类型：0表示UTF8，1表示UTF16
  * @return
  */
```

```
public native int Init(byte[] deviceInfo, byte[] relContent, int encodingType);

/**
 * 获取rel对象
 * @param rel - [out] rel实体
 * @return
 */
public native int GetRelInfo(DrmsRel rel);

/**
 * 获取rel中Asset的个数
 * @return
 */
public native int GetRelAssetsCount();

/**
 * 根据指定的索引值获取相应的Asset信息
 * @param asset - [out] Asset对象
 * @param plainKey - [out] 明文对称密钥
 * @param retrievalMethod - [out] 密钥绑定方式
 * @param index - [in] 当前Asset项的索引值
 * @return
 */
public native int GetRelAssetInfo(DrmsAsset asset, ResultWrapper plainKey, ResultWrapper retrievalMethod, int index);

/**
 * 根据指定的索引值获取相应的Asset信息，不包含密钥信息
 * @param asset - [out] Asset对象
 * @param index - [in] 当前Asset项的索引值
 * @return
 */
public native int GetRelAssetInfo(DrmsAsset asset, int index);

/**
 * 根据指定的AssetUID获取相应的密钥信息
 * @param assetUID - [in] 资源的唯一标识
 * @param result - [out] 明文对称密钥
 * @param retrievalMethod - [out] 密钥绑定方式
 * @return
 */
public native int GetRelAssetKey(String assetUID, ResultWrapper result, int retrievalMethod);

/**
```

```
  * 获取Rel中Permissions的个数
  * @return
  */
 public native int GetRelPermissionsCount();

 /**
  * 根据指定的索引值获取Rel中相应的Permission
  * @param permission - [out] permission对象
  * @param index - [in] 当前Permission项的索引值
  * @return
  */
 public native int GetRelPermissionInfo(DrmsPermission permission, int index);

 /**
  * 判断当前权利对象是否有效
  * @param PermissionRight - [in] 权利对象，如"View"、"Print"
  * @param PermissionIndex - [in] 当前Permission项的索引值
  * @return
  */

 public native boolean IsValidRelPermissionRight(String PermissionRight,int PermissionIndex);

 /**
  * 根据指定的AssetUID获取相应的段密钥信息
  * @param AssetUID - [in] 资源的唯一标识
  * @param DocID - [in] 资源ID，使用资源SDK进行获取
  * @param SegIDs - [in] 段标识序列
  * @param SegCount - [in] 段标识序列长度，即段标识个数
  * @param SegKeys - [out] 与段标识相对应的段密钥
  * @param encodingType -[in] 指定其他参数的编码类型：0表示UTF8，1表示UTF16
  * @return
  */

 public native int GetRelAssetSegKeys(byte[] AssetUID, byte[] DocID, long[] SegIDs , int SegCount, ResultWrapper SegKeys, int encodingType );

}
```

C.2.4 **数字内容解密**

```
public class CDRMSSegmentClientAgent {
 private long m_handle = 0;
```

```
public CDRMSSegmentClientAgent()
{}

/**
 * 初始化，必须先调用
 */
public native int Init();

/**
 * 分段解密函数
 * @param AssetFilePath - [in] 数字内容作品文件路径
 * @param SegmentID - [in] 段标识
 * @param SegmentKey - [in] 内容密钥
 * @param result - [out] 解密后内容明文数据
 * @param encodingType - [in] 指定其他参数的编码类型：0表示UTF8，1表示UTF16
 * @return
 */
public native int DecryptSegment(byte[] AssetFilePath, long SegmentID, byte[] SegmentKey, ResultWrapper result, int encodingType);

}
```

附　录　D
（规范性附录）
参数数据类型定义

D.1 通用数据类型定义

```
namespace DRMSBase{

  #define DRMS_NULL    0
  #define DRMS_TRUE    true
  #define DRMS_FALSE    false

  // 通用类型
  typedef void      DRMS_VOID;
  typedef void*      DRMS_LPVOID;
  typedef const void*    DRMS_LPCVOID;

  typedef unsigned char DRMS_BYTE;

  typedef short      DRMS_SHORT;
  typedef unsigned short DRMS_USHORT;
  typedef int        DRMS_INT;
  typedef unsigned int DRMS_UINT;

  #if defined(_LINUX_64BIT)
    typedef int32_t DRMS_LONG;
  #else
    typedef long DRMS_LONG;
  #endif

  typedef size_t     DRMS_SIZE_T;
  typedef long long    DRMS_INT64;
  typedef unsigned long long DRMS_UINT64;

  typedef bool      DRMS_BOOL;
  typedef char      DRMS_CHAR, *LPDRMSSTR;
  typedef const char*    LPCDRMSSTR;

  #ifdef USE_NATIVE_WIDE_CHAR
    typedef unsigned short     DRMS_WCHAR, *LPDRMSWSTR;
```

```
  typedef const unsigned short* LPCDRMSWSTR;
#else
  typedef wchar_t     DRMS_WCHAR, *LPDRMSWSTR;
  typedef const wchar_t* LPCDRMSWSTR;
#endif

typedef unsigned short DRMS_WORD;

#if defined(_LINUX_64BIT)
  typedef uint32_t DRMS_DWORD;
#else
  typedef unsigned long DRMS_DWORD;
#endif

// 通用类型
typedef float     DRMS_FLOAT;
typedef double     DRMS_DOUBLE;
typedef float     DRMS_REAL;

typedef long     DRMS_ID;

typedef long     DRMS_LONG_PTR;
typedef DRMS_LONG_PTR DRMS_WPARAM;
typedef DRMS_LONG_PTR DRMS_LPARAM;

// 硬件信息绑定方式
enum DRMS_RETRIEVAL_METHOD_TYPE
{
 RETRIEVAL_METHOD_INVALID = 0,     // 无效绑定方式
 RETRIEVAL_METHOD_DOMAINKEY = 1,     // 域密钥绑定方式，针对域密钥的保护
 RETRIEVAL_METHOD_DOMAIN = 2,     // 域绑定方式，针对数字内容密钥的保护
 RETRIEVAL_METHOD_TRAVERSINGKEY = 3,   // 多设备非自适应绑定
 RETRIEVAL_METHOD_ADAPTABILITY_TRAVERSINGKEY = 4,// 多设备自适应绑定
 RETRIEVAL_METHOD_SUPERDISTRIBUTION = 5,   // 超级分发绑定
 RETRIEVAL_METHOD_BATCHDISTRIBUTION = 6,   // 批量分发绑定
 RETRIEVAL_METHOD_REDISTRIBUTION = 7   // 二次分发绑定

};

enum DRMS_UNICODE_ENCODINGTYPE
{
 DRMS_ENCODING_UTF8 = 0,
 DRMS_ENCODING_UTF16,
```

```
    DRMS_ENCODING_UTF32
  };
};    // namespace DRMSBase
```

D.2 复合数据类型定义

D.2.1 C++复合类型定义

```
namespace DRMSBase{
// 权利项
enum DRMS_REL_PERMISSION_ITEM
{
 DRMS_ITEM_VIEW = 1,     // View
 DRMS_ITEM_PRINT = 2,   // Print
 DRMS_ITEM_EXPORT = 3,   // Export
};

// ----------------------------------------------------------------------
// 以下为Rel相关数据类定义
// 主体类
typedef struct __DRMS_PARTY
{
 LPDRMSWSTR m_strAssignorName;  // 权利发布者的名称
 LPDRMSWSTR m_strAssignorSvrID;  // 授权服务器的标识
 LPDRMSWSTR m_strAssignorSvrURI;  // 授权服务器的服务地址
 LPDRMSWSTR m_strAssigneeName;  // 权利获得者的名称

 __DRMS_PARTY() : m_strAssignorName(DRMS_NULL), m_strAssignorSvrID(DRMS_NULL),
  m_strAssignorSvrURI(DRMS_NULL), m_strAssigneeName(DRMS_NULL)
 {

 }
}DRMS_PARTY;

// 密钥信息
typedef struct __DRMS_KEYINFO
{
 DRMS_RETRIEVAL_METHOD_TYPE m_nRetrievalMethodType; // 硬件信息绑定方式
 LPDRMSWSTR m_strRetrievalMethod; // 硬件信息绑定方式的相关信息

 __DRMS_KEYINFO()                    :                    m_strRetrievalMethod(DRMS_NULL),
m_nRetrievalMethodType(RETRIEVAL_METHOD_INVALID)
 {

 }
}DRMS_KEYINFO;
```

```
// 摘要信息
typedef struct __DRMS_DIGEST
{
 LPDRMSWSTR m_strDigestMethod;  // 摘要算法
 LPDRMSWSTR m_strDigestValue;  // 摘要结果

 __DRMS_DIGEST() : m_strDigestMethod((LPDRMSWSTR)DIGEST_METHOD_CUR), m_strDigestValue(DRMS_NULL)
 {

 }
}DRMS_DIGEST;

// 资源信息
typedef struct __DRMS_ASSET
{
 LPDRMSWSTR m_strDRMI;      // 数字版权的唯一标识
 LPDRMSWSTR m_strAssetID;     // 资源唯一标识
 LPDRMSWSTR m_strName;      // 资源名称
 LPDRMSWSTR m_strAuthor;     // 资源作者
 LPDRMSWSTR m_strPrice;     // 资源价格
 DRMS_INT m_nCopyCount;     // 资源复本数
 LPDRMSWSTR m_strDescription;   // 资源描述
 LPDRMSWSTR m_strRightsIssuerURI;  // 资源文件授权信息的网络地址
 LPDRMSWSTR m_strRightsIssuerURIType; // 资源文件授权信息的网络地址的类型
 LPDRMSWSTR m_strContentURI;    // 资源文件的网络地址的类型
 DRMS_KEYINFO m_objCKeyInfo;    // 资源密钥信息
 DRMS_DIGEST m_objCDigest;     // 资源摘要信息
 LPDRMSWSTR m_strFileFormat;    // 资源文件格式

 __DRMS_ASSET() : m_strDRMI(DRMS_NULL), m_strAssetID(DRMS_NULL), m_strName(DRMS_NULL),
  m_strAuthor(DRMS_NULL), m_strPrice(DRMS_NULL), m_strDescription(DRMS_NULL), m_nCopyCount(0),
  m_strRightsIssuerURI(DRMS_NULL), m_strRightsIssuerURIType(DRMS_NULL), m_strContentURI(DRMS_NULL),
  m_strFileFormat(DRMS_NULL)
 {

 }
}DRMS_ASSET;
// 约束对象
typedef struct __DRMS_CONSTRAINT
{
```

```
    LPDRMSWSTR m_strRange;     // 范围
    LPDRMSWSTR m_strRangeType;  // 范围类型
    DRMS_INT m_nCount;          // 具体权利对应的使用次数
    LPDRMSWSTR m_strCountCycle;  // 限定使用次数的周期
    LPDRMSWSTR m_strDatetimeStart; // 日期开始时间
    LPDRMSWSTR m_strDatetimeEnd; // 日期结束时间
    LPDRMSWSTR m_strHardware;  // 限制硬件的特征值
    LPDRMSWSTR m_strHardwareType; // 硬件的类型

    __DRMS_CONSTRAINT()    :    m_strRange(DRMS_NULL),    m_strRangeType(DRMS_NULL),
m_strCountCycle(DRMS_NULL),
     m_strDatetimeStart(DRMS_NULL),    m_strDatetimeEnd(DRMS_NULL),    m_strHardware(DRMS_NULL),
m_strHardwareType(DRMS_NULL)
    {

    }
   }DRMS_CONSTRAINT;

   // 权利对象
   typedef struct __DRMS_PERMISSION
   {
    LPDRMSWSTR m_strAssetIDRef;        // 资源引用
    DRMS_CONSTRAINT m_objCConstraint;     // 权利对象的约束

    __DRMS_PERMISSION() : m_strAssetIDRef(DRMS_NULL)
    {

    }
   }DRMS_PERMISSION;

   // 授权协议对象
   typedef struct __DRMS_AGREEMENT
   {
    DRMS_PARTY m_objCParty;      // 授权协议对象的主体
   }DRMS_AGREEMENT;

   // 签名对象
   typedef struct __DRMS_SIGNATURE
   {
    LPDRMSWSTR m_strSignatureMethod;  // 签名算法
    DRMS_DIGEST m_objCDigest;      // 摘要信息
    LPDRMSWSTR m_strSignatureValue;   // 签名结果
    LPDRMSWSTR m_strKeyInfo;      // 证书信息
```

```
    __DRMS_SIGNATURE()    :    m_strSignatureMethod(DRMS_NULL),    m_strSignatureValue(DRMS_NULL),
m_strKeyInfo(DRMS_NULL)
    {

    }
}DRMS_SIGNATURE;

// Rel对象
typedef struct __DRMS_REL
{
    LPDRMSWSTR m_strUID;      // 唯一标识
    DRMS_AGREEMENT m_objCAgreement;   // 授权协议对象
    DRMS_SIGNATURE m_objCSignature;   // 签名对象
    LPDRMSWSTR m_strVersion;     // 版本号

    __DRMS_REL() : m_strVersion(DRMS_NULL), m_strUID(DRMS_NULL)//, m_strSystem(DRMS_NULL)
    {

    }
}DRMS_REL;

// 段密钥
typedef struct __DRMS_SEGDRMKEY
{
    DRMS_INT     nSegID;   // 段ID
    DRMS_BYTE*     pbyKey;
    DRMS_INT     nKeyLen;

    __DRMS_SEGDRMKEY()
      : nSegID(0), pbyKey(DRMS_NULL), nKeyLen(0)
    {}
}DRMS_SEGDRMKEY;

}; // namespace DRMSBase
```

D.2.2 JAVA复合类型定义

```
//-----------------------------------------------------
package com.drms.base;

public class DrmsAgreement {
  public DrmsParty m_objCParty;  // 授权协议对象的主体

  public DrmsAgreement()
  {
    m_objCParty = new DrmsParty();
  }
}

//------------------定义数字资源信息类------------------------------------
package com.drms.base;

public class DrmsAsset {
  public String m_strDRMI;          // 资源标识
  public String m_strAssetID;         // 资源唯一标识，遵循DOI规范
  public String m_strName;        // 资源名称
  public String m_strAuthor;        // 资源作者
  public String m_strPrice;        // 资源价格
  public int m_nCopyCount;        // 资源复本数
  public String m_strDescription;     // 资源描述
  public String m_strRightsIssuerURI;   // 资源文件授权信息的网络地址
  public String m_strRightsIssuerURIType; // 资源文件授权信息的网络地址的类型
  public String m_strContentURI;     // 资源文件的网络地址的类型
  public DrmsKeyInfo m_objCKeyInfo;   // 资源密钥信息
  public DrmsDigest m_objCDigest;     // 资源摘要信息
  public String m_strFileFormat;     // 资源文件格式
      public String m_strDigestMethod;
      public String m_strDigestValue;

  public DrmsAsset()
  {
    m_strDRMI = null;
    m_strAssetID = null;
    m_strName = null;
    m_strAuthor = null;
    m_strPrice = null;
    m_strDescription = null;
    m_nCopyCount = 0;
```

```
    m_strRightsIssuerURI = null;
    m_strRightsIssuerURIType = null;
    m_strContentURI = null;
    m_strFileFormat = null;
    m_objCKeyInfo = new DrmsKeyInfo();
    m_objCDigest = new DrmsDigest();
        m_strDigestMethod = null;
        m_strDigestValue = null;

  }
}

//------------------ -----------------------------------
package com.drms.base;

public class DrmsConstant {

  // 权利项
  public static final int ITEM_VIEW = 1;
  public static final int ITEM_PRINT = 2;
  public static final int ITEM_EXPORT = 3;

  // 编码类型: 指定其他参数的编码类型：0表示UTF8，1表示UTF16
  public enum EncodingType
  {
    UTF8,
    UTF16LE
  }
  public static final int DRM_ENCODING_UTF8 = 0;
  public static final int DRM_ENCODING_UTF16LE = 1;
  }

//------------------ 定义约束信息类-----------------------------------
package com.drms.base;

public class DrmsConstraint {
  public String m_strRange;     // 范围
  public String m_strRangeType;   // 范围类型
  public int m_nCount;            // 具体权利对应的使用次数
  public String m_strCountCycle;   // 限定使用次数的周期
  public String m_strDatetimeStart; // 日期开始时间
  public String m_strDatetimeEnd;   // 日期结束时间
  public String m_strHardware;   // 限制硬件的特征值
```

```
  public String m_strHardwareType; // 硬件的类型

  public DrmsConstraint()
  {
    m_strRange = null;
    m_strRangeType = null;
    m_strCountCycle = null;
    m_strDatetimeStart = null;
    m_strDatetimeEnd = null;
    m_strHardware = null;
    m_strHardwareType = null;
    m_nCount = -1; // 初始值改为-1，是为了区分无限制(-1)和无权利(0)两种情况
  }
}

//------------------ ------------------------------------
package com.drms.base;

public class DrmsDigest {
  public String m_strDigestMethod;   // 摘要算法
  public String m_strDigestValue;        // 摘要结果

  public DrmsDigest()
  {
    m_strDigestMethod = DrmsConstant.DIGEST_METHOD_CUR;
    m_strDigestValue = null;
  }
}

//------------------定义内容密钥信息类 ------------------------------------
package com.drms.base;

public class DrmsKeyInfo {
  public int m_nRetrievalMethodType;   // 硬件信息绑定方式
  public String m_strRetrievalMethod;   // 硬件信息绑定方式的相关信息

  public DrmsKeyInfo()
  {
    m_strRetrievalMethod = null;
    m_nRetrievalMethodType = 0;   // RETRIEVAL_METHOD_ADAPTABILITYKEY;
  }
}
```

```
//-----------------定义主体信息类 ----------------------------------
package com.drms.base;

public class DrmsParty {
  public String m_strAssignorName; // 权利发布者的名称
  public String m_strAssignorSvrID; // 授权服务器的标识
  public String m_strAssignorSvrURI; // 授权服务器的服务地址
  public String m_strAssigneeName; // 权利获得者的名称

  public DrmsParty()
  {
    m_strAssignorName = null;
    m_strAssignorSvrID = null;
    m_strAssignorSvrURI = null;
    m_strAssigneeName = null;
  }
}

//-----------------定义权利信息类 ----------------------------------
package com.drms.base;

public class DrmsPermission {
  public String m_strAssetIDRef;              // 资源引用
  public DrmsConstraint m_objCConstraint;       // 权利对象的约束

  public DrmsPermission()
  {
    m_strAssetIDRef = null;
    m_objCConstraint = new DrmsConstraint();

  }
}

//-----------------定义许可证类 ----------------------------------
package com.drms.base;

public class DrmsRel {
  public String m_strUID;              // 唯一标识
  public DrmsAgreement m_objCAgreement;   // 授权协议对象
  public DrmsSignature m_objCSignature;  // 签名对象
  public String m_strVersion;             // 版本号

  public DrmsRel()
```

```
    {
     m_strVersion = null;
     m_strUID = null;
     m_objCAgreement = new DrmsAgreement();
     m_objCSignature = new DrmsSignature();

    }
}

//------------------定义段密钥类 ------------------------------------
package com.drms.base;

public class DrmsSegDrmKey {
    public int m_nSegID;
    public byte[] m_pbyKey;
    public int m_nKeyLen;

    public DrmsSegDrmKey()
    {
     m_nSegID = 0;
     m_nKeyLen = 0;
    }
    public void SetResult(byte[] result)
    {
     m_pbyKey = result;
    }
}

//------------------定义数字签名类 ------------------------------------
package com.drms.base;

public class DrmsSignature {
    public String m_strSignatureMethod;    // 签名算法
    public DrmsDigest m_objCDigest;      // 摘要信息
    public String m_strSignatureValue;   // 签名结果
    public String m_strKeyInfo;       // 证书信息

    public DrmsSignature()
    {
     m_strSignatureMethod = m_strSignatureValue = null;
     m_strKeyInfo = null;
     m_objCDigest = new DrmsDigest();
    }
```

```
}

//------------------ 定义结果包装器------------------------------------
package com.drms.base;

public class ResultWrapper {
 private byte[] m_bsResult = null;
 public DrmsSegDrmKey[] m_SegDrmKeys= null;
 public int m_intvalue;

 public ResultWrapper()
 {
  m_intvalue = 0;
 }

 public void SetResult(byte[] result)
 {
  m_bsResult = result;
 }
 public void SetSegDrmKeys(DrmsSegDrmKey[] result)
 {
  m_SegDrmKeys = result;
 }
 public void SetIntValue( int result)
 {
  m_intvalue = result;
 }

 public byte[] ReturnResult()
 {
  return m_bsResult;
 }
```

附　录　E
（资料性附录）
交易与分发应用开发包调用流程

E.1 数字内容加密封装阶段

数字内容加密封装阶段交易与分发应用开发包的调用流程如图E.1所示。具体分为以下2个步骤：

a）内容提供商通过API调用交易与分发应用开发包服务器端内容分段接口，完成对指定数字内容的分段。

b）内容提供商通过API调用交易与分发应用开发包服务器端内容加密封装接口，完成对指定数字内容的加密封装。

内容提供商完成对数字内容的加密封装操作后，将加密封装后的数字内容文件发布到内容服务商的系统中。

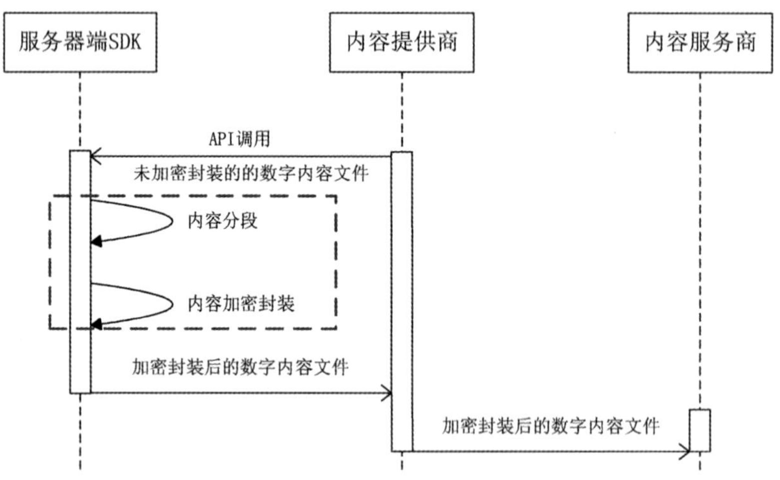

图 E.1 数字内容加密封装阶段调用流程

E.2 授权阶段

在超级分发授权模式下，内容提供商将超级分发数字许可证与加密后的数字内容以一起封装，用户得到包含超级分发数字许可证的封装内容后，能够根据超级分发数字许可证赋予的权利阅读部分内容。超级分发授权阶段交易与分发应用开发包的调用流程如图E.2所示。具体分为以下4个步骤：

a）内容提供商调用服务器端SDK，创建超级分发数字许可证。

b）内容提供商调用服务器端SDK，加密封装数字内容，且将步骤a）中创建的超级分发数字许可证一起封装。

c）内容提供商将包含超级分发数字许可证的封装内容发布给内容服务商。

d）用户从内容服务商处获得包含超级分发数字许可证的封装内容，能够根据超级分发数字许可证赋予的权利阅读部分内容。

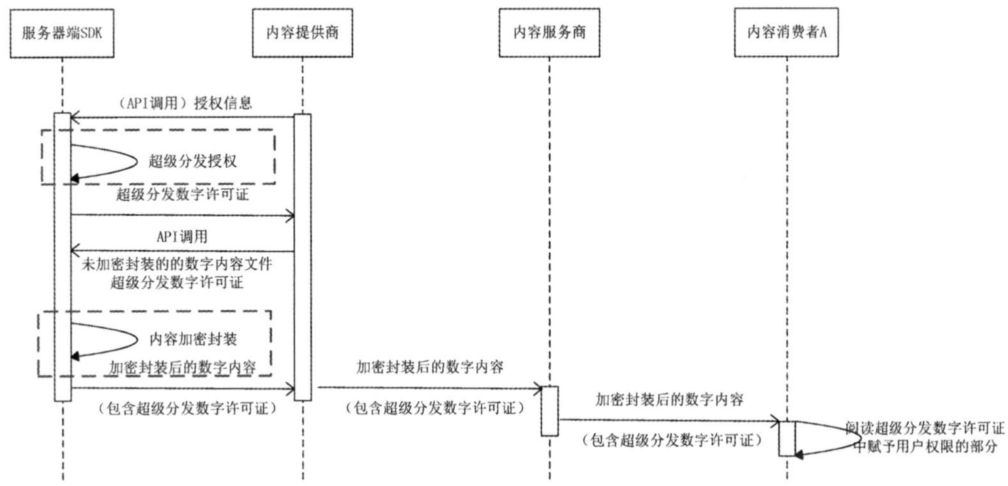

图 E.2　超级分发授权阶段调用流程

批量分发授权阶段交易与分发应用开发包的调用流程如图E.3所示。具体分为以下3个步骤：

a）内容提供商通过API调用服务器端的批量分发授权接口，生成批量数字内容许可证。

b）内容提供商将批量加密封装后的数字内容和相应的批量数字内容许可证发送到内容服务商。

c）内容服务商通过API调用服务器端的批量内容权利处理接口，处理得到的批量加密封装后的数字内容及其许可证后，得到批量内容密钥和授权信息，并将其存储起来。

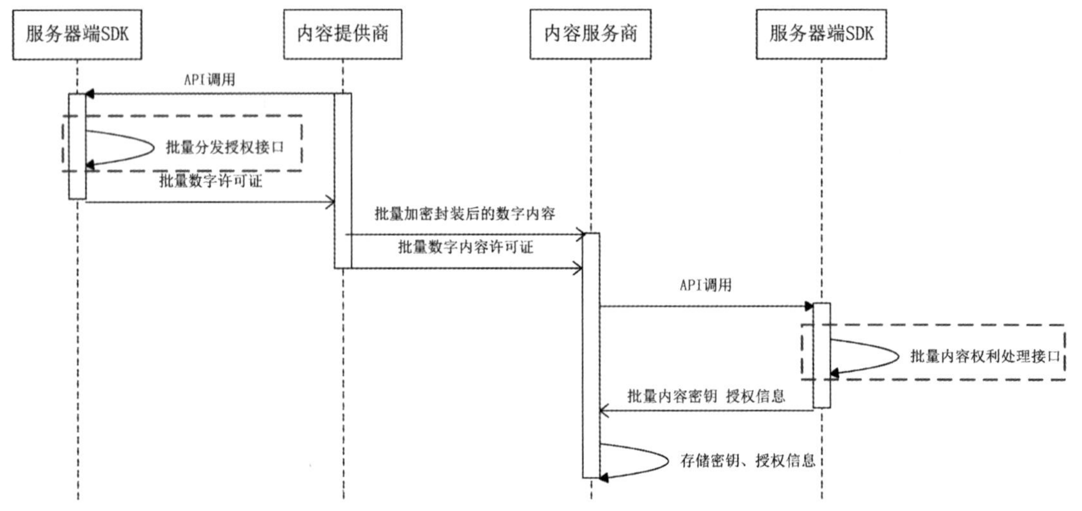

图 E.3 批量分发授权阶段调用流程

二次分发授权阶段交易与分发应用开发包的调用流程如图E.4所示。具体分为以下3个步骤：

a）内容消费者得到加密封装后数字内容，向内容服务商发送授权请求。

b）内容服务商处理已从内容提供商处得到的数字内容的内容密钥和原始授权信息，通过API调用服务器端的二次分发授权接口，创建二次分发许可证，保证二次分发许可证中的权利受到原始授权信息的限制。

c）内容服务商将二次分发许可证发送到内容消费者。

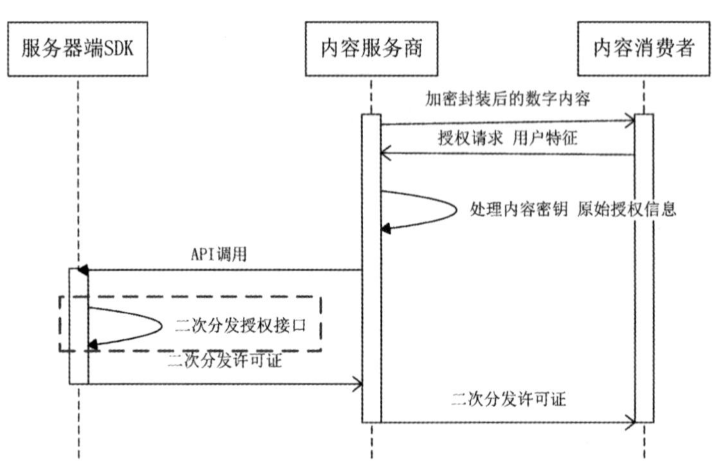

图 E.4 二次分发授权阶段调用流程

E.3 数字内容使用阶段

数字内容使用阶段交易与分发应用开发包的调用流程如图E.5所示。具体分为以下4个步骤：

a）内容消费者获得数字内容许可证后，存放入指定的目录。

b）消费者（客户端软件）通过API调用交易与分发应用开发包客户端许可证解析接口，获取数字内容许可证中内容的使用权利等信息。

c）消费者（客户端软件）通过API调用交易与分发应用开发包客户端密钥解绑定接口（若绑定模式为多硬件绑定则先通过API调用客户端硬件特征信息提取接口获取绑定对象信息），获取内容密钥。

d）消费者（客户端软件）通过API调用交易与分发应用开发包客户端内容解密接口，获取指定逻辑分段的内容明文，在许可证权利描述的约束下使用数字内容。

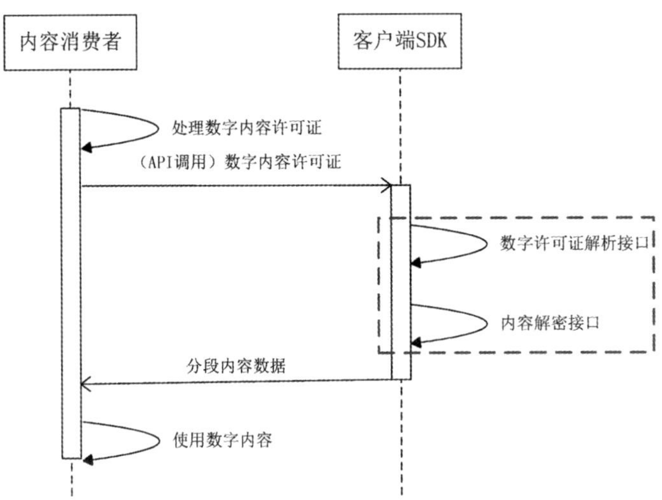

图 E.5 数字内容使用阶段调用流程

参 考 文 献

[1] GB/T 25069-2010，定义2.2.2.106

GC

数字版权保护技术研发工程标准

GC/BQ 16—2015

富媒体内容保护支撑技术接口

Interfaces of support technology of rich media content protection

2015－02－03发布　　　　2015－02－03实施

新闻出版广电总局新闻出版重大科技工程项目领导小组　发布

目　次

前　　言

本标准按照GB/T 1.1—2009给出的规则起草。

本标准由新闻出版广电总局新闻出版重大科技工程项目领导小组办公室提出并归口。

本标准起草单位：中国科学院自动化研究所、高等教育出版社、北京方正阿帕比技术有限公司。

本标准主要起草人：冯晓、关虎、张泽、黄肖俊。

引　言

目前，报刊正在向平面媒体和富媒体两方面融合的方向转变，出现了数字报刊这一新兴的新闻载体。数字报刊不仅给用户提供新闻内容，同时也为用户提供新闻现场的实况视频，使新闻的呈现形式更加多样。富媒体作为多种类型资源组合而成的新一代复合媒体形式，不受篇幅的限制，可以将采编人员采集的多媒体新闻素材通过数字报进行展现。

以富媒体技术为支撑的数字报刊出版正作为出版产业的新生的出版形态蓬勃发展，因此富媒体内容的版权保护问题也受到了越来越多的关注。

数字版权保护技术研发工程（以下简称"本工程"）所研发的富媒体内容版权保护支撑技术的主要研究内容包括富媒体内容的加密封装、使用权利描述与控制、安全发布、安全阅览、摘录使用控制和标识符嵌入与检测六方面。

为了本工程的各应用系统能够准确理解和使用富媒体内容版权保护支撑技术的研发成果，以及未来可能接入到本工程的其他富媒体内容版权保护支撑技术产品能够顺利接入，需要对富媒体内容版权保护支撑技术应用开发包的接口和参数进行规范化描述，这有利于增强工程研发成果的可扩展性和开放性，有利于工程成果的推广。

富媒体内容保护支撑技术接口

1　范围

本标准提出了数字版权保护技术研发工程富媒体内容保护支撑技术应用开发包接口的功能、参数的规范性描述。

本标准适用于数字版权保护技术研发工程富媒体内容保护支撑技术应用开发包、富媒体报刊版权保护系统的开发和应用。

2　规范性引用文件

下列文件对于本文件的应用是必不可少的。凡是注日期的引用文件，仅注日期的版本适用于本文件。凡是不注日期的引用文件，其最新版本（包括所有的修改单）适用于本文件。

GC/BQ 3 数字版权保护技术研发工程术语

GC/BQ 4 数字版权管理标识

GC/BQ 5 数字权利描述语言

GC/BQ 7 数字版权封装

3　术语和定义、缩略语

GC/BQ 3 界定的以及下列术语和定义适用于本文件。

3.1　术语和定义

3.1.1

富媒体　rich media

将文字、图像、音频、视频融合为一体，具有交互性的媒体形式。

3.1.2

权利许可证　authorization license

许可证

数字权利描述语言基本单位，即某一个权力发布者对另一个权利接受者的权利声明。

3.2　缩略语

下列缩略语适用于本文件。

API：应用程序接口/应用编程接口（Application Programming Interface）

IMEI：国际移动设备身份码（International Mobile Equipment Identity）

SDK：软件开发工具包（Software Development Kit）

XML：可扩展标记语言（Extensible Markup Language）

4 接口的列表

富媒体内容保护支撑技术应用开发包（以下简称“富媒体应用开发包”），实现富媒体内容的加密封装与解密、权利与控制、版权信息的嵌入与提取功能。富媒体应用开发包的调用流程，参见附录D。

富媒体应用开发包功能与接口的对应关系，见表1。

表1 富媒体应用开发包的功能与接口对应关系表

类型	中文名称	英文标签	功能项
加密封装	富媒体内容加密封装	EncryptRichMedia	对富媒体内容进行加密和封装
权利与控制	数字许可证生成	CMakeLicense	对各种富媒体内容的使用权利进行描述，生成数字许可证
	数字许可证解析	CLicenseAnalysis	实现数字许可证的解析，获得权利描述信息和内容密钥
版权信息的嵌入与提取	版权信息嵌入	Identifier_Embedding	将编码后的版权信息，隐蔽地嵌入到给定的数字媒体内容中
	版权信息提取	Identifier_Extraction	与版权信息嵌入过程相对应的提取技术将数字媒体内容中的版权信息完整地提取出来

5 接口说明

5.1 富媒体内容加密封装

富媒体内容加密封装接口的说明包含9个要素：

a) 接口名称：富媒体内容加密封装；
b) 英文名称：EncryptRichMedia；
c) 功能描述：遵循GC/BQ 7 给出的规范，对富媒体内容加密封装；
d) 前置条件：能够成功读写富媒体内容作品文件路径指向的文件；
e) 后置条件：完成对富媒体内容作品的加密及封装；
f) 函数原型示例：参见附录B；
g) 输入参数：见表2；

表2 富媒体内容加密封装接口输入参数

序号	中文名称	英文标签	类型	长度	取值	选择性	说明	示例
1	富媒体文件路径	FilePath	字符串	最长255位	不定	必选	需要加密封装的富媒体文件的路径	“../digitalContenFiles/contentName.cebx”
2	数字版权管理标识	DRMI	字符串	25个字符	不定	必选	唯一标识富媒体内容	参考 GC/BQ 4 给出的示例
3	加密算法	enctyptmethod	字符串	不定	不定	必选	DRM加密方案，在工程中填写	参考 GC/BQ 7 给出的示例

							为一个默认值	
4	内容密钥	key	二进制串	不定	不定	必选	用于解密富媒体内容的密钥	0101101101010100100011110100111110011110011001010110101010100101…
5	加密类型	encrypt_type	字符串	不定	不定	必选	用于指明采用流式加密或整体加密； 若选择流式加密，则加密算法只能采用 AES	如："flow"或"all"

h)　输出参数：无；

i)　返回值：见表 3。

表3　富媒体内容加密封装接口返回值

序号	中文名称	英文标签	类型	长度	取值	选择性	说明	示例
1	处理结果	exeResult	整型	不定	不定	必选	处理成功或失败标识	0 表示成功，非 0 表示失败

5.2　数字许可证生成

5.2.1　授权初始化接口

授权初始化接口的说明包含9个要素：

a)　接口名称：授权初始化；
b)　英文名称：CMakeLicense；
c)　功能描述：用于设定授权初始化信息；
d)　前置条件：无；
e)　后置条件：完成初始化；
f)　函数原型示例：参见附录B；
g)　输入参数：见表4；

表4　授权初始化接口输入参数

序号	中文名称	英文标签	类型	长度	取值	选择性	说明	示例
1	数字许可证信息	license	复合型	不定	不定	必选	包含数字许可证各部分信息的对象，其中包括数字许可证	参见附录 C

							编号、数字内容信息、主体信息、权利信息、内容密钥、绑定对象标识信息、绑定模式、权利者私钥和权利者证书	
2	许可证输出内容	licenseDataOut	字符串	不定	不定	必选	输出类型标识为“1”时，需要指明许可证文件路径；输出类型标识为“2”时，此参数为生成的数字许可证内存流	如“...\licence_name.xxx”或数字许可证内存流
3	输出类型标识	dataOutType	整型	不定	1或2	必选	指明需要的数字许可证书输出类型	“1”表示输出到文件，“2”表示内存流

h) 输出参数：无；

i) 返回值：见表5。

表5 授权初始化接口返回值

序号	中文名称	英文标签	类型	长度	取值	选择性	说明	示例
1	许可证生成类对象	objCMakeLicense	复合型	不定	不定	必选	包含用于处理许可证生成的接口函数的类对象	参见附录C

5.2.2 数字许可证生成接口

数字许可证生成接口的说明包含9个要素：

a) 接口名称：数字许可证生成；

b) 英文名称：makeLicense；

c) 功能描述：用于生成数字许可证内容；

d) 前置条件：权利初始化，添加相关资源、权利及约束；

e) 后置条件：完成数字许可证的创建；

f) 函数原型示例：参见附录B；

g) 输入参数：无；

h) 输出参数：无；

i)　返回值：见表 6。

表6　数字许可证生成接口返回值

序号	中文名称	英文标签	类型	长度	取值	选择性	说明	示例
1	处理结果	exeResult	整型	不定	-32768~32767	必选	处理成功或失败标识	0 表示成功，非 0 表示失败

5.2.3　数字许可证参数设置接口

数字许可证参数设置　　　　接口的说明包含9个要素：

a)　接口名称：数字许可证参数设置；
b)　英文名称：setLicense；
c)　功能描述：用于设定数字许可证中各部分参数；
d)　前置条件：完成初始化；
e)　后置条件：许可证各部分的参数已重新设置；
f)　函数原型示例：参见附录B；
g)　输入参数：见表7；

表7　数字许可证参数设置接口输入参数

序号	中文名称	英文标签	类型	长度	取值	选择性	说明	示例
1	许可证信息	License	复合型	不定	不定	必选	用于指定需要设置的数字许可证各部分的参数；遵循 GC/BQ 5 给出的规范	参见附录 C

h)　输出参数：无；
i)　返回值：见表8。

表8　数字许可证参数设置接口返回值

序号	中文名称	英文标签	类型	长度	取值	选择性	说明	示例
1	处理结果	exeResult	整型	不定	-32768~32767	必选	处理成功或失败标识	0 表示成功，非 0 表示失败

5.2.4　数字许可证信息添加接口

数字许可证信息添加接口的说明包含9个要素：

a) 接口名称：数字许可证信息添加；
b) 英文名称：CRmLicense；
c) 功能描述：向数字许可证添加各项信息；
d) 前置条件：无；
e) 后置条件：完成数字许可证各项信息添加；
f) 函数原型示例：参见附录B；
g) 输入参数：见表9；

表9 数字许可证信息添加接口输入参数

序号	中文名称	英文标签	类型	长度	取值	选择性	说明	示例
1	许可证标识	LicenseID	字符串	不定	不定	必选	数字许可证编号，可按照应用系统的实际情况编码	X256871
2	许可证版本	Version	字符串	不定	不定	必选	许可证版本	如“1.0”
3	许可证编码类型	Encoding Type	字符串	不定	不定	必选	许可证文件采用的编码类型	如“UTF-8”
4	许可证权利信息	Agreement	复合型	不定	不定	必选	许可证中关于权利的描述信息，主要包括数字内容信息、主体信息、权利信息、内容密钥、绑定对象标识信息、绑定模式	参见附录C
5	签名信息	Signature	复合型	不定	不定	必选	权利者的签名信息	参见附录C

h) 输出参数：无；
i) 返回值：见表10。

表10 数字许可证信息添加接口返回值

序号	中文名称	英文标签	类型	长度	取值	选择性	说明	示例
1	数字许可证信息类	objCRmLicense	复合型	不定	不定	必选	包含用于添加许可证各	参见附录C

	对象						项信息的接口函数的类对象	

5.2.5　权利信息添加接口

权利信息添加接口的说明包含9个要素：

a)　接口名称：权利信息添加接口；

b)　英文名称：CRmAgreement；

c)　功能描述：向数字许可证中添加权利信息；

d)　前置条件：无；

e)　后置条件：完成数字许可证中权利信息的添加；

f)　函数原型示例：参见附录B；

g)　输入参数：见表11；

表11　权利信息添加接口输入参数

序号	中文名称	英文标签	类型	长度	取值	选择性	说明	示例
1	主体信息	Party	复合型	不定	不定	必选	用于说明权利者和被权利者的信息；至少包括权利发布者名称，即权利者的名称	参见附录C
2	数字内容资源信息	Asset	复合型数组	不定	不定	必选	说明数字内容的元数据；包括：数字版权管理标识、资源编号、题名等；该参数中可包括多个数字内容的元数据信息	参见附录C
3	数字内容资源个数	Asset_size	整型	不定	0~32767	必选	指明数字内容资源信息参数中包含的数字内容的个数	参见附录C
4	权利信息	Permission	复合型数组	不定	不定	必选	指明数字内容使用的权	参见附录C

							利； 该参数中可包括与数字内容相对应的多个权利信息	
5	权利信息个数	Permission_size	整型	不定	0~32767	必选	指明权利信息参数中所包含的权利信息的个数	参见附录C

h) 输出参数：无；
i) 返回值：见表12。

表12 权利信息接口返回值

序号	中文名称	英文标签	类型	长度	取值	选择性	说明	示例
1	许可证权利信息类对象	objCRmAgreement	复合型	不定	不定	必选	包含数字许可证中各项权利信息的类对象，其中包括：主体信息、数字内容资源信息和权利信息	参见附录C

5.3 数字许可证解析

5.3.1 许可证解析初始化接口

许可证解析初始化接口的说明包含9个要素：

a) 接口名称：许可证解析初始化；
b) 英文名称：CLicenseAnalysis；
c) 功能描述：用于设定许可证解析初始化信息；
d) 前置条件：无；
e) 后置条件：完成许可证解析初始化；
f) 函数原型示例：参见附录B；
g) 输入参数：见13；

表13 许可证解析初始化接口输入参数

序号	中文名称	英文标签	类型	长度	取值	选择性	说明	示例
1	许可证文	licenseDat	字符串	不定	不定	必选	输入类型标	如“...\licence_name.xxx”

	件内容	aIn					识为“1”时，需要指明许可证文件路径；输入类型标识为“2”时，此参数为数字许可证内容	或数字许可证内容
2	输入类型标识	dataInTpe	整型	不定	1或2	必选	指明需要的数字许可证书输入类型	“1”表示许可证文件，“2”表示许可证内容

h)　输出参数：无；

i)　返回值：见表14。

表14　许可证解析初始化接口返回值

序号	中文名称	英文标签	类型	长度	取值	选择性	说明	示例
1	许可证解析类对象	objCLicenseAnalysis	复合型	不定	不定	必选	包含用于处理许可证解析的接口函数的类对象	参见附录C

5.3.2　数字许可证信息获取接口

数字许可证信息获取接口的说明包含9个要素：

a)　接口名称：数字许可证信息获取；

b)　英文名称：getLicense；

c)　功能描述：获取许可证信息；

d)　前置条件：完成许可证解析初始化；

e)　后置条件：获取到数字许可证信息；

f)　函数原型示例：参见附录B；

g)　输入参数：无；

h)　输出参数：无；

i)　返回值：见表15。

表15　数字许可证信息获取接口返回值

序号	中文名称	英文标签	类型	长度	取值	选择性	说明	示例
1	许可证信息	license	复合型	不定	不定	必选	包含的数字许可证各部分的参数的	参见附录C

							对象； 遵循 GC/BQ 5 给出的规范	

5.3.3 数字许可证权利信息获取接口

数字许可证权利信息获取接口的说明包含9个要素：

a) 接口名称：数字许可证权利信息获取；
b) 英文名称：getAgreement；
c) 功能描述：用于获取数字许可证中的权利信息；
d) 前置条件：完成初始化；
e) 后置条件：获取到数字许可证中的权利信息；
f) 函数原型示例：参见附录B；
g) 输入参数：无；
h) 输出参数：无；
i) 返回值：见表16。

表16 数字许可证权利信息获取接口返回值

序号	中文名称	英文标签	类型	长度	取值	选择性	说明	示例
1	许可证权利信息类对象	objCRmAgreement	复合型	不定	不定	必选	包含数字许可证中各项权利信息的类对象，其中包括：主体信息、数字内容资源信息和权利信息	参见附录 C

5.3.4 数字内容资源信息获取接口

数字内容资源信息获取接口的说明包含9个要素：

a) 接口名称：数字内容资源信息获取；
b) 英文名称：getAsset；
c) 功能描述：获取数字许可证中的数字内容资源信息；
d) 前置条件：无；
e) 后置条件：获取到数字许可证中的数字内容资源信息；
f) 函数原型示例：参见附录B；
g) 输入参数：无；
h) 输出参数：无；
i) 返回值：见表17。

表17　数字内容资源信息获取接口返回值

序号	中文名称	英文标签	类型	长度	取值	选择性	说明	示例
1	数字内容资源信息	Asset	复合型数组	不定	不定	必选	说明数字内容的元数据；包括：数字版权管理标识、资源编号、题名等；该参数中可包括多个数字内容的元数据信息	参见附录C

5.4　版权信息嵌入与提取

5.4.1　版权信息嵌入接口

版权信息嵌入接口的说明包含9个要素：

a)　接口名称：版权信息嵌入；
b)　英文名称：Identifier_Embedding；
c)　功能描述：采用特定的嵌入技术将版权信息隐蔽地嵌入到指定的数字媒体内容中，保证嵌入前后数字媒体的质量不会受到明显的影响；
d)　前置条件：能够读取待嵌入版权管理标识符的数字媒体文件路径指向的文件，且具有已嵌入版权信息的数字媒体路径指向的文件的写权限；
e)　后置条件：成功地在指定数字媒体中嵌入指定的版权信息；
f)　函数原型示例：参见附录B；
g)　输入参数：见18；

表18　版权信息嵌入接口输入参数

序号	中文名称	英文标签	类型	长度	取值	选择性	说明	示例
1	待嵌入版权管理标识符的数字媒体文件路径	Original_Image_Path	字符串	最长255位	不定	必选	需要嵌入版权信息的原始媒体的内容数据，对于图像通常为二维矩阵（表示灰度或亮度值），对于视频通常为一系列的二	“../digitalContenFiles/contentName.XXXX”

							维矩阵	
2	已嵌入版权管理标识符的数字媒体路径	Identified_Image_Path	字符串	最长255位	不定	必选	已嵌入版权信息的媒体内容数据的输出路径	“../outputFiles/contentName.XXXX”
3	版权信息	Original_Identifier	字符串	最长255位	不定	必选	待嵌入到数字媒体中的版权信息	078775439000000000101
4	版权信息长度	original_identifier_length	整型	不定	1~255	必选	版权信息的长度	21

h) 输出参数：无；

i) 返回值：见表19。

表19　版权信息嵌入接口返回值

序号	中文名称	英文标签	类型	长度	取值	选择性	说明	示例
1	处理结果	exeResult	整型	不定	-32768~32767	必选	处理成功或失败标识	0表示成功，非0表示失败

5.4.2　版权信息提取接口

版权信息提取接口的说明包含9个要素：

a) 接口名称：版权信息提取；

b) 英文名称：Identifier_Extraction；

c) 功能描述：对于给定的已嵌入版权信息的数字媒体文件，采用与版权信息嵌入过程相对应的提取技术将数字媒体内容中的版权信息完整地提取出来；

d) 前置条件：能够成功读取待提取版权信息的数字媒体路径指向的文件；

e) 后置条件：获得出版权信息；

f) 函数原型示例：参见附录B；

g) 输入参数：见21；

表20　版权信息提取接口输入参数

序号	中文名称	英文标签	类型	长度	取值	选择性	说明	示例
1	待提取版权信息的数字媒体路径	Detected_Image_Path	字符串	最长255位	不定	必选	需要提取版权信息的数字媒体的内容路径	“../digitalContenFiles/contentName.XXXX”
2	待提取的	extracted_	整型	不定	1~255	必选	需要从数字	21

	版权信息的长度	identifier_length					媒体内容中提取出的版权信息的长度，原则上此参数应与版权管理标识符嵌入接口中的版权管理标识符长度参数保持一致	

h) 输出参数：见表22；

表21　版权信息提取接口输出参数

序号	中文名称	英文标签	类型	长度	取值	选择性	说明	示例
1	提取出的版权信息	Extracted_Identifier	字符串	最长255位	不定	必选	从数字媒体内容中提取出的版权信息	07877543900000000101

i) 返回值：见表23。

表22　版权信息提取接口返回值

序号	中文名称	英文标签	类型	长度	取值	选择性	说明	示例
1	处理结果	exeResult	整型	不定	不定	必选	处理成功或失败标识	0表示成功，非0表示失败

附　录　A
（规范性附录）
绑定模式代码表

绑定模式代码表见表 A.1。

表 A.1 绑定模式代码表

代码	说明
0	无效的绑定模式
1	域密钥绑定，实现对域密钥的保护
2	域绑定，实现对数字内容密钥的保护；若与段标识同时出现，则表示分段模式下的域绑定方式
3	多设备非自适应绑定；若与段标识同时出现，则表示分段模式下的多设备非自适应绑定
4	多设备自适应绑定；若与段标识同时出现，则表示分段模式下的多设备自适应绑定
5	超级分发绑定
6	批量分发绑定

附　录　B
（资料性附录）
接口函数原型示例

本附录给出了接口函数原型示例。

```
int EncryptRichMedia(const char* file_path, const char* drmi, const char* enctyptmethod，const char* key, int encrypt_type)
//-----------------------------------------------------------------------------------------------------------------------
class CMakeLicense
{
public:
  CMakeLicense(void);
  CMakeLicense(CRmLicense * p_license, char * licenseDataOut, int dataOutType);
  ~CMakeLicense(void);

const char * getLicenseDataOut() ;
  void setLicenseDataOut( const char * val);

CRmLicense * getLicense() ;
  void setLicense(CRmLicense * val);

  int makeLicense();
}; // CMakeLicense
//-----------------------------------------------------------------------------------------------------------------------
class   CRmLicense
{
public:
  CRmLicense(void);
  CRmLicense(char * m_strLicenseID,char * m_strVersion,char * m_strEncodingType,CRmAgreement * m_objCAgreement,CRmSignature * m_objCSignature);
  ~CRmLicense(void);

CRmAgreement * getAgreement() ;
  void setAgreement(CRmAgreement * val) ;
  CRmSignature * getSignature() ;
  void setSignature(CRmSignature * val) ;

const char * getLicenseID() ;
```

```
    void setLicenseID(    char * val);
    const char * getVersion() ;
    void setVersion(    char * val) ;
    const char * getEncodingType();
    void setEncodingType(    char * val) ;
};// CRmLicense
//----------------------------------------------------------------------------------------------------------------------------
class CRmAgreement
{
public:
    CRmAgreement(void);
    CRmAgreement(CRmParty * m_objCParty,CRmAsset * pv_asset, int pv_asset_size,CRmPermission * pv_Permission, int
pv_Permission_size);
    ~CRmAgreement(void);

CRmParty * getParty() ;
    void setParty(CRmParty * val) ;

CRmAsset * getAsset();
void setAsset(CRmAsset * v_asset, int pv_asset_size);

CRmPermission * getPermission();
void setPermission(CRmPermission * v_Permission, int pv_Permission_size);
};// CRmAgreement
//----------------------------------------------------------------------------------------------------------------------------
class CLicenseAnalysis
{
public:
    CLicenseAnalysis(void);
    CLicenseAnalysis(const char * licenseDataIn, int dataInTpe);
    ~CLicenseAnalysis(void);

const char * getLicenseDataIn();
    void setLicenseDataIn( const char * val) ;

    int getDataInTpe() ;
    void setDataInTpe(int val) ;
    CRmLicense * getLicense() ;
    void setLicense(CRmLicense * val);

    int LicenseAnalysis();
};
//----------------------------------------------------------------------------------------------------------------------------
```

```
class    Image_Identifier_Embedding_Detection
{
public:

  //实现标识符嵌入功能的函数
  int Identifier_Embedding( const char * Original_Image_Path ,
            const char * Identified_Image_Path ,
            const char * Original_Identifier ,
            int original_identifier_length ) ;

  //实现标识符提取功能的函数
  int Identifier_Extraction( const char * Detected_Image_Path ,
            char * Extracted_Identifier ,
            int extracted_identifier_length ) ;

};
```

附　录　C
（资料性附录）
参数数据类型定义示例

本附录给出了参数数据类型定义示例。

```
class CRmKeyInfo
{
  public:
  CRmKeyInfo(void);
  CRmKeyInfo(int iSymAlg, unsigned char *bKey,int iKeyLen,unsigned char *bIV,int iIVLen, unsigned char *bData,int iDataLen);
  ~CRmKeyInfo(void);

private:
  //--in
  int iSymAlg;//要使用的对称加密算法
  unsigned char * bKey;//对称算法密钥数据--内容密钥
  int iKeyLen;//内容密钥长度
  unsigned char *bIV;//初始化向量
  int iIVLen;//初始化向量长度
  unsigned char *bData;//计算密文的源数据--绑定对象信息
  int iDataLen;//计算密文的源数据长度
  //--out
  unsigned char *bDestData;//密文结果--由内容密钥和绑定对象信息生成的加密密文

  int iDestDataLen;//密文结果长度
};// CRmKeyInfo
//--------------------------------------------------------------------------------------------------------------------------------
class CRmParty
{
public:
  CRmParty(void);
  CRmParty(char * m_strAssignorName);
  ~CRmParty(void);

private:
  char * m_strAssignorName; // 权利发布者的名称
  //string m_strAssigneeName; // 权利获得者的名称 （可选）
};// CRmParty
```

```
//------------------------------------------------------------------------------------------------------------------------
class CRmPermission
{
public:
  CRmPermission(void);
  CRmPermission(char ** v_strAssetID,int pv_strAssetID_size, CRmRight * v_objRight,int pv_objRight_size);
  ~CRmPermission(void);
private:
  //string m_strAssetID;              // 资源ID
  vector<char *> * v_strAssetID;//资源ID
  vector<CRmRight> * v_objRight;
};// CRmPermission
//------------------------------------------------------------------------------------------------------------------------
class CRmRange
{
public:
  CRmRange(void);
  CRmRange(char * m_strRange,char * m_strRangeType);
  ~CRmRange(void);
private:
  char * m_strRange;    // 范围
  char *    m_strRangeType;  // 范围类型
};// CRmRange
//------------------------------------------------------------------------------------------------------------------------
class CRmRight
{
public:
  CRmRight(void);
  CRmRight(char * m_rightType,CRmConstraint * pv_objConstraint,int pv_objConstraint_size);
  ~CRmRight(void);
private:
  char * m_rightType;//1、View     2、Print     3、Export
  vector <CRmConstraint> * v_objConstraint;
};// CRmRight
//------------------------------------------------------------------------------------------------------------------------
class CRmSignature
{
public:
  CRmSignature(void);
  CRmSignature(char *strPriKey,int iSignAlg,unsigned char *bSrcData,int iSrcDataLen,CRmDigest * m_objDigest);
  ~CRmSignature(void);
private:
```

```
//加密
//--in
char *strPriKey;//私钥
int iSignAlg;//签名算法
unsigned char *bSrcData;//待签名的源数据
int iSrcDataLen;//待签名的源数据长度
//--out
unsigned char *bSignData ;//签名结果
int iSignedDataLen;//签名结果长度

//--other
CRmDigest * m_objDigest;//摘要

//--解密
char *strCert;//验证签名所使用的证书数据-公钥

/*
string m_strSignatureMethod;  // 签名算法
CRmDigest * m_objCDigest;     // 摘要信息
string m_strSignatureValue;  // 签名结果
string m_strKeyInfo;       // 证书信息-存放公钥
*/
};// CRmSignature
//-----------------------------------------------------------------------------------------------------------------------------
class CRmAsset
{
public:
 CRmAsset(void);
 CRmAsset( char * m_strDRMI,char * m_strAssetID,char * m_strTitle,char * m_strRightsIssuerURI,
   char * m_strRightsIssuerURIType,CRmKeyInfo * m_objCKeyInfo);
 ~CRmAsset(void);

private:
 char * m_strDRMI;        // 资源唯一标识，遵循DOI规范
 char * m_strAssetID;        // 资源编号
 char * m_strTitle;       // 资源标题名称
 char * m_strRightsIssuerURI;  // 资源文件权利信息的网络地址
 char * m_strRightsIssuerURIType; // 资源文件权利信息的网络地址的类型
 CRmKeyInfo * m_objCKeyInfo;  // 资源密钥和密文信息
};// CRmAsset
//-----------------------------------------------------------------------------------------------------------------------------
class CRmConstraint
{
```

```
public:
  CRmConstraint(void);
  CRmConstraint(CRmCount * m_objCount,CRmDatetime * m_objDatetime,CRmRange * m_objRange);
  ~CRmConstraint(void);

private:
  CRmCount * m_objCount;//对应权利使用次数
  CRmDatetime * m_objDatetime;//对应权利使用时间
  CRmRange * m_objRange;//范围类型
};
//---------------------------------------------------------------------------------------------------------------------
class CRmCount
{
public:
  CRmCount(void);
  CRmCount(char *    m_nCount,char *    m_strCountCycle);
  ~CRmCount(void);

private:
  char * m_nCount;            // 具体权利对应的使用次数
  char * m_strCountCycle;   // 限定使用次数的周期
};
//---------------------------------------------------------------------------------------------------------------------
class CRmDatetime
{
public:
  CRmDatetime(void);
  CRmDatetime(char * m_strDatetimeStart,char * m_strDatetimeEnd);
  ~CRmDatetime(void);

private:
  char * m_strDatetimeStart; // 日期开始时间
  char * m_strDatetimeEnd;   // 日期结束时间
};
//---------------------------------------------------------------------------------------------------------------------
class CRmDigest
{
public:
  CRmDigest(void);
  CRmDigest(int iHashAlg, unsigned char *bData, int iDataLen);
  ~CRmDigest(void);
```

```
private:
  //--in
  int iHashAlg;// 摘要算法标识
  unsigned char *bData;//计算摘要的源数据
  int iDataLen;//源数据长度

  //--out
  unsigned char *bHashData; // 摘要结果
  int *iHashDataLen;//摘要长度

  //string m_strDigestMethod;   // 摘要算法
  //string m_strDigestValue;        // 摘要结果
};// CRmDigest
//----------------------------------------------------------------------------------------------------------------------------
```

附　录　D
（资料性附录）
富媒体应用开发包调用流程

D.1 富媒体内容加密封装阶段

富媒体内容加密封装阶段富媒体应用开发包的调用流程如下：

a）富媒体内容提供商通过API调用版权信息嵌入接口将版权信息嵌入富媒体内容中。

b）富媒体内容提供商通过API调用富媒体内容加密封装接口对富媒体内容进行加密封装。

c）富媒体内容提供商将加密封装后的富媒体内容提供给富媒体内容销售商。

d）富媒体内容销售商将加密封装后的富媒体内容发布给终端用户。

富媒体内容加密封装阶段富媒体应用开发包的调用流程如图D.1所示：

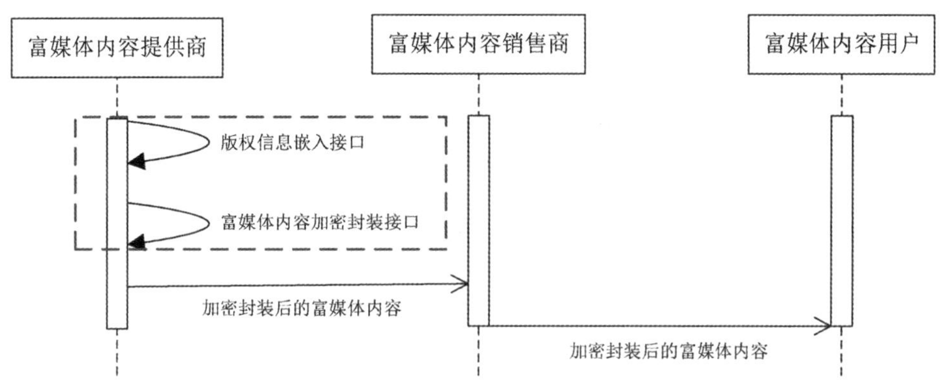

图 D.1　富媒体内容加密封装阶段调用流程

D.2 富媒体内容权利阶段

富媒体权利阶段富媒体应用开发包的调用流程如下：

a）富媒体内容终端用户在阅览富媒体内容时向富媒体内容提供商发送权利请求消息。

b）富媒体内容提供商收到权利请求消息后，通过API调用数字许可证生成接口将富媒体内容解密密钥与指定绑定对象（如：设备硬件特征或全文特征）绑定，对各种富媒体内容的使用权利进行描述，生成数字许可证。

c）富媒体内容提供商将许可证发放给终端用户。

富媒体权利阶段富媒体应用开发包的调用流程如图D.2所示：

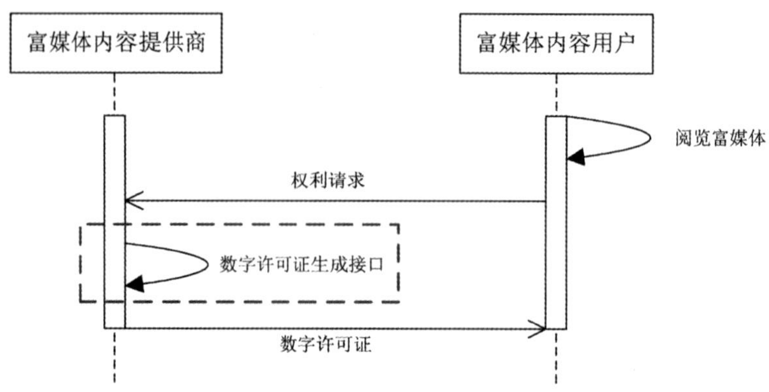

图 D.2 富媒体内容权利阶段调用流程

D.3 富媒体内容使用阶段

富媒体内容使用阶段富媒体应用开发包的调用流程如下：

a) 终端用户获得许可证后，通过API调用数字许可证解析接口，获取内容的各项使用权利信息，获取内容密钥。

b）终端软件利用内容密钥对富媒体内容进行解密。

富媒体内容使用阶段富媒体应用开发包的调用流程如图D.3所示：

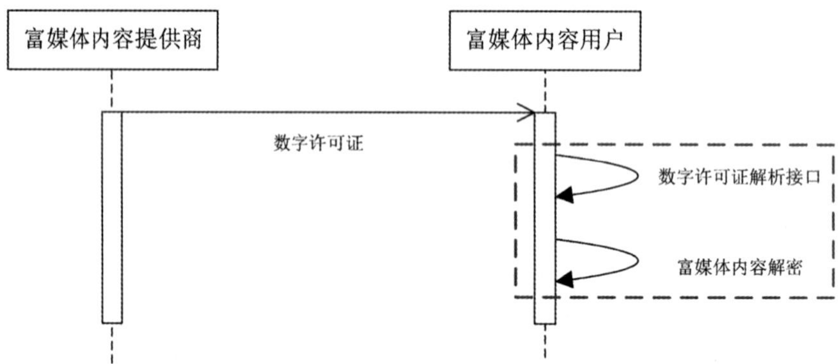

图 D.3 富媒体内容使用阶调用流程

参 考 文 献

[1] Multipurpose Internet Mail Extensions (MIME) Part One: Format of Internet Message Bodies
[2] http://www.itu.int/rec/T-REC-X.509

GC

数字版权保护技术研发工程标准

GC/BQ 17—2015

数字内容注册与管理平台对外通信协议

External communication protocol for the platform of digital content registration and management

2015－02－03 发布　　2015－02－03 实施

新闻出版广电总局新闻出版重大科技工程项目领导小组　发布

目　次

前　言

本标准按照GB/T1.1—2009给出的规则起草。

本标准由新闻出版广电总局新闻出版重大科技工程项目领导小组办公室提出并归口。

本标准起草单位：中国科学院自动化研究所、北京万方数据股份有限公司、北京慧点科技开发有限公司。

本标准主要起草人：曾智、刘杰、凌峰、杨兴兵、黄华。

数字内容注册与管理平台对外通信协议

1　范围

本标准提出了“数字版权保护技术研发工程”所需研发的数字内容注册与管理平台，以及工程最终集成形成的数字版权保护管理与服务平台的数字内容注册管理部分的对外通信协议的规范性描述。

本标准适用于“数字版权保护技术研发工程”所需研发的数字内容注册与管理平台，以及工程最终集成形成的数字版权保护管理与服务平台的开发和应用。

2　规范性引用文件

下列文件对于本文件的应用是必不可少的。凡是注日期的引用文件，仅注日期的版本适用于本文件。凡是不注日期的引用文件，其最新版本（包括所有的修改单）适用于本文件。

GC/BQ 3　数字版权保护技术研发工程术语

GC/BQ 21　出版机构信息管理系统接口

GC/BQ 22　服务机构信息管理系统接口

GC/BQ 24　数字版权保护机构信息管理系统接口

SOAP Version 1.2 规范

3　术语和定义、缩略语

3.1　术语和定义

GC/BQ 3 界定的术语和定义适用于本文件。

3.2　缩略语

下列缩略语适用于本文件。

HTTP：超文本传输协议（HypeText Transfer Protocol）

SOAP：简单对象访问协议（Simple Object Access Protocol）

4　数字内容注册与管理平台的概述

数字内容注册与管理平台，是数字版权保护技术研发工程所研发的一套实现数字内容注册、数字版权认证服务、数字内容注册信息查询、数字版权管理标识嵌入、数字内容注册数据库、用户管理、接口服务等系统功能的软件平台。

数字内容注册与管理平台将提供互联网访问接口，实现与出版机构的信息管理系统、发行/代理/服务机构的信息管理系统，以及数字版权保护机构的信息管理系统的对接，将该平台的各项功能集成融入到上述相关机构自有信息管理系统中。

5　数字内容注册与管理平台对外通信协议说明

5.1　协议概述

数字内容注册与管理平台对外通信协议访问模型如图1所示，是由运行外部机构的信息管理系统的服务器向数字内容注册与管理平台服务器发送请求，访问调用数字内容注册与管理平台相应的接口功能，数字内容注册与管理平台根据其请求的接口执行相应计算操作后，将结果响应给外部机构信息管理系统。

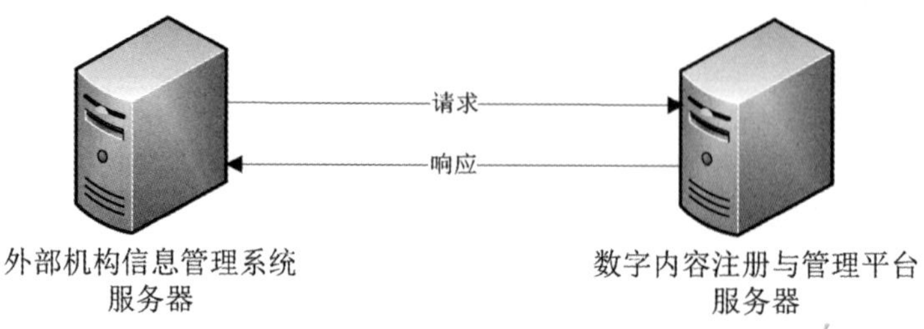

图1　数字内容注册与管理平台对外通信协议访问模型

数字内容注册与管理平台对外通信协议回调模型如图2所示，是数字内容注册与管理平台执行完相关操作后，由平台服务器向运行外部机构的信息管理系统的服务器发送请求，访问调用相应的回调接口功能，外部机构的信息管理系统根据其请求的回调接口执行相应计算操作后，将结果响应给数字内容注册与管理平台。

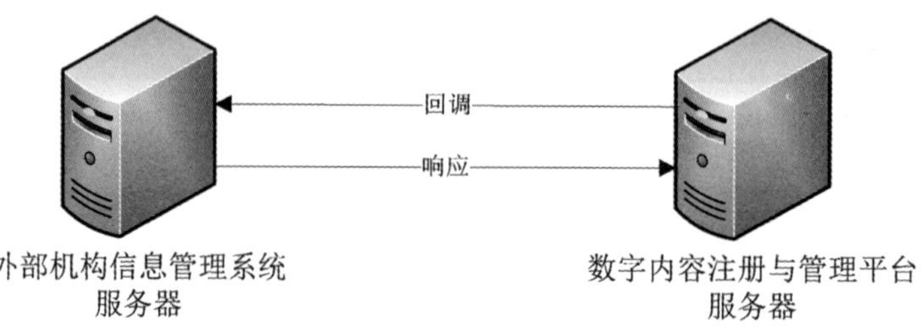

图2　数字内容注册与管理平台对外通信协议回调模型

附录A中给出了数字内容注册与管理平台对外通信协议的应用场景。

5.2　请求及响应信息

数字内容注册与管理平台的各项对外服务接口均采用web service方式实现，所以所有向数字内容注册与管理平台发起的请求消息，以及数字内容注册与管理平台返回的响应消息均应采用SOAP协议规范。在本标准中要求采用SOAP 1.2。

5.3　请求方法

5.3.1　请求方法概述

按照与其进行通信的外部信息管理系统所在机构类型划分，数字内容注册与管理平台对外提供的服务接口分为三类：出版机构信息管理系统接口、服务机构信息管理系统接口，以及数字版权保护机构信息管理系统接口。

5.3.2　请求出版机构信息管理系统接口

由数字内容注册与管理平台分配为出版机构信息管理系统的服务器，可以请求 GC/BQ 21 中定义的接口。

发起请求方应将请求数据采用HTTP POST方式发送。

如 5.2 所述，通信协议中请求数据内容采用 SOAP 1.2，其中数据包括请求执行的接口、接口的参数等。

5.3.3　请求服务机构信息管理系统接口

由数字内容注册与管理平台分配为发行/代理/服务机构信息管理系统的服务器，可以请求 GC/BQ 22 中定义的接口。

发起请求方应将请求数据采用HTTP POST方式发送。

如 5.2 所述，通信协议中请求数据内容采用 SOAP 1.2，其中数据包括请求执行的接口、接口的参数等。

5.3.4　请求数字版权保护机构信息管理系统接口

由数字内容注册与管理平台分配为数字版权保护机构信息管理系统的服务器，可以请求 GC/BQ 24 中定义的接口。

发起请求方应将请求数据采用HTTP POST方式发送。

如 5.2 节所述，通信协议中请求数据内容采用 SOAP 1.2，其中数据包括请求执行的接口、接口的参数等。

5.4　响应状态

5.4.1　响应状态概述

同请求方法一样，响应状态也按照其请求使用的接口类型，提供三类不同的响应。

5.4.2　出版机构信息管理系统接口响应

请求访问出版机构信息管理系统接口后，数字内容注册与管理平台将接口执行的结果按照 GC/BQ 21 进行响应返回。

接受请求方应将响应内容放置于 HTTP 的主体部分。

响应的数据内容同样采用 SOAP 1.2，其中数据主要是执行所请求的接口后的结果。

5.4.3　服务机构信息管理系统接口响应

请求访问发行、代理等服务机构信息管理系统接口后，数字内容注册与管理平台将接口执行的结果按照 GC/BQ 22 进行响应返回。

接受请求方应将响应内容放置于 HTTP 的主体部分。

响应的数据内容同样采用 SOAP 1.2，其中数据主要是执行所请求的接口后的结果。

5.4.4　数字版权保护机构信息管理系统接口响应

请求访问数字版权保护机构信息管理系统接口后，数字内容注册与管理平台将接口执行的结果按照 GC/BQ 24 进行响应返回。

接受请求方应将响应内容放置于 HTTP 的主体部分。

响应的数据内容同样采用 SOAP 1.2，其中数据主要是执行所请求的接口后的结果。

5.5　回调机制

5.5.1 回调机制概述

为实现数字内容注册与管理平台对某些需要耗费一定时间进行处理的操作结果的时延反馈，要求与数字内容注册与管理平台对接的信息管理系统应按照相关标准要求提供回调接口。与请求方法和响应状态一样，按照与其进行通信的外部信息管理系统所在机构类型划分，数字内容注册与管理平台需要的回调机制分为三类：出版机构信息管理系统回调机制、服务机构信息管理系统回调机制，以及数字版权保护机构的信息管理系统回调机制。

5.5.2 出版机构信息管理系统接口回调机制

与数字内容注册与管理平台对接的出版机构信息管理系统应按照 GC/BQ 21 要求提供回调接口。

回调接口的请求方法与响应状态应与数字内容注册与管理平台所提供的接口一致。

5.5.3 服务机构信息管理系统接口回调机制

与数字内容注册与管理平台对接的服务机构信息管理系统应按照 GC/BQ 22 要求提供回调接口。

回调接口的请求方法与响应状态应与数字内容注册与管理平台所提供的接口一致。

5.5.4 数字版权保护机构信息管理系统接口回调机制

与数字内容注册与管理平台对接的数字版权保护机构的信息管理系统应按照 GC/BQ 24 要求提供回调接口。

回调接口的请求方法与响应状态应与数字内容注册与管理平台所提供的接口一致。

5.6 通信安全

5.6.1 安全模型

外部机构的信息管理系统与数字内容注册与管理平台实现对接，需首先获取验证其机构身份的数字证书，然后向该平台进行申请，登记相关机构信息，确认机构类型，获取接入系统标识后，才能与该平台进行通信对接。

数字内容注册与管理平台响应来自于外部机构的信息管理系统的请求之前，需要通过数字证书进行身份认证。没有通过身份认证的请求不予响应。

外部机构的信息管理系统与数字内容注册与管理平台应通过相关数字证书来保证其合法有效，在通信过程中可通过签名和验签等操作来保证过程的可信，同时，通过随机数等内容来防止重放攻击。

5.6.2 验证

根据上述安全模型，数字内容注册与管理平台访问方的身份主要通过数字证书认证实现。

5.6.3 完整性和不可抵赖性

本协议数据的完整性和不可抵赖性应通过对协议消息进行数字签名来实现。

附　录　A
（资料性附录）
数字内容注册与管理平台对外通信协议应用场景

图A.1给出了本标准的应用场景示意图。

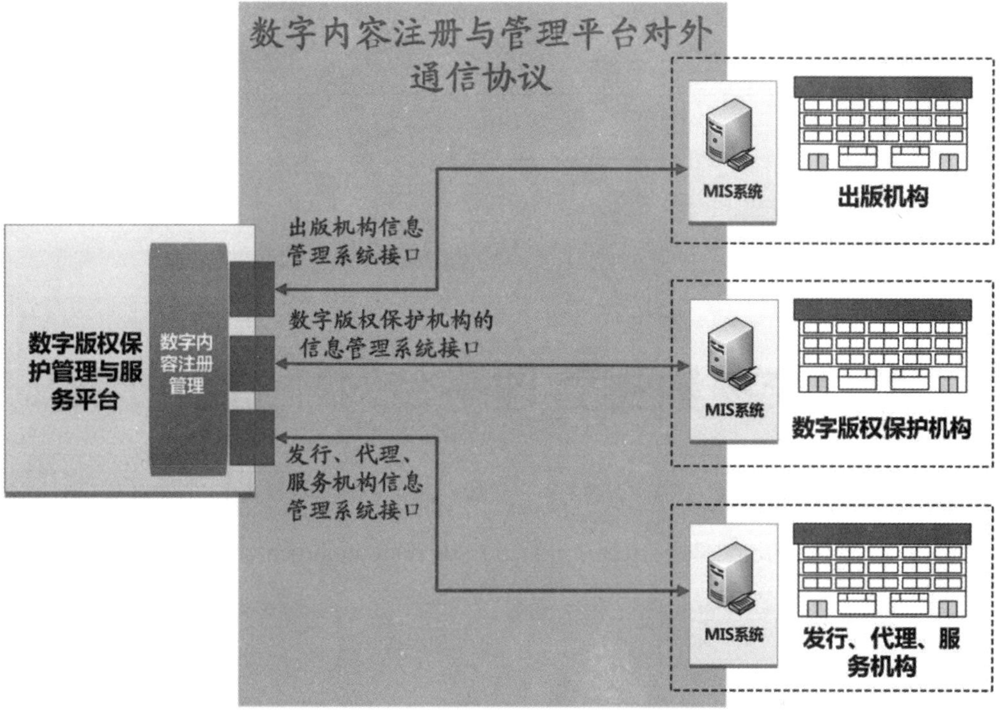

图 A.1 数字内容注册与管理平台对外通信协议应用场景图

本标准提出了数字内容注册与管理平台的对外通信协议的规范性描述，通过该协议，外部机构用户的管理信息系统可以调用数字内容注册与管理平台提供的对外服务接口功能。而外部系统要与数字内容注册与管理平台对接，则需要遵守该协议。

数字版权保护技术研发工程标准

GC/BQ 18—2015

可信交易数据管理平台对外通信协议

Communication protocols between trusted trade data management platform and other platforms

2015－02－03 发布　　　　2015－02－03 实施

新闻出版广电总局新闻出版重大科技工程项目领导小组　发布

目　次

前　言

本标准按照 GB/T 1.1—2009 给出的规则起草。

本标准由新闻出版广电总局新闻出版重大科技工程项目领导小组办公室提出并归口。

本标准主要起草单位：中国科学院自动化研究所、北京电子科技学院、北京大学、北京方正阿帕比技术有限公司、北京中文在线文化发展有限公司。

本标准主要起草人：刘杰、李凤华、王兴华、黄肖俊、秦丽娇、陈立峰。

可信交易数据管理平台对外通信协议

1 范围

本标准提出了数字版权保护技术研发工程中可信交易数据管理平台计数器分别与销售方计数器、授权方计数器之间的通信协议规范，协议涉及的传输数据包含权利许可请求数据、权利许可数据、销售方信用查询数据、测试连通性数据、配置计数器数据以及相关的返回数据。

本标准适用于数字版权保护技术研发工程。

2 规范性引用文件

下列文件对于本文件的编写是必不可少的。凡是注日期的引用文件，仅注日期的版本适用于本文件。凡是不注日期的引用文件，其最新版本（包括所有的修改单）适用于本文件。

GC/BQ 3 数字版权保护技术研发工程术语

GC/BQ 4 数字版权管理标识

GC/BQ 10 可信计数数据

GC/BQ 11 版权保护可信计数技术接口

3 术语和定义

GC/BQ 3 界定的以及下列术语和定义适用于本文件。

3.1

可信性 trusted

交易各方都认可和信任的特性。

注：可信性在交易各方发生利益发生冲突时，保证各方对交易数据和信息相互不可抵赖。

3.2

完整性 integrity

数据没有被非授权的方式所改变或破坏的特性。

4 通信协议概述

可信交易数据管理平台对外通信协议包含两个方面：销售方与可信交易数据管理平台的通信协议和授权方与可信交易数据管理平台的通信协议。

发送方与接收方之间的通信均通过可信计数器来完成。为了保证数据的正确使用与存储，发送方可信计数器根据标准的通信协议生成数据包时，会将整型和短整型的数据进行从主机字节序向网络字节序的转换，而接收方可信计数器接收到数据后会对数据从网络字节序到主机字节序的转换，从而正确解析传输的数据。数据包在网络上传输时通过使用 TCP 协议保证数据的可靠传输。

销售方和授权方向可信交易数据管理平台传输数据须符合本标准。

通信协议消息的基本格式如图 1 所示。

包头部分		包体部分	签名
计数器类型	数据类型	数据内容	数据签名

图1 通信协议消息的基本格式

a）通信协议消息的基本格式中包头部分说明如下：

1）计数器类型，占1字节。

0x01（0000 0001）表示销售方可信计数器；

0x02（0000 0010）表示授权方可信计数器；

0x03（0000 0011）表示可信交易数据管理平台计数器；

其他值保留。

2）数据类型，占1字节。

0x01（0000 0001）表示上传数据类型。若计数器类型是销售方，则上传数据指权利许可请求数据；若计数器类型是授权方，则上传数据指授权信息记录数据；

0x02（0000 0010）表示测试连通性请求数据；

0x03（0000 0011）表示配置计数器请求数据；

0x04（0000 0100）表示查询销售方信用请求数据；

0x81（1000 0001）表示上传数据（权利许可请求、授权信息记录）的应答数据；

0x82（1000 0010）表示测试连通性数据的应答数据；

0x83（1000 0011）表示配置计数器数据的应答数据；

0x84（1000 0100）表示查询销售方信用的应答数据；

其他值保留。

b）协议中包体部分的数据内容为需要传输的数据，具体数据内容见第5章、附录A和附录B。

c）协议中的签名部分采用国家密码管理局编制的商用算法保证数据内容的可靠传输。具体内容见第6章。

5 可信交易数据管理平台对外通信协议

5.1 销售方与可信交易数据管理平台通信协议

5.1.1 权利许可请求协议

5.1.1.1 协议流程

销售方向可信交易数据管理平台请求权利许可的流程如图 2 所示。

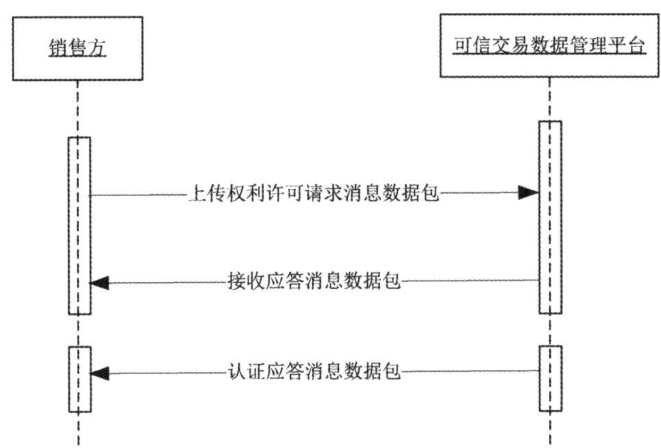

图2 销售方向可信交易数据管理平台请求权利许可协议流程

流程说明：

Step1：销售方计数器向可信交易数据管理平台计数器发送权利许可请求消息数据包；

Step2：可信交易数据管理平台计数器收到数据包之后，立即向销售方计数器返回对权利许可请求消息数据接收情况的接收应答消息数据包；

Step3：可信交易数据管理平台计数器对接收到的数据继续进行认证验签，验签完成之后，向销售方计数器返回认证情况的认证消息数据应答包。

5.1.1.2　协议消息

协议消息包含以下3个要素：权利许可请求消息数据、接受应答消息数据、认证应答消息数据。具体如下：

a)销售方计数器向可信交易数据管理平台计数器发送权利许可请求消息数据包的内容如表1所示，详细说明请见附录A。

表1 权利许可请求消息数据表

序号	中文名称	字节长度	选择性	说明
1	计数器类型	1字节	必选	表示数据发送方计数器的类型
2	数据类型	1字节	必选	表示数据的类型
3	有效字节长度	2字节	必选	用于记录整个数据包的长度
4	交易时间	15字节	必选	用以描述交易的时间信息
5	销售方唯一编号	16字节	必选	唯一标识数字作品内容销售方
6	内容提供者唯一编号	16字节	必选	唯一标识内容提供商
7	授权方唯一编号	16字节	必选	唯一标识内容授权方
8	价格	4字节	可选	描述数字内容作品的价格信息
9	交易数量	4字节	必选	交易该数字内容作品的交易数量
10	数字版权管理标识	22字节	必选	唯一标识数字内容作品
11	题名偏移量	2字节	必选	本表第23项“题名”与该消息数据头的字节偏移量，用于定位题名内容

12	题名长度	2 字节	必选	本表第 23 项“题名”内容的字节长度，用于获得题名内容长度
13	交易订单号偏移量	2 字节	必选	本表第 24 项“交易订单号”与该消息数据头的字节偏移量，用于定位交易订单号内容
14	交易订单号长度	2 字节	必选	本表第 24 项“交易订单号”内容的字节长度，用于获得交易订单号内容长度
15	授权描述偏移量	2 字节	可选	本表第 25 项“授权描述”的地址与该消息数据头的“计数器类型”的字节偏移量，用于定位授权描述内容
16	授权描述长度	2 字节	可选	本表第 25 项“授权描述”内容的字节长度，用于获得授权描述内容长度
17	备用数据偏移量	2 字节	可选	本表第 26 项“备用数据”与该消息数据头的字节偏移量，用于定位备用数据内容
18	备用数据长度	2 字节	可选	本表第 26 项“备用数据”内容的字节长度，用于获得备用数据内容长度
19	交易随机数	4 字节	必选	用于保证交易数据抵抗重放攻击
20	交易请求号	4 字节	必选	用于记录上传交易记录的请求号
21	交易计数器编号	4 字节	必选	上传交易记录的计数器标识
22	签名偏移量	2 字节	必选	本表第 27 项“数据签名”与该消息数据头的字节偏移量，用于定位数据签名内容
23	题名	不定长	必选	用于描述数字出版产品的名称
24	交易订单号	不定长	必选	用以记录交易时销售系统产生的交易订单号
25	授权描述	不定长	可选	授权时该数字内容作品的授权模式信息
26	备用数据	不定长	可选	用于记录扩展内容（内部涉及的偏移量，均指与该消息数据头的字节偏移量）
27	数据签名	256 字节	必选	用于认证发送方身份与数据的完整性（对该消息数据签名之前的数据进行摘要计算，然后对摘要值进行数字签名）

b）销售方计数器接收可信交易数据管理平台计数器发送的接收应答消息数据包的内容如表2所示，详细说明请见附录A。

表 2 接收应答消息数据

序号	中文名称	字节长度	选择性	说明
1	计数器类型	1 字节	必选	表示数据发送方计数器的类型
2	数据类型	1 字节	必选	表示数据的类型
3	应答数据	1 字节	必选	表示接收数据的情况

c）销售方计数器接收可信交易数据管理平台计数器发送的认证应答消息数据包的内容如表3所示，详细说明请见附录A。

表 3 认证应答消息数据表

序号	中文名称	字节长度	选择性	说明

1	计数器类型	1 字节	必选	表示数据发送方计数器的类型
2	数据类型	1 字节	必选	表示数据的类型
3	应答数据	1 字节	必选	表示平台计数器对数据的处理情况
4	认证随机数	4 字节	必选	用于保证认证数据抵抗重放攻击
5	交易请求号	4 字节	必选	用于确保权利许可数据的认证应答数据的唯一性，在配置计数器、测试连通性和查询销售商信用数据的认证应答数据中，该字段为 0
6	数据签名	256 字节	必选	用于认证发送方身份与数据的完整性（对该消息数据签名之前的数据进行摘要计算，然后对摘要值进行数字签名）

5.1.2　测试连通性协议

5.1.2.1　协议流程

销售方向可信交易数据管理平台发送测试连通性数据包的流程如图 3 所示。

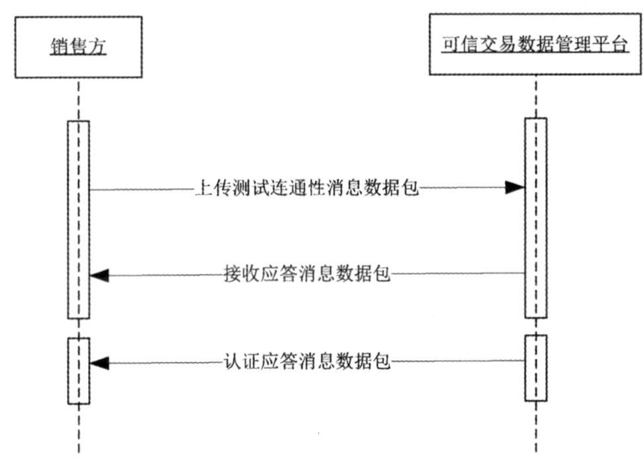

图3 销售方计数器向平台计数器上传测试连通性数据包协议流程

流程说明：

Step1：销售方计数器向可信交易数据管理平台计数器上传测试连通性消息数据包；

Step2：可信交易数据管理平台计数器收到数据包之后，立即向销售方计数器返回对测试连通性消息数据接收情况的接收应答消息数据包；

Step3：可信交易数据管理平台计数器对接收到的数据继续进行认证验签，验签完成之后，向销售方计数器返回认证情况的认证应答消息数据包。

5.1.2.2　协议消息

协议消息包含以下1个要素：测试连通性消息数据。具体如下：

销售方计数器向可信交易数据管理平台计数器上传测试连通性数据包的内容如表4所示，详细说明请见附录A。

表 4 测试连通性消息数据

序号	中文名称	字节长度	选择性	说明
1	计数器类型	1 字节	必选	表示数据发送方计数器的类型
2	数据类型	1 字节	必选	表示数据的类型
3	销售方唯一编号	16 字节	必选	唯一标识数字作品内容销售方
4	交易计数器编号	4 字节	必选	上传交易记录的计数器标识
5	测试随机数	4 字节	必选	用于保证测试连通性数据抵抗重放攻击
6	数据签名	256 字节	必选	用于认证发送方身份与数据的完整性（对该消息数据签名之前的数据进行摘要计算，然后对摘要值进行数字签名）

销售方计数器接收可信交易数据管理平台计数器发送的接收应答消息数据包和认证应答消息数据包的内容如表2和3所示。

5.1.3 配置计数器协议

5.1.3.1 协议流程

销售方计数器向可信交易数据管理平台计数器上传配置计数器消息数据包的流程如图 4 所示。

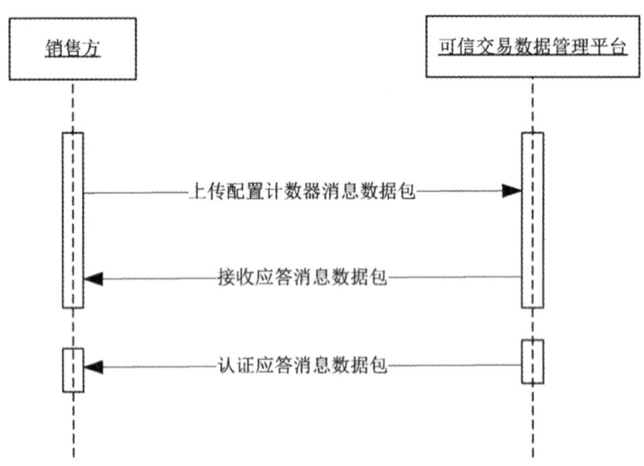

图4 销售方计数器向平台计数器上传配置计数器消息数据包协议流程

流程说明：

Step1：销售方计数器向可信交易数据管理平台计数器上传配置计数器消息数据包；

Step2：可信交易数据管理平台计数器收到数据包之后，立即向销售方计数器返回对配置计数器消息数据接收情况的接收应答消息数据包；

Step3：可信交易数据管理平台计数器对接收到的数据继续进行认证验签，验签完成之后，向销售方计数器返回认证情况的认证应答消息数据包。

5.1.3.2 协议消息

协议消息包含以下1个要素：配置计数器消息数据。具体如下：

销售方计数器向可信交易数据管理平台计数器发送配置计数器消息数据包的内容如表5所示，详细说明请见附录A。

表 5 配置计数器消息数据表

序号	中文名称	字节长度	选择性	说明
1	计数器类型	1 字节	必选	表示数据发送方计数器的类型
2	数据类型	1 字节	必选	表示数据的类型
3	交易计数器编号	4 字节	必选	上传交易记录的计数器标识
4	销售方唯一编号	16 字节	必选	唯一标识数字作品内容销售方
5	配置随机数	4 字节	必选	用于保证配置数据抵抗重放攻击
6	数据签名	256 字节	必选	用于认证发送方身份与数据的完整性（对该消息数据签名之前的数据进行摘要计算，然后对摘要值进行数字签名）

销售方计数器接收可信交易数据管理平台计数器发送的接收应答消息数据包和认证应答消息数据包的内容如表2和表3所示。

5.2　授权方与可信交易数据管理平台通信协议

5.2.1　授权信息记录协议

5.2.1.1　协议流程

授权方向可信交易数据管理平台发送权利许可消息数据包的流程如图 5 所示。

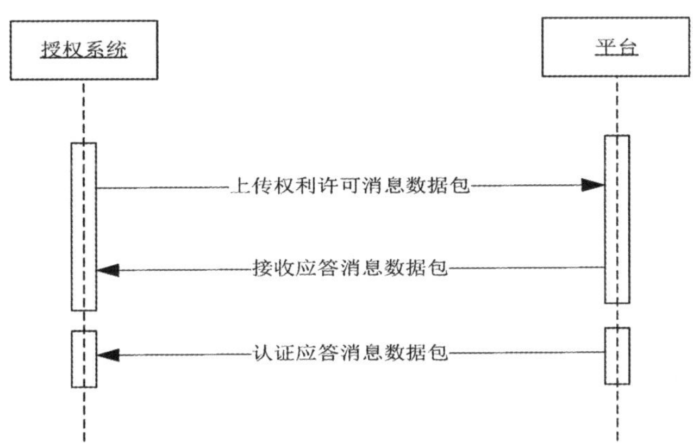

图5 授权方向可信交易数据管理平台发送权利许可消息数据包协议流程

流程说明：

Step1：授权方计数器向可信交易数据管理平台计数器发送权利许可消息数据包；

Step2：可信交易数据管理平台计数器收到数据包之后，立即向授权方计数器返回对权利许可数据接收情况的接收应答消息数据包；

Step3：可信交易数据管理平台计数器对接收到的数据继续进行认证验签，验签完成之后，向授权方计数器返回认证情况的认证应答消息数据包。

5.2.1.2 协议消息

协议消息包含以下3个要素：权利许可消息数据、接受应答消息数据、认证应答消息数据。具体如下：

a）授权方计数器向可信交易数据管理平台计数器发送权利许可消息数据包的内容如表6所示，详细说明请见附录B。

表 6 权利许可消息数据表

序号	中文名称	字节长度	选择性	说明
1	计数器类型	1 字节	必选	表示数据发送方计数器的类型
2	数据类型	1 字节	必选	表示数据的类型
3	有效字节长度	2 字节	必选	用于记录整个数据包的长度
4	交易时间	15 字节	必选	用以描述交易的时间信息
5	销售方唯一编号	16 字节	必选	唯一标识数字作品内容销售方
6	内容提供者唯一编号	16 字节	必选	唯一标识内容提供商
7	授权方唯一编号	16 字节	必选	唯一标识内容授权方
8	价格	4 字节	可选	描述数字内容作品的价格信息
9	交易数量	4 字节	必选	交易该数字内容作品的交易数量
10	数字版权管理标识	22 字节	必选	唯一标识数字内容作品
11	题名偏移量	2 字节	必选	本表第 26 项“题名”与该消息数据头的字节偏移量，用于定位题名内容
12	题名长度	2 字节	必选	本表第 26 项“题名”内容的字节长度，用于获得题名内容长度
13	交易订单号偏移量	2 字节	必选	本表第 27 项“交易订单号”与该消息数据头的字节偏移量，用于定位交易订单号内容
14	交易订单号长度	2 字节	必选	本表第 27 项“交易订单号”内容的字节长度，用于获得交易订单号内容长度
15	授权描述偏移量	2 字节	可选	本表第 28 项“授权描述”的地址与该消息数据头的“计数器类型”的字节偏移量，用于定位授权描述内容
16	授权描述长度	2 字节	可选	本表第 28 项“授权描述”内容的字节长度，用于获得授权描述内容长度
17	备用数据偏移量	2 字节	可选	本表第 29 项“备用数据”与该消息数据头的字节偏移量，用于定位备用数据内容
18	备用数据长度	2 字节	可选	本表 29 项“备用数据”内容的字节长度，用于获得备用数据内容长度
19	交易随机数	4 字节	必选	用于保证交易数据抵抗重放攻击
20	交易请求号	4 字节	必选	用于记录上传交易记录的请求号
21	交易计数器编号	4 字节	必选	上传交易记录的计数器标识
22	授权时间	15 字节	必选	用以描述授权时的时间信息
23	授权随机数	4 字节	必选	用于保证授权数据抵抗重放攻击
24	授权计数器编号	4 字节	必选	上传授权记录的计数器标识

25	签名偏移量	2 字节	必选	本表第 30 项“数据签名”与该消息数据头的字节偏移量，用于定位数据签名内容
26	题名	不定长	必选	用于描述数字出版产品的名称
27	交易订单号	不定长	必选	用以记录交易时销售系统产生的交易订单号
28	授权描述	不定长	可选	授权时该数字内容作品的授权模式信息
29	备用数据	不定长	可选	用于记录扩展内容（内部涉及的偏移量，均指与该消息数据头的字节偏移量）
30	数据签名	256 字节	必选	用于认证发送方身份与数据的完整性（对该消息数据签名之前的数据进行摘要计算，然后对摘要值进行数字签名）

b）授权方计数器接收可信交易数据管理平台计数器发送的接收应答消息数据包的内容如表 7 所示，详细说明请见附录 B。

表 7 接收应答消息数据表

序号	中文名称	字节长度	选择性	说明
1	计数器类型	1 字节	必选	表示数据发送方计数器的类型
2	数据类型	1 字节	必选	表示数据的类型
3	应答数据	1 字节	必选	表示接收数据的情况

c）授权方计数器接收可信交易数据管理平台计数器发送的认证应答消息数据包的内容如表 8 所示，详细说明请见附录 B。

表 8 认证应答消息数据表

序号	中文名称	字节长度	选择性	说明
1	计数器类型	1 字节	必选	表示数据发送方计数器的类型
2	数据类型	1 字节	必选	表示数据的类型
3	应答数据	1 字节	必选	表示平台计数器对数据的处理情况
4	认证随机数	4 字节	必选	用于保证认证数据抵抗重放攻击
5	交易请求号	4 字节	必选	用于确保权利许可数据的认证应答数据的唯一性，在配置计数器、测试连通性和查询销售商信用数据的认证应答数据中，该字段为 0
6	数据签名	256 字节	必选	用于认证发送方身份与数据的完整性（对该消息数据签名之前的数据进行摘要计算，然后对摘要值进行数字签名）

5.2.2　测试连通性协议

5.2.2.1　协议流程

授权方向可信交易数据管理平台发送测试连通性消息数据包的流程如图 6 所示。

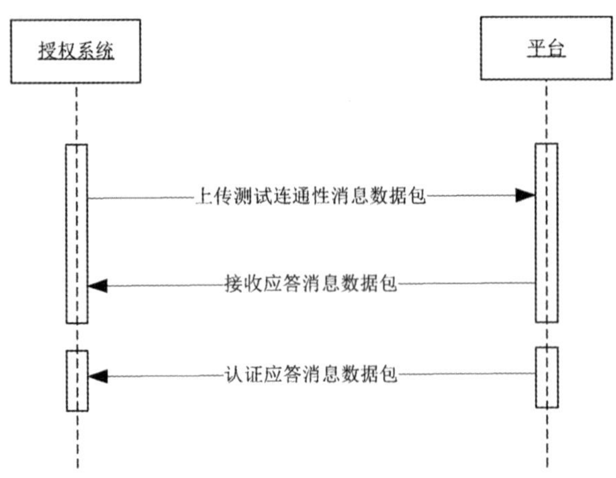

图6 授权方计数器向平台计数器发送测试连通性消息数据包协议流程

流程说明：

Step1：授权方计数器向可信交易数据管理平台计数器上传测试连通性消息数据包；

Step2：可信交易数据管理平台计数器收到数据包之后，立即向授权方计数器返回对测试连通性数据接收情况的接收应答消息数据包；

Step3：可信交易数据管理平台计数器对接收到的数据继续进行认证验签，验签完成之后，向授权方计数器返回认证情况的认证应答消息数据包。

5.2.2.2 协议消息

协议消息包含以下1个要素：测试连通性消息数据。具体如下：

授权方向可信交易数据管理平台发送测试连通性消息数据包的内容如表9所示，详细说明请见附录B。

表9 测试连通性消息数据表

序号	中文名称	字节长度	选择性	说明
1	计数器类型	1字节	必选	表示数据发送方计数器的类型
2	数据类型	1字节	必选	表示数据的类型
3	授权方唯一编号	16字节	必选	唯一标识内容授权方
4	授权计数器编号	4字节	必选	上传授权记录的计数器标识
5	测试随机数	4字节	必选	用于保证测试数据抵抗重放攻击
6	数据签名	256字节	必选	用于认证发送方身份与数据的完整性（对该消息数据签名之前的数据进行摘要计算，然后对摘要值进行数字签名）

授权方计数器接收可信交易数据管理平台计数器发送的接收应答消息数据包和认证应答消息数据包的内容如表7和表8所示。

5.2.3 配置计数器协议

5.2.3.1 协议流程

授权方向可信交易数据管理平台计数器发送配置计数器消息数据包的流程如图 7 所示。

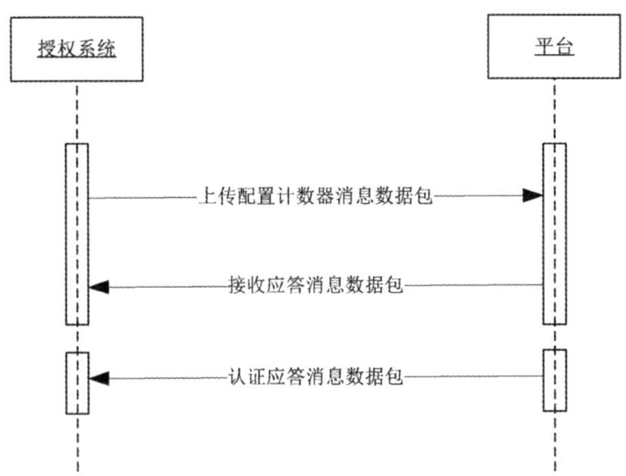

图7 授权方计数器向平台计数器上传配置计数器消息数据包协议流程

流程说明：

Step1：授权方计数器向可信交易数据管理平台计数器上传配置计数器消息数据包；

Step2：可信交易数据管理平台计数器收到数据包之后，立即向授权方计数器返回对配置计数器消息数据接收情况的接收应答消息数据包；

Step3：可信交易数据管理平台计数器对接收到的数据继续进行认证验签，验签完成之后，向授权方计数器返回认证情况的认证应答消息数据包。

5.2.3.2 协议消息

协议消息包含以下1个要素：配置计数器消息数据。具体如下：

授权方计数器向可信交易数据管理平台计数器发送配置计数器消息数据包的内容如表10所示，详细说明请见附录B。

表 10 配置计数器消息数据表

序号	中文名称	字节长度	选择性	说明
1	计数器类型	1 字节	必选	表示数据发送方计数器的类型
2	数据类型	1 字节	必选	表示数据的类型
3	授权计数器编号	4 字节	必选	上传授权记录的计数器标识
4	授权方唯一编号	16 字节	必选	唯一标识内容授权方
5	配置随机数	4 字节	必选	用于保证配置数据抵抗重放攻击
6	数据签名	256 字节	必选	用于认证发送方身份与数据的完整性（对该消息数据签名之前的数据进行摘要计算，然后对摘要值进行数字签名）

授权方计数器接收可信交易数据管理平台计数器发送的接收应答消息数据包和认证应答消息数据包的内容如表7和表8所示。

5.2.4 查询销售方信用协议

5.2.4.1 协议流程

授权方向可信交易数据管理平台发送查询销售商信用消息数据包的流程如图8所示。

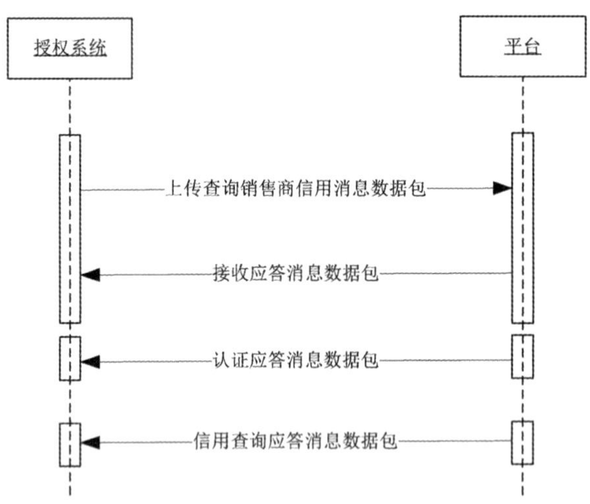

图8 授权方计数器向平台计数器发送查询销售商信用消息数据包协议流程

流程说明：

Step1：授权方计数器向可信交易数据管理平台计数器上传查询销售商信用消息数据包；

Step2：可信交易数据管理平台计数器收到数据之后，立即向授权方计数器返回接收情况的接收应答消息数据包；

Step3：可信交易数据管理平台计数器对接收到的数据进行认证验签，认证完成之后，向授权方计数器返回认证情况的认证应答消息数据包。

Step4：可信交易数据管理平台计数器向授权方计数器返回信用查询数据应答消息数据包。

5.2.4.2 协议消息

协议消息包含以下2个要素：查询销售方信用消息数据、查询应答消息数据。具体如下：

a）授权方计数器向可信交易数据管理平台计数器上传查询销售方信用消息数据包的内容如表11所示，详细说明请见附录B。

表11 查询销售方信用消息数据表

序号	中文名称	字节长度	选择性	说明
1	计数器类型	1字节	必选	表示数据发送方计数器的类型
2	数据类型	1字节	必选	表示数据的类型
3	返回交易记录数量	2字节	可选	表示期望返回的交易记录数量，不可超过最大上限
4	授权方唯一编号	16字节	必选	唯一标识内容授权方
5	销售方唯一编号	16字节	必选	唯一标识数字作品内容销售方
6	数字版权管理标识	22字节	必选	唯一标识数字内容作品
7	授权计数器编号	4字节	必选	上传授权记录的计数器标识

8	查询随机数	4 字节	必选	用于保证查询销售方信用数据抵抗重放攻击
9	数据签名	256 字节	必选	用于认证发送方身份与数据的完整性（对该消息数据签名之前的数据进行摘要计算，然后对摘要值进行数字签名）

b）可信交易数据管理平台计数器向授权方计数器返回的查询应答消息数据包的内容如表 12 所示，详细说明请见附录 B。

表 12 查询应答消息数据表

序号	中文名称	字节长度	选择性	说明
1	计数器类型	1 字节	必选	表示数据发送方计数器的类型
2	数据类型	1 字节	必选	表示数据的类型
3	有效字节长度	2 字节	必选	用于记录整个数据包的长度
4	有效记录个数	2 字节	可选	表示实际返回的交易记录数量，不可超过 30 条
5	销售方唯一编号	16 字节	必选	唯一标识数字作品内容销售方
6	交易记录偏移量集合	60 字节	必选（每 2 个字节）	前 2 个字节,定位第 1 条交易记录的偏移量;接下来 2 个字节,定位第 2 条交易记录的偏移量;以此类推,一直可定位到第 30 条记录的偏移量。有效交易记录偏移量的个数由本表第 4 项’有效记录个数’指定
7	交易记录长度集合	60 字节	必选（每 2 个字节）	前 2 个字节,描述第 1 条交易记录的长度值;接下来 2 个字节,描述第 2 条交易记录的长度值; 以此类推,一直可描述到第 30 条记录的长度值。有效交易记录长度的个数由本表第 4 项’有效记录个数’指定
8	交易总量	4 字节	可选	销售该数字版权管理标识符的交易总量
9	交易记录集合	不定长	必选	交易记录集合用于描述若干条交易记录的具体信息，具体记录数量由本表第 4 项’有效记录个数’定义。每条交易记录由交易时间(15 字节)、交易数量（4 字节）、数字版权管理标识（22 字节）、交易订单号长度（2 字节）、交易订单号（字节不定长）构成
10	查询应答随机数	4 字节	必选	用于保证查询应答数据抵抗重放攻击
11	数据签名	256 字节	必选	用于认证发送方身份与数据的完整性（对该消息数据签名之前的数据进行摘要计算，然后对摘要值进行数字签名）

授权方计数器接收可信交易数据管理平台计数器发送的接收应答数据消息包和认证应答消息数据包的内容如表7和表8所示。

6 协议安全

6.1 安全模型

销售方可信计数器和授权方可信计数器与可信交易数据管理平台可信计数器应通过相关密码技术及网络安全技术来保证数据传输过程中的可信性，因此，在本协议的设计中，在双方的通信过程中通过签名和验签等操作来保证传输过程中数据的完整性、可信性和不可否认性；同时，通过添加随机数等数据内容来有效防止网络重放攻击。

6.2 完整性和不可否认性

本协议通过对传输数据进行摘要和数字签名来保证数据的完整性和发送方的不可否认性，协议中使用的摘要算法为SM3杂凑算法，数字签名采用基于SM2和SM3的签名算法。

6.3 可信性

可信交易数据管理平台计数器是通过对接收到数据进行验签认证来保证数据的可信性。可信交易数据管理平台计数器接收到数据之后，首先对数据中的签名进行验签，然后对除签名外的数据进行摘要，最后通过对比验签结果和摘要结果是否一致来保证传输数据的可信性。

附 录 A
(规范性附录)
销售方协议消息数据表

销售方计数器与可信交易数据管理平台计数器之间的通信消息数据如表A.1~表A.5所示。

表 A.1 销售方权利许可请求消息数据表

序号	中文名称	英文标签	字节长度	选择性	数据类型	说明	备注
1	计数器类型	counterType	1 字节	必选	无符号字符型	表示数据发送方计数器的类型	0x01（0000 0001）表示销售方可信计数器
2	数据类型	dataType	1 字节	必选	无符号字符型	表示数据的类型	0x01 表示权利许可请求数据
3	有效字节长度	buf_length	2 字节	必选	无符号短整型	用于记录整个数据包的长度	示例：929
4	交易时间	transTime	15 字节	必选	字符串	用以描述交易的时间信息	遵循 GC/BQ 10给出的规范 示例：19990830 T201053
5	销售方唯一编号	sellerID	16 字节	必选	字符串	唯一标识数字作品内容销售方	遵循 GC/BQ 10给出的规范
6	内容提供者唯一编号	providerID	16 字节	必选	字符串	唯一标识内容提供商	遵循 GC/BQ 10给出的规范
7	授权方唯一编号	assignorID	16 字节	必选	字符串	唯一标识内容授权方	遵循 GC/BQ 10给出的规范
8	价格	price	4 字节	可选	浮点数	描述数字内容作品的价格信息	遵循 GC/BQ 10给出的规范
9	交易数量	transAmount	4 字节	必选	整型	交易该数字内容作品的交易数量	遵循 GC/BQ 10给出的规范
10	数字版权管理标识	DRMI	22 字节	必选	字符串	唯一标识数字内容作品	遵循 GC/BQ 4 给出的规范
11	题名偏移量	title_offset	2 字节	必选	无符号短整型	本表第 23 项“题名”与该消息数据头的字节偏移量，用于定位题名内容	遵循 GC/BQ 11 给出的规范 示例：639
12	题名长度	title_length	2 字节	必选	无符号短整型	本表第 23 项“题名”内容的字节长度，用于获得题名内容长度	遵循 GC/BQ 11 给出的规范 示例：6

13	交易订单号偏移量	transOrderID_offset	2 字节	必选	无符号短整型	本表第 24 项“交易订单号”与该消息数据头的字节偏移量，用于定位交易订单号内容	遵循 GC/BQ 11 给出的规范 示例：645
14	交易订单号长度	transOrderID_length	2 字节	必选	无符号短整型	本表第 24 项“交易订单号”内容的字节长度，用于获得交易订单号内容长度	遵循 GC/BQ 11 给出的规范 示例：10
15	授权描述偏移量	authDesc_offset	2 字节	可选	无符号短整型	本表第 25 项“授权描述”的地址与该消息数据头的“计数器类型”的字节偏移量，用于定位授权描述内容	遵循 GC/BQ 11 给出的规范 示例：655
16	授权描述长度	authDesc_length	2 字节	可选	无符号短整型	本表第 25 项“授权描述”内容的字节长度，用于获得授权描述内容长度	遵循 GC/BQ 11 给出的规范 示例：8
17	备用数据偏移量	otherData_offset	2 字节	可选	无符号短整型	本表第 26 项“备用数据”与该消息数据头的字节偏移量，用于定位备用数据内容	遵循 GC/BQ 11 给出的规范 示例：663
18	备用数据长度	otherData_length	2 字节	可选	无符号短整型	本表第 26 项“备用数据”内容的字节长度，用于获得备用数据内容长度	遵循 GC/BQ 11 给出的规范 示例：10
19	交易随机数	transRandom	4 字节	必选	无符号长整型	用于保证交易数据抵抗重放攻击	遵循 GC/BQ 10 给出的规范
20	交易请求号	transID	4 字节	必选	无符号长整型	用于记录上传交易记录的请求号	遵循 GC/BQ 10 给出的规范
21	交易计数器编号	transCounterID	4 字节	必选	无符号长整型	上传交易记录的计数器标识	遵循 GC/BQ 10 给出的规范

22	签名偏移量	transSign_offset	2字节	必选	无符号短整型	本表第27项“数据签名”与该消息数据头的字节偏移量，用于定位数据签名内容	示例：673
23	题名	title	不定长	必选	字符串	用于描述数字出版产品的名称	遵循GC/BQ 10给出的规范 示例：红与黑
24	交易订单号	transOrderID	不定长	必选	字符串	用以记录交易时销售系统产生的交易订单号	遵循GC/BQ 10给出的规范，示例：JYDD123456
25	授权描述	authDesc	不定长	可选	字符串	授权时该数字内容作品的授权模式信息	遵循GC/BQ 10给出的规范 示例：按需印刷
26	备用数据	otherData	不定长	可选	二进制流	用于记录扩展内容（内部涉及的偏移量，均指与该消息数据头的字节偏移量）	遵循GC/BQ 11给出的规范 示例：110011101
27	数据签名	transSign	256字节	必选	字符串	用于认证发送方身份与数据的完整性（对该消息数据签名之前的数据进行摘要计算，然后对摘要值进行数字签名）	示例： eGUzIDB4ZTUgMHhhNSAweGMwIDB........OSAweGQ3IDB4NmYgMH==

表 A.2 销售方测试连通性消息数据表

序号	中文名称	英文标签	字节长度	选择性	数据类型	说明	备注
1	计数器类型	counterType	1字节	必选	无符号字符型	表示数据发送方计数器的类型	0x01（0000 0001）表示销售方可信计数器
2	数据类型	dataType	1字节	必选	无符号字符型	表示数据的类型	0x02 表示测试连通性数据
3	销售方唯一编号	sellerID	16字节	必选	字符串	唯一标识数字作品内容销售方	遵循GC/BQ 10给出的规范
4	交易计数器编号	transCounterID	4字节	必选	无符号长整型	上传交易记录的计数器标识	遵循GC/BQ 10给出的规范
5	测试随机数	testRandom	4字节	必选	无符号长整型	用于保证测试连通性数据抵抗重放攻击	示例：56894561

6	数据签名	transSign	256 字节	必选	字符串	用于认证发送方身份与数据的完整性（对该消息数据签名之前的数据进行摘要计算，然后对摘要值进行数字签名）	示例：eGUzIDB4ZTUgMHhhNSAweGMwIDB........OSAweGQ3IDB4NmYgMH==

表 A.3 销售方配置计数器消息数据表

序号	中文名称	英文标签	字节长度	选择性	数据类型	说明	备注
1	计数器类型	counterType	1 字节	必选	无符号字符型	表示数据发送方计数器的类型	0x01（0000 0001）表示销售方可信计数器
2	数据类型	dataType	1 字节	必选	无符号字符型	表示数据的类型	0x03 表示配置计数器数据
3	交易计数器编号	transCounterID	4 字节	必选	无符号长整型	上传交易记录的计数器标识	遵循 GC/BQ 10 给出的规范
4	销售方唯一编号	sellerID	16 字节	必选	字符串	唯一标识数字作品内容销售方	遵循 GC/BQ 10 给出的规范
5	配置随机数	configRandom	4 字节	必选	无符号长整型	用于保证配置数据抵抗重放攻击	示例：23456789
6	数据签名	transSign	256 字节	必选	字符串	用于认证发送方身份与数据的完整性（对该消息数据签名之前的数据进行摘要计算，然后对摘要值进行数字签名）	示例：eGUzIDB4ZTUgMHhhNSAweGMwIDB........OSAweGQ3IDB4NmYgMH==

表 A.4 销售方接收应答消息数据表

序号	中文名称	英文标签	字节长度	选择性	数据类型	说明	备注
1	计数器类型	counterType	1 字节	必选	无符号字符型	表示数据发送方计数器的类型	0x03（0000 0011）表示平台可信计数器
2	数据类型	dataType	1 字节	必选	无符号字符型	表示数据的类型	0x81 表示对上传交易数据的返回数据；0x82 表示对测试连通性数据的返回数据；0x83 表示对配置计数器数据的返回数据
3	应答数据	replyData	1 字节	必选	无符号字符型	表示接收数据的情况	有值说明数据已被成功接收

表 A.5 销售方认证应答消息数据表

序号	中文名称	英文标签	字节长度	选择性	数据类型	说明	备注
1	计数器类型	counterType	1 字节	必选	无符号字符型	表示数据发送方计数器的类型	0x03（0000 0011）表示平台可信计数器
2	数据类型	dataType	1 字节	必选	无符号字符型	表示数据的类型	0x81 表示对上传交易数据的返回数据；0x82 表示对测试连通性数据的返回数据；0x83 表示对配置计数器数据的返回数据
3	应答数据	replyData	1 字节	必选	无符号字符型	表示平台计数器对数据的处理情况	0 表示成功；非 0 表示失败
4	认证随机数	authRandom	4 字节	必选	无符号长整型	用于保证认证数据抵抗重放攻击	示例：12345678
5	交易请求号	transID	4 字节	必选	无符号长整型	用于确保权利许可数据的认证应答数据的唯一性，在配置计数器、测试连通性和查询销售商信用数据的认证应答数据中，该字段为 0	遵循 GC/BQ 10 给出的规范
6	数据签名	transSign	256 字节	必选	字符串	用于认证发送方身份与数据的完整性（对该消息数据签名之前的数据进行摘要计算，然后对摘要值进行数字签名）	示例：eGUzIDB4ZTUgMHhhNSAweGMwIDB........OSAweGQ3IDB4NmYgMH==

附　录　B
(规范性附录)
授权方协议消息数据表

授权方计数器与可信交易数据管理平台计数器之间的通信协议消息数据如表B.1~B.7所示。

表 B.1 授权方权利许可消息数据表

序号	中文名称	英文标签	字节长度	选择性	数据类型	说明	备注
1	计数器类型	counterType	1 字节	必选	无符号字符型	表示数据发送方计数器的类型	0x02（0000 0011）表示授权方可信计数器
2	数据类型	dataType	1 字节	必选	无符号字符型	表示数据的类型	0x01 表示权利许可数据
3	有效字节长度	buf_length	2 字节	必选	无符号短整型	用于记录整个数据包的长度	示例：929
4	交易时间	transTime	15 字节	必选	字符串	用以描述交易的时间信息	遵循 GC/BQ 10 给出的规范 示例：19990830T201053
5	销售方唯一编号	sellerID	16 字节	必选	字符串	唯一标识数字作品内容销售方	遵循 GC/BQ 10 给出的规范
6	内容提供者唯一编号	providerID	16 字节	必选	字符串	唯一标识内容提供商	遵循 GC/BQ 10 给出的规范
7	授权方唯一编号	assignorID	16 字节	必选	字符串	唯一标识内容授权方	遵循 GC/BQ 10 给出的规范
8	价格	price	4 字节	可选	浮点数	描述数字内容作品的价格信息	遵循 GC/BQ 10 给出的规范
9	交易数量	transAmount	4 字节	必选	整型	交易该数字内容作品的交易数量	遵循 GC/BQ 10 给出的规范
10	数字版权管理标识	DRMI	22 字节	必选	字符串	唯一标识数字内容作品	遵循 GC/BQ 4 给出的规范
11	题名偏移量	title_offset	2 字节	必选	无符号短整型	本表第 26 项“题名”与该消息数据头的字节偏移量，用于定位题名内容	遵循 GC/BQ 11 给出的规范 示例：639
12	题名长度	title_length	2 字节	必选	无符号短整型	本表第 26 项“题名”内容的字节长度，用于获得题名内容长度	遵循 GC/BQ 11 给出的规范 示例：6

13	交易订单号偏移量	transOrderID_offset	2 字节	必选	无符号短整型	本表第 27 项“交易订单号”与该消息数据头的字节偏移量，用于定位交易订单号内容	遵循 GC/BQ 11 给出的规范 示例：645
14	交易订单号长度	transOrderID_length	2 字节	必选	无符号短整型	本表第 27 项“交易订单号”内容的字节长度，用于获得交易订单号内容长度	遵循 GC/BQ 11 给出的规范 示例：10
15	授权描述偏移量	authDesc_offset	2 字节	可选	无符号短整型	本表第 28 项“授权描述”的地址与该消息数据头的“计数器类型”的字节偏移量，用于定位授权描述内容	遵循 GC/BQ 11 给出的规范 示例：655
16	授权描述长度	authDesc_length	2 字节	可选	无符号短整型	本表第 28 项“授权描述”内容的字节长度，用于获得授权描述内容长度	遵循 GC/BQ 11 给出的规范 示例：8
17	备用数据偏移量	otherData_offset	2 字节	可选	无符号短整型	本表第 29 项“备用数据”与该消息数据头的字节偏移量，用于定位备用数据内容	遵循 GC/BQ 11 给出的规范 示例：663
18	备用数据长度	otherData_length	2 字节	可选	无符号短整型	本表第 29 项“备用数据”内容的字节长度，用于获得备用数据内容长度	遵循 GC/BQ 11 给出的规范 示例：10
19	交易随机数	transRandom	4 字节	必选	无符号长整型	用于保证交易数据抵抗重放攻击	遵循 GC/BQ 10 给出的规范
20	交易请求号	transID	4 字节	必选	无符号长整型	用于记录上传交易记录的请求号	遵循 GC/BQ 10 给出的规范
21	交易计数器编号	transCounterID	4 字节	必选	无符号长整型	上传交易记录的计数器标识	遵循 GC/BQ 10 给出的规范
22	授权时间	authTime	15 字节	必选	字符串	用以描述授权时的时间信息	遵循 GC/BQ 10 给出的规范 示例：19890830T201053
23	授权随机数	authRandom	4 字节	必选	无符号长整型	用于保证授权数据抵抗重放攻击	遵循 GC/BQ 10 给出的规范

24	授权计数器编号	authCounterID	4 字节	必选	无符号长整型	上传授权记录的计数器标识	遵循 GC/BQ 10 给出的规范
25	签名偏移量	transSign_offset	2 字节	必选	无符号短整型	本表第 30 项“数据签名”与该消息数据头的字节偏移量，用于定位数据签名内容	示例：673
26	题名	title	不定长	必选	字符串	用于描述数字出版产品的名称	遵循 GC/BQ 10 给出的规范 示例：红与黑
27	交易订单号	transOrderID	不定长	必选	字符串	用以记录交易时销售系统产生的交易订单号	遵循 GC/BQ 10 给出的规范，示例：JYDD123456
28	授权描述	authDesc	不定长	可选	字符串	授权时该数字内容作品的授权模式信息	遵循 GC/BQ 10 给出的规范 示例：按需印刷
29	备用数据	otherData	不定长	可选	二进制流	用于记录扩展内容（内部涉及的偏移量，均指与该消息数据头的字节偏移量）	遵循 GC/BQ 11 给出的规范 示例：110011101
30	数据签名	transSign	256 字节	必选	字符串	用于认证发送方身份与数据的完整性（对该消息数据签名之前的数据进行摘要计算，然后对摘要值进行数字签名）	示例：eGUzIDB4ZTUgMHhhNSAweGMwIDB........OSAweGQ3IDB4NmYgMH==

表 B.2 授权方测试连通性消息数据表

序号	中文名称	英文标签	字节长度	选择性	数据类型	说明	备注
1	计数器类型	counterType	1 字节	必选	无符号字符型	表示数据发送方计数器的类型	0x02（0000 0011）表示授权方可信计数器
2	数据类型	dataType	1 字节	必选	无符号字符型	表示数据的类型	0x02 表示测试连通性数据
3	授权方唯一编号	assignorID	16 字节	必选	字符串	唯一标识内容授权方	遵循 GC/BQ 10 给出的规范
4	授权计数器编号	authCounterID	4 字节	必选	无符号长整型	上传授权记录的计数器标识	遵循 GC/BQ 10 给出的规范
5	测试随机数	testRandom	4 字节	必选	无符号长整型	用于保证测试数据抵抗重放攻击	示例：63964567

6	数据签名	transSign	256 字节	必选	字符串	用于认证发送方身份与数据的完整性（对该消息数据签名之前的数据进行摘要计算，然后对摘要值进行数字签名）	示例：eGUzIDB4ZTUgMHhhNSAweGMwIDB........OSAweGQ3IDB4NmYgMH==

表 B.3 授权方配置计数器消息数据表

序号	中文名称	英文标签	字节长度	选择性	数据类型	说明	备注
1	计数器类型	counterType	1 字节	必选	无符号字符型	表示数据发送方计数器的类型	0x02（0000 0011）表示授权方可信计数器
2	数据类型	dataType	1 字节	必选	无符号字符型	表示数据的类型	0x03 表示配置计数器数据
3	授权计数器编号	authCounterID	4 字节	必选	无符号长整型	上传授权记录的计数器标识	遵循 GC/BQ 10 给出的规范
4	授权方唯一编号	assignorID	16 字节	必选	字符串	唯一标识内容授权方	遵循 GC/BQ 10 给出的规范
5	配置随机数	configRandom	4 字节	必选	无符号长整型	用于保证配置数据抵抗重放攻击	示例：34689752
6	数据签名	transSign	256 字节	必选	字符串	用于认证发送方身份与数据的完整性（对该消息数据签名之前的数据进行摘要计算，然后对摘要值进行数字签名）	示例：eGUzIDB4ZTUgMHhhNSAweGMwIDB........OSAweGQ3IDB4NmYgMH==

表 B.4 授权方查询销售方信用消息数据表

序号	中文名称	英文标签	字节长度	选择性	数据类型	说明	备注
1	计数器类型	counterType	1 字节	必选	无符号字符型	表示数据发送方计数器的类型	0x02（0000 0011）表示授权方可信计数器
2	数据类型	dataType	1 字节	必选	无符号字符型	表示数据的类型	0x04 表示查询请求数据
3	返回交易记录数量	recordAmount	2 字节	可选	整型	表示期望返回的交易记录数量，不可超过最大上限	遵循 GC/BQ 11 给出的规范
4	授权方唯一编号	assignorID	16 字节	必选	字符串	唯一标识内容授权方	遵循 GC/BQ 10 给出的规范

5	销售方唯一编号	sellerID	16字节	必选	字符串	唯一标识数字作品内容销售方	遵循GC/BQ 10给出的规范
6	数字版权管理标识	DRMI	22字节	必选	字符串	唯一标识数字内容作品	遵循GC/BQ 4 给出的规范
7	授权计数器编号	authCounterID	4字节	必选	无符号长整型	上传授权记录的计数器标识	遵循GC/BQ 10给出的规范
8	查询随机数	inquireRandom	4字节	必选	无符号长整型	用于保证查询数据抵抗重放攻击	示例：49631254
9	数据签名	transSign	256字节	必选	字符串	用于认证发送方身份与数据的完整性（对该消息数据签名之前的数据进行摘要计算，然后对摘要值进行数字签名）	示例：eGUzIDB4ZTUgMHhhNSAweGMwIDB........OSAweGQ3IDB4NmYgMH==

表B.5 授权方接受应答消息数据表

序号	中文名称	英文标签	字节长度	选择性	数据类型	说明	备注
1	计数器类型	counterType	1字节	必选	无符号字符型	表示数据发送方计数器的类型	0x03（0000 0011）表示平台可信计数器
2	数据类型	dataType	1字节	必选	无符号字符型	表示数据的类型	0x81表示对上传授权数据的返回数据；0x82表示对测试连通性数据的返回数据；0x83表示对配置计数器数据的返回数据；0x84表示对信用查询请求数据的返回数据
3	应答数据	replyData	1字节	必选	无符号字符型	表示接收数据的情况	有值说明数据已被成功接收

表B.6 授权方认证应答消息数据表

序号	中文名称	英文标签	字节长度	选择性	数据类型	说明	备注
1	计数器类型	counterType	1字节	必选	无符号字符型	表示数据发送方计数器的类型	0x03（0000 0011）表示平台可信计数器

2	数据类型	dataType	1字节	必选	无符号字符型	表示数据的类型	0x81表示对上传授权数据的返回数据；0x82表示对测试连通性数据的返回数据；0x83表示对配置计数器数据的返回数据；0x84表示对信用查询请求数据的返回数据
3	应答数据	replyData	1字节	必选	无符号字符型	表示平台计数器对数据的处理情况	0x00表示成功；0x01表示认证失败；0x02表示查询失败
4	认证随机数	authRandom	4字节	必选	无符号长整型	用于保证认证数据抵抗重放攻击	示例：87654321
5	交易请求号	transID	4字节	必选	无符号长整型	用于确保权利许可数据的认证应答数据的唯一性，在配置计数器、测试连通性和查询销售商信用数据的认证应答数据中，该字段为0	遵循GC/BQ 10给出的规范
6	数据签名	transSign	256字节	必选	字符串	用于认证发送方身份与数据的完整性（对该消息数据签名之前的数据进行摘要计算，然后对摘要值进行数字签名）	示例：eGUzIDB4ZTUgMHhhNSAweGMwIDB…….OSAweGQ3IDB4NmYgMH==

表B.7　授权方查询应答消息数据表

序号	中文名称	英文标签	字节长度	选择性	数据类型	说明	备注
1	计数器类型	counterType	1字节	必选	无符号字符型	表示数据发送方计数器的类型	0x03（0000 0011）表示平台可信计数器
2	数据类型	dataType	1字节	必选	无符号字符型	表示数据的类型	0x84表示对查询数据的返回数据
3	有效字节长度	buf_length	2字节	必选	无符号短整型	用于记录整个数据包的长度	示例：246
4	有效记录个数	returnTransNO	2字节	可选	整型	表示实际返回的交易记录数量，不可超过最大上限	遵循GC/BQ 11给出的规范

5	销售方唯一编号	sellerID	16 字节	必选	字符串	唯一标识数字作品内容销售方	遵循 GC/BQ 10 给出的规范
6	交易记录偏移量集合	offset set	60 字节	必选	无符号短整型（每 2 个字节）	前 2 个字节,定位第 1 条交易记录的偏移量;接下来 2 个字节,定位第 2 条交易记录的偏移量;以此类推,一直可定位到第 30 条记录的偏移量。有效交易记录偏移量的个数由本表第 4 项"有效记录个数"指定	遵循 GC/BQ 11 给出的规范
7	交易记录长度集合	transLength set	60 字节	必选	无符号短整型（每 2 个字节）	前 2 个字节,描述第 1 条交易记录的长度值;接下来 2 个字节,描述第 2 条交易记录的长度值; 以此类推,一直可描述到第 30 条记录的长度值。有效交易记录长度的个数由本表第 4 项"有效记录个数"指定	遵循 GC/BQ 11 给出的规范
8	交易总量	transTotal	4 字节	可选	无符号长整型	销售该数字版权管理标识符的交易总量	遵循 GC/BQ 11 给出的规范

9	交易记录集合	transRecord	不定长	必选		交易记录集合用于描述若干条交易记录的具体信息，具体记录数量由本表第4项"有效记录个数"定义。每条交易记录由交易时间transTime(15字节，字符串)、交易数量transAmount（4字节，整形）、数字版权管理标识DRMI（22字节，字符串）、交易订单号长度transOrderID_length（2字节，无符号短整型）、交易订单号transOrderID（字节不定长，字符串）构成	遵循GC/BQ 10给出的规范
10	查询应答随机数	inquireRandom	4字节	必选	无符号长整型	用于保证查询应答数据抵抗重放攻击	示例：45678912
11	数据签名	transSign	256字节	必选	字符串	用于认证发送方身份与数据的完整性（对该消息数据签名之前的数据进行摘要计算，然后对摘要值进行数字签名）	示例：eGUzIDB4ZTUgMHhhNSAweGMwIDB........OSAweGQ3IDB4NmYgMH==

图书在版编目（CIP）数据

数字版权保护技术研发工程标准汇编：全 3 册 / 魏玉山主编. — 北京：中国书籍出版社，2016.10

ISBN 978-7-5068-5843-4

Ⅰ. ①数… Ⅱ. ①魏… Ⅲ. ①电子出版物 - 版权 - 保护 - 标准 - 汇编 Ⅳ. ① D913-65

中国版本图书馆 CIP 数据核字（2016）第 233369 号

数字版权保护技术研发工程标准汇编（中）

魏玉山　主编

统筹编辑　游　翔
责任编辑　吴化强
责任印制　孙马飞　马　芝
封面设计　楠竹文化
出版发行　中国书籍出版社
地　　址　北京市丰台区三路居路 97 号（邮编：100073）
电　　话　（010）52257143（总编室）　（010）52257140（发行部）
电子邮箱　eo@chinabp.com.cn
经　　销　全国新华书店
印　　刷　河北省三河市顺兴印务有限公司
开　　本　787 毫米×1092 毫米　1/16
印　　张　70.75
字　　数　1567 千字
版　　次　2016 年 12 月第 1 版　2016 年 12 月第 1 次印刷
书　　号　ISBN 978-7-5068-5843-4
定　　价　312.00 元（全三册）

> 新闻出版重大科技工程项目管理及相关成果丛书

数字版权保护技术研发工程标准汇编（下）

Collection of Standards on the National DRM R&D Project（III）

魏玉山 主编 刘颖丽 副主编

总目录

分册目录

第五章 接口协议类标准

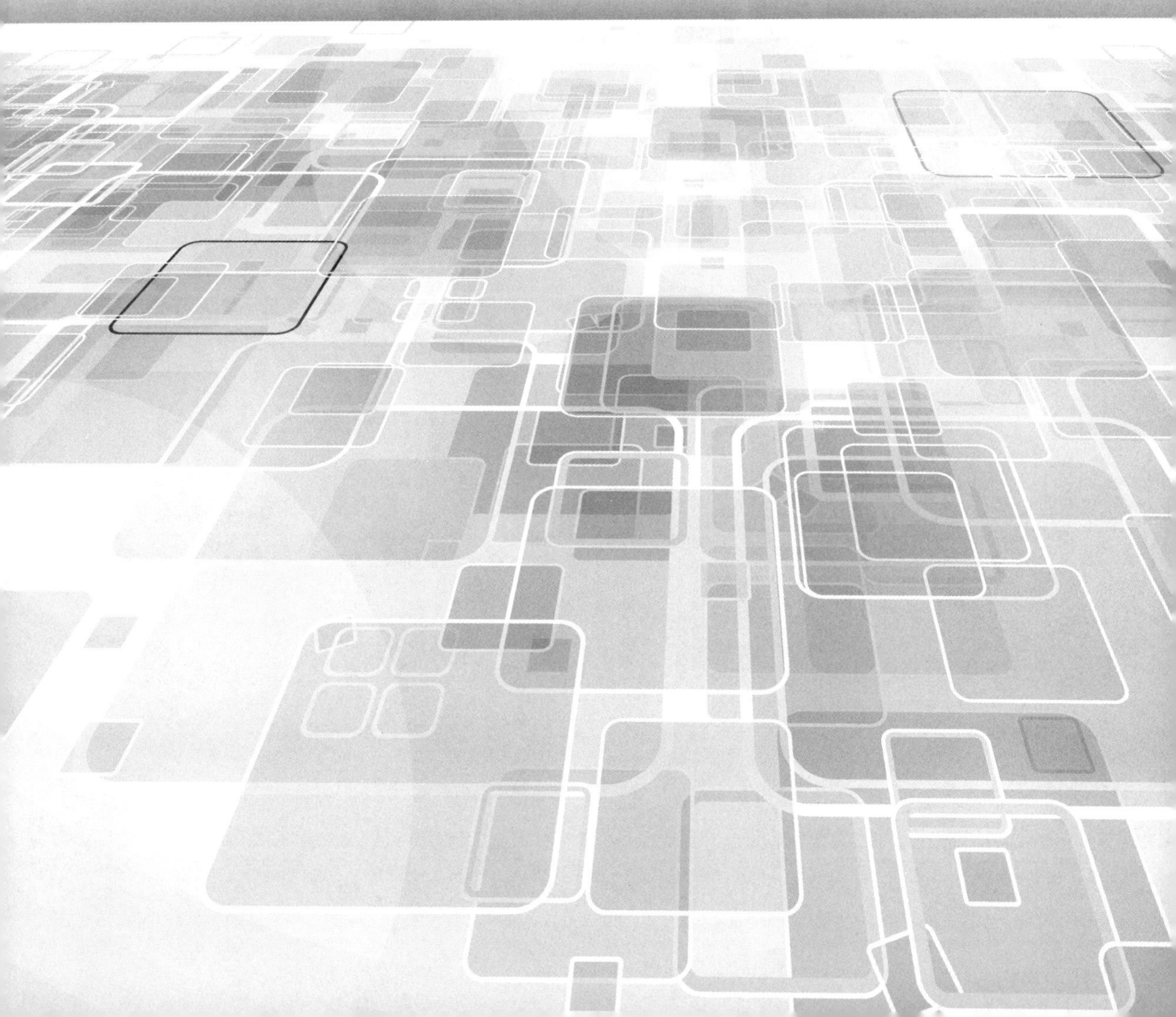

GC

数字版权保护技术研发工程标准

GC/BQ 19—2015

版权保护系统间通信协议

Rights management authorization protocol between systems

2015－02－03发布　　2015－02－03实施

新闻出版广电总局新闻出版重大科技工程项目领导小组 发布

目 次

前　　言

本标准按照 GB/T 1.1—2009 给出的规则起草。

本标准由新闻出版广电总局新闻出版重大科技工程项目领导小组办公室提出并归口。

本标准主要起草单位：北京方正阿帕比技术有限公司。

本标准主要起草人：黄肖俊、秦丽娇、张泽、王勤、王德胜。

版权保护系统间通信协议

1 范围

本标准给出了数字版权保护技术研发工程系统间授权通信协议的模型、消息体、协议映射和协议安全的说明。

本标准适用于数字版权保护技术研发工程。

2 规范性引用文件

下列文件对于本文件的应用是必不可少的。凡是注日期的引用文件，仅注日期的版本适用于本文件。凡是不注日期的引用文件，其最新版本（包括所有的修改单）适用于本文件。

GB/T 25069 信息安全技术 术语

GC/BQ 3 数字版权保护技术研发工程术语

GC/BQ 4 数字版权管理标识

3 术语和定义、缩略语、符号

3.1 术语和定义

GC/BQ 3 界定的以及下列术语和定义适用于本文件。

3.1.1

加密密钥 cipher key

结合安全算法，用于编码和解码用户或信号数据的代码。

3.1.2

数字签名 digital sign

附加在数据单元上的一些数据，或是对数据单元所作的密码变换，这种数据或变换允许数据单元的接收者用以确认数据单元的来源和完整性，并保护数据防止被人(例如接收者)伪造或抵赖。

［GB/T 25069，定义2.2.2.176］

3.1.3

完整性 integrity

数据没有被非授权的方式所改变或破坏的特性。

3.1.4

密钥 key

一种用于控制密码变换操作（例如加密、解密、密码校验函数计算、签名生成或签名验证）的复合序列。

［GB/T 25069，定义2.2.2.106］

3.1.5

超级分发 superdistribution

对可公开获取的加密数字内容的一种分发手段。

3.2 缩略语

下列缩略语适用于本文件。
XML：可扩展置标语言（Extensible Markup Language）
HTTP：超文本传输协议（Hyper Transfer Protocol）

3.3 符号

下列符号适用于本文件。

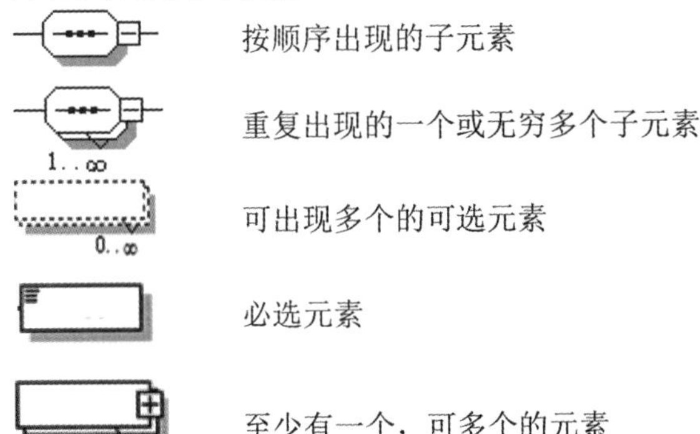

按顺序出现的子元素

重复出现的一个或无穷多个子元素

可出现多个的可选元素

必选元素

至少有一个，可多个的元素

4 版权保护系统间通信协议模型

授权方服务器向授权接受方服务器进行授权的通信协议模型见图1。

图1　授权通信协议模型

授权方服务器撤销授权接受方服务器的授权通信协议模型见图2。

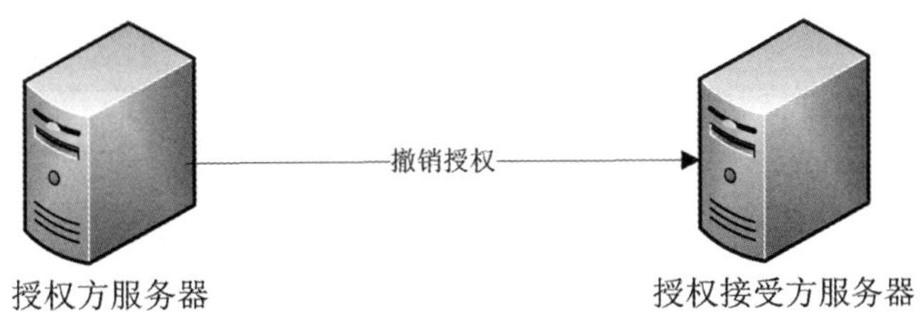

图2　撤销授权通信协议模型

版权保护系统间通信协议的XML Schema见附录A，示例参见附录B。

5 协议消息体

5.1 授权协议

5.1.1 协议流程

授权协议的流程如图3所示。

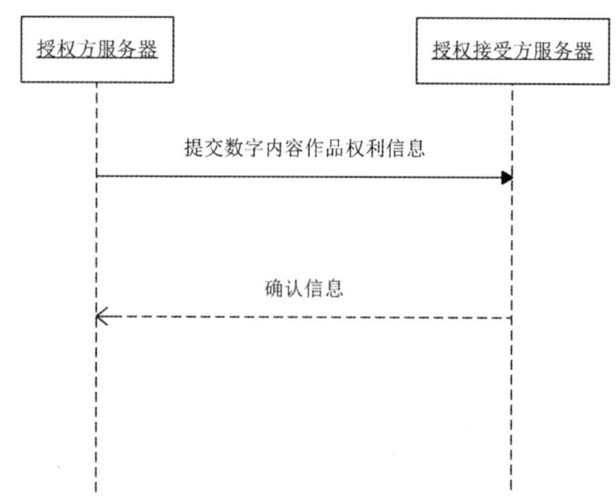

图3　授权协议流程

授权协议的步骤如下：

a)　提交数字内容作品的权利信息给授权接受方；

b)　授权接受方在接收到权利信息后向授权方进行确认。

5.1.2　协议消息

授权协议主要包括以下两类消息：

a)　数字内容作品权利信息

数字内容作品权利信息的结构如图4所示。

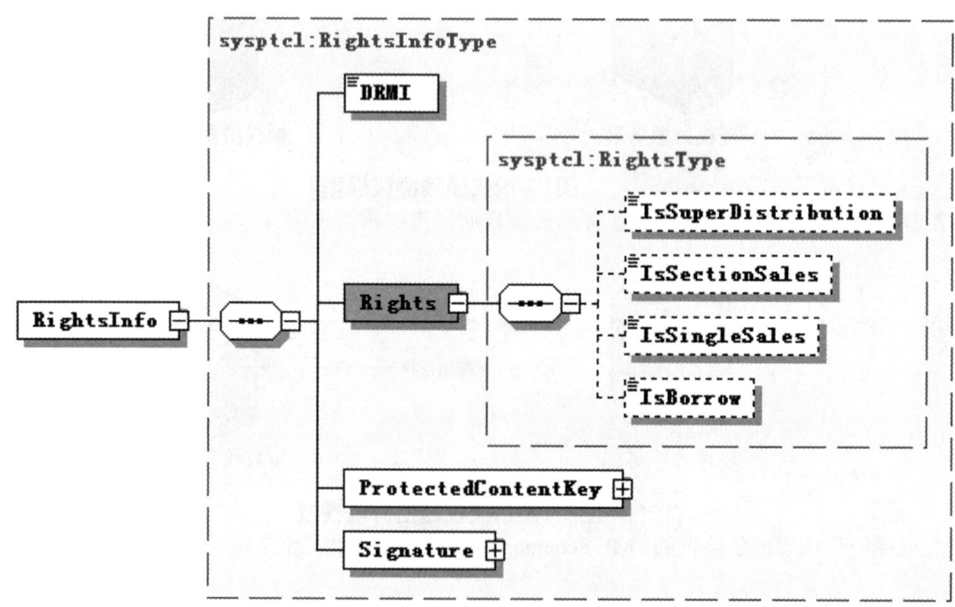

图4　数字内容作品权利信息结构

数字内容作品权利信息包括数字版权管理标识、权利、加密的内容密钥、签名，具体见表1。

表1　数字内容作品权利信息

序号	中文名称	英文标签	类型	长度	取值	选择性	说明	示例
1	数字版权管理标识	DRMI	字符串	22 个字符	定长	必选	数字版权管理标识，遵循 GC/BQ 4 要求	
2	权利	Rights	复合型	不定长	不定	必选	申请获取的数字内容权利，包括是否超级分发，是否章节销售，是否单本销售，是否可借阅等权利	
3	加密的内容密钥	ProtectedContentKey	复合型	不定长	不定	必选	用授权接受方公钥加密的内容密钥	
4	签名	Signature	复合型	不定长	不定	必选	授权方服务器端对发送消息的签名，签名范围为 Signature 部分之前的所有数据，遵循 XML Signature	

b)　确认信息

授权接受方的确认信息结构如图5所示。

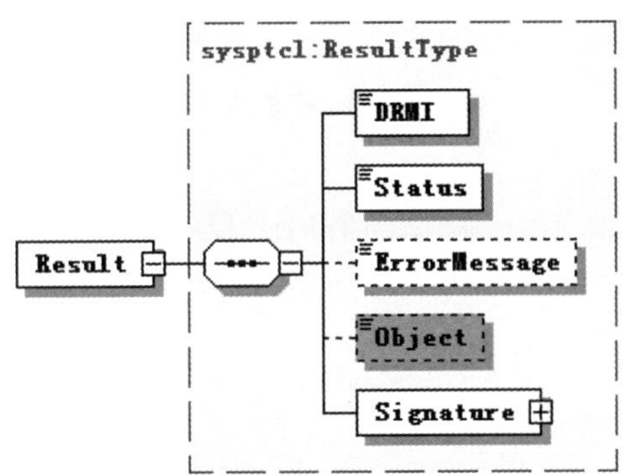

图5　授权接受方的确认信息结构

授权接受方的确认信息包括数字版权管理标识、状态、错误信息、扩展项、签名，具体见表2。

表2　授权接受方的确认信息

序号	中文名称	英文标签	类型	长度	取值	选择性	说明	示例
1	数字版权管理标识	DRMI	字符串	不定长	不定	必选	数字版权管理标识，遵循 GC/BQ 4 要求	
2	状态	Status	布尔型	定长，1 个字符	0，1，2，3	必选	0 为成功；1 为参数错误；2 为签名错误；3 为其他错误	
3	错误信息	ErrorMessage	字符串	不定长	不定	可选	错误描述	
4	扩展项	Object		不定长	不定	可选	描述一些扩展信息，对扩展信息的使用和定义在本协议中没有明确的规定，可以根据不同的情况自己定义	
5	签名	Signature	复合型	不定长	不定	必选	授权接受方服务器端对发送消息的签名，签名范围为 Signature 部分之前的所有数据，遵循 XML Signature	

5.2 撤销授权协议

5.2.1 协议流程

撤销授权协议的流程如图6所示。

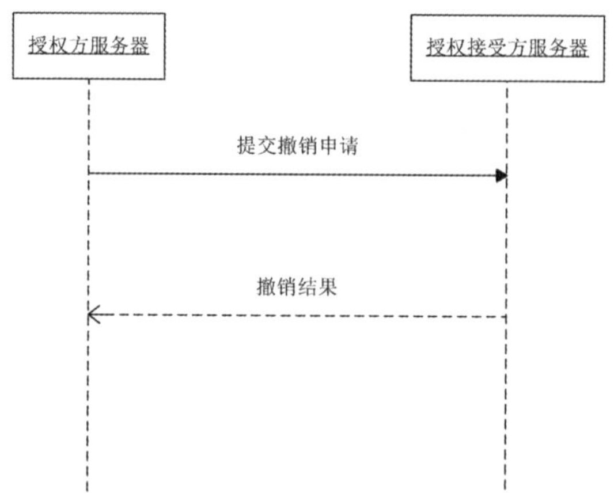

图6 撤销授权协议流程

撤消授权的步骤如下：

a） 授权方向授权接受方提交撤销的申请；

b） 授权接受方在完成撤销后返回撤销的结果信息给授权方。

5.2.2 协议消息

撤销授权主要包括以下消息：

a） 撤销申请

撤销申请的结构如图7所示。

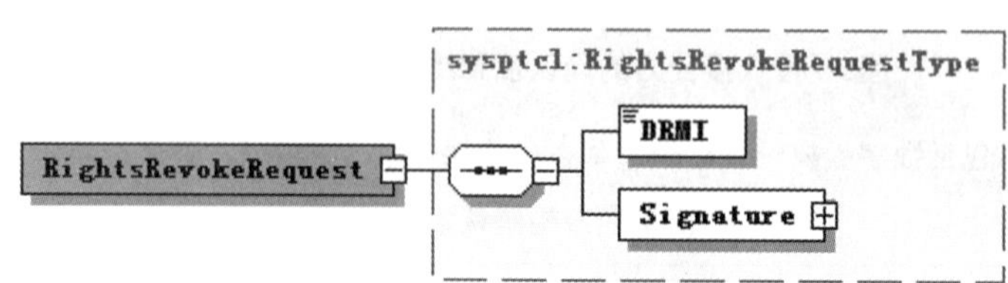

图7 撤销申请结构

撤销申请信息包括数字版权管理标识、签名，具体见表3。

表3 撤销申请信息

序号	中文名称	英文标签	类型	长度	取值	选择性	说明	示例
1	数字版权管理标识	DRMI	字符串	22 个字符	定长	必选	数字版权管理标识，遵循 GC/BQ 4 要求	
2	签名	Signature	复合型	不定长	不定	必选	授权方服务器端对发送消息的签名，签名范围为 Signature 部分之前的所有数据，遵循 XML Signature	

b)　撤销结果

撤销反馈的结果信息结构如图8所示。

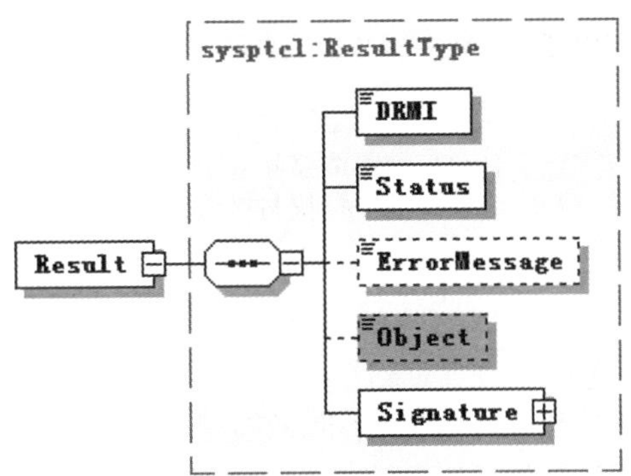

图8　撤销反馈结果结构

撤销反馈结果信息包括数字版权管理标识、状态、错误信息、签名、扩展项，具体见表4。

表4　撤销反馈结果信息

序号	中文名称	英文标签	类型	长度	取值	选择性	说明	示例
1	数字版权管理标识	DRMI	字符串	22个字符	定长	必选	数字版权管理标识，遵循GC/BQ 4　要求	
2	状态	Status	布尔型	定长，1个字符	0，1，2，3	必选	0为成功；1为参数错误；2为签名错误；3为其他错误	
3	错误信息	ErrorMessage	字符串	不定长	不定	可选	错误描述	
4	签名	Signature	复合型	不定长	不定	必选	授权接受方服务器对确认消息的数字签名。签名范围为Signature部分之前的所有数据，遵循XML Signature	
5	扩展项	Object		不定长	不定	可选	描述一些扩展信息，对扩展信息的使用和定义在本协议中没有明确的规定，可以根据不的情况自己定义。	

5.3　协议的触发

协议的触发应由授权方服务器的推送过程来完成，即授权方服务器将数字内容作品包括数字内容作品的元数据信息、内容资源文件及其权利信息主动推送给授权接受方，授权接受方按照定义的接口接受元数据及内容文件。

6　协议映射

6.1　概述

本标准描述了数字版权保护系统间协议数据如何通过HTTP传输协议进行传输，但是可扩展支持其他映射。

本标准范围内联网设备和服务器都应支持HTTP的传输协议，遵循HTTP规范。

6.2　HTTP协议映射

6.2.1　协议请求

发起请求方应将请求数据采用HTTP POST方式发送。

授权协议中请求数据内容采用标准XML格式存储，数据项包括DRMI、Title、CopyrightsOwnerId、Signature、Rights、ProtectedContentKey等。

撤销授权协议中请求数据内容采用标准XML格式存储，数据项包括DRMI、Signature等。

6.2.2 协议应答

接受请求方应将响应内容放置于 HTTP 的主体部分。

应答的数据内容采用标准 XML 格式存储，授权与撤销授权的数据项一致，包括 DRMI、Status、Signature 等。

6.2.3 协议响应状态

协议响应状态 status 代码见表 5。

表5　协议响应状态代码

序号	代码	说明
1	0	成功
2	1	参数错误
3	2	签名错误
4	3	其他错误

7 协议安全

7.1 安全模型

授权方服务器端与授权接受方服务器端应通过相关数字证书来保证其合法有效，在通信过程中可通过签名和验签等操作来保证过程的可信，同时，可通过随机数等内容来防止重放攻击。

7.2 保密

数字内容的加密密钥应被对方的公钥加密保护，只有经过私钥解密后才可使用。

7.3 验证

授权方与授权接受方应进行身份验证来保证其可信；本协议的验证可通过授权接受方服务器发送令牌给授权方服务器，授权方服务器在提交相关信息时将令牌传给授权接受方服务器，授权接受方服务器验证用户令牌的有效性来实现。

7.4 完整性和不可抵赖性

本协议数据的完整性和不可抵赖性应通过对协议消息进行数字签名来实现。

7.5 传输安全性

在传输的过程中，为保证所传输的敏感内容的安全性，应使用如下方法：首先，对敏感内容进行对称加密；然后，对对称密钥进行非对称加密。

附　录　A
（规范性附录）
版权保护系统间通信协议 Schema

本附录给出版权保护系统间通信协议的 XML Schema 定义。

A.1　提交数字内容作品权利信息

```
<?xml version="1.0" encoding="UTF-8"?>
<schema xmlns:ds="http://www.w3.org/2000/09/xmldsig#" xmlns="http://www.w3.org/2001/XMLSchema"
xmlns:sysptcl=" http://219.141.187.20/DRMGC/systemprotocol " targetNamespace="
http://219.141.187.20/DRMGC/systemprotocol " elementFormDefault="unqualified"
attributeFormDefault="unqualified">
    <element name="RightsInfo" type="sysptcl:RightsInfoType"/>
    <complexType name="RightsInfoType">
        <sequence>
            <element name="DRMI"/>
            <element name="Rights" type="sysptcl:RightsType"/>
            <element name="ProtectedContentKey" type="sysptcl:KeyInfoType"/>
            <element name="Signature"/>
        </sequence>
    </complexType>
    <complexType name="RightsType">
        <sequence>
            <element name="IsSuperDistribution" type="boolean" minOccurs="0"/>
            <element name="IsSectionSales" type="boolean" minOccurs="0"/>
            <element name="IsSingleSales" type="boolean" minOccurs="0"/>
            <element name="IsBorrow" type="boolean" minOccurs="0"/>
        </sequence>
    </complexType>
    <complexType name="KeyInfoType">
        <sequence>
            <element name="RetrievalMethod">
                <complexType>
                    <simpleContent>
                        <extension base="string">
                            <attribute name="type" type="string" use="required"/>
                        </extension>
                    </simpleContent>
                </complexType>
            </element>
            <element name="CipherValue" type="base64Binary"/>
        </sequence>
```

```
    </complexType>
    <complexType name="SignatureType">
        <sequence>
            <element name="SignedInfo"/>
            <element name="SignatureValue"/>
            <element name="KeyInfo"/>
            <element name="Object" minOccurs="0" maxOccurs="unbounded"/>
        </sequence>
        <attribute name="Id" type="ID" use="optional"/>
    </complexType>
    <element name="SignatureValue"/>
    <complexType name="SignatureValueType">
        <simpleContent>
            <extension base="base64Binary">
                <attribute name="Id" type="ID" use="optional"/>
            </extension>
        </simpleContent>
    </complexType>
    <element name="SignedInfo"/>
    <complexType name="SignedInfo">
        <sequence>
            <element name="SignatureMethod">
                <complexType>
                    <simpleContent>
                        <extension base="string">
                            <attribute name="algorithm" use="required"/>
                        </extension>
                    </simpleContent>
                </complexType>
            </element>
            <element name="Reference">
                <complexType>
                    <sequence>
                        <element name="DigestMethod"/>
                        <element name="DigestValue" type="string"/>
                    </sequence>
                </complexType>
            </element>
        </sequence>
        <attribute name="Id" type="ID" use="optional"/>
    </complexType>
    <element name="KeyInfo">
        <complexType>
            <sequence>
```

```
                <element name="KeyName" type="string" minOccurs="0"/>
                <element name="X509Data" type="string"/>
            </sequence>
        </complexType>
    </element>
</schema>
```

A.2　确认信息

```
<?xml version="1.0" encoding="UTF-8"?>
<schema xmlns="http://www.w3.org/2001/XMLSchema" xmlns:sysptcl="
http://219.141.187.20/DRMGC/systemprotocol " targetNamespace="
http://219.141.187.20/DRMGC/systemprotocol " elementFormDefault="unqualified"
attributeFormDefault="unqualified">
    <element name="Result" type="sysptcl:ResultType"/>
    <complexType name="ResultType">
        <sequence>
            <element name="DRMI" type="string" minOccurs="1"/>
            <element name="Status" type="boolean" minOccurs="1"/>
            <element name="ErrorMessage" minOccurs="0"/>
            <element name="Object" minOccurs="0"/>
            <element name="Signature"/>
        </sequence>
    </complexType>
    <complexType name="SignatureType">
        <sequence>
            <element name="SignedInfo"/>
            <element name="SignatureValue"/>
            <element name="KeyInfo"/>
            <element name="Object" minOccurs="0" maxOccurs="unbounded"/>
        </sequence>
        <attribute name="Id" type="ID" use="optional"/>
    </complexType>
    <element name="SignatureValue"/>
    <complexType name="SignatureValueType">
        <simpleContent>
            <extension base="base64Binary">
                <attribute name="Id" type="ID" use="optional"/>
            </extension>
        </simpleContent>
    </complexType>
    <element name="SignedInfo"/>
    <complexType name="SignedInfo">
        <sequence>
            <element name="SignatureMethod">
```

```
                <complexType>
                    <simpleContent>
                        <extension base="string">
                            <attribute name="algorithm" use="required"/>
                        </extension>
                    </simpleContent>
                </complexType>
            </element>
            <element name="Reference">
                <complexType>
                    <sequence>
                        <element name="DigestMethod"/>
                        <element name="DigestValue" type="string"/>
                    </sequence>
                </complexType>
            </element>
        </sequence>
        <attribute name="Id" type="ID" use="optional"/>
    </complexType>
    <element name="KeyInfo">
        <complexType>
            <sequence>
                <element name="KeyName" type="string" minOccurs="0"/>
                <element name="X509Data" type="string"/>
            </sequence>
        </complexType>
    </element>
</schema>
```

A.3 撤销申请信息

```
<?xml version="1.0" encoding="UTF-8"?>
<schema xmlns="http://www.w3.org/2001/XMLSchema" targetNamespace="
http://219.141.187.20/DRMGC/systemprotocol " elementFormDefault="unqualified"
attributeFormDefault="unqualified">
    <element name="RightsRevokeRequest">
        <complexType>
            <sequence>
                <element name="DRMI" type="string"/>
                <element name="Signature">
                    <complexType>
                        <sequence>
                            <element name="SignedInfo">
                                <complexType>
```

```
<sequence>
    <element name="SignatureMethod">
        <complexType>
            <simpleContent>
                <extension base="string">
                    <attribute name="algorithm"
use="required"/>
                </extension>
            </simpleContent>
        </complexType>
    </element>
    <element name="Reference">
        <complexType>
            <sequence>
                <element name="DigestMethod"/>
                <element name="DigestValue"
type="string"/>
            </sequence>
        </complexType>
    </element>
</sequence>
<attribute name="Id" type="ID" use="optional"/>
</complexType>
</element>
<element name="SignatureValue" type="string"/>
<element name="KeyInfo">
    <complexType>
        <sequence>
            <element name="KeyName" type="string"
minOccurs="0"/>
            <element name="X509Data" type="string"/>
        </sequence>
    </complexType>
</element>
<element name="Object" minOccurs="0" maxOccurs="unbounded"/>
</sequence>
<attribute name="Id" type="ID" use="optional"/>
</complexType>
</element>
</sequence>
</complexType>
</element>
</schema>
```

附　录　B
（资料性附录）
版权保护系统间通信协议示例

本附录给出一个具体的版权保护系统间通信协议的示例。

B.1　提交数字内容作品的权利信息给授权接受方


```
<?xml version="1.0" encoding="UTF-8"?>
<sysptcl:RightsInfo xmlns:sysptcl=" http://219.141.187.20/DRMGC/systemprotocol "
xmlns:xsi="http://www.w3.org/2001/XMLSchema-instance" xsi:schemaLocation="
http://219.141.187.20/DRMGC/systemprotocol    RightsInfo2013.1.17.xsd">
    <DRMI>0787754390000000001001Q</DRMI>
    <Rights>
        <IsSuperDistribution>true</IsSuperDistribution>
        <IsBorrow>true</IsBorrow>
    </Rights>
    <ProtectedContentKey>
        <RetrievalMethod type="TraversingKey"/>

    <CipherValue>AQAAANCMnd8BFdERjHoAwE/Cl+sBAAAAYzAtjjJo0km/XdUrGFh3YAQAAAAC
AAAAAAADZgAAqAAAABAAAAD5H0RB6uSYHCk33lo9x5VHAAAAAASAAACgAAAAEAAAALS6
KNeUNySZfZ/0tpmh7YWAAQAA85NFHJH

oVx1aW5pTaFfLtTo5J9lWoBR76IYIinLiljcTeJ4tuAstgCspZlK9NMgzyWmWbbNbb8Z8canVCUpdKF0xm
TBTpVih08TtODLszcUpCsJGvEgxuDPi6JtKjG/nT+UvpRp154TNnm04LP/iq1InDxePW2tEViHIiooEXARX
8FLY00R

FBaUgarrfi5Fppu4usqavdnj7oqwFEbp3MXOaWY6m9qyVzNsf2G1UwBrivsrM4hZUcr1hy/S87co63ioWie8
QDVgGuaTEaSyklC9STyvRsLU6A/QxalCHY4VoRjzNS/27vGoin+c3AJ587wMKJyJBiV08DyzoGM7elAlg
8yTAeHv

VMLOEFcTUwsCG0f2rwhi3fZYUyykczYsfHXLEXdbJ+YRiBxYWP6xzffIdyWzrawxaIfnPq/pw6e2Vrwt6tJ
thDImu0tzXdwupbJVdy4T5vQvy4Fw3SB9lmbSZQacekaXcViBdX7Tejx7TTpDs36RdAOf8WcVMJH4FFA
AAACjQFCa

OcSfbD2LXX4YP506vHDXw</CipherValue>
    </ProtectedContentKey>
    <Signature>
        <SignedInfo>
            <SignatureMethod Algorithm="ECDSA-256"/>
            <Reference>
                <DigestMethod Algorithm="SHA-256"/>
                <DigestValue>yPi2yCkfdRrI5R4Vxxn0MJ3i6PF39/rCPb1AcP4cNXs=</DigestValue>
            </Reference>
        </SignedInfo>

<SignatureValue>ZCAiUnmlK9vmIa0mH3nMq78jrk9RjPNUyi39g6V9QpsUbzdbIHfTFFbkos+VOo6eMn/1d
QvC5W48+mqYEXtWM2X1OLNaOi45iX4fSgP6+jvvbUls/5kNcj5XxYFPA3FlGnmCLY9h3mptqy0nIsgLOr
TiJNxUIeBMfcQymXjY+smL>
        </SignatureValue>
        <KeyInfo>
```

```
<X509Data>MIICBzCCAXCgAwIBAgIEQH26vjANBgkqhkiG9w0BAQQFADBIMQswCQYDVQQGEwJV
UzEPMA0GA1UEChMGVGl2b2xpMQ4wDAYDVQQLEwVUQU1lQjEYMBYGA1UEAxMPZmltZGVtby
5pYm0uY29tMB4XDTA0MDQxNDIyMjcxMFoXDTE3MTIyMjIyMjcxMFowSDELMAkGA1UEBhMCVV
MxDzANBgNVBAoTBlRpdm9saTEOMAwGA1UECxMFVEFNZUIxGDAWBgNVBAMTD2ZpbWRlbW8
uaWJtLmNvbTCBnzANBgkqhkiG9w0BAQEFAAOBjQAwgYkCgYEAiZ0D1X6rk8+ZwNBTVZt7C85m421
a8A52Ksjw40t+jNvbLYDp/W66AMMYD7rB5qgniZ5K1p9W8ivM9WbPxc2u/60tFPg0e/Q/r/fxegW1K1umn
ay+5MaUvN3p4XUCRrfg79OvurvXQ7GZa1/wOp5vBIdXzg6i9CVAqL29JGi6GYUCAwEAATANBgkqhki
G9w0BAQQFAAOBgQBXiAhxm91I4m+g3YX+dyGc352TSKO8HvAIBkHHFFwIkzhNgO+zLhxg5UMkOg
12X9ucW7leZ1IB0Z6+JXBrXIWmU3UPum+QxmlaE0OG9zhp9LEfzsE5+ff+7XpS0wpJklY6c+cqHj4aTGfO
hSE6u7BLdI26cZNdzxdhikBMZPgdyQ==
				</X509Data>
			</KeyInfo>
		</Signature>
</sysptcl:RightsInfo>
```


B.2　返回确认信息


```
<?xml version="1.0" encoding="UTF-8"?>
<sysptcl:Result xmlns:sysptcl=" http://219.141.187.20/DRMGC/systemprotocol "
xmlns:xsi="http://www.w3.org/2001/XMLSchema-instance" xsi:schemaLocation="
http://219.141.187.20/DRMGC/systemprotocol Result2013.1.17.xsd">
	<DRMI>0787754390000000001001Q</DRMI>
	<Status>0</Status>
	<Signature>
	<SignedInfo>
			<SignatureMethod Algorithm="ECDSA-256"/>
			<Reference>
				<DigestMethod Algorithm="SHA-256"/>
				<DigestValue>bxcqr+Um/5/NvmYKiHDLaErK0fk=</DigestValue>
			</Reference>
		</SignedInfo>

<SignatureValue>bPpYrf0uNP8W2XVVIQNc3OQt2Wn90M/0uJ0dDZTNRR0NxBBBX36wSXt7Nfl5Fmh4r
u44Wk34EGI7mqMAE5O0
/wtIlFRJt3zAvA6k3nhgcYj6tn/9kZwwxh1RkFTfTX9xdQ6Xn+P6m+YBm1YEEcTWkJd7XcxdyDEns2kYOh
ONx1U=>
		</SignatureValue>
		<KeyInfo>

<X509Data>hxqikjCCSQdwHGZPAAEwCgXSoPQszjS4gqIwLzELMAkGA1UEQgBCQ05xEDHjklNVBAo
XY0ZPVU5DRVIxscAMBCFGBAsTBUFQQUJJMCAXDTA0MDYxNDAwMDAwMFoYDzk5OTkxMjMx
MjM1OTU5WjBoMQswCQYDVQQGEwJDTjEWMBQGA1UEChMNRm91bmRlciBHcm91cDEpMCcGA1
UECxMgRm91bmRlciBBcGFiaSBUZWNobm9sb2d5IExpbWl0ZWQxFjAUBgNVBAMTDVJpZ2h0cyBDZ
W50ZXIwVjAQBgcqhkjOPQIBBgUrgQQACgNCAATgTxhejv+kPT7x/4for9yjeHA6OWOEzyrOXUCxwTrl
GwaYVZGYfD9tvXU/UsiB12oGWgS6kw5pyuoYNa3fZ+xwMAoGCCqGSM49BAMCA0kAMEYCIQDaH
EOeQPk3YGcK4cXk86dx3VIikql3v65ZS2ufdnGEIwIhAOf8Lo0yHG24Zvz+fI/kNBfI4IA8PrVi9CopPlsjdyjs
				</X509Data>
			</KeyInfo>
		</Signature>
</sysptcl:Result>
```


B.3　撤销授权申请

```
<?xml version="1.0" encoding="UTF-8"?>
<sysptcl:RightsRevokeRequest xmlns:sysptcl=" http://219.141.187.20/DRMGC/systemprotocol "
xmlns:xsi="http://www.w3.org/2001/XMLSchema-instance" xsi:schemaLocation="
http://219.141.187.20/DRMGC/systemprotocol RightsRevokeRequest2013.1.17.xsd">
    <DRMI>078775439000000001001Q</DRMI>
    <Signature>
            <SignedInfo>
              <SignatureMethod Algorithm="ECDSA-256"/>
              <Reference>
                  <DigestMethod Algorithm="SHA-256"/>
                  <DigestValue>2bg/dv58QZvYFlTORdnkHJSv3CU=</DigestValue>
              </Reference>
          </SignedInfo>

<SignatureValue>vhjEVtduNP8W2XWRZQNc3OQt4B5z6A/3tYfEbyAfCvA4VfAGt73sCml6AdXcAgw2fsa
2Wk34EGI7mqQLH573
/lsilFRJt3zNGT6k3nhgcIj8mb/0ksmvxh1RkFTfTXu7dQ9Ja+Q8N+HYt3YEEcTWkJd5XcxdyDEns4kYOhO
Nx1U=>
          </SignatureValue>
          <KeyInfo>

<X509Data>fguiokQCDHacXZGoDWYghDhABECQBgrtyiA3VgAddAd2AdvcSxZnMklo5pVgO2SXQTtX
FCBdfg6hiogfSVsqAvghjfghuk6yQVDHlngrdvAFGvWgghjkl6hf3dQfg3SFGVLjhfgvnfM1OTU5WjBoMQs
wCQYDVQQGEwJDTjEWMBQGA1drghMNRm9fgmRlciBHcm91cDEpMCcGA1UECxMgRm91bmRlciB
BcGFiaSBUZWNobm9sb2d5IExpbWl0ZWQxFjAUBgNVBAMTDVJpZ2h0cyBDZW50ZXIwVjAQBgcqhkj
OPQIBBgUrgQQACgNCAATgTxhejv+kPT7x/dforfyje5A6OgOfzyrwXhCxwDrlfsaGhiGYfD5tvXU/Uft6h2o
GWgS6kw5pyuoYNa3fZ+xwMAoGCCqGSM49BAMCA0kAMEYCIQDaHEOeQPk3YGcK4cXk86dx3VIik
ql4fvbjmklsACBNdazc4vrsAc2FgqsA5fh+fI/fghWC5DSVbg6hjdsQVBgAdRhl
              </X509Data>
          </KeyInfo>
    </Signature>
</sysptcl:RightsRevokeRequest>
```


B.4 撤销结果确认


```
<?xml version="1.0" encoding="UTF-8"?>
<sysptcl:RightsRevokeRequest xmlns:sysptcl=" http://219.141.187.20/DRMGC/systemprotocol "
xmlns:xsi="http://www.w3.org/2001/XMLSchema-instance" xsi:schemaLocation="
http://219.141.187.20/DRMGC/systemprotocol RightsRevokeRequest2013.1.17.xsd">
    <DRMI>078775439000000001001Q</DRMI>
    <Signature>
            <SignedInfo>
              <SignatureMethod Algorithm="ECDSA-256"/>
              <Reference>
                  <DigestMethod Algorithm="SHA-256"/>
                  <DigestValue>2bg/dv58QZvYFlTORdnkHJSv3CU=</DigestValue>
              </Reference>
          </SignedInfo>

<SignatureValue>vhjEVtduNP8W2XWRZQNc3OQt4B5z6A/3tYfEbyAfCvA4VfAGt73sCml6AdXcAgw2fsa
2Wk34EGI7mqQLH573
/lsilFRJt3zNGT6k3nhgcIj8mb/0ksmvxh1RkFTfTXu7dQ9Ja+Q8N+HYt3YEEcTWkJd5XcxdyDEns4kYOhO
Nx1U=>
          </SignatureValue>
          <KeyInfo>
```

<X509Data>fguiokQCDHacXZGoDWYghDhABECQBgrtyiA3VgAddAd2AdvcSxZnMklo5pVgO2SXQTtX
FCBdfg6hiogfSVsqAvghjfghuk6yQVDHlngrdvAFGvWgghjkl6hf3dQfg3SFGVLjhfgvnfM1OTU5WjBoMQs
wCQYDVQQGEwJDTjEWMBQGA1drghMNRm9fgmRlciBHcm91cDEpMCcGA1UECxMgRm91bmRlciB
BcGFiaSBUZWNobm9sb2d5IExpbWl0ZWQxFjAUBgNVBAMTDVJpZ2h0cyBDZW50ZXIwVjAQBgcqhkj
OPQIBBgUrgQQACgNCAATgTxhejv+kPT7x/dforfyje5A6OgOfzyrwXhCxwDrlfsaGhiGYfD5tvXU/Uft6h2o
GWgS6kw5pyuoYNa3fZ+xwMAoGCCqGSM49BAMCA0kAMEYCIQDaHEOeQPk3YGcK4cXk86dx3VIik
ql4fvbjmklsACBNdazc4vrsAc2FgqsA5fh+fl/fghWC5DSVbg6hjdsQVBgAdRhl
</X509Data>
</KeyInfo>
</Signature>
</sysptcl:RightsRevokeRequest>

索　引

汉语拼音索引

英文对应词索引

GC

数字版权保护技术研发工程标准

GC/BQ 20—2015

版权保护系统服务器端与客户端的授权通信协议

Rights management system authorization protocol between the server and client

2015－02－03 发布　　2015－02－03 实施

新闻出版广电总局新闻出版重大科技工程项目领导小组　发布

目　次

前　　言

本标准按照 GB/T 1.1—2009 给出的规则起草。

本标准由新闻出版广电总局新闻出版重大科技工程项目领导小组办公室提出并归口。

本标准主要起草单位：北京方正阿帕比技术有限公司。

本标准主要起草人：黄肖俊、陈立峰、凌峰、张茹、张泽、曾智、俞银燕、秦丽娇。

版权保护系统服务器端与客户端的授权通信协议

1 范围

本标准给出了数字版权保护技术研发工程版权保护系统的服务器端与客户端之间授权通信协议的消息体、绑定权利、协议映射和协议安全的说明。

本标准适用于数字版权保护技术研发工程。

2 规范性引用文件

下列文件对于本文件的应用是必不可少的。凡是注日期的引用文件，仅注日期的版本适用于本文件。凡是不注日期的引用文件，其最新版本（包括所有的修改单）适用于本文件。

ISO 639-1 XML签名的语法和处理 (XML Signature Syntax and Processing)

RFC 4646 标签识别语言(Tags for Identifying Languages)

GC/BQ 3 数字版权保护技术研发工程术语

GC/BQ 5 数字权利描述语言

3 术语和定义、缩略语、符号

3.1 术语和定义

GC/BQ 3 界定的以及下列术语和定义适用于本文件。

3.1.1

加密密钥 cipher key

结合安全算法，用于编码和解码用户或信号数据的代码。

3.1.2

内容发布者 content issuer

将数字内容提供给设备使用的实体。

3.1.3

授权服务器 licence server

管理客户端许可证的获取和撤销的设备。

3.1.4

权利对象 rights object

授权许可或操作及内容加密密钥等消息的数据实体。

3.2 缩略语

下列缩略语适用于本文件。

XML：可扩展置标语言（Extensible Markup Language）

URI：统一资源标识符（Uniform Resource Identifier ）

HTTP：超文本传输协议（Hyper Transfer Protocol）

RO：权利对象（Rights Object）

3.3 符号

下列符号适用于本文件。

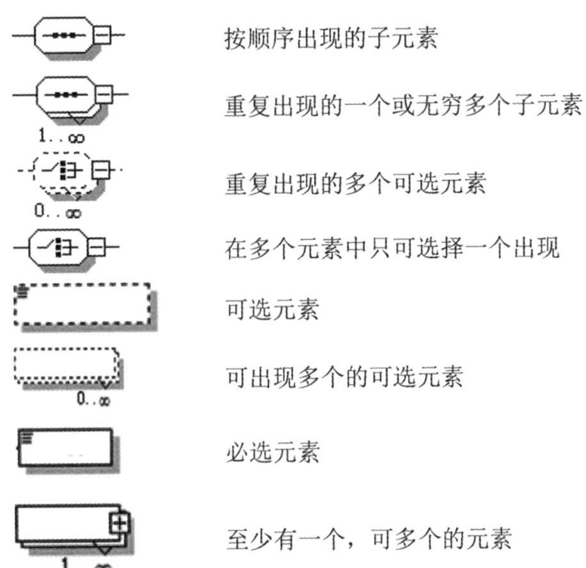

4 协议消息体

4.1 概述

本标准规定了数字版权保护技术研发工程中数字版权保护系统中客户端与授权服务器端之间的安全通信协议信息，包括许可证获取协议、许可证注销协议。服务器端与客户端的授权通信协议的XML Schema，见附录A；服务器端与客户端的授权通信协议的实例，参见附录B。

在本标准范围内做出如下说明：

a) 假定通信通道是双向的；
b) 标准中所描述的服务器是指在数字版权保护系统中的逻辑单元，一个逻辑单元可对应多个物理服务器，一个服务器也可包括多个逻辑单元；
c) 在以下消息参数表中，“M”代表必须，“O”代表可选，“—”表示未定义；
d) 本标准定义的数据类型包括：字符串、布尔型、日期时间型、复合型，其中复合型是包括其他简单数据类型的复杂数据类型。

4.2 许可证获取协议

4.2.1 协议流程

用户要使用受保护的数字内容，可由客户端主动向授权服务器端发起许可证获取协议，以获得数字内容的使用授权。

客户端发起许可证获取协议流程如图1所示。

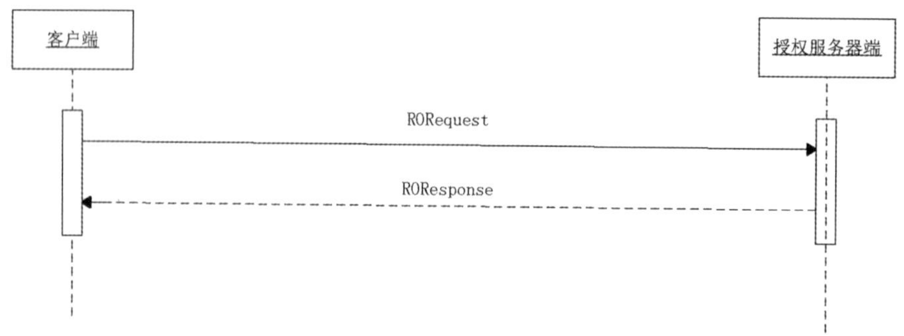

图1 客户端发起许可证获取协议流程

客户端发起RORequest请求，以请求相应数字内容的权利，在完成相关业务交互后，授权服务器端返回ROResponse响应，客户端即可从中获取到自己请求的许可证。

4.2.2 协议消息

许可证获取协议主要包括以下两个消息：

a) RORequest

RORequest消息由客户端送往授权服务器端，发起获取许可证的请求。RORequest的结构如图2所示。

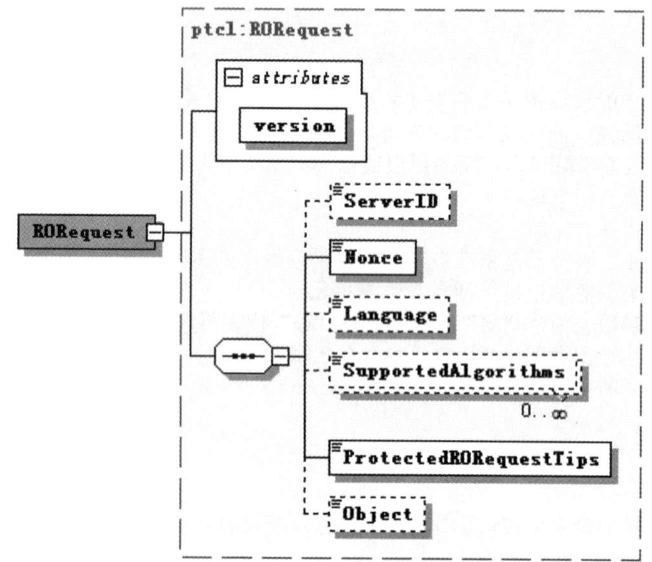

图2 RORequest 结构

RORequest的参数包括服务器标识、随机数、语言、支持的算法、加密的请求许可证、扩展项，具体见表1。

表1 RORequest 参数信息

	中文名称	英文标签	类型	长度	取值	选择性	说明	示例
1	服务器标识	ServerID	字符串	不定长	不定	可选	所请求的授权服务器标识。服务器可以根据标识	

							简单的判断请求是否有效	
2	随机数	Nonce	字符串	不定长	不定	必选	通信用的一次性随机数，是随机生成的值，通常用于抵御“重放”攻击	
3	语言	Language	字符串	不定长	不定	可选	客户端所使用的语言种类，本描述使用国际标准语言的代码表示，遵循ISO 639-1及RFC 4646标准	
4	支持的算法	Supported-Algorithms	字符串	不定长	不定	可选	用以描述客户端支持的算法类串，如对称加密算法、非对称加密算法、签名算法、消息摘要算法等。服务器端可根据支持的算法选择证书创建过程中需要的相关算法，并将算法信息写入证书	
5	加密的请求许可证	ProtectedR-ORequestTi-ps	字符串	不定长	不定	必选	用来请求许可证的关键信息。本部分内容为对被加密的 RORequestTips 类型数据和被加密的用于加密该数据的密钥进行 Base64 算法编码处理后所得的数据。RORequestTips 类型定义参见 4.5.2.3 复合类型部分。服务器使用 Base64 解码本部分数据后，再使用服务器私钥解密即可获得 RORequestTips	
6	扩展项	Object	自定义	不定长	不定	可选	是用来描述一些扩展信息，对扩展信息的使用和定义在本协议中没有明确的规定，可以根据不同的情况自己定义	

b) ROResponse

ROResponse消息是从授权服务器端送往客户端的，以响应客户端的许可证获取请求。ROResponse结构如图3所示。

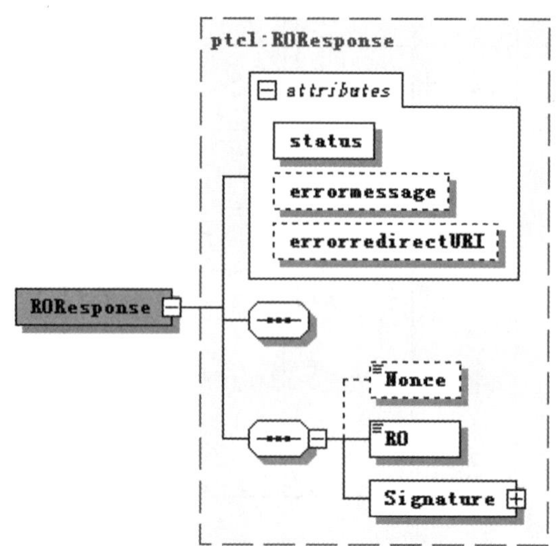

图3 ROResponse 结构

ROResponse参数包括状态、随机数、权利对象、签名，具体见表2。

表 2 ROResponse 参数信息

序号	中文名称	英文标签	类型	长度	取值	选择性	说明	示例
1	状态	status	布尔型	1 个字符	成功，即status=“0”	必选	指明授权服务器端处理RORequest 请求是否成功	
					失败，即status 不为“0”时	必选	指明授权服务器端处理RORequest 请求是否成功。“0”表示成功处理，不为 0 时表示处理失败，不为 0 时的代码见 6.2.3	
2	随机数	Nonce	字符串	不定长	不定	可选	通信用的一次性随机数，是随机生成的值，通常用于抵御“重放”攻击，当无 RORequest 请求，授权服务器端主动传输的情况下，本元素可省略	
3	权利对象	RO	字符串	不定长	不定	当成功，即status=“0”时必选	请求到的受保护的权利对象信息，遵循 GC/BQ 5；客户端将接受到的保护的 RO 部分摘出，可进行许可证入库等操作	
4	签名	Signature	复合型	不定长	不定	当成功，即status=“0”时必选	授权服务器端对发送消息的签名，签名范围为 Signature 部分之前的所有数据，遵循 XML Signature	

4.3 许可证注销协议

4.3.1 协议流程

在用户想归还数字内容的场景下，由客户端发起 ROCancelRequest 请求协议，服务器在服务端进行相关的注销操作后，向客户端返回相应的 ROCancelResponse 回应，即可在其设备上执行删除使用证书等操作。许可证注销协议的流程如图 4 所示。

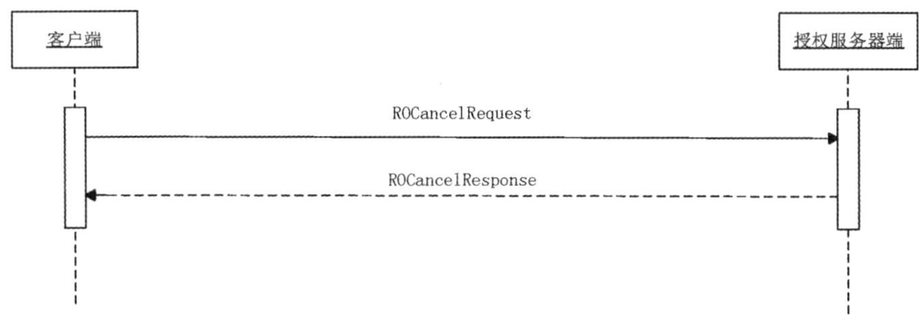

图4　客户端发起的许可证注销协议流程

4.3.2　协议消息

许可证注销协议主要包括以下消息：

a) ROCancelRequest

ROCancelRequest消息由客户端送往授权服务器端，发起许可证注销的请求。ROCancelRequest的结构如图5所示。

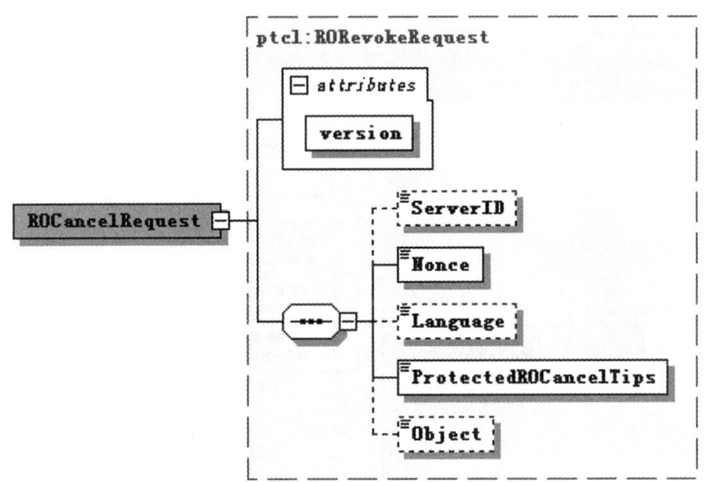

图5　ROCancelRequest 结构

ROCancelRequest参数包括服务器标识、随机数、语言、加密的注销的许可证、扩展项，具体见表3。

表3　ROCancelRequest 参数信息

	中文名称	英文标签	类型	长度	取值	选择性	说明	示例
1	服务器标识	ServerID	字符串	不定长	不定	可选	所请求服务器标识。服务器可以根据标识简单的判断请求是否有效	
2	随机数	Nonce	字符串	不定长	不定	必选	通信用的一次性随机数，是随机生成的值，通常用于抵御“重放”	

							攻击	
3	语言	Language	字符串	不定长	不定	可选	客户端所使用的语言种类，本描述使用国际标准语言的代码表示，遵循 ISO 639 及 RFC 4646 标准	
4	加密的注销的许可证	ProtectedR-OCancelT-ips	字符串	不定长	不定	必选	请求注销的许可证相关信息，本部分内容为 ROCancelTips 类型数据使用服务器公钥加密后，再使用 Base64 算法进行编码处理后所得数据。ROCancelTips 类型定义参见基本 4.5.2.4 复合类型部分。服务器使用 Base64 解码后本部分数据后，再使用服务器私钥解密即可获得 ROCancelTips	
5	扩展项	Object	自定义	不定长	不定	可选	用来描述一些扩展信息，对扩展信息的使用和定义在本协议中没有明确的规定，可以根据不同的情况自己定义	

b) ROCancelResponse

ROCancelResponse消息由授权服务器端送往客户端，响应客户端的许可证注销请求。ROCancelResponse的结构如图6所示。

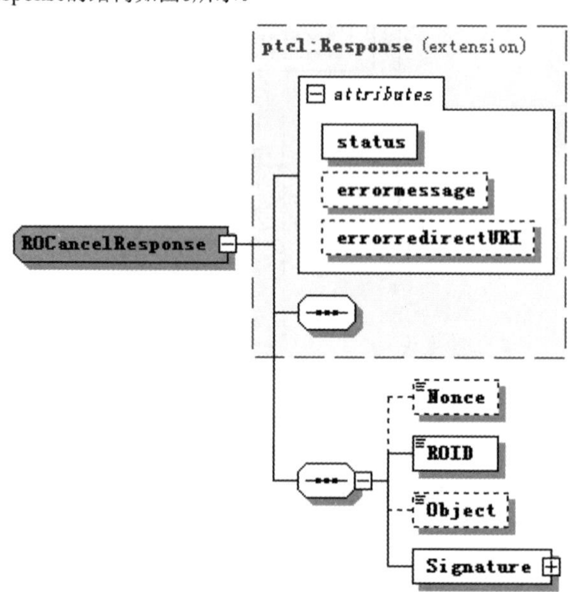

图6 ROCancelResponse 结构

ROCancelResponse参数包括状态、随机数、权利对象编号、扩展项、签名，具体见表4。

表 4 ROCancelResponse 参数信息

	中文名称	英文标签	类型	长度	取值	选择性	说明	示例
1	状态	status	布尔型	1个字符	成功，即status=“Success”	必选	指明服务器处理RORequest请求是否成功	
					失败，即status=不为0时	必选	指明授权服务器端处理RORequest请求是否成功。“0”表示成功处理，不为0时表示处理失败，不为0时的代码见6.2.3	
2	随机数	Nonce	字符串	不定长	不定	可选	通信用的一次性随机数，是随机生成的值，通常用于抵御“重放”攻击	
3	权利对象编号	ROID	字符串	不定长	不定	当成功，即status=“Succe-ss”时必选	请求注销的权利对象编号，其值应与ROCancelRequest中ROCancelTips的ROID值相同	
4	扩展项	Object	自定义	不定长	不定	可选	用来描述一些扩展信息，对扩展信息的使用和定义在本协议中没有明确的规定，可以根据不同的情况自己定义	
5	签名	Signature	复合型	不定长	不定	当成功，即status=“Success”时必选	服务器对发送消息的签名，签名范围为Signature部分之前的所有数据，遵循XML Signature	

4.4　协议的触发

4.4.1　概述

在发起许可证获取协议之前，用户的客户端需通过其他途径，如从数字内容文件中、引导文件RORequestTrigger（参见4.4.2）中获取服务器的上下文内容（如服务器公钥）。

本标准定义的协议可由用户与客户端设备的交互操作来触发，也可以由服务器产生一个引导文件Trigger并传输到设备上，以触发DRM Agent开始相关的交互协议。

引导文件Trigger结构如图7所示。

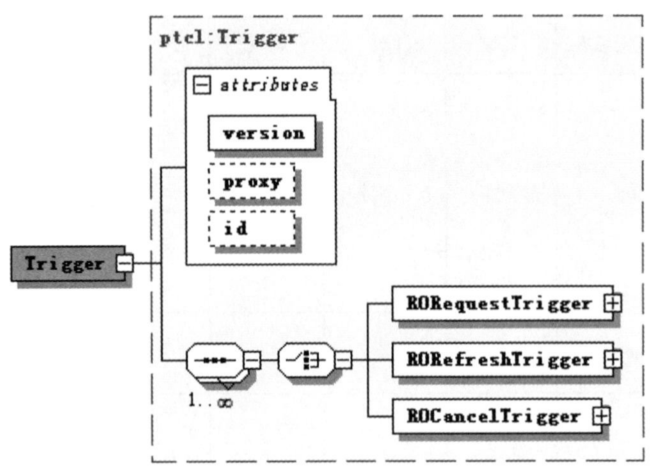

图7 Trigger 结构

Trigger 参数包括版本、代理服务器、编号，具体见表 5。

表 5 Trigger 参数信息

序号	中文名称	英文标签	类型	长度	取值	选择性	说明	示例
1	版本	version	字符串	不定长	不定	可选	描述该引导 Trigger 所使用的协议版本号，其类型定义见 4.5.1	
2	代理服务器	proxy	布尔型	不定长	不定	可选	表明 Trigger 是针对联网设备还是离线设备。本属性为布尔类型，当该属性值为“true”时，表明引导文件针对离线设备，DRM Agent 需将该引导文件转移到离线设备使用；当该属性值为“false”或该属性不存在时，表明该引导文件针对联网设备	
3	编号	id	字符串	不定长	不定	必选	Trigger 的唯一编号	

Trigge 包含以下 3 种类型：

a) RORequestTrigger：许可证获取；

b) RORefreshTrigger：许可证获取（更新）；

c) ROCancelTrigger：许可证注销协议。

4.4.2 RORequestTrigger 发起的许可证获取协议

在数字作品销售情况下，RORequestTrigger 发起的许可证获取协议流程如图 8 所示。

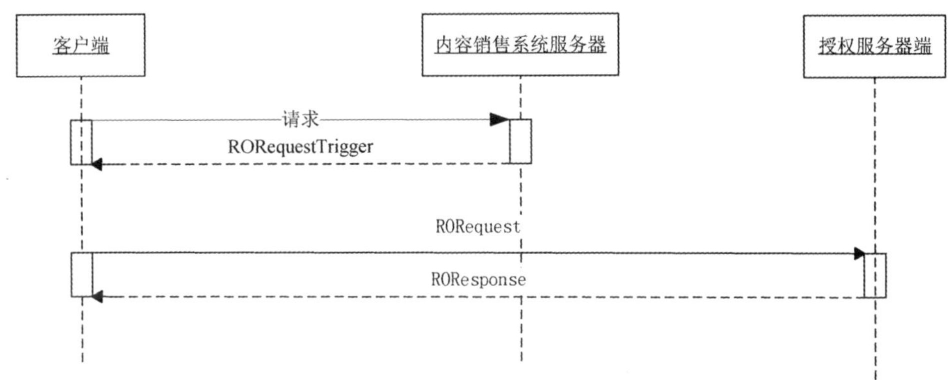

图8　销售系统许可证获取协议流程

在数字作品服务情况下，RORequestTrigger 发起的许可证获取协议流程如图 9 所示。

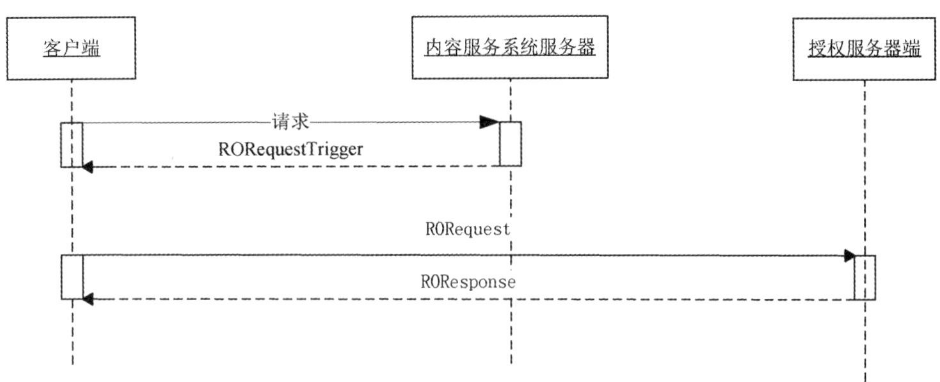

图9　服务系统许可证获取协议流程

RORequestTrigger 发起的许可证获取协议的流程：

a）客户端向内容销售服务器、内容服务系统服务器发起获取数字内容的请求；

b）内容销售系统服务器、内容服务系统服务器返回用于获取许可证的引导文件 RORequestTrigger 给客户端；

c）客户端在获得引导文件后，可向授权服务器端发送 RORequest 请求；

d）授权服务器端返回 ROResponse 给客户端，客户端可获得数字内容的使用证书并使用数字内容。

RORequestTrigger结构图如图10所示。

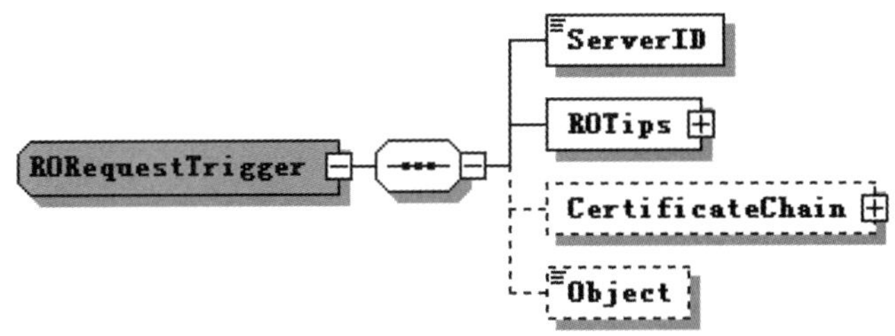

图10　RORequestTrigger 结构

RORequestTrigger参数包括服务器标识、权利对象的凭据、证书链、扩展项，具体见表6。

表6 RORequestTrigger 参数信息

序号	中文名称	英文标签	类型	长度	取值	选择性	说明	示例
1	服务器标识	ServerID	字符串	不定长	不定	必选	授权服务器标识	
2	权利对象的凭据	ROTips	复合型	不定长	不定	必选	定义了为获取合法许可证所需要用到的凭据；授权服务器端将依据请求的ROTips中权利部分来生成证书中的使用权利	
3	证书链	Certificate-Chain	字符串	不定长	不定	必选	定义了授权服务器端的证书数据。RORequest请求中，客户端将使用该证书中的公钥加密需保密数据。授权服务器端使用私钥解密后获得相关数据。其类型定义见4.5.2.6	
4	扩展项	Object	自定义	不定长	不定	可选	描述一些扩展信息，对扩展信息的使用和定义在本协议中没有明确的规定，可以根据不同的情况自己定义	

4.4.3 RORefreshTrigger 发起的许可证获取（更新）协议

当客户端想更新数字内容时，如在用户通过订阅或借阅方式使用数字内容的场景下，由RORefreshTrigger发起的许可证获取的流程如图11所示。

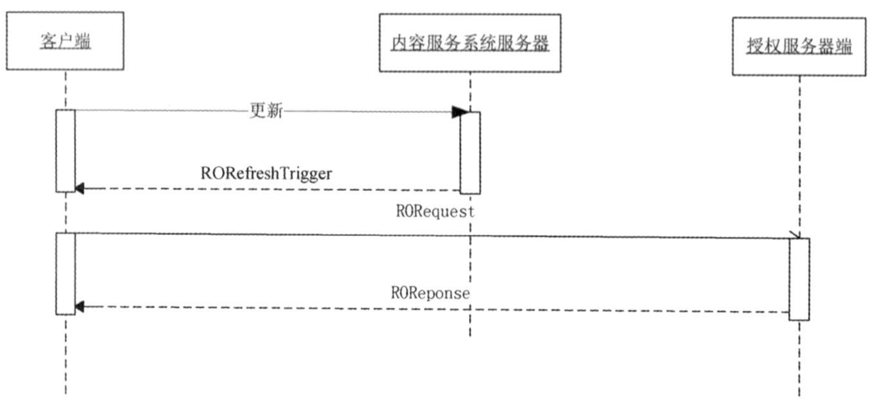

图11 许可证获取更新时序图

RORefreshTrigger发起的许可证获取流程：

a）客户端向内容服务器发起更新数字内容的请求，例如在用户通过订阅或借阅方式使用数字内容的场景下，当用户需要获取续订资源证书或者续借资源时；

b）内容服务器返回用于获取更新许可证的引导文件 RORefreshTrigger 给客户端；

c）客户端在获得引导文件后，可向授权服务器端发送更新数字内容的 RORequest 请求；
d）授权服务器端返回 ROResponse 给客户端，客户端可获得新的数字内容使用证书并使用数字内容。

RORefreshTrigger结构如图12所示。

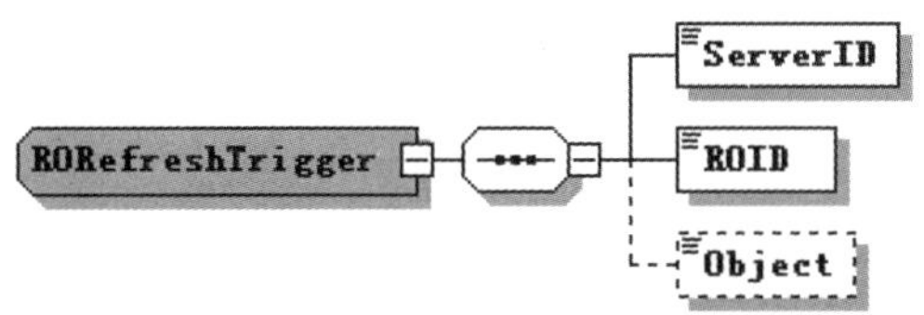

图12　RORefreshTrigger 结构

RORefreshTrigger参数包括服务器标识、权利对象的编号、扩展项，具体见表7。

表7　RORefreshTrigger 参数信息

序号	中文名称	英文标签	类型	长度	取值	选择性	说明	示例
1	服务器标识	ServerID	字符串	不定长	不定	必选	授权服务器标识	
2	权利对象的编号	ROID	字符串	不定长	不定	必选	描述了所请求更新的权利对象的唯一编号	
3	扩展项	Object	自定义	不定长	不定	可选	描述一些扩展信息，对扩展信息的使用和定义在本协议中没有明确的规定，可以根据不同的情况自己定义	

4.4.4　ROCancelTrigger 发起的许可证注销协议

当客户端想注销许可证时，如用户通过借阅方式使用数字内容的场景下，由ROCancelTrigger发起的注销许可证的流程如图13所示。

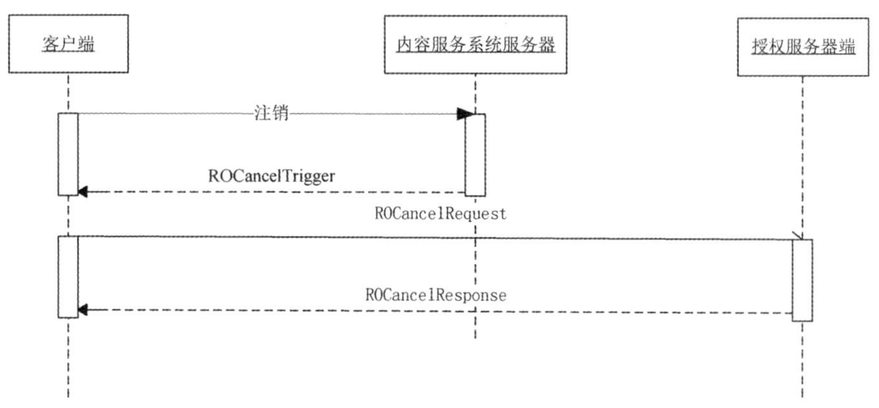

图13　许可证注销协议时序图

ROCancelTrigger发起的注销许可证的流程：

a）用户向内容服务系统服务器提出注销；
b）内容服务系统服务器提供用于许可证注销的引导文件 ROCancelTrigger 给客户端；
c）客户端接收到引导文件 ROCancelTrigger 后，向授权服务器端发送注销许可证的 ROCancelRequest 请求；
d）授权服务器端返回 ROCancelResponse 给客户端，客户端即可注销掉所使用的内容及其证书，不可再使用数字内容。

ROCancelTrigger 结构如图 14 所示。

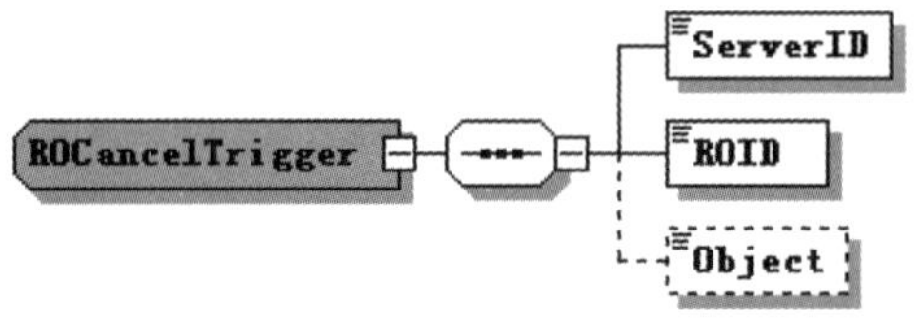

图14 ROCancelTrigger 结构

ROCancelTrigger参数包括服务器标识、权利对象的编号、扩展项，具体见表8。

表8 ROCancelTrigger 参数信息

序号	中文名称	英文标签	类型	长度	取值	选择性	说明	示例
1	服务器标识	ServerID	字符串	不定长	不定	必选	授权服务器标识	
2	权利对象的编号	ROID	字符串	不定长	不定	必选	描述了所请求更新的权利对象的唯一编号	
3	扩展项	Object	自定义	不定长	不定	可选	描述一些扩展信息，对扩展信息的使用和定义在本协议中没有明确的规定，可以根据不同的情况自己定义	

4.5 基本 XML Shema 类型

4.5.1 简单类型

本标准中规定的简单类型包括：

a) nonce，随机生成的值，通常用于抵御“重放”攻击；
b) version，用于标识协议版本；
c) status，协议消息处理结果状态。客户端应尽可能将错误消息展示给用户。客户端可展示的消息status值见表15，除status所述值外，若有ErrorMessage或ErrorRedirectURL，也应一并展示，具体见4.5.2.2 Response。

4.5.2 复合类型

4.5.2.1 Request

本协议中所有的请求消息都以本抽象的 Request 类型为基础进行扩展。

Request 结构如图 15 所示。

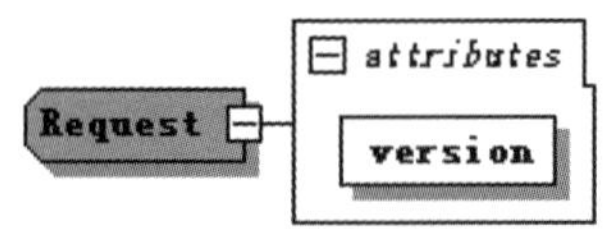

图15 Request 结构

Request结构参数包括版本信息，具体见表9。

表9　Request 参数信息

序号	中文名称	英文标签	类型	长度	取值	选择性	说明	示例
1	版本	version	字符串	不定长	不定	必选	所有的请求消息都将包含 version 属性，以描述该请求所使用的协议版本号	

4.5.2.2　Response

本协议的应答消息以 Response 类型为基础进行扩展。

Response结构如图16所示。

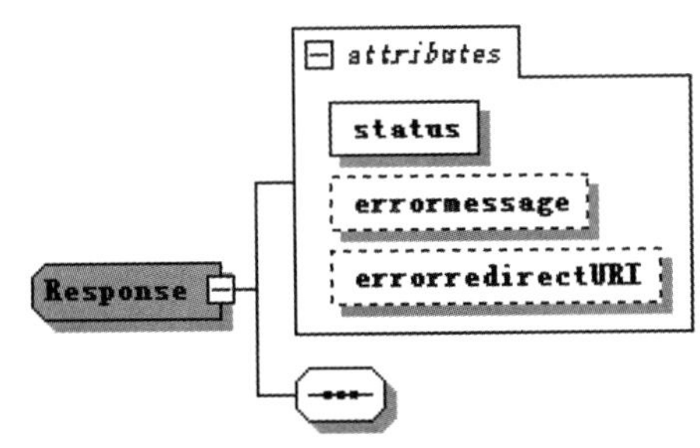

图16　Response 结构

Response包含参数包括状态、错误信息、定向统一资源标识符，具体见表10。

表10　Response 参数信息

	中文名称	英文标签	类型	长度	取值	选择性	说明	示例
1	状态	status	布尔型	1 个字符	成功，即 status=“Success”	必选	指明服务器处理 RORequest 请求是否成功	
					失败，即 status 不为 0 时	必选	指明授权服务器端处理 RORequest 请求是否成功。“0”表示成功处理，不为 0 时表示处理失败，不为 0 时的代码见 6.2.3	
2	错误信息	errormessage	字符串	不定长	不定	失败，即 status 不为 0 时可选	在 status 属性值不等于“0”的情况下，服务器可以增加 errorMessage 属性来包含对错误信息的进一步说明	
3	定向统一资源标识符	errorredirectURI	字符串	不定长	不定	失败，即 status 不为 0 时可选	在 status 属性值不等于“0”的情况下，可增加 errorredirectURI 属性来包含一个支持站点，用以帮助用户纠正错误	

4.5.2.3　RORequestTips

RORequestTips定义提交许可证请求需要用到的相关信息，服务器可根据这些信息来生成许可证。RORequestTips结构如图17所示。

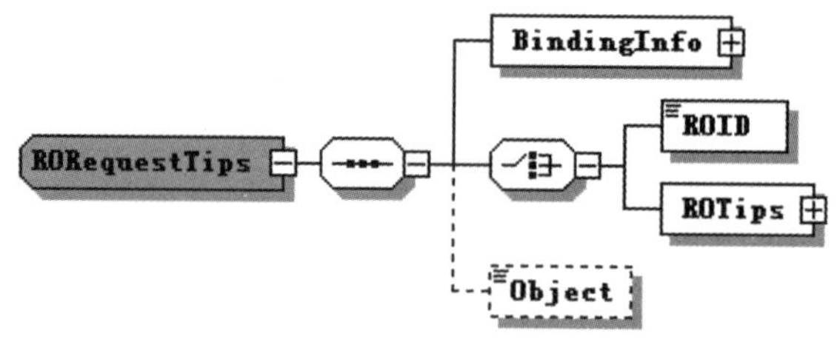

图17　RORequestTips 结构

RORequestTips包含参数包括绑定信息、权利对象的编号、权利对象的凭据、扩展项，具体见表11。

表 11　RORequestTips 参数信息

序号	中文名称	英文标签	类型	长度	取值	选择性	说明	示例
1	绑定信息	BindingInfo	复合型	不定长	不定	必选	描述申请的许可证需要绑定的身份信息，具体的类型定义参见4.5.2.7	
2	权利对象的编号	ROID	字符串	不定长	不定	可选	描述所请求的权利对象的唯一编号，与ROTips（参见4.5.2.5）二选一	
3	权利对象的凭据	ROTips	复合型	不定长	不定	可选	定义为获取合法许可证所需要用到的凭据；服务器将依据请求的 ROTips 中权利部分来生成证书中的使用权利	
4	扩展项	Object	自定义	不定长	不定	可选	描述一些扩展信息，对扩展信息的使用和定义在本协议中没有明确的规定，可以根据不同的情况自己定义	

4.5.2.4　ROCancelTips

ROCancelTips定义提交许可证注销请求需要用到的相关许可证信息，其结构如图18所示。

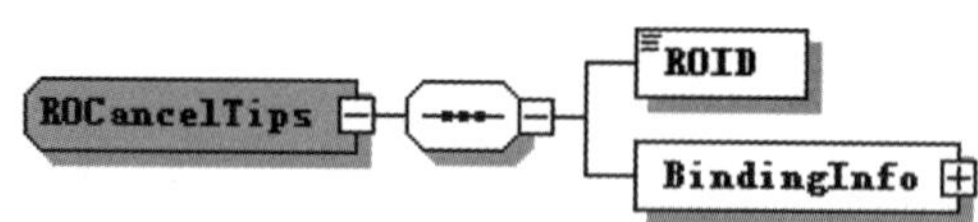

图18　ROCancelTips 结构

ROCancelTips包含参数包括权利对象的编号、绑定信息，具体见表12。

表 12　ROCancelTips 参数信息

序号	中文名称	英文标签	类型	长度	取值	选择性	说明	示例
1	权利对象的编号	ROID	字符串	不定长	不定	必选	描述申请注销的权利对象的唯一标识；服务器将根据该标识在服务器	

							端注销相应的使用许可记录	
2	绑定信息	BindingInfo	复合型	不定长	不定	必选	描述许可证的绑定信息，以表明是证书的合法授权方提交的注销请求。若该信息与 ROID 服务器的记录相匹配，则表明申请注销合法，否则不予注销，并返回 AccessDenied 消息给客户端	

4.5.2.5　ROTips

ROTips为获取合法许可证所需要用到的凭据，用来描述客户端请求的具体权利，服务器可根据凭据所述权利来生成使用许可证并发送给客户端。凭据来源协议的触发，通常应用在RORequestTips（见4.5.2.3）类型中。

ROTips结构如图19所示。

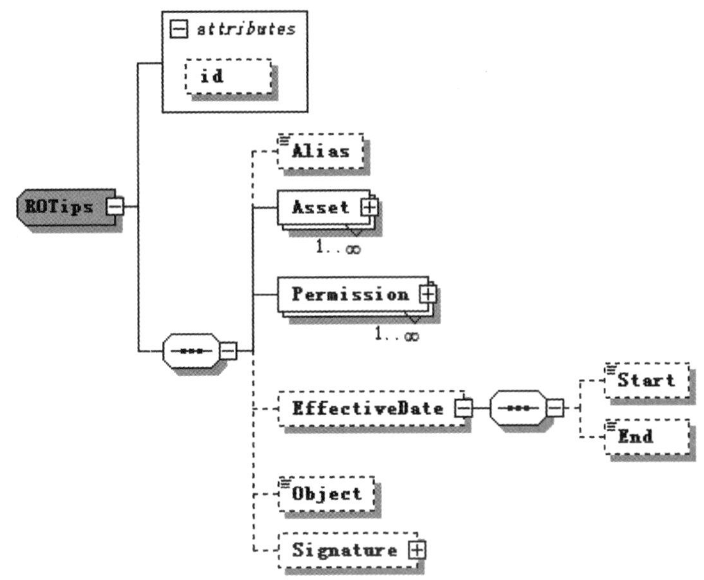

图19　ROTips 结构

ROTips包含参数包括编号、别名、资源、许可、有效期、扩展项、签名，具体见表13。

表 13　ROTips 参数信息

序号	中文名称	英文标签	类型	长度	取值	选择性	说明	示例
1	编号	id	字符串	不定长	不定	可选	ROTips 的唯一编号	
2	别名	Alias	字符串	不定长	不定	可选	描述所请求的许可证的别名	
3	资源	Asset	复合型	不定长	不定	必选	描述请求许可证相关的资源信息，遵循GC/BQ 5要求	

4	许可	Permission	复合型	不定长	不定	必选	描述请求的许可信息，遵循 GC/BQ 5 要求	
5	有效期	EffectiveDate	日期时间型	定长,格式为yyyyMMddHHmmss	不定	可选	描述凭据的有效期。其中 Start 为有效开始时间，End 为有效结束时间，有效期包括 Start 和 End 标识的日期本身。超出有效期范围后，凭据将无效，客户端使用凭据发送 RORequest 请求时，将得到状态为 RightsExpired 的响应	
6	扩展项	Object	自定义	不定长	不定	可选	描述一些扩展信息，对扩展信息的使用和定义在本协议中没有明确的规定，可以根据不同的情况自己定义	
7	签名	Signature	复合型	不定长	不定	可选	服务器对凭据内容的签名。其签名范围应为凭据开始至 Signature 元素之前的所有数据，签名方式为 XML 签名	

4.5.2.6　CertificateChain

CertificateChain 定义了表征授权服务器身份的证书链，其结构如图 20 所示：

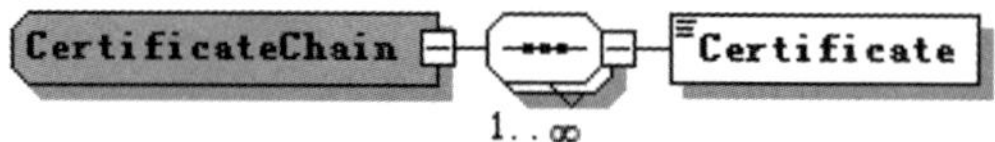

图20　CertificateChain 结构

Certificate应为服务器证书的Base64编码。

4.5.2.7　BindingInfo

BindingInfo定义用于绑定许可证的身份信息，支持多种绑定方式，BindingInfo通常在RORequestTips及ROCancelTips中使用。BindingInfo结构如图21所示。

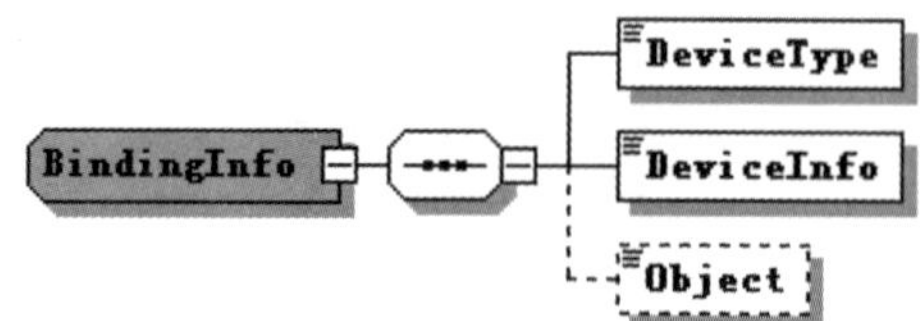

图21　BindingInfo 结构

BindingInfo包含参数信息包括设备类型、设备信息、扩展项，具体见表14。

表 14　BindingInfo 参数信息

序号	中文名称	英文标签	类型	长度	取值	选择性	说明	示例
1	设备类型	DeviceType	字符串	不定长	不定	必选	描述与数字内容相绑定的特征信息的类型，本	

							标准支持的特征信息类型详见 5 绑定权利。当客户端请求许可证时，服务器根据 DeviceType 所描述的特征信息类型，采取相应的内容密钥处理算法，将处理算法和处理后的内容密钥放置在许可证中，传输给用户；当客户端请求注销许可证时，服务器需根据 DeviceType 类型和 DeviceInfo 元素值判断请求注销许可证的客户端合法性，若合法，服务器将执行注销操作，并将结果反馈给客户端，否则，返回 AccessDenied 错误信息给客户端	
2	设备信息	DeviceInfo	字符串	不定长	不定	必选	描述 DeviceType 所述绑定特征信息的具体数值	
3	扩展项	Object	自定义	不定长	不定	可选	描述一些扩展信息，对扩展信息的使用和定义在本协议中没有明确的规定，可以根据不同的情况自己定义	

5　绑定权利

5.1　概述

为防止权利滥用，服务器在颁发权利时，需要将请求的合理权利同用户的个性信息绑定。用户个性信息应满足唯一性、难复制性等特点。客户端向服务器请求许可证时，应将个性信息传送给服务器，服务器将在生成的许可证中，使用个性信息加密数字内容的内容解密密钥。本标准支持权利的多种个性信息的绑定权利方式。

5.2　绑定到设备

本标准给出了权利与不同设备绑定方式，旨在通过将许可证同设备硬件特征信息关联，保证非绑定设备上不能使用受数字版权保护的数字内容。本标准支持的设备绑定包括：

a)　在请求许可证时，数字内容的权利可以绑定到具有唯一特征信息的设备；

b)　在请求许可证时，数字内容的权利可以绑定到具有唯一特征信息的外部存储设备，如 SD 卡；

c)　在请求许可证时，数字内容的权利可以绑定到外部智能卡；

d)　在请求许可证时，数字内容的权利可以绑定到具有多个子设备信息的设备。

5.3　其他绑定

本标准也支持绑定的用户自定义扩展，用户通过BindingInfo的自定义扩展，可将许可证绑定到用户证书等其他能标识用户身份的信息上。

6　协议映射

6.1　概述

本标准描述了协议数据如何通过HTTP传输协议进行传输，但是可扩展支持其他映射。

本标准范围内联网设备和服务器都应支持HTTP的传输协议，遵循HTTP规范

6.2 HTTP协议映射

6.2.1 协议请求

客户端应将请求数据采用HTTP POST方式发送。

许可证获取协议中请求数据内容内容采用标准XML格式存储，数据项主要包括Nonce、ProtectedRORequestTips等。

许可证注销协议中请求数据内容采用标准XML格式存储，数据项主要包括Nonce、ProtectedROCancelTips等。

6.2.2 应答

服务器端应将响应内容放置于HTTP的主体部分。

许可证获取请求的应答数据内容采用标准XML格式存储，数据项主要包括status、RO、Signature等。

许可证注销请求的应答数据内容采用标准XML格式存储，数据项主要包括status、ROID、Signature等。

6.2.3 协议响应状态

协议响应状态见表15。

表15 协议响应状态代码

序号	响应代码	说明
1	0	成功
2	1	服务器因不知名原因拒绝客户端请求
3	2	客户端的请求中包含服务器目前不支持的特性
4	3	客户端不允许同服务器通信
5	4	请求对象未找到。该错误仅适用于ROResponse中
6	5	服务器不能解析客户端请求
7	6	服务器不能识别客户端请求中的关键扩展
8	7	服务器不支持客户端请求的协议版本
9	8	服务器不支持客户端请求中使用的算法
10	9	客户端所请求的权利已过期。该错误仅适用于ROResponse中

7 协议安全

7.1 安全模型

客户端与授权服务器端应通过相关数字证书来保证其合法有效，在通信过程中可通过签名和验签等操作来保证过程的可信，同时，可通过随机数等内容来防止重放攻击。

7.2 保密

客户端向服务器端进行数据请求时，对敏感信息（RORequestTips）进行对称加密，再用非对称算法对对称密钥进行加密。

7.3 验证

本协议的验证可通过对协议消息中关键数据进行数字签名和使用随机数防止重放攻击来实现。

7.4 完整性保护

完整性保护提供了检测未授权篡改数据的功能。本协议数据的完整性保护应通过对协议消息进行数字签名来实现的。

7.5 其他

本标准已经提供了通信安全的保障机制，无需依赖于传输层的安全。

本标准要求服务器和客户端应提供高质量的随机数，以对 Nonce 等的使用提供支持。

本标准未对时间同步、权利计数进行规范化。

附 录 A
（规范性附录）
服务器端与客户端的授权通信协议 Schema

本附录给出服务器端与客户端的授权通信协议的 XML Schema。

```
<?xml version="1.0" encoding="UTF-8"?>
<schema xmlns:ds="http://www.w3.org/2000/09/xmldsig#" xmlns="http://www.w3.org/2001/XMLSchema"
xmlns:rel=" http://219.141.187.20/DRMGC/rel" xmlns:ptcl=" http://219.141.187.20/DRMGC/protocol "
targetNamespace=" http://219.141.187.20/DRMGC/protocol " elementFormDefault="unqualified"
attributeFormDefault="unqualified">
    <import namespace="http://www.w3.org/2000/09/xmldsig#"
schemaLocation="xmldsig-core-schema.xsd"/>
    <import namespace=" http://219.141.187.20/DRMGC/rel" schemaLocation="Rel.xml"/>
    <!-- Basic Types -->
    <complexType name="Request" abstract="true">
        <attribute name="version" type="ptcl:Version" use="required"/>
    </complexType>
    <complexType name="Response" abstract="true">
        <sequence/>
        <attribute name="status" type="ptcl:Status" use="required"/>
        <attribute name="errormessage" type="string"/>
        <attribute name="errorredirectURI" type="anyURI"/>
    </complexType>
    <!-- Message sent from RI to Device in response to an unknown message.-->
    <element name="ErrorResponse" type="ptcl:Response"/>
    <simpleType name="Version">
        <restriction base="string">
            <pattern value="\d{1,2}\.\d{1,3}"/>
        </restriction>
    </simpleType>
    <simpleType name="Status">
        <restriction base="string">
            <enumeration value="Success"/>
            <enumeration value="Abort"/>
            <enumeration value="NotSupported"/>
            <enumeration value="AccessDenied"/>
            <enumeration value="NotFound"/>
            <enumeration value="MalformedRequest"/>
            <enumeration value="UnknownCriticalExtension"/>
            <enumeration value="UnsupportedVersion"/>
            <enumeration value="UnsupportedAlgorithm"/>
            <enumeration value="RightsExpired"/>
```

```
        </restriction>
    </simpleType>
    <simpleType name="Nonce">
        <restriction base="base64Binary">
            <minLength value="14"/>
        </restriction>
    </simpleType>
    <complexType name="ROTips">
        <sequence>
            <element name="Alias" type="string" minOccurs="0"/>
            <element name="Asset" maxOccurs="unbounded">
                <complexType>
                    <sequence>
                        <element name="AssetID" type="ID"/>
                        <element name="RightsIssuerURI" maxOccurs="unbounded">
                            <complexType>
                                <simpleContent>
                                    <extension base="anyURI">
                                        <attribute name="type" type="string" use="required"/>
                                    </extension>
                                </simpleContent>
                            </complexType>
                        </element>
                        <element name="ContentURI" type="anyURI" minOccurs="0"
maxOccurs="unbounded"/>
                        <any namespace="##other" minOccurs="0" maxOccurs="unbounded"/>
                    </sequence>
                    <attribute name="id" type="ID" use="optional"/>
                </complexType>
            </element>
            <element name="Permission" type="rel:Permission" maxOccurs="unbounded"/>
            <element name="EffectiveDate" minOccurs="0">
                <complexType>
                    <sequence>
                        <element name="Start" type="date" minOccurs="0"/>
                        <element name="End" type="date" minOccurs="0"/>
                    </sequence>
                </complexType>
            </element>
            <element name="Object" minOccurs="0"/>
            <element name="Signature" type="ds:SignatureType" minOccurs="0"/>
        </sequence>
        <attribute name="id" type="ID"/>
    </complexType>
```

```
<complexType name="CertificateChain">
    <sequence maxOccurs="unbounded">
        <element name="Certificate" type="base64Binary"/>
    </sequence>
</complexType>
<complexType name="BindingInfo">
    <sequence>
        <element name="DeviceType" type="string"/>
        <element name="DeviceInfo" type="base64Binary"/>
        <element name="Object" minOccurs="0"/>
    </sequence>
</complexType>
<!-- Trigger Details -->
<complexType name="RORequestTrigger">
    <sequence>
        <element name="ServerID" type="ID"/>
        <element name="ROTips" type="ptcl:ROTips"/>
        <element name="CertificateChain" type="ptcl:CertificateChain" minOccurs="0"/>
        <element name="Object" minOccurs="0"/>
    </sequence>
</complexType>
<complexType name="RORefreshTrigger">
    <sequence>
        <element name="ServerID" type="ID"/>
        <element name="ROID" type="ID"/>
        <element name="Object" minOccurs="0"/>
    </sequence>
</complexType>
<complexType name="ROCancelTrigger">
    <sequence>
        <element name="ServerID" type="ID"/>
        <element name="ROID" type="ID"/>
        <element name="Object" minOccurs="0"/>
    </sequence>
</complexType>
<!-- Trigger -->
<element name="Trigger" type="ptcl:Trigger"/>
<complexType name="Trigger">
    <sequence maxOccurs="unbounded">
        <choice>
            <element name="RORequestTrigger" type="ptcl:RORequestTrigger"/>
            <element name="RORefreshTrigger" type="ptcl:RORefreshTrigger"/>
            <element name="ROCancelTrigger" type="ptcl:ROCancelTrigger"/>
        </choice>
```

```
        </sequence>
        <attribute name="version" type="ptcl:Version" use="required"/>
        <attribute name="proxy" type="boolean"/>
        <attribute name="id"/>
    </complexType>
    <!-- RORequestTips -->
    <complexType name="RORequestTips">
        <sequence>
            <element name="BindingInfo" type="ptcl:BindingInfo"/>
            <choice>
                <element name="ROID" type="ID"/>
                <element name="ROTips" type="ptcl:ROTips"/>
            </choice>
            <element name="Object" minOccurs="0"/>
        </sequence>
    </complexType>
    <!-- RORequest -->
    <element name="RORequest" type="ptcl:RORequest"/>
    <complexType name="RORequest">
        <complexContent>
            <extension base="ptcl:Request">
                <sequence>
                    <element name="ServerID" type="ID" minOccurs="0"/>
                    <element name="Nonce" type="ptcl:Nonce"/>
                    <element name="Language" minOccurs="0"/>
                    <element name="SupportedAlgorithms" type="anyURI" minOccurs="0"
maxOccurs="unbounded"/>
                    <element name="ProtectedRORequestTips" type="base64Binary"/>
                    <element name="Object" minOccurs="0"/>
                </sequence>
            </extension>
        </complexContent>
    </complexType>
    <!-- ROResponse -->
    <element name="ROResponse" type="ptcl:ROResponse"/>
    <complexType name="ROResponse">
        <complexContent>
            <extension base="ptcl:Response">
                <sequence>
                    <element name="Nonce" type="ptcl:Nonce" minOccurs="0"/>
                    <element name="RO" type="base64Binary"/>
                    <element name="Signature">
                        <complexType>
                            <sequence>
```

```
                            <element name="SignedInfo">
                                <complexType>
                                    <sequence>
                                        <element name="SignatureMethod">
                                            <complexType>
                                                <simpleContent>
                                                    <extension base="string">
                                                        <attribute name="algorithm"
use="required"/>
                                                    </extension>
                                                </simpleContent>
                                            </complexType>
                                        </element>
                                    </sequence>
                                </complexType>
                            </element>
                            <element name="Reference">
                                <complexType>
                                    <sequence>
                                        <element ref="ds:DigestMethod"/>
                                        <element name="DigestValue" type="string"/>
                                    </sequence>
                                </complexType>
                            </element>
                            <element name="SignatureValue" type="string"/>
                            <element name="KeyInfo">
                                <complexType>
                                    <sequence>
                                        <element name="KeyName" type="string"
minOccurs="0"/>
                                        <element name="X509Data" type="string"/>
                                    </sequence>
                                </complexType>
                            </element>
                            <element name="Object" minOccurs="0"/>
                        </sequence>
                    </complexType>
                </element>
            </sequence>
        </extension>
    </complexContent>
</complexType>
<!-- ROCancelRequest -->
<complexType name="ROCancelTips">
```

```
        <sequence>
            <element name="ROID" type="ID"/>
            <element name="BindingInfo" type="ptcl:BindingInfo"/>
        </sequence>
    </complexType>
    <element name="ROCancelRequest" type="ptcl:ROCancelRequest"/>
    <complexType name="ROCancelRequest">
        <complexContent>
            <extension base="ptcl:Request">
                <sequence>
                    <element name="ServerID" type="ID" minOccurs="0"/>
                    <element name="Nonce" type="ptcl:Nonce"/>
                    <element name="Language" minOccurs="0"/>
                    <element name="ProtectedROCancelTips" type="base64Binary"/>
                    <element name="Object" minOccurs="0"/>
                </sequence>
            </extension>
        </complexContent>
    </complexType>
    <!-- ROCancelResponse -->
    <element name="ROCancelResponse" type="ptcl:ROResponse"/>
    <complexType name="ROCancelResponse">
        <complexContent>
            <extension base="ptcl:Response">
                <sequence>
                    <element name="Nonce" type="ptcl:Nonce" minOccurs="0"/>
                    <element name="ROID" type="ID"/>
                    <element name="Object" minOccurs="0"/>
                    <element name="Signature">
                        <complexType>
                            <sequence>
                                <element name="SignedInfo">
                                    <complexType>
                                        <sequence>
                                            <element name="SignatureMethod">
                                                <complexType>
                                                    <simpleContent>
                                                        <extension base="string">
                                                            <attribute name="algorithm"
use="required"/>
                                                        </extension>
                                                    </simpleContent>
                                                </complexType>
                                            </element>
```

```
                        </sequence>
                    </complexType>
                </element>
                <element name="Reference">
                    <complexType>
                        <sequence>
                            <element ref="ds:DigestMethod"/>
                            <element name="DigestValue" type="string"/>
                        </sequence>
                    </complexType>
                </element>
                <element name="SignatureValue" type="string"/>
                <element name="KeyInfo">
                    <complexType>
                        <sequence>
                            <element name="KeyName" type="string"
minOccurs="0"/>
                            <element name="X509Data" type="string"/>
                        </sequence>
                    </complexType>
                </element>
                <element name="Object" minOccurs="0"/>
            </sequence>
        </complexType>
    </element>
            </sequence>
        </extension>
    </complexContent>
  </complexType>
</schema>
```

附 录 B
（资料性附录）
服务器端与客户端的授权通信协议示例

本附录给出一个具体的服务器端与客户端的授权通信协议的示例：

用户请求借阅《军事新闻摄影论》数字内容作品，并在授权时间内按照授予的权利进行阅读，到期后归还。

B.1 许可证获取请求

许可证获取请求包括购买、续借等数字内容时的请求，所请求的内容在RORequestTipst中，本标准只给出示例，如下所示：

<?xml version="1.0" encoding="UTF-8"?>
<ptcl:RORequest version="1.0" xmlns:ptcl=" http://219.141.187.20/DRMGC/protocol" xmlns:xsi="http://www.w3.org/2001/XMLSchema-instance" xsi:schemaLocation=" http://219.141.187.20/DRMGC/protocol protoco2013.1.22.xsd">
<ServerID>a7143bce-4911-4677-b5f7-cd9f7fb8244f</ServerID>
<Nonce>ZEBoqVwTuchMz4S8fdcHMRJUd2IBUIeq</Nonce>
<Language>ZH</Language>
<ProtectedRORequestTips>ASEAAAAD4H6dKHFDm5IGIkdOXUNKWABsoyvjkYYFUvDd3NbSvVIUAAAA+5jHxkRoCFWSwamzP0eiH1HhnJcG1KCcYS48j+QDb6OZKPBUGHUWIH5tysExbK2uQqTE7fWqE0qYZrcWj96z4eQ6FOOUPHeRHTvY3mKlHgbBSroW7BpSchq2FtqCTTfSn3/nBhxZMmIScipGQTf5Qloqb1mKpUp/T+2YanUcmAsG1kKSUiqR8JPBKVeoEB/IZZ90P8K7qcN1s+Ycug1hn8Tjm1COiYBlyQG3+Ug06MUnBq2c/QySQ6GAiPovR2sNdMZkCtfuSe+6Jx0GOO2Rx12qarnl6iODWChBkKLTUb/M2oN67emx1EuXXabrHeWI0uOrb3Y26mCoJHmoc+vzWMcO0eNrmb1txBum7RSLL0QhJlQksGO3+G0BoEP16nmKfi56sSRcd</ProtectedRORequestTips>
</ptcl:RORequest>

注：被加密用户借阅请求信息（<ProtectedRORequestTips>）包括作品名称、用户信息、作品地址，封面地址、作品格式，权利类型，权利发布者的URI、签名信息等内容。

B.2 许可证获取响应

许可证获取响应示例如下：

<?xml version="1.0" encoding="UTF-8"?>
<ptcl:ROResponse status="Success" xmlns:ptcl=" http://219.141.187.20/DRMGC/protocol" xmlns:xsi="http://www.w3.org/2001/XMLSchema-instance" xsi:schemaLocation=" http://219.141.187.20/DRMGC/protocol protoco2013.1.22.xsd">
<RO>PAA/AHgAbQBsACAAdgBlAHIAcwBpAG8AbgA9ACIAMQAuADAAIgAgAGUAbgBjAG8AZABpAG4AZwA9ACIAVQBUAEYALQAxADYAIgAgAHMAdABhAG4AZABhAGwAbwBuAGUAPQAiAG4AbwAiACAAPwA+ADwATABpAGMAZQBuAHMAZQAgAHMAdQBiAHYAZQByAHMAaQBvAG4APQAiADEAMAAiACAAcwB5AHMAdABlAG0APQAiADYAOQA2AEQANwA2AEMAMQBCAEIARABFADQAOAA3ADkAOQA1AEMAQwAyADAAMAAzADAAQwAzAEMANwBBADQAOQAiACAAdQBpAGQAPQAiADQANgA4ADIANwAwADMAXwAyADAAMQAzADAANgAxADgAMQA3ADIA
</RO>
<Signature>
<SignedInfo>
<SignatureMethod algorithm="ECDSA-256"/>
</SignedInfo>
<Reference>
<DigestMethod algorithm="SHA-256"/>
<DigestValue>yHBhebhjLKeKJIfgMBKNw8EGtnu+865Y6hi6tilnKTs=</DigestValue>
</Reference>
<SignatureValue>aFBTJnmlVq+QI9tbYna7r75U3D9W9vAqzFv88tYPPekTZEZfKwGmZlTtp87gTP/qQ

3r4D3mxnmdO8R3qaHhTQGWAScFeSFpNjXodPgH1jj7vHk1o/JEOA0hfsv9IdAUREgjwXYAUrxId2CsuIL0OQcbvWNxQJ5NIfMQ55HCk+c6L</SignatureValue>
<KeyInfo>

<X509Data>BKO0/7eWKlq3gV6DTrSNxIdHQO3CNFlKlD8PP7bolQWHCoEMKLk6J4fzHdVIbAt33BK9x3nD2OqLqvGb+1F6f2A=</X509Data>
</KeyInfo>
</Signature>
</ptcl:ROResponse>

B.3 许可证注销请求

<?xml version="1.0" encoding="UTF-8"?>
<ptcl:ROCancelRequest version="1.0" xmlns:ptcl=" http://219.141.187.20/DRMGC/protocol" xmlns:xsi="http://www.w3.org/2001/XMLSchema-instance" xsi:schemaLocation=" http://219.141.187.20/DRMGC/protocol protoco2013.1.29.xsd">
<ServerID>Library</ServerID>
<Nonce>MIIB0zCCAXoCAwEAADAJBgcqhkjOPQQB</Nonce>
<Language>ZH</Language>
<ProtectedROCancelTips>ASEAAAACZ/usXN1PSaylgUt69vCcABSs/Zoc+u9chkCEt5U9jHMUAAAAXySIHRTVWLW1GM6mL3AxbUdnsHgEnqzVcY5pQpsaAyjJ/R6xEnod0pReWPhQsAvUjwySSvp2U9+afgdXDTJtMdGvXMOF7fmSt1QwpG4QxX0hgXOZUrdNRuZx/MSNE/nMa+yhEMNbuHUk7zn7I320cxfuhEPD6ZHMKdJBEbVyjs2bsnCCxaHcgRrmnI5cjnVA+me7yLdjeoygvVpIkvT1j8xqbPA49gc2b0lc2JvqXjYI1JwPWmwmKA3jzWAMn6qWvc4Wzt94GJQRYjCxCWYshJXpngYPhcvv/Ew1wQtCQd1bP1BnGa0HK2iyGcEMf+Ku7leg47NRUyy/zU2xaTpnZL++rErk1lTsqtjlTA9PsHdPXbzE38dF5J2/Ps1yKsaH67JscZMiZqFf76zXaK0wGW2aRFDu2Qf9yNIbxk7Q2RrAnro7D6QeKosmcEac+uTKiZV9Si2vHOCRcLdcJmUcydNXCM0MM/L4jud0iEysSINnfBeJtA81yhMteR9zamN3ZO5igcrqwOdNZuaLddD4Cbp84RJnugfw1vkZ1rJsUK+Td61RnUpVUD/VpJZdQa47Wl/BuYV+Szoy5giJk2jVeHiX/DKqxj1m4WYOjCGKvf2JeomnmEPmcW7ejNRnuEulWEAimsgaC5mxySRciDn6qLdX9/+2MQb5mVHNg0XQSkmbLkJoHuviOtW+0glgT53zbdZab6/WnXL4na0xTJYgMp9WjQqTPA7Aix1lOzIJtmXalUg/te8ab+XqbLDvJCdO+gQnBZuYkPcDg6vfi3Gbuw5rWqpaKFSq5tJeCg5aRnAsv4eX+VYFYDooWqDM7nRU4XepLmUnbmmy6diaNCHyCjJPRjFn/5tskinKQhbWl7ucBv4YFh7rA5ynjNX+lcqKbd8AxcKVVOQBYBAi6AQwDWJLxewwtjCeSfwL36RhdcO+rDCsbPwAeWN4IUQNG5R2wO/YqtpIU8IJI/RlIf09pvDuuGg+ws3NJznSkOxlRdtvKsHp2TW9td2kgfo=
</ProtectedROCancelTips>
</ptcl:ROCancelRequest>

B.4 许可证注销请求响应

<?xml version="1.0" encoding="UTF-8"?>
<ptcl:ROCancelResponse status="Success" xmlns:ptcl=" http://219.141.187.20/DRMGC/protocol" xmlns:xsi="http://www.w3.org/2001/XMLSchema-instance" xsi:schemaLocation=" http://219.141.187.20/DRMGC/protocol protoco2013.1.29.xsd">
<ROID>ACAAdgBIAHIAcwBpAG8A</ROID>
<Signature>
<SignedInfo>
<SignatureMethod algorithm="ECDSA-256"/>
</SignedInfo>
<Reference>
<DigestMethod algorithm="SHA-256"/>

<DigestValue>MFsnwbfl1NqiUSsqjcUwQ7NP0WUMcH/ZHj3FpQBUcbM=</DigestValue>
</Reference>

<SignatureValue>HiMlVHjRW6iRUKogYAbLrMslrj0qgYNQxSqJhdByPOtgZEQpIQPeESKbq8+TP4m

YQAn1Dg6wnBJJ8R7pHwknRmWCObdcO1lMjXxoPXbzjjuYF04Y+JENck9WtPs6cwUXZQOHLfAb3hgV
2lldKL56PMXvUaZRU5E6erUw5wWv/8X6</SignatureValue>
<KeyInfo>

<X509Data>MIIBgjCCAScCBEZPAAEwCgYIKoZIzj0EAwIwLzELMAkGA1UEBhMCQ04xEDAOBg
NVBAoTB0ZPVU5ERVIxDjAMBgNVBAsTBUFQQUJJMCAXDTA0MDYxNDAwMDAwMFoYDzk5OT
kxMjMxMjM1OTU5WjBoMQswCQYDVQQGEwJDTjEWMBQGA1UEChMNRm91bmRlciBHcm91cDEp
MCcGA1UECxMgRm91bmRlciBBcGFiaSBUZWNobm9sb2d5IExpbWl0ZWQxFjAUBgNVBAMTDVJpZ2
h0cyBDZW50ZXIwVjAQBgcqhkjOPQIBBgUrgQQACgNCAATgTxhejv+kPT7x/4for9yjeHA6OWOEzyrOX
UCxwTrlGwaYVZGYfD9tvXU/UsiB12oGWgS6kw5pyuoYNa3fZ+xwMAoGCCqGSM49BAMCA0kAMEY
CIQDaHEOeQPk3YGcK4cXk86dx3VIikql3v65ZS2ufdnGEIwIhAOf8Lo0yHG24Zvz+fI/kNBfI4IA8PrVi9Co
pPjpGIJXM</X509Data>
</KeyInfo>
</Signature>
</ptcl:ROCancelResponse>

索　引

汉语拼音索引

英文对应词索引

GC

数字版权保护技术研发工程标准

GC/BQ 21—2015

出版机构信息管理系统接口

Specification for interfaces of the platform of digital content registration and management and the MIS of publishing houses

2015-02-03 发布　　2015-02-03 实施

新闻出版广电总局新闻出版重大科技工程项目领导小组　发布

目　次

前　言

本标准按照GB/T 1.1—2009给出的规则起草。

本标准由新闻出版广电总局新闻出版重大科技工程项目领导小组办公室提出并归口。

本标准起草单位：中国科学院自动化研究所、北京万方数据股份有限公司。

本标准主要起草人：曾智、刘杰、凌峰、杨兴兵、黄华、时其迪。

出版机构信息管理系统接口标准

1　范围

本标准提出了“数字版权保护技术研发工程”所需研发的数字内容注册与管理平台，以及工程集成形成的数字版权保护管理与服务平台的数字内容注册管理部分，与出版机构信息管理系统进行对接并提供批量注册等功能的接口的功能、参数的规范性描述。

本标准适用于“数字版权保护技术研发工程”所需研发的内容注册与管理平台，以及工程最终集成形成的数字版权保护管理与服务平台的开发和应用。

2　规范性引用文件

下列文件对于本文件的应用是必不可少的。凡是注日期的引用文件，仅注日期的版本适用于本文件。凡是不注日期的引用文件，其最新版本（包括所有的修改单）适用于本文件。

GC/BQ　3　数字版权保护技术研发工程术语

GC/BQ　4　数字版权管理标识

GC/BQ　8　数字内容注册规范

GC/BQ　17　数字内容注册与管理平台对外通信协议

3　术语、定义和缩略语

3.1　术语和定义

GC/BQ 3 界定的以及下列术语和定义适用于本文件。

3.1.1

出版机构 publishing house

从事书籍、报纸、刊物出版，并通过这种经营活动，达到获得利益、名声或知识积累目标的企业或单位。

3.2　缩略语

下列缩略语适用于本文件。

DRMI：数字版权管理标识（Digital Rights Management Identifier）

4　数字内容注册与管理平台的概述

数字内容注册与管理平台，是数字版权保护技术研发工程所研发的一套实现数字内容注册、数字版权认证服务、数字内容注册信息查询、数字版权管理标识嵌入、数字内容注册数据库、用户管理、接口服务等系统功能的软件平台。

数字内容注册与管理平台将提供互联网访问接口，实现与出版机构信息管理系统的对接，将该平台的各项功能集成融入到出版机构信息管理系统中，方便出版机构业务人员使用。

5 接口的列表

数字内容注册与管理平台与出版机构信息管理系统对接的接口包括数字内容注册与管理平台为出版机构信息管理系统提供的接口和出版机构信息管理系统需预留的接口两部分。其中，数字内容注册与管理平台为出版机构信息管理系统提供的接口主要包括数字内容注册接口、基于数字版权管理标识的查询接口和基于部分注册信息的查询接口，出版机构信息管理系统需预留的接口则是数字内容注册后的回调接口。

数字内容注册与管理平台为出版机构信息管理系统提供的接口见表1。

表1 数字内容注册与管理平台提供接口一览表

中文名称	英文标签	功能项
数字内容注册接口	applyingForRegistration	出版机构向平台申请进行注册
基于数字版权管理标识的查询接口	getInfoByDRMI	根据数字版权管理标识查询注册信息
基于部分注册信息的查询接口	getInfoByPartInfo	根据部分注册信息查询注册信息

出版机构信息管理系统为完成对数字内容注册与管理平台的功能访问所需预留的接口见表2。

表2 出版机构信息管理系统预留接口一览表

中文名称	英文标签	功能项
数字内容注册回调接口	recallForRegistration	出版机构向平台申请进行注册

在附录A中分别给出了数字内容注册与管理平台出版机构信息管理系统接口在数字内容注册阶段和版权认证阶段的调用流程。

6 数字内容注册与管理平台与出版机构信息管理系统对接的接口说明

6.1 数字内容注册接口

该接口的说明包含以下7个要素：

a）接口名称：数字内容注册接口。

b）英文标签：applyingForRegistration。

c）功能描述：出版机构信息管理系统通过该接口可在数字内容注册与管理平台的内容注册数据库中提交一条或多条数字内容注册信息记录，以申请对上述数字内容的版权进行注册。通过本接口提交的注册记录数据不直接生效，还需平台管理人员进行审核。

d）前置条件：平台分配给出版机构信息管理系统接入身份标识。

e）后置条件：等待接收新的数字内容注册申请。

f）输入参数：请参见表3。

表3　数字内容注册接口输入参数

序号	参数名	英文标签	参数类型	选择性	参数说明	示例
1	接入系统标识	sysID	整型	必选	每个调用此接口的用户都会被分得唯一标识，接口系统根据这个标识确定可以返回的内容	
2	数字内容注册信息	regAppInfo	字符串	必选	符合 GC/BQ 8 的数字内容注册信息 xml 数据。 可包括1个~10个数字内容作品的注册信息	
3	报文签名	msgSign	字符串	必选	签名方法如下：BASE64(RSA(MD5(src),privatekey))，其中 src 为 接入系统标识+MD5(注册根节点内容)，privatekey 是发送端的服务 CA 证书私钥	

g）输出参数：请参见表4。

表4　数字内容注册接口输出参数

序号	参数名	英文标签	参数类型	选择性	参数说明	示例
1	返回结果	Result	XML 数据	必选	如果注册成功，则将返回相应 DRMI；如果注册失败则返回失败原因。输出的返回数据使用 XML 进行组织	

6.2　基于数字版权管理标识的查询接口

该接口的说明包含以下7个要素：

a）接口名称：基于数字版权管理标识的查询接口。

b）英文标签：getInfoByDRMI。

c）功能描述：根据数字版权管理标识查询数字内容元数据相关信息。

d）前置条件：查询接口服务启动。

e）后置条件：等待接收新的查询请求。

f）输入参数：请参见表5。

表5　基于数字版权管理标识的查询接口输入参数

序号	参数名	英文标签	参数类型	选择性	参数说明	示例
1	接入系统标识	systemID	字符串	必选	调用查询接口的接入系统标识，64 位	ServiceAgency8
2	数字版权	DRMIS	字符串	必选	所要查找的数字内	参见附录B

	管理标识				容的版权标识符组，1个~10个DRMI	
3	报文签名	signature	字符串	必选	提交接口中的签名是单向签名，只需发送端签名即可。签名方法如下：BASE64(RSA(MD5(src),privatekey))，其中src为接入系统标识+MD5(数字版权管理标识)，privatekey是发送端的服务CA证书私钥	MIICVjCCAb+gAwIBAgIKI9fKEDP6AAAO3DANBgkqhkiG9w0BAQUFADA0MR

g）输出参数：请参见表6。

表6　基于数字版权管理标识的查询接口输出参数

序号	参数名	英文标签	参数类型	选择性	参数说明	示例
1	返回结果	Result	XML 数据	必选	1）符合条件的注册信息，用xml文件格式描述，内容包括数字内容基本元数据和数字内容著作权元数据，参照GC/BQ 8； 2）接口错误信息	参见附录D

6.3　基于部分注册信息的查询接口

该接口的说明包含以下7个要素：

a）接口名称：基于部分注册信息的查询接口。

b）英文标签：getInfoByPartInfo。

c）功能描述：根据部分注册信息查询数字内容元数据相关信息。

d）前置条件：平台分配给应用系统接入身份标识。

e）后置条件：等待接收新的检索请求。

f）输入参数：请参见表7。

表7　基于部分注册信息的查询接口输入参数

序号	参数名	英文标签	参数类型	选择性	参数说明	示例
1	接入系统标识	systemID	字符串	必选	调用查询接口的接入系统标识	ServiceAgency8
2	查询条件	condition	字符串	必选	1）所要查找的数字	参见附录C

					内容文件的注册信息组，这些传入信息包括数字内容名称、作者、出版社、分类、注册开始时间、注册结束时间 6 个元素，可以部分为空，最长 10 组查询数据； 2）所要求返回的数据分页信息	
3	报文签名	signature	字符串	必选	提交接口中的签名是单向签名，只需发送端签名即可。签名方法如下：BASE64(RSA(MD5(src),privatekey))，其中 src 为接入系统标识+MD5(查询条件中的第一条注册信息)，privatekey 是发送端的服务 CA 证书私钥	MIICVjCCAb+gAwIBAgIKI9fKEDP6AAAO3DANBgkqhkiG9w0BAQUFADA0MR

g）输出参数：请参见表8。

表8　基于部分注册信息的查询接口输出参数

序号	参数名	英文标签	参数类型	选择性	参数说明	示例
1	查询结果	result	XML 数据	必选	1）符合条件的注册信息，用 xml 文件格式描述，内容包括开始行、结束行、内容记录总条数、数字内容基本元数据和数字内容著作权元数据，参照 GC/BQ 8； 2）所要求返回的数据分页信息； 3）接口错误信息	参见附录 E

7 出版机构信息管理系统需预留的接口说明

出版机构信息管理系统需预留数字内容注册回调接口，该接口的说明包含以下7个要素：

a）接口名称：数字内容注册回调接口。

b）英文标签：recallForRegistration。

c）功能描述：外部系统通过数字内容注册接口注册数字内容，经人工审核后，使用此接口通知调用方审核结果。

d）前置条件：外部系统在本系统注册后，已经分配了接入系统标识，并且拥有CA证书。回调函数也需要已经在平台中进行注册。

e）后置条件：无。

f）输入参数：请参见表 9。

表9 数字内容注册接口输入参数

序号	参数名	英文标签	参数类型	选择性	参数说明	示例
1	数字内容业务ID	dcBusinessId	String	必选		
2	审核结果	reviewResult	String	必选		
3	审核意见	reviewAnnotation	String	可选		
4	版权信息列表	drList	List<DrDetail>	可选		
5	版权信息业务ID	drBusinessId	String	必选		
6	数字版权管理标识	drmi	String	必选	符合 GC/BQ 4 标准规定	

g）输出参数：请参见表 10。

表10 数字内容注册接口输出参数

序号	参数名	英文标签	参数类型	选择性	参数说明	示例
1	回调结果	result	字符串	必选	进行数字内容注册的结果	

附　录　A
（资料性附录）
数字内容注册与管理平台出版机构信息管理系统接口调用流程

A.1 数字内容注册阶段

在数字内容注册阶段，出版机构信息管理系统与数字内容注册与管理平台对接后，调用相关接口流程如图1所示。具体分为以下3个步骤：

a）出版机构信息管理系统通过调用数字内容注册与管理平台端的注册接口，完成注册数据的提交；

b）数字内容注册与管理平台管理人员对注册数据进行审核；

c）审核通过后，出版机构信息管理系统通过调用数字内容注册与管理平台端的结果获取接口，获得注册结果。

出版机构完成对数字内容的版权注册后，将分配的对应DRMI保存到自己的信息管理系统中。

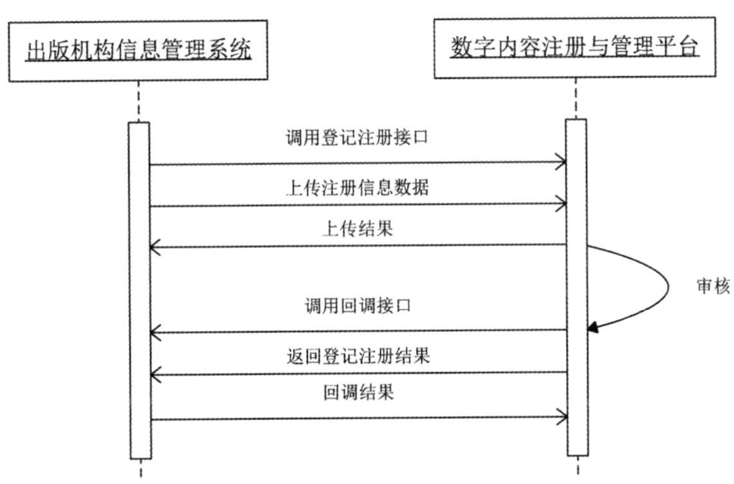

图1　数字内容注册阶段调用流程

A.2 数字内容版权认证阶段

在数字内容认证阶段，出版机构信息管理系统可以与数字内容注册与管理平台对接，利用DRMI或数字内容部分信息，查询其版权归属，进行认证。如图2所示，具体分为以下2个步骤：

a）出版机构信息管理系统通过调用数字内容注册与管理平台端的信息查询接口，完成查询数据的提交；

b）利用数字内容注册与管理平台返回的具体查询结果，进行数字内容版权归属的认证。

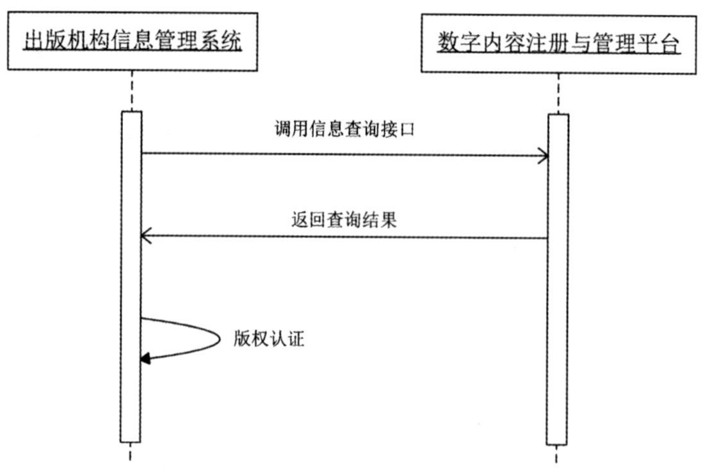

图2　数字内容认证阶段调用流程

附　录　B
（资料性附录）
基于数字版权管理标识查询接口的输入参数规范与示例

基于数字版权管理标识查询接口的输入参数数字版权管理标识规范与示例如下：

a）规范：

```
<?xml version="1.0" encoding="UTF-8"?>
<xs:schema xmlns:xs="http://www.w3.org/2001/XMLSchema" elementFormDefault="qualified">
    <xs:element name="drmi">
        <xs:simpleType>
            <xs:restriction base="xs:string">
            </xs:restriction>
        </xs:simpleType>
    </xs:element>
    <xs:element name="drmis">
        <xs:complexType>
            <xs:sequence>
                <xs:element ref="drmi" maxOccurs="10"/>
            </xs:sequence>
        </xs:complexType>
    </xs:element>
</xs:schema>
```

b）示例：

```
<?xml version="1.0" encoding="UTF-8"?>
<drmis>
    <drmi>drmi0787754390000000001001Q</drmi>
    <drmi> drmi0787754390000000002001A </drmi>
    <drmi> drmi0787754390000000003001V </drmi>
    <drmi> drmi0787754390000000004001F </drmi>
    <drmi> drmi0787754390000000005001* </drmi>
    <drmi> drmi0787754390000000006001K </drmi>
    <drmi> drmi07877543900000000070014</drmi>
    <drmi> drmi0787754390000000008001P </drmi>
    <drmi> drmi07877543900000000090019</drmi>
    <drmi> drmi07877543900000000010020 </drmi>
</drmis>
```

附 录 C
（资料性附录）
基于部分注册信息查询接口的输入参数的规范与示例

基于部分注册信息查询接口的输入参数的规范与示例如下：

a）规范：

```
<?xml version="1.0" encoding="utf-8"?>
<xs:schema xmlns:xs="http://www.w3.org/2001/XMLSchema" elementFormDefault="qualified">
    <xs:element name="condition">
        <xs:complexType>
            <xs:sequence>
                <xs:element ref="partinfos" minOccurs="1" maxOccurs="1"/>
                <xs:element ref="pageinput" minOccurs="1" maxOccurs="1"/>
            </xs:sequence>
        </xs:complexType>
    </xs:element>
    <xs:element name="author">
        <xs:simpleType>
            <xs:restriction base="xs:string">
                <xs:enumeration value="Writer"/>
            </xs:restriction>
        </xs:simpleType>
    </xs:element>
    <xs:element name="endtime">
        <xs:simpleType>
            <xs:restriction base="xs:date">
                <xs:enumeration value="2013-03-03"/>
            </xs:restriction>
        </xs:simpleType>
    </xs:element>
    <xs:element name="name">
        <xs:simpleType>
            <xs:restriction base="xs:string">
                <xs:enumeration value="Book"/>
            </xs:restriction>
        </xs:simpleType>
    </xs:element>
    <xs:element name="partinfo">
        <xs:complexType>
            <xs:sequence>
                <xs:element ref="name" minOccurs="0"/>
                <xs:element ref="author" minOccurs="0"/>
```

```
                <xs:element ref="publish" minOccurs="0"/>
                <xs:element ref="type" minOccurs="0"/>
                <xs:element ref="starttime" minOccurs="0"/>
                <xs:element ref="endtime" minOccurs="0"/>
            </xs:sequence>
        </xs:complexType>
    </xs:element>
    <xs:element name="partinfos">
        <xs:complexType>
            <xs:sequence>
                <xs:element ref="partinfo" maxOccurs="unbounded"/>
            </xs:sequence>
        </xs:complexType>
    </xs:element>
    <xs:element name="publish">
        <xs:simpleType>
            <xs:restriction base="xs:string">
                <xs:enumeration value="hep"/>
            </xs:restriction>
        </xs:simpleType>
    </xs:element>
    <xs:element name="starttime">
        <xs:simpleType>
            <xs:restriction base="xs:date">
                <xs:enumeration value="2012-02-02"/>
            </xs:restriction>
        </xs:simpleType>
    </xs:element>
    <xs:element name="type">
        <xs:simpleType>
            <xs:restriction base="xs:string">
                <xs:enumeration value="图书"/>
                <xs:enumeration value="报纸"/>
                <xs:enumeration value="期刊"/>
<xs:enumeration value="其它"/>
            </xs:restriction>
        </xs:simpleType>
    </xs:element>
    <xs:element name="pageinput">
        <xs:complexType id="pageInputType">
            <xs:sequence>
                <xs:element name="start_row" type="xs:integer" default="1"/>
                <xs:element name="end_row" type="xs:integer" default="15"/>
```

```
                <xs:element name="order_column" default="title">
                    <xs:simpleType id="orderColumnType">
                        <xs:restriction base="xs:string">
                            <xs:enumeration value="title"/>
                            <xs:enumeration value="media_type"/>
                            <xs:enumeration value="application_time"/>
                        </xs:restriction>
                    </xs:simpleType>
                </xs:element>
                <xs:element name="order_type" default="asc">
                    <xs:simpleType id="orderTypeType">
                        <xs:restriction base="xs:string">
                            <xs:enumeration value="asc"/>
                            <xs:enumeration value="desc"/>
                        </xs:restriction>
                    </xs:simpleType>
                </xs:element>
            </xs:sequence>
        </xs:complexType>
    </xs:element>
</xs:schema>
```

b）示例：

```
<?xml version="1.0" encoding="UTF-8"?>
<condition>
    <partinfos>
        <partinfo>
            <name>Book1</name>
            <author>Writer</author>
            <publish>hep</publish>
            <type>期刊</type>
            <starttime>2012-02-02</starttime>
            <endtime>2013-03-03</endtime>
        </partinfo>
        <partinfo>
            <name>Book2</name>
            <author>Writer</author>
            <publish>hep</publish>
            <type>报纸</type>
        </partinfo>
    </partinfos>
    <pageinput>
        <start_row>1</start_row>
        <end_row>15</end_row>
```

```
        <order_column>title</order_column>
        <order_type>asc</order_type>
    </pageinput>
</condition>
```

附 录 D
（资料性附录）
基于数字版权管理标识查询接口返回结果的规范与示例

基于数字版权管理标识查询接口返回结果的规范与示例如下：

a）规范：

```
<?xml version="1.0" encoding="UTF-8" standalone="yes"?>
<xs:schema xmlns:xs="http://www.w3.org/2001/XMLSchema" elementFormDefault="qualified">
    <xs:element name="abstract">
        <xs:simpleType>
            <xs:restriction base="xs:string">
                <xs:enumeration value="an estimated age-standardized"/>
            </xs:restriction>
        </xs:simpleType>
    </xs:element>
    <xs:element name="affiliate">
        <xs:simpleType>
            <xs:restriction base="xs:string">
                <xs:enumeration value="北京大学"/>
            </xs:restriction>
        </xs:simpleType>
    </xs:element>
    <xs:element name="annotation">
        <xs:simpleType>
            <xs:restriction base="xs:string">
                <xs:enumeration value="备注"/>
            </xs:restriction>
        </xs:simpleType>
    </xs:element>
    <xs:element name="basic_metadata">
        <xs:complexType>
            <xs:sequence>
                <xs:element ref="digital_content"/>
                <xs:element ref="creators"/>
            </xs:sequence>
        </xs:complexType>
    </xs:element>
    <xs:element name="certificate">
        <xs:complexType mixed="true">
            <xs:attribute name="type" use="required">
                <xs:simpleType>
                    <xs:restriction base="xs:string">
```

```
                <xs:enumeration value="04"/>
            </xs:restriction>
        </xs:simpleType>
    </xs:attribute>
</xs:complexType>
</xs:element>
<xs:element name="contact">
    <xs:simpleType>
        <xs:restriction base="xs:string">
            <xs:enumeration value="010-12345678"/>
        </xs:restriction>
    </xs:simpleType>
</xs:element>
<xs:element name="content_character_value">
    <xs:simpleType>
        <xs:restriction base="xs:string">
            <xs:enumeration value="内容特征值"/>
        </xs:restriction>
    </xs:simpleType>
</xs:element>
<xs:element name="copyright">
    <xs:complexType>
        <xs:sequence>
            <xs:element ref="copyright_type"/>
            <xs:element ref="copyright_holder"/>
            <xs:element ref="annotation"/>
        </xs:sequence>
    </xs:complexType>
</xs:element>
<xs:element name="copyright_holder">
    <xs:complexType>
        <xs:sequence>
            <xs:element ref="name"/>
            <xs:element ref="affiliate"/>
            <xs:element ref="referent_identifier"/>
            <xs:element ref="annotation" minOccurs="0"/>
            <xs:element ref="contact"/>
            <xs:element ref="location"/>
            <xs:element ref="certificate"/>
        </xs:sequence>
        <xs:attribute name="type">
            <xs:simpleType id="copyrightHolderType">
                <xs:restriction base="xs:string">
```

```
                    <xs:enumeration value="机构"/>
                    <xs:enumeration value="个人"/>
                </xs:restriction>
            </xs:simpleType>
        </xs:attribute>
    </xs:complexType>
</xs:element>
<xs:element name="copyright_type">
    <xs:complexType>
        <xs:attribute name="all" use="required">
            <xs:simpleType>
                <xs:restriction base="xs:string">
                    <xs:enumeration value="Y"/>
                </xs:restriction>
            </xs:simpleType>
        </xs:attribute>
    </xs:complexType>
</xs:element>
<xs:element name="creation_date">
    <xs:simpleType>
        <xs:restriction base="xs:string">
            <xs:enumeration value="1967-03-13"/>
        </xs:restriction>
    </xs:simpleType>
</xs:element>
<xs:element name="creation_location">
    <xs:simpleType>
        <xs:restriction base="xs:string">
            <xs:enumeration value="北京"/>
        </xs:restriction>
    </xs:simpleType>
</xs:element>
<xs:element name="creators">
    <xs:complexType>
        <xs:sequence>
            <xs:element ref="creator" maxOccurs="unbounded"/>
        </xs:sequence>
    </xs:complexType>
</xs:element>
<xs:element name="creator">
    <xs:complexType>
        <xs:sequence>
            <xs:element ref="name"/>
```

```
            <xs:element ref="affiliate"/>
            <xs:element ref="referent_identifier"/>
            <xs:element name="create_mode">
                <xs:simpleType>
                    <xs:restriction base="xs:string">
                        <xs:enumeration value="作者"/>
                        <xs:enumeration value="译者"/>
                    </xs:restriction>
                </xs:simpleType>
            </xs:element>
            <xs:element ref="annotation" minOccurs="0"/>
        </xs:sequence>
        <xs:attribute name="type">
            <xs:simpleType id="creatorTypeType">
                <xs:restriction base="xs:string">
                    <xs:enumeration value="机构"/>
                    <xs:enumeration value="个人"/>
                </xs:restriction>
            </xs:simpleType>
        </xs:attribute>
    </xs:complexType>
</xs:element>
<xs:element name="derivative_attribute">
    <xs:complexType>
        <xs:sequence>
            <xs:element ref="original_content"/>
            <xs:element ref="preedit_content"/>
            <xs:element ref="edit_mode"/>
        </xs:sequence>
    </xs:complexType>
</xs:element>
<xs:element name="digital_content">
    <xs:complexType>
        <xs:sequence>
            <xs:element ref="drmi"/>
            <xs:element ref="titles"/>
            <xs:element ref="language"/>
            <xs:element ref="type"/>
            <xs:element ref="media_type"/>
            <xs:element ref="version"/>
            <xs:element ref="abstract"/>
            <xs:element ref="creation_date"/>
            <xs:element ref="creation_location"/>
```

```
            <xs:element ref="publish_status"/>
            <xs:element ref="derivative_attribute"/>
            <xs:element ref="referent_identifier" maxOccurs="unbounded"/>
            <xs:element ref="content_character_value"/>
            <xs:element ref="annotation"/>
        </xs:sequence>
    </xs:complexType>
</xs:element>
<xs:element name="drmi">
    <xs:simpleType>
        <xs:restriction base="xs:string">
            <xs:enumeration value="drmi000001"/>
        </xs:restriction>
    </xs:simpleType>
</xs:element>
<xs:element name="edit_mode">
    <xs:simpleType>
        <xs:restriction base="xs:string">
            <xs:enumeration value="translate"/>
        </xs:restriction>
    </xs:simpleType>
</xs:element>
<xs:element name="language">
    <xs:simpleType>
        <xs:restriction base="xs:string">
            <xs:enumeration value="zh"/>
        </xs:restriction>
    </xs:simpleType>
</xs:element>
<xs:element name="location">
    <xs:simpleType>
        <xs:restriction base="xs:string">
            <xs:enumeration value="北京市海淀区胸部疾病杂志编辑部"/>
        </xs:restriction>
    </xs:simpleType>
</xs:element>
<xs:element name="media_type">
    <xs:simpleType>
        <xs:restriction base="xs:string">
            <xs:enumeration value="text/plain"/>
        </xs:restriction>
    </xs:simpleType>
</xs:element>
```

```
<xs:element name="name">
    <xs:simpleType>
        <xs:restriction base="xs:string">
            <xs:enumeration value="Karl-Josef Kallen"/>
        </xs:restriction>
    </xs:simpleType>
</xs:element>
<xs:element name="organization">
    <xs:simpleType>
        <xs:restriction base="xs:string">
            <xs:enumeration value="胸部疾病杂志编辑部"/>
        </xs:restriction>
    </xs:simpleType>
</xs:element>
<xs:element name="original_content" type="xs:string"/>
<xs:element name="preedit_content">
    <xs:simpleType>
        <xs:restriction base="xs:string">
            <xs:enumeration value="fibrous tumors"/>
        </xs:restriction>
    </xs:simpleType>
</xs:element>
<xs:element name="publish_date">
    <xs:simpleType>
        <xs:restriction base="xs:string">
            <xs:enumeration value="1967-08-13"/>
        </xs:restriction>
    </xs:simpleType>
</xs:element>
<xs:element name="publish_location">
    <xs:simpleType>
        <xs:restriction base="xs:string">
            <xs:enumeration value="北京"/>
        </xs:restriction>
    </xs:simpleType>
</xs:element>
<xs:element name="publish_status">
    <xs:complexType>
        <xs:sequence>
            <xs:element ref="publish_date"/>
            <xs:element ref="publish_location"/>
        </xs:sequence>
        <xs:attribute name="published" use="required">
```

```
                <xs:simpleType>
                    <xs:restriction base="xs:string">
                        <xs:enumeration value="Y"/>
                    </xs:restriction>
                </xs:simpleType>
            </xs:attribute>
        </xs:complexType>
    </xs:element>
    <xs:element name="referent_identifier">
        <xs:complexType mixed="true">
            <xs:attribute name="name_space">
                <xs:simpleType>
                    <xs:restriction base="xs:string">
                        <xs:enumeration value="doi"/>
                        <xs:enumeration value="isbn"/>
                    </xs:restriction>
                </xs:simpleType>
            </xs:attribute>
        </xs:complexType>
    </xs:element>
    <xs:element name="registerinfo">
        <xs:complexType>
            <xs:sequence>
                <xs:element ref="basic_metadata"/>
                <xs:element ref="copyright"/>
            </xs:sequence>
        </xs:complexType>
    </xs:element>
    <xs:element name="registerinfos">
        <xs:complexType>
            <xs:sequence>
                <xs:element ref="registerinfo" maxOccurs="unbounded"/>
            </xs:sequence>
        </xs:complexType>
    </xs:element>
    <xs:element name="subtitle">
        <xs:simpleType>
            <xs:restriction base="xs:string">
                <xs:enumeration value="book1"/>
            </xs:restriction>
        </xs:simpleType>
    </xs:element>
    <xs:element name="title">
```

```
    <xs:simpleType>
        <xs:restriction base="xs:string">
            <xs:enumeration value="Book"/>
        </xs:restriction>
    </xs:simpleType>
</xs:element>
<xs:element name="titles">
    <xs:complexType>
        <xs:sequence>
            <xs:element ref="title"/>
            <xs:element ref="subtitle"/>
        </xs:sequence>
    </xs:complexType>
</xs:element>
<xs:element name="type">
    <xs:simpleType>
        <xs:restriction base="xs:string">
            <xs:enumeration value="book"/>
        </xs:restriction>
    </xs:simpleType>
</xs:element>
<xs:element name="version">
    <xs:simpleType>
        <xs:restriction base="xs:string">
            <xs:enumeration value="1.0"/>
        </xs:restriction>
    </xs:simpleType>
</xs:element>
<xs:element name="error">
    <xs:complexType>
        <xs:sequence>
            <xs:element name="id" type="xs:string"/>
            <xs:element name="msg" type="xs:string"/>
        </xs:sequence>
    </xs:complexType>
</xs:element>
<xs:element name="result">
    <xs:complexType>
        <xs:sequence>
            <xs:choice>
                <xs:element ref="registerinfos"/>
                <xs:element ref="error"/>
            </xs:choice>
```

```
            </xs:sequence>
        </xs:complexType>
    </xs:element>
</xs:schema>
```

b）示例：

```
<?xml version="1.0" encoding="UTF-8"?>
<result >
    <registerinfos>
        <registerinfo>
            <basic_metadata>
                <digital_content>
                    <drmi>drmi000001</drmi>
                    <titles>
                        <title>Book</title>
                        <subtitle>book1</subtitle>
                    </titles>
                    <language>zh</language>
                    <type>book</type>
                    <media_type>text/plain</media_type>
                    <version>1.0</version>
                    <abstract>an estimated age-standardized</abstract>
                    <creation_date>1967-03-13</creation_date>
                    <creation_location>北京</creation_location>
                    <publish_status published="Y">
                        <publish_date>1967-08-13</publish_date>
                        <publish_location>北京</publish_location>
                    </publish_status>
                    <derivative_attribute>
                        <original_content>String</original_content>
                        <preedit_content>fibrous tumors</preedit_content>
                        <edit_mode>translate</edit_mode>
                    </derivative_attribute>
                    <referent_identifier>text</referent_identifier>
                    <referent_identifier>text</referent_identifier>
                    <content_character_value>内容特征值</content_character_value>
                    <annotation>备注</annotation>
                </digital_content>
                <creators>
                    <creator type= “个人” >
                        <name>Karl-Josef Kallen</name>
                        <affiliate>北京大学</affiliate>
                        <referent_identifier>text</referent_identifier>
                        <create_mode>作者</create_mode>
```

```
                <annotation>备注</annotation>
            </creator>
            <creator type= “个人” >
                <name>Karl-Josef Kallen</name>
                <affiliate>北京大学</affiliate>
                <referent_identifier>text</referent_identifier>
                <create_mode>作者</create_mode>
                <annotation>备注</annotation>
            </creator>
        </creators>
    </basic_metadata>
    <copyright>
        <copyright_type all="Y"/>
        <copyright_holder>
            <name>Karl-Josef Kallen</name>
            <affiliate>北京大学</affiliate>
            <referent_identifier>text</referent_identifier>
            <annotation>备注</annotation>
            <contact>010-12345678</contact>
            <location>北京市海淀区胸部疾病杂志编辑部</location>
            <certificate type="04">text</certificate>
        </copyright_holder>
        <annotation>备注</annotation>
    </copyright>
</registerinfo>
<registerinfo>
    <basic_metadata>
        <digital_content>
            <drmi>drmi000001</drmi>
            <titles>
                <title>Book</title>
                <subtitle>book1</subtitle>
            </titles>
            <language>zh</language>
            <type>book</type>
            <media_type>text/plain</media_type>
            <version>1.0</version>
            <abstract>an estimated age-standardized</abstract>
            <creation_date>1967-03-13</creation_date>
            <creation_location>北京</creation_location>
            <publish_status published="Y">
                <publish_date>1967-08-13</publish_date>
                <publish_location>北京</publish_location>
```

```
                </publish_status>
                <derivative_attribute>
                    <original_content>String</original_content>
                    <preedit_content>fibrous tumors</preedit_content>
                    <edit_mode>translate</edit_mode>
                </derivative_attribute>
                <referent_identifier>text</referent_identifier>
                <referent_identifier>text</referent_identifier>
                <content_character_value>内容特征值</content_character_value>
                <annotation>备注</annotation>
            </digital_content>
            <creators>
                <creator type= “个人” >
                    <name>Karl-Josef Kallen</name>
                    <affiliate>北京大学</affiliate>
                    <referent_identifier>text</referent_identifier>
                    <create_mode>译者</create_mode>
                    <annotation>备注</annotation>
                </creator>
                <creator type= “个人” >
                    <name>Karl-Josef Kallen</name>
                    <affiliate>北京大学</affiliate>
                    <referent_identifier>text</referent_identifier>
                    <create_mode>译者</create_mode>
                    <annotation>备注</annotation>
                </creator>
            </creators>
        </basic_metadata>
        <copyright>
            <copyright_type all="Y"/>
            <copyright_holder>
                <name>Karl-Josef Kallen</name>
                <affiliate>北京大学</affiliate>
                <referent_identifier>text</referent_identifier>
                <annotation>备注</annotation>
                <contact>010-12345678</contact>
                <location>北京市海淀区胸部疾病杂志编辑部</location>
                <certificate type="04">text</certificate>
            </copyright_holder>
            <annotation>备注</annotation>
        </copyright>
    </registerinfo>
</registerinfos>
```

```
</result>
```

发生错误示例

```
<result>
 <error>
    <id>0001</id>
    <msg>不是合法的系统标识符</msg>
</error>
</result>
```

附 录 E
（资料性附录）
基于部分注册信息查询接口返回结果的规范与示例

基于部分注册信息查询接口返回结果的规范与示例如下：

a）规范：

```
<?xml version="1.0" encoding="UTF-8" standalone="yes"?>
<xs:schema xmlns:xs="http://www.w3.org/2001/XMLSchema" elementFormDefault="qualified">
    <xs:element name="abstract">
        <xs:simpleType>
            <xs:restriction base="xs:string">
                <xs:enumeration value="an estimated age-standardized"/>
            </xs:restriction>
        </xs:simpleType>
    </xs:element>
    <xs:element name="affiliate">
        <xs:simpleType>
            <xs:restriction base="xs:string">
                <xs:enumeration value="北京大学"/>
            </xs:restriction>
        </xs:simpleType>
    </xs:element>
    <xs:element name="annotation">
        <xs:simpleType>
            <xs:restriction base="xs:string">
                <xs:enumeration value="备注"/>
            </xs:restriction>
        </xs:simpleType>
    </xs:element>
    <xs:element name="basic_metadata">
        <xs:complexType>
            <xs:sequence>
                <xs:element ref="digital_content"/>
                <xs:element ref="creators"/>
            </xs:sequence>
        </xs:complexType>
    </xs:element>
    <xs:element name="certificate">
        <xs:complexType mixed="true">
            <xs:attribute name="type" use="required">
                <xs:simpleType>
                    <xs:restriction base="xs:string">
```

```
                <xs:enumeration value="04"/>
              </xs:restriction>
            </xs:simpleType>
          </xs:attribute>
        </xs:complexType>
    </xs:element>
    <xs:element name="contact">
        <xs:simpleType>
            <xs:restriction base="xs:string">
                <xs:enumeration value="010-12345678"/>
            </xs:restriction>
        </xs:simpleType>
    </xs:element>
    <xs:element name="content_character_value">
        <xs:simpleType>
            <xs:restriction base="xs:string">
                <xs:enumeration value="内容特征值"/>
            </xs:restriction>
        </xs:simpleType>
    </xs:element>
    <xs:element name="copyright">
        <xs:complexType>
            <xs:sequence>
                <xs:element ref="copyright_type"/>
                <xs:element ref="copyright_holder"/>
                <xs:element ref="annotation"/>
            </xs:sequence>
        </xs:complexType>
    </xs:element>
        <xs:element name="copyright_holder">
        <xs:complexType>
            <xs:sequence>
                <xs:element ref="name"/>
                <xs:element ref="affiliate"/>
                <xs:element ref="referent_identifier"/>
                <xs:element ref="annotation" minOccurs="0"/>
                <xs:element ref="contact"/>
                <xs:element ref="location"/>
                <xs:element ref="certificate"/>
            </xs:sequence>
            <xs:attribute name="type">
                <xs:simpleType id="copyrightHolderType">
                    <xs:restriction base="xs:string">
```

```
                        <xs:enumeration value="机构"/>
                        <xs:enumeration value="个人"/>
                    </xs:restriction>
                </xs:simpleType>
            </xs:attribute>
        </xs:complexType>
    </xs:element>
    <xs:element name="copyright_type">
        <xs:complexType>
            <xs:attribute name="all" use="required">
                <xs:simpleType>
                    <xs:restriction base="xs:string">
                        <xs:enumeration value="Y"/>
                    </xs:restriction>
                </xs:simpleType>
            </xs:attribute>
        </xs:complexType>
    </xs:element>
    <xs:element name="creation_date">
        <xs:simpleType>
            <xs:restriction base="xs:string">
                <xs:enumeration value="1967-03-13"/>
            </xs:restriction>
        </xs:simpleType>
    </xs:element>
    <xs:element name="creation_location">
        <xs:simpleType>
            <xs:restriction base="xs:string">
                <xs:enumeration value="北京"/>
            </xs:restriction>
        </xs:simpleType>
    </xs:element>
    <xs:element name="creators">
        <xs:complexType>
            <xs:sequence>
                <xs:element ref="creator" maxOccurs="unbounded"/>
            </xs:sequence>
        </xs:complexType>
    </xs:element>
    <xs:element name="creator">
        <xs:complexType>
            <xs:sequence>
                <xs:element ref="name"/>
```

```
            <xs:element ref="affiliate"/>
            <xs:element ref="referent_identifier"/>
            <xs:element name="create_mode">
                <xs:simpleType>
                    <xs:restriction base="xs:string">
                        <xs:enumeration value="作者"/>
                        <xs:enumeration value="译者"/>
                    </xs:restriction>
                </xs:simpleType>
            </xs:element>
            <xs:element ref="annotation" minOccurs="0"/>
        </xs:sequence>
        <xs:attribute name="type">
            <xs:simpleType id="creatorTypeType">
                <xs:restriction base="xs:string">
                    <xs:enumeration value="机构"/>
                    <xs:enumeration value="个人"/>
                </xs:restriction>
            </xs:simpleType>
        </xs:attribute>
    </xs:complexType>
</xs:element>
<xs:element name="derivative_attribute">
    <xs:complexType>
        <xs:sequence>
            <xs:element ref="original_content"/>
            <xs:element ref="preedit_content"/>
            <xs:element ref="edit_mode"/>
        </xs:sequence>
    </xs:complexType>
</xs:element>
<xs:element name="digital_content">
    <xs:complexType>
        <xs:sequence>
            <xs:element ref="drmi"/>
            <xs:element ref="titles"/>
            <xs:element ref="language"/>
            <xs:element ref="type"/>
            <xs:element ref="media_type"/>
            <xs:element ref="version"/>
            <xs:element ref="abstract"/>
            <xs:element ref="creation_date"/>
            <xs:element ref="creation_location"/>
```

```
                <xs:element ref="publish_status"/>
                <xs:element ref="derivative_attribute"/>
                <xs:element ref="referent_identifier" maxOccurs="unbounded"/>
                <xs:element ref="content_character_value"/>
                <xs:element ref="annotation"/>
            </xs:sequence>
        </xs:complexType>
    </xs:element>
    <xs:element name="drmi">
        <xs:simpleType>
            <xs:restriction base="xs:string">
                <xs:enumeration value="drmi000001"/>
            </xs:restriction>
        </xs:simpleType>
    </xs:element>
    <xs:element name="edit_mode">
        <xs:simpleType>
            <xs:restriction base="xs:string">
                <xs:enumeration value="translate"/>
            </xs:restriction>
        </xs:simpleType>
    </xs:element>
    <xs:element name="endRow">
        <xs:simpleType>
            <xs:restriction base="xs:string">
                <xs:enumeration value="15"/>
            </xs:restriction>
        </xs:simpleType>
    </xs:element>
    <xs:element name="language">
        <xs:simpleType>
            <xs:restriction base="xs:string">
                <xs:enumeration value="zh"/>
            </xs:restriction>
        </xs:simpleType>
    </xs:element>
    <xs:element name="location">
        <xs:simpleType>
            <xs:restriction base="xs:string">
                <xs:enumeration value="北京市海淀区胸部疾病杂志编辑部"/>
            </xs:restriction>
        </xs:simpleType>
    </xs:element>
```

```
<xs:element name="media_type">
    <xs:simpleType>
        <xs:restriction base="xs:string">
            <xs:enumeration value="text/plain"/>
        </xs:restriction>
    </xs:simpleType>
</xs:element>
<xs:element name="name">
    <xs:simpleType>
        <xs:restriction base="xs:string">
            <xs:enumeration value="Karl-Josef Kallen"/>
        </xs:restriction>
    </xs:simpleType>
</xs:element>
<xs:element name="organization">
    <xs:simpleType>
        <xs:restriction base="xs:string">
            <xs:enumeration value="胸部疾病杂志编辑部"/>
        </xs:restriction>
    </xs:simpleType>
</xs:element>
<xs:element name="original_content" type="xs:string"/>
<xs:element name="preedit_content">
    <xs:simpleType>
        <xs:restriction base="xs:string">
            <xs:enumeration value="fibrous tumors"/>
        </xs:restriction>
    </xs:simpleType>
</xs:element>
<xs:element name="publish_date">
    <xs:simpleType>
        <xs:restriction base="xs:string">
            <xs:enumeration value="1967-08-13"/>
        </xs:restriction>
    </xs:simpleType>
</xs:element>
<xs:element name="publish_location">
    <xs:simpleType>
        <xs:restriction base="xs:string">
            <xs:enumeration value="北京"/>
        </xs:restriction>
    </xs:simpleType>
</xs:element>
```

```
<xs:element name="publish_status">
    <xs:complexType>
        <xs:sequence>
            <xs:element ref="publish_date"/>
            <xs:element ref="publish_location"/>
        </xs:sequence>
        <xs:attribute name="published" use="required">
            <xs:simpleType>
                <xs:restriction base="xs:string">
                    <xs:enumeration value="Y"/>
                </xs:restriction>
            </xs:simpleType>
        </xs:attribute>
    </xs:complexType>
</xs:element>
<xs:element name="referent_identifier">
    <xs:complexType mixed="true">
        <xs:attribute name="name_space">
            <xs:simpleType>
                <xs:restriction base="xs:string">
                    <xs:enumeration value="doi"/>
                    <xs:enumeration value="isbn"/>
                </xs:restriction>
            </xs:simpleType>
        </xs:attribute>
    </xs:complexType>
</xs:element>
<xs:element name="registerinfo">
    <xs:complexType>
        <xs:sequence>
            <xs:element ref="basic_metadata"/>
            <xs:element ref="copyright"/>
        </xs:sequence>
    </xs:complexType>
</xs:element>
<xs:element name="registerinfos">
    <xs:complexType>
        <xs:sequence>
            <xs:element ref="registerinfo" maxOccurs="unbounded"/>
        </xs:sequence>
    </xs:complexType>
</xs:element>
<xs:element name="startRow">
```

```
    <xs:simpleType>
        <xs:restriction base="xs:string">
            <xs:enumeration value="1"/>
        </xs:restriction>
    </xs:simpleType>
</xs:element>
<xs:element name="subtitle">
    <xs:simpleType>
        <xs:restriction base="xs:string">
            <xs:enumeration value="book1"/>
        </xs:restriction>
    </xs:simpleType>
</xs:element>
<xs:element name="title">
    <xs:simpleType>
        <xs:restriction base="xs:string">
            <xs:enumeration value="Book"/>
        </xs:restriction>
    </xs:simpleType>
</xs:element>
<xs:element name="titles">
    <xs:complexType>
        <xs:sequence>
            <xs:element ref="title"/>
            <xs:element ref="subtitle"/>
        </xs:sequence>
    </xs:complexType>
</xs:element>
<xs:element name="totalRow">
    <xs:simpleType>
        <xs:restriction base="xs:string">
            <xs:enumeration value="15"/>
        </xs:restriction>
    </xs:simpleType>
</xs:element>
<xs:element name="type">
    <xs:simpleType>
        <xs:restriction base="xs:string">
            <xs:enumeration value="book"/>
        </xs:restriction>
    </xs:simpleType>
</xs:element>
<xs:element name="version">
```

```
        <xs:simpleType>
            <xs:restriction base="xs:string">
                <xs:enumeration value="1.0"/>
            </xs:restriction>
        </xs:simpleType>
    </xs:element>
    <xs:element name="pageoutput">
        <xs:complexType id="pageoutputType">
            <xs:sequence>
                <xs:element name="start_row" type="xs:integer" default="1"/>
                <xs:element name="end_row" type="xs:integer" default="15"/>
                <xs:element name="order_column" type="xs:string" default="title"/>
                <xs:element name="order_type" type="xs:string" default="asc"/>
                <xs:element name="total_count" type="xs:string"/>
            </xs:sequence>
        </xs:complexType>
    </xs:element>
    <xs:element name="error">
        <xs:complexType>
            <xs:sequence>
                <xs:element name="id" type="xs:string"/>
                <xs:element name="msg" type="xs:string"/>
            </xs:sequence>
        </xs:complexType>
    </xs:element>
    <xs:element name="result">
        <xs:complexType>
            <xs:sequence>
                <xs:choice>
                <xs:sequence>
                <xs:element ref="registerinfos"/>
                <xs:element ref=" pageoutput " maxOccurs="1" />
                </xs:sequence>
                <xs:element ref="error"/>
                </xs:choice>
            </xs:sequence>
        </xs:complexType>
    </xs:element>
</xs:schema>
```

b）示例：

```
<?xml version="1.0" encoding="UTF-8"?>
    <registerinfos>
        <registerinfo>
```

```
<basic_metadata>
    <digital_content>
        <drmi>drmi000001</drmi>
        <titles>
            <title>Book</title>
            <subtitle>book1</subtitle>
        </titles>
        <language>zh</language>
        <type>book</type>
        <media_type>text/plain</media_type>
        <version>1.0</version>
        <abstract>an estimated age-standardized</abstract>
        <creation_date>1967-03-13</creation_date>
        <creation_location>北京</creation_location>
        <publish_status published="Y">
            <publish_date>1967-08-13</publish_date>
            <publish_location>北京</publish_location>
        </publish_status>
        <derivative_attribute>
            <original_content>String</original_content>
            <preedit_content>fibrous tumors</preedit_content>
            <edit_mode>translate</edit_mode>
        </derivative_attribute>
        <referent_identifier>text</referent_identifier>
        <referent_identifier>text</referent_identifier>
        <content_character_value>内容特征值</content_character_value>
        <annotation>备注</annotation>
    </digital_content>
    <creators>
        <creator type= “个人” >
            <name>Karl-Josef Kallen</name>
            <affiliate>北京大学</affiliate>
            <referent_identifier>text</referent_identifier>
            <create_mode>作者</create_mode>
            <annotation>备注</annotation>
        </creator>
        <creator type= “个人” >
            <name>Karl-Josef Kallen</name>
            <affiliate>北京大学</affiliate>
            <referent_identifier>text</referent_identifier>
            <create_mode>作者</create_mode>
            <annotation>备注</annotation>
        </creator>
```

```
            </creators>
        </basic_metadata>
        <copyright>
            <copyright_type all="Y"/>
            <copyright_holder>
                <name>Karl-Josef Kallen</name>
                <affiliate>北京大学</affiliate>
                <referent_identifier>text</referent_identifier>
                <annotation>备注</annotation>
                <contact>010-12345678</contact>
                <location>北京市海淀区胸部疾病杂志编辑部</location>
                <certificate type="04">text</certificate>
            </copyright_holder>
            <annotation>备注</annotation>
        </copyright>
    </registerinfo>
    <registerinfo>
        <basic_metadata>
            <digital_content>
                <drmi>drmi000001</drmi>
                <titles>
                    <title>Book</title>
                    <subtitle>book1</subtitle>
                </titles>
                <language>zh</language>
                <type>book</type>
                <media_type>text/plain</media_type>
                <version>1.0</version>
                <abstract>an estimated age-standardized</abstract>
                <creation_date>1967-03-13</creation_date>
                <creation_location>北京</creation_location>
                <publish_status published="Y">
                    <publish_date>1967-08-13</publish_date>
                    <publish_location>北京</publish_location>
                </publish_status>
                <derivative_attribute>
                    <original_content>String</original_content>
                    <preedit_content>fibrous tumors</preedit_content>
                    <edit_mode>translate</edit_mode>
                </derivative_attribute>
                <referent_identifier>text</referent_identifier>
                <referent_identifier>text</referent_identifier>
                <content_character_value>内容特征值</content_character_value>
```

```
                <annotation>备注</annotation>
            </digital_content>
            <creators>
                <creator type= “个人” >
                    <name>Karl-Josef Kallen</name>
                    <affiliate>北京大学</affiliate>
                    <referent_identifier>text</referent_identifier>
                    <create_mode>作者</create_mode>
                    <annotation>备注</annotation>
                </creator>
                <creator type= “个人” >
                    <name>Karl-Josef Kallen</name>
                    <affiliate>北京大学</affiliate>
                    <referent_identifier>text</referent_identifier>
                    <create_mode>作者</create_mode>
                    <annotation>备注</annotation>
                </creator>
            </creators>
        </basic_metadata>
        <copyright>
            <copyright_type all="Y"/>
            <copyright_holder>
                <name>Karl-Josef Kallen</name>
                <affiliate>北京大学</affiliate>
                <referent_identifier>text</referent_identifier>
                <annotation>备注</annotation>
                <contact>010-12345678</contact>
                <location>北京市海淀区胸部疾病杂志编辑部</location>
                <certificate type="04">text</certificate>
            </copyright_holder>
            <annotation>备注</annotation>
        </copyright>
    </registerinfo>
  </registerinfos>
  <pageoutput>
    <start_row>1</start_row>
    <end_row>15</end_row>
    <order_column>title</order_column>
    <order_type>asc</order_type>
    <total_count>String</total_count>
  </pageoutput>
</result>
```

发生错误示例

```
<result>
 <error>
    <id>0001</id>
    <msg>不是合法的系统标识符</msg>
</error>
</result>
```

GC

数字版权保护技术研发工程标准

GC/BQ 22—2015

服务机构信息管理系统接口

Interfaces for information management system of service agency

2015－02－03 发布　　2015－02－03 实施

新闻出版广电总局新闻出版重大科技工程项目领导小组　发布

目　次

前　　言

本标准按照 GB/T 1.1—2009 给出的规则起草。

本标准由新闻出版广电总局新闻出版重大科技工程项目领导小组办公室提出并归口。

本标准主要起草单位：中国科学院自动化研究所。

本标准主要起草人：刘杰、孙卫、王勤、张泽、凌峰、黄肖俊。

服务机构信息管理系统接口

1 范围

本标准提出了服务机构信息管理系统查询数字内容基本元数据和数字内容著作权元数据接口的功能和参数的规范性描述。

本标准适用于数字内容注册与管理平台和服务机构信息管理系统的开发和应用。

2 规范性引用文件

下列文件对于本文件的应用是必不可少的。凡是注日期的引用文件，仅注日期的版本适用于本文件。凡是不注日期的引用文件，其最新版本（包括所有的修改单）适用于本文件。

GC/BQ 4 数字版权管理标识

GC/BQ 8 数字内容注册规范

3 术语和定义

GC/BQ 3界定的以及下列术语和定义适用于本文件。

3.1

服务机构 service agency

提供发行、代理、销售等数字内容运营服务的机构。

4 接口的列表

服务机构信息管理系统查询数字内容注册与管理平台中注册登记信息的接口，见表1。接口的应用场景请见附录A。

表1 服务机构的信息管理系统接口表

中文名称	英文标签	功能项
基于数字版权管理标识的查询接口	getInfoByDRMI	根据数字版权管理标识查询注册登记信息
基于部分注册登记信息的查询接口	getInfoByPartInfo	根据部分注册登记信息查询注册登记信息

5 接口说明

5.1 基于数字版权管理标识的查询接口

基于数字版权管理标识的查询接口的说明包含以下 9 个要素：

a) 接口名称：基于数字版权管理标识的查询接口；

b) 英文名称：getInfoByDRMI；

c)　功能描述：根据数字版权管理标识查询注册登记信息；
d)　前置条件：查询接口服务启动；
e)　后置条件：等待接收新的查询请求；
f)　函数原型示例：
public String getInfoByDRMI (String systemID, String DRMIS, String signature);
g)　输入参数：见表2；

表2　基于数字版权管理标识的查询接口输入参数

序号	中文名称	英文标签	数据类型	格式	选择性	说明	示例
1	接入系统标识	systemID	字符串	1位~64位	必选	调用查询接口的接入系统标识	ServiceAgency8
2	数字版权管理标识	DRMIS	字符串	Xml 数据格式，包含1个~10个 DRMI	必选	所要查找的数字内容的版权标识符组，DRMI 长度参见 GC/BQ 4	Schema及示例参见附录C及附录D
3	报文签名	signature	字符串	1 位~255位	必选	提交接口中的签名是单向签名，只需发送端签名即可。签名方法如下：BASE64{RSA[MD5(src),privatekey]}，其中 src 为(接入系统标识和MD5(第一个数字版权管理标识)),privatekey 是发送端的服务 CA 证书私钥	MIICVjCCAb+gAwIBAgIKI9fKEDP6AAAO3DANBgkqhkiG9w0BAQUFADA0MR

h)　输出参数：见表 3；

表3　基于数字版权管理标识的查询接口输出参数

序号	中文名称	英文标签	数据类型	格式	选择性	说明	示例
1	返回结果	result	XML 数据	不定长	必选	1）符合条件的注册登记信息，用 xml 文件格式描述，内容包括数字内容基本元数据和数字内容著作权元数据，参照 GC/BQ 8（返回信息已删除个	参见附录 C 及附录 D

						人联系方式、证件等私密信息)； 2）接口错误信息，0001 表示非法系统标识；0002 表示非法数字版权管理标识参数（即未通过 schema 验证）；0003 表示数字签名验签失败；0004 表示该系统标识符存在疑似恶意攻击行为，拒绝访问；0020 表示其他异常，并返回错误信息	

i) web 服务描述：见附录 B。

5.2 基于部分注册登记信息的查询接口

基于部分注册登记信息的查询接口的说明包含以下 9 个要素：

a) 接口名称：基于部分注册登记信息的查询接口；

b) 英文名称：getInfoByPartInfo；

c) 功能描述：根据部分注册登记信息查询注册登记信息；

d) 前置条件：查询接口服务启动；

e) 后置条件：等待接收新的查询请求；

f) 函数原型示例：

public String getInfoByPartInfo(String systemID, String condition,String signature)；

g) 输入参数：见表4；

表4 基于部分注册登记信息的查询接口输入参数

序号	中文名称	英文标签	数据类型	格式	选择性	说明	示例
1	接入系统标识	systemID	字符串	1 位~64 位	必选	调用查询接口的接入系统标识	ServiceAgency8
2	查询条件	condition	字符串	不定长	必选	1）所要查找的数字内容文件的注册登记信息组，这些传入信息包括数字内容名称、作者、出版	Schema 及示例参见附录 C 及附录 D

						社、分类、注册开始时间、注册结束时间 6 个元素，可以部分为空，最长 10 组查询数据； 2）所要求返回的数据分页信息，包括起始行、终止行、排序字段和排序类型，每页 15 条数据，默认起始行为 1，终止行为 15	
3	报文签名	signature	字符串	1 位~255 位	必选	提交接口中的签名是单向签名，只需发送端签名即可。签名方法如下：BASE64{RSA[MD5(src),privatekey]}，其中 src 为(接入系统标识和 MD5(查询条件中的第一条查询信息的所有字段))，privatekey 是发送端的服务 CA 证书私钥	MIICVjCCAb+gAwIBAgIKI9fKEDP6AAAO3DANBgkqhkiG9w0BAQUFADA0MR

h)　输出参数：见表 5；

表5　基于部分注册登记信息的查询接口输出参数

序号	中文名称	英文标签	数据类型	格式	选择性	说明	示例
1	查询结果	result	XML 数据	不定长	必选	1）符合条件的注册登记信息，用 xml 文件格式描述，内容包括开始行、结束行、内容记录总条数、数字内容基本元数据和数字内容著作权元数	Schema 及示例参见附录 C 及附录 D

						据，参照 GC/BQ 8（返回信息已删除个人联系方式、证件等私密信息）； 2）所要求返回的数据分页信息，包括起始行、终止行、排序字段和排序类型，每页 15 条数据，默认起始行为 1，终止行为 15； 3）接口错误信息，0001 表示非法系统标识；0002 表示非法查询条件（即未通过 schema 验证）；0003 表示数字签名验签失败；0004 表示该系统标识符存在疑似恶意攻击行为，拒绝访问；0020 表示其他异常，并返回错误信息	

i) web 服务描述：见附录 B。

附　录　A
（规范性附录）
接口的应用场景

服务机构可以通过本标准中提供的接口对数字内容注册与管理平台中的注册登记信息查询操作，可以分别基于数字版权管理标识和部分注册登记信息进行查询，查询内容包括数字内容基本元数据、数字内容著作权元数据，不包括数字内容著作权合同元数据，数字内容注册与管理平台在研发过程中需要参照这个标准，如图 A.1 所示。

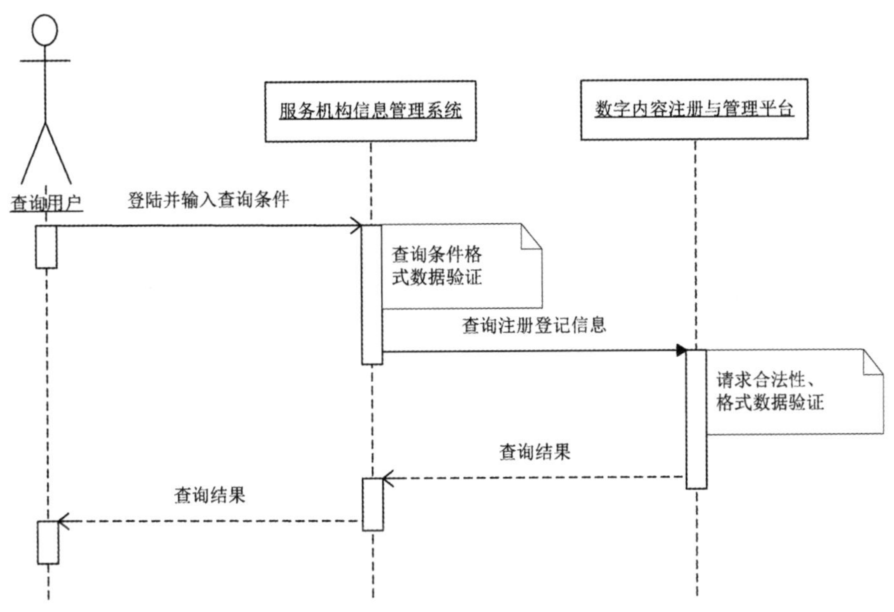

图 A.1 服务机构的信息管理系统接口功能描述图

查询用户登陆服务机构的信息管理系统，输入查询条件进行查询；服务机构的信息管理系统对查询条件的数据和格式进行校验，通过后对数字内容注册与管理平台发起查询请求；数字内容注册与管理平台接受请求后，验证请求的合法性，对操作权限进行判定；数字内容注册与管理平台根据请求内容，进行处理并返回查询的结果；服务机构信息管理系统对返回的结果进行处理。

附 录 B
（规范性附录）
接口的 web 服务描述

接口的 web 服务描述如下：

```
<?xml version="1.0" encoding="UTF-8"?>
<definitions xmlns="http://schemas.xmlsoap.org/wsdl/"
xmlns:soap="http://schemas.xmlsoap.org/wsdl/soap/" xmlns:tns="http://services.hitic.com/"
xmlns:wsu="http://docs.oasis-open.org/wss/2004/01/oasis-200401-wss-wssecurity-utility-1.0.xsd"
xmlns:xsd="http://www.w3.org/2001/XMLSchema" name="QueryInfoService"
targetNamespace="http://services.hitic.com/">
  <types>
    <xs:schema xmlns:xs="http://www.w3.org/2001/XMLSchema"
xmlns:tns="http://services.hitic.com/" targetNamespace="http://services.hitic.com/" version="1.0">
  <xs:element name="getInfoByDRMI" type="tns:getInfoByDRMI"/>
  <xs:element name="getInfoByDRMIResponse" type="tns:getInfoByDRMIResponse"/>
  <xs:element name="getInfoByPartInfo" type="tns:getInfoByPartInfo"/>
  <xs:element name="getInfoByPartInfoResponse" type="tns:getInfoByPartInfoResponse"/>
  <xs:complexType name="getInfoByDRMI">
    <xs:sequence>
      <xs:element minOccurs="0" name="arg0" type="xs:string"/>
      <xs:element minOccurs="0" name="arg1" type="xs:string"/>
      <xs:element minOccurs="0" name="arg2" type="xs:string"/>
    </xs:sequence>
  </xs:complexType>
  <xs:complexType name="getInfoByDRMIResponse">
    <xs:sequence>
      <xs:element minOccurs="0" name="return" type="xs:string"/>
    </xs:sequence>
  </xs:complexType>
  <xs:complexType name="getInfoByPartInfo">
    <xs:sequence>
      <xs:element minOccurs="0" name="arg0" type="xs:string"/>
      <xs:element minOccurs="0" name="arg1" type="xs:string"/>
      <xs:element minOccurs="0" name="arg2" type="xs:string"/>
    </xs:sequence>
  </xs:complexType>
  <xs:complexType name="getInfoByPartInfoResponse">
    <xs:sequence>
      <xs:element minOccurs="0" name="return" type="xs:string"/>
    </xs:sequence>
  </xs:complexType>
</xs:schema>
```

```
</types>
<message name="getInfoByDRMI">
  <part element="tns:getInfoByDRMI" name="parameters"/>
</message>
<message name="getInfoByDRMIResponse">
  <part element="tns:getInfoByDRMIResponse" name="parameters"/>
</message>
<message name="getInfoByPartInfo">
  <part element="tns:getInfoByPartInfo" name="parameters"/>
</message>
<message name="getInfoByPartInfoResponse">
  <part element="tns:getInfoByPartInfoResponse" name="parameters"/>
</message>
<portType name="QueryInfoDelegate">
  <operation name="getInfoByDRMI">
    <input message="tns:getInfoByDRMI"/>
    <output message="tns:getInfoByDRMIResponse"/>
  </operation>
  <operation name="getInfoByPartInfo">
    <input message="tns:getInfoByPartInfo"/>
    <output message="tns:getInfoByPartInfoResponse"/>
  </operation>
</portType>
<binding name="QueryInfoPortBinding" type="tns:QueryInfoDelegate">
  <soap:binding style="document" transport="http://schemas.xmlsoap.org/soap/http"/>
  <operation name="getInfoByDRMI">
    <soap:operation soapAction=""/>
    <input>
      <soap:body use="literal"/>
    </input>
    <output>
      <soap:body use="literal"/>
    </output>
  </operation>
  <operation name="getInfoByPartInfo">
    <soap:operation soapAction=""/>
    <input>
      <soap:body use="literal"/>
    </input>
    <output>
      <soap:body use="literal"/>
    </output>
  </operation>
```

```
  </binding>
  <service name="QueryInfoService">
    <port binding="tns:QueryInfoPortBinding" name="QueryInfoPort">
      <soap:address location="http://localhost:8080/QueryInfo/QueryInfoService"/>
    </port>
  </service>
</definitions>
```

附　录　C
（规范性附录）
接口输入参数及返回结果规范

C.1 基于数字版权管理标识查询接口的输入参数规范：

```
<?xml version="1.0" encoding="UTF-8" standalone="yes"?>
<xs:schema xmlns:xs="http://www.w3.org/2001/XMLSchema" elementFormDefault="qualified">
    <xs:element name="drmis">
        <xs:complexType>
            <xs:sequence>
                <xs:element name="drmi" type="xs:string" minOccurs="1" maxOccurs="10"/>
            </xs:sequence>
        </xs:complexType>
    </xs:element>
</xs:schema>
```

C.2 基于部分注册登记信息查询接口的输入参数规范：

```
<?xml version="1.0" encoding="utf-8"?>
<xs:schema xmlns:xs="http://www.w3.org/2001/XMLSchema" elementFormDefault="qualified">
    <xs:element name="condition">
        <xs:complexType>
            <xs:sequence>
                <xs:element ref="partinfos" minOccurs="1" maxOccurs="1"/>
                <xs:element ref="pageinput" minOccurs="1" maxOccurs="1"/>
            </xs:sequence>
        </xs:complexType>
    </xs:element>
    <xs:element name="author">
        <xs:simpleType>
            <xs:restriction base="xs:string">
                <xs:enumeration value="Writer"/>
            </xs:restriction>
        </xs:simpleType>
    </xs:element>
    <xs:element name="endtime">
        <xs:simpleType>
            <xs:restriction base="xs:date">
                <xs:enumeration value="2013-03-03"/>
            </xs:restriction>
        </xs:simpleType>
    </xs:element>
    <xs:element name="name">
        <xs:simpleType>
```

```
                <xs:restriction base="xs:string">
                    <xs:enumeration value="Book"/>
                </xs:restriction>
            </xs:simpleType>
        </xs:element>
        <xs:element name="partinfo">
            <xs:complexType>
                <xs:sequence>
                    <xs:element ref="name" minOccurs="0"/>
                    <xs:element ref="author" minOccurs="0"/>
                    <xs:element ref="publish" minOccurs="0"/>
                    <xs:element ref="type" minOccurs="0"/>
                    <xs:element ref="starttime" minOccurs="0"/>
                    <xs:element ref="endtime" minOccurs="0"/>
                </xs:sequence>
            </xs:complexType>
        </xs:element>
        <xs:element name="partinfos">
            <xs:complexType>
                <xs:sequence>
                    <xs:element ref="partinfo" maxOccurs="unbounded"/>
                </xs:sequence>
            </xs:complexType>
        </xs:element>
        <xs:element name="publish">
            <xs:simpleType>
                <xs:restriction base="xs:string">
                    <xs:enumeration value="hep"/>
                </xs:restriction>
            </xs:simpleType>
        </xs:element>
        <xs:element name="starttime">
            <xs:simpleType>
                <xs:restriction base="xs:date">
                    <xs:enumeration value="2012-02-02"/>
                </xs:restriction>
            </xs:simpleType>
        </xs:element>
        <xs:element name="type">
            <xs:simpleType>
                <xs:restriction base="xs:string">
                    <xs:enumeration value="图书"/>
                    <xs:enumeration value="报纸"/>
```

```
                <xs:enumeration value="期刊"/>
            </xs:restriction>
        </xs:simpleType>
    </xs:element>
    <xs:element name="pageinput">
        <xs:complexType id="pageInputType">
            <xs:sequence>
                <xs:element name="start_row" type="xs:integer" default="1"/>
                <xs:element name="end_row" type="xs:integer" default="15"/>
                <xs:element name="order_column" default="title">
                    <xs:simpleType id="orderColumnType">
                        <xs:restriction base="xs:string">
                            <xs:enumeration value="title"/>
                            <xs:enumeration value="media_type"/>
                            <xs:enumeration value="application_time"/>
                        </xs:restriction>
                    </xs:simpleType>
                </xs:element>
                <xs:element name="order_type" default="asc">
                    <xs:simpleType id="orderTypeType">
                        <xs:restriction base="xs:string">
                            <xs:enumeration value="asc"/>
                            <xs:enumeration value="desc"/>
                        </xs:restriction>
                    </xs:simpleType>
                </xs:element>
            </xs:sequence>
        </xs:complexType>
    </xs:element>
</xs:schema>
```

C.3 基于数字版权管理标识查询结果规范：

```
<?xml version="1.0" encoding="UTF-8" standalone="yes"?>
<xs:schema xmlns:xs="http://www.w3.org/2001/XMLSchema" elementFormDefault="qualified">
    <xs:element name="abstract">
        <xs:simpleType>
            <xs:restriction base="xs:string">
                <xs:enumeration value="an estimated age-standardized"/>
            </xs:restriction>
        </xs:simpleType>
    </xs:element>
    <xs:element name="affiliate">
        <xs:simpleType>
            <xs:restriction base="xs:string">
```

```
                <xs:enumeration value="北京大学"/>
            </xs:restriction>
        </xs:simpleType>
    </xs:element>
    <xs:element name="annotation">
        <xs:simpleType>
            <xs:restriction base="xs:string">
                <xs:enumeration value="备注"/>
            </xs:restriction>
        </xs:simpleType>
    </xs:element>
    <xs:element name="basic_metadata">
        <xs:complexType>
            <xs:sequence>
                <xs:element ref="digital_content"/>
                <xs:element ref="creators"/>
            </xs:sequence>
        </xs:complexType>
    </xs:element>
    <xs:element name="content_character_value">
        <xs:simpleType>
            <xs:restriction base="xs:string">
                <xs:enumeration value="内容特征值"/>
            </xs:restriction>
        </xs:simpleType>
    </xs:element>
    <xs:element name="copyright">
        <xs:complexType>
            <xs:sequence>
                <xs:element ref="copyright_type"/>
                <xs:element ref="copyright_holder"/>
                <xs:element ref="annotation"/>
            </xs:sequence>
        </xs:complexType>
    </xs:element>
    <xs:element name="copyright_holder">
        <xs:complexType>
            <xs:sequence>
                <xs:element ref="name"/>
                <xs:element ref="affiliate"/>
                <xs:element ref="referent_identifier"/>
                <xs:element ref="annotation" minOccurs="0"/>
                <xs:element ref="location"/>
```

```
            </xs:sequence>
            <xs:attribute name="type">
                <xs:simpleType id="copyrightHolderType">
                    <xs:restriction base="xs:string">
                        <xs:enumeration value="机构"/>
                        <xs:enumeration value="个人"/>
                    </xs:restriction>
                </xs:simpleType>
            </xs:attribute>
        </xs:complexType>
</xs:element>
<xs:element name="copyright_type">
        <xs:complexType>
            <xs:attribute name="all" use="required">
                <xs:simpleType>
                    <xs:restriction base="xs:string">
                        <xs:enumeration value="Y"/>
                    </xs:restriction>
                </xs:simpleType>
            </xs:attribute>
        </xs:complexType>
</xs:element>
<xs:element name="creation_date">
        <xs:simpleType>
            <xs:restriction base="xs:string">
                <xs:enumeration value="1967-03-13"/>
            </xs:restriction>
        </xs:simpleType>
</xs:element>
<xs:element name="creation_location">
        <xs:simpleType>
            <xs:restriction base="xs:string">
                <xs:enumeration value="北京"/>
            </xs:restriction>
        </xs:simpleType>
</xs:element>
<xs:element name="creators">
        <xs:complexType>
            <xs:sequence>
                <xs:element ref="creator" maxOccurs="unbounded"/>
            </xs:sequence>
        </xs:complexType>
</xs:element>
```

```
<xs:element name="creator">
    <xs:complexType>
        <xs:sequence>
            <xs:element ref="name"/>
            <xs:element ref="affiliate"/>
            <xs:element ref="referent_identifier"/>
            <xs:element name="create_mode">
                <xs:simpleType>
                    <xs:restriction base="xs:string">
                        <xs:enumeration value="作者"/>
                        <xs:enumeration value="译者"/>
                    </xs:restriction>
                </xs:simpleType>
            </xs:element>
            <xs:element ref="annotation" minOccurs="0"/>
        </xs:sequence>
        <xs:attribute name="type">
            <xs:simpleType id="creatorTypeType">
                <xs:restriction base="xs:string">
                    <xs:enumeration value="机构"/>
                    <xs:enumeration value="个人"/>
                </xs:restriction>
            </xs:simpleType>
        </xs:attribute>
    </xs:complexType>
</xs:element>
<xs:element name="derivative_attribute">
    <xs:complexType>
        <xs:sequence>
            <xs:element ref="original_content"/>
            <xs:element ref="preedit_content"/>
            <xs:element ref="edit_mode"/>
        </xs:sequence>
    </xs:complexType>
</xs:element>
<xs:element name="digital_content">
    <xs:complexType>
        <xs:sequence>
            <xs:element ref="drmi"/>
            <xs:element ref="titles"/>
            <xs:element ref="language"/>
            <xs:element ref="type"/>
            <xs:element ref="media_type"/>
```

```
                <xs:element ref="version"/>
                <xs:element ref="abstract"/>
                <xs:element ref="creation_date"/>
                <xs:element ref="creation_location"/>
                <xs:element ref="publish_status"/>
                <xs:element ref="derivative_attribute"/>
                <xs:element ref="referent_identifier" maxOccurs="unbounded"/>
                <xs:element ref="content_character_value"/>
                <xs:element ref="annotation"/>
            </xs:sequence>
        </xs:complexType>
    </xs:element>
    <xs:element name="drmi">
        <xs:simpleType>
            <xs:restriction base="xs:string">
                <xs:enumeration value="drmi000001"/>
            </xs:restriction>
        </xs:simpleType>
    </xs:element>
    <xs:element name="edit_mode">
        <xs:simpleType>
            <xs:restriction base="xs:string">
                <xs:enumeration value="translate"/>
            </xs:restriction>
        </xs:simpleType>
    </xs:element>
    <xs:element name="language">
        <xs:simpleType>
            <xs:restriction base="xs:string">
                <xs:enumeration value="zh"/>
            </xs:restriction>
        </xs:simpleType>
    </xs:element>
    <xs:element name="location">
        <xs:simpleType>
            <xs:restriction base="xs:string">
                <xs:enumeration value="北京市海淀区胸部疾病杂志编辑部"/>
            </xs:restriction>
        </xs:simpleType>
    </xs:element>
    <xs:element name="media_type">
        <xs:simpleType>
            <xs:restriction base="xs:string">
```

```
                <xs:enumeration value="text/plain"/>
            </xs:restriction>
        </xs:simpleType>
    </xs:element>
    <xs:element name="name">
        <xs:simpleType>
            <xs:restriction base="xs:string">
                <xs:enumeration value="Karl-Josef Kallen"/>
            </xs:restriction>
        </xs:simpleType>
    </xs:element>
    <xs:element name="organization">
        <xs:simpleType>
            <xs:restriction base="xs:string">
                <xs:enumeration value="胸部疾病杂志编辑部"/>
            </xs:restriction>
        </xs:simpleType>
    </xs:element>
    <xs:element name="original_content" type="xs:string"/>
    <xs:element name="preedit_content">
        <xs:simpleType>
            <xs:restriction base="xs:string">
                <xs:enumeration value="fibrous tumors"/>
            </xs:restriction>
        </xs:simpleType>
    </xs:element>
    <xs:element name="publish_date">
        <xs:simpleType>
            <xs:restriction base="xs:string">
                <xs:enumeration value="1967-08-13"/>
            </xs:restriction>
        </xs:simpleType>
    </xs:element>
    <xs:element name="publish_location">
        <xs:simpleType>
            <xs:restriction base="xs:string">
                <xs:enumeration value="北京"/>
            </xs:restriction>
        </xs:simpleType>
    </xs:element>
    <xs:element name="publish_status">
        <xs:complexType>
            <xs:sequence>
```

```
                <xs:element ref="publish_date"/>
                <xs:element ref="publish_location"/>
            </xs:sequence>
            <xs:attribute name="published" use="required">
                <xs:simpleType>
                    <xs:restriction base="xs:string">
                        <xs:enumeration value="Y"/>
                    </xs:restriction>
                </xs:simpleType>
            </xs:attribute>
        </xs:complexType>
    </xs:element>
    <xs:element name="referent_identifier">
        <xs:complexType mixed="true">
            <xs:attribute name="name_space">
                <xs:simpleType>
                    <xs:restriction base="xs:string">
                        <xs:enumeration value="doi"/>
                        <xs:enumeration value="isbn"/>
                    </xs:restriction>
                </xs:simpleType>
            </xs:attribute>
        </xs:complexType>
    </xs:element>
    <xs:element name="registerinfo">
        <xs:complexType>
            <xs:sequence>
                <xs:element ref="basic_metadata"/>
                <xs:element ref="copyright"/>
            </xs:sequence>
        </xs:complexType>
    </xs:element>
    <xs:element name="registerinfos">
        <xs:complexType>
            <xs:sequence>
                <xs:element ref="registerinfo" maxOccurs="unbounded"/>
            </xs:sequence>
        </xs:complexType>
    </xs:element>
    <xs:element name="subtitle">
        <xs:simpleType>
            <xs:restriction base="xs:string">
                <xs:enumeration value="book1"/>
```

```
            </xs:restriction>
        </xs:simpleType>
    </xs:element>
    <xs:element name="title">
        <xs:simpleType>
            <xs:restriction base="xs:string">
                <xs:enumeration value="Book"/>
            </xs:restriction>
        </xs:simpleType>
    </xs:element>
    <xs:element name="titles">
        <xs:complexType>
            <xs:sequence>
                <xs:element ref="title"/>
                <xs:element ref="subtitle"/>
            </xs:sequence>
        </xs:complexType>
    </xs:element>
    <xs:element name="type">
        <xs:simpleType>
            <xs:restriction base="xs:string">
                <xs:enumeration value="book"/>
            </xs:restriction>
        </xs:simpleType>
    </xs:element>
    <xs:element name="version">
        <xs:simpleType>
            <xs:restriction base="xs:string">
                <xs:enumeration value="1.0"/>
            </xs:restriction>
        </xs:simpleType>
    </xs:element>
    <xs:element name="error">
        <xs:complexType>
            <xs:sequence>
                <xs:element name="id" type="xs:string"/>
                <xs:element name="msg" type="xs:string"/>
            </xs:sequence>
        </xs:complexType>
    </xs:element>
    <xs:element name="result">
        <xs:complexType>
            <xs:sequence>
```

```
                <xs:choice>
                    <xs:element ref="registerinfos"/>
                    <xs:element ref="error"/>
                </xs:choice>
            </xs:sequence>
        </xs:complexType>
    </xs:element>
</xs:schema>
```

C.4 基于部分注册登记信息查询结果规范：

```
<?xml version="1.0" encoding="UTF-8" standalone="yes"?>
<xs:schema xmlns:xs="http://www.w3.org/2001/XMLSchema" elementFormDefault="qualified">
    <xs:element name="abstract">
        <xs:simpleType>
            <xs:restriction base="xs:string">
                <xs:enumeration value="an estimated age-standardized"/>
            </xs:restriction>
        </xs:simpleType>
    </xs:element>
    <xs:element name="affiliate">
        <xs:simpleType>
            <xs:restriction base="xs:string">
                <xs:enumeration value="北京大学"/>
            </xs:restriction>
        </xs:simpleType>
    </xs:element>
    <xs:element name="annotation">
        <xs:simpleType>
            <xs:restriction base="xs:string">
                <xs:enumeration value="备注"/>
            </xs:restriction>
        </xs:simpleType>
    </xs:element>
    <xs:element name="basic_metadata">
        <xs:complexType>
            <xs:sequence>
                <xs:element ref="digital_content"/>
                <xs:element ref="creators"/>
            </xs:sequence>
        </xs:complexType>
    </xs:element>
    <xs:element name="content_character_value">
        <xs:simpleType>
```

```
            <xs:restriction base="xs:string">
                <xs:enumeration value="内容特征值"/>
            </xs:restriction>
        </xs:simpleType>
    </xs:element>
    <xs:element name="copyright">
        <xs:complexType>
            <xs:sequence>
                <xs:element ref="copyright_type"/>
                <xs:element ref="copyright_holder"/>
                <xs:element ref="annotation"/>
            </xs:sequence>
        </xs:complexType>
    </xs:element>
        <xs:element name="copyright_holder">
        <xs:complexType>
            <xs:sequence>
                <xs:element ref="name"/>
                <xs:element ref="affiliate"/>
                <xs:element ref="referent_identifier"/>
                <xs:element ref="annotation" minOccurs="0"/>
                <xs:element ref="location"/>
            </xs:sequence>
            <xs:attribute name="type">
                <xs:simpleType id="copyrightHolderType">
                    <xs:restriction base="xs:string">
                        <xs:enumeration value="机构"/>
                        <xs:enumeration value="个人"/>
                    </xs:restriction>
                </xs:simpleType>
            </xs:attribute>
        </xs:complexType>
    </xs:element>
    <xs:element name="copyright_type">
        <xs:complexType>
            <xs:attribute name="all" use="required">
                <xs:simpleType>
                    <xs:restriction base="xs:string">
                        <xs:enumeration value="Y"/>
                    </xs:restriction>
                </xs:simpleType>
            </xs:attribute>
        </xs:complexType>
```

```
</xs:element>
<xs:element name="creation_date">
    <xs:simpleType>
        <xs:restriction base="xs:string">
            <xs:enumeration value="1967-03-13"/>
        </xs:restriction>
    </xs:simpleType>
</xs:element>
<xs:element name="creation_location">
    <xs:simpleType>
        <xs:restriction base="xs:string">
            <xs:enumeration value="北京"/>
        </xs:restriction>
    </xs:simpleType>
</xs:element>
<xs:element name="creators">
    <xs:complexType>
        <xs:sequence>
            <xs:element ref="creator" maxOccurs="unbounded"/>
        </xs:sequence>
    </xs:complexType>
</xs:element>
<xs:element name="creator">
    <xs:complexType>
        <xs:sequence>
            <xs:element ref="name"/>
            <xs:element ref="affiliate"/>
            <xs:element ref="referent_identifier"/>
            <xs:element name="create_mode">
                <xs:simpleType>
                    <xs:restriction base="xs:string">
                        <xs:enumeration value="作者"/>
                        <xs:enumeration value="译者"/>
                    </xs:restriction>
                </xs:simpleType>
            </xs:element>
            <xs:element ref="annotation" minOccurs="0"/>
        </xs:sequence>
        <xs:attribute name="type">
            <xs:simpleType id="creatorTypeType">
                <xs:restriction base="xs:string">
                    <xs:enumeration value="机构"/>
                    <xs:enumeration value="个人"/>
```

```
                </xs:restriction>
            </xs:simpleType>
        </xs:attribute>
    </xs:complexType>
</xs:element>
<xs:element name="derivative_attribute">
    <xs:complexType>
        <xs:sequence>
            <xs:element ref="original_content"/>
            <xs:element ref="preedit_content"/>
            <xs:element ref="edit_mode"/>
        </xs:sequence>
    </xs:complexType>
</xs:element>
<xs:element name="digital_content">
    <xs:complexType>
        <xs:sequence>
            <xs:element ref="drmi"/>
            <xs:element ref="titles"/>
            <xs:element ref="language"/>
            <xs:element ref="type"/>
            <xs:element ref="media_type"/>
            <xs:element ref="version"/>
            <xs:element ref="abstract"/>
            <xs:element ref="creation_date"/>
            <xs:element ref="creation_location"/>
            <xs:element ref="publish_status"/>
            <xs:element ref="derivative_attribute"/>
            <xs:element ref="referent_identifier" maxOccurs="unbounded"/>
            <xs:element ref="content_character_value"/>
            <xs:element ref="annotation"/>
        </xs:sequence>
    </xs:complexType>
</xs:element>
<xs:element name="drmi">
    <xs:simpleType>
        <xs:restriction base="xs:string">
            <xs:enumeration value="drmi000001"/>
        </xs:restriction>
    </xs:simpleType>
</xs:element>
<xs:element name="edit_mode">
    <xs:simpleType>
```

```xml
            <xs:restriction base="xs:string">
                <xs:enumeration value="translate"/>
            </xs:restriction>
        </xs:simpleType>
    </xs:element>
    <xs:element name="endRow">
        <xs:simpleType>
            <xs:restriction base="xs:string">
                <xs:enumeration value="15"/>
            </xs:restriction>
        </xs:simpleType>
    </xs:element>
    <xs:element name="language">
        <xs:simpleType>
            <xs:restriction base="xs:string">
                <xs:enumeration value="zh"/>
            </xs:restriction>
        </xs:simpleType>
    </xs:element>
    <xs:element name="location">
        <xs:simpleType>
            <xs:restriction base="xs:string">
                <xs:enumeration value="北京市海淀区胸部疾病杂志编辑部"/>
            </xs:restriction>
        </xs:simpleType>
    </xs:element>
    <xs:element name="media_type">
        <xs:simpleType>
            <xs:restriction base="xs:string">
                <xs:enumeration value="text/plain"/>
            </xs:restriction>
        </xs:simpleType>
    </xs:element>
    <xs:element name="name">
        <xs:simpleType>
            <xs:restriction base="xs:string">
                <xs:enumeration value="Karl-Josef Kallen"/>
            </xs:restriction>
        </xs:simpleType>
    </xs:element>
    <xs:element name="organization">
        <xs:simpleType>
            <xs:restriction base="xs:string">
```

```
                <xs:enumeration value="胸部疾病杂志编辑部"/>
            </xs:restriction>
        </xs:simpleType>
    </xs:element>
    <xs:element name="original_content" type="xs:string"/>
    <xs:element name="preedit_content">
        <xs:simpleType>
            <xs:restriction base="xs:string">
                <xs:enumeration value="fibrous tumors"/>
            </xs:restriction>
        </xs:simpleType>
    </xs:element>
    <xs:element name="publish_date">
        <xs:simpleType>
            <xs:restriction base="xs:string">
                <xs:enumeration value="1967-08-13"/>
            </xs:restriction>
        </xs:simpleType>
    </xs:element>
    <xs:element name="publish_location">
        <xs:simpleType>
            <xs:restriction base="xs:string">
                <xs:enumeration value="北京"/>
            </xs:restriction>
        </xs:simpleType>
    </xs:element>
    <xs:element name="publish_status">
        <xs:complexType>
            <xs:sequence>
                <xs:element ref="publish_date"/>
                <xs:element ref="publish_location"/>
            </xs:sequence>
            <xs:attribute name="published" use="required">
                <xs:simpleType>
                    <xs:restriction base="xs:string">
                        <xs:enumeration value="Y"/>
                    </xs:restriction>
                </xs:simpleType>
            </xs:attribute>
        </xs:complexType>
    </xs:element>
    <xs:element name="referent_identifier">
        <xs:complexType mixed="true">
```

```
        <xs:attribute name="name_space">
            <xs:simpleType>
                <xs:restriction base="xs:string">
                    <xs:enumeration value="doi"/>
                    <xs:enumeration value="isbn"/>
                </xs:restriction>
            </xs:simpleType>
        </xs:attribute>
    </xs:complexType>
</xs:element>
<xs:element name="registerinfo">
    <xs:complexType>
        <xs:sequence>
            <xs:element ref="basic_metadata"/>
            <xs:element ref="copyright"/>
        </xs:sequence>
    </xs:complexType>
</xs:element>
<xs:element name="registerinfos">
    <xs:complexType>
        <xs:sequence>
            <xs:element ref="registerinfo" maxOccurs="unbounded"/>
        </xs:sequence>
    </xs:complexType>
</xs:element>
<xs:element name="startRow">
    <xs:simpleType>
        <xs:restriction base="xs:string">
            <xs:enumeration value="1"/>
        </xs:restriction>
    </xs:simpleType>
</xs:element>
<xs:element name="subtitle">
    <xs:simpleType>
        <xs:restriction base="xs:string">
            <xs:enumeration value="book1"/>
        </xs:restriction>
    </xs:simpleType>
</xs:element>
<xs:element name="title">
    <xs:simpleType>
        <xs:restriction base="xs:string">
            <xs:enumeration value="Book"/>
```

```
            </xs:restriction>
        </xs:simpleType>
    </xs:element>
    <xs:element name="titles">
        <xs:complexType>
            <xs:sequence>
                <xs:element ref="title"/>
                <xs:element ref="subtitle"/>
            </xs:sequence>
        </xs:complexType>
    </xs:element>
    <xs:element name="totalRow">
        <xs:simpleType>
            <xs:restriction base="xs:string">
                <xs:enumeration value="15"/>
            </xs:restriction>
        </xs:simpleType>
    </xs:element>
    <xs:element name="type">
        <xs:simpleType>
            <xs:restriction base="xs:string">
                <xs:enumeration value="book"/>
            </xs:restriction>
        </xs:simpleType>
    </xs:element>
    <xs:element name="version">
        <xs:simpleType>
            <xs:restriction base="xs:string">
                <xs:enumeration value="1.0"/>
            </xs:restriction>
        </xs:simpleType>
    </xs:element>
    <xs:element name="pageoutput">
        <xs:complexType id="pageoutputType">
            <xs:sequence>
                <xs:element name="start_row" type="xs:integer" default="1"/>
                <xs:element name="end_row" type="xs:integer" default="15"/>
                <xs:element name="order_column" type="xs:string" default="title"/>
                <xs:element name="order_type" type="xs:string" default="asc"/>
                <xs:element name="total_count" type="xs:string"/>
            </xs:sequence>
        </xs:complexType>
    </xs:element>
```

```
    <xs:element name="error">
        <xs:complexType>
            <xs:sequence>
                <xs:element name="id" type="xs:string"/>
                <xs:element name="msg" type="xs:string"/>
            </xs:sequence>
        </xs:complexType>
    </xs:element>
    <xs:element name="result">
        <xs:complexType>
            <xs:sequence>
                <xs:choice>
                <xs:sequence>
                <xs:element ref="registerinfos"/>
                <xs:element ref=" pageoutput " maxOccurs="1" />
                </xs:sequence>
                <xs:element ref="error"/>
                </xs:choice>
            </xs:sequence>
        </xs:complexType>
    </xs:element>
</xs:schema>
```

附　录　D
（资料性附录）
接口输入参数及返回结果示例

D.1 基于数字版权管理标识查询接口的输入参数示例：

```xml
<?xml version="1.0" encoding="UTF-8"?>
<drmis>
    <drmi>078775439000000001001Q</drmi>
    <drmi>072568539000000001001C </drmi>
    <drmi>056823439000000001001V </drmi>
    <drmi>058695439000000001001D </drmi>
    <drmi>078775439000000001001F </drmi>
    <drmi>078458939000000001001R </drmi>
    <drmi>078586592000000001001C </drmi>
    <drmi>078754872000000001001F </drmi>
    <drmi>048586529000000001001T </drmi>
    <drmi>072568639000000001001Q </drmi>
</drmis>
```

D.2 基于部分注册登记信息查询接口的输入参数示例：

```xml
<?xml version="1.0" encoding="UTF-8"?>
<condition>
    <partinfos>
        <partinfo>
            <name>Book1</name>
            <author>Writer</author>
            <publish>hep</publish>
            <type>期刊</type>
            <starttime>2012-02-02</starttime>
            <endtime>2013-03-03</endtime>
        </partinfo>
        <partinfo>
            <name>Book2</name>
            <author>Writer</author>
            <publish>hep</publish>
            <type>报纸</type>
        </partinfo>
    </partinfos>
    <pageinput>
        <start_row>1</start_row>
        <end_row>15</end_row>
        <order_column>title</order_column>
        <order_type>asc</order_type>
```

```
        </pageinput>
</condition>
```

D.3 基于数字版权管理标识查询结果示例：


```
<?xml version="1.0" encoding="UTF-8"?>
<result >
        <registerinfos>
                <registerinfo>
                        <basic_metadata>
                                <digital_content>
                                        <drmi>drmi000001</drmi>
                                        <titles>
                                                <title>Book</title>
                                                <subtitle>book1</subtitle>
                                        </titles>
                                        <language>zh</language>
                                        <type>book</type>
                                        <media_type>text/plain</media_type>
                                        <version>1.0</version>
                                        <abstract>an estimated age-standardized</abstract>
                                        <creation_date>1967-03-13</creation_date>
                                        <creation_location>北京</creation_location>
                                        <publish_status published="Y">
                                                <publish_date>1967-08-13</publish_date>
                                                <publish_location>北京</publish_location>
                                        </publish_status>
                                        <derivative_attribute>
                                                <original_content>String</original_content>
                                                <preedit_content>fibrous tumors</preedit_content>
                                                <edit_mode>translate</edit_mode>
                                        </derivative_attribute>
                                        <referent_identifier>text</referent_identifier>
                                        <referent_identifier>text</referent_identifier>
                                        <content_character_value>内容特征值</content_character_value>
                                        <annotation>备注</annotation>
                                </digital_content>
                                <creators>
                                        <creator type="个人">
                                                <name>Karl-Josef Kallen</name>
                                                <affiliate>北京大学</affiliate>
                                                <referent_identifier>text</referent_identifier>
                                                <create_mode>作者</create_mode>
                                                <annotation>备注</annotation>
```

```
                </creator>
                <creator type="个人">
                    <name>Karl-Josef Kallen</name>
                    <affiliate>北京大学</affiliate>
                    <referent_identifier>text</referent_identifier>
                    <create_mode>作者</create_mode>
                    <annotation>备注</annotation>
                </creator>
            </creators>
        </basic_metadata>
        <copyright>
            <copyright_type all="Y"/>
            <copyright_holder>
                <name>Karl-Josef Kallen</name>
                <affiliate>北京大学</affiliate>
                <referent_identifier>text</referent_identifier>
                <annotation>备注</annotation>
                <location>北京市海淀区胸部疾病杂志编辑部</location>
            </copyright_holder>
            <annotation>备注</annotation>
        </copyright>
    </registerinfo>
    <registerinfo>
        <basic_metadata>
            <digital_content>
                <drmi>drmi000001</drmi>
                <titles>
                    <title>Book</title>
                    <subtitle>book1</subtitle>
                </titles>
                <language>zh</language>
                <type>book</type>
                <media_type>text/plain</media_type>
                <version>1.0</version>
                <abstract>an estimated age-standardized</abstract>
                <creation_date>1967-03-13</creation_date>
                <creation_location>北京</creation_location>
                <publish_status published="Y">
                    <publish_date>1967-08-13</publish_date>
                    <publish_location>北京</publish_location>
                </publish_status>
                <derivative_attribute>
                    <original_content>String</original_content>
```

```
                        <preedit_content>fibrous tumors</preedit_content>
                        <edit_mode>translate</edit_mode>
                    </derivative_attribute>
                    <referent_identifier>text</referent_identifier>
                    <referent_identifier>text</referent_identifier>
                    <content_character_value>内容特征值</content_character_value>
                    <annotation>备注</annotation>
                </digital_content>
                <creators>
                    <creator type="个人">
                        <name>Karl-Josef Kallen</name>
                        <affiliate>北京大学</affiliate>
                        <referent_identifier>text</referent_identifier>
                        <create_mode>译者</create_mode>
                        <annotation>备注</annotation>
                    </creator>
                    <creator type="个人">
                        <name>Karl-Josef Kallen</name>
                        <affiliate>北京大学</affiliate>
                        <referent_identifier>text</referent_identifier>
                        <create_mode>译者</create_mode>
                        <annotation>备注</annotation>
                    </creator>
                </creators>
            </basic_metadata>
            <copyright>
                <copyright_type all="Y"/>
                <copyright_holder>
                    <name>Karl-Josef Kallen</name>
                    <affiliate>北京大学</affiliate>
                    <referent_identifier>text</referent_identifier>
                    <annotation>备注</annotation>
                    <location>北京市海淀区胸部疾病杂志编辑部</location>
                </copyright_holder>
                <annotation>备注</annotation>
            </copyright>
        </registerinfo>
    </registerinfos>
</result>
```

发生错误示例：

```
<result>
 <error>
    <id>0001</id>
```

```xml
        <msg>不是合法的系统标识符</msg>
    </error>
</result>
```


D.4 基于部分注册登记信息查询结果示例：


```xml
<?xml version="1.0" encoding="UTF-8"?>
    <registerinfos>
        <registerinfo>
            <basic_metadata>
                <digital_content>
                    <drmi>drmi000001</drmi>
                    <titles>
                        <title>Book</title>
                        <subtitle>book1</subtitle>
                    </titles>
                    <language>zh</language>
                    <type>book</type>
                    <media_type>text/plain</media_type>
                    <version>1.0</version>
                    <abstract>an estimated age-standardized</abstract>
                    <creation_date>1967-03-13</creation_date>
                    <creation_location>北京</creation_location>
                    <publish_status published="Y">
                        <publish_date>1967-08-13</publish_date>
                        <publish_location>北京</publish_location>
                    </publish_status>
                    <derivative_attribute>
                        <original_content>String</original_content>
                        <preedit_content>fibrous tumors</preedit_content>
                        <edit_mode>translate</edit_mode>
                    </derivative_attribute>
                    <referent_identifier>text</referent_identifier>
                    <referent_identifier>text</referent_identifier>
                    <content_character_value>内容特征值</content_character_value>
                    <annotation>备注</annotation>
                </digital_content>
                <creators>
                    <creator type="个人">
                        <name>Karl-Josef Kallen</name>
                        <affiliate>北京大学</affiliate>
                        <referent_identifier>text</referent_identifier>
                        <create_mode>作者</create_mode>
                        <annotation>备注</annotation>
                    </creator>
```

```
                <creator type="个人">
                    <name>Karl-Josef Kallen</name>
                    <affiliate>北京大学</affiliate>
                    <referent_identifier>text</referent_identifier>
                    <create_mode>作者</create_mode>
                    <annotation>备注</annotation>
                </creator>
            </creators>
        </basic_metadata>
        <copyright>
            <copyright_type all="Y"/>
            <copyright_holder>
                <name>Karl-Josef Kallen</name>
                <affiliate>北京大学</affiliate>
                <referent_identifier>text</referent_identifier>
                <annotation>备注</annotation>
                <location>北京市海淀区胸部疾病杂志编辑部</location>
            </copyright_holder>
            <annotation>备注</annotation>
        </copyright>
    </registerinfo>
    <registerinfo>
        <basic_metadata>
            <digital_content>
                <drmi>drmi000001</drmi>
                <titles>
                    <title>Book</title>
                    <subtitle>book1</subtitle>
                </titles>
                <language>zh</language>
                <type>book</type>
                <media_type>text/plain</media_type>
                <version>1.0</version>
                <abstract>an estimated age-standardized</abstract>
                <creation_date>1967-03-13</creation_date>
                <creation_location>北京</creation_location>
                <publish_status published="Y">
                    <publish_date>1967-08-13</publish_date>
                    <publish_location>北京</publish_location>
                </publish_status>
                <derivative_attribute>
                    <original_content>String</original_content>
                    <preedit_content>fibrous tumors</preedit_content>
```

```
                <edit_mode>translate</edit_mode>
            </derivative_attribute>
            <referent_identifier>text</referent_identifier>
            <referent_identifier>text</referent_identifier>
            <content_character_value>内容特征值</content_character_value>
            <annotation>备注</annotation>
        </digital_content>
        <creators>
            <creator type=“个人”>
                <name>Karl-Josef Kallen</name>
                <affiliate>北京大学</affiliate>
                <referent_identifier>text</referent_identifier>
                <create_mode>作者</create_mode>
                <annotation>备注</annotation>
            </creator>
            <creator type=“个人”>
                <name>Karl-Josef Kallen</name>
                <affiliate>北京大学</affiliate>
                <referent_identifier>text</referent_identifier>
                <create_mode>作者</create_mode>
                <annotation>备注</annotation>
            </creator>
        </creators>
    </basic_metadata>
    <copyright>
        <copyright_type all="Y"/>
        <copyright_holder>
            <name>Karl-Josef Kallen</name>
            <affiliate>北京大学</affiliate>
            <referent_identifier>text</referent_identifier>
            <annotation>备注</annotation>
            <location>北京市海淀区胸部疾病杂志编辑部</location>
        </copyright_holder>
        <annotation>备注</annotation>
    </copyright>
</registerinfo>
</registerinfos>
<pageoutput>
    <start_row>1</start_row>
    <end_row>15</end_row>
    <order_column>title</order_column>
    <order_type>asc</order_type>
    <total_count>50</total_count>
```

```
    </pageoutput>
</result>
```

D.5 发生错误示例：

```
<result>
 <error>
    <id>0001</id>
    <msg>不是合法的系统标识符</msg>
</error>
</result>
```

GC

数字版权保护技术研发工程标准

GC/BQ 24—2015

数字版权保护机构信息管理系统接口

Interfaces for information management system of digital copyright protection agency

2015-02-03 发布　　　　2015-02-03 实施

新闻出版广电总局新闻出版重大科技工程项目领导小组　发布

目　次

前　言

本标准按照 GB/T 1.1—2009 给出的规则起草。

本标准由新闻出版广电总局新闻出版重大科技工程项目领导小组办公室提出并归口。

本标准主要起草单位：中国科学院自动化研究所。

本标准主要起草人：刘杰、孙卫、凌峰。

数字版权保护机构信息管理系统接口

1　范围

本标准提出了数字版权保护机构信息管理系统查询数字内容基本元数据、数字内容著作权元数据和合同元数据接口的功能和参数的规范性描述。

本标准适用于数字内容注册与管理平台和数字版权保护机构信息管理系统的开发和应用。

2　规范性引用文件

下列文件对于本文件的应用是必不可少的。凡是注日期的引用文件，仅注日期的版本适用于本文件。凡是不注日期的引用文件，其最新版本（包括所有的修改单）适用于本文件。

GC/BQ 4 数字版权管理标识

GC/BQ 8 数字内容注册规范

3　术语和定义

下列术语和定义适用于本文件。

3.1

数字版权保护机构　digital copyright protection agency

对数字内容作品著作权进行管理和服务的社会机构。

4　接口的列表

数字版权保护机构信息管理系统查询数字内容注册与管理平台中的注册登记信息数据的接口，见表1。接口的应用场景请见附录A。

表1　数字版权保护机构的信息管理系统接口表

中文名称	英文标签	功能项
基于数字版权管理标识的查询接口	getInfoByDRMI	根据数字版权管理标识查询注册登记信息
基于部分注册信息的查询接口	getInfoByPartInfo	根据部分注册信息查询注册登记信息

5　接口说明

5.1　基于数字版权管理标识的查询接口

基于数字版权管理标识的查询接口的说明包含以下 9 个要素：

a)　接口名称：基于数字版权管理标识的查询接口；

b) 英文名称：getInfoByDRMI；
c) 功能描述：根据数字版权管理标识查询注册登记信息；
d) 前置条件：查询接口服务启动；
e) 后置条件：等待接收新的查询请求；
f) 函数原型示例：
public String getInfoByDRMI (String systemID, String DRMIS, String signature);
g) 输入参数：见表2；

表2 基于数字版权管理标识的查询接口输入参数

序号	中文名称	英文标签	数据类型	格式	选择性	说明	示例
1	接入系统标识	systemID	字符串	1位~64位	必选	调用查询接口的接入系统标识	ServiceAgency8
2	数字版权管理标识	DRMIS	字符串	Xml 数据格式，包含1个~10个 DRMI	必选	所要查找的数字内容的版权标识符组，DRMI 长度参见 GC/BQ 4	Schema及示例参见附录C及附录D
3	报文签名	signature	字符串	1 位~255位	必选	提交接口中的签名是单向签名，只需发送端签名即可。签名方法如下：BASE64{RSA[MD5(src),privatekey]}，其中 src 为接入系统标识和MD5(第一个数字版权管理标识)，privatekey 是发送端的服务 CA 证书私钥	MIICVjCCAb+gAwIBAgIKI9fKEDP6AAAO3DANBgkqhkiG9w0BAQUFADA0MR

h) 输出参数：见表 3；

表3 基于数字版权管理标识的查询接口输出参数

序号	中文名称	英文标签	数据类型	格式	选择性	说明	示例
1	返回结果	result	XML 数据	不定长	必选	1) 符合条件的注册登记信息，用 xml 文件格式描述，内容包括数字内容基本元数据、数字内容著作权元数据和合同元数据，参照	参见附录 C 及附录 D

						GC/BQ 8（返回信息已删除个人联系方式、证件等私密信息）； 2) 接口错误信息，0001 表示非法系统标识；0002 表示非法数字版权管理标识参数（即未通过 schema 验证）；0003 表示数字签名验签失败；0004 表示该系统标识符存在疑似恶意攻击行为，拒绝访问；0020 表示其他异常，并返回错误信息	

i)　web 服务描述：见附录 B。

5.2　基于部分注册信息的查询接口

基于部分注册信息的查询接口的说明包含以下 9 个要素：

a)　接口名称：基于部分注册信息的查询接口；

b)　英文名称：getInfoByPartInfo；

c)　功能描述：根据部分注册信息查询注册登记信息；

d)　前置条件：查询接口服务启动；

e)　后置条件：等待接收新的查询请求；

f)　函数原型示例：

public String getInfoByPartInfo(String systemID, String condition,String signature)；

g)　输入参数：见表4；

表4　基于部分注册信息的查询接口输入参数

序号	中文名称	英文标签	数据类型	格式	选择性	说明	示例
1	接入系统标识	systemID	字符串	1位~64位	必选	调用查询接口的接入系统标识	ServiceAgency8
2	查询条件	condition	字符串	不定长	必选	1)所要查找的数字内容文件的注册信息组，这些	Schema 及示例参见附录 C 及附录 D

						传入信息包括数字内容名称、作者、出版社、分类、注册开始时间、注册结束时间 6 个元素，可以部分为空，最长 10 组查询数据； 2)所要求返回的数据分页信息，包括起始行、终止行、排序字段和排序类型，每页 15 条数据，默认起始行为 1，终止行为 15	
3	报文签名	signature	字符串	1 位~255 位	必选	提交接口中的签名是单向签名，只需发送端签名即可。签名方法如下：BASE64{RSA[MD5(src),privatekey]}，其中 src 为接入系统标识和 MD5(查询条件中的第一条信息的所有字段)，privatekey 是发送端的服务 CA 证书私钥	MIICVjCCAb+gAwIBAgIKI9fKEDP6AAAO3DANBgkqhkiG9w0BAQUFADA0MR

h) 输出参数：见表 5；

表5 基于部分注册信息的查询接口输出参数

序号	中文名称	英文标签	数据类型	格式	选择性	说明	示例
1	查询结果	result	XML 数据	不定长	必选	1)符合条件的注册登记信息，用 xml 文件格式描述，内容包括开始行、结束行、内容记录总条	Schema 及示例参见附录 C 及附录 D

						数、数字内容基本元数据和数字内容著作权元数据，参照GC/BQ 8（返回信息已删除个人联系方式、证件等私密信息）； 2)所要求返回的数据分页信息，包括起始行、终止行、排序字段和排序类型，每页15条数据，默认起始行为1，终止行为15； 3)接口错误信息，0001 表示非法系统标识；0002 表示非法数字版权管理标识参数（即未通过schema 验证）；0003 表示数字签名验签失败；0004 表示该系统标识符存在疑似恶意攻击行为，拒绝访问；0020 表示其他异常，并返回错误信息	

i)　web 服务描述：见附录 B。

附　录　A
（规范性附录）
接口的应用场景

数字版权保护机构可以通过本标准中提供的接口对数字内容注册与管理平台中的注册登记信息查询操作，可以分别基于数字版权管理标识和部分注册信息进行查询，查询内容包括数字内容基本元数据和数字内容著作权元数据，数字内容注册与管理平台在研发过程中需要参照本标准。如图 A.1 所示。

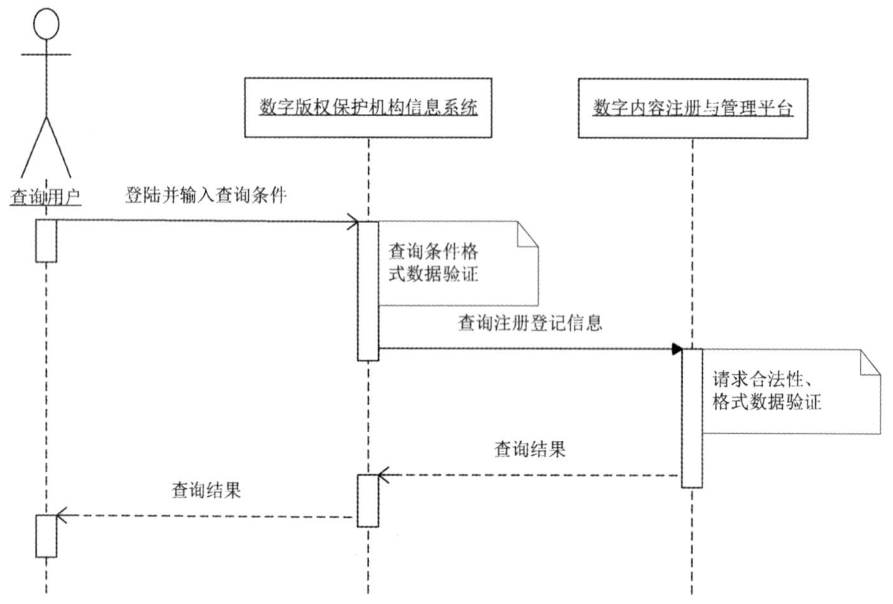

图 A.1 数字版权保护机构的信息管理系统接口功能描述图

查询用户登陆数字版权保护机构的信息管理系统，输入查询条件进行查询；数字版权保护机构的信息管理系统对查询条件的数据和格式进行校验，通过后对数字内容注册与管理平台发起查询请求；数字内容注册与管理平台接受请求后，验证请求的合法性，对操作权限进行判定；数字内容注册与管理平台根据请求内容，进行处理并返回查询的结果；数字版权保护机构信息管理系统对返回的结果进行处理。

附　录　B
（规范性附录）
接口的 web 服务描述

接口的web服务描述如下：


```
<?xml version="1.0" encoding="UTF-8"?>
<definitions xmlns="http://schemas.xmlsoap.org/wsdl/" xmlns:soap="http://schemas.xmlsoap.org/wsdl/soap/"
xmlns:tns="http://services.hitic.com/"
xmlns:wsu="http://docs.oasis-open.org/wss/2004/01/oasis-200401-wss-wssecurity-utility-1.0.xsd"
xmlns:xsd="http://www.w3.org/2001/XMLSchema" name="QueryInfoService"
targetNamespace="http://services.hitic.com/">
  <types>
    <xs:schema xmlns:xs="http://www.w3.org/2001/XMLSchema" xmlns:tns="http://services.hitic.com/"
targetNamespace="http://services.hitic.com/" version="1.0">
  <xs:element name="getInfoByDRMI" type="tns:getInfoByDRMI"/>
  <xs:element name="getInfoByDRMIResponse" type="tns:getInfoByDRMIResponse"/>
  <xs:element name="getInfoByPartInfo" type="tns:getInfoByPartInfo"/>
  <xs:element name="getInfoByPartInfoResponse" type="tns:getInfoByPartInfoResponse"/>
  <xs:complexType name="getInfoByDRMI">
    <xs:sequence>
      <xs:element minOccurs="0" name="arg0" type="xs:string"/>
      <xs:element minOccurs="0" name="arg1" type="xs:string"/>
      <xs:element minOccurs="0" name="arg2" type="xs:string"/>
    </xs:sequence>
  </xs:complexType>
  <xs:complexType name="getInfoByDRMIResponse">
    <xs:sequence>
      <xs:element minOccurs="0" name="return" type="xs:string"/>
    </xs:sequence>
  </xs:complexType>
  <xs:complexType name="getInfoByPartInfo">
    <xs:sequence>
      <xs:element minOccurs="0" name="arg0" type="xs:string"/>
      <xs:element minOccurs="0" name="arg1" type="xs:string"/>
      <xs:element minOccurs="0" name="arg2" type="xs:string"/>
    </xs:sequence>
  </xs:complexType>
  <xs:complexType name="getInfoByPartInfoResponse">
    <xs:sequence>
      <xs:element minOccurs="0" name="return" type="xs:string"/>
    </xs:sequence>
  </xs:complexType>
</xs:schema>
```

```
</types>
<message name="getInfoByDRMI">
  <part element="tns:getInfoByDRMI" name="parameters"/>
</message>
<message name="getInfoByDRMIResponse">
  <part element="tns:getInfoByDRMIResponse" name="parameters"/>
</message>
<message name="getInfoByPartInfo">
  <part element="tns:getInfoByPartInfo" name="parameters"/>
</message>
<message name="getInfoByPartInfoResponse">
  <part element="tns:getInfoByPartInfoResponse" name="parameters"/>
</message>
<portType name="QueryInfoDelegate">
  <operation name="getInfoByDRMI">
    <input message="tns:getInfoByDRMI"/>
    <output message="tns:getInfoByDRMIResponse"/>
  </operation>
  <operation name="getInfoByPartInfo">
    <input message="tns:getInfoByPartInfo"/>
    <output message="tns:getInfoByPartInfoResponse"/>
  </operation>
</portType>
<binding name="QueryInfoPortBinding" type="tns:QueryInfoDelegate">
  <soap:binding style="document" transport="http://schemas.xmlsoap.org/soap/http"/>
  <operation name="getInfoByDRMI">
    <soap:operation soapAction=""/>
    <input>
      <soap:body use="literal"/>
    </input>
    <output>
      <soap:body use="literal"/>
    </output>
  </operation>
  <operation name="getInfoByPartInfo">
    <soap:operation soapAction=""/>
    <input>
      <soap:body use="literal"/>
    </input>
    <output>
      <soap:body use="literal"/>
    </output>
  </operation>
```

```
  </binding>
  <service name="QueryInfoService">
    <port binding="tns:QueryInfoPortBinding" name="QueryInfoPort">
      <soap:address location="http://localhost:8080/QueryInfo/QueryInfoService"/>
    </port>
  </service>
</definitions>
```

附　录　C
（规范性附录）
接口输入参数及返回结果规范

C.1 基于数字版权管理标识查询接口的输入参数规范：

```
<?xml version="1.0" encoding="UTF-8" standalone="yes"?>
<xs:schema xmlns:xs="http://www.w3.org/2001/XMLSchema" elementFormDefault="qualified">
    <xs:element name="drmis">
        <xs:complexType>
            <xs:sequence>
                <xs:element name="drmi" type="xs:string" minOccurs="1" maxOccurs="10"/>
            </xs:sequence>
        </xs:complexType>
    </xs:element>
</xs:schema>
```

C.2 基于部分注册登记信息查询接口的输入参数规范：

```
<?xml version="1.0" encoding="utf-8"?>
<xs:schema xmlns:xs="http://www.w3.org/2001/XMLSchema" elementFormDefault="qualified">
    <xs:element name="condition">
        <xs:complexType>
            <xs:sequence>
                <xs:element ref="partinfos" minOccurs="1" maxOccurs="1"/>
                <xs:element ref="pageInput" minOccurs="1" maxOccurs="1"/>
            </xs:sequence>
        </xs:complexType>
    </xs:element>
    <xs:element name="author">
        <xs:simpleType>
            <xs:restriction base="xs:string">
                <xs:enumeration value="Writer"/>
            </xs:restriction>
        </xs:simpleType>
    </xs:element>
    <xs:element name="endtime">
        <xs:simpleType>
            <xs:restriction base="xs:date">
                <xs:enumeration value="2013-03-03"/>
            </xs:restriction>
        </xs:simpleType>
    </xs:element>
    <xs:element name="name">
```

```
        <xs:simpleType>
            <xs:restriction base="xs:string">
                <xs:enumeration value="Book"/>
            </xs:restriction>
        </xs:simpleType>
    </xs:element>
    <xs:element name="partinfo">
        <xs:complexType>
            <xs:sequence>
                <xs:element ref="name" minOccurs="0"/>
                <xs:element ref="author" minOccurs="0"/>
                <xs:element ref="publish" minOccurs="0"/>
                <xs:element ref="type" minOccurs="0"/>
                <xs:element ref="starttime" minOccurs="0"/>
                <xs:element ref="endtime" minOccurs="0"/>
            </xs:sequence>
        </xs:complexType>
    </xs:element>
    <xs:element name="partinfos">
        <xs:complexType>
            <xs:sequence>
                <xs:element ref="partinfo" maxOccurs="unbounded"/>
            </xs:sequence>
        </xs:complexType>
    </xs:element>
    <xs:element name="publish">
        <xs:simpleType>
            <xs:restriction base="xs:string">
                <xs:enumeration value="hep"/>
            </xs:restriction>
        </xs:simpleType>
    </xs:element>
    <xs:element name="starttime">
        <xs:simpleType>
            <xs:restriction base="xs:date">
                <xs:enumeration value="2012-02-02"/>
            </xs:restriction>
        </xs:simpleType>
    </xs:element>
    <xs:element name="type">
        <xs:simpleType>
            <xs:restriction base="xs:string">
                <xs:enumeration value="图书"/>
```

```
                    <xs:enumeration value="报纸"/>
                    <xs:enumeration value="期刊"/>
                </xs:restriction>
            </xs:simpleType>
        </xs:element>
        <xs:element name="pageinput">
            <xs:complexType id="pageInputType">
                <xs:sequence>
                    <xs:element name="start_row" type="xs:integer" default="1"/>
                    <xs:element name="end_row" type="xs:integer" default="15"/>
                    <xs:element name="order_column" default="title">
                        <xs:simpleType id="orderColumnType">
                            <xs:restriction base="xs:string">
                                <xs:enumeration value="title"/>
                                <xs:enumeration value="media_type"/>
                                <xs:enumeration value="application_time"/>
                            </xs:restriction>
                        </xs:simpleType>
                    </xs:element>
                    <xs:element name="order_type" default="asc">
                        <xs:simpleType id="orderTypeType">
                            <xs:restriction base="xs:string">
                                <xs:enumeration value="asc"/>
                                <xs:enumeration value="desc"/>
                            </xs:restriction>
                        </xs:simpleType>
                    </xs:element>
                </xs:sequence>
            </xs:complexType>
        </xs:element>
</xs:schema>
```

C.3 基于数字版权管理标识查询结果规范：

```
<?xml version="1.0" encoding="UTF-8" standalone="yes"?>
<xs:schema xmlns:xs="http://www.w3.org/2001/XMLSchema" elementFormDefault="qualified">
    <xs:element name="abstract">
        <xs:simpleType>
            <xs:restriction base="xs:string">
                <xs:enumeration value="an estimated age-standardized"/>
            </xs:restriction>
        </xs:simpleType>
    </xs:element>
    <xs:element name="affiliate">
```

```
    <xs:simpleType>
        <xs:restriction base="xs:string">
            <xs:enumeration value="北京大学"/>
        </xs:restriction>
    </xs:simpleType>
</xs:element>
<xs:element name="annotation">
    <xs:simpleType>
        <xs:restriction base="xs:string">
            <xs:enumeration value="备注"/>
        </xs:restriction>
    </xs:simpleType>
</xs:element>
<xs:element name="assignee">
    <xs:simpleType>
        <xs:restriction base="xs:string">
            <xs:enumeration value="jobs"/>
        </xs:restriction>
    </xs:simpleType>
</xs:element>
<xs:element name="assignment_content">
    <xs:complexType>
        <xs:sequence>
            <xs:element ref="drmi"/>
            <xs:element ref="title"/>
        </xs:sequence>
    </xs:complexType>
</xs:element>
<xs:element name="assignment_contract">
    <xs:complexType>
        <xs:sequence>
            <xs:element ref="contract_id"/>
            <xs:element ref="assignment_content"/>
            <xs:element ref="copyright_type"/>
            <xs:element ref="assignor"/>
            <xs:element ref="assignee"/>
            <xs:element ref="assignment_period"/>
            <xs:element ref="annotation"/>
            <xs:element ref="copyright_condition"/>
        </xs:sequence>
    </xs:complexType>
</xs:element>
<xs:element name="assignment_period">
```

```
        <xs:complexType>
            <xs:sequence>
                <xs:element ref="start_date"/>
                <xs:element ref="end_date"/>
            </xs:sequence>
        </xs:complexType>
    </xs:element>
    <xs:element name="assignor">
        <xs:simpleType>
            <xs:restriction base="xs:string">
                <xs:enumeration value="mike"/>
            </xs:restriction>
        </xs:simpleType>
    </xs:element>
    <xs:element name="basic_metadata">
        <xs:complexType>
            <xs:sequence>
                <xs:element ref="digital_content"/>
                <xs:element ref="creators"/>
            </xs:sequence>
        </xs:complexType>
    </xs:element>
    <xs:element name="creators">
        <xs:complexType>
            <xs:sequence>
                <xs:element ref="creator" maxOccurs="unbounded"/>
            </xs:sequence>
        </xs:complexType>
    </xs:element>
    <xs:element name="creator">
        <xs:complexType>
            <xs:sequence>
                <xs:element ref="name"/>
                <xs:element ref="affiliate"/>
                <xs:element ref="referent_identifier"/>
                <xs:element name="create_mode">
                    <xs:simpleType>
                        <xs:restriction base="xs:string">
                            <xs:enumeration value="作者"/>
                            <xs:enumeration value="译者"/>
                        </xs:restriction>
                    </xs:simpleType>
                </xs:element>
```

```
                <xs:element ref="annotation" minOccurs="0"/>
            </xs:sequence>
            <xs:attribute name="type">
                <xs:simpleType id="creatorTypeType">
                    <xs:restriction base="xs:string">
                        <xs:enumeration value="机构"/>
                        <xs:enumeration value="个人"/>
                    </xs:restriction>
                </xs:simpleType>
            </xs:attribute>
        </xs:complexType>
    </xs:element>
    <xs:element name="content_character_value">
        <xs:simpleType>
            <xs:restriction base="xs:string">
                <xs:enumeration value="内容特征值"/>
            </xs:restriction>
        </xs:simpleType>
    </xs:element>
    <xs:element name="contract">
        <xs:complexType>
            <xs:sequence>
                <xs:element ref="assignment_contract"/>
                <xs:element ref="license_contract"/>
            </xs:sequence>
        </xs:complexType>
    </xs:element>
    <xs:element name="contract_id">
        <xs:simpleType>
            <xs:restriction base="xs:int">
                <xs:enumeration value="222568"/>
                <xs:enumeration value="234234"/>
            </xs:restriction>
        </xs:simpleType>
    </xs:element>
    <xs:element name="copyright">
        <xs:complexType>
            <xs:sequence>
                <xs:element ref="copyright_type"/>
                <xs:element ref="copyright_holder"/>
                <xs:element ref="annotation"/>
            </xs:sequence>
        </xs:complexType>
```

```
    </xs:element>
    <xs:element name="copyright_condition">
        <xs:simpleType>
            <xs:restriction base="xs:string">
                <xs:enumeration value="GC/BQ A.3.2-XXXX"/>
            </xs:restriction>
        </xs:simpleType>
    </xs:element>
    <xs:element name="copyright_holder">
        <xs:complexType>
            <xs:sequence>
                <xs:element ref="name"/>
                <xs:element ref="affiliate"/>
                <xs:element ref="referent_identifier"/>
                <xs:element ref="annotation" minOccurs="0"/>
                <xs:element ref="location"/>
            </xs:sequence>
            <xs:attribute name="type">
                <xs:simpleType id="copyrightHolderType">
                    <xs:restriction base="xs:string">
                        <xs:enumeration value="机构"/>
                        <xs:enumeration value="个人"/>
                    </xs:restriction>
                </xs:simpleType>
            </xs:attribute>
        </xs:complexType>
    </xs:element>
    <xs:element name="copyright_notices">
        <xs:simpleType>
            <xs:restriction base="xs:int">
                <xs:enumeration value="32432432"/>
            </xs:restriction>
        </xs:simpleType>
    </xs:element>
    <xs:element name="copyright_type">
        <xs:complexType mixed="true">
            <xs:attribute name="all">
                <xs:simpleType>
                    <xs:restriction base="xs:string">
                        <xs:enumeration value="Y"/>
                    </xs:restriction>
                </xs:simpleType>
            </xs:attribute>
```

```
    </xs:complexType>
</xs:element>
<xs:element name="creation_date">
    <xs:simpleType>
        <xs:restriction base="xs:string">
            <xs:enumeration value="1967-03-13"/>
        </xs:restriction>
    </xs:simpleType>
</xs:element>
<xs:element name="creation_location">
    <xs:simpleType>
        <xs:restriction base="xs:string">
            <xs:enumeration value="北京"/>
        </xs:restriction>
    </xs:simpleType>
</xs:element>
<xs:element name="derivative_attribute">
    <xs:complexType>
        <xs:sequence>
            <xs:element ref="original_content"/>
            <xs:element ref="preedit_content"/>
            <xs:element ref="edit_mode"/>
        </xs:sequence>
    </xs:complexType>
</xs:element>
<xs:element name="digital_content">
    <xs:complexType>
        <xs:sequence>
            <xs:element ref="drmi"/>
            <xs:element ref="titles"/>
            <xs:element ref="language"/>
            <xs:element ref="type"/>
            <xs:element ref="media_type"/>
            <xs:element ref="version"/>
            <xs:element ref="abstract"/>
            <xs:element ref="creation_date"/>
            <xs:element ref="creation_location"/>
            <xs:element ref="publish_status"/>
            <xs:element ref="derivative_attribute"/>
            <xs:element ref="referent_identifier" maxOccurs="unbounded"/>
            <xs:element ref="content_character_value"/>
            <xs:element ref="annotation"/>
        </xs:sequence>
```

```
        </xs:complexType>
    </xs:element>
    <xs:element name="drmi">
        <xs:simpleType>
            <xs:restriction base="xs:string">
                <xs:enumeration value="drmi000001"/>
            </xs:restriction>
        </xs:simpleType>
    </xs:element>
    <xs:element name="edit_mode">
        <xs:simpleType>
            <xs:restriction base="xs:string">
                <xs:enumeration value="translate"/>
            </xs:restriction>
        </xs:simpleType>
    </xs:element>
    <xs:element name="end_date">
        <xs:simpleType>
            <xs:restriction base="xs:int">
                <xs:enumeration value="20140101"/>
            </xs:restriction>
        </xs:simpleType>
    </xs:element>
    <xs:element name="exclusivity">
        <xs:simpleType>
            <xs:restriction base="xs:short">
                <xs:enumeration value="23424"/>
            </xs:restriction>
        </xs:simpleType>
    </xs:element>
    <xs:element name="language">
        <xs:simpleType>
            <xs:restriction base="xs:string">
                <xs:enumeration value="zh"/>
            </xs:restriction>
        </xs:simpleType>
    </xs:element>
    <xs:element name="license_contract">
        <xs:complexType>
            <xs:sequence>
                <xs:element ref="contract_id"/>
                <xs:element ref="copyright_type"/>
                <xs:element ref="licensor"/>
```

```
            <xs:element ref="licensee"/>
            <xs:element ref="usage_period"/>
            <xs:element ref="copyright_notices"/>
            <xs:element ref="transferability"/>
            <xs:element ref="exclusivity"/>
            <xs:element ref="annotation"/>
            <xs:element ref="copyright_condition"/>
        </xs:sequence>
    </xs:complexType>
</xs:element>
<xs:element name="licensee">
    <xs:simpleType>
        <xs:restriction base="xs:string">
            <xs:enumeration value="被许可方"/>
        </xs:restriction>
    </xs:simpleType>
</xs:element>
<xs:element name="licensor">
    <xs:simpleType>
        <xs:restriction base="xs:string">
            <xs:enumeration value="许可方"/>
        </xs:restriction>
    </xs:simpleType>
</xs:element>
<xs:element name="location">
    <xs:simpleType>
        <xs:restriction base="xs:string">
            <xs:enumeration value="北京市海淀区胸部疾病杂志编辑部"/>
        </xs:restriction>
    </xs:simpleType>
</xs:element>
<xs:element name="media_type">
    <xs:simpleType>
        <xs:restriction base="xs:string">
            <xs:enumeration value="text/plain"/>
        </xs:restriction>
    </xs:simpleType>
</xs:element>
<xs:element name="name">
    <xs:simpleType>
        <xs:restriction base="xs:string">
            <xs:enumeration value="Karl-Josef Kallen"/>
        </xs:restriction>
```

```
        </xs:simpleType>
    </xs:element>
    <xs:element name="organization">
        <xs:simpleType>
            <xs:restriction base="xs:string">
                <xs:enumeration value="胸部疾病杂志编辑部"/>
            </xs:restriction>
        </xs:simpleType>
    </xs:element>
    <xs:element name="original_content" type="xs:string"/>
    <xs:element name="preedit_content">
        <xs:simpleType>
            <xs:restriction base="xs:string">
                <xs:enumeration value="fibrous tumors"/>
            </xs:restriction>
        </xs:simpleType>
    </xs:element>
    <xs:element name="publish_date">
        <xs:simpleType>
            <xs:restriction base="xs:string">
                <xs:enumeration value="1967-08-13"/>
            </xs:restriction>
        </xs:simpleType>
    </xs:element>
    <xs:element name="publish_location">
        <xs:simpleType>
            <xs:restriction base="xs:string">
                <xs:enumeration value="北京"/>
            </xs:restriction>
        </xs:simpleType>
    </xs:element>
    <xs:element name="publish_status">
        <xs:complexType>
            <xs:sequence>
                <xs:element ref="publish_date"/>
                <xs:element ref="publish_location"/>
            </xs:sequence>
            <xs:attribute name="published" use="required">
                <xs:simpleType>
                    <xs:restriction base="xs:string">
                        <xs:enumeration value="Y"/>
                    </xs:restriction>
                </xs:simpleType>
```

```
            </xs:attribute>
        </xs:complexType>
    </xs:element>
    <xs:element name="referent_identifier">
        <xs:complexType mixed="true">
            <xs:attribute name="name_space">
                <xs:simpleType>
                    <xs:restriction base="xs:string">
                        <xs:enumeration value="doi"/>
                        <xs:enumeration value="isbn"/>
                    </xs:restriction>
                </xs:simpleType>
            </xs:attribute>
        </xs:complexType>
    </xs:element>
    <xs:element name="registerinfo">
        <xs:complexType>
            <xs:sequence>
                <xs:element ref="basic_metadata"/>
                <xs:element ref="copyright"/>
                <xs:element ref="contract"/>
            </xs:sequence>
        </xs:complexType>
    </xs:element>
    <xs:element name="registerinfos">
        <xs:complexType>
            <xs:sequence>
                <xs:element ref="registerinfo" maxOccurs="unbounded"/>
            </xs:sequence>
        </xs:complexType>
    </xs:element>
    <xs:element name="start_date">
        <xs:simpleType>
            <xs:restriction base="xs:date">
                <xs:enumeration value="2013-01-01"/>
            </xs:restriction>
        </xs:simpleType>
    </xs:element>
    <xs:element name="subtitle">
        <xs:simpleType>
            <xs:restriction base="xs:string">
                <xs:enumeration value="book1"/>
            </xs:restriction>
```

```
        </xs:simpleType>
    </xs:element>
    <xs:element name="title">
        <xs:simpleType>
            <xs:restriction base="xs:string">
                <xs:enumeration value="Book"/>
            </xs:restriction>
        </xs:simpleType>
    </xs:element>
    <xs:element name="titles">
        <xs:complexType>
            <xs:sequence>
                <xs:element ref="title"/>
                <xs:element ref="subtitle"/>
            </xs:sequence>
        </xs:complexType>
    </xs:element>
    <xs:element name="transferability">
        <xs:simpleType>
            <xs:restriction base="xs:int">
                <xs:enumeration value="234324"/>
            </xs:restriction>
        </xs:simpleType>
    </xs:element>
    <xs:element name="type">
        <xs:simpleType>
            <xs:restriction base="xs:string">
                <xs:enumeration value="book"/>
            </xs:restriction>
        </xs:simpleType>
    </xs:element>
    <xs:element name="usage_period">
        <xs:simpleType>
            <xs:restriction base="xs:short">
                <xs:enumeration value="23432"/>
            </xs:restriction>
        </xs:simpleType>
    </xs:element>
    <xs:element name="version">
        <xs:simpleType>
            <xs:restriction base="xs:string">
                <xs:enumeration value="1.0"/>
            </xs:restriction>
```

```
        </xs:simpleType>
    </xs:element>
    <xs:element name="error">
        <xs:complexType>
            <xs:sequence>
                <xs:element name="id" type="xs:string"/>
                <xs:element name="msg" type="xs:string"/>
            </xs:sequence>
        </xs:complexType>
    </xs:element>
    <xs:element name="result">
        <xs:complexType>
            <xs:sequence>
                <xs:choice>
                    <xs:sequence>
                        <xs:element ref="registerinfos"/>
                    </xs:sequence>
                    <xs:element ref="error"/>
                </xs:choice>
            </xs:sequence>
        </xs:complexType>
    </xs:element>
</xs:schema>
```

C.4 基于部分注册信息查询结果规范：

```
<?xml version="1.0" encoding="UTF-8" standalone="yes"?>
<xs:schema xmlns:xs="http://www.w3.org/2001/XMLSchema" elementFormDefault="qualified">
    <xs:element name="abstract">
        <xs:simpleType>
            <xs:restriction base="xs:string">
                <xs:enumeration value="an estimated age-standardized"/>
            </xs:restriction>
        </xs:simpleType>
    </xs:element>
    <xs:element name="affiliate">
        <xs:simpleType>
            <xs:restriction base="xs:string">
                <xs:enumeration value="北京大学"/>
            </xs:restriction>
        </xs:simpleType>
    </xs:element>
    <xs:element name="annotation">
        <xs:simpleType>
```

```
                <xs:restriction base="xs:string">
                    <xs:enumeration value="备注"/>
                </xs:restriction>
            </xs:simpleType>
        </xs:element>
        <xs:element name="assignee">
            <xs:simpleType>
                <xs:restriction base="xs:string">
                    <xs:enumeration value="jobs"/>
                </xs:restriction>
            </xs:simpleType>
        </xs:element>
        <xs:element name="assignment_content">
            <xs:complexType>
                <xs:sequence>
                    <xs:element ref="drmi"/>
                    <xs:element ref="title"/>
                </xs:sequence>
            </xs:complexType>
        </xs:element>
        <xs:element name="assignment_contract">
            <xs:complexType>
                <xs:sequence>
                    <xs:element ref="contract_id"/>
                    <xs:element ref="assignment_content"/>
                    <xs:element ref="copyright_type"/>
                    <xs:element ref="assignor"/>
                    <xs:element ref="assignee"/>
                    <xs:element ref="assignment_period"/>
                    <xs:element ref="annotation"/>
    <xs:element ref="copyright_condition"/>
                </xs:sequence>
            </xs:complexType>
        </xs:element>
        <xs:element name="assignment_period">
            <xs:complexType>
                <xs:sequence>
                    <xs:element ref="start_date"/>
                    <xs:element ref="end_date"/>
                </xs:sequence>
            </xs:complexType>
        </xs:element>
        <xs:element name="assignor">
```

```
        <xs:simpleType>
            <xs:restriction base="xs:string">
                <xs:enumeration value="mike"/>
            </xs:restriction>
        </xs:simpleType>
    </xs:element>
    <xs:element name="basic_metadata">
        <xs:complexType>
            <xs:sequence>
                <xs:element ref="digital_content"/>
                <xs:element ref="creators"/>
            </xs:sequence>
        </xs:complexType>
    </xs:element>
    <xs:element name="creators">
        <xs:complexType>
            <xs:sequence>
                <xs:element ref="creator" maxOccurs="unbounded"/>
            </xs:sequence>
        </xs:complexType>
    </xs:element>
    <xs:element name="creator">
        <xs:complexType>
            <xs:sequence>
                <xs:element ref="name"/>
                <xs:element ref="affiliate"/>
                <xs:element ref="referent_identifier"/>
                <xs:element name="create_mode">
                    <xs:simpleType>
                        <xs:restriction base="xs:string">
                            <xs:enumeration value="作者"/>
                            <xs:enumeration value="译者"/>
                        </xs:restriction>
                    </xs:simpleType>
                </xs:element>
                <xs:element ref="annotation" minOccurs="0"/>
            </xs:sequence>
            <xs:attribute name="type">
                <xs:simpleType id="creatorTypeType">
                    <xs:restriction base="xs:string">
                        <xs:enumeration value="机构"/>
                        <xs:enumeration value="个人"/>
                    </xs:restriction>
```

```
                </xs:simpleType>
            </xs:attribute>
        </xs:complexType>
    </xs:element>
    <xs:element name="content_character_value">
        <xs:simpleType>
            <xs:restriction base="xs:string">
                <xs:enumeration value="内容特征值"/>
            </xs:restriction>
        </xs:simpleType>
    </xs:element>
    <xs:element name="contract">
        <xs:complexType>
            <xs:sequence>
                <xs:element ref="assignment_contract"/>
                <xs:element ref="license_contract"/>
            </xs:sequence>
        </xs:complexType>
    </xs:element>
    <xs:element name="contract_id">
        <xs:simpleType>
            <xs:restriction base="xs:int">
                <xs:enumeration value="222568"/>
                <xs:enumeration value="234234"/>
            </xs:restriction>
        </xs:simpleType>
    </xs:element>
    <xs:element name="copyright">
        <xs:complexType>
            <xs:sequence>
                <xs:element ref="copyright_type"/>
                <xs:element ref="copyright_holder"/>
                <xs:element ref="annotation"/>
            </xs:sequence>
        </xs:complexType>
    </xs:element>
    <xs:element name="copyright_condition">
        <xs:simpleType>
            <xs:restriction base="xs:string">
                <xs:enumeration value="GC/BQ A.3.2-XXXX"/>
            </xs:restriction>
        </xs:simpleType>
    </xs:element>
```

```
    <xs:element name="copyright_holder">
    <xs:complexType>
        <xs:sequence>
            <xs:element ref="name"/>
            <xs:element ref="affiliate"/>
            <xs:element ref="referent_identifier"/>
            <xs:element ref="annotation" minOccurs="0"/>
            <xs:element ref="location"/>
        </xs:sequence>
        <xs:attribute name="type">
            <xs:simpleType id="copyrightHolderType">
                <xs:restriction base="xs:string">
                    <xs:enumeration value="机构"/>
                    <xs:enumeration value="个人"/>
                </xs:restriction>
            </xs:simpleType>
        </xs:attribute>
    </xs:complexType>
</xs:element>
<xs:element name="copyright_notices">
    <xs:simpleType>
        <xs:restriction base="xs:int">
            <xs:enumeration value="32432432"/>
        </xs:restriction>
    </xs:simpleType>
</xs:element>
<xs:element name="copyright_type">
    <xs:complexType mixed="true">
        <xs:attribute name="all">
            <xs:simpleType>
                <xs:restriction base="xs:string">
                    <xs:enumeration value="Y"/>
                </xs:restriction>
            </xs:simpleType>
        </xs:attribute>
    </xs:complexType>
</xs:element>
<xs:element name="creation_date">
    <xs:simpleType>
        <xs:restriction base="xs:string">
            <xs:enumeration value="1967-03-13"/>
        </xs:restriction>
    </xs:simpleType>
```

```
</xs:element>
<xs:element name="creation_location">
    <xs:simpleType>
        <xs:restriction base="xs:string">
            <xs:enumeration value="北京"/>
        </xs:restriction>
    </xs:simpleType>
</xs:element>

<xs:element name="derivative_attribute">
    <xs:complexType>
        <xs:sequence>
            <xs:element ref="original_content"/>
            <xs:element ref="preedit_content"/>
            <xs:element ref="edit_mode"/>
        </xs:sequence>
    </xs:complexType>
</xs:element>
<xs:element name="digital_content">
    <xs:complexType>
        <xs:sequence>
            <xs:element ref="drmi"/>
            <xs:element ref="titles"/>
            <xs:element ref="language"/>
            <xs:element ref="type"/>
            <xs:element ref="media_type"/>
            <xs:element ref="version"/>
            <xs:element ref="abstract"/>
            <xs:element ref="creation_date"/>
            <xs:element ref="creation_location"/>
            <xs:element ref="publish_status"/>
            <xs:element ref="derivative_attribute"/>
            <xs:element ref="referent_identifier" maxOccurs="unbounded"/>
            <xs:element ref="content_character_value"/>
            <xs:element ref="annotation"/>
        </xs:sequence>
    </xs:complexType>
</xs:element>
<xs:element name="drmi">
    <xs:simpleType>
        <xs:restriction base="xs:string">
            <xs:enumeration value="drmi000001"/>
        </xs:restriction>
```

```
        </xs:simpleType>
    </xs:element>
    <xs:element name="edit_mode">
        <xs:simpleType>
            <xs:restriction base="xs:string">
                <xs:enumeration value="translate"/>
            </xs:restriction>
        </xs:simpleType>
    </xs:element>
    <xs:element name="end_date">
        <xs:simpleType>
            <xs:restriction base="xs:int">
                <xs:enumeration value="20140101"/>
            </xs:restriction>
        </xs:simpleType>
    </xs:element>
    <xs:element name="exclusivity">
        <xs:simpleType>
            <xs:restriction base="xs:short">
                <xs:enumeration value="23424"/>
            </xs:restriction>
        </xs:simpleType>
    </xs:element>
    <xs:element name="language">
        <xs:simpleType>
            <xs:restriction base="xs:string">
                <xs:enumeration value="zh"/>
            </xs:restriction>
        </xs:simpleType>
    </xs:element>
    <xs:element name="license_contract">
        <xs:complexType>
            <xs:sequence>
                <xs:element ref="contract_id"/>
                <xs:element ref="copyright_type"/>
                <xs:element ref="licensor"/>
                <xs:element ref="licensee"/>
                <xs:element ref="usage_period"/>
                <xs:element ref="copyright_notices"/>
                <xs:element ref="transferability"/>
                <xs:element ref="exclusivity"/>
                <xs:element ref="annotation"/>
                <xs:element ref="copyright_condition"/>
```

```
            </xs:sequence>
        </xs:complexType>
    </xs:element>
    <xs:element name="licensee">
        <xs:simpleType>
            <xs:restriction base="xs:string">
                <xs:enumeration value="被许可方"/>
            </xs:restriction>
        </xs:simpleType>
    </xs:element>
    <xs:element name="licensor">
        <xs:simpleType>
            <xs:restriction base="xs:string">
                <xs:enumeration value="许可方"/>
            </xs:restriction>
        </xs:simpleType>
    </xs:element>
    <xs:element name="location">
        <xs:simpleType>
            <xs:restriction base="xs:string">
                <xs:enumeration value="北京市海淀区胸部疾病杂志编辑部"/>
            </xs:restriction>
        </xs:simpleType>
    </xs:element>
    <xs:element name="media_type">
        <xs:simpleType>
            <xs:restriction base="xs:string">
                <xs:enumeration value="text/plain"/>
            </xs:restriction>
        </xs:simpleType>
    </xs:element>
    <xs:element name="name">
        <xs:simpleType>
            <xs:restriction base="xs:string">
                <xs:enumeration value="Karl-Josef Kallen"/>
            </xs:restriction>
        </xs:simpleType>
    </xs:element>
    <xs:element name="original_content" type="xs:string"/>
    <xs:element name="preedit_content">
        <xs:simpleType>
            <xs:restriction base="xs:string">
                <xs:enumeration value="fibrous tumors"/>
```

```
            </xs:restriction>
        </xs:simpleType>
    </xs:element>
    <xs:element name="publish_date">
        <xs:simpleType>
            <xs:restriction base="xs:string">
                <xs:enumeration value="1967-08-13"/>
            </xs:restriction>
        </xs:simpleType>
    </xs:element>
    <xs:element name="publish_location">
        <xs:simpleType>
            <xs:restriction base="xs:string">
                <xs:enumeration value="北京"/>
            </xs:restriction>
        </xs:simpleType>
    </xs:element>
    <xs:element name="publish_status">
        <xs:complexType>
            <xs:sequence>
                <xs:element ref="publish_date"/>
                <xs:element ref="publish_location"/>
            </xs:sequence>
            <xs:attribute name="published" use="required">
                <xs:simpleType>
                    <xs:restriction base="xs:string">
                        <xs:enumeration value="Y"/>
                    </xs:restriction>
                </xs:simpleType>
            </xs:attribute>
        </xs:complexType>
    </xs:element>
    <xs:element name="referent_identifier">
        <xs:complexType mixed="true">
            <xs:attribute name="name_space">
                <xs:simpleType>
                    <xs:restriction base="xs:string">
                        <xs:enumeration value="doi"/>
                        <xs:enumeration value="isbn"/>
                    </xs:restriction>
                </xs:simpleType>
            </xs:attribute>
        </xs:complexType>
```

```
</xs:element>
<xs:element name="registerinfo">
    <xs:complexType>
        <xs:sequence>
            <xs:element ref="basic_metadata"/>
            <xs:element ref="copyright"/>
            <xs:element ref="contract"/>
        </xs:sequence>
    </xs:complexType>
</xs:element>
<xs:element name="registerinfos">
    <xs:complexType>
        <xs:sequence>
            <xs:element ref="registerinfo" maxOccurs="unbounded"/>
        </xs:sequence>
    </xs:complexType>
</xs:element>
<xs:element name="start_date">
    <xs:simpleType>
        <xs:restriction base="xs:date">
            <xs:enumeration value="2013-01-01"/>
        </xs:restriction>
    </xs:simpleType>
</xs:element>
<xs:element name="subtitle">
    <xs:simpleType>
        <xs:restriction base="xs:string">
            <xs:enumeration value="book1"/>
        </xs:restriction>
    </xs:simpleType>
</xs:element>
<xs:element name="title">
    <xs:simpleType>
        <xs:restriction base="xs:string">
            <xs:enumeration value="Book"/>
        </xs:restriction>
    </xs:simpleType>
</xs:element>
<xs:element name="titles">
    <xs:complexType>
        <xs:sequence>
            <xs:element ref="title"/>
            <xs:element ref="subtitle"/>
```

```
            </xs:sequence>
        </xs:complexType>
    </xs:element>
    <xs:element name="transferability">
        <xs:simpleType>
            <xs:restriction base="xs:int">
                <xs:enumeration value="234324"/>
            </xs:restriction>
        </xs:simpleType>
    </xs:element>
    <xs:element name="type">
        <xs:simpleType>
            <xs:restriction base="xs:string">
                <xs:enumeration value="book"/>
            </xs:restriction>
        </xs:simpleType>
    </xs:element>
    <xs:element name="usage_period">
        <xs:simpleType>
            <xs:restriction base="xs:short">
                <xs:enumeration value="23432"/>
            </xs:restriction>
        </xs:simpleType>
    </xs:element>
    <xs:element name="version">
        <xs:simpleType>
            <xs:restriction base="xs:string">
                <xs:enumeration value="1.0"/>
            </xs:restriction>
        </xs:simpleType>
    </xs:element>
    <xs:element name="pageoutput">
        <xs:complexType id="pageoutputType">
            <xs:sequence>
                <xs:element name="start_row" type="xs:integer" default="1"/>
                <xs:element name="end_row" type="xs:integer" default="15"/>
                <xs:element name="order_column" type="xs:string" default="title"/>
                <xs:element name="order_type" type="xs:string" default="asc"/>
                <xs:element name="total_count" type="xs:string"/>
            </xs:sequence>
        </xs:complexType>
    </xs:element>
    <xs:element name="error">
```

```
            <xs:complexType>
                <xs:sequence>
                    <xs:element name="id" type="xs:string"/>
                    <xs:element name="msg" type="xs:string"/>
                </xs:sequence>
            </xs:complexType>
        </xs:element>
        <xs:element name="result">
            <xs:complexType>
                <xs:sequence>
                    <xs:choice>
                    <xs:sequence>
                    <xs:element ref="registerinfos" maxOccurs="1" />
                    <xs:element ref="pageoutput" maxOccurs="1" />
                    </xs:sequence>
                    <xs:element ref="error"/>
                    </xs:choice>
                </xs:sequence>
            </xs:complexType>
        </xs:element>
    </xs:schema>
```

附　录　D
（资料性附录）
接口输入参数及返回结果示例

D.1 基于数字版权管理标识查询接口的输入参数示例：

```
<?xml version="1.0" encoding="UTF-8"?>
<drmis>
    <drmi>078775439000000001001Q</drmi>
    <drmi>072568539000000001001C </drmi>
    <drmi>056823439000000001001V </drmi>
    <drmi>058695439000000001001D </drmi>
    <drmi>078775439000000001001F </drmi>
    <drmi>078458939000000001001R </drmi>
    <drmi>078586592000000001001C </drmi>
    <drmi>078754872000000001001F </drmi>
    <drmi>048586529000000001001T </drmi>
    <drmi>072568639000000001001Q </drmi>
</drmis>
```

D.2 基于部分注册登记信息查询接口的输入参数示例：

```
<?xml version="1.0" encoding="UTF-8"?>
<condition>
    <partinfos>
        <partinfo>
            <name>Book1</name>
            <author>Writer</author>
            <publish>hep</publish>
            <type>期刊</type>
            <starttime>2012-02-02</starttime>
            <endtime>2013-03-03</endtime>
        </partinfo>
        <partinfo>
            <name>Book2</name>
            <author>Writer</author>
            <publish>hep</publish>
            <type>报纸</type>
        </partinfo>
    </partinfos>
    <pageinput>
        <start_row>1</start_row>
        <end_row>15</end_row>
        <order_column>title</order_column>
```

```
        <order_type>asc</order_type>
    </pageinput>
</condition>
```

D.3 基于数字版权管理标识查询结果示例：

```
<?xml version="1.0" encoding="UTF-8"?>
<result>
    <registerinfos>
        <registerinfo>
            <basic_metadata>
                <digital_content>
                    <drmi>drmi000001</drmi>
                    <titles>
                        <title>Book</title>
                        <subtitle>book1</subtitle>
                    </titles>
                    <language>zh</language>
                    <type>book</type>
                    <media_type>text/plain</media_type>
                    <version>1.0</version>
                    <abstract>an estimated age-standardized</abstract>
                    <creation_date>1967-03-13</creation_date>
                    <creation_location>北京</creation_location>
                    <publish_status published="Y">
                        <publish_date>1967-08-13</publish_date>
                        <publish_location>北京</publish_location>
                    </publish_status>
                    <derivative_attribute>
                        <original_content>String</original_content>
                        <preedit_content>fibrous tumors</preedit_content>
                        <edit_mode>translate</edit_mode>
                    </derivative_attribute>
                    <referent_identifier>text</referent_identifier>
                    <referent_identifier>text</referent_identifier>
                    <content_character_value>内容特征值</content_character_value>
                    <annotation>备注</annotation>
                </digital_content>
                <creators>
                    <creator type="个人">
                        <name>Karl-Josef Kallen</name>
                        <affiliate>北京大学</affiliate>
                        <referent_identifier>text</referent_identifier>
                        <create_mode>作者</create_mode>
```

```
            <annotation>备注</annotation>
        </creator>
        <creator type="个人">
            <name>Karl-Josef Kallen</name>
            <affiliate>北京大学</affiliate>
            <referent_identifier>text</referent_identifier>
            <create_mode>作者</create_mode>
            <annotation>备注</annotation>
        </creator>
    </creators>
</basic_metadata>
<copyright>
    <copyright_type>text</copyright_type>
    <copyright_holder>
        <name>Karl-Josef Kallen</name>
        <affiliate>北京大学</affiliate>
        <referent_identifier>text</referent_identifier>
        <annotation>备注</annotation>
        <location>北京市海淀区胸部疾病杂志编辑部</location>
    </copyright_holder>
    <annotation>备注</annotation>
</copyright>
<contract>
    <assignment_contract>
        <contract_id>234234</contract_id>
        <assignment_content>
            <drmi>drmi000001</drmi>
            <title>Book</title>
        </assignment_content>
        <copyright_type>text</copyright_type>
        <assignor>mike</assignor>
        <assignee>jobs</assignee>
        <assignment_period>
            <start_date>2013-01-01</start_date>
            <end_date>20140101</end_date>
        </assignment_period>
        <annotation>备注</annotation>
        <copyright_condition>GC/BQ A.3.2-XXXX</copyright_condition>
    </assignment_contract>
    <license_contract>
        <contract_id>222568</contract_id>
        <copyright_type>text</copyright_type>
        <licensor>许可方</licensor>
```

```
            <licensee>被许可方</licensee>
            <usage_period>23432</usage_period>
            <copyright_notices>32432432</copyright_notices>
            <transferability>234324</transferability>
            <exclusivity>23424</exclusivity>
            <annotation>备注</annotation>
            <copyright_condition>GC/BQ A.3.2-XXXX</copyright_condition>
        </license_contract>
    </contract>
</registerinfo>
<registerinfo>
    <basic_metadata>
        <digital_content>
            <drmi>drmi000001</drmi>
            <titles>
                <title>Book</title>
                <subtitle>book1</subtitle>
            </titles>
            <language>zh</language>
            <type>book</type>
            <media_type>text/plain</media_type>
            <version>1.0</version>
            <abstract>an estimated age-standardized</abstract>
            <creation_date>1967-03-13</creation_date>
            <creation_location>北京</creation_location>
            <publish_status published="Y">
                <publish_date>1967-08-13</publish_date>
                <publish_location>北京</publish_location>
            </publish_status>
            <derivative_attribute>
                <original_content>String</original_content>
                <preedit_content>fibrous tumors</preedit_content>
                <edit_mode>translate</edit_mode>
            </derivative_attribute>
            <referent_identifier>text</referent_identifier>
            <referent_identifier>text</referent_identifier>
            <content_character_value>内容特征值</content_character_value>
            <annotation>备注</annotation>
        </digital_content>
        <creators>
            <creator type="个人">
                <name>Karl-Josef Kallen</name>
                <affiliate>北京大学</affiliate>
```

```xml
            <referent_identifier>text</referent_identifier>
            <create_mode>译者</create_mode>
            <annotation>备注</annotation>
        </creator>
        <creator type="个人">
            <name>Karl-Josef Kallen</name>
            <affiliate>北京大学</affiliate>
            <referent_identifier>text</referent_identifier>
            <create_mode>译者</create_mode>
            <annotation>备注</annotation>
        </creator>
    </creators>
</basic_metadata>
<copyright>
    <copyright_type>text</copyright_type>
    <copyright_holder>
        <name>Karl-Josef Kallen</name>
        <affiliate>北京大学</affiliate>
        <referent_identifier>text</referent_identifier>
        <annotation>备注</annotation>
        <location>北京市海淀区胸部疾病杂志编辑部</location>
    </copyright_holder>
    <annotation>备注</annotation>
</copyright>
<contract>
    <assignment_contract>
        <contract_id>234234</contract_id>
        <assignment_content>
            <drmi>drmi000001</drmi>
            <title>Book</title>
        </assignment_content>
        <copyright_type>text</copyright_type>
        <assignor>mike</assignor>
        <assignee>jobs</assignee>
        <assignment_period>
            <start_date>2013-01-01</start_date>
            <end_date>20140101</end_date>
        </assignment_period>
        <annotation>备注</annotation>
        <copyright_condition>GC/BQ A.3.2-XXXX</copyright_condition>
    </assignment_contract>
    <license_contract>
        <contract_id>222568</contract_id>
```

```
                <copyright_type>text</copyright_type>
                <licensor>许可方</licensor>
                <licensee>被许可方</licensee>
                <usage_period>23432</usage_period>
                <copyright_notices>32432432</copyright_notices>
                <transferability>234324</transferability>
                <exclusivity>23424</exclusivity>
                <annotation>备注</annotation>
                <copyright_condition>GC/BQ A.3.2-XXXX</copyright_condition>
            </license_contract>
        </contract>
    </registerinfo>
  </registerinfos>
</result>
```

发生错误示例：

```
<result>
 <error>
    <id>0001</id>
    <msg>不是合法的系统标识符</msg>
 </error>
</result>
```

D.4 基于部分注册信息查询结果示例：

```
<?xml version="1.0" encoding="UTF-8"?>
<result>
    <registerinfos>
        <registerinfo>
            <basic_metadata>
                <digital_content>
                    <drmi>drmi000001</drmi>
                    <titles>
                        <title>Book</title>
                        <subtitle>book1</subtitle>
                    </titles>
                    <language>zh</language>
                    <type>book</type>
                    <media_type>text/plain</media_type>
                    <version>1.0</version>
                    <abstract>an estimated age-standardized</abstract>
                    <creation_date>1967-03-13</creation_date>
                    <creation_location>北京</creation_location>
                    <publish_status published="Y">
                        <publish_date>1967-08-13</publish_date>
```

```xml
                <publish_location>北京</publish_location>
            </publish_status>
            <derivative_attribute>
                <original_content>String</original_content>
                <preedit_content>fibrous tumors</preedit_content>
                <edit_mode>translate</edit_mode>
            </derivative_attribute>
            <referent_identifier>text</referent_identifier>
            <referent_identifier>text</referent_identifier>
            <content_character_value>内容特征值</content_character_value>
            <annotation>备注</annotation>
        </digital_content>
        <creators>
            <creator type="个人">
                <name>Karl-Josef Kallen</name>
                <affiliate>北京大学</affiliate>
                <referent_identifier>text</referent_identifier>
                <create_mode>译者</create_mode>
                <annotation>备注</annotation>
            </creator>
            <creator type="个人">
                <name>Karl-Josef Kallen</name>
                <affiliate>北京大学</affiliate>
                <referent_identifier>text</referent_identifier>
                <create_mode>作者</create_mode>
                <annotation>备注</annotation>
            </creator>
        </creators>
    </basic_metadata>
    <copyright>
        <copyright_type>text</copyright_type>
        <copyright_holder>
            <name>Karl-Josef Kallen</name>
            <affiliate>北京大学</affiliate>
            <referent_identifier>text</referent_identifier>
            <annotation>备注</annotation>
            <location>北京市海淀区胸部疾病杂志编辑部</location>
        </copyright_holder>
        <annotation>备注</annotation>
    </copyright>
    <contract>
        <assignment_contract>
            <contract_id>222568</contract_id>
```

```
            <assignment_content>
                <drmi>drmi000001</drmi>
                <title>Book</title>
            </assignment_content>
            <copyright_type>text</copyright_type>
            <assignor>mike</assignor>
            <assignee>jobs</assignee>
            <assignment_period>
                <start_date>20130101</start_date>
                <end_date>20140101</end_date>
            </assignment_period>
            <annotation>备注</annotation>
            <copyright_condition>GC/BQ A.3.2-XXXX</copyright_condition>
        </assignment_contract>
        <license_contract>
            <contract_id>234234</contract_id>
            <copyright_type>text</copyright_type>
            <licensor>2343</licensor>
            <licensee>234234</licensee>
            <usage_period>23432</usage_period>
            <copyright_notices>32432432</copyright_notices>
            <transferability>234324</transferability>
            <exclusivity>23424</exclusivity>
            <annotation>备注</annotation>
            <copyright_condition>GC/BQ A.3.2-XXXX</copyright_condition>
        </license_contract>
    </contract>
</registerinfo>
<registerinfo>
    <basic_metadata>
        <digital_content>
            <drmi>drmi000001</drmi>
            <titles>
                <title>Book</title>
                <subtitle>book1</subtitle>
            </titles>
            <language>zh</language>
            <type>book</type>
            <media_type>text/plain</media_type>
            <version>1.0</version>
            <abstract>an estimated age-standardized</abstract>
            <creation_date>1967-03-13</creation_date>
            <creation_location>北京</creation_location>
```

```xml
        <publish_status published="Y">
            <publish_date>1967-08-13</publish_date>
            <publish_location>北京</publish_location>
        </publish_status>
        <derivative_attribute>
            <original_content>String</original_content>
            <preedit_content>fibrous tumors</preedit_content>
            <edit_mode>translate</edit_mode>
        </derivative_attribute>
        <referent_identifier>text</referent_identifier>
        <referent_identifier>text</referent_identifier>
        <content_character_value>内容特征值</content_character_value>
        <annotation>备注</annotation>
    </digital_content>
    <creators>
        <creator type=“个人”>
            <name>Karl-Josef Kallen</name>
            <affiliate>北京大学</affiliate>
            <referent_identifier>text</referent_identifier>
            <create_mode>作者</create_mode>
            <annotation>备注</annotation>
        </creator>
        <creator type=“个人”>
            <name>Karl-Josef Kallen</name>
            <affiliate>北京大学</affiliate>
            <referent_identifier>text</referent_identifier>
            <create_mode>译者</create_mode>
            <annotation>备注</annotation>
        </creator>
    </creators>
</basic_metadata>
<copyright>
    <copyright_type>text</copyright_type>
    <copyright_holder>
        <name>Karl-Josef Kallen</name>
        <affiliate>北京大学</affiliate>
        <referent_identifier>text</referent_identifier>
        <annotation>备注</annotation>
        <location>北京市海淀区胸部疾病杂志编辑部</location>
    </copyright_holder>
    <annotation>备注</annotation>
</copyright>
<contract>
```

```
                <assignment_contract>
                    <contract_id>234234</contract_id>
                    <assignment_content>
                        <drmi>drmi000001</drmi>
                        <title>Book</title>
                    </assignment_content>
                    <copyright_type>text</copyright_type>
                    <assignor>mike</assignor>
                    <assignee>jobs</assignee>
                    <assignment_period>
                        <start_date>20130101</start_date>
                        <end_date>20140101</end_date>
                    </assignment_period>
                    <annotation>备注</annotation>
                </assignment_contract>
                <license_contract>
                    <contract_id>222568</contract_id>
                    <copyright_type>text</copyright_type>
                    <licensor>2343</licensor>
                    <licensee>234234</licensee>
                    <usage_period>23432</usage_period>
                    <copyright_notices>32432432</copyright_notices>
                    <transferability>234324</transferability>
                    <exclusivity>23424</exclusivity>
                    <annotation>备注</annotation>
                    <copyright_condition>GC/BQ A.3.2-XXXX</copyright_condition>
                </license_contract>
            </contract>
        </registerinfo>
    </registerinfos>
    <pageoutput>
        <start_row>1</start_row>
        <end_row>15</end_row>
        <order_column>title</order_column>
        <order_type>asc</order_type>
        <total_count>50</total_count>
    </pageoutput>
</result>
```


D.5 发生错误示例：


```
<result>
 <error>
    <id>0001</id>
```

```
    <msg>不是合法的系统标识符</msg>
  </error>
</result>
```

GC

数字版权保护技术研发工程标准

GC/BQ 25.1—2015

信息安全及电子认证服务技术规范 第1部分：数字证书认证系统接口

Technical specification for information security and electronic certification services

Part 1: Digital certification system interface

2015-02-03 发布　　2015-02-03 实施

新闻出版广电总局新闻出版重大科技工程项目领导小组 发布

目　　次

前　言

GC/BQ 25 《信息安全及电子认证服务技术规范》分为两个部分：

——第 1 部分：数字证书认证系统接口；

——第 2 部分：密码服务中间件接口。

本部分为 GC/BQ 25 的第 1 部分。

本部分按照 GB/T 1.1—2009 给出的规则起草。

本标准由新闻出版广电总局新闻出版重大科技工程项目领导小组办公室提出并归口。

本部分主要起草单位：中国科学院自动化研究所、北京创原天地科技有限公司。

本部分主要起草人：梁伟、张鸽、王孟觉。

信息安全及电子认证服务技术规范
第1部分：数字证书认证系统接口

1 范围

GC/BQ 25 的本部分规定了电子认证服务技术接口的功能、参数的规范性描述。

本部分适用于数字版权保护技术研发工程。

2 规范性引用文件

下列文件对于本文件的应用是必不可少的。凡是注日期的引用文件，仅注日期的版本适用于本文件。凡是不注日期的引用文件，其最新版本（包括所有的修改单）适用于本文件。

GB/T 25069—2010 信息安全技术 术语

GC/BQ 3 数字版权保护技术研发工程术语

ITU—T X509 X509 数字证书国际标准

3 术语和定义、缩略语

3.1 术语和定义

GB/T 25069—2010和GC/BQ 3 界定的以及下列术语和定义适用于本文件。

3.1.1

电子认证 electronic authentication

一种共性服务，为电子签名相关各方提供真实性、可靠性验证的公众服务活动。

3.1.2

证书认证机构 certificate authority

负责产生、签发和管理证书的、受用户信任的权威机构。用户可以选择该机构为其创建特定密钥。

[GB/T 25069—2010，2.2.2.223]

3.1.3

证书验证 certificate validation

确定证书在给定时间内有效的过程，包含一个证书路径的构造和处理，确保所有证书在给定时间内在路径上的有效性（也就是说没有废除或者期满）。

[GB/T 25069—2010，2.2.2.222]

3.1.4

数字证书 digital certificate

由证书认证机构数字签名的包含公开密钥拥有者信息、公开密钥、签发者信息、有效期以及一些扩展信息的数字文件。

3.1.5

私有密钥 private key
私钥
非对称密码算法中只能由拥有者使用的密钥。

3.1.6

公开密钥 public key
公钥
在某一实体的非对称密钥对中，能够公开的密钥。

3.1.7

公开密钥基础设施 public key infrastructure
用公钥密码技术建立的普遍适用的基础设施，为用户提供证书管理和密钥管理等安全服务。

3.1.8

字符 character
计算机中使用的字母、数字、符号、汉字（采用GB18030）。

3.2 缩略语

下列缩略语适用于本文件。
CA ：证书认证机构 (Certificate Authority)
PKI ：公开密钥基础设施 (Public Key Infrastructure)
CP ：证书策略 （Certificate Policy）
CRL ：证书吊销列表 （Certificate Revocation List）

4 电子认证服务概述

本部分所述电子认证服务规定了电子认证的五项子服务，包括证书申请服务、证书状态变更服务、证书更新服务、加密密钥恢复服务、证书查询服务。数字证书认证服务描述见附录C。

电子认证服务与子服务之间的关系如下图1所示。

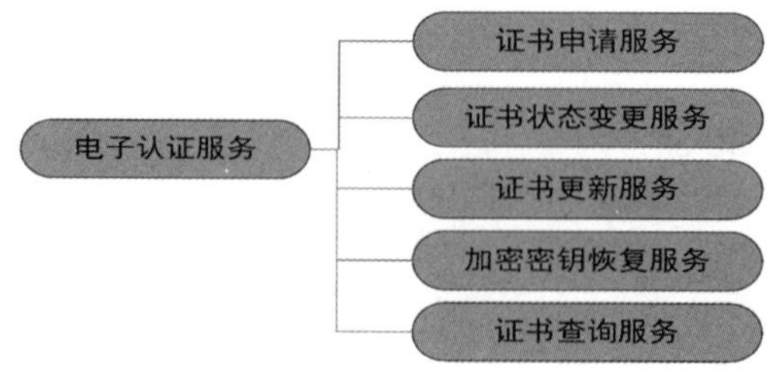

图1 电子认证服务

5　证书申请服务

5.1　证书申请服务概要

当用户申请证书时，调用此接口。证书申请请求消息格式见A.1，证书申请响应消息格式见A.2。

5.2　证书申请服务接口

证书申请服务接口的说明包含以下要素：

a) 接口名称：证书申请服务接口；
b) 英文名称：applyCert；
c) 功能描述：当用户申请证书时，调用此接口；
d) 前置条件：无；
e) 后置条件：返回证书相关参数；
f) 协议类型：HTTP协议；
g) 参数：见表1。

表1　证书申请服务接口参数

序号	中文名称	英文标签	类型	长度	取值	选择性	说明	示例
1	申请方式	CommonType	整数	不定长	不定，取值范围为{ 1 | 2 | 3 }	必选	1代表UKEY方式，2代表PKCS12方式，3代表PKCS10方式。	
2	证书应用类型	CertAppType	整数	不定长	不定，取值范围为{1 | 2}	必选	1代表个人证书，2代表企业证书	
3	证书类型	CertType	整数	不定长	不定，取值范围为{ 1 | 2 }	必选	1代表单证书，2代表双证书。	
4	证书有效起始时间	StartDate	字符串	定长，格式为yyyyMMddHHmmss	不定	可选	不能小于当前时间，如果为空则为系统当前时间，	20120920122525
5	证书有效期	Month	整数	不定长	不定	必选	按月计算的正整数	
6	公钥	PublicKey	字符串	不定长	不定	可选	根据申请方式不同，取值不同。当申请方式为UKEY时，此项为公钥（Base64编码）；当申请方式为PKCS10时，此项	

							为证书请求文件内容（Base64 编码）；当申请方式为 PKCS12 时，此项为空	
7	密码保护口令	PinCode	字符串	不定长，最短 6 个字符，最长 20 个字符	不定	可选，当申请方式为 PKCS12 时，此项必选	PKCS12 软证书的必备要素。只能为英文字母和数字	
8	密钥恢复码	RecoveryKeyCode	字符串	不定长，最短 6 个字符，最长 20 个字符	不定	可选，当证书类型为双证书时，此项必选	只能为英文字母和数字	
9	用户名称	CommonName	字符串	不定长，最短 1 个字符，最长 32 个字符	不定	必选	只能为中文汉字、英文字母、数字和“.”	
10	用户证件类型	PaperType	整数	不定	不定，取值范围为{ 1 | 2 | 3 | 4 | 5 | 6 | 7 }	必选	1 代表身份证，2 代表军官证，3 代表护照，4 代表士兵证，5 代表外交官证，6 代表武警警官证，7 代表其他	
11	用户证件号码	PaperNo	字符串	不定长，与证件类型相关。	不定	必选	只能为英文字母和数字	
12	用户登录名	LoginName	字符串	不定长，最短 6 个字符，最长 32 个字符	不定	可选	只能为中文汉字、英文字母、数字和“.”。如果为空，默认为用户证件号码（PaperNo）	
13	用户登录密码	LoginPassword	字符串	不定长，最短 6 个字符，最长 32 个字符	不定	可选	只能为英文字母和数字。如果为空默认为 000000。	
14	省份名称	ProvinceName	字符串	不定长，最短 2 个字符，最长 64	不定	可选	只能为中文汉字、英文字母、数字和“.”	

				个字符				
15	城市名称	LocalityName	字符串	不定长，最短 2 个字符，最长 64 个字符	不定	可选	只能为中文汉字、英文字母、数字和“.”	
16	单位名称	UnitName	字符串	不定长，最短 2 个字符，最长 64 个字符	不定	可选	只能为中文汉字、英文字母、数字和“.”	
17	部门名称	DepartmentName	字符串	不定长，最短 2 个字符，最长 64 个字符	不定	可选	只能为中文汉字、英文字母、数字和“.”	
18	电子邮箱	Email	字符串	不定长，最大 128 个字符	不定	可选	符合电子邮箱地址规则	
19	通讯地址	Address	字符串	不定长，最短 2 个字符，最长 128 个字符	不定	可选	只能为中文汉字、英文字母、数字和“.”	
20	邮政编码	PostCode	整数	定长，6 位数字	不定	可选	邮政编码	
21	固话号码	TelephoneNumber	字符串	不定长，最短 11 位数字，最长 16 位数字	不定	可选	固定电话号码	010-12345678 或 0532-12354522。
22	传真号码	Fax	字符串	不定长，最短 11 位数字，最长 16 位数字	不定	可选	传真号码	010-12345678 或 0532-12354522。
23	手机号码	MobileTelephone	字符串	定长，11 位数字	不定	可选	手机号码，开头为 13、15、18	13522664548
24	业务系统提交数据时间	TradeTime	字符串	定长，格式为 yyyyMMddHHmmss	不定	可选	业务系统提交数据时间	20120920122541
25	签名数据	StrSignVal	字符串	定长，256	不定	可选	业务系统服务器证	

		ue		个字符			书对 TradeTime 的签名数据	

h) 返回值：见表 2。

表2 证书申请服务接口返回值

序号	中文名称	英文标签	类型	长度	取值	选择性	说明	示例
1	返回代码	ResultCode	整数	不定长	不定，取值范围见附录 B	必选	0 ：成功 非 0：失败，返回错误代码	
2	错误信息描述	ErrorMsg	字符串	不定长，最短 1 个字符，最长 64 个字符	不定	可选	错误信息描述	
3	业务受理号	TransactionCode	字符串	定长，32 个字符	不定	必选	业务受理号	
4	申请方式	CommonType	整数	不定长	不定，取值范围为{1|2|3}	必选	1 代表 UKEY 方式，2 代表 PKCS12 方式,3 代表 PKCS10 方式	
5	证书类型	CertType	整数	不定长	不定，取值范围为{1|2}	必选	1 代表单证书，2 代表双证书	
6	签名证书	SignCert	字符串	不定长	不定	必选	当申请方式为 UKEY 和 PKCS10 时，为公钥证书（Base64 编码）；当申请方式为 PKCS12 时，为 PKCS12 证书（Base64 编码），遵循 ITU-T X509 的规范	
7	加密证书	EncCert	字符串	不定长	不定	当证书类型为双证书时，必选；当证书类型为单证书时	当证书类型为双证书时为加密证书（Base64 编码），遵循 ITU-T X509 的规范	

						为空		
8	加密证书私钥	EncKey	字符串	不定长	不定	当证书类型为双证书时，必选；当证书类型为单证书时为空	当证书类型为双证书时，为签名公钥做的数字信封（Base64 编码）。该数字证书保存加密证书私钥	
9	服务器返回数据时间	TradeTime	字符串	定长，格式为yyyyMMddHHmmss	不定	可选	服务器返回数据的时间	20120920122541
10	签名数据	StrRetSignValue	字符串	定长，256个字符	不定	可选	CA 服务器证书对TradeTime 的签名数据	

6　证书状态变更服务

6.1　证书状态变更服务概要

用户因为某种原因在一段时间内不再使用自己的证书，经确认用户的身份后，可以为用户将证书挂起或吊销。挂起后的证书，用户想继续使用还可以再恢复。吊销后的证书不可以再恢复。证书状态变更请求消息格式见A.3，证书状态变更响应消息格式见A.4。

6.2　证书状态变更服务接口

证书状态变更服务接口的说明包含以下要素：

a) 接口名称：证书状态变更服务接口；
b) 英文名称：updateCertStatus
c) 功能描述：为用户将证书挂起或吊销时，调用此接口；
d) 前置条件：用户已经持有证书；
e) 后置条件：无；
f) 协议类型：HTTP协议；
g) 参数：见表3。

表3　证书状态变更服务接口定义

序号	中文名称	英文标签	类型	长度	取值	选择性	说明	示例
1	证书序列号	CertSN	字符串	不定长，最短1个字符，最长24	不定	必选	证书序列号	

				个字符				
2	作废原因	CrlReason	整数	不定长	不定，取值范围为{0｜1｜2｜3｜4｜5｜6｜8}	可选	0代表未指明原因，1代表用户私钥丢失，2代表CA私钥丢失，3代表用户资料变更，4代表用户更换新证书，5代表强制作废，6代表证书暂停使用，8代表从CRL表移除。如果为空默认为0。	
3	业务系统提交数据时间	TradeTime	字符串	定长，格式为yyyyMMddHHmmss	不定	可选	业务系统提交数据时间	20120920121212
4	签名数据	StrSignValue	字符串	定长，256个字符	不定	可选	业务系统服务器证书对TradeTime的签名数据	

h) 返回值：见表4。

表4 证书状态变更服务接口返回值

序号	中文名称	英文标签	类型	长度	取值	选择性	说明	示例
1	返回代码	ResultCode	整数	不定长	不定，取值范围参见附录B	必选	0：成功 非0：失败，返回错误代码	
2	错误信息描述	ErrorMsg	字符串	不定长，最短1个字符，最长64个字符	不定	可选	错误信息描述	
3	业务受理号	TransactionCode	字符串	定长，32个字符	不定	必选	业务受理号	
4	服务器返回数据时间	TradeTime	字符串	定长，格式为yyyyMMddHHmmss	不定	可选	服务器返回数据时间	20120920122541
5	签名数据	StrRetSignValue	字符串	定长，256个字符	不定	可选	CA服务器证书对TradeTime的签名数据	

7 证书更新服务

7.1 证书更新服务概要

用户的证书过期或者其他原因造成失效，用户可以调用此接口函数进行证书更新。证书更新请求消息格式见A.5，证书更新响应消息格式见A.6。

7.2 证书更新服务接口

证书更新服务接口的说明包含以下要素：

a) 接口名称：证书更新服务接口；
b) 英文名称：updateCert
c) 功能描述：当需要更新证书时，调用此接口；
d) 前置条件：用户已经持有证书；
e) 后置条件：无；
f) 协议类型：HTTP协议；
g) 参数：见表5。

表5 证书更新服务接口定义

序号	中文名称	英文标签	类型	长度	取值	选择性	说明	示例
1	申请方式	CommonType	整数	不定长	不定，取值范围为{ 1 | 2 | 3 }	必选	1代表UKEY方式，2代表PKCS12方式，3代表PKCS10方式	
2	待更新证书序列号	CertSN	字符串	不定长，最短1个字符，最长24个字符	不定	必选	待更新证书序列号	
3	证书有效起始时间	StartDate	字符串	定长，格式为yyyyMMddHHmmss	不定	可选	不能小于当前时间，如果为空则为系统当前时间	20120920122525
4	证书有效期	Month	整数	不定长	不定	必选	按月计算的正整数	
5	公钥信息	PublicKey	字符串	不定长	不定	可选	根据申请方式不同，取值不同。当申请方式为UKEY时，此项为公钥（Base64编码）；当申请方式为PKCS10时，此项为证书请求文件内容（Base64编码）；当申请方式为PKCS12时，此项为	

							空	
6	密码保护口令	PinCode	字符串	不定长，最短 6 个字符，最长 20 个字符	不定	可选，当申请方式为 PKCS12 时，此项必选	PKCS12 软证书的必备要素。只能为英文字母和数字	
7	密钥恢复码	RecoveryKeyCode	字符串	不定长，最短 6 个字符，最长 20 个字符	不定	可选，当证书类型为双证书时，此项必选	只能为英文字母和数字	
8	业务系统提交数据时间	TradeTime	字符串	定长，格式为 yyyyMMddHHmmss	不定	可选	业务系统提交数据时间	20120920122541
9	签名数据	StrSignValue	字符串	定长，256 个字符	不定	可选	业务系统服务器证书对 TradeTime 的签名数据	

h) 返回值：见表 6。

表6　证书更新服务接口返回值

序号	中文名称	英文标签	类型	长度	取值	选择性	说明	示例
1	返回代码	ResultCode	整数	不定长	不定，取值范围见附录 B	必选	0 ：成功 非 0：失败，返回错误代码	
2	错误信息描述	ErrorMsg	字符串	不定长，最短 1 个字符，最长 64 个字符	不定	可选	错误信息描述	
3	业务受理号	TransactionCode	字符串	定长，32 个字符	不定	必选	业务受理号 用户根据业务受理号下载证书	
4	申请方式	CommonType	整数	不定长	不定，取值范围为{ 1 | 2 | 3 }	必选	1 代表 UKEY 方式，2 代表 PKCS12 方式，3 代表 PKCS10 方式	
5	证书类型	CertType	整数	定长	不定，取值范围为{ 1 | 2 }	必选	1 代表单证书，2 代表双证书	
6	签名证书	SignCert	字符串	不定长	不定	必选	当申请方式为UKEY	

							和PKCS10时，为公钥证书（Base64编码）；当申请方式为PKCS12时，为PKCS12证书（Base64编码）	
7	加密证书	EncCert	字符串	不定长	不定	当证书类型为双证书时，必选；当证书类型为单证书时为空	当证书类型为双证书时为加密证书（Base64编码）	
8	加密证书私钥	EncKey	字符串	不定长	不定	当证书类型为双证书时，必选；当证书类型为单证书时为空	当证书类型为双证书时，为签名公钥做的数字信封（Base64编码）。该数字证书保存加密证书私钥	
9	服务器返回数据时间	TradeTime	字符串	定长，格式为yyyyMMddHHmmss	不定	可选	服务器返回数据的时间	20120920122541
10	签名数据	StrRetSignValue	字符串	定长，256个字符	不定	可选	CA服务器证书对TradeTime的签名数据	

8　加密密钥恢复服务

8.1　加密密钥恢复服务概要

当用户丢失加密密钥时，可以调用此接口恢复以前的加密密钥。加密密钥恢复请求消息格式见A.7，加密密钥恢复响应消息格式见A.8。

8.2　加密秘钥恢复服务接口

加密密钥恢复服务接口的说明包含以下要素：

a) 接口名称：加密密钥恢复服务接口；

b) 英文名称：recoveryKey；

c) 功能描述：当需要申请恢复以前的加密密钥时，调用此接口；

d) 前置条件：持有待恢复的加密证书序列号；

e) 后置条件：返回恢复后的加密密钥；
f) 协议类型：HTTP协议；
g) 参数：见表7。

表7　加密密钥恢复服务接口定义

序号	中文名称	英文标签	类型	长度	取值	选择性	说明	示例
1	待恢复加密证书序列号	CertSN	字符串	不定长，最短 1 个字符，最长 24 个字符	不定	必选	待恢复加密证书序列号	
2	临时公钥	TempKey	字符串	不定长	不定	必选	此项为公钥（Base64 编码）	
3	密钥恢复码	RecoveryKeyCode	字符串	不定长，最短 6 个字符，最长 20 个字符	不定	必选	只能为英文字母和数字	
4	业务系统提交数据时间	TradeTime	字符串	定长，格式为 yyyyMMddHHmmss	不定	可选	业务系统提交数据时间	
5	签名数据	StrSignValue	字符串	不定长	不定	可选	业务系统服务器证书对 TradeTime 的签名数据	

i) 返回值：见表 8。

表8　加密密钥恢复服务接口返回值

序号	中文名称	英文标签	类型	长度	取值	选择性	说明	示例
1	返回代码	ResultCode	整数	不定长	不定，取值范围见附录 B	必选	0 ：成功 非 0：失败，返回错误代码	
2	错误信息描述	ErrorMsg	字符串	不定长，最短 1 个字符，最长 64 个字符	不定	可选		
3	业务受理号	TransactionCode	字符串	定长，32 个字符	不定	必选	业务受理号 用户根据业务受理号下载证书	
4	加密证书	EncCert	字符串	不定长	不定	可选	当证书类型为双证书时，必须存在，为公钥证书（Base64 编	

							码）	
5	加密证书私钥	EncKey	字符串	不定长	不定	可选	当证书类型为双证书时，必须存在，为签名公钥做的数字信封（Base64 编码）	
6	服务器返回数据时间	TradeTime	字符串	定长，格式为yyyyMMddHHmmss	不定	可选	服务器返回数据时间	20120920122541
7	签名数据	StrRetSignValue	字符串	定长，256 个字符	不定	可选	CA 服务器证书对 TradeTime 的签名数据	

9 证书查询服务

9.1 证书查询服务概要

当用户需要查询数字证书时，可调用此接口。证书查询请求消息格式见A.9，证书查询响应消息格式见A.10。

9.2 证书查询服务接口

证书查询服务接口的说明包含以下要素：

a) 接口名称：证书查询服务接口；
b) 英文名称：queryCertDetail
c) 功能描述：当需要查询数字证书时，调用此接口；
d) 前置条件：无；
e) 后置条件：无；
f) 协议类型：HTTP协议；
g) 参数：见表9。

表9 证书查询服务接口定义

序号	中文名称	英文标签	类型	长度	取值	选择性	说明	示例
1	证书序列号	CertSN	字符串	不定长，最短 1 个字符，最长 24 个字符	不定	必选	证书序列号	

2	用户证件类型	PaperType	整数	不定长	不定，取值范围为{ 1 | 2 | 3 | 4 | 5 | 6 | 7 }	必选	1 代表身份证，2 代表军官证，3 代表护照，4 代表士兵证，5 代表外交官证，6 代表武警警官证，7 代表其他	
3	用户证件号码	PaperNo	字符串	不定长	不定	必选	与证件类型相关，只能为英文字母和数字	
4	业务系统提交数据时间	TradeTime	字符串	定长，格式：yyyyMMddHHmmss	不定	可选	业务系统提交数据时间	20120920122541
5	签名数据	StrSignValue	字符串	定长，256 个字符	不定	可选	业务系统服务器证书对 TradeTime 的签名数据	

i) 返回值：见表 10。

表10 证书查询服务接口返回值

序号	中文名称	英文标签	类型	长度	取值	选择性	说明	示例
1	返回代码	ResultCode	整数	不定长	不定，取值范围见附录 B	必选	0 ：成功 非 0：失败，返回错误代码	
2	错误信息描述	ErrorMsg	字符串	不定长，最短 1 个字符，最长 64 个字符	不定	可选		
3	证书数量	CertListSize	整数	不定长	不定	必选	如果大于 0，则说明用户有多张数字证书	
4	申请方式	CommonType	整数	不定长	不定，取值范围为{ 1 | 2 | 3 }	必选	1 代表 UKEY 方式，2 代表 PKCS12 方式，3 代表 PKCS10 方式	
5	证书序列	CertSN	字符	不定长，最短	不定	必选	证书序列号	

	号		串	1个字符，最长24个字符				
6	证书主题	CertDN	字符串	不定长，最短9个字符，最长512个字符	不定	必选	与用户相关的信息	C=CN,O=IA,CN=张明
7	证书生效时间	NotBefore	字符串	定长，格式为yyyyMMddHHmmss	不定	必选	证书生效的时间	20120920125045
8	证书失效时间	NotAfter	字符串	定长，格式为yyyyMMddHHmmss	不定	必选	证书失效的时间	20120920125045
9	证书使用类型	CertUseType	整数	不定长	不定，取值范围为{1｜2｜3}	必选	1代表加密证书，2代表签名证书，3代表加密签名证书	
10	证书状态	CertStatus	整数	不定长	不定，取值范围为{1｜2｜3}	必选	1代表有效，2代表挂起，3代表吊销	
11	证书	Cert	字符串	不定长	不定	必选	ITU-T X509证书数据	
12	服务器返回数据时间	TradeTime	字符串	定长，格式为yyyyMMddHHmmss	不定	可选	服务器返回数据时间	20120920122541
13	签名数据	StrRetSignValue	字符串	定长，256个字符	不定	可选	CA服务器证书对TradeTime的签名数据	

附 录 A
（规范性附录）
消息格式

A.1 证书申请请求消息格式

```
<Request>
    <CommonType></CommonType>
    <CertAppType></CertAppType>
    <CertType></CertType>
    <StartDate></StartDate>
    <Month></Month>
    <PublicKey></PublicKey>
    <PinCode></PinCode>
    <RecoveryKeyCode></RecoveryKeyCode>
    <UserInfo>
        <CommonName></CommonName>
        <PaperType></PaperType>
        <PaperNo></PaperNo>
        <LoginName></LoginName>
        <LoginPassword></LoginPassword>
        <ProvinceName></ProvinceName>
        <LocalityName></LocalityName>
        <UnitName></UnitName>
        <DepartmentName></DepartmentName>
        <Email></Email>
        <Address></Address>
        <PostCode></PostCode>
        <TelephoneNumber></TelephoneNumber>
        <Fax></Fax>
        <MobileTelephone></MobileTelephone>
    </UserInfo>
    <TradeTime></TradeTime>
    <StrSignValue></StrSignValue>
</Request>
```

A.2 证书申请响应消息格式

```
<Response>
    <ResultCode></ResultCode>
    <ErrorMsg></ErrorMsg>
```

```
    <TransactionCode></TransactionCode>
    <CommonType></CommonType>
    <CertType></CertType>
    <SignCert></SignCert>
    <EncCert></EncCert>
    <EncKey></EncKey>
    <TradeTime></TradeTime>
    <StrRetSignValue></StrRetSignValue>
</Response>
```

A.3 证书状态变更请求消息格式

```
<Request>
    <CertSN></CertSN>
    <CrlReason></CrlReason>
    <TradeTime></TradeTime>
<StrSignValue></StrSignValue>
</Request>
```

A.4 证书状态变更响应消息格式

```
<Response>
    <ResultCode></ResultCode>
    <ErrorMsg></ErrorMsg>
    <TransactionCode></TransactionCode>
    <TradeTime></TradeTime>
<StrRetSignValue></StrRetSignValue>
</Response>
```

A.5 证书更新请求消息格式

```
<Request>
    <CommonType></CommonType>
    <CertSN></CertSN>
    <StartDate></StartDate>
    <Month></Month>
    <PublicKey></PublicKey>
    <PinCode></PinCode>
    <RecoveryKeyCode></RecoveryKeyCode>
    <TradeTime></TradeTime>
    <StrSignValue></StrSignValue>
</Request>
```

A.6 证书更新响应消息格式

<Response>
<ResultCode></ResultCode>
<ErrorMsg></ErrorMsg>
<TransactionCode></TransactionCode>
<CommonType></CommonType>
<CertType></CertType>
<SignCert></SignCert>
<EncCert></EncCert>
<EncKey></EncKey>
<TradeTime></TradeTime>
<StrRetSignValue></StrRetSignValue>
</Response>

A.7 加密密钥恢复请求消息格式

<Request>
<CertSN></CertSN>
<TempKey></TempKey>
<RecoveryKeyCode></RecoveryKeyCode>、
<TradeTime></TradeTime>
<StrSignValue></StrSignValue>
</Request>

A.8 加密密钥恢复响应消息格式

<Response>
<ResultCode></ResultCode>
<ErrorMsg></ErrorMsg>
<TransactionCode></TransactionCode>
<EncCert></EncCert>
<EncKey></EncKey>
<TradeTime></TradeTime>
<StrRetSignValue></StrRetSignValue>
</Response>

A.9 证书查询请求消息格式

<Request>
<CertSN></CertSN>

```
        <PaperType></PaperType>
        <PaperNo></PaperNo>
        <TradeTime></TradeTime>
    <StrSignValue></StrSignValue>
    </Request>
```

A.10 证书查询响应消息格式

```
    <Response>
        <ResultCode></ResultCode>
        <ErrorMsg></ErrorMsg>
        <CertListSize></CertListSize>
        <CertDetailInfo>
            <CommonType></CommonType>
            <CertSN></CertSN>
            <CertDN></CertDN>
            < NotBofore></NotBofore>
            <NotAfter></NotAfter>
            <CertUseType></CertUseType>
            <CertStatus></CertStatus>
            <Cert></Cert>
        </CertDetailInfo>
        <CertDetailInfo></CertDetailInfo>
        <TradeTime></TradeTime>
        <StrRetSignValue></StrRetSignValue>
    </Response>
```

附 录 B
（规范性附录）
接口错误代码定义

接口错误代码见表 B.1。

表B.1 错误代码表

错误代码标识	
预定义值	说明
2001	申请方式为空
2002	申请方式非法，取值范围为{ 1 | 2 | 3 }，1 代表 UKEY 方式，2 代表 PKCS12 方式，3 代表 PKCS10 方式
2101	证书应用类型为空
2102	证书应用类型非法
2103	证书类型为空
2104	证书类型非法，取值范围为{ 1 | 2 }，1 代表单证书，2 代表双证书
2105	证书有效起始日期为空
2106	证书有效起始日期非法，格式为 yyyyMMddHHmmss
2107	证书有效起始日期小于当前系统时间
2108	证书有效期为空
2109	证书有效期非法，应为按月计算的正整数
2110	公钥为空
2111	公钥格式非法
2112	私钥保护口令为空
2113	私钥保护口令非法，只能为英文字母和数字
2114	私钥保护口令长度错误，为 6~20 位英文字母和数字
2115	密钥恢复码为空
2116	密钥恢复码非法，只能为英文字母和数字
2117	密钥恢复码长度错误，为 6~20 位英文字母和数字
2118	待更新证书序列号为空
2119	业务受理号为空

1111	除以上原因外的其他原因

表 B.1（续）

错误代码标识	
预定义值	说明
2120	待恢复加密证书序列号为空
2121	临时公钥为空
2122	待状态变更证书序列号为空
2123	证书作废原因非法，取值范围为{ 0 | 1 | 2 | 3 | 4 | 5 | 6 | 8 }，0 代表未指明原因，1 代表用户私钥丢失，2 代表 CA 私钥丢失，3 代表用户资料变更，4 代表用户更换新证书，5 代表强制作废，6 代表证书暂停使用，8 代表从 CRL 表移除
2124	查询证书应用方式时间为空
2201	用户信息为空
2202	用户名称为空
2203	用户名称非法，只能为中文汉字、英文字母、数字
2204	用户名称长度错误，最大 32 位
2205	用户证件类型为空
2206	用户证件类型非法，取值范围为{ 1 | 2 | 3 | 4 | 5 | 6 | 7 }，1 代表身份证，2 代表军官证，3 代表护照，4 代表士兵证，5 代表外交官证，6 代表武警警官证，7 代表其他
2207	用户证件号码为空
2208	用户证件号码非法，只能为英文字母和数字
2209	用户证件号码长度错误，最大 32 位
2210	省份名称非法，只能为中文汉字、英文字母、数字
2211	省份名称长度错误，最大 64 位
2212	城市名称非法，只能为中文汉字、英文字母、数字
2213	城市名称长度错误，最大 64 位
2214	单位名称非法，只能为中文汉字、英文字母、数字
2215	单位名称长度错误，最大 64 位
2216	部门名称非法，只能为中文汉字、英文字母、数字
2217	部门名称长度错误，最大 64 位
2218	电子邮箱格式错误

2219	通讯地址非法，只能为中文汉字、英文字母、数字

表 B.1（续）

错误代码标识	
预定义值	说明
2220	通讯地址长度错误，最大 128 位
2221	邮政编码格式错误
2222	电话号码格式错误
2223	传真号码格式错误
2224	手机号码格式错误
2225	EXTEND1 长度错误，最大 256 位
2226	EXTEND2 长度错误，最大 256 位
2227	EXTEND3 长度错误，最大 256 位
2228	EXTEND4 长度错误，最大 256 位
2229	EXTEND5 长度错误，最大 256 位
2230	登录名称非法，只能为中文汉字、英文字母、数字
2231	登录名称长度错误，最大 32 位
2232	登录密码非法，只能为英文字母和数字
2233	登录密码长度错误，为 6~12 位英文字母和数字
3101	系统内部错误
3102	未找到对应模板信息
3104	未找到对应用户信息
3105	获取证书错误
3106	密钥恢复码错误
3107	P10 格式非法
3108	组装 P12 证书失败
3109	未找到证书应用类型
4101	未找到有效许可证
4102	许可证有效期错误
4103	证书签发超过上限

附　录　C
（规范性附录）
数字证书认证服务描述

描述数字证书认证服务的wsdl文件如下：

```xml
<?xml version="1.0" encoding="UTF-8"?>
<wsdl:definitions targetNamespace="http://ws.entca.ccit.com" xmlns:soapenc12="http://www.w3.org/2003/05/soap-encoding"
xmlns:tns="http://ws.entca.ccit.com" xmlns:wsdl="http://schemas.xmlsoap.org/wsdl/"
xmlns:xsd="http://www.w3.org/2001/XMLSchema" xmlns:soap11="http://schemas.xmlsoap.org/soap/envelope/"
xmlns:wsdlsoap="http://schemas.xmlsoap.org/wsdl/soap/" xmlns:soapenc11="http://schemas.xmlsoap.org/soap/encoding/"
xmlns:soap12="http://www.w3.org/2003/05/soap-envelope">
  <wsdl:types>
<xsd:schema xmlns:xsd="http://www.w3.org/2001/XMLSchema" attributeFormDefault="qualified"
elementFormDefault="qualified" targetNamespace="http://ws.entca.ccit.com">
<xsd:element name="updateCert">
<xsd:complexType>
<xsd:sequence>
<xsd:element maxOccurs="1" minOccurs="1" name="in0" nillable="true" type="xsd:string"/>
</xsd:sequence>
</xsd:complexType>
</xsd:element>
<xsd:element name="updateCertResponse">
<xsd:complexType>
<xsd:sequence>
<xsd:element maxOccurs="1" minOccurs="1" name="out" nillable="true" type="xsd:string"/>
</xsd:sequence>
</xsd:complexType>
</xsd:element>
<xsd:element name="applyCert">
<xsd:complexType>
<xsd:sequence>
<xsd:element maxOccurs="1" minOccurs="1" name="in0" nillable="true" type="xsd:string"/>
</xsd:sequence>
```

```
</xsd:complexType>
</xsd:element>
<xsd:element name="applyCertResponse">
<xsd:complexType>
<xsd:sequence>
<xsd:element maxOccurs="1" minOccurs="1" name="out" nillable="true" type="xsd:string"/>
</xsd:sequence>
</xsd:complexType>
</xsd:element>
<xsd:element name="recoveryKey">
<xsd:complexType>
<xsd:sequence>
<xsd:element maxOccurs="1" minOccurs="1" name="in0" nillable="true" type="xsd:string"/>
</xsd:sequence>
</xsd:complexType>
</xsd:element>
<xsd:element name="recoveryKeyResponse">
<xsd:complexType>
<xsd:sequence>
<xsd:element maxOccurs="1" minOccurs="1" name="out" nillable="true" type="xsd:string"/>
</xsd:sequence>
</xsd:complexType>
</xsd:element>
<xsd:element name="queryCertDetail">
<xsd:complexType>
<xsd:sequence>
<xsd:element maxOccurs="1" minOccurs="1" name="in0" nillable="true" type="xsd:string"/>
</xsd:sequence>
</xsd:complexType>
</xsd:element>
<xsd:element name="queryCertDetailResponse">
```

```
<xsd:complexType>
<xsd:sequence>
<xsd:element maxOccurs="1" minOccurs="1" name="out" nillable="true" type="xsd:string"/>
</xsd:sequence>
</xsd:complexType>
</xsd:element>
<xsd:element name="updateCertStatus">
<xsd:complexType>
<xsd:sequence>
<xsd:element maxOccurs="1" minOccurs="1" name="in0" nillable="true" type="xsd:string"/>
</xsd:sequence>
</xsd:complexType>
</xsd:element>
<xsd:element name="updateCertStatusResponse">
<xsd:complexType>
<xsd:sequence>
<xsd:element maxOccurs="1" minOccurs="1" name="out" nillable="true" type="xsd:string"/>
</xsd:sequence>
</xsd:complexType>
</xsd:element>
</xsd:schema>
  </wsdl:types>
  <wsdl:message name="recoveryKeyResponse">
    <wsdl:part name="parameters" element="tns:recoveryKeyResponse">
    </wsdl:part>
  </wsdl:message>
  <wsdl:message name="updateCertRequest">
    <wsdl:part name="parameters" element="tns:updateCert">
    </wsdl:part>
  </wsdl:message>
  <wsdl:message name="updateCertResponse">
```

```
    <wsdl:part name="parameters" element="tns:updateCertResponse">
    </wsdl:part>
</wsdl:message>
<wsdl:message name="applyCertRequest">
    <wsdl:part name="parameters" element="tns:applyCert">
    </wsdl:part>
</wsdl:message>
<wsdl:message name="recoveryKeyRequest">
    <wsdl:part name="parameters" element="tns:recoveryKey">
    </wsdl:part>
</wsdl:message>
<wsdl:message name="queryCertDetailRequest">
    <wsdl:part name="parameters" element="tns:queryCertDetail">
    </wsdl:part>
</wsdl:message>
<wsdl:message name="queryCertDetailResponse">
    <wsdl:part name="parameters" element="tns:queryCertDetailResponse">
    </wsdl:part>
</wsdl:message>
<wsdl:message name="updateCertStatusResponse">
    <wsdl:part name="parameters" element="tns:updateCertStatusResponse">
    </wsdl:part>
</wsdl:message>
<wsdl:message name="updateCertStatusRequest">
    <wsdl:part name="parameters" element="tns:updateCertStatus">
    </wsdl:part>
</wsdl:message>
<wsdl:message name="applyCertResponse">
    <wsdl:part name="parameters" element="tns:applyCertResponse">
    </wsdl:part>
</wsdl:message>
```

```
<wsdl:portType name="CertBusinessServicePortType">
  <wsdl:operation name="updateCert">
    <wsdl:input name="updateCertRequest" message="tns:updateCertRequest">
  </wsdl:input>
    <wsdl:output name="updateCertResponse" message="tns:updateCertResponse">
  </wsdl:output>
  </wsdl:operation>
  <wsdl:operation name="applyCert">
    <wsdl:input name="applyCertRequest" message="tns:applyCertRequest">
  </wsdl:input>
    <wsdl:output name="applyCertResponse" message="tns:applyCertResponse">
  </wsdl:output>
  </wsdl:operation>
  <wsdl:operation name="recoveryKey">
    <wsdl:input name="recoveryKeyRequest" message="tns:recoveryKeyRequest">
  </wsdl:input>
    <wsdl:output name="recoveryKeyResponse" message="tns:recoveryKeyResponse">
  </wsdl:output>
  </wsdl:operation>
  <wsdl:operation name="queryCertDetail">
    <wsdl:input name="queryCertDetailRequest" message="tns:queryCertDetailRequest">
  </wsdl:input>
    <wsdl:output name="queryCertDetailResponse" message="tns:queryCertDetailResponse">
  </wsdl:output>
  </wsdl:operation>
  <wsdl:operation name="updateCertStatus">
    <wsdl:input name="updateCertStatusRequest" message="tns:updateCertStatusRequest">
  </wsdl:input>
    <wsdl:output name="updateCertStatusResponse" message="tns:updateCertStatusResponse">
  </wsdl:output>
  </wsdl:operation>
```

```
</wsdl:portType>
<wsdl:binding name="CertBusinessServiceHttpBinding" type="tns:CertBusinessServicePortType">
  <wsdlsoap:binding style="document" transport="http://schemas.xmlsoap.org/soap/http"/>
  <wsdl:operation name="updateCert">
    <wsdlsoap:operation soapAction=""/>
    <wsdl:input name="updateCertRequest">
      <wsdlsoap:body use="literal"/>
    </wsdl:input>
    <wsdl:output name="updateCertResponse">
      <wsdlsoap:body use="literal"/>
    </wsdl:output>
  </wsdl:operation>
  <wsdl:operation name="applyCert">
    <wsdlsoap:operation soapAction=""/>
    <wsdl:input name="applyCertRequest">
      <wsdlsoap:body use="literal"/>
    </wsdl:input>
    <wsdl:output name="applyCertResponse">
      <wsdlsoap:body use="literal"/>
    </wsdl:output>
  </wsdl:operation>
  <wsdl:operation name="recoveryKey">
    <wsdlsoap:operation soapAction=""/>
    <wsdl:input name="recoveryKeyRequest">
      <wsdlsoap:body use="literal"/>
    </wsdl:input>
    <wsdl:output name="recoveryKeyResponse">
      <wsdlsoap:body use="literal"/>
    </wsdl:output>
  </wsdl:operation>
  <wsdl:operation name="queryCertDetail">
```

```
        <wsdlsoap:operation soapAction=""/>
        <wsdl:input name="queryCertDetailRequest">
          <wsdlsoap:body use="literal"/>
        </wsdl:input>
        <wsdl:output name="queryCertDetailResponse">
          <wsdlsoap:body use="literal"/>
        </wsdl:output>
      </wsdl:operation>
      <wsdl:operation name="updateCertStatus">
        <wsdlsoap:operation soapAction=""/>
        <wsdl:input name="updateCertStatusRequest">
          <wsdlsoap:body use="literal"/>
        </wsdl:input>
        <wsdl:output name="updateCertStatusResponse">
          <wsdlsoap:body use="literal"/>
        </wsdl:output>
      </wsdl:operation>
    </wsdl:binding>
    <wsdl:service name="CertBusinessService">
      <wsdl:port name="CertBusinessServiceHttpPort" binding="tns:CertBusinessServiceHttpBinding">
        <wsdlsoap:address location="http://192.168.100.221:8085/gxtc_cz/services/CertBusinessService"/>
      </wsdl:port>
    </wsdl:service>
</wsdl:definitions>
```

参考文献

[1] GB/T 20518-2006 信息安全技术 公钥基础设施 数字证书格式

[2] GM/T 0006-2012 密码应用标识规范

[3] GM/T 0009-2012 SM2密码算法使用规范

[4] GM/T 0010-2012 SM2密码算法加密签名消息语法规范

GC

数字版权保护技术研发工程标准

GC/BQ 25.2—2015

信息安全及电子认证服务技术规范 第2部分：密码服务中间件接口

Technical specification for information security and electronic certification services

Part 2: Cryptographic service middleware interface specification

2015－02－03发布　　2015－02－03实施

新闻出版广电总局新闻出版重大科技工程项目领导小组　发布

目　次

前　言

GC/BQ 25 《信息安全及电子认证服务技术规范》分为两个部分：

——第 1 部分：数字证书认证系统接口；

——第 2 部分：密码服务中间件接口。

本部分为 GC/BQ 25 的第 2 部分。

本部分按照 GB/T 1.1—2009 给出的规则起草。

本标准由新闻出版广电总局新闻出版重大科技工程项目领导小组办公室提出并归口。

本部分主要起草单位：中国科学院自动化研究所、北京创原天地科技有限公司。

本部分主要起草人：梁伟、张鸽、王孟觉、王晓晨、庞思铭、王天雨。

信息安全及电子认证服务技术规范
第2部分：密码服务中间件接口

1　范围

GC/BQ 25 的本部分给出了密码服务中间件接口的功能、参数的规范性描述。
本部分适用于数字版权保护技术研发工程。

2　规范性引用文件

下列文件对于本文件的应用是必不可少的。凡是注日期的引用文件，仅注日期的版本适用于本文件。凡是不注日期的引用文件，其最新版本（包括所有的修改单）适用于本文件。

GB/T 25069—2010 信息安全技术 术语
GC/BQ 3 数字版权保护技术研发工程术语
ITU-T X509 数字证书国际标准(Internet X.509 Public Key Infrastructure Certificate and CRL Profile)

3　术语和定义、缩略语

3.1　术语和定义

BQ 3 界定的以及下列术语和定义适用于本文件。

3.1.1

电子认证　electronic authentication
一种共性服务，为电子签名相关各方提供真实性、可靠性验证的公众服务活动。

3.1.2

证书认证机构　certificate authority
负责产生、签发和管理证书的、受用户信任的权威机构。用户可以选择该机构为其创建特定密钥。
[GB/T 25069—2010，2.2.2.223]

3.1.3

证书验证　certificate validation
确定证书在给定时间内有效的过程，包含一个证书路径的构造和处理，确保所有证书在给定时间内在路径上的有效性（也就是说没有废除或者期满）。
[GB/T 25069—2010，2.2.2.222]

3.1.4

数字证书　digital certificate
由证书认证机构数字签名的包含公开密钥拥有者信息、公开密钥、签发者信息、有效期以及一些扩展信息的数字文件。

3.1.5

私有密钥　private key
私钥
非对称密码算法中只能由拥有者使用的密钥。

3.1.6

公开密钥　public key
公钥
在某一实体的非对称密钥对中，能够公开的密钥。

3.1.7

公开密钥基础设施　public key infrastructure
用公钥密码技术建立的普遍适用的基础设施，为用户提供证书管理和密钥管理等安全服务。

3.1.8

中间件　middleware
提供给各种应用系统操作密码设备的接口。

3.1.9

个人识别密码　Personal Identification Number
用于保护设备不被他人使用的密码。

3.2　缩略语

PIN ：个人识别码 （Personal Identification Number）

4　密码服务中间件接口概述

密码服务中间件基于PKI体系，对PKI基本功能接口（如对称加密与解密、非对称加密与解密、信息摘要、数字签名、签名验证，以及密钥生成、存储等接口）进行规范，定义通用密码服务接口，为上层应用提供通用密码服务。密码服务中间件所有接口函数见表1，表中带*的接口不属于GM/T 0019—2012中的接口，鉴于数字版权保护业务场景的应用需求，在此添加此接口定义。以下正文所有接口函数均是C语言接口函数。Java语言接口描述见附录E。

表1 密码服务中间件C语言接口函数

接口类别	序号	接口名称	功能描述
环境类函数接口	1	初始化环境	中间件初始化接口函数主要负责初始化安全引擎，完成应用程序空间的初始化
	2	清除环境	程序退出时，调用此接口，完成对应用资源的回收
	3	用户登录	用户需要登录并操作内部私钥完成如签名或私钥解密等运算时，调用此接口
	4	注销登录	设备登出时，调用此接口
	5	修改PIN	修改管理员口令、用户口令时，调用此接口

	6	获取接口版本号	获得密码服务中间件库文件版本号
证书类函数接口	1	导入数字证书*	当想容器内导入证书时，调用此接口
	2	导出数字证书*	当导出指定容器内的数字证书时，调用此接口
	3	取证书信息	当需要对证书数据进行解析时，调用此接口
	4	根据CRL文件获取用户证书注销状态	根据CRL文件获取证书注销状态，调用此接口
	5	根据颁发者证书验证主题证书*	通过颁发者证书验证用户主题证书的颁发者签名，从而起到单级证书链路验证的功能，如需进行多级证书链验证，需要各级分别调用此接口进行循环验证操作即可
密码运算类函数接口	1	base64编码	对数据进行base64编码
	2	base64解码	对已经编码的base64数据进行解码
	3	随机数生成	产生指定长度的随机数
	4	数据HASH运算	对指定的数据计算HASH摘要
	5	文件HASH运算*	当需要对指定的文件计算摘要时，调用此接口
	6	生成内部RSA密钥对	生成内部RSA密钥对
	7	获取RSA公钥	导出生成的公钥
	8	RSA签名运算	使用容器内密钥进行签名运算
	9	RSA验证签名运算	使用内部密钥进行RSA验签运算
	10	基于证书的RSA公钥验证	使用证书对指定的签名数据进行验签
	11	生成外部RSA密钥对*	当需要非对称密钥对时，调用此接口
	12	外部RSA公钥加密*	当需要进行非对称公钥加密时，调用此接口
	13	外部RSA私钥解密*	使用外部私钥数据进行解密运算
	14	使用外部RSA密钥进行签名*	使用外部私钥对传入数据进行数字签名
	15	生成ECC密钥对	当需要生成ECC密钥对时，调用此接口
	16	获取ECC公钥	当需要已生成获取ECC公钥时，调用此接口
	17	ECC签名	使用容器内的私钥进行签名运算
	18	ECC验签	使用ECC公钥对指定的签名数据进行验签
	19	基于证书的ECC公钥验证	当需要使用证书公钥对指定的签名数据进行验签时，调用此接口
	20	对称密钥加密*	当需要对指定的数据进行对称加密时，调用此接口
	21	对称密钥解密*	当需要对指定的数据进行对称加密时，调用此接口
消息类函数接口	1	编码PKCS7格式的数字信封	对指定的数据使用传入的证书制作数字信封
	2	解码PKCS7格式的数字信封	当需要使用对方的证书，对指定的数据制作数字信封时，调用此接口
	3	使用外部RSA私钥解码PKCS7格式数字信封*	使用传入的外部私钥数据对指定的数字信封解码

5　环境类函数接口

5.1　接口概要

环境类函数负责创建和管理安全程序空间，负责创建和管理安全程序空间中所需的各种资源、信号，并确保安全程序空间在应用程序运行期间不会被非法访问，造成信息泄露。环境函数负责完成与密码设备的安全连接，确保后续的安全操作是在安全、可信的程序空间中进行。环境函数还负责在用户与密码设备之间创建和管理安全访问令牌。可创建两种类型的用户：一种是普通用户，该类型的安全访问令牌标识该用户是普通用户，只能访问密码设备中属于私有的信息和数据；另一类是管理员，该类型的安全访问令牌标识该用户是管理员，可以访问密码设备中的公有信息，设置和修改普通用户的PIN。

应用程序在使用密码服务接口时，要首先调用初始化环境函数（SAF_Initialize）创建和初始化安全的应用程序空间，完成与密码设备连接和初始化工作。在终止应用程序之前，应调用清除环境函数（SAF_Finalize），终止与密码设备的连接，销毁所创建的安全程序空间，防止由于内存残留所带来的安全风险。应用程序在调用任何密码服务函数，进行任何密码运算之前应首先调用用户登录函数（SAF_Login），建立安全访问令牌。建立了安全访问令牌后，则可以调用任何密码服务函数。在不再调用任何密码服务函数后，应调用注销登录函数（SAF_Logout）释放令牌的使用权限，确保密码设备不被非法访问。

5.2 函数接口

5.2.1 初始化环境

5.2.1.1 初始化环境概要

中间件初始化接口函数主要负责初始化安全引擎，完成应用程序空间的初始化。读取配置文件，根据要使用的设备类型完成对相应设备的操作。

初始化密码服务程序空间时，调用此接口。

支持两种模式：软证书模式，硬件密码设备模式。

5.2.1.2 初始化环境接口

初始化环境接口的说明包含10个要素：

a) 接口名称：初始化环境接口；
b) 英文名称：SAF_Initialize；
c) 功能描述：中间件初始化接口函数主要负责初始化安全引擎，完成应用程序空间的初始化；
d) 前置条件：无；
e) 后置条件：完成环境初始化；
f) 协议类型：无；
g) 函数原型示例：见D.1.1；
h) 输入参数：见表1；

表1 初始化环境接口输入参数

序号	中文名称	英文标签	类型	长度	取值	选择性	说明	示例
1	配置文件全路径	PucCfugFilePath	字符串	不定长，1~250个字符	不定	必选	配置文件全路径名，需要具有读写权限。	C:/DRM.cfg

i) 输出参数：见表2；

表2 初始化环境接口输出参数

序号	中文名称	英文标签	类型	长度	取值	选择性	说明	示例
1	应用接口句柄地址	PhAppHandle	句柄	不定长	不定	必选	应用接口句柄，需要调用者传入一个二维指针，接口将在内部为句柄创建空间，并返回句柄的地址。	int * hAppHandle = 0; int ret = SAF_Initialize (&hAppHandle, path);

j) 返回值：见表3。

表3 初始化环境接口返回值

序号	中文名称	英文标签	类型	长度	取值	选择性	说明	示例
1	返回值	ResultCode	整数	不定长	不定，取值范围见附录A	必选	0 ：成功 非 0：失败，返回错误代码	0

5.2.2 清除环境

5.2.2.1 清除环境概要

清除环境接口函数主要负责程序退出时，回收资源，释放设备句柄；程序退出时，不调用该接口可能会造成内存泄露。

5.2.2.2 清除环境接口

清除环境接口的说明包含10个要素：

a) 接口名称：清除环境接口；
b) 英文名称：SAF_Finalize；
c) 功能描述：程序退出时，调用此接口，完成对应用资源的回收；
d) 前置条件：已经调用成功初始化环境接口SAF_Initialize；
e) 后置条件：无；
f) 协议类型：无；
g) 函数原型示例：见D.1.2；
h) 输入参数：见表4；

表4 清除环境接口输入参数

序	中文名称	英文标签	类型	长度	取值	选择性	说明	示例

号								
1	应用接口句柄	HAppHandle	句柄	不定长	不定	必选	应用接口句柄	无

i) 输出参数：无；

j) 返回值：见表5。

表5 清除环境接口返回值

序号	中文名称	英文标签	类型	长度	取值	选择性	说明	示例
1	返回值	ResultCode	整数	不定长	不定，取值范围见附录A	必选	0：成功 非0：失败，返回错误代码	0

5.2.3 用户登录

5.2.3.1 用户登录概要

用户登录接口函数主要负责身份认证，不进行身份认证将不能使用私钥相关的操作。管理员或普通用户同时只能有一个角色登录，不能同时都处于登录状态。

5.2.3.2 用户登录接口

用户登录接口的说明包含10个要素：

a) 接口名称：用户登录接口；

b) 英文名称：SAF_Login；

c) 功能描述：用户需要登录并操作内部私钥完成如签名或私钥解密等运算时，调用此接口；

d) 前置条件：已经调用成功初始化环境接口SAF_Initialize；

e) 后置条件：无；

f) 协议类型：无；

g) 函数原型示例：见D.1.3；

h) 输入参数：见表6；

表6 用户登录接口输入参数

序号	中文名称	英文标签	类型	长度	取值	选择性	说明	示例
1	应用接口句柄	HAppHandle	句柄	不定长	不定	必选	应用接口句柄	0x01530068
2	用户类型	UiUsrType	整数	不定长	0或1	必选	当为0时表示管理员登录 为1时表示	0

							用户登录	
3	容器名或密钥索引号	PucContainerName	无符号字符数组	不定长，1~250 个字符	不定	必选	容器名或密钥索引号	DRMCont1
4	容器名或密钥索引号的长度	UiContainerNameLen	整数	不定长	不定，取值范围：1~250	必选	容器名或密钥索引号的长度	5
5	设备口令	PucPin	无符号字符数组	不定长，4~8 个字符	不定	必选	设备口令	000000
6	设备口令长度	UiPinLen	整数	不定长	取值范围：4~8	必选	口令长度	6

i) 输出参数：见表7；

表7 用户登录接口输入参数

序号	中文名称	英文标签	类型	长度	取值	选择性	说明	示例
1	口令剩余尝试次数	PuiRemainCount	整型数据地址	不定长	不定	必选	口令剩余尝试次数	5

j) 返回值：见表8。

表8 用户登录接口返回值

序号	中文名称	英文标签	类型	长度	取值	选择性	说明	示例
1	返回值	ResultCode	整数	不定长	不定，取值范围见附录A	必选	0：成功 非0：失败，返回错误代码	0

5.2.4 注销登录

5.2.4.1 注销登录概要

完成私钥相关操作后，即时调用注销登录接口函数进行登出操作，释放私钥等的使用权限。

5.2.4.2 注销登录接口

注销登录接口的说明包含10个要素：

a) 接口名称：注销登录接口；

b) 英文名称：SAF_Logout；

c) 功能描述：设备登出时，调用此接口；

k) 前置条件：已经调用成功初始化环境接口SAF_Initialize，且已经调用用户登录接口SAF_Login成功登录；
l) 后置条件：对于管理员，其管理员令牌将被回收，对于用户，其私钥使用权限将被关闭；
m) 协议类型：无；
d) 函数原型示例：见D.1.4；
e) 输入参数：见表9；

表9 注销登录接口返回值

序号	中文名称	英文标签	类型	长度	取值	选择性	说明	示例
1	应用接口句柄	HAppHandle	句柄	不定长	不定	必选	应用接口句柄	0x01530068
2	用户类型	UiUsrType	整数	不定长	0 或 1	必选	用户类型，当为0时表示管理员登录；为 1 时表示用户登录。	0

f) 输出参数：无；
g) 返回值：见表10。

表10　注销登录接口返回值

序号	中文名称	英文标签	类型	长度	取值	选择性	说明	示例
1	返回值	ResultCode	整数	不定长	取值范围见附录 A	必选	0 ：成功 非 0：失败，返回错误代码	0

5.2.5 修改 PIN

5.2.5.1 修改 PIN 概要

当需要修改管理员口令、用户口令时，需要调用该接口函数。调用该接口，若剩余可尝试次数达到0，对应口令被锁定。

5.2.5.2 修改 PIN 接口

修改设备口令接口的说明包含10个要素：
a) 接口名称：修改PIN接口；
b) 英文名称：SAF_ChangePin；
c) 功能描述：修改管理员口令、用户口令时，调用此接口；
d) 前置条件：已经调用成功初始化环境接口SAF_Initialize；
e) 后置条件：接口成功调用，则设备PIN更新为新PIN码；

f) 协议类型：无；
g) 函数原型示例：见D.1.5；
h) 输入参数：见表11；

表11　　修改 PIN 接口输入参数

序号	中文名称	英文标签	类型	长度	取值	选择性	说明	示例
1	应用接口句柄	HAppHandle	句柄	不定长	不定	必选	应用接口句柄	0x01530068
2	用户类型	UiUsrType	整数	不定长	0 或 1	必选	uiUsrType：用户类型，当为0 时表示管理员登录； 为1时表示用户登录	0
3	容器名或密钥索引号	PucContainerName	字符串	不定长，1~250 个字符	不定	必选	容器名或密钥索引号	DRMCont1
4	容器名或密钥索引号的长度	UiContainerNameLen	整数	不定长	不定，取值范围：1~250	必选	容器名或密钥索引号的长度	8
5	设备当前口令	PucOldPin	字符串	不定长，4~8 个字符	不定	必选	设备当前口令	000000
6	设备当前口令长度	UiOldPinLen	整数	不定长	取值范围：4~8	必选	设备当前口令长度	6
7	设备新口令	PucNewPin	字符串	不定长，4~8 个字符	不定	必选	设备新口令	000001
8	设备新口令长度	UiNewPinLen	整数	不定长	取值范围：4~8	必选	设备新口令长度	6

i) 输出参数：见表12；

表12　　修改 PIN 接口返回值

序号	中文名称	英文标签	类型	长度	取值	选择性	说明	示例
1	口令剩余尝试次数	PuiRemainCount	整型数据	不定长	不定	必选	口令剩余尝试次数	5

j) 返回值：见表13：

表13　　修改 PIN 接口返回值

序号	中文名称	英文标签	类型	长度	取值	选择性	说明	示例
1	返回值	ResultCode	整数	不定长	不定，取值范围见附录A	必选	0：成功 非0：失败，返回错误代码	0

5.2.6 获取接口版本号

5.2.6.1 获取接口版本号概要

通过此接口获得密码服务中间件库文件版本号。

5.2.6.2 获取接口版本号接口

修改设备口令接口的说明包含10个要素：

a) 接口名称：获取接口版本号
b) 英文名称：SAF_GetVersion；
c) 功能描述：获得密码服务中间件库文件版本号；
d) 前置条件：无；
e) 后置条件：无；
f) 协议类型：无；
g) 函数原型示例：见D.1.6；
h) 输入参数：无；
i) 输出参数：见表14；

表14　　获取接口版本号接口输出参数

序号	中文名称	英文标签	类型	长度	取值	选择性	说明	示例
1	版本号	PuiVersion	整型数据	不定长	不定	必选	返回的接口库版本号码	1213

j) 返回值：见表15。

表15　　修改 PIN 接口返回值

序号	中文名称	英文标签	类型	长度	取值	选择性	说明	示例
1	返回值	ResultCode	整数	不定长	不定，取值范围见附录A	必选	0：成功 非0：失败，返回错误代码	0

6　证书类函数接口

6.1　接口概要

证书类函数负责数字证书的管理，如证书的导入、导出、解析、验证等。

应用程序通过调用证书函数，实现基于数字证书的身份认证，从证书中获取有关信息，实现授权管理、访问控制等安全机制。

6.2　函数接口

6.2.1 导入数字证书

6.2.1.1 导入数字证书概要

向指定容器内导入 DER 编码的数字证书，可以为签名证书或者加密证书，由接口的输入参数指定。

本接口并非国密规范《通用密码服务接口规范》中的接口，鉴于数字版权保护业务场景的应用需求，在此添加此接口定义。

本接口对于服务器侧密码中间件，仅在软证书模式下有效。

6.2.1.2 导入数字证书接口

导入数字证书接口的说明包含10个要素：

a) 接口名称：导入数字证书接口；

b) 英文名称：SAF_ImportCertificate

c) 功能描述：当想容器内导入证书时，调用此接口；

d) 前置条件：已经调用成功初始化环境接口SAF_Initialize，且已经调用用户登录接口SAF_Login成功登录；

e) 后置条件：证书数据将被导入到选定的密钥容器中；

f) 协议类型：无；

g) 函数原型示例：见D.2.1；

h) 输入参数：见表16；

表16　　导入数字证书接口输入参数

序号	中文名称	英文标签	类型	长度	取值	选择性	说明	示例
1	应用接口句柄	HAppHandle	句柄	不定长	不定	必选	应用接口句柄	0x01530068
2	密钥的容器名	PucContainerName	字符串	不定长，1~250 个字符	不定	必选	密钥的容器名	DRMCont1
3	密钥的容器名长度	UiContainerNameLen	整数	不定长	取值范围：1~250	必选	密钥的容器名长度	8
4	数字证书类型	UiSignFlag	证书	不定长	0 或者 1	必选	1 表示签名证书；0 表示加密证书。	0
5	证书数据	PucCert	字符串	不定长	不定	必选	指向证书内	“MIIC+j

							容缓冲区。DER	CCAm...9Au0sg==
6	证书长度	UiCertLen	整数	不定长	不定	必选	指向证书内容的缓冲区长度	1080

i) 输出参数：无；
j) 返回值：见表17。

表17　　导入数字证书证书接口返回值

序号	中文名称	英文标签	类型	长度	取值	选择性	说明	示例
1	返回值	ResultCode	整数	不定长	取值范围见附录A	必选	0：成功 非0：失败，返回错误代码	0

6.2.2 导出数字证书

6.2.2.1 导出数字证书概要

从指定容器中获取DER编码的证书，可以是签名证书也可以是加密证书，由接口的输入参数决定。

本接口并非国密规范《通用密码服务接口规范》中的接口，鉴于数字版权保护业务场景的应用需求，在此添加此接口定义。

本接口对于服务器侧密码中间件，仅在软证书模式下有效。

6.2.2.2 导出数字接口

导出数字证书接口的说明包含10个要素：

a) 接口名称：导出数字证书接口；
b) 英文名称：SAF_ExportCertificate；
c) 功能描述：当导出指定容器内的数字证书时，调用此接口；
d) 前置条件：已经调用成功初始化环境接口SAF_Initialize，且指定容器确实有证书；
e) 后置条件：无；
f) 协议类型：无；
g) 函数原型示例：见D.2.2；
h) 输入参数：见表18；

表18　　导出数字证书接口输入参数

序号	中文名称	英文标签	类型	长度	取值	选择性	说明	示例
1	应用接口句柄	HAppHandle	句柄	不定长	不定	必选	应用接口句柄	0x01530068
2	密钥的容器名	PucContainerName	字符串	不定长，1~250 个字	不定	必选	密钥的容器名	DRM Cont1

				符				
3	密钥的容器名长度	UiContainerNameLen	整数	不定长	取值范围：1~250 个字符	必选	密钥的容器名长度	8
4	数字证书类型	UiSignFlag	整数	不定长	0 或 1	必选	1 表示签名证书；0 表示加密证书	0

h) 输出参数：见表19；

表19 导出数字证书接口输出参数

序号	中文名称	英文标签	类型	长度	取值	选择性	说明	示例
1	证书数据	PucCert	字符串	不定长	不定	必选	指向证书内容缓冲区	MIIC+jCCAm...9Au0sg==
2	证书长度	UiCertLen	整数	不定长	不定	必选	指向证书内容缓冲区的长度	1080

i) 返回值：见表20。

表20 导出数字证书接口返回值

序号	中文名称	英文标签	类型	长度	取值	选择性	说明	示例
1	返回值	ResultCode	整数	不定长	取值范围见附录 A	必选	0：成功 非 0：失败，返回错误代码	0

6.2.3 取证书信息

6. 2. 3. 1 取证书信息概要

当需要对证书数据进行解析时，调用此接口函数。

6. 2. 3. 2 取证书信息接口

取证书信息接口的说明包含10个要素：

a) 接口名称：取证书信息接口；

b) 英文名称：SAF_GetCertificateInfo；

c) 功能描述：当需要对证书数据进行解析时，调用此接口；

d) 前置条件：已经调用成功初始化环境接口SAF_Initialize；
e) 后置条件：无；
f) 协议类型：无；
g) 函数原型示例：见D.2.3；
h) 输入参数：见表21；

表21　　取证书信息接口输入参数

序号	中文名称	英文标签	类型	长度	取值	选择性	说明	示例
1	应用接口句柄	HAppHandle	句柄	不定长	不定	必选	应用接口句柄	0x01530068
2	证书数据	PucCertificate	字符串	不定长	不定	必选	DER 编码的证书：DER 二进制数据或经过 base64 编码后的 DER	MIIC+jCCAm...9Au0sg==
3	证书长度	UiCertificateLen	整数	不定长	不定	必选	证书数据的长度	1080
4	证书项标识	UiInfoType	整数	不定长	取值范围见附录 B	必选	指定的证书解析标识，标识项参见附录 B，常用选项有：SGD_CERT_VERSION；SGD_CERT_SERIAL；SGD_CERT_ISSUER；SGD_CERT_VALID_TIME；SGD_CERT_SUBJECT；SGD_CERT_DER_PUBLIC_KEY；	SGD_CERT_ISSUER

i) 输出参数：见表22；

表22　　取证书信息接口输出参数

序号	中文名称	英文标签	类型	长度	取值	选择性	说明	示例
1	证书信息	PucInfo	字符串	不定长	不定	必选	获取的证书信息	“V3”

2	证书信息长度	PuiInfoLen	整数	不定长	不定	必选	获取的证书信息长度	2

j) 返回值：见表23。

表23　　取证书信息接口返回值

序号	中文名称	英文标签	类型	长度	取值	选择性	说明	示例
1	返回值	ResultCode	整数	不定长	取值范围见附录 A	必选	0 ：成功 非 0：失败，返回错误代码	0

6.2.4 根据 CRL 文件获取用户证书注销状态

6.2.4.1 根据 CRL 文件获取证书注销状态概要

当需要通过 CRL 对证书进行离线证书注销状态验证时，调用此接口函数。

6.2.4.2 根据 CRL 文件获取用户证书注销状态接口

通过CRL进行验证接口的说明包含10个要素：

a) 接口名称：根据CRL文件获取证书注销状态接口；
b) 英文名称：SAF_VerifyCertificateByCrl；
c) 功能描述：根据CRL文件获取证书注销状态；
d) 前置条件：已经调用成功初始化环境接口SAF_Initialize；
e) 后置条件：无；
f) 协议类型：无；
g) 函数原型示例：见D.2.4；
h) 输入参数：见表24；

表24　　根据 CRL 文件获取用户证书注销状态接口输入参数

序号	中文名称	英文标签	类型	长度	取值	选择性	说明	示例
1	应用接口句柄	HAppHandle	句柄	不定长	不定	必选	应用接口句柄	0x01530068
2	证书数据	PucUsrCertificate	字符串	不定长	不定	必选	DER 编码的证书	MIIC+jCCAm...9Au0sg==
3	证书长度	UiUsrCertificateLen	整数	不定长	不定	必选	证书长度	1080
4	CRL 文件数据	PucDerCrl	字符串	不定长	不定	必选	DER 编码的 CRL	MIJZlzCCWQ

								ACAQ EwDQ Y........ .... O9L/i m7gkz Nag==
5	CRL 文件长度	UiDerCrlLen	整数	不定长	不定	必选	CRL 长度	1970

i) 输出参数：无；
j) 返回值：见表25。

表25　　根据 CRL 文件获取用户证书注销状态接口返回值

序号	中文名称	英文标签	类型	长度	取值	选择性	说明	示例
1	返回值	ResultCode	整数	不定长	取值范围见附录 A	必选	0 ：成功 非 0：失败，返回错误代码	0

6.2.5 根据颁发者证书验证主题证书

6. 2. 5. 1 根据颁发者证书验证主题证书概要

通过颁发者证书验证当前证书的颁发者签名，相当于单级证书链验证。

本接口并非国密规范《通用密码服务接口规范》中的接口，鉴于数字版权保护业务场景的应用需求，在此添加此接口定义。

6. 2. 5. 2 根据颁发者证书验证主题证书接口

添加信任的根CA证书接口的说明包含10个要素：

a) 接口名称：根据颁发者证书验证用户主题证书接口；
b) 英文名称：SAF_VerifyCertificateByIssuerCert
c) 功能描述：通过颁发者证书验证用户主题证书的颁发者签名，从而起到单级证书链路验证的功能，如需进行多级证书链验证，需要各级分别调用此接口进行循环验证操作即可；
d) 前置条件：无；
e) 后置条件：无；
f) 协议类型：无；
g) 函数原型示例：见D.2.5
h) 输入参数：见表26；

表26　　根据颁发者证书验证主题证书接口输入参数

序	中文名称	英文标签	类型	长度	取值	选择性	说明	示例

号								
1	用户证书数据	PucCertificate	字符串	不定长	不定	必选	DER 编码的证书	MIIEAzCCAuugAwIBAgIKYcJk.................5KJsKSjJqrQhhpAOhMU=
2	用户证书长度	UiCertificateLen	整数	不定长	不定	必选	DER 编码证书数据长度	1080
3	颁发者证书	PucIssuerCert	字符串	不定长	不定	必选	DER 编码的证书数据	MIIEAzCCAuugAwIBAgIKYcJk.................5KJsKSjJqrQhhpAOhMU=
4	颁发者证书长度	UiIssuerCertLen	整数	不定长	不定	必选	DER 编码证书数据长度	1080

i) 输出参数：无；

j) 返回值：见表27。

表27　根据颁发者证书验证主题证书接口返回值

序号	中文名称	英文标签	类型	长度	取值	选择性	说明	示例
1	返回值	ResultCode	整数	不定长	取值范围见附录表 A	必选	0：成功 非 0：失败，返回错误代码	0

7　密码运算类函数接口

7.1　接口概要

密码运算类函数负责实现具体的密码运算，并将密码运算后的结果返回给应用程序，是应用程序实现数据保密性、完整性和不可抵赖性等安全机制的基础。

密码运算类函数提供包括base64编解码、随机数生成、摘要以及各种对称和非对称密钥运算等。

7.2　函数接口

7.2.1 base64 编码

7.2.1.1 base64 编码概要

当需要对数据进行base64编码时，调用此接口函数。

7.2.1.2 base64 编码接口

base64编码接口的说明包含10个要素：

a) 接口名称：base64编码接口；
b) 英文名称：SAF_Base64_Encode；
c) 功能描述：对数据进行base64编码；
d) 前置条件：无；
e) 后置条件：无；
f) 协议类型：无；
g) 函数原型示例：见D.3.1；
h) 输入参数：见表28；

表28　　base64 编码接口输入参数

序号	中文名称	英文标签	类型	长度	取值	选择性	说明	示例
1	编码前的数据	PucInData	字符串	不定长	不定	必选	编码前的数据	”abcd…”
2	编码前的数据长度	PuiInDataLen	整数	不定长	取值范围：$1\sim2^{31}-1$	必选	编码前的数据长度	24

i) 输出参数：见表29。

表29　　base64 编码接口输出参数

序号	中文名称	英文标签	类型	长度	取值	选择性	说明	示例
1	编码后的数据	PucOutData	字符串	不定长	不定	必选	编码后的数据，缓冲区通常预置大小：1.36* puiInDataLen	76nNd3OsKs0tNteP...N0otuX
2	编码后的数据长度	PuiOutDataLen	整数	不定长	取值范围：$1\sim2^{31}-1$	必选	编码后的数据长度，缓冲区通常预置大小：1.36* puiInDataLen	32

j) 返回值：见表30。

表30　　base64 编码接口返回值

序号	中文名称	英文标签	类型	长度	取值	选择性	说明	示例

1	返回值	ResultCode	整数	不定长	取值范围：1~2^{31}－1	必选	0：成功 非0：失败，返回错误代码	0

7.2.2 base64 解码

7.2.2.1 base64 解码概要

当需要进行base64解码时，调用此接口函数。

7.2.2.2 base64 解码接口

base64解码接口的说明包含10个要素：

a) 接口名称：base64解码接口；
b) 英文名称：SAF_Base64_Decode；
c) 功能描述：对已经编码的base64数据进行解码；
d) 前置条件：无；
e) 后置条件：无；
f) 协议类型：无；
g) 函数原型示例：见D.3.2；
h) 输入参数：见表31；

表31　base64 解码接口输入参数

序号	中文名称	英文标签	类型	长度	取值	选择性	说明	示例
1	解码前的数据	PucInData	字符串	不定长	不定	必选	解码前的数据	"76nNd3OsKs0tNteP...N0otuX "
2	解码前的数据长度	UiInDataLen	整数	不定长	取值范围：1~2^{31}－1	必选	解码前的数据长度	32

i) 输出参数：见表32。

表32　base64 解码接口输出参数

序号	中文名称	英文标签	类型	长度	取值	选择性	说明	示例
1	解码后的数据	PucOutData	字符串	不定长	不定	必选	解码后的数据	“abcd….”
2	解码后的数据长度	PuiOutDataLen	整数	不定长	取值范围：1~2^{31}－1	必选	解码后的数据长度	24

j) 返回值：见表33。

表33　　base64 解码接口返回值

序号	中文名称	英文标签	类型	长度	取值	选择性	说明	示例
1	返回值	ResultCode	整数	不定长	取值范围见附录表 A	必选	0 ：成功 非 0：失败，返回错误代码	0

7.2.3 随机数生成

7. 2. 3. 1 随机数生成概要

当需要产生指定长度的随机数时，调用此接口函数。

7. 2. 3. 2 随机数生成接口

随机数生成接口的说明包含10个要素：

a) 接口名称：随机数生成接口；
b) 英文名称：SAF_GenRandom；
c) 功能描述：产生指定长度的随机数；
d) 前置条件：无；
e) 后置条件：无；
f) 协议类型：无；
g) 函数原型示例：见D.3.3；
h) 输入参数：见表34；

表34　　随机数生成接口输入参数

序号	中文名称	英文标签	类型	长度	取值	选择性	说明	示例
1	要产生的随机数长度	UiRandLen	整数	不定长	取值范围：$1\sim2^{31}-1$	必选	要产生的随机数长度	3

i) 输出参数：见表35；

表35　　随机数生成接口输出参数

序号	中文名称	英文标签	类型	长度	取值	选择性	说明	示例
1	生成的随机数	PucRand	字符数组	不定长	取值范围：$1\sim2^{31}-1$	必选	生成的随机数；输入缓冲区长度必须大于等于要生成的随机数长	{0x87, 0x90, 0x43}

							度	

j) 返回值：见表36。

表36　随机数生成接口返回值

序号	中文名称	英文标签	类型	长度	取值	选择性	说明	示例
1	返回值	ResultCode	整数	不定长	取值范围见附录 A	必选	0 ：成功 非 0：失败，返回错误代码	0

7.2.4 数据 HASH 运算

7.2.4.1 数据 HASH 运算概要

当需要对指定的数据计算摘要时，调用此接口函数。

7.2.4.2 数据 HASH 运算接口

数据HASH运算接口的说明包含10个要素：

a) 接口名称：数据HASH运算接口；
b) 英文名称：SAF_Hash；
c) 功能描述：对指定的数据计算HASH摘要；
d) 前置条件：无；
e) 后置条件：无；
f) 协议类型：无；
g) 函数原型示例：见D.3.4；
h) 输入参数：见表37；

表37　数据 HASH 运算接口输入参数

序号	中文名称	英文标签	类型	长度	取值	选择性	说明	示例
1	摘要算法标识	UiAlgoType	整数	不定长	取值范围见附录表C.3	必选	摘要算法标识，见附录 C 中表 C.3	SGD_SM3
2	输入数据	PucInData	字符数组	不定长	不定	必选	计算摘要的源数据	{0x84, 0x93, 0x41}
3	输入数据长度	UiInDataLen	整数	不定长	取值范围：$1\sim2^{31}-1$	必选	计算摘要的源数据长度	3
4	签名者公钥	PucPublicKey	字符串	不定长	不定	必选	签名者公钥。当 UiAlgoType 为	“Da7a...kL2NybC9

							SGD_SM3 时有效	DUkwxLm”
5	签名者公钥长度	UIPublicKeyLen	整数	不定长	不定	必选	签名者公钥长度当 UiAlgoType 为 SGD_SM3 时有效	280
6	签名者的 ID 值	PucID	字符串	不定长	不定	必选	签名者的 ID 值。当 UiAlgoType 为 SGD_SM3 时有效。建议采用国密推荐参数：“12345678123456 78”	“1234567812345678”
7	签名者 ID 的长度	UiIDLen	整数	不定长	不定	必选	签名者 ID 的长度，当 UiAlgoType 为 SGD_SM3 时有效	16

i) 输出参数：见表38；

表38　　数据 HASH 运算接口输出参数

序号	中文名称	英文标签	类型	长度	取值	选择性	说明	示例
1	摘要结果	PucOutHash	字符数组	不定长	不定	必选	摘要结果	0x30 0x36 0x54
2	摘要长度	PuiOutHashLen	整数	不定长	不定	必选	输出摘要的长度取决于算法，如 SHA1:20；SHA256:32 ；SM3:32；MD5:16	32

j) 返回值：见表39。

表39　　数据 HASH 运算接口返回值

序号	中文名称	英文标签	类型	长度	取值	选择性	说明	示例
1	返回值	ResultCode	整数	不定长	取值范围见附录 A	必选	0 ：成功 非 0：失败，返回错误代码	0

7.2.5 文件 HASH 运算

7.2.5.1 文件 HASH 运算概要

当需要对指定的文件计算摘要时，调用此接口函数。

本接口并非国密规范《通用密码服务接口规范》中的接口，鉴于数字版权保护业务场景的应用需求，在此添加此接口定义。

7.2.5.2 文件 HASH 运算接口

文件HASH运算接口的说明包含10个要素：

a) 接口名称：HASH运算接口；

b) 英文名称：SAF_HashFile；

c) 功能描述：当需要对指定的文件计算摘要时，调用此接口；

d) 前置条件：无；

e) 后置条件：无；

f) 协议类型：无；

g) 函数原型示例：见D.3.5；

h) 输入参数：见表40；

表40　文件 Hash 运算接口输入参数

序号	中文名称	英文标签	类型	长度	取值	选择性	说明	示例
1	摘要算法标识	UiAlgoType	整数	不定长	取值范围见附录表C.3	必选	摘要算法标识	SGD_SM3
2	文件路径数据	PucFilePath	字符串	不定长	取之范围：1~250	必选	文件路径数据	D\filetohash.doc
3	文件路径数据长度	UiFilePathLen	整数	不定长	不定	必选	文件路径数据长度	17
4	签名者公钥	PucPublicKey	字符串	不定长	不定	必选	签名者公钥。当UiAlgoType为SGD_SM3时，本参数有效	“Da7a...kL2NybC9DUkwxLm”
5	签名者公钥长度	UlPublicKeyLen	整数	不定长	不定	必选	签名者公钥长度签名者公钥。当UiAlgoType为SGD_SM3时有效	280
6	签名者的ID值	PucID	字符串	不定长	不定	必选	签名者的ID值。当UiAlgoType为SGD_SM3时有效。建议采用国密推荐参数：“1234567812345678”	“1234567812345678”

7	签名者ID的长度	UiIDLen	整数	不定长	不定	必选	签名者ID的长度，当 UiAlgoType 为 SGD_SM3 时有效	16

i) 输出参数：见表41；

表41　　文件HASH运算接口输出参数

序号	中文名称	英文标签	类型	长度	取值	选择性	说明	示例
1	摘要结果	PucOutHash	字符数组	不定长	不定	必选	摘要结果	0x30 0x36 0x54
2	摘要长度	PuiOutHashLen	整数	不定长	不定	必选	输出摘要的长度取决于算法，如 SHA1:20；SHA256:32；SM3:32；MD5:16	32

j) 返回值：见表42。

表42　　文件HASH运算接口返回值

序号	中文名称	英文标签	类型	长度	取值	选择性	说明	示例
1	返回值	ResultCode	整数	不定长	取值范围见附录A	必选	0：成功 非0：失败，返回错误代码	0

7.2.6 生成内部RSA密钥对

7.2.6.1 生成内部RSA密钥对概要

当需要生成内部RSA密钥对时，调用此接口函数。

本接口对于服务器侧密码中间件，仅在软证书模式下有效。服务器密码机需要创建密钥时，需要调用管理工具来完成。

7.2.6.2 生成RSA密钥对接口

生成内部RSA密钥对接口的说明包含10个要素：

a) 接口名称：生成内部RSA密钥对接口；

b) 英文名称：SAF_GenRsaKeyPair；

c) 功能描述：生成内部RSA密钥对；

d) 前置条件：已经调用成功初始化环境接口SAF_Initialize，且已经调用用户登录接口SAF_Login 成功登录；
e) 后置条件：无；
f) 协议类型：无；
g) 函数原型示例：见D.3.6；
h) 输入参数：见表43；

表43　　生成内部 RSA 密钥对接口输入参数

序号	中文名称	英文标签	类型	长度	取值	选择性	说明	示例
1	应用接口句柄	HAppHandle	句柄	不定长	不定	必选	应用接口句柄	0x01530068
2	密钥的容器名	PucContainerName	字符串	不定长，1~250个字符	不定	必选	密钥的容器名	DRMCont1
3	密钥的容器名长度	UiContainerNameLen	整数	不定长	取值范围：1~250	必选	密钥的容器名长度	8
4	密钥模长	UiKeyBits	整数	不定长		必选	密钥模长，通常选择 2048；	2048
5	密钥用途	UiKeyUsage	整数	不定长	取值范围见附录表C.5	必选	密钥用途 SGD_KEYUSAGE_SIGN 签名 SGD_KEYUSAGE_KEYEXCHANGE 密钥交换（加密）	SGD_KEYUSAGE_SIGN
6	能否导出	UiExportFlag	整数	不定长	取值范围：0 或 1	必选	1 表示生成的密钥对可导出 0 表示不可导出	0

i) 输出参数：无；

j) 返回值：见表44。

表44　　生成内部 RSA 密钥对接口返回值

序号	中文名称	英文标签	类型	长度	取值	选择性	说明	示例

1	返回值	ResultCode	整数	不定长	取值范围见附录A	必选	0：成功 非0：失败，返回错误代码	0

7.2.7 获取RSA公钥

7.2.7.1 获取RSA公钥概要

当生成内部RSA公私钥对后，在需要导出所生成的公钥时，调用此接口。

7.2.7.2 获取RSA公钥接口

获取RSA公钥接口的说明包含10个要素：

a) 接口名称：获取RSA公钥接口；
b) 英文名称：SAF_GetRsaPublicKey；
c) 功能描述：导出生成的公钥；
d) 前置条件：已经调用成功初始化环境接口SAF_Initialize；并且对应设备对应的容器中存在有效的密钥；
e) 后置条件：无；
f) 协议类型：无；
g) 函数原型示例：见D.3.7；
h) 输入参数：见表45；

表45　获取RSA公钥接口输入参数

序号	中文名称	英文标签	类型	长度	取值	选择性	说明	示例
1	应用接口句柄	HAppHandle	句柄	不定长	不定	必选	应用接口句柄	0x01530068
2	密钥的容器名	PucContainerName	字符串	不定长，1~250个字符	不定	必选	密钥的容器名	DRMCont1
3	密钥的容器名长度	UiContainerLen	整数	不定长	取值范围：1~250	必选	密钥的容器名长度	8
4	密钥用途	UiKeyUsage	整数	不定长	取值范围见附录表C.5	必选	密钥用途	SGD_KEYUSAGE_SIGN

i) 输出参数：见表46；

表46　　获取RSA公钥接口输出参数

序号	中文名称	英文标签	类型	长度	取值	选择性	说明	示例
1	公钥数据	PucPublicKey	字符串	不定长	不定	必选	公钥数据	"Da7a...kL2NybC9DUkwxLm"
2	公钥数据长度	PuiPublicKeyLen	整数	不定长	不定	必选	公钥数据长度	280

j) 返回值：见表47。

表47　　获取RSA公钥接口返回值

序号	中文名称	英文标签	类型	长度	取值	选择性	说明	示例
1	返回值	ResultCode	整数	不定长	取值范围见附录A	必选	0：成功 非0：失败，返回错误代码	0

7.2.8 RSA签名运算

7.2.8.1 RSA签名运算概要

当需要使用容器内密钥进行签名运算时，调用此接口函数。

7.2.8.2 RSA签名运算接口

RSA签名运算接口的说明包含10个要素：

a) 接口名称：RSA签名运算接口；

b) 英文名称：SAF_RsaSign；

c) 功能描述：使用容器内密钥进行签名运算；

d) 前置条件：已经调用成功初始化环境接口SAF_Initialize，且已经调用用户登录接口SAF_Login成功登录；

e) 后置条件：无；

f) 协议类型：无；

g) 函数原型示例：见D.3.8；

h) 输入参数：见表48；

表48　　RSA签名运算接口输入参数

序号	中文名称	英文标签	类型	长度	取值	选择性	说明	示例
1	应用接口句柄	HAppHandle	句柄	不定长	不定	必选	应用接口句柄	0x01530068
2	密钥的容器名	PucContainerName	字符串	不定长，	不定	必选	密钥的容器名	DRMCont1

				1~250 个字符				
3	密钥的容器名长度	UiContainerNameLen	整数	不定长	取值范围：1~250	必选	密钥的容器名长度	8
4	摘要算法标识	UiHashAlgorithmID	整数	不定长	0x00000002	必选	HASH 算法标识：SGD_SHA1;	SGD_SHA1
5	待签名数据	PucInData	字符串	不定长		必选	待签名数据	hello
6	待签名数据的长度	UiInDataLen	整数	不定长	取值范围：$1\sim2^{31}-1$	必选	待签名数据的长度	5

i) 输出参数：见表49；

表49 RSA 签名接口输出参数

序号	中文名称	英文标签	类型	长度	取值	选择性	说明	示例
1	签名结果	PucSignData	字符串	不定长	不定	必选	输出的DER编码的签名数据	BgjcRATFeHlwATQBpAGMA.............4HR44=
2	签名结果长度	PuiSignDataLen	整数	不定长	不定	必选	RSA1024 签名数据长度为 128 字节；RSA2048 产生的签名值长度为 256 字节；	128

j) 返回值：见表50。

表50 RSA 签名运算接口返回值

序号	中文名称	英文标签	类型	长度	取值	选择性	说明	示例
1	返回值	ResultCode	整数	不定长	取值范围见附录 A	必选	0 ：成功 非 0：失败，返回错误代码	0

7.2.9 RSA 验证签名运算

7.2.9.1 RSA 验证签名概要

当使用公钥进行RSA验签运算时，调用此接口函数。

7.2.9.2 RSA 验证签名接口

RSA验证签名接口的说明包含10个要素：

a) 接口名称：RSA验证签名接口；
b) 英文名称： SAF_RsaVerifySign；
c) 功能描述：使用公钥进行RSA验签运算；
d) 前置条件：无；
e) 后置条件：无；
f) 协议类型：无；
g) 函数原型示例：见D.3.9；
h) 输入参数：见表51；

表51　RSA 验证签名运算接口输入参数

序号	中文名称	英文标签	类型	长度	取值	选择性	说明	示例
1	摘要算法标识	UiHashAlgorithmID	整数	不定长	0x00000002	必选	HASH 算法：SGD_SHA1；见附录 C.3	SGD_SHA1
2	DER 编码的公钥	PucPublicKey	字符串	不定长	不定	必选	DER 编码的公钥	za2PGAb4lInljbWxS0y..........wXVxk=
3	公钥长度	UiPublicKeyLen	整数	不定长	不定	必选	DER 编码公钥的长度	270
4	待验证数据	PucInData	字符串	不定长	不定	必选	待验证数据	hello
5	待验证数据的长度	UiInDataLen	整数	不定长	不定	必选	待验证数据的长度	5
6	签名数据	PucSignature	字符串	不定长	不定	必选	DER 编码的签名数据	d8E+jzuZNUeUmSnyfPFPk.........IwHAYK=
7	签名数据长度	UiSignatureLen	整数	不定长	不定	必选	签名数据长度	128

i) 输出参数：无；
j) 返回值：见表52。

表52　　RSA 验证签名运算接口返回值

序号	中文名称	英文标签	类型	长度	取值	选择性	说明	示例
1	返回值	ResultCode	整数	不定长	取值范围见附录 A	必选	0 ：成功 非 0：失败，返回错误代码	0

7.2.10 基于证书的 RSA 公钥验证

7.2.10.1 基于证书的 RSA 公钥验证概要

当需要使用证书公钥对指定的签名数据进行验签时，调用此接口函数。

7.2.10.2 基于证书的 RSA 公钥验证接口

基于证书的RSA公钥验证接口的说明包含10个要素：
a) 接口名称：使用外部证书对指定的签名数据进行验签接口；
b) 英文名称：SAF_VerifySignByCert；
c) 功能描述：使用证书对指定的签名数据进行验签；
d) 前置条件：完成了环境初始化；
e) 后置条件：无；
f) 协议类型：无；
g) 函数原型示例：见D.3.10；
h) 输入参数：见表53；

表53　　基于证书的 RSA 公钥验证接口输入参数

序号	中文名称	英文标签	类型	长度	取值	选择性	说明	示例
1	摘要算法标识	UiHashAlgorithID	整数	不定长	取值范围见附录表 C.3	必选	HASH 算法标识： SGD_SHA1; SGD_SHA256	SGD_SHA1
2	DER 编码的数字证书	PucCertificate	字符串	不定长	不定	必选	DER 编码的数字证书	MIICQaJ5hBKzL9MI453cfs.........EEyXA2HmRsspQq5WnJnr==
3	数字证书	UiCertific	整数	不定长	不定	必选	数字证书长度	1080

	长度	ateLen						
4	待验证数据	PucInData	字符串	不定长	不定	必选	待验证数据	hello
5	待验证数据的长度	UiInDataLen	整数	不定长	取值范围：1~2^{31}－1	必选	待验证数据的长度	5
6	DER 编码的签名数据	PucSignData	字符串	不定长	不定	必选	DER 编码的签名数据	JmHOrpyMtkLWkZ.…………FlYYsX8zs=
7	签名数据长度	UiSignDataLen	整数	不定长	不定	必选	RSA1024:128 字节； RSA2048:256 字节；	128

i) 输出参数：无；

j) 返回值：见表54。

表54　　基于证书的 RSA 公钥验证接口返回值

序号	中文名称	英文标签	类型	长度	取值	选择性	说明	示例
1	返回值	ResultCode	整数	不定长	取值范围见附录 A	必选	0 ：成功 非 0：失败，返回错误代码	0

7.2.11 生成外部 RSA 密钥对

7.2.11.1 生成外部 RSA 密钥对概要

当需要生成外部非对称密钥对时，调用此接口函数。函数返回公私钥数据。

本接口并非国密规范《通用密码服务接口规范》中的接口，鉴于数字版权保护业务场景的应用需求，在此添加此接口定义。

7.2.11.2 生成外部 RSA 密钥对接口

生成外部非对称密钥对接口的说明包含10个要素：

a) 接口名称：生成外部RSA密钥对接口；

b) 英文名称：SAF_GenRsaKeyPairEx；

c) 功能描述：当需要非对称密钥对时，调用此接口；

d) 前置条件：无；

e) 后置条件：无；

f) 协议类型：无；

g) 函数原型示例：见D.3.11；

h) 输入参数：见表55；

表55　生成外部RSA密钥对接口输入参数

序号	中文名称	英文标签	类型	长度	取值	选择性	说明	示例
1	非对称密钥对模长	UiKeyBits	整数	不定长	不定	必选	生成的外部密钥模长，通常选择2048；	2048

i) 输出参数：见表56；

表56　生成外部RSA密钥对接口输出参数

序号	中文名称	英文标签	类型	长度	取值	选择性	说明	示例
1	私钥数据	PucPriKeyBuf	字符串	不定长	不定	必选	返回的base64编码格式私钥；	"MIGJAoGBAL …AAE="
2	私钥数据长度	UiPriKeyBufLen	整数	不定长	不定	必选	外部私钥缓冲区长度	608
3	公钥数据	PucPubKeyBuf	字符串	不定长	不定	必选	返回的base64编码格式公钥	“Da7a...kL2NybC9DUkwxLm”
4	公钥数据长度	PuiPubKeyBufLen	整数	不定长	不定	必选	外部公钥缓冲区长度	280

j) 返回值：见表57。

表57　生成外部RSA密钥对接口返回值

序号	中文名称	英文标签	类型	长度	取值	选择性	说明	示例
1	返回值	ResultCode	整数	不定长	取值范围见附录A	必选	0：成功 非0：失败，返回错误代码	0

7.2.12 外部RSA公钥加密

7.2.12.1 外部RSA公钥加密概要

当需要进行非对称公钥加密时，调用此接口函数。

本接口并非国密规范《通用密码服务接口规范》中的接口，鉴于数字版权保护业务场景的应用需求，在此添加此接口定义。

7.2.12.2 外部RSA公钥加密接口

外部公钥加密接口的说明包含10个要素：

a) 接口名称：外部公钥加密接口；

b) 英文名称：SAF_RsaPublicKeyEncEx；
c) 功能描述：当需要进行非对称公钥加密时，调用此接口；
d) 前置条件：无；
e) 后置条件：无；
f) 协议类型：无；
g) 函数原型示例：见D.3.12；
h) 输入参数：见表58；

表58　　外部RSA公钥加密接口输入参数

序号	中文名称	英文标签	类型	长度	取值	选择性	说明	示例
1	公钥数据	PucPubKey	字符串	不定长	不定	必选	公钥数据	"MIGJAoGBAL …AAE="
2	公钥数据长度	UiPubKeyLen	整数	不定长	不定	必选	公钥数据长度	280
3	待加密源数据	BinData	字符数组	不定长	不定	必选	待加密源数据	{'h', 'e', 'l', 'l', 'o'"}
4	待加密源数据长度	UiInDataLen	整数	不定长	取值范围：1~128	必选	待加密源数据长度	5

i) 输出参数：见表59；

表59　　外部RSA公钥加密接口输出参数

序号	中文名称	英文标签	类型	长度	取值	选择性	说明	示例
1	密文结果	BOutData	字符数组	不定长	不定	必选	密文结果	{0x39, 0x67, 0x53, 0x04, 0x12, 0x93, 0xfb, 0xcd…}
2	密文结果长度	PuiOutDataLen	整数	不定长	不定	必选	密文结果长度	128

j) 返回值：见表60。

表60　　外部RSA公钥加密接口返回值

序号	中文名称	英文标签	类型	长度	取值	选择性	说明	示例
1	返回值	ResultCode	整数	不定长	取值范围见附录A	必选	0：成功 非0：失败，返回错误代码	0

7.2.13 外部 RSA 私钥解密

7.2.13.1 外部 RSA 私钥解密概要

当需要进行外部密钥解密时，调用此接口函数。对于UNSYM_ALG_SM2_X类型不支持。

本接口并非国密规范《通用密码服务接口规范》中的接口，鉴于数字版权保护业务场景的应用需求，在此添加此接口定义。

7.2.13.2 外部 RSA 私钥解密接口

外部私钥解密接口的说明包含10个要素：

a) 接口名称：外部私钥解密接口；
b) 英文名称：SAF_RsaPrivateKeyDecEx；
c) 功能描述：使用外部私钥数据进行解密运算；
d) 前置条件：无；
e) 后置条件：无；
f) 协议类型：无；
g) 函数原型示例：见D.3.13；
h) 输入参数：见表61；

表61　外部 RSA 私钥解密接口输入参数

序号	中文名称	英文标签	类型	长度	取值	选择性	说明	示例
1	私钥数据	PucPriKey	字符串	不定长	不定	必选	base64 编码的私钥	"MIICXQIBAAKBgQDXE3U31lAzXunRaLTB…PJLWLuKCzq10SS6/N7eVJ"
2	私钥数据长度	PuiPriKeyLen	整数	不定长	不定	必选	私钥长度	608
3	密文数据	BInData	数组	不定长	不定	必选	密文数据	{0x39, 0x67, 0x53, 0x04, 0x12, 0x93, 0xfb, 0xcd…}
4	密文数据长度	UiInDataLen	长度	不定长	取值范围：1~128	必选	密文数据长度	128

i) 输出参数：见表62；

表62　外部 RSA 私钥解密接口输出参数

序号	中文名称	英文标签	类型	长度	取值	选择性	说明	示例
1	明文数据	BOutData	数组	不定	不定	必选	明文数据	{'h', 'e', 'l',

				长				‘l’, ‘o’"}
2	明文数据长度	PuiOutDataLen	整数	不定长	取值范围：1~128	必选	明文数据长度	5

j) 返回值：见表63。

表63　　外部RSA私钥解密接口返回值

序号	中文名称	英文标签	类型	长度	取值	选择性	说明	示例
1	返回值	ResultCode	整数	不定长	取值范围见附录A	必选	0：成功 非0：失败，返回错误代码	0

7.2.14 使用外部RSA密钥进行签名

7.2.14.1 使用外部RSA密钥进行签名概要

当需要使用外部密钥进行签名时，调用此接口函数。按照PKCS1.5规范进行签名。

本接口并非国密规范《通用密码服务接口规范》中的接口，鉴于数字版权保护业务场景的应用需求，在此添加此接口定义。

7.2.14.2 使用外部RSA密钥进行签名接口

使用外部密钥进行签名接口的说明包含10个要素：

a) 接口名称：使用外部密钥进行签名接口；

b) 英文名称：SAF_RsaSignEx；

c) 功能描述：使用外部私钥对传入数据进行数字签名；

d) 前置条件：无；

e) 后置条件：无；

f) 协议类型：无；

g) 函数原型示例：见D.3.14；

h) 输入参数：见表64；

表64　　使用外部RSA密钥进行签名接口输入参数

序号	中文名称	英文标签	类型	长度	取值	选择性	说明	示例
1	私钥数据	PucPriKey	字符串	不定长	不定	必选	base64 编码格式的私钥	"MIICXQIBAAKBgQDXE3U31lAzXunRaLTB…PJLWLuKCzq10SS6/N7eVJ"
2	私钥数据长度	PuiPriKeyLen	整数	不定长	不定	必选	私钥长度	608

3	摘要算法标识	UiHashAlgorithmID	整数	不定长	0x00000002	必选	HASH 算法标识：SGD_SHA1；取值见附录表 C.3	SGD_SHA1
4	待签名的源数据	BInData	数组	不定长	不定	必选	待签名的源数据	{‘h’，‘e’，‘l’，‘l’，‘o’"}
5	待签名源数据长度	UiInDataLen	整数	不定长	取值范围：$1\sim2^{31}-1$	必选	待签名的源数据长度	5

i) 输出参数：见表65；

表65　　使用外部 RSA 密钥进行签名接口输出参数

序号	中文名称	英文标签	类型	长度	取值	选择性	说明	示例
1	签名结果	PucSignature	数组	不定长	不定	必选	签名结果	{0x46，0x77，0x33，0x04，0x14，0x73，0xbf，0xcf…}
2	签名结果长度	PuiSignatureLen	整数	不定长	不定	必选	签名长度 RSA1024:128 字节；RSA2048:256 字节	128

j) 返回值：见表66。

表66　　使用外部 RSA 密钥进行签名接口返回值

序号	中文名称	英文标签	类型	长度	取值	选择性	说明	示例
1	返回值	ResultCode	整数	不定长	取值范围见附录 A	必选	0 ：成功 非 0：失败，返回错误代码	0

7.2.15 生成 ECC 密钥对

7.2.15.1 生成 ECC 密钥对

当需要生成ECC密钥对时，调用此接口函数。

本接口对于服务器侧密码中间件，仅在软证书模式下有效。服务器密码机需要创建密钥时，需要调用管理工具来完成。

7.2.15.2 生成 ECC 密钥对接口

生成ECC密钥对接口的说明包含10个要素：

a) 接口名称：生成ECC密钥对接口；

b) 英文名称：SAF_GenEccKeyPair；

c) 功能描述：当需要生成ECC密钥对时，调用此接口；

d) 前置条件：已经调用成功初始化环境接口SAF_Initialize，且已经调用用户登录接口SAF_Login成功登录；

e) 后置条件：无；

f) 协议类型：无；

g) 函数原型示例：见D.3.15；

h) 输入参数：见表67；

表67　　生成 ECC 密钥对接口输入参数

序号	中文名称	英文标签	类型	长度	取值	选择性	说明	示例
1	应用接口句柄	HAppHandle	句柄	不定长	不定	必选	应用接口句柄	0x01530068
2	密钥的容器名	PucContainerName	字符串	不定长，1~250个字符	不定	必选	密钥的容器名	DRMCont1
3	密钥的容器名长度	UiContainerLen	整数	不定长	取值范围：1~250	必选	密钥的容器名长度	8
4	密钥模长	UiKeyBits	整数	不定长		必选	密钥模长，目前仅可选择256	256
5	密钥用途	UiKeyUsage	整数	不定长	0x00020100, 0x00020200, 0x00020400	必选	SGD_SM2_1 椭圆曲线签名 SGD_SM2_2 椭圆曲线密钥交换协议 SGD_SM2_1 椭圆曲线加密，见附录 C.2	SGD_SM2_1
6	能否导出	UiExportFlag	整数	不定长	0 或 1	必选	1 表示生成的密钥对可导出 0 表示不可导出	0

i) 输出参数：无；

j) 返回值：见表68。

表68　　生成 ECC 密钥对接口返回值

序号	中文名称	英文标签	类型	长度	取值	选择性	说明	示例

1	返回值	ResultCode	整数	不定长	取值范围见附录A	必选	0：成功 非0：失败，返回错误代码	0

7.2.16 获取ECC公钥

7.2.16.1 获取ECC公钥概要

当需要获取已生成的ECC公钥时，调用此接口函数。

7.2.16.2 获取ECC公钥接口

获取ECC公钥接口的说明包含10个要素：

a) 接口名称：获取ECC公钥接口；
b) 英文名称：SAF_GetEccPublicKey；
c) 功能描述：当需要已生成获取ECC公钥时，调用此接口；
d) 前置条件：已经调用成功初始化环境接口SAF_Initialize；并且对应设备对应的容器中存在有效的密钥；
e) 后置条件：无；
f) 协议类型：无；
g) 函数原型示例：见D.3.16；
h) 输入参数：见表69；

表69　获取ECC公钥接口输入参数

序号	中文名称	英文标签	类型	长度	取值	选择性	说明	示例
1	应用接口句柄	HAppHandle	句柄	不定长	不定	必选	应用接口句柄	0x01530068
2	密钥的容器名	PucContainerName	字符串	不定长，1~250个符号	不定	必选	密钥的容器名	DRMCont1
3	密钥的容器名长度	UiContainerLen	整数	不定长	取值范围：1~250	必选	密钥的容器名长度	8
4	密钥用途	UiKeyUsage	整数	不定长	0x00020100, 0x00020200, 0x00020400	必选	SGD_SM2_1 椭圆曲线签名 SGD_SM2_2 椭圆曲线密钥交换协议 SGD_SM2_1 椭圆曲线加密，见附录C.2	SGD_SM2_1

i) 输出参数：见表70。

表70　　获取 ECC 公钥接口输出参数

序号	中文名称	英文标签	类型	长度	取值	选择性	说明	示例
1	公钥数据	PucPublicKey	字符串	不定长	不定	必选	输出的DER编码的公钥数据	+MQswCQYDVQQGEwJDTjELMAkGA.........qrQhhpAOhMU=
2	公钥数据长度	PuiPublicKeyLen	整数	不定长	不定	必选	输出的DER编码的公钥数据的长度	125

j) 返回值：见表71。

表71　　获取 ECC 公钥接口返回值

序号	中文名称	英文标签	类型	长度	取值	选择性	说明	示例
1	返回值	ResultCode	整数	不定长	取值范围见附录 A	必选	0 ：成功 非 0：失败，返回错误代码	0

7.2.17 ECC 签名

7.2.17.1 ECC 签名概要

当需要使用容器内的私钥进行签名运算时，调用此接口函数。

7.2.17.2 ECC 签名接口

ECC签名接口的说明包含10个要素：

a) 接口名称：ECC签名接口；
b) 英文名称：SAF_EccSign；
c) 功能描述：使用容器内的私钥进行签名运算；
d) 前置条件：已经调用成功初始化环境接口SAF_Initialize，且已经调用用户登录接口SAF_Login成功登录；
e) 后置条件：无；
f) 协议类型：无；
g) 函数原型示例：见D.3.17；
h) 输入参数：见表72；

表72　　ECC 签名接口输入参数

序号	中文名称	英文标签	类型	长度	取值	选择性	说明	示例
1	应用接口	HAppHandle	句柄	不 定	不定	必选	应用接口句柄	0x01530068

	句柄			长				
2	密钥的容器名	PucContainerName	字符串	不定长，1~250个字符	不定	必选	密钥的容器名	DRMCont1
3	密钥的容器名长度	UiContainerNameLen	整数	不定长	取值范围：1~250	必选	密钥的容器名长度	8
4	摘要算法标识	UiAlgorithmID	整数	不定长	0x00000001	必选	摘要算法标识见附录C.3，目前仅可选择SGD_SM3	SGD_SM3_SM2
5	待签名数据	PucInData	字符串	不定长	不定	必选	待签名数据	hello
6	待签名数据的长度	UiInDataLen	整数	不定长	取值范围：$1\sim2^{31}-1$	必选	待签名数据的长度	5

i) 输出参数：见表73。

表73　ECC 签名接口输出参数

序号	中文名称	英文标签	类型	长度	取值	选择性	说明	示例
1	签名结果	PucSignData	字符串	不定长	不定	必选	输出的DER编码的签名数据	eGUzIDB4ZTUgMHhhNSAweGMwIDB........OSAweGQ3IDB4NmYgMH==
2	签名结果长度	PuiSignDataLen	整数	不定长	不定	必选	输出的签名结果数据长度	70

j) 返回值：见表74。

表74　ECC 签名接口返回值

序号	中文名称	英文标签	类型	长度	取值	选择性	说明	示例
1	返回值	ResultCode	整数	不定长	取值范围见附录A	必选	0：成功 非0：失败，返回错误代码	0

7.2.18 ECC 验签

7.2.18.1 ECC验签概要

当需要使用ECC公钥对指定的签名数据进行验签时，调用此接口函数。

7.2.18.2 ECC验签接口

ECC验签接口的说明包含10个要素：

a) 接口名称：ECC验签接口；
b) 英文名称：SAF_ EccVerifySign；
c) 功能描述：使用ECC公钥对指定的签名数据进行验签；
d) 前置条件：无；
e) 后置条件：无；
f) 协议类型：无；
g) 函数原型示例：见D.3.18；
h) 输入参数：见表75；

表75 ECC验签接口输入参数

序号	中文名称	英文标签	类型	长度	取值	选择性	说明	示例
1	DER 编码的公钥	PucPublicKey	字符串	不定长	不定	必选	DER 编码的公钥	g2ZiAweDg0IDB4M2EgMHg1 MSAweD.......4ODYgMHhhN==
2	公钥长度	UiPublicKeyLen	整数	不定长	取值范围：64~91	必选	通常取 64~91 字节长度	91
3	摘要算法标识	UiAlgorithmID	整数	不定长	0x00000001	必选	摘要算法标识见附录 C.3，目前仅可选择 SGD_SM3	SGD_SM3
4	待验证数据	PucInData	字符串	不定长	不定	必选	待验证数据	hello
5	待验证数据的长度	UiInDataLen	整数	不定长	取值范围：$1\sim2^{31}-1$	必选	待验证数据的长度	5
6	签名数据	PucSignData	字符串	不定长	不定	必选	DER 编码的签名数据	IDB4YjAgMHhiOCAweGExI.......lIDB4ZGE==
7	签名数据长度	UiSignDataLen	整数	不定长	取值范围：64~70	必选	签名数据长度	70

i) 输出参数： 无；
j) 返回值：见表76。

表76　ECC 验签接口返回值

序号	中文名称	英文标签	类型	长度	取值	选择性	说明	示例
1	返回值	ResultCode	整数	不定长	取值范围见附录 A	必选	0 ：成功 非 0：失败，返回错误代码	0

7.2.19 基于证书的 ECC 公钥验证

7.2.19.1 基于证书的 ECC 公钥验证概要

当需要使用证书公钥对指定的签名数据进行验签时，调用此接口函数。

7.2.19.2 基于证书的 ECC 公钥验证接口

基于证书的ECC公钥验证接口的说明包含10个要素：

a) 接口名称：基于证书的ECC公钥验证接口；
b) 英文名称：SAF_EccVerifySignByCert;
c) 功能描述：当需要使用证书公钥对指定的签名数据进行验签时，调用此接口；
d) 前置条件：无；
e) 后置条件：无；
f) 协议类型：无；
g) 函数原型示例：见D.3.19；
h) 输入参数：见表77；

表77　基于证书的 ECC 公钥验证接口输入参数

序号	中文名称	英文标签	类型	长度	取值	选择性	说明	示例
1	ECC 签名算法标识	UiAlgorithmID	整数	不定长	取值范围见附录表C.4	必选	签名算法标识：SGD_SM3_SM2	SGD_SM3_SM2
2	DER 编码的数字证书	PucCertificate	字符串	不定长		必选	DER 编码的数字证书	DBiIDB4NGUgMHg3MiAweGFk IDB4MzkgMHg.......DB4NTEgM

								Hhk=
3	数字证书长度	UiCertificateLen	整数	不定长	不定	必选	数字证书长度	1080
4	待验证数据	PucInData	字符串	不定长	不定	必选	待验证数据	Hello
5	待验证数据的长度	UiInDataLen	整数	不定长	取值范围：$1\sim2^{31}-1$	必选	待验证数据的长度	5
6	DER 编码的签名数据	PucSignData	字符串	不定长	不定	必选	DER 编码的签名数据	HhiMCAweGYyID...........ZiAweDZiI==
7	签名数据长度	UiSignDataLen	整数	不定长	取值范围：64~70	必选	签名数据长度 通常取 64~70 字节长度	70

i) 输出参数：无；

j) 返回值：见表78。

表78　基于证书的 ECC 公钥验证接口返回值

序号	中文名称	英文标签	类型	长度	取值	选择性	说明	示例
1	返回值	ResultCode	整数	不定长	取值范围见附录 A	必选	0：成功 非 0：失败，返回错误代码	0

7.2.20 ECC 公钥加密

7.2.20.1 ECC 公钥加密

当需要使用ECC（SM2）公钥对指定数据进行非对称加密时，调用此接口函数。

7.2.20.2 ECC 公钥加密接口

ECC公钥加密接口的说明包含10个要素：

a) 接口名称：ECC公钥加密接口；

b) 英文名称：SAF_EccPublicKeyEnc；

c) 功能描述：调用此接口完成对指定数据的ECC（SM2）公钥加密操作；

d) 前置条件：无；

e) 后置条件：无；

f) 协议类型：无；

g) 函数原型示例：见D.3.20；

h) 输入参数：见表79；

表79　ECC 公钥加密接口输入参数

序号	中文名称	英文标签	类型	长度	取值	选择性	说明	示例
1	ECC（SM2）公钥数据	pucPublicKey	字符串	不定长	不定	必选	公钥数据	"MIGJAoGBAL …AAE="
2	ECC（SM2）公钥数据长度	uiPublicKeyLen	整数	不定长	不定	必选	公钥数据长度	280
3	ECC 算法标识	uiAlgorithmID	整数	不定长	0x00020400	必选	非对称加密算法标识，目前仅可选择SGD_SM2_3，取值范围见附录表 C.2	SGD_SM2_3
4	待加密源数据	pucInData	字符数组	不定长	不定	必选	待加密源数据	{'h', 'e', 'l', 'l', 'o'}
5	待加密源数据长度	uiInDataLen	整数	不定长	取值范围：1~128	必选	待加密源数据长度	5

i) 输出参数：见表80。

表80　ECC 公钥加密接口输出参数

序号	中文名称	英文标签	类型	长度	取值	选择性	说明	示例
1	密文结果	pucOutData	字符数组	不定长	不定	必选	密文结果	{0x39, 0x67, 0x53, 0x04, 0x12, 0x93, 0xfb, 0xcd…}
2	密文结果长度	puiOutDataLen	整数	不定长	不定	必选	密文结果长度	128

j) 返回值：见表81。

表81　ECC 公钥加密接口返回值

序号	中文名称	英文标签	类型	长度	取值	选择性	说明	示例

1	返回值	ResultCode	整数	不定长	取值范围见附录A	必选	0：成功 非0：失败，返回错误代码	0

7.2.21 ECC 私钥解密

7.2.21.1 ECC 私钥解密

当需要使用ECC（SM2）私钥对指定密文数据进行非对称解密时，调用此接口函数。

本接口并非国密规范《通用密码服务接口规范》中的接口，鉴于数字版权保护业务场景的应用需求，在此添加此接口定义。

7.2.21.2 ECC 私钥解密接口

ECC私钥解密密接口的说明包含10个要素：

a) 接口名称：ECC私钥解密接口；
b) 英文名称：SAF_EccPrivateKeyDec；
c) 功能描述：调用此接口完成对指定数据的ECC（SM2）私钥解密操作；
d) 前置条件：无；
e) 后置条件：无；
f) 协议类型：无；
g) 函数原型示例：见D.3.21；
h) 输入参数：见表82；

表82 ECC 私钥解密接口输入参数

序号	中文名称	英文标签	类型	长度	取值	选择性	说明	示例
1	应用接口句柄	HAppHandle	句柄	不定长	不定	必选	应用接口句柄	0x01530068
2	密钥的容器名	PucContainerName	字符串	不定长，1~250 个字符	不定	必选	密钥的容器名	DRMCont1
3	密钥的容器名长度	UiContainerNameLen	整数	不定长	取值范围：1~250	必选	密钥的容器名长度	8
4	ECC 算法标识	uiAlgorithmID	整数	不定长	不定	必选	非对称加密算法标识，目前仅可选择SGD_SM2_3，取值范围见附录表C.2	SGD_SM2_3
5	待解密源数据	pucInData	字符数组	不定长	不定	必选	待解密源数据	{'h', 'e', 'l', 'l', 'o'"}
6	待解密源	uiInDataL	整数	不定长	取值范	必选	待解密源数据长度	5

	数据长度	en			围 ：1~128			

i) 输出参数：见表83。

表83 ECC 私钥解密接口输出参数

序号	中文名称	英文标签	类型	长度	取值	选择性	说明	示例
1	解密所得明文数据	pucOutData	字符数组	不定长	不定	必选	明文结果	{0x39, 0x67, 0x53, 0x04, 0x12, 0x93, 0xfb, 0xcd…}
2	解密得到明文数据长度	puiOutDataLen	整数	不定长	不定	必选	明文结果长度	128

j) 返回值：见表84。

表84 ECC 私钥解密接口返回值

序号	中文名称	英文标签	类型	长度	取值	选择性	说明	示例
1	返回值	ResultCode	整数	不定长	取值范围见附录A	必选	0 ：成功 非 0：失败，返回错误代码	0

7.2.22 基于证书的ECC公钥加密

7.2.22.1 基于证书的ECC公钥加密

当需要使用ECC（SM2）证书公钥对指定数据进行非对称加密时，调用此接口函数。

7.2.22.2 基于证书的ECC公钥加密接口

基于证书的ECC公钥加密接口的说明包含10个要素：

a) 接口名称：基于证书的ECC公钥加密接口；
b) 英文名称：SAF_EccPublicKeyEncByCert；
c) 功能描述：调用此接口完成对指定数据的基于ECC（SM2）证书的公钥加密操作；
d) 前置条件：无；
e) 后置条件：无；
f) 协议类型：无；
g) 函数原型示例：见D.3.22
h) 输入参数：见表85；

表85 ECC 公钥加密接口输入参数

序号	中文名称	英文标签	类型	长度	取值	选择性	说明	示例
1	ECC（SM2）证书数据	pucCertificate	字符串	不定长	不定	必选	证书数据	"MIGJAoGBAL …AAE="
2	ECC（SM2）证书数据长度	uiCertificateLen	整数	不定长	不定	必选	证书数据长度	1280
3	ECC 算法标识	uiAlgorithmID	整数	不定长	不定	必选	非对称加密算法标识，目前仅可选择SGD_SM2_3，取值范围见附录表 C.2	SGD_SM2_3
4	待加密源数据	pucInData	字符数组	不定长	不定	必选	待加密源数据	{‘h’, ‘e’, ‘l’, ‘l’, ‘o’"}
5	待加密源数据长度	uiInDataLen	整数	不定长	取值范围：1~128	必选	待加密源数据长度	5

i) 输出参数：见表86。

表86　ECC 公钥加密接口输出参数

序号	中文名称	英文标签	类型	长度	取值	选择性	说明	示例
1	密文结果	pucOutData	字符数组	不定长	不定	必选	密文结果	{0x39, 0x67, 0x53, 0x04, 0x12, 0x93, 0xfb, 0xcd…}
2	密文结果长度	puiOutDataLen	整数	不定长	不定	必选	密文结果长度	128

j) 返回值：见表87。

表87　ECC 公钥加密接口返回值

序号	中文名称	英文标签	类型	长度	取值	选择性	说明	示例
1	返回值	ResultCode	整数	不定长	取值范围见附录 A	必选	0：成功 非 0：失败，返回错误代码	0

7.2.23 对称密钥加密

7.2.23.1 对称密钥加密概要

当需要对指定的数据进行对称加密时，调用此接口函数。

本接口并非国密规范《通用密码服务接口规范》中的接口，鉴于数字版权保护业务场景的应用需求，在此添加此接口定义。

7.2.23.2 对称密钥加密接口

对称密钥加密接口的说明包含10个要素：

a) 接口名称：对称密钥加密接口；
b) 英文名称：SAF_SymmEncryptEx；
c) 功能描述：当需要对指定的数据进行对称加密时，调用此接口；
d) 前置条件：无；
e) 后置条件：无；
f) 协议类型：无；
g) 函数原型示例：见D.3.23
h) 输入参数：见表88；

表88　对称密钥加密接口输入参数

序号	中文名称	英文标签	类型	长度	取值	选择性	说明	示例
1	要使用的对称加密算法	ISymAlg	整数	不定长	取值范围见表C.1	必选	对称加密算法标识，详见附录表C.1	SGD_ALG_AES128_CBC
2	对称算法密钥数据	Bkey	数组	不定长	不定	必选	对称算法密钥数据	{‘1’，‘2’，‘3’，‘4’，‘5’，‘6’，‘7’，‘8’}
3	对称算法密钥数据长度	UiKeyLen	整数	不定长	不定	必选	与分组长度相同	8
4	初始化向量	Biv	数组	不定长	不定	必选	和最小分组长度相同	{‘1’，‘2’，‘3’，‘4’，‘5’，‘6’，‘7’，‘8’}
5	初始化向量长度	UiIVLen	整数	不定长	不定	必选	初始化向量长度	8
6	计算密文的源数据	BinData	字符数组	不定长	不定	必选	计算密文的源数据	0x22，0x02，0x12，0x41，0x4a
7	计算密文的源数据长度	UiInDataLen	整数	不定长	取值范围：$1\sim2^{31}-1$	必选	计算密文的源数据长度	5

i) 输出参数：见表89；

表89　对称密钥加密接口输出参数

序号	中文名称	英文标签	类型	长度	取值	选择性	说明	示例
1	密文结果	BoutData	字符数组	不定长	不定	必选	密文结果	{0x87, 0x87, 0x23, 0x04, 0x12, 0x43, 0xfb, 0xcd}
2	密文结果长度	UiOutDataLen	整数	不定长	不定	必选	大于原文数据长度的分组长度的最小倍数	8

j) 返回值：见表90。

表90　对称密钥加密接口返回值

序号	中文名称	英文标签	类型	长度	取值	选择性	说明	示例
1	返回值	ResultCode	整数	不定长	取值范围见附录A	必选	0 ：成功 非0：失败，返回错误代码	0

7.2.24 对称密钥解密

7. 2. 24. 1 对称密钥解密概要

当需要对指定的数据进行对称解密时，调用此接口函数。

本接口并非GM/T 0019—2012中的接口，鉴于数字版权保护业务场景的应用需求，在此添加此接口定义。

7. 2. 24. 2 对称密钥解密接口

对称密钥解密接口的说明包含10个要素：

a) 接口名称：对称密钥解密接口；

b) 英文名称：SAF_SymmDecryptEx；

c) 功能描述：当需要对指定的数据进行对称解密时，调用此接口；

d) 前置条件：无；

e) 后置条件：无；

f) 协议类型：无；

g) 函数原型示例：见D.3.24

h) 输入参数：见表91；

表91　对称密钥解密接口输入参数

序号	中文名称	英文标签	类型	长度	取值	选择性	说明	示例
1	要使用的对	ISymAlg	整数	不定长	取值范	必选	对称加密算法	SGD_ALG_AES

	称加密算法				围见表C.1		标识，详见附录表C.1	128_CBC
2	对称算法密钥数据	Bkey	字符数组	不定长	不定	必选	对称算法密钥数据	{'1', '2', '3', '4', '5', '6', '7', '8'}
3	对称算法密钥数据长度	IKeyLen	整数	不定长	不定	必选	与最小分组长度相同	8
4	初始化向量	Biv	字符数组	不定长	不定	必选	初始化向量	{'1', '2', '3', '4', '5', '6', '7', '8'}
5	初始化向量长度	IivLen	整数	不定长	不定	必选	与分组长度相同	8
6	源密文数据	BinData	字符数组	不定长	不定	必选	计算明文的源数据	{0x87, 0x87, 0x23, 0x04, 0x12, 0x43, 0xfb, 0xcd}
7	源密文数据长度	UiInDataLen	整数	不定长	取值范围：$1\sim2^{31}-1$	必选	计算明文的源数据长度	8

i) 输出参数：见表92；

表92　对称密钥解密接口输出参数

序号	中文名称	英文标签	类型	长度	取值	选择性	说明	示例
1	明文结果	BoutData	字符数组	不定长	不定	必选	明文结果	0x22, 0x02, 0x12, 0x41, 0x4a
2	明文结果长度	UiOutDataLen	整数	不定长	取值范围：$1\sim2^{31}-1$	必选	明文结果长度	5

j) 返回值：见表93。

表93　对称密钥解密接口返回值

序号	中文名称	英文标签	类型	长度	取值	选择性	说明	示例
1	返回值	ResultCode	整数	不定长	取值范围见附录A	必选	0：成功 非0：失败，返回错误代码	0

8 消息类函数接口

8.1 接口概要

消息类函数主要是将数据按照PKCS7格式进行封装，数据封装格式与应用系统无关，实现应用系统互联互通和信息共享。

消息类函数提供了PKCS7格式的数据编解码、PKCS7格式的签名数据编解码和PKCS7格式的数字信封编解码，能够非常方便应用程序实现身份认证、保密性、完整性和不可否认性等安全措施。

8.2 函数接口

8.2.1 编码 PKCS7 格式的数字信封

8.2.1.1 编码 PKCS7 格式的数字信封概要

当需要使用对方的证书，对指定的数据按照 PKCS7 标准格式制作数字信封时，调用此接口函数。

8.2.1.2 编码 PKCS7 格式的数字信封接口

制作数字信封接口的说明包含10个要素：

a) 接口名称：编码PKCS7格式的数字信封数据接口；
b) 英文名称：SAF_Pkcs7_EncodeEnvelopedData；
c) 功能描述：对指定的数据使用传入的证书制作数字信封；
d) 前置条件：已经调用成功初始化环境接口SAF_Initialize；
e) 后置条件：无；
f) 协议类型：无；
g) 函数原型示例：见D.4.1；
h) 输入参数：见表94；

表94　编码 PKCS7 格式的数字信封接口输入参数

序号	中文名称	英文标签	类型	长度	取值	选择性	说明	示例
1	应用接口句柄	HAppHandle	句柄	不定长	不定	必选	应用接口句柄	0x01530068
2	原始数据	PucData	字符串	不定长	取值范围：$1\sim2^{31}-1$	必选	原始数据	hello
3	原始数据长度	UiDataLen	字符串	不定长	取值范围：$1\sim2^{31}-1$	必选	原始数据长度	5
4	接收者证书	PucEncCertificate	字符串	不定长	不定	必选	接收者证书	MIICeXlCepE0........vWhTl1OP0

								===
5	接收者证书长度	UiEncCertificateLen	整数	不定长	不定	必选	接收者证书长度	1080
6	对称算法参数	UiSymmAlgorithm	整数	不定长	不定	必选	对称算法参数，见表 C.1	SGD_ALG_AES128_CBC

i) 输出参数：见表95；

表95　　编码 PKCS7 格式的数字信封接口输出参数

序号	中文名称	英文标签	类型	长度	取值	选择性	说明	示例
1	编码后的数据	PucDerP7EnvelopedData	字符串	不定长	不定	必选	编码后的数据	lUMRIwEAYDV.......mIKQAE+qbMzN==
2	编码后的数据长度	PuiDerP7EnvelopedDataLen	整数	不定长	不定	必选	编码后的数据长度	780

j) 返回值：见表96。

表96　　编码 PKCS7 格式的数字信封接口返回值

序号	中文名称	英文标签	类型	长度	取值	选择性	说明	示例
1	返回值	ResultCode	整数	不定长	取值范围见附录 A	必选	0 ：成功 非 0：失败，返回错误代码	0

8.2.2 解码 PKCS7 格式的数字信封

8.2.2.1 解码 PKCS7 格式的数字信封概要

当需要调用用户容器私钥按照 PKCS7 规范解数字信封时，调用此接口函数。

8.2.2.2 解码 PKCS7 格式的数字信封接口

解码PKCS7格式带签名的数字信封数据接口的说明包含10个要素：

a) 接口名称：解码PKCS7格式的数字信封数据接口；
b) 英文名称：SAF_Pkcs7_DecodeEnvelopedData；
c) 功能描述：当需要使用对方的证书，解码数字信封时，调用此接口；
d) 前置条件：已经调用成功初始化环境接口SAF_Initialize；且已经调用用户登录接口SAF_Login成功登录；并且对应设备对应的容器中存在有效的密钥；

e) 后置条件：无；
f) 协议类型：无；
g) 原型示例：见D.4.2；
h) 输入参数：见表97；

表97　解码 PKCS7 格式的数字信封接口输入参数

序号	中文名称	英文标签	类型	长度	取值	选择性	说明	示例
1	应用接口句柄	HAppHandle	句柄	不定长	不定	必选	应用接口句柄	0x01530068
2	密钥的容器名	PucDecContainerName	字符串	不定长，1~250个字符	不定	必选	密钥的容器名	DRMCont1
3	密钥的容器名长度	UiDecContainerNameLen	整数	不定长	取值范围：1~250	必选	密钥的容器名长度	8
4	解密用私钥的用途	UiDecKeyUsage	整数	不定长	取值范围见表C.5	必选	解密用私钥的用途	SGD_KEYUSAGE_SIGN
5	编码后的数据	PucDerP7EnvelopedData	字符串	不定长	不定	必选	编码后的数据	BgNVHQ8EBA...........86h29vx+0===
6	编码后的数据长度	UiDerP7EnvelopedDataLen	整数	不定长	不定	必选	编码后的数据长度	780

i) 输出参数：见表98；

表98　解码 PKCS7 格式带签名的数字信封输出参数

序号	中文名称	英文标签	类型	长度	取值	选择性	说明	示例
1	原始数据	PucData	字符串	不定长	不定	必选	原始数据	"hello"
2	原始数据长度	PuiDataLen	整数	不定长	不定	必选	原始数据长度	5

j) 返回值：见表99。

表99　解码 PKCS7 格式带签名的数字信封接口返回值

序	中文名称	英文标签	类型	长度	取值	选择性	说明	示例

号								
1	返回值	ResultCode	整数	不定长	取值范围见附录A	必选	0：成功 非0：失败，返回错误代码	0

8.2.3 使用外部RSA私钥解码PKCS7格式数字信封

8.2.3.1 使用外部RSA私钥解码PKCS7格式的数字信封概要

当需要按照PKCS7规范使用外部私钥数据解密数字信封时，调用此接口函数。

本接口并非GM/T 0019—2012中的接口，鉴于数字版权保护业务场景的应用需求，在此添加此接口定义。

8.2.3.2 使用外部RSA私钥解码PKCS7格式的数字信封接口

使用外部RSA私钥解码PKCS7格式带签名的数字信封数据接口的说明包含10个要素：

a) 接口名称：使用外部RSA私钥解码PKCS7格式的数字信封数据接口；

b) 英文名称：SAF_Pkcs7_DecodeEnvelopedDataEx；

c) 功能描述：使用传入的外部私钥数据对指定的数字信封解码；

d) 前置条件：无；

e) 后置条件：无；

f) 协议类型：无；

g) 原型示例：见D.4.3；

h) 输入参数：见表100；

表100　使用外部RSA私钥解码PKCS7格式的数字信封接口输入参数

序号	中文名称	英文标签	类型	长度	取值	选择性	说明	示例
1	外部私钥数据	PucPriKey	字符串	不定长	不定	必选	外部私钥数据	"MIGJAoGBAL…AAE="
2	外部私钥数据长度	PuiPriKeyLen	整数	不定长	不定	必选	外部私钥数据长度	608
3	编码后的数据	PucDerP7EnvelopedData	字符串	不定长	不定	必选	编码后的数据	BgNVHQ8EBA...........86h29vx+0==
4	编码后的数据长度	UiDerP7EnvelopedDataLen	整数	不定长	不定	必选	编码后的数据长度	780

i) 输出参数：见表101；

表101　使用外部RSA私钥解码PKCS7格式的数字信封输出参数

序号	中文名称	英文标签	类型	长度	取值	选择性	说明	示例
1	原始数据	PucData	字符串	不定长	不定	必选	原始数据	"hello"

2	原始数据长度	PuiDataLen	整数	不定长	不定	必选	原始数据长度	5

j) 返回值：见表102。

表102　使用外部 RSA 私钥解码 PKCS7 格式的数字信封接口返回值

序号	中文名称	英文标签	类型	长度	取值	选择性	说明	示例
1	返回值	ResultCode	整数	不定长	取值范围见附录 A	必选	0 ：成功 非 0：失败，返回错误代码	0

附 录 A
（规范性附录）
错误代码定义

错误代码定义见表A.1

表A.1 错误代码定义表

编号	宏描述	预定义值	说明
1	SAR_OK	0	成功
2	SAR_UnknownErr	0x02000001	异常错误
3	SAR_NotSupportYetErr	0x02000002	不支持的服务
4	SAR_FileErr	0x02000003	文件操作错误
5	SAR_ProviderTypeErr	0x02000004	服务提供者参数类型错误
6	SAR_LoadProviderErr	0x02000005	导入服务提供者接口错误
7	SAR_LoadDevMngApiErr	0x02000006	导入设备管理接口错误
8	SAR_AlgoTypeErr	0x02000007	算法类型错误
9	SAR_NameLenErr	0x02000008	名称长度错误
10	SAR_KeyUsageErr	0x02000009	密钥用途错误
11	SAR_ModulusLenErr	0x02000010	模的长度错误
12	SAR_NotInitializeErr	0x02000011	未初始化
13	SAR_ObjErr	0x02000012	对象错误
14	SAR_MemoryErr	0x02000100	内存错误
15	SAR_TimeoutErr	0x02000101	超时
16	SAR_IndataLenErr	0x02000200	输入数据长度错误
17	SAR_IndataErr	0x02000201	输入数据错误
18	SAR_GenRandErr	0x02000300	生成随机数错误
19	SAR_HashObjErr	0x02000301	HASH 对象错
20	SAR_HashErr	0x02000302	HASH 运算错误
21	SAR_GenRsaKeyErr	0x02000303	产生 RSA 密钥错
22	SAR_RsaModulusLenErr	0x02000304	RSA 密钥模长错误
23	SAR_CspImprtPubKeyErr	0x02000305	CSP 服务导入公钥错误
24	SAR_RsaEncErr	0x02000306	RSA 加密错误
25	SAR_RSGDecErr	0x02000307	RSA 解密错误
26	SAR_HashNotEqualErr	0x02000308	HASH 值不相等
27	SAR_KeyNotFountErr	0x02000309	密钥未发现
28	SAR_CertNotFountErr	0x02000310	证书未发现
29	SAR_NotExportErr	0x02000311	对象未导出
30	SAR_DecryptPadErr	0x02000400	解密时做补丁错误
31	SAR_MacLenErr	0x02000401	MAC 长度错误

32	SAR_KeyInfoTypeErr	0x02000402	密钥类型错误
33	SAR_NotLogin	0x02000403	没有进行登录认证

附 录 B
（规范性附录）
证书解析标识项类型定义

证书解析标识项类型定义见表 B.1

表 B.1 证书解析标识项类型定义

编号	标签	标示符	描述
1	SGD_CERT_VERSION	0x00000001	证书版本
2	SGD_CERT_SERIAL	0x00000002	证书序列号
3	SGD_CERT_ISSUER	0x00000005	证书颁发者信息
4	SGD_CERT_VALID_TIME	0x00000006	证书有效期
5	SGD_CERT_SUBJECT	0x00000007	证书拥有者信息
6	SGD_CERT_DER_PUBLIC_KEY	0x00000008	证书公钥信息
7	SGD_CERT_DER_EXTENSIONS	0x00000009	证书扩展项信息
8	SGD_EXT_AUTHORITYKEYIDENTIFIER_INFO	0x00000011	颁发者密钥标示符
9	SGD_EXT_SUBJECTKEYIDENTIFIER_INFO	0x00000012	证书持有者密钥标示符
10	SGD_EXT_KEYUSAGE_INFO	0x00000013	密钥用途
11	SGD_EXT_PRIVATEKEYUSAGEPERIOD_INFO	0x00000014	私钥有效期
12	SGD_EXT_CERTIFICATEPOLICIES_INFO	0x00000015	证书策略
13	SGD_EXT_POLICYMAPPINGS_INFO	0x00000016	策略影射
14	SGD_EXT_BASICCONSTRAINTS_INFO	0x00000017	基本限制
15	SGD_EXT_POLICYCONSTRAINTS_INFO	0x00000018	策略限制
16	SGD_EXT_EXTKEYUSAGE_INFO	0x00000019	扩展密钥用途
17	SGD_EXT_CRLDISTRIBUTIONPOINTS_INFO	0x0000001A	CRL 发布点
18	SGD_EXT_NETSCAPE_CERT_TYPE_INFO	0x0000001B	Netscape 属性
19	SGD_EXT_SELFDEFINED_EXTENSION_INFO	0x0000001C	私有的自定义扩展项
20	SGD_CERT_ISSUER_CN	0x00000021	证书颁发者 CN
21	SGD_CERT_ISSUER_O	0x00000022	证书颁发者 O
22	SGD_CERT_ISSUER_OU	0x00000023	证书颁发者 OU
23	SGD_CERT_SUBJECT_CN	0x00000031	证书拥有者信息 CN
24	SGD_CERT_SUBJECT_O	0x00000032	证书拥有者信息 O
25	SGD_CERT_SUBJECT_OU	0x00000033	证书拥有者信息 OU
26	SGD_CERT_SUBJECT_EMAIL	0x00000034	证书拥有者信息 EMAIL
27	为其他证书解析项预留		

附 录 C
（规范性附录）
算法标识定义

C.1 对称密钥算法标识见表 C.1

表 C.1 对称密钥算法标识

编号	标签	标示符	描述
1	SGD_SMS4_ECB	0x00000401	SMS4 算法 ECB 加密模式
2	SGD_SMS4_CBC	0x00000402	SMS4 算法 CBC 加密模式
3	SGD_ALG_AES128_ECB	0x00000801	AES 算法，16 字节密钥，ECB 模式
4	SGD_ALG_AES128_ECB_PADDING	0x00000802	AES 算法，16 字节密钥，ECB 模式，自动补位
5	SGD_ALG_AES128_CBC	0x00000803	AES 算法，16 字节密钥，CBC 模式
6	SGD_ALG_AES128_CBC_PADDING	0x00000804	AES 算法，16 字节密钥，CBC 模式，自动补位
7	SGD_ALG_AES128_CTR	0x00000805	AES 算法，16 字节密钥，CTR 模式

C.2 非对称密钥算法标识见表 C.2

表 C.2 非对称密钥算法标识

编号	标签	标示符	描述
1	SGD_RSA	0x00010000	RSA 算法
2	SGD_SM2_1	0x00020100	椭圆曲线签名算法
3	SGD_SM2_2	0x00020200	椭圆曲线密钥交换协议
4	SGD_SM2_3	0x00020400	椭圆曲线加密算法

C.3 摘要算法标识见表 C.3

表 C.3 摘要算法标识

编号	标签	标识付	描述
1	SGD_SM3	0x00000001	SM3 杂凑算法
2	SGD_SHA1	0x00000002	SHA_1 杂凑算法

C.4 数字签名算法标识见表 C.4

表 C.4 数字签名算法标识

编号	标签	标识符	描述
1	SGD_SHA1_RSA	0x00001002	基于 SHA_1 算法和 RSA 算法的签名
2	SGD_SM3_SM2	0x00020101	基于 SM2 算法和 SM3 算法的签名

C.5 密钥用途标识见表 C.5

表 C.5 密钥用途标识

编号	标签	标识符	描述
1	SGD_KEYUSAGE_SIGN	0x00000001	签名密钥对或签名密钥容器
2	SGD_KEYUSAGE_KEYEXCHANGE	0x00000002	密钥交换（加密）密钥对或密钥交换（加密）密钥容器

附　录　D
（规范性附录）
C 语言接口函数原型示例

D.1 环境类函数接口

D.1.1 初始化环境接口

```
int SAF_Initialize(void **phAppHandle ,
                   char * pucCfgFilePath);
```

D.1.2 清除环境接口

```
int SAF_Finalize(void *hAppHandle);
```

D.1.3 用户登录接口

```
//需要初始化
int SAF_Login (void *hAppHandle,
               unsigned int uiUsrType,
               unsigned char *pucContainerName,
               unsigned int UiContainerNameLen,
               unsigned char *pucPin,
               unsigned int uiPinLen,
               unsigned int *puiRemainCount);
```

D.1.4 注销登录接口

```
//需要初始化，需要登录
int SAF_Logout(void *hAppHandle,
               unsigned int uiUsrType);
```

D.1.5 修改 PIN 接口

```
//需要初始化，需要登录
int SAF_ChangePin (void *hAppHandle,
                   unsigned int uiUsrType,
                   unsigned char * pucContainerName,
                   unsigned int uiContainerNameLen,
                   unsigned char *pucOldPin,
                   unsigned int uiOldPinLen,
                   unsigned char *pucNewPin,
                   unsigned int uiNewPinLen,
                   unsigned int *puiRemainCount);
```

D.1.6 获取接口版本信息

```
//无限制
```

```
int SAF_GetVersion(unsigned int * puiVersion);
```

D.2 证书类函数接口

D.2.1 导入数字证书接口

```
//需要初始化，需要登录（证书Cert 传入base64或者DER均可）
//本接口对于服务器侧密码中间件，仅在软证书模式下有效。
Int SAF_ImportCertificate(void *hAppHandle,
                         unsigned char *pucContainerName,
                         unsigned int uiContainerNameLen,
                         unsigned int uiSignFlag,
                         unsigned char *pucCert,
                         unsigned int uiCertLen);
```

D.2.2 导出数字证书接口

```
//需要初始化，需要登录（证书返回二进制数据）
//本接口对于服务器侧密码中间件，仅在软证书模式下有效。
int SAF_ExportCertificate(void *hAppHandle,
                         unsigned char *pucContainerName,
                         unsigned int uiContainerNameLen,
                         unsigned int uiSignFlag,
                         unsigned char *pucCert,
                         unsigned int *puiCertLen);
```

D.2.3 取证书信息接口

```
//无限制 (证书可以是base64编码的或是DER)
int SAF_GetCertificateInfo( void *hAppHandle,
                         unsigned char *pucCertificate,
                         unsigned int uiCertificateLen,
                         unsigned int uiInfoType,
                         unsigned char *pucInfo,
                         unsigned int * puiInfoLen);
```

D.2.4 根据 CRL 文件获取用户证书注销状态接口

```
//无限制 (证书和CRL可以是base64编码的或是DER)
int SAF_VerifyCertificateByCrl( void *hAppHandle,
                         unsigned char *pucUsrCertificate,
                         unsigned int uiUsrCertificateLen,
                         unsigned char *pucDerCrl,
                         unsigned int uiDerCrlLen);
```

D.2.5 根据颁发者证书验证主题证书接口

```
//无限制
```

```
int SAF_VerifyCertificateByIssuerCert(unsigned char *pucCertificate,
                                      unsigned int uiCertificateLen,
                                      unsigned char *pucIssuerCert,
                                      unsigned int uiIssuerCertLen);
```

D.3 密码运算类函数接口

D.3.1 base64 编码接口

```
//无限制
int SAF_Base64_Encode( unsigned char *pucInData,
                       unsigned int puiInDataLen,
                       unsigned char *pucOutData,
                       unsigned int *puiOutDataLen);
```

D.3.2 base64 解码接口

```
//无限制
int SAF_Base64_Decode( unsigned char *pucInData,
                       unsigned int uiInDataLen,
                       unsigned char *pucOutData,
                       unsigned int *puiOutDataLen);
```

D.3.3 随机数生成接口

```
//无限制
int SAF_GenRandom(unsigned int uiRandLen,
                  unsigned char *pucRand);
```

D.3.4 数据 HASH 运算接口

```
//无限制
int SAF_Hash( unsigned int uiAlgoType,
              unsigned char *pucInData,
              unsigned int uiInDataLen,
              unsigned char *pucPublicKey ,
              unsigned int ulPublicKeyLen,
              unsigned char *pucID,
              unsigned int ulIDLen,
              unsigned char *pucOutHash,
              unsigned int *puiOutHashLen);
```

D.3.5 文件 HASH 运算接口

```
//无限制
int SAF_HashFile(unsigned int uiAlgoType,
                 unsigned char * pucFilePath,
```

```
                    unsigned int uiFilePathLen,
                    unsigned char *pucPublicKey ,
                    unsigned int ulPublicKeyLen,
                    unsigned char *pucID,
                    unsigned int ulIDLen,
                    unsigned char *pucOutHash,
                    unsigned int *puiOutHashLen);
```

D.3.6 生成 RSA 密钥对接口

//需要初始化，需要登录

//本接口对于服务器侧密码中间件，仅在软证书模式下有效。服务器密码机需要创建密钥时，需要调用管理工具来完成。

```
int SAF_GenRsaKeyPair (void *hAppHandle,
                       unsigned char *pucContainerName,
                       unsigned int uiContainerNameLen,
                       unsigned int uiKeyBits,
                       unsigned int uiKeyUsage,
                       unsigned int uiExportFlag);
```

D.3.7 获取 RSA 公钥

//需要初始化

```
int SAF_GetRsaPublicKey( void * hAppHandle,
                       unsigned char * pucContainerName,
                       unsigned int uiContainerLen,
                       unsigned int uiKeyUsage,
                       unsigned char * pucPublicKey,
                       unsigned int * puiPublicKeyLen);
```

D.3.8 RSA 签名运算接口

//需要初始化，需要登录

```
int SAF_RsaSign(void *hAppHandle,
                unsigned char *pucContainerName,
                unsigned int uiContainerNameLen,
                unsigned int uiHashAlgorithmID,
                unsigned char *pucInData,,
                unsigned int uiInDataLen,
                unsigned char *pucSignData,
                unsigned int *puiSignDataLen);
```

D.3.9 RSA 验证签名接口

//无限制

```
int SAF_RsaVerifySign(unsigned int uiHashAlgorithmID,
                      unsigned char *pucPubKey ,unsigned int uiPubKeyLen,
```

```
unsigned char *bInData, unsigned int uiInDataLen,
unsigned char *pucSignature, unsigned int uiSignatureLen);
```

D.3.10 基于证书的 RSA 公钥验证接口

```
//无限制
int SAF_VerifySignByCert (unsigned int uiHashAlgorithmID,
                          unsigned char   * pucCertificate,
                          unsigned int     uiCertificateLen,
                          unsigned char *pucInData,
                          unsigned int uiInDataLen,
                          unsigned char   *pucSignData,
                          unsigned int     uiSignDataLen);
```

D.3.11 生成外部 RSA 密钥对接口

```
//无限制
int SAF_GenRsaKeyPairEx( unsigned int uiKeyBits,
                    unsigned char *pucPriKeyBuf,
                    unsigned int *puiPriKeyBufLen
                    unsigned char *pucPubKeyBuf ,
                    unsigned int *puiPubKeyBufLen);
```

D.3.12 外部 RSA 公钥加密接口

```
//无限制
int SAF_RsaPublicKeyEncEx (unsigned char *pucPubKey ,unsigned int uiPubKeyLen,
                           unsigned char *bInData, unsigned int uiInDataLen,
                           unsigned char *bOutData, unsigned int *puiOutDataLen);
```

D.3.13 外部私钥解密接口

```
//无限制
int SAF_RsaPrivateKeyDecEx(unsigned char *pucPriKey ,unsigned int puiPriKeyLen,
                           unsigned char *bInData, unsigned int uiInDataLen,
                           unsigned char *bOutData, unsigned int *puiOutDataLen);
```

D.3.14 使用外部 RSA 密钥进行签名接口

```
//无限制
int SAF_RsaSignEx(unsigned char *pucPriKey ,unsigned int   puiPriKeyLen,
                           unsigned int uiHashAlgorithmID,
                           unsigned char *bInData, unsigned int uiInDataLen,
                           unsigned char *pucSignature, unsigned int *puiSignatureLen);
```

D.3.15 生成 ECC 密钥对接口

```
//需要初始化，需要登录
//本接口对于服务器侧密码中间件，仅在软证书模式下有效。服务器密码机需要创建密钥时，需要
```

调用管理工具来完成。

```
int SAF_GenEccKeyPair(void *hAppHandle,
                      unsigned char *pucContainerName,
                      unsigned int uiContainerLen,
                      unsigned int uiKeyBits,
                      unsigned int uiKeyUsage,
                      unsigned int uiExportFlag);
```

D.3.16 获取 ECC 公钥接口

```
//需要初始化
int SAF_GetEccPublicKey(void *hAppHandle,
                        unsigned char * pucContainerName,
                        unsigned int uiContainerLen,
                        unsigned int uiKeyUsage,
                        unsigned char *pucPublicKey,
                        unsigned int *puiPublicKeyLen);
```

D.3.17 ECC 签名接口

```
//需要初始化，需要登录
int SAF_EccSign (void *hAppHandle,
                 unsigned char *pucContainerName,
                 unsigned int uiContainerNameLen,
                 unsigned int uiAlgorithmID,
                 unsigned char *pucInData,
                 unsigned int uiInDataLen,
                 unsigned char *pucSignData,
                 unsigned int *puiSignDataLen);
```

D.3.18 ECC 验证接口

```
//无限制
int SAF_EccVerifySign (unsigned char *pucPublicKey,
                       unsigned int uiPublicKeyLen,
                       unsigned int uiAlgorithmID,
                       unsigned char *pucInData,
                       unsigned int uiInDataLen,
                       unsigned char *pucSignData,
                       unsigned int uiSignDataLen);
```

D.3.19 基于证书的 ECC 公钥验证

```
//无限制
int SAF_EccVerifySignByCert(unsigned int uiAlgorithmID,
                            unsigned char *pucCertificate,
                            unsigned int uiCertificateLen,
```

```
unsigned char *pucInData,
unsigned int uiInDataLen,
unsigned char *pucSignData,
unsigned int uiSignDataLen);
```

D.3.20 ECC 公钥加密

```
//无限制
int SAF_EccPublicKeyEnc(
                        unsigned char *pucPublicKey,
                        unsigned int uiPublicKeyLen,
                        unsigned int uiAlgorithmID,
                        unsigned char *pucOnData,
                        unsigned int uiOnDataLen,
                        unsigned char *pucOutData,
                        unsigned int *puiOutDataLen);
```

D.3.21 ECC 私钥解密

```
//需要初始化，需要登录
int SAF_EccPrivateKeyDec(void *hAppHandle,
                        unsigned char *pucContainerName,
                        unsigned int uiContainerNameLen,
                        unsigned int uiAlgorithmID,
                        unsigned char *pucInData,
                        unsigned int uiInDataLen,
                        unsigned char *pucOutData,
                        unsigned int *puiOutDataLen);
```

D.3.22 基于证书的 ECC 公钥加密

```
//无限制
int SAF_EccPublicKeyEncByCert(
                        unsigned char *pucCertificate,
                        unsigned int uiCertificateLen,
                        unsigned int uiAlgorithmID,
                        unsigned char *pucInData,
                        unsigned int uiInDataLen,
                        unsigned char *pucOutData,
                        unsigned int *puiOutDataLen);
```

D.3.23 对称密钥加密接口

```
//无限制 (和国密规范单块加密运算有区别，为不和国密接口名称冲突，增加ex后缀)
int SAF_SymmEncryptEx(unsigned int uiSymAlg,
                    unsigned char *bKey,unsigned int uiKeyLen,
                    unsigned char *bIV, unsigned int    uiIVLen,
```

```
unsigned char *bInData, unsigned int uiInDataLen,
unsigned char *bOutData, unsigned int *uiOutDataLen);
```

D.3.24 对称密钥解密接口

```
//无限制 (和国密规范单块加密运算有区别，为不和国密接口名称冲突，增加ex后缀)
int SAF_SymmDecryptEx (unsigned int uiSymAlg,
                       unsigned char *bKey,unsigned int uiKeyLen,
                       unsigned char *bIV, unsigned int    uiIVLen,
                       unsigned char *bInData, unsigned int uiInDataLen,
                       unsigned char *bOutData, unsigned int *uiOutDataLen);
```

D.4 消息类函数接口

D.4.1 编码 PKCS7 格式的数字信封

```
//无限制
int SAF_Pkcs7_EncodeEnvelopedData(void * hAppHandle,
                                  unsigned char *pucData,
                                  unsigned int uiDataLen,
                                  unsigned char * pucEncCertificate,
                                  unsigned int uiEncCertificateLen,
                                  unsigned int uiSymmAlgorithm,
                                  unsigned char * pucDerP7EnvelopedData,
                                  unsigned int * puiDerP7EnvelopedDataLen);
```

D.4.2 解码 PKCS7 格式的数字信封

```
//需要初始化，需要登录
int SAF_Pkcs7_DecodeEnvelopedData(void *hAppHandle,
                                  unsigned char *pucDecContainerName,
                                  unsigned int uiDecContainerNameLen,
                                  unsigned int uiDecKeyUsage,
                                  unsigned char * pucDerP7EnvelopedData,
                                  unsigned int uiDerP7EnvelopedDataLen,
                                  unsigned char * pucData,
                                  unsigned int * puiDataLen);
```

D.4.3 使用外部 RSA 私钥解码 PKCS7 格式的数字信封

```
//无限制
int SAF_Pkcs7_DecodeEnvelopedDataEx(unsigned char *pucPriKey ,
                                    unsigned int *puiPriKeyLen,
                                    unsigned char * pucDerP7EnvelopedData,
                                    unsigned int uiDerP7EnvelopedDataLen,
                                    unsigned char * pucData,
                                    unsigned int * puiDataLen);
```

附　录　E
（规范性附录）
JAVA 语言接口描述

密码服务中间件 JAVA 语言接口函数见表 E.1

表 E.1　密码服务中间件 JAVA 语言接口函数

接口类别	序号	接口名称	功能描述
环境类函数接口	1	初始化环境	中间件初始化接口函数主要负责初始化安全引擎，完成应用程序空间的初始化
	2	登录	用户需要登录并操作内部私钥完成如签名或私钥解密等运算时，调用此接口
	3	注销登录	设备登出时，调用此接口
证书类函数接口	1	导入数字证书	当向容器内导入证书时，调用此接口
	2	导出数字证书	当导出指定容器内的数字证书时，调用此接口
	3	取证书信息	当需要对证书数据进行解析时，调用此接口
	4	根据 CRL 文件获取用户证书注销状态	根据 CRL 文件获取证书注销状态，调用此接口
	5	根据颁发者证书验证主题证书*	通过颁发者证书验证用户主题证书的颁发者签名，从而起到单级证书链路验证的功能，如需进行多级证书链验证，需要各级分别调用此接口进行循环验证操作即可
密码运算类函数接口	1	base64 编码	对数据进行 base64 编码，调用此接口
	2	base64 解码	对已经编码的 base64 数据进行解码
	3	随机数生成	产生指定长度的随机数，调用此接口
	4	数据 HASH 运算	对指定的数据计算 HASH 摘要，调用此接口
	5	文件 HASH 运算	当需要对指定的文件计算摘要时，调用此接口
	6	RSA 验证签名运算	使用内部密钥进行 RSA 验签运算，调用此接口
	7	基于证书的 RSA 公钥验证	使用证书对指定的签名数据进行验签，调用此接口
	8	生成外部 RSA 密钥对	当需要非对称密钥对时，调用此接口
	9	非对称加解密	当需要进行非对称公钥加密时，调用此接口
	10	使用外部 RSA 密钥进行签名	使用外部私钥对传入数据进行数字签名，调用此接口
	11	生成外部 ECC 密钥对	当需要非对称密钥对时，调用此接口
	12	使用外部 ECC 密钥进行签名	使用外部私钥对传入数据进行数字签名，调用此接口
	13	ECC 公钥验签	使用 ECC 公钥对指定的签名数据进行验签，调用此接口
	14	基于证书的 ECC 公钥验证	使用证书对指定的签名数据进行验签，调用此接口
	15	对称密钥加解密	当需要对指定的数据进行对称加解密时，调用此接口
	16	生成 ECC 内部密钥对	当需要生成 ECC 内部密钥对时，调用此接口
	17	获取内部 ECC 公钥	当需要获取内部 ECC 公钥时，调用此接口
	18	ECC 内部私钥签名	当需要 ECC 内部私钥签名时，调用此接口
	19	ECC 外部公钥加密	当需要 ECC 外部公钥加密时，调用此接口
	20	ECC 内部私钥解密	当需要 ECC 内部私钥解密时，调用此接口

	21	ECC 证书加密	当需要对 ECC 证书加密时，调用此接口
消息类函数接口	1	编码 PKCS7 格式的数字信封	对指定的数据使用传入的证书制作数字信封
	2	使用外部 RSA 私钥解码 PKCS7 格式数字信封	使用传入的外部私钥数据对指定的数字信封解码

E.1 环境类函数接口

E.1.1 接口概要

环境类函数负责创建和管理安全程序空间，负责创建和管理安全程序空间中所需的各种资源、信号，并确保安全程序空间在应用程序运行期间不会被非法访问，造成信息泄露。环境函数负责完成与密码设备的安全连接，确保后续的安全操作是在安全、可信的程序空间中进行。环境函数还负责在用户与密码设备之间创建和管理安全访问令牌。可创建两种类型的用户，一种是普通用户，该类型的安全访问令牌标识该用户是普通用户，只能访问密码设备中属于私有的信息和数据；另一类是管理员，该类型的安全访问令牌标识该用户是管理员，可以访问密码设备中的公有信息，设置和修改普通用户的PIN。

应用程序在使用密码服务接口时，要首先调用初始化环境函数（Initialize）创建和初始化安全的应用程序空间，完成与密码设备连接和初始化工作。在终止应用程序之前，应调用清除环境函数（SAF_Finalize），终止与密码设备的连接，销毁所创建的安全程序空间，防止由于内存残留所带来的安全风险。应用程序在调用任何密码服务函数，进行任何密码运算之前应首先调用用户登录函数（login），建立安全访问令牌。建立了安全访问令牌后，则可以调用任何密码服务函数。在不再调用任何密码服务函数后，应调用注销登录函数（logout）释放令牌的使用权限，确保密码设备不被非法访问。

E.1.2 函数接口

E.1.2.1 初始化环境

E.1.2.1.1 初始化环境概要

中间件初始化接口函数主要负责初始化安全引擎，完成应用程序空间的初始化。读取配置文件，根据要使用的设备类型完成对相应设备的操作。

初始化密码服务程序空间时，调用此接口。

支持两种模式：软证书模式，密码硬件调用模式。

对于移动终端版本的密码服务中间件，仅支持软证书模式，对于服务器平台侧支持密码机调用模式和软证书模式。

E.1.2.1.2 初始化环境接口

初始化环境接口的说明包含10个要素：

a) 接口名称：初始化环境接口；

b) 英文名称：Initialize；

c) 功能描述：中间件初始化接口函数主要负责初始化安全引擎，完成应用程序空间的初始化；

d) 前置条件：无；

e) 后置条件：完成环境初始化；

f) 协议类型：无；

g) 函数原型示例：见F.1.1；
h) 输入参数：见表E.2；

表 E.2 初始化环境接口输入参数

序号	中文名称	英文标签	类型	长度	取值	选择性	说明	示例
1	配置文件全路径	Inifilepath	字符串	不定长，1~250 个字符	不定	必选	配置文件全路径名，需要具有读写权限。	C:/DRM.cfg

i) 输出参数：无；
j) 返回值：见表E.3。

表 E.3 初始化环境接口返回值

序号	中文名称	英文标签	类型	长度	取值	选择性	说明	示例
1	返回值	ResultCode	整数	不定长	不定，取值范围见附录A	必选	0 ：成功 非 0：失败，返回错误代码	0

E.1.2.2 用户登录

E. 1. 2. 2. 1 用户登录概要

用户登录接口函数主要负责身份认证，不进行身份认证将不能使用私钥相关的操作。管理员或普通用户同时只能有一个角色登录，不能同时都处于登录状态。

E. 1. 2. 2. 2 用户登录接口

用户登录接口的说明包含10个要素：

a) 接口名称：用户登录接口；
b) 英文名称：login；
c) 功能描述：用户需要登录并操作内部私钥完成如签名或私钥解密等运算时，调用此接口；
d) 前置条件：已经调用成功初始化环境接口Initialize；
e) 后置条件：无；
f) 协议类型：无；
g) 函数原型示例：见F.1.2；
h) 输入参数：见表E.4；

表 E.4 用户登录接口输入参数

序号	中文名称	英文标签	类型	长度	取值	选择性	说明	示例
1	密钥索引	Keyindex	字符串	不定长	不定	必选	密钥索引	
2	口令数据	Pucpassword	字符串	不定长	不定	必选	口令数据	

3	口令长度	Uipwdlength	整数	不定长	不定	必选	口令长度	

i) 输出参数：无；

j) 返回值：见表E.5。

表 E.5 用户登录接口返回值

序号	中文名称	英文标签	类型	长度	取值	选择性	说明	示例
1	返回值	ResultCode	整数	不定长	不定，取值范围见附录 A	必选	0 ：成功 非 0：失败，返回错误代码	0

E.1.2.3 注销登录

E. 1. 2. 3. 1 注销登录概要

完成私钥相关操作后，即时调用注销登录接口函数进行登出操作，释放私钥等的使用权限。

E. 1. 2. 3. 2 注销登录接口

注销登录接口的说明包含10个要素：

a) 接口名称：注销登录接口；

b) 英文名称：logout；

c) 功能描述：设备登出时，调用此接口；

d) 前置条件：已经调用成功初始化环境接口Initialize，且已经调用用户登录接口login成功登录；

e) 后置条件：对于管理员，其管理员令牌将被回收，对于用户，其私钥使用权限将被关闭；

f) 协议类型：无；

g) 函数原型示例：见F.1.3；

h) 输入参数：见表E.6；

表 E.6 注销登录接口返回值

序号	中文名称	英文标签	类型	长度	取值	选择性	说明	示例
1	密钥索引	Keyindex	字符串	不定长	不定	必选	密钥索引	

i) 输出参数：无；

j) 返回值：见表E.7。

表 E.7 注销登录接口返回值

序号	中文名称	英文标签	类型	长度	取值	选择性	说明	示例
1	返回值	ResultCode	整数	不定长	取值范围见附录 A	必选	0 ：成功 非 0：失败，	0

							返回错误代码	

E.2 证书类函数接口

E. 2. 1 接口概要

证书类函数负责数字证书的管理，如证书的解析，证书有效性验证等。

应用程序通过调用证书函数，实现基于数字证书的身份认证，从证书中获取有关信息，实现授权管理、访问控制等安全机制。

E.2.2 函数接口

E.2.2.1 导入数字证书

E. 2. 2. 1. 1 导入数字证书概要

向指定容器内导入 DER 编码的数字证书，可以为签名证书或者加密证书，由接口的输入参数指定。

本接口并非国密规范《通用密码服务接口规范》中的接口，鉴于数字版权保护业务场景的应用需求，在此添加此接口定义。

本接口对于服务器侧密码中间件，仅在软证书模式下有效。

E. 2. 2. 1. 2 导入数字证书接口

导入数字证书接口的说明包含10个要素：

a) 接口名称：导入数字证书接口；

b) 英文名称：ImportCertificate

c) 功能描述：当想容器内导入证书时，调用此接口；

d) 前置条件：已经调用成功初始化环境接口Initialize，且已经调用用户登录接口login成功登录；

e) 后置条件：证书数据将被导入到选定的密钥容器中；

f) 协议类型：无；

g) 函数原型示例：见F.2.1；

h) 输入参数：见表E.8；

表 E.8 导入数字证书接口输入参数

序号	中文名称	英文标签	类型	长度	取值	选择性	说明	示例
1	密钥索引	Keyindex	字符串	不定长，1~250 个字符	不定	必选	密钥的容器名	DRMCont1
2	数字证书类型	UiSignFlag	证书	不定长	0 或者 1	必选	1 表示签名证书，0 表示加密证书。	0
3	证书数据	Cert	字符串	不定长	不定	必选	指向证书内容缓冲区。DER	"MIIC+jCCAm...9Au0sg

								==

i) 输出参数：无；

j) 返回值：见表E.9。

表 E.9 导入数字证书证书接口返回值

序号	中文名称	英文标签	类型	长度	取值	选择性	说明	示例
1	返回值	ResultCode	整数	不定长	取值范围见附录A	必选	0 ：成功 非0：失败，返回错误代码	0

E.2.2.2 导出数字证书

E. 2. 2. 2. 1 导出数字证书概要

从指定容器中获取DER编码的证书，可以是签名证书也可以是加密证书，由接口的输入参数决定。

本接口并非GM/T 0019—2012中的接口，鉴于数字版权保护业务场景的应用需求，在此添加此接口定义。

本接口对于服务器侧密码中间件，仅在软证书模式下有效。

E. 2. 2. 2. 2 导出数字证书接口

导出数字证书接口的说明包含10个要素：

a) 接口名称：导出数字证书接口；

b) 英文名称：ExportCertificate；

c) 功能描述：当导出指定容器内的数字证书时，调用此接口；

d) 前置条件：已经调用成功初始化环境接口Initialize，且指定容器确实有证书；

e) 后置条件：无；

f) 协议类型：无；

g) 函数原型示例：见F.2.2；

h) 输入参数：见表E.10；

表 E.10 导出数字证书接口输入参数

序号	中文名称	英文标签	类型	长度	取值	选择性	说明	示例
1	密钥的容器名	Keyindex	字符串	1~250	不定	必选	密钥的容器名	DRM Cont1
2	证书类型	UiSignFlag	整数	不定长	0或1	必选	1 表示签名证书，0 表示加密证书	0

i) 输出参数：无；

j) 返回值：见表E.11。

表 E.11 导出数字证书接口返回值

序号	中文名称	英文标签	类型	长度	取值	选择性	说明	示例
1	返回值	Cert	字符串	不定长	不定	必选	指向证书内容	MIIC +jCC Am... 9Au0s g==

E.2.2.3 取证书信息

E. 2. 2. 3. 1 取证书信息概要

当需要对证书数据进行解析时，调用此接口函数。

E. 2. 2. 3. 2 取证书信息接口

取证书信息接口的说明包含10个要素：

a) 接口名称：取证书信息接口；
b) 英文名称：getCertInfo；
c) 功能描述：当需要对证书数据进行解析时，调用此接口；
d) 前置条件：无；
e) 后置条件：无；
f) 协议类型：无；
g) 函数原型示例：见F.2.3；
h) 输入参数：见表E.12；

表 E.12 取证书信息接口输入参数

序号	中文名称	英文标签	类型	长度	取值	选择性	说明	示例
1	证书数据	Cert	字节数组	不定长	不定	必选	DER 编码的证书：DER 二进制数据或经过 base64 编码后的 DER	MIIC +jCC Am... 9Au0s g==

i) 输出参数：无；

j) 返回值：见表E.13。

表 E.13 取证书信息接口返回值

序号	中文名称	英文标签	类型	长度	取值	选择性	说明	示例
1	返回值	CertInfo	CERT_INF	不定长	不定	必选	可以通过	无

			O类				CERT_INFO类提供的公开方法获取得到的证书解析数据项	

E.2.2.4 根据CRL文件获取用户证书注销状态

E.2.2.4.1 根据CRL文件获取证书注销状态概要

当需要通过CRL对证书进行离线证书注销状态验证时，调用此接口函数。

E.2.2.4.2 根据CRL文件获取用户证书注销状态接口

通过CRL进行验证接口的说明包含10个要素：

a) 接口名称：根据CRL文件获取证书注销状态接口；
b) 英文名称：verifyCertificateByCrl；
c) 功能描述：根据CRL文件获取证书注销状态；
d) 前置条件：无；
e) 后置条件：无；
f) 协议类型：无；
g) 函数原型示例：见F.2.4；
h) 输入参数：见表E.14；

表E.14 根据CRL文件获取用户证书注销状态接口输入参数

序号	中文名称	英文标签	类型	长度	取值	选择性	说明	示例
1	证书数据	Cert	字节数组	不定长	不定	必选	DER编码的证书：DER二进制数据或经过base64编码后的DER	MIIC+jCCAm...9Au0sg==
2	CRL文件数据	Crl	字节数组	不定长	不定	必选	DER编码的CRL或者经过base64编码的CRL数据	MIJZlzCCWQACAQEwDQY.................O9L/im7gkzNag==

i) 输出参数：无；
j) 返回值：见表E.15。

表 E.15 根据 CRL 文件获取用户证书注销状态接口返回值

序号	中文名称	英文标签	类型	长度	取值	选择性	说明	示例
1	返回值	verifyResult	布尔型	定长	0 或者 1	必选	true ：有效； false：无效	true

E.2.2.5 根据颁发者证书验证主题证书

E. 2. 2. 5. 1 根据颁发者证书验证主题证书概要

通过颁发者证书验证当前证书的颁发者签名，相当于单级证书链验证。

E. 2. 2. 5. 2 根据颁发者证书验证主题证书接口

添加信任的根CA证书接口的说明包含10个要素：

a) 接口名称：根据颁发者证书验证用户主题证书接口；

b) 英文名称：verifyCert

c) 功能描述：通过颁发者证书验证用户主题证书的颁发者签名，从而起到单级证书链路验证的功能，如需进行多级证书链验证，需要各级分别调用此接口进行循环验证操作即可；

d) 前置条件：无；

e) 后置条件：无；

f) 协议类型：无；

g) 函数原型示例：见F.2.5；

h) 输入参数：见表E.16；

表 E.16 根据颁发者证书验证主题证书接口输入参数

序号	中文名称	英文标签	类型	长度	取值	选择性	说明	示例
1	用户证书数据	Cert	字节数组	不定长	不定	必选	DER 编码的证书：DER 二进制数据或经过 base64 编码后的 DER	MIIEAzCCAuugAwIBAgIKYcJk.................5KJsKSjJqrQhhpAOhMU=
2	颁发者证书	Cacert	字节数组	不定长	不定	必选	DER 编码的证书：DER 二进制数据或经过 base64 编码后的 DER	MIIEAzCCAuugAwIBAgIKYcJk.................5KJsKSjJqrQhhpAOhMU=

i) 输出参数：无；
j) 返回值：见表E.17。

表 E.17 根据颁发者证书验证主题证书接口返回值

序号	中文名称	英文标签	类型	长度	取值	选择性	说明	示例
1	返回值	ResultCode	整数	不定长	0 或者 1	必选	0 ：成功 1：失败	0

E.3 密码运算类函数接口

E.3.1 接口概要

密码运算类函数负责实现具体的密码运算，并将密码运算后的结果返回给应用程序，是应用程序实现数据保密性、完整性和不可抵赖性等安全机制的基础。

密码运算类函数提供包括base64编解码、随机数生成、摘要以及各种对称和非对称密钥运算等。

E.3.2 函数接口

E.3.2.1 base64 编码

E.3.2.1.1 base64 编码概要

当需要对数据进行base64编码时，调用此接口函数。

E.3.2.1.2 base64 编码接口

base64编码接口的说明包含10个要素：
a) 接口名称：base64编码接口；
b) 英文名称：base64Encode；
c) 功能描述：对数据进行base64编码；
d) 前置条件：无；
e) 后置条件：无；
f) 协议类型：无；
g) 函数原型示例：见F.3.1；
h) 输入参数：见表E.18；

表 E.18 base64 编码接口输入参数

序号	中文名称	英文标签	类型	长度	取值	选择性	说明	示例
1	编码前的数据	Indata	字节数组	不定长	不定	必选	编码前的数据	”abcd …”

i) 输出参数：无；
j) 返回值：见表E.19。

表 E.19 base64 编码接口返回值

序号	中文名称	英文标签	类型	长度	取值	选择性	说明	示例
1	返回值	Base64string	字节数组	不定长	不定	必选	无	MIIF …

E.3.2.2 base64 解码

E. 3. 2. 2. 1 base64 解码概要

当需要进行base64解码时，调用此接口函数。

E. 3. 2. 2. 2 base64 解码接口

base64解码接口的说明包含10个要素：

a) 接口名称：base64解码接口；
b) 英文名称：base64Decode；
c) 功能描述：对已经编码的base64数据进行解码；
d) 前置条件：无；
e) 后置条件：无；
f) 协议类型：无；
g) 函数原型示例：见F.3.2.；
h) 输入参数：见表E.20；

表 E.20 base64 解码接口输入参数

序号	中文名称	英文标签	类型	长度	取值	选择性	说明	示例
1	解码前的数据	Indata	字节数组	不定长	不定	必选	解码前的数据	"MIIFnNd3OsKs0tNteP...N0otuX=="

i) 输出参数：无；
j) 返回值：见表E.21。

表 E.21　base64 解码接口返回值

序号	中文名称	英文标签	类型	长度	取值	选择性	说明	示例
1	返回值	Base64decodeddata	字节数组	不定长	不定	必选	base64 解码后的数据	“abcd…”

E.3.2.3 随机数生成

E. 3. 2. 3. 1 随机数生成概要

当需要产生指定长度的随机数时，调用此接口函数。

E. 3. 2. 3. 2 随机数生成接口

随机数生成接口的说明包含10个要素：

a) 接口名称：随机数生成接口；
b) 英文名称：genRandom；
c) 功能描述：产生指定长度的随机数；
d) 前置条件：无；
e) 后置条件：无；
f) 协议类型：无；
g) 函数原型示例：见F.3.3；
h) 输入参数：见表E.22；

表 E.22 随机数生成接口输入参数

序号	中文名称	英文标签	类型	长度	取值	选择性	说明	示例
1	要产生的随机数长度	Randlen	整数	不定长	取值范围：$1\sim2^{31}-1$	必选	要产生的随机数长度	32

i) 输出参数：无；
j) 返回值：见表E.23。

表 E.23 随机数生成接口返回值

序号	中文名称	英文标签	类型	长度	取值	选择性	说明	示例
1	返回值	Rand	字节数组	不定长	不定	必选	返回要求长度的随机数数据	37Aja8ka3…

E.3.2.4 数据 HASH 运算

E.3.2.4.1 数据 HASH 运算概要

当需要对指定的数据计算摘要时，调用此接口函数。

E.3.2.4.2 数据 HASH 运算接口

数据HASH运算接口的说明包含10个要素：

a) 接口名称：数据HASH运算接口；
b) 英文名称：digest；
c) 功能描述：对指定的数据计算HASH摘要；
d) 前置条件：无；
e) 后置条件：无；
f) 协议类型：无；
g) 函数原型示例：见F.3.4；

h) 输入参数：见表E.24；

表 E.24 数据 HASH 运算接口输入参数

序号	中文名称	英文标签	类型	长度	取值	选择性	说明	示例
1	输入数据	src	字符数组	不定长	不定	必选	计算摘要的源数据	”acd…”
2	摘要算法标识	Algorithm	整数	不定长	0x00000402 或 0x00000403 或 0x00000404	必选	计算摘要的算法标识 0x00000402：MD5 摘要 0x00000403：SHA1 摘要 0x00000404：SHA256 摘要	0x00000403

i) 输出参数：无；

j) 返回值：见表E.25。

表 E.25 数据 HASH 运算接口返回值

序号	中文名称	英文标签	类型	长度	取值	选择性	说明	示例
1	返回值	Resultdigest	整数	不定长	不定	必选	返回数据摘要值，长度与算法有关	无

E.3.2.5 文件 HASH 运算

E.3.2.5.1 文件 HASH 运算概要

当需要对指定的文件计算摘要时，调用此接口函数。

本接口并非GM/T 0019—2012中的接口，鉴于数字版权保护业务场景的应用需求，在此添加此接口定义。

E.3.2.5.2 文件 HASH 运算接口

文件HASH运算接口的说明包含10个要素：

a) 接口名称：HASH运算接口；

b) 英文名称：digest；

c) 功能描述：当需要对指定的文件计算摘要时，调用此接口；
d) 前置条件：无；
e) 后置条件：无；
f) 协议类型：无；
g) 函数原型示例：见F.3.5；
h) 输入参数：见表E.26；

表 E.26 文件 Hash 运算接口输入参数

序号	中文名称	英文标签	类型	长度	取值	选择性	说明	示例
1	文件路径数据	Filepath	字符串	不定长	1~250	必选	文件路径数据	D:\filetohash.doc
2	摘要算法标识	Algorithm	整数	不定长	0x00000402 或 0x00000403 或 0x00000404	必选	计算摘要的算法标识 0x00000402：MD5 摘要 0x00000403：SHA1 摘要 0x00000404 ：SHA256 摘要	0x00000403

i) 输出参数：无；
j) 返回值：见表E.27。

表 E.27 文件 HASH 运算接口返回值

序号	中文名称	英文标签	类型	长度	取值	选择性	说明	示例
1	返回值	Resultdigest	整数	不定长	不定	必选	返回文件摘要值，长度与算法有关	无

E.3.2.6 RSA 验证签名运算

E. 3. 2. 6. 1 RSA 验证签名概要

当使用内部密钥进行RSA验签运算时，调用此接口函数。

E.3.2.6.2 RSA验证签名接口

RSA验证签名接口的说明包含10个要素：

a) 接口名称：RSA验证签名接口；

b) 英文名称：RsaVerifySign；

c) 功能描述：使用内部密钥进行RSA验签运算；

d) 前置条件：无；

e) 后置条件：无；

f) 协议类型：无；

g) 函数原型示例：见F.3.6；

h) 输入参数：见表E.28；

表 E.28　RSA 验证签名运算接口输入参数

序号	中文名称	英文标签	类型	长度	取值	选择性	说明	示例
1	摘要算法标示	Type	整数	不定长	0x00000102 或 0x00000103	必选	0x00000102 ：MD5_RSA 签名算法；0x00000103 ：SHA1_RSA 签名算法	0x00000102
2	DER 编码的公钥	Publickey	字节数组	不定长	不定	必选	DER 编码的公钥	za2PGAb4lInljbWxS0y..........wXVxk=
3	待验证数据	Indata	字节数组	不定长	不定	必选	待验证数据	hello
4	签名数据	Sd	字节数组	不定长	不定	必选	DER 编码的签名数据	d8E+jzuZNUeUmSnyfPFPk.........IwHAYK=

i) 输出参数：无；

j) 返回值：见表E.29。

表 E.29　RSA 验证签名运算接口返回值

序号	中文名称	英文标签	类型	长度	取值	选择性	说明	示例

1	返回值	ResultCode	整数	不定长	不定	必选	0：成功 非0：失败，返回错误代码，参见附录A	0

E.3.2.7 基于证书的RSA公钥验证

E.3.2.7.1 基于证书的RSA公钥验证概要

当需要使用证书公钥对指定的签名数据进行验签时，调用此接口函数。

E.3.2.7.2 基于证书的RSA公钥验证接口

基于证书的RSA公钥验证接口的说明包含10个要素：

a) 接口名称：使用外部证书对指定的签名数据进行验签接口；
b) 英文名称：RsaVerifySignByCert；
c) 功能描述：使用证书对指定的签名数据进行验签；
d) 前置条件：无；
e) 后置条件：无；
f) 协议类型：无；
g) 函数原型示例：见F.3.7；
h) 输入参数：见表E.30；

表E.30 基于证书的RSA公钥验证接口输入参数

序号	中文名称	英文标签	类型	长度	取值	选择性	说明	示例
1	摘要算法标识	Type	整数	不定长	0x00000102或0x00000103	必选	0x00000102：MD5_RSA签名算法； 0x00000103：SHA1_RSA签名算法	0x00000102
2	DER编码的数字证书	Cert	字节数组	不定长	不定	必选	DER编码的数字证书	MIICQaJ5hBKzL9MI453cfs.........EEyXA2HmRsspQq5WnJnr==
3	待验证数据	Indata	字节数组	不定长	不定	必选	待验证数据	hello
4	DER编码	Sd	字节数组	不定长	不定	必选	DER编码的签名数	JmHOr

	的签名数据						据	pyMtk LWkZ. .... FlYYs X8zs=

i) 输出参数：无；
j) 返回值：见表E.31。

表 E.31 基于证书的 RSA 公钥验证接口返回值

序号	中文名称	英文标签	类型	长度	取值	选择性	说明	示例
1	返回值	ResultCode	整数	不定长	不定	必选	0 ：成功 非 0：失败，返回错误代码，见附录 A	0

E.3.2.8 生成外部 RSA 密钥对

E. 3. 2. 8. 1 生成外部 RSA 密钥对概要

当需要生成外部非对称密钥对时，调用此接口函数。函数返回公私钥数据。

E. 3. 2. 8. 2 生成外部 RSA 密钥对接口

生成外部非对称密钥对接口的说明包含10个要素：
a) 接口名称：生成外部非对称密钥对接口；
b) 英文名称：generateRSAKeyPair；
c) 功能描述：当需要非对称密钥对时，调用此接口；
d) 前置条件：无；
e) 后置条件：无；
f) 协议类型：无；
g) 函数原型示例：见F.3.8；
h) 输入参数：见表E.32；

表 E.32 生成外部 RSA 密钥对接口输入参数

序号	中文名称	英文标签	类型	长度	取值	选择性	说明	示例
1	非对称密钥对模长	Moduluslen	整数	不定长	512 或 1024 或 2048	必选	生成的外部密钥模长，通常选择 2048;	2048

i) 输出参数：无；
j) 返回值：见表E.33。

表 E.33 生成外部 RSA 密钥对接口返回值

序号	中文名称	英文标签	类型	长度	取值	选择性	说明	示例
1	返回值	ResultClass	RSA KeyPair 类	不定长	不定	必选	返回的是密钥对数据类，其中包括私钥数据以及公钥数据等，RSAKeyPair类定义见附录G	无

E.3.2.9 非对称加解密

E. 3. 2. 9. 1 非对称加解密概要

当需要进行非对称公钥加密、私钥解密运算时，调用此接口函数。

E. 3. 2. 9. 2 非对称加解密接口

外部公钥加密接口的说明包含10个要素：

a) 接口名称：外部公钥加解密接口；
b) 英文名称：ASymEncOrDec ；
c) 功能描述：当需要进行非对称公钥加密时，调用此接口；
d) 前置条件：无；
e) 后置条件：无；
f) 协议类型：无；
g) 函数原型示例：见F.3.9；
h) 输入参数：见表E.34；

表 E.34 外部 RSA 密钥非对称加解密接口输入参数

序号	中文名称	英文标签	类型	长度	取值	选择性	说明	示例
1	加密算法	Type	整形	定长，4字节	0x00000001或0x00000002	必选	0x00000001：RSA 加密算法，RSA/ECB/PKCS1Padding；0x00000002：RSA 加密算法，RSA/ECB/NoPadding	0x00000001
2	密钥数据	Key	字节数组	不定长	不定	必选	加密时是公钥（DER，base64编码均可），解密时是私钥（DER，base64编码均可）	"MIGJAoGBAL …AAE="

3	加解密标识	Bencryption	布尔	不定长	true 或者 false	必选	true 为加密，false 为解密	true
4	待加密/解密源数据	Indata	字节数组	不定长	不定	必选	加密时输入为要加密原文（明文),解密时输入为密文（DER，base64 编码均可）	“helloworld”

i) 输出参数：无；

j) 返回值：见表E.35。

表 E.35 外部 RSA 密钥非对称加解密接口返回值

序号	中文名称	英文标签	类型	长度	取值	选择性	说明	示例
1	返回值	ResultData	字节数组	不定长	不定	必选	返回加密或者解密所得的数据，如果失败则抛出异常	无

E.3.2.10 使用外部 RSA 密钥进行签名

E. 3. 2. 10. 1 使用外部 RSA 密钥进行签名概要

当需要使用外部RSA密钥进行签名时，调用此接口函数。按照PKCS1.5规范进行签名。

E. 3. 2. 10. 2 使用外部 RSA 密钥进行签名接口

使用外部密钥进行签名接口的说明包含10个要素：

a) 接口名称：使用外部RSA密钥进行签名接口；

b) 英文名称：RsaSign；

c) 功能描述：使用外部私钥对传入数据进行数字签名；

d) 前置条件：无；

e) 后置条件：无；

f) 协议类型：无；

g) 函数原型示例：见F.3.10；

h) 输入参数：见表E.36；

表 E.36 使用外部 RSA 密钥进行签名接口输入参数

序号	中文名称	英文标签	类型	长度	取值	选择性	说明	示例
1	摘要算法标识	Type	整形	定长，4 个字节	0x00000102 或 0x00000103	必选	0x00000102 ：MD5_RSA 签名算法；0x00000103 ：	0x00000102

							SHA1_RSA 签名算法	
2	私钥	Prikey	字节数组	不定长	不定	必选	base64 编码格式的私钥	"MIICXQIBAAKBgQDXE3U31lAzXunRaLTB…PJLWLuKCzq10SS6/N7eVJ"
3	待签名的源数据	Indata	字节数组	不定长	不定	必选	待签名的源数据	”hello”

i) 输出参数：无；

j) 返回值：见表E.37。

表 E.37 使用外部 RSA 密钥进行签名接口返回值

序号	中文名称	英文标签	类型	长度	取值	选择性	说明	示例
1	返回值	ResultSignature	字节数组	不定长	不定	必选	返回签名结果二进制数据的base64 编码结果	

E.3.2.11 生成外部 ECC 密钥对

E. 3. 2. 11. 1 生成外部 ECC 密钥对概要

当需要生成外部ECC非对称密钥对时，调用此接口函数。函数返回公私钥数据。

E. 3. 2. 11. 2 生成外部 ECC 密钥对接口

生成外部非对称密钥对接口的说明包含10个要素：

a) 接口名称：生成外部非对称密钥对接口；

b) 英文名称：generateECCKeyPair；

c) 功能描述：当需要非对称密钥对时，调用此接口；

d) 前置条件：无；

e) 后置条件：无；

f) 协议类型：无；

g) 函数原型示例：见F.3.11；

h) 输入参数：见表E.38；

表 E.38 生成外部 ECC 密钥对接口输入参数

序号	中文名称	英文标签	类型	长度	取值	选择性	说明	示例
1	非对称密钥对模长	modulusLen	整数	不定长	256	必选	生成的外部密钥模长，通常选择 256；	256

i) 输出参数：无；
j) 返回值：见表E.39。

表 E.39 生成外部 ECC 密钥对接口返回值

序号	中文名称	英文标签	类型	长度	取值	选择性	说明	示例
1	返回值	ResultClass	ECC KeyPair	不定长	不定	必选	返回的是密钥对数据类，其中包括私钥数据以及公钥数据等；ECCKeyPair类定义见附录G	无

E.3.2.12 使用外部 ECC 密钥进行签名

E. 3. 2. 12. 1 使用外部 ECC 密钥进行签名概要

当需要使用外部SM2密钥进行签名时，调用此接口函数。按照GM/T 0009—2012以及GM/T 0003.2—2012规范进行签名。

E. 3. 2. 12. 2 使用外部 ECC 密钥进行签名接口

使用外部密钥进行签名接口的说明包含10个要素：
a) 接口名称：使用外部ECC密钥进行签名接口；
b) 英文名称：EccSign；
c) 功能描述：使用外部私钥对传入数据进行数字签名；
d) 前置条件：无；
e) 后置条件：无；
f) 协议类型：无；
g) 函数原型示例：见F.3.12；
h) 输入参数：见表E.40；

表 E.40 使用外部 ECC 密钥进行签名接口输入参数

序号	中文名称	英文标签	类型	长度	取值	选择性	说明	示例
1	摘要算法标识	Type	整形	定长，4个字节	0x00000104	必选	0x00000104 ：SM3_SM2 签名算法	0x00000104
2	私钥	Prikey	字节数组	不定长	不定	必选	base64 编码格式的私钥	"MIICXQIBAAKBgQDXE3U31lAzXunRaLTB…PJLWLuKCzq10SS6/N7eVJ"
3	待签名的	Indata	字节数	不定	不定	必选	待签名的源数据	"hello"

	源数据		组	长				

i) 输出参数：无；
j) 返回值：见表E.41。

表 E.41 使用外部 ECC 密钥进行签名接口返回值

序号	中文名称	英文标签	类型	长度	取值	选择性	说明	示例
1	返回值	ResultSignature	字节数组	不定长	不定	必选	返回签名结果二进制数据的 base64 编码结果	

E.3.2.13 ECC 公钥验签

E. 3. 2. 13. 1 ECC 验签概要

当需要使用ECC公钥对指定的签名数据进行验签时，调用此接口函数。

E. 3. 2. 13. 2 ECC 验签接口

ECC验签接口的说明包含10个要素：

a) 接口名称：ECC验签接口；
b) 英文名称：EccVerifySign；
c) 功能描述：使用ECC公钥对指定的签名数据进行验签；
d) 前置条件：无；
e) 后置条件：无；
f) 协议类型：无；
g) 函数原型示例：见F.3.13；
h) 输入参数：见表E.42；

表 E.42 ECC 验签接口输入参数

序号	中文名称	英文标签	类型	长度	取值	选择性	说明	示例
1	摘要算法标示	Type	整数	不定长	0x00000104	必选	0x00000104 ：SM3_SM2 签名算法	0x00000104
2	DER 编码的公钥	Publickey	字节数组	不定长	不定	必选	DER 编码的公钥	za2PGAb4lInljbWxS0y..........wXVxk=
3	待验证数据	Indata	字节数组	不定长	不定	必选	待验证数据	hello

4	签名数据	Sd	字节数组	不定长	不定	必选	DER 编码的签名数据	d8E+jz uZNUe UmSn yfPFPk ....I wHAY K=

a) 输出参数：无；

b) 返回值：见表E.43。

表 E.43 ECC 验证签名运算接口返回值

序号	中文名称	英文标签	类型	长度	取值	选择性	说明	示例
1	返回值	ResultCode	整数	不定长	0 或者错误码	必选	0 ：成功 非 0：失败，返回错误代码	0

E.3.2.14 基于证书的 ECC 公钥验证

E. 3. 2. 14. 1 基于证书的 ECC 公钥验证概要

当需要使用证书公钥对指定的ECC签名数据进行验签时，调用此接口函数。

E. 3. 2. 14. 2 基于证书的 ECC 公钥验证接口

基于证书的ECC公钥验证接口的说明包含10个要素：

a) 接口名称：使用外部证书对指定的签名数据进行验签接口；

b) 英文名称：EccVerifySignByCert;

c) 功能描述：使用证书对指定的签名数据进行验签；

d) 前置条件：无；

e) 后置条件：无；

f) 协议类型：无；

g) 函数原型示例：见F.3.14；

h) 输入参数：见表E.44；

表 E.44 基于证书的 ECC 公钥验证接口输入参数

序号	中文名称	英文标签	类型	长度	取值	选择性	说明	示例
1	摘要算法标识	Type	整数	不定长	0x00000104	必选	0x00000104 ：SM3_SM2 签名算法	0x00000104
2	DER 编码的数字证书	Cert	字节数组	不定长	不定	必选	DER 编码的数字证书	MIICQ aJ5hB KzL9

								MI453 cfs....... ..EEyX A2Hm RsspQ q5WnJ nr==
3	待验证数据	Indata	字节数组	不定长	不定	必选	待验证数据	hello
4	DER 编码的签名数据	Sd	字节数组	不定长	不定	必选	DER 编码的签名数据	JmHOr pyMtk LWkZ. .... FlYYs X8zs=

i) 输出参数：无；

j) 返回值：见表E.45。

表 E.45 基于证书的 ECC 公钥验证接口返回值

序号	中文名称	英文标签	类型	长度	取值	选择性	说明	示例
1	返回值	ResultCode	整数	不定长	不定	必选	0 ：成功 非 0：失败，返回错误代码，错误代码参见附录 A	0

E.3.2.15 对称密钥加解密

E. 3. 2. 15. 1 对称密钥加解密概要

当需要对指定的数据进行对称加密或者对称解密时，调用此接口函数。

E. 3. 2. 15. 2 对称密钥加解密接口

对称密钥加密接口的说明包含10个要素：

a) 接口名称：对称密钥加密接口；

b) 英文名称：SymEncOrDec；

c) 功能描述：当需要对指定的数据进行对称加解密时，调用此接口；

d) 前置条件：无；

e) 后置条件：无；

f) 协议类型：无；

g) 函数原型示例：见F.3.15；

h) 输入参数：见表E.46；

表 E.46 对称密钥加解密接口输入参数

序号	中文名称	英文标签	类型	长度	取值	选择性	说明	示例
1	加密算法	Type	整数	不定长	取值范围见表C.1	必选	对称加密算法标识，详见表C.1	SGD_ALG_AES128_CBC
2	密钥数据	Key	字节数组	不定长	不定	必选	对称算法密钥数据	"1234567812345678".getbytes();
3	加解密标识	Bencryption	布尔	不定长	true 或 false	必选	true 表示加密；false 表示解密	True
4	待加密/解密源数据	Indata	字节数组	不定长	不定	必选	无	"hello"
5	初始化向量	Parameter	字节数组	不定长	不定	必选	当加密模式为CBC时，此参数有效	"12345678".getbytes();

i) 返回值：见表E.47。

表 E.47 对称密钥加密接口返回值

序号	中文名称	英文标签	类型	长度	取值	选择性	说明	示例
1	返回值	ResultData	字节数组	不定长	不定	必选	返回加密或者解密所得的数据，如果失败则抛出异常	无

E.3.2.16 生成 ECC 内部密钥对

E.3.2.16.1 生成 ECC 内部密钥对概要

当需要生成ECC内部密钥对时，调用此接口函数。

本接口对于服务器侧密码中间件，仅在软证书模式下有效。服务器密码机需要创建密钥时，需要调用管理工具来完成。

E.3.2.16.2 生成 ECC 内部密钥对接口

生成ECC内部密钥对接口的说明包含10个要素：

a) 接口名称：生成ECC内部密钥对接口；

b) 英文名称：genInternalEccKeyPair；

c) 功能描述：当需要生成ECC内部密钥对时，调用此接口；

d) 前置条件：已经调用成功初始化环境接口Initialize，且已经调用用户登录接口login成功登录；

e) 后置条件：无；

f) 协议类型：无；

g) 函数原型示例：见F.3.16；

h) 输入参数：见表E.48；

表 E.48 生成 ECC 内部密钥对接口输入参数

序号	中文名称	英文标签	类型	长度	取值	选择性	说明	示例
1	密钥容器索引号码	Keyno	整数	不定长	不定	必选	密钥容器索引号码	1
2	密钥用法	Keyusage	整数	不定长	{ SGD_KEYUSAGE_SIGN | SGD_KEYUSAGE_KEYEXCHANGE }	必选	签名密钥：SGD_KEYUSAGE_SIGN 加密或密钥交换用密钥：SGD_KEYUSAGE_KEYEXCHANGE，参见 C.5	SGD_KEYUSAGE_SIGN

i) 输出参数：无；

j) 返回值：见表E.49。

表 E.49 对称密钥加密接口返回值

序号	中文名称	英文标签	类型	长度	取值	选择性	说明	示例
1	返回值	ResultData	整数	不定长	0 或 1	必选	成功返回 0，如果失败则抛出异常	无

E.3.2.17 获取内部 ECC 公钥

E.3.2.17.1 获取内部 ECC 公钥概要

当需要获取内部ECC公钥时，调用此接口函数。

E.3.2.17.2 获取内部 ECC 公钥接口

获取内部ECC公钥接口的说明包含10个要素：

a) 接口名称：获取内部ECC公钥接口；

b) 英文名称：getEccPublicKey；

c) 功能描述：当需要获取内部ECC公钥时，调用此接口；

d) 前置条件：无；

e) 后置条件：无；

f) 协议类型：无；

g) 函数原型示例：见F.3.17；

h) 输入参数：见表E.50；

表 E.50 获取内部 ECC 公钥接口输入参数

序号	中文名称	英文标签	类型	长度	取值	选择性	说明	示例

1	密钥容器索引号码	keyno	整数	不定长	不定	必选	密钥容器索引号码	1
2	密钥用法	KeyUsage	整数	不定长	{ SGD_KEYUSAGE_SIGN | SGD_KEYUSAGE_KEYEXCHANGE }	必选	签名密钥：SGD_KEYUSAGE_SIGN 加密或密钥交换用密钥：SGD_KEYUSAGE_KEYEXCHANGE，参见 C.15	SGD_KEYUSAGE_SIGN

i) 输出参数：无；

j) 返回值：见表E.51。

表 E.51 获取内部 ECC 公钥接口返回值

序号	中文名称	英文标签	类型	长度	取值	选择性	说明	示例
1	返回公钥数据	Returnpublickey	字节数组	不定长	不定	必选	如果成功，则返回 ECC 公钥；失败抛出异常	无

E.3.2.18 ECC 内部私钥签名

E.3.2.18.1 ECC 内部私钥签名概要

当需要ECC内部私钥签名时，调用此接口函数。

E.3.2.18.2 ECC 内部私钥签名接口

ECC内部私钥签名接口的说明包含10个要素：

a) 接口名称：ECC内部私钥签名接口；

b) 英文名称：internalEccSign；

c) 功能描述：当需要ECC内部私钥签名时，调用此接口；

d) 前置条件：无；

e) 后置条件：无；

f) 协议类型：无；

g) 函数原型示例：见F.3.18；

h) 输入参数：见表E.52；

表 E.52 ECC 内部私钥签名接口输入参数

序号	中文名称	英文标签	类型	长度	取值	选择性	说明	示例
1	算法名常数	Type	整数	不定长	不定	必选	保留参数，暂时填 NULL	NULL
2	密钥号	Keyno	整数	不定长	不定	必选	密钥号	1

3	要签名的数据	Data	字节数组	不定长	不定	必选	要签名的原文数据	“helloworld”

i) 输出参数：无；
j) 返回值：见表E.53。

表 E.53 ECC 内部私钥签名接口返回值

序号	中文名称	英文标签	类型	长度	取值	选择性	说明	示例
1	签名后的数据	ResultData	字节数组	不定长	不定	必选	如果成功，则返回签名数据；失败抛出异常	无

E.3.2.19 ECC 外部公钥加密

E.3.2.19.1 ECC 外部公钥加密概要

当需要ECC外部公钥加密时，调用此接口函数。

E.3.2.19.2 ECC 外部公钥加密接口

ECC外部公钥加密接口的说明包含10个要素：
a) 接口名称：ECC外部公钥加密接口；
b) 英文名称：externalEccPublicKeyEnc；
c) 功能描述：当需要ECC外部公钥加密时，调用此接口；
d) 前置条件：无；
e) 后置条件：无；
f) 协议类型：无；
g) 函数原型示例：见F.3.19；
h) 输入参数：见表E.54；

表 E.54 ECC 外部公钥加密接口输入参数

序号	中文名称	英文标签	类型	长度	取值	选择性	说明	示例
1	算法类型参数	UiAlgID	整数	不定长	不定	必选	保留参数，暂时填NULL	NULL
2	公钥	Pubkey	字符串	不定长	不定	必选	公钥	无
3	待加密数据	Data	字节数组	不定长	不定	必选	待加密明文数据	“helloworld”

i) 输出参数：无；
j) 返回值：见表E.55。

表 E.55 ECC 外部公钥加密接口返回值

序	中文名称	英文标签	类型	长度	取值	选择性	说明	示例

序号								
1	密文数据	ResultData	字节数组	不定长	不定	必选	如果成功，则返回密文数据；失败抛出异常	无

E.3.2.20 ECC 内部私钥解密

E.3.2.20.1 ECC 内部私钥解密概要

当需要ECC内部私钥解密时，调用此接口函数。

E.3.2.20.2 ECC 内部私钥解密接口

ECC内部私钥解密接口的说明包含10个要素：

a) 接口名称：ECC内部私钥解密接口；
b) 英文名称：internalEccPrivateKeyDec；
c) 功能描述：当需要ECC内部私钥解密时，调用此接口；
d) 前置条件：无；
e) 后置条件：无；
f) 协议类型：无；
g) 函数原型示例：见F.3.20；
h) 输入参数：见表E.56；

表 E.56 ECC 内部私钥解密接口输入参数

序号	中文名称	英文标签	类型	长度	取值	选择性	说明	示例
1	加密算法	Type	整数	不定长	不定	必选	保留参数，暂时填NULL	NULL
2	密钥号	Keyno	整数	不定长	不定	必选	密钥号	1
3	密文	Data	字节数组	不定长	不定	必选	密文	无

i) 输出参数：无；
j) 返回值：见表E.57。

表 E.57　ECC 内部私钥解密接口返回值

序号	中文名称	英文标签	类型	长度	取值	选择性	说明	示例
1	解密后的原文	ResultData	字节数组	不定长	不定	必选	如果成功，则返回解密后的原文；失败抛出异常	无

E.3.2.21 ECC 证书加密

E.3.2.21.1 ECC 证书加密概要

当需要ECC证书加密时，调用此接口函数。

E.3.2.21.2 ECC 证书加密接口

ECC证书加密接口的说明包含10个要素：

a) 接口名称：ECC证书加密接口；
b) 英文名称：externalEccPublicKeyEncByCert；
c) 功能描述：当需要ECC证书加密时，调用此接口；
d) 前置条件：无；
e) 后置条件：无；
f) 协议类型：无；
g) 函数原型示例：见F.3.21；
h) 输入参数：见表E.58；

表 E.58　ECC 证书加密接口输入参数

序号	中文名称	英文标签	类型	长度	取值	选择性	说明	示例
1	加密算法	UiAlgID	整数	不定	不定长	必选	保留参数，暂时填NULL	NULL
2	证书	Pubkey	字符串	不定	不定长	必选	证书	“MIIF…”
3	待加密数据	Data	字节数组	不定	不定长	必选	待加密数据	“helloworld”

i) 输出参数：无；
j) 返回值：见表E.59。

表 E.59 ECC 证书加密接口返回值

序号	中文名称	英文标签	类型	长度	取值	选择性	说明	示例
1	加密所得密文数据	ResultData	字节数组	不定长	不定	必选	如果成功，则返回加密所得密文数据；失败抛出异常	无

E.4 消息类函数接口

E.4.1 接口概要

消息类函数主要是将数据按照PKCS7格式进行封装，数据封装格式与应用系统无关，实现应用系统互联互通和信息共享。

消息类函数提供了PKCS7格式的数据编解码、PKCS7格式的签名数据编解码和PKCS7格式的数字信封编解码，能够非常方便应用程序实现身份认证、保密性、完整性和不可否认性等安全措施。

E.4.2 函数接口

E.4.2.1 编码 PKCS7 格式的数字信封

E.4.2.1.1 编码 PKCS7 格式的数字信封概要

当需要使用对方的证书，对指定的数据按照 PKCS7 标准格式制作数字信封时，调用此接口函数。

E.4.2.1.2 编码 PKCS7 格式的数字信封接口

制作数字信封接口的说明包含10个要素：

a) 接口名称：编码PKCS7格式的数字信封数据接口；
b) 英文名称：encodeEnvelopedData；
c) 功能描述：对指定的数据使用传入的证书制作数字信封；
d) 前置条件：无；
e) 后置条件：无；
f) 协议类型：无；
g) 函数原型示例：见F.4.1；
h) 输入参数：见表E.60；

表 E.60 编码 PKCS7 格式的数字信封接口输入参数

序号	中文名称	英文标签	类型	长度	取值	选择性	说明	示例
1	接收者证书	Enccertificate	字节数组	不定长	不定	必选	接收者证书	
2	对称算法参数	Symmalgorithm	整数	不定长	0x00000502 或 0x00000521 或 0x00000522 或 0x00000523	必选	0x00000502 ：3DES 算法 ,DESede/ECB/PKCS5Padding 0x00000521 ：3DES 算法 ,DESede/ECB/NoPadding 0x00000522 ：3DES 算法,,DESede/CBC/PKCS5Padding 0x00000523 ：3DES 算法 ,DESede/CBC/NoPadding	0x00000502
3	待加密数据	Indata	字节数组	不定长	不定	必选		“helloworld”

i) 输出参数：无；

j) 返回值：见表E.61。

表 E.61 编码 PKCS7 格式的数字信封接口返回值

序号	中文名称	英文标签	类型	长度	取值	选择性	说明	示例
1	返回值	PucDerP7EnvelopedData	字节数组	不定长	不定	必选	失败则抛出异常	

E.4.2.2 使用外部 RSA 私钥解码 PKCS7 格式数字信封

E. 4. 2. 2. 1 使用外部 RSA 私钥解码 PKCS7 格式的数字信封概要

当需要按照 PKCS7 规范使用外部私钥数据解密数字信封时，调用此接口函数。

E. 4. 2. 2. 2 使用外部 RSA 私钥解码 PKCS7 格式的数字信封接口

使用外部RSA私钥解码PKCS7格式带签名的数字信封数据接口的说明包含10个要素：

a) 接口名称：使用外部RSA私钥解码PKCS7格式的数字信封数据接口；
b) 英文名称：openEnvelopPkcs7；
c) 功能描述：使用传入的外部私钥数据对指定的数字信封解码；
d) 前置条件：无；
e) 后置条件：无；
f) 协议类型：无；
g) 原型示例：见F.4.2；
h) 输入参数：见表E.62；

表 E.62 使用外部 RSA 私钥解码 PKCS7 格式的数字信封接口输入参数

序号	中文名称	英文标签	类型	长度	取值	选择性	说明	示例
1	原证书base64编码	EncCertificate	字节数组	不定长	不定	必选	原证书 base64 编码	"MIGJAoGBAL…AAE="
2	编码后的不带签名的多人 p7 数字信封 base64 编码	DerP7Data	字节数组	不定长	不定	必选	待解的 P7 数字信封	"MIFLALFDAKL…PAIKF="
3	证书私钥 base64 编码	PriKey	字节数组	不定长	不定	必选	解码使用的私钥数据	“BgNVHQ8EBA...........86h29vx+0==”

i) 输出参数：无；
j) 返回值：见表E.63。

表 E.64 使用外部 RSA 私钥解码 PKCS7 格式的数字信封接口返回值

序号	中文名称	英文标签	类型	长度	取值	选择性	说明	示例
1	返回值	Decodedplain	字节数组	不定长	不定	必选	解密后明文base64 编码，解密失败抛出异常	

附　录　F
（规范性附录）
JAVA 语言接口函数原型示例

F. 1 环境类函数接口

F.1.1 初始化环境

```
/**
*初始化环境
*@param iniFilePath  配置文件全路径名
*@return
*@throws CrypException
*/
int Initialize(String iniFilePath);
```

F.1.2 用户登录

```
/**
*获取 ECC 私钥访问权限
*@param keyIndex 密钥索引
*@param pucPassword  口令数据
*@param uiPwdLength  口令长度
*@return
*@throws CrypException
*/
int login(String    keyIndex,String pucPassword,int    uiPwdLength);
```

F.1.3 注销登录

```
/**
*释放密码设备内部存储的指定索引 ECC 私钥的使用授权
*@param keyIndex 密钥索引
*@return
*@throws CrypException
*/
int logout(String    keyIndex)
```

F. 2 证书类函数接口

F.2.1 导入数字证书

```
/**
*导入数字证书，仅支持移动终端软库，需要登录
```

```
*本接口对于服务器侧密码中间件，仅在软证书模式下有效。
*@param keyIndex 密钥索引
*@param uiSignFlag 签名加密标识
*@Cert 待导入的证书
*@return
*@throws CrypException
*/
int ImportCertificate (String    keyIndex, int uiSignFlag,String Cert);
```

F.2.2 导出数字证书

```
/**
*导出数字证书，仅支持移动终端软库
*本接口对于服务器侧密码中间件，仅在软证书模式下有效。
*@param keyIndex 密钥索引
*@param uiSignFlag 签名加密标识
*@return 返回证书数据的 base64 字符串
*@throws CrypException
*/
String ExportCertificate (String keyIndex, int uiSignFlag);
```

F.2.3 取证书信息接口

```
/**
 * 证书解析
 *
 * @param cert   证书（DER，base64 编码均可）
 * @return 返回值：CERT_INFO
 * @throws CrypException
 */
CERT_INFO getCertInfo(byte[] cert);
```

注：CERT_INFO类型见附录G。

F.2.4 根据 CRL 文件获取用户证书注销状态接口

```
/**
 * 根据 CRL 验证证书有效性
 *
 * @param cert
 * @param crl
 * @return boolean:true 为证书有效，false 为证书无效 如果 CRL 和证书不是同一签发者，任何证书都会被系统认为已吊销
 * @throws CCITSecurityException
 */
boolean verifyCertificateByCrl(byte[] cert, byte[] crl);
```

F.2.5 根据颁发者证书验证主题证书接口

```
/**
 * 使用根证书验证证书有效性
 * @param cert 待验证书（DER，base64 编码均可）
 * @param caCert 验证证书（DER，base64 编码均可）
 *   @return - 0 成功； 1 失败
 */
int verifyCert(byte[] cert, byte[] caCert);
```

F. 3 密码运算类函数接口

F.3.1 base64 编码接口

```
/**
 * base64 编码运算
 *
 * @param inData:需要 base64 编码的数据
 * @return：base64 编码后的数据
 * @throws CrypException
 */
byte[] base64Encode(byte[] inData);
```

F.3.2 base64 解码接口

```
/**
 * base64 解码运算
 *
 * @param inData:需要 base64 解码的数据
 * @return：base64 解码后的数据
 * @throws CrypException
 */
byte[] base64Decode(byte[] inData);
```

F.3.3 随机数生成接口

```
/**
 *随机数生成接口
 *
 * @param uiRandLen:随机数长度
 * @return：指定长度的随机数
 * @throws CrypException
 */
byte[]genRandom (int uiRandLen);
```

F.3.4 数据 HASH 运算接口

```
/**
 * 摘要运算
 *
 * @param src：要做摘要的数据
 * @param algorithm：摘要算法名常数
 * @throws CrypException
 * @return：摘要值
 */
byte[] digest(byte src[], int algorithm);
```

F.3.5 文件 HASH 运算接口

```
/**
 * 文件摘要运算
 *
 * @param filePath：摘要文件的绝对路径
 * @param algorithm：摘要算法名常数
 * @throws CrypException
 * @return：摘要值
 */
byte[] digest(String filePath, int algorithm);
```

F.3.6 RSA 验证签名接口

```
/**
 * 用公钥验证签名
 * @param type - 签名算法
 * @param   publicKey 一 公钥数据 （DER，base64 编码均可）
 * @param   indata 一签名原文（明文）
 * @param   sd一 签名值（DER，base64 编码均可）
 * @return - 0 为成功
 */
int RsaVerifySign (int type, byte[] publicKey, byte[] indata, byte[] sd);
```

F.3.7 基于证书的 RSA 公钥验证接口

```
/**
 * 用证书验证签名
 *
 * @param type:算法名常数
 * @param cert: 证书字节数组（DER，base64 编码均可）
 * @param indata:签名原文(明文)
 * @param sd:签名后的数据（DER，base64 编码均可）
 * @return:0 为成功
 * @throws CrypException
 */
```

```
int RsaVerifySignByCert (int type, byte[] cert, byte[] indata,byte[] sd);
```

F.3.8 生成外部 RSA 密钥对接口

```
/**
 * 生成 RSA 密钥对
 * @param modulusLen -密钥模长，bit 数（支持 512，1024，2048）
 * @return - RSAKeyPair
 */

RSAKeyPair generateRSAKeyPair(int modulusLen);
```

注：RSAKeyPair类型定义见F。

F.3.9 非对称加解密接口

```
/**
 * 非对称 加密、解密
 *
 * @param type – 加密算法
 * @param key - 加密时是公钥（DER，base64 编码均可），解密时是私钥（DER，base64 编码均可）
 * @bEncryption 一 true 为加密，false 为解密
 * @inData 一 加密时输入为要加密原文（明文）,解密时输入为密文（DER，base64 编码均可）
 * @return - outdata 加密时输出为密文(DER 编码),解密时输出为明文
 */
byte[]ASymEncOrDec(int type, byte[] key, boolean bEncryption,byte[] inData);
```

F.3.10 使用外部 RSA 密钥进行签名接口

```
/**
 * 签名
 *
 * @param type ：算法名常数
 * @param privateKey：私有密钥字节数组（DER，base64 格式均可）
 * @param indata：要签名的数据
 * @return ：签名后的数据 （DER 编码）
 * @throws CrypException
 */
byte[] RsaSign(int type, byte[] privateKey, byte[] indata);
```

F.3.11 生成外部 ECC 密钥对接口

```
/**
 * 生成 ECC 密钥对
 * @param modulusLen -密钥模长，bit 数（支持 256）
 * @return - ECCKeyPair
 */
ECCKeyPair generateECCKeyPair(int modulusLen);
```

F.3.12 使用外部 ECC 密钥签名接口

```
/**
 * 签名
 *
 * @param type ：算法名常数
 * @param privateKey：私有密钥字节数组（DER，base64 格式均可）
 * @param indata：要签名的数据
 * @return ：签名后的数据 （DER 编码）
 * @throws CrypException
 */
byte[] EccSign(int type, byte[] privateKey, byte[] indata);
```

F.3.13 ECC 公钥验证接口

```
/**
 * 用公钥验证签名
 * @param type - 签名算法
 * @param   publicKey 一 公钥数据 （DER，base64 编码均可）
 * @param   indata 一签名原文（明文）
 * @param   sd一 签名值（DER，base64 编码均可）
 * @return - 0 为成功
 */
int EccVerifySign (int type, byte[] publicKey, byte[] indata, byte[] sd);
```

F.3.14 基于证书的 ECC 公钥验证

```
/**
 * 用证书验证签名
 *
 * @param type:算法名常数
 * @param cert: 证书字节数组（DER，base64 编码均可）
 * @param indata:签名原文(明文)
 * @param sd:签名后的数据（DER，base64 编码均可）
 * @return:0 为成功
 * @throws CrypException
 */
int EccVerifySignByCert (int type, byte[] cert, byte[] indata,byte[] sd) ;
```

F.3.15 对称密钥加解密接口

```
/**
 * 对称加密、解密
 * @param type:加密算法
 * @param key：密钥字节串
 * @param bEncrypto：true 表示加密；false 表示解密
```

```
 * @param inData：加密时输入为明文,解密时输入为密文（DER，base64 编码均可）
 * @param parameter:对称加密因子，当加密模式为 CBC 时，此参数有效
 * @return 加密时输出为密文(DER 编码),解密时输出为明文
 * @throws CrypException
 */
byte[]SymEncOrDec (int type, byte[] key, boolean bEncrypto,byte[] inData, byte[] parameter);
```

F.3.16 生成 ECC 内部密钥对

```
/**
 * 生成内部 ECC 密钥对
 * 本接口对于服务器侧密码中间件，仅在软证书模式下有效。
 * @param keyno：密钥容器索引号码
 * @param uiKeyUsage：密钥用法
 * @return 成功 0；或失败
 * @throws CrypException
 */
int genInternalEccKeyPair(int keyno, int KeyUsage);
```

F.3.17 获取内部 ECC 公钥

```
/**
 * 获取内部 ECC 公钥
 * @param keyno：密钥容器索引号码
 * @param uiKeyUsage：密钥用法
 * @return 返回公钥数据
 * @throws CrypException
 */
byte[] getEccPublicKey(int keyno, int KeyUsage) throws CrypException;
```

F.3.18 ECC 内部私钥签名

```
/**
 * 内部私钥签名
 *
 * @param type ：算法名常数
 * @param keyno：密钥号
 * @param indata：要签名的数据
 * @return ResultSignature：签名后的数据 （DER 编码）
 * @throws CrypException
 */
byte[] internalEccSign (int type, int keyno, byte[] indata);
```

F.3.19 ECC 外部公钥加密

```
/**
```

```
*外部 ECC 公钥加密
*@param   uiAlgID 参数
*@param   pubkey 公钥
*@param   data 待加密数据
*@return 返回密文数据
*/
byte[] externalEccPublicKeyEnc(int uiAlgID, String pubkey, byte[] data);
```

F.3.20 ECC 内部私钥解密

```
/**
 * 内部私钥解密
 *
 * @param type – 加密算法
 * @param keyno - 密钥号
 * @data 一 密文
 * @return - ResultData 解密后的原文
 */
byte[] internalEccPrivateKeyDec (int type, int keyIndex,byte[] data);
```

F.3.21 ECC 证书加密

```
/**
*ECC 证书加密
*@param   uiAlgID 参数
*@param   pubkey 证书
*@param   data 待加密数据
*@return 加密所得密文数据
*/
byte[] externalEccPublicKeyEncByCert(int uiAlgID,String cert, byte[] data);
```

F. 4 消息类函数接口

F.4.1 编码 PKCS7 格式的数字信封

```
/**
 * 编码不带签名的 p7 数字信封
 * @param encCertificate:：接收者证书(DER 编码)
 * @param symmAlgorithm:对称算法参数（支持 3DES 算法）
 * @param inData:原始数据
 * @return:编码后的数据(DER 编码)
 * @throws CCITSecurityException
 */
byte[] encodeEnvelopedData(byte[] encCertificate,int symmAlgorithm, byte[] inData);
```

F.4.2 使用外部 RSA 私钥解码 PKCS7 格式的数字信封

```
/**
 * 解密不带签名的P7格式的数字信封
 * @param encCertificate 原证书 base64 编码
 * @param derP7Data 编码后的不带签名的多人 p7 数字信封 base64 编码
 * @param priKey 证书私钥 base64 编码
 * @return 解密后明文 base64 编码
 * @throws CrypException
 * @throws CCITSecurityException
 */
byte[] openEnvelopPkcs7(byte[] encCertificate, byte[] derP7Data, byte[] priKey);
```

附　录　G
（规范性附录）
JAVA 语言接口数据类型定义

G.1 证书信息解析类 CERT_INFO

```
public class CERT_INFO {
        public String issuerDN;
        public String subjectDN;
        public String serialNumber;
        public String notBefore;
        public String notAfter;
        public byte[] publicKey;
        public int publicKeyLen;
        public int version;
        public Date notAfterDate;
        public Date notBeforeDate;
};
```

G.2 密钥对存储类 RSAKeyPair

```
public class RSAKeyPair{
        public byte[] prikeyDERString;
        public byte[] pubkeyDERString;
};
```

G.3 密钥对存储类 ECCKeyPair

```
public class ECCKeyPair{
        public byte[] prikeyDERString;
        public byte[] pubkeyDERString;
};
```

参考文献

[1] GB/T 17964—2000 信息技术安全技术加密算法 第1部分：概述

[2] GB/T 17964—2000 信息技术安全技术加密算法 第2部分：非对称加密

[3] GB/T 17964—2000 信息技术安全技术加密算法 第3部分：对称加密

[4] GB/T 17903.1—2008 信息技术安全技术抗抵赖 第1部分:概述

[5] GB/T 17903.2—2008 信息技术安全技术抗抵赖 第2部分：采用对称技术的机制

[6] GB/T 17903.3—2008 信息技术安全技术抗抵赖 第3部分：采用非对称技术的机制

[7] GB/T 18238.1—2000 信息技术安全技术散列函数 第1部分：概述

[8] GB/T 18238.2—2002 信息技术安全技术散列函数 第2部分：采用n位块密码的散列函数

[9] GB/T 18238.3—2002 信息技术安全技术散列函数 第3部分：专用散列函数

[10] GB/T 19713—2005 信息技术安全技术公钥基础设施在线证书状态协议

[11] GB/T 19771—2005 信息技术安全技术公钥基础设施PKI组件最小互操作规范

[12] GB/T 20518—2006 信息安全技术公钥基础设施数字证书格式

[13] GB 15851 信息技术安全技术带消息恢复的数字签名方案

[14] RFC 2560X.509 互联网公开密钥基础设施在线证书状态协议 OCSP

[15] RFC 2459X.509 互联网公开密钥基础设施证书和CRL轮廓

[16] GM/T 0006—2012 密码应用标识规范

[17] GM/T 0009—2012 SM2密码算法使用规范

[18] GM/T 0003.2—2012 SM2椭圆曲线公钥密码算法 第2部分：数字签名算法

[19] GM/T 0010—2012 SM2密码算法加密签名消息语法规范

[20] GM/T 0015—2012 基于SM2密码算法的数字证书格式规范

[21] ISO/IEC 8825-1：1998 信息技术—ASN.1编码规则：基本编码规则（BER）的规范，正规编码规则（CER）和可区分编码规则（DER）

[22] ITU-T X509数字证书国际标准(Internet X.509 Public Key Infrastructure Certificate and CRL Profile)

[23] RSA Security Public-Key Cryptography Standards (PKCS)

[24] PKCS7 Cryptographic Message Syntax

[25] Pkcs#11 Cryptographic Token Interface Standard

[26] IETF Rfc2459 Internet X.509 Public Key Infrastructure Certificate and CRL Profile

[27] IETF Rfc2560 X.509 Internet Public Key Infrastructure Online Certificate Status Protocol

[28] IETF Rfc1777 Lightweight Directory Access Protocol

[29] IETF Rfc2587 Internet X.509 Public Key Infrastructure LDAPv2 Schema

[30] IETF Rfc3647 Internet X.509 Public Key Infrastructure Certificate Policy and Certification Practices Framework

---

附 录

数字版权保护技术研发工程标准管理办法

工程总体组

2011 年 1 月

数字版权保护技术研发工程标准管理办法

第一章　总　则

第一条　为顺利推进新闻出版总署重大科技项目“数字版权保护技术研发工程”，促进数字版权保护技术的进步和管理水平的提高，根据《中华人民共和国标准化法》、《中华人民共和国标准化法实施条例》的规定，参考《国家标准管理办法》、《行业标准管理办法》制定本办法。

第二条　本办法所称数字版权保护技术研发工程标准（以下简称“工程标准”）是指在推进新闻出版总署重大科技项目“数字版权保护技术研发工程”中需要统一的各种技术规范、技术要求和测试方法及标准化技术性指导文件。

第三条　本办法适用于规范数字版权保护技术研发工程标准的制修订工作全过程的管理，包括各项标准制定任务的组织、管理、过程监控和验收等工作。

第四条　本办法规定了工程标准组织管理机构以及标准制修订工作的原则、程序、内容等。标准的组织管理以及制修订工作应按照本办法的规定执行。

第二章　工程标准组织管理机构

第五条　工程标准组织管理机构由新闻出版总署重大办、工程总体组、工程标准工作组、工程标准专家委员会以及工程标准起草小组组成。

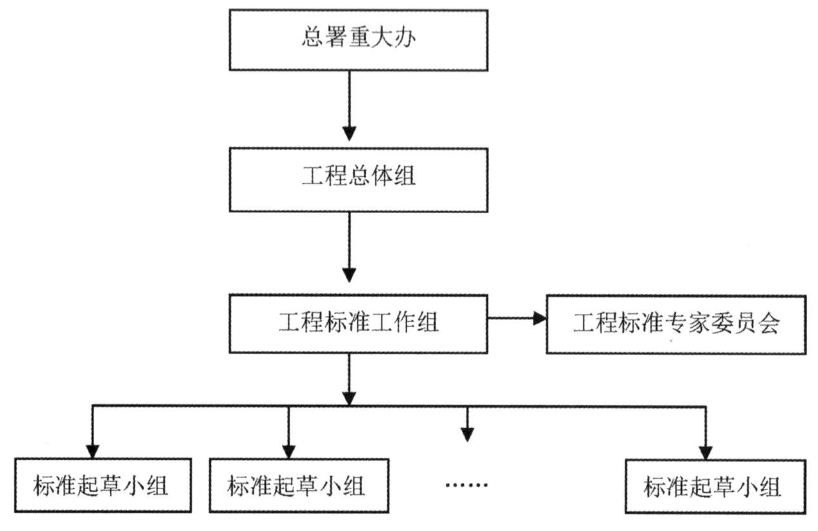

第六条　新闻出版总署重大办为数字版权保护技术研发工程的标准管理工作主管部门。

第七条　工程总体组下设“工程标准工作组”。主要职责：

（一）统一联系和协调参与工程标准研制的各有关标准起草小组；

（二）负责工程标准的计划、立项、过程管理，监督和指导工程标准的实施；

（三）对各标准任务进展进行日常管理；

（四）负责各类文档管理、报送和归档；

（五）负责组织对标准审查，报总体组或重大办审批；

（六）组织开展工程标准的宣贯与培训活动；

（七）统一安排标准经费。

第八条　工程标准专家委员会（以下简称“专家委员会”）作为工程标准工作组的专业技术咨询机构，统一负责工程标准制定与修订过程中技术审查和咨询工作。

第九条　标准起草小组负责标准的具体研制工作。主要职责：

（一）按照计划任务书的要求，按时开展相关的调研、咨询、研讨等工作，为标准制修订工作创造有利条件，保证按期完成标准制修订任务；

（二）按照计划要求编制标准的草案、征求意见稿、送审稿、报批稿及编制说明等相关材料；

（三）汇总、处理各有关方面对标准提出的意见；

（四）负责各种研讨会、征求意见会及审查会的筹备和会务组织工作；

（五）负责与标准工作组一道开展标准征求意见、审查和报批工作；

（六）按标准档案管理要求，负责标准制修订过程中有关文档资料的整理和归档工作；

（七）配合进行标准宣贯和推广工作。

第十条　工程总体组指定的承担“工程技术标准研究”包的联合体的主体单位负责组建标准起草小组，并分别作为起草小组的责任单位对所承担的标准直接负责；同时，责任单位根据标准研制的具体情况负责推荐标准参与单位，参与单位 3 至 9 家。参与单位由工程标准工作组审查，报工程总体组批准。组成人员要体现业务、技术和标准三方面代表的互补性和配套性。主要起草人员应具有较强的专业技术知识和在相关领域的实际工作经验。

第十一条　工程标准工作组不定期对标准项目进展情况进行检查，并将检查结果报送总体组。

第三章　工程标准的计划和立项

第十二条　工程标准工作组根据总体组的部署和数字版权保护技术研发工程的需要，组织开展工程标准制定与修订计划编制工作。

第十三条　在工程总体组和重大办的指导下，由工程标准工作组根据数字版权保护技术研发工程需求具体组织完成标准体系表，确定标准工作的任务，并建立工作目标责任体系。

第十四条　工程标准工作组应根据整体标准工作方案，结合工程建设需要，制定各标准课题的工作推进计划及工作实施细则。

第十五条　有下列情形之一的，工程标准工作组经过讨论并经由总体组审批或有必要时上报“重大办”审批，可以对已经下达的工程标准计划进行调整：

（一）确属工程开展急需的标准项目可以申请增补计划；

（二）情况发生变化，项目单位可以对计划项目的名称、主要内容、起草单位和主要起草人等申请调整，经工程总体组同意后实施；

（三）情况发生变化，计划项目确实不适合工程开展的需要，项目单位可以申请项目撤销，工程总体组视具体情况决定是否终止项目及是否收回已拨付的项目经费；

（四）根据工程开展的需要，工程总体组认为需要增加、调整及撤销计划项目的其他情况。

第十六条　标准起草小组认为需要调整的工程标准计划项目，由起草组提出申请并填写“标准计划项目调整申请表”（格式见附件 1），报标准工作组审查同意后，报工程总体组审核批准。未经批准调整计划项目，仍按照原定计划执行。

第十七条　标准制修订项目经费额度，根据标准制修订工作经费有关管理规定、项目的难度和预算控制规模等因素确定。标准制修订项目经费应按照国家财政经费使用的有关规定，专用于标准制修订工作，不得挪作他用，责任单位应加强对标准制修订经费使用的管理和监督。

第四章　工程标准的需求调研、起草和征求意见

第十八条　工程标准的制修订应遵循下列原则：

（一）有利于促进数字版权保护技术工程项目的开展和数字版权技术的推广应用；

（二）有利于推广科学技术成果，提高经济效益；有利于推动数字版权保护技术领域管理水平的提高和技术进步、自主创新和数字内容产业升级；

（三）推进与国际标准接轨，积极采用行业标准、国家标准、国际标准和国外先进标准；

（四）制定标准的过程应当公开、公正、透明；

（五）标准的制定与修订必须有科学试验和数据支持，加强与数字版权保护重要技术标准相配套的试验、验证、测试体系建设。

第十八条　标准需求调研。

标准起草小组在课题启动后，应对相关标准需求深度调查和研究，调研的对象包括但不限于：国内外相关标准现状和发展趋势、相关业务现状和发展趋势等。

第十九条　起草标准草案。

标准起草小组根据计划任务书的要求，按照《GB/T1.1 2009 标准化工作导则 第 1 部分：标准的结构和编写规则》的规定，在充分调研、验证和广泛征求意见的基础上，起草标准草案，提交工程标准工作组。工程标准工作组对标准草案及相关说明材料进行审议，并将审议意见及时反馈标准起草小组。

第二十条　编制标准征求意见稿、标准编制说明和征求意见。

标准起草小组根据工程标准工作组审议意见，对标准草案进行修改，编制标准征求意见稿和标准编制说明（包括相关附件），并形成征求意见稿，提交工程标准工作组。

标准编制说明应当包括以下内容：

（一）任务来源、制定本标准的必要性、目的和意义；

（二）标准的编制原则、编制依据和标准的主要内容（技术指标、参数、检验规则等）、论据（包括试验、统计数据）、修订标准时的新旧标准主要技术指标的对比情况等；

（三）综述报告，技术经济评估结论，预期的经济效益等；

（四）采用国际标准和（或）国外先进标准的情况，以及与国际标准、国外同类标准水平的对比等；

（五）与有关现行法律、法规和国家标准、行业标准的关系；

（六）重大分歧意见的处理经过和依据；

（七）制修订标准的过程；

（八）贯彻标准的要求、措施和建议，包括组织措施、技术措施、过渡办法等内容；

（九）其他应予说明的事项，如：知识产权等问题。

第二十一条　工程标准工作组负责组织对标准征求意见稿和编制说明征求意见（征求意见表见附件 2），征求意见的时间一般为十个工作日。

第五章　工程标准的审查与报批

第二十二条　编制标准送审稿。

标准起草小组根据征集的意见对标准征求意见稿进行修改，编制标准送审稿、编制说明、意见汇总处理表（意见汇总处理表见附件 3），提交工程标准工作组。工程标准工作组对送审稿的技术内容、文字、结构形式、意见处理情况等进行初审后提交专家委员会审查。

第二十三条　审查标准送审稿。

工程标准工作组将标准送审稿提交专家委员会全体委员进行审查。工程标准工作组应在收到工程标准送审稿十个工作日之内组织审查。

第二十四条　标准审查采取会议审查或信函审查两种方式。对数字版权保护技术意义重大或容易产生争议的标准，应进行会议审查；其他标准可进行信函审查。

第二十五条　会议审查应在召开审查会议前十个工作日将标准送审稿、编制说明等提交专家委员会全体委员。标准主要起草人员到会介绍标准起草情况，委员投票表决，三分之二及以上委员投票赞成视为通过。因故未能参加会议的委员，可以用书面形式表明意见，无书面意见者，视为同意。会审时，可邀请非委员代表参加，代表可以对标准发表意见，但没有投票权。

会议审查程序：

（一）编制组对标准的主要技术内容、编制工作过程、征求意见及对征集意见的处理情况等做说明；

（二）审查委员会委员对标准技术内容及编制依据进行质询；

（三）审查委员会对标准送审稿的内容进行讨论、提出修改意见和建议；

（四）审查委员会编写标准审查会纪要。

审查委员会应对标准的技术内容和审查结论意见进行充分的讨论和协商，原则上应达成一致意见。审查会纪要要如实反映审查情况，并应包括对标准技术内容的科学性、合理性、技术和经济可行性等方面的审查结论意见和修改建议。审查会纪要由审查委员会主任委员及委员签字确认。

对不予通过的标准，审查委员会应在审议会纪要中提出具体的理由和修改、完善的工作建议。

第二十六条　信函审查时，委员应在收到标准送审稿及相关附件后，在五个工作日内将函审单（函审单格式见附件4）返回工程标准工作组（按邮戳、传真日期或电子邮件日期），未在规定时间内返回函审单者，视为同意。

第二十七条　对于工程标准的审查，“重大办”认为有必要时，如涉及标准体系表、工程基础性标准等，可以要求工程总体组将送审稿提交到重大办，由重大办组织完成标准的审查。

第二十八条　对于可以即时生效的标准（如标准体系表、标准管理办法等），不需要随着工程项目的开展发生变化的标准，可以先行完成报批、发布等工作；对于与工程研发关系密切，会随着工程项目的开展不断修订的标准，标准起草小组要随时跟踪，负责对此类标准的动态维护。

第二十九条　编制标准报批稿。

对已通过审查的标准送审稿，标准起草小组应根据审查意见，对送审稿进一步修改完善，形成标准报批材料，并尽快报送工程标准工作组。标准报批材料应包括：

（一）标准申报单；

（二）标准报批稿；

（三）标准编制说明及有关附件；

（四）审查会会议纪要和会议代表名单，或函审单和函审结论表；

（五）意见汇总处理表；

（六）标准报批稿和编制说明的电子文本。

第三十条　报批标准。

对于重要性程度较高的标准，重大办认为有必要时，需将标准的报批稿经工程总体组复核后，报新闻出版总署重大办审批；其他可直接报工程总体组审批。

第三十一条　工程标准工作组应将标准制定与修订过程中形成的有关资料归档管理。

第三十二条　标准起草小组应严格按照项目任务书规定的财务科目和要求使用标准经费，不得扩大使用范围，提高开支标准。工程总体组监督标准经费的使用情况，并定期检查。

第六章　标准的审批与发布

第三十三条　工程标准经总体组或重大办审批后，由工程总体组统一编号、发布。

第三十四条　本工程中的标准如涉及复合出版等其他工程的，由重大办统一协调，可上升为国家标准的由重大办协调，标准编写支持成员单位集体参与，并按国家标准化管理委员会相关规定进行申报。

第七章　标准的实施与监督

第三十四条　工程标准一经批准发布，则项目的各承担单位应严格按照发布的标准实施。

第三十五条　工程标准工作组统一负责工程项目内标准实施的监督。

第三十六条　工程总体组和新闻出版总署重大办可以根据需要检查标准的实施工作。

第八章　工程标准的日常管理

第三十七条　工程标准发布后，由工程标准工作组负责标准的日常管理工作。

第三十八条　工程标准的日常管理的主要任务是：

（一）根据工程总体组的授权负责标准的解释；

（二）调查了解标准的实施情况，收集和研究国内外有关标准、技术信息资料和实践经验；

（三）负责组织开展标准的学术交流活动和工程标准的宣传贯彻工作；

（四）负责工程标准的复审、局部修订和技术档案工作；

（五）解决工程标准日常管理工作中的其他问题。

第九章　附　则

第三十九条　工程标准项目的申报、制定与修订，参照本办法。

第四十条　本办法由新闻出版总署重大项目“数字版权保护技术工程研发”总体组办公室负责解释。

第四十一条　本办法自发布之日起执行。

附件 1：

工程标准计划项目调整申请表

<table>
<tr><td>标准名称</td><td colspan="2"></td><td>计划项目编号＊</td><td></td></tr>
<tr><td>申请调整的内容</td><td colspan="4"></td></tr>
<tr><td>理由和依据</td><td colspan="4"></td></tr>
<tr><td colspan="2">负责起草单位</td><td colspan="3">负责人：（签名、盖公章） 年 月 日</td></tr>
<tr><td colspan="2">标准工作组意见</td><td colspan="3">主管负责人：（签名、盖公章） 年 月 日</td></tr>
<tr><td colspan="2">工程总体组意见</td><td colspan="3">主管负责人：（签名、盖公章） 年 月 日</td></tr>
<tr><td colspan="2">新闻总署重大办意见</td><td colspan="3">主管部门负责人：（签名、盖公章） 年 月 日</td></tr>
</table>

附件 2：

数字版权保护技术研发工程标准《XXX》征求意见表

<table>
<tr><td>专家姓名</td><td></td><td>职称或职务</td><td></td><td>电 话</td><td></td></tr>
<tr><td>单 位</td><td colspan="3"></td><td>传 真</td><td></td></tr>
<tr><td>通讯地址</td><td colspan="3"></td><td>邮 编</td><td></td></tr>
<tr><td>E-mail</td><td colspan="5"></td></tr>
<tr><td>具
体
意
见</td><td colspan="5">本人签名：

年 月 日</td></tr>
</table>

可另附页

附件 3：

意见汇总处理表

共　页　第　页

工程标准名称：　负责起草单位：　　　承办人：　　　　电话：　　　　　　　　　年　月　日填写

序号	标准章条编号	意见内容	提出单位	处理意见	备注

说明：①发送“征求意见稿”的单位数：　　个。

②收到“征求意见稿”后，回函的单位数：　　　　个。

③收到“征求意见稿”后，回函并有建议或意见的单位数：　　　　个。

④没有回函的单位数：　　　个。

（注：上述说明附在最后一页下面。）

附件 4：

数字版权保护技术研发工程标准送审稿函审单

工程标准名称：《XXXXXXXX》

函审内容：

负责起草单位：

函审单总数：　　　　　　　　　　本单编号：

发出日期：

投票截止日期：

表决态度：

赞成 □

赞成，有建议或意见 □

不赞成，如采纳建议或意见该为赞成 □

弃权 □

不赞成 □

建议或意见和理由如下：

审查单位（盖公章）　　　　　　技术负责人（签名）

年　月　日　　　　　　　　　　年　月　日

填写说明：

（1）表决方式是在选定的框内划"√"的符号，只可划一次，选划两个框以上者按废票处理（废票不计数）。

（2）回函说明提不出意见的单位按赞成票计；没有回函说明理由的，按弃权票计。

（3）回函日期，以邮戳为准。

（4）建议或意见和理由栏，幅面不够可另附纸。

审查单位承办人：

图书在版编目（CIP）数据

数字版权保护技术研发工程标准汇编：全 3 册 / 魏玉山主编. — 北京：中国书籍出版社，2016.10

ISBN 978-7-5068-5843-4

Ⅰ. ①数… Ⅱ. ①魏… Ⅲ. ①电子出版物 - 版权 - 保护 - 标准 - 汇编 Ⅳ. ① D913-65

中国版本图书馆 CIP 数据核字（2016）第 233369 号

数字版权保护技术研发工程标准汇编（下）

魏玉山 主编

统筹编辑 游 翔
责任编辑 吴化强
责任印制 孙马飞 马 芝
封面设计 楠竹文化
出版发行 中国书籍出版社
地 址 北京市丰台区三路居路 97 号（邮编：100073）
电 话 （010）52257143（总编室） （010）52257140（发行部）
电子邮箱 eo@chinabp.com.cn
经 销 全国新华书店
印 刷 河北省三河市顺兴印务有限公司
开 本 787 毫米×1092 毫米 1/16
印 张 70.75
字 数 1567 千字
版 次 2016 年 12 月第 1 版 2016 年 12 月第 1 次印刷
书 号 ISBN 978-7-5068-5843-4
定 价 312.00 元（全三册）